Reinhard Nordsieck

Das Thomas-Evangelium

Einleitung – Zur Frage des historischen
Jesus – Kommentierung aller 114 Logien

Neukirchener

© 2004 Neukirchener Verlag
Verlagsgesellschaft des Erziehungsvereins mbH, Neukirchen-Vluyn
Alle Rechte vorbehalten
Umschlaggestaltung: Hartmut Namislow
Druckvorlage: Wolfram Nordsieck
Gesamtherstellung: MVR-Druck, Brühl
Printed in Germany
ISBN 3-7887-1867-6

INHALT

A. EINLEITUNG 7

B. ZUR FRAGE DES HISTORISCHEN JESUS 24

C. KOMMENTAR 31

D. LITERATUR 391

A. EINLEITUNG

Die vorliegende Arbeit beabsichtigt, das 1945 in Nag Hammadi / Oberägypten entdeckte Thomas-Evangelium (EvThom) zu kommentieren und dabei besonders auch historisch-kritisch zu überprüfen, ob und in welchem Umfang es Traditionen enthält, die auf den historischen Jesus zurückgeführt werden können. Ich gehe insofern davon aus, wie sich auch im Laufe der Arbeit im einzelnen ergeben wird, dass das Thomas-Evangelium ein hohes Alter und damit auch einen erheblichen Grad an Authentizität aufweist, woraus sich auch eine Nähe zum historischen Jesus ergeben kann. Dafür sprechen eine Reihe von Umständen, die im folgenden einleitend ausgeführt werden sollen:

1. Der in Nag Hammadi von einem ägyptischen Bauern aufgefundene Codex II aus insgesamt 13 koptischen Papyrus-Codices, in dem u.a. das EvThom enthalten war (NHC II, 2), wird nach paläografischen und sprachlichen Feststellungen auf ca. 350 - 400 n.C. datiert. Das EvThom ist in sahidisch-koptischer Sprache verfasst mit achmimischen und subachmimischen Einschlägen. Es wird in der Subscriptio als „Evangelium nach Thomas" bezeichnet, wobei die Einleitung (das Incipit) diesen Titel bestätigt. Es ist anzunehmen, dass die gefundene Handschrift eine bedeutend ältere koptische Vorlage gehabt hat (s. dazu näher noch L. LEIPOLDT, EvThom, 1967, 1ff; B. BLATZ in W. SCHNEEMELCHER, NtApokr, I, 6.A., 1990, 93ff m.w.N.).

In den Jahren 1897 und 1903 wurden von A.P. GRENFELL und A.S. HUNT im mittelägyptischen Oxyrhynchos drei Papyri, die sog. Oxyrhynchos-Papyri (POxy) Nr. 654, 1 und 655 aufgefunden, die, besonders aufgrund paläografischer Beobachtungen, auf ca. 200 - 250 n.C. zu datieren sind. Sie enthielten die Logien 1-7, 26-33, 77b und 36-39 des EvThom in griechischer Sprache, allerdings mit kleineren Abweichungen von der Fassung des EvThom aus Nag Hammadi, die somit aus einer vom Griechischen ins Koptische übersetzten Version herrührt. Zwischen der griechischen und der koptischen Fassung des EvThom ist danach eine Entwicklung des Textes anzunehmen. Im übrigen weist die griechische POxy-Version, die nach GRENFELL und HUNT gemäß ihrem Inhalt und ihrer Sprache aus der Zeit von ca. 100 - 140 n.C. stammt, auf noch frühere (schriftliche oder mündliche) Quellen hin, wie noch auszuführen sein wird (zu den Papyri, s. die Obg., LOGIA IESOU: Sayings of Our Lord, 1897 u. New Sayings of Jesus and Fragment of a Lost Gospel from Oxyrhynchus, 1904; ferner H.W. ATTRIDGE, The Greek Fragments, in B. LAYTON, Nag Hammadi Codex II, 2-7, pp., 1989; J.A. FITZMYER, The Oxyrhynchus Logoi of Jesus and the Coptic Gospel According to Thomas, ThSt 20,1959, 505ff; R.A. KRAFT, Oxyrhynchos Papyrus 655 Reconsidered, HThR 54, 1961,

252ff; O. HOFIUS, Das koptische Thomasevangelium und die Oxyrhynchus-Papyri Nr. 1, 654 und 655, EvTh 20 [1960], 21ff. 122ff und D. LÜHRMANN - E. SCHLARB, Fragmente apokryph gewordener Evangelien, 2000, 112ff).
Sonstige Bezeugungen des EvThom kennen wir u.a. auch noch von den Kirchenvätern Hippolyt (ca. 160-235; Ref V 7,20), der eine alternative Lesart von Log 4 zitiert, ferner Origenes (ca. 185-253/4; Luc hom 1) und Euseb (ca. 263-339; KG III 25,6). Sie nennen das EvThom unter den heterodoxen Evangelien, sind allerdings inhaltlich sonst wenig ergiebig (näher dazu auch BLATZ, s.o., 93ff). Als weitere Bezeugungen kommen auch noch die Thomas-Akten (ActThom, ca 200-250) und die Pistis Sophia (PS, ca. 250-350) in Betracht; nach der letzteren hat Jesus seinen Jüngern Philippus, Thomas und Matthäus befohlen, seine Reden aufzuschreiben.
2. Das EvThom hat nicht die Form später gnostischer Exegese (wie z.B. das Evangelium Veritatis, EvVer, ca. 150 n.C.) oder gnostischer Offenbarungsschriften (wie etwa das Apokryphon des Johannes, Apokr Joh), obwohl es in einer gnostischen Codex-Sammlung gefunden wurde. Es hat aber auch nicht die entwickelte Struktur der kanonischen Evangelien, weder die des um 100 - 110 entstandenen Johannes (Joh)-Evangeliums, noch die der früher, zwischen ca. 64 - 90 verfassten Synoptiker Markus (Mk), Matthäus (Mt) und Lukas (Lk). Es hat vielmehr die Form einer losen Aneinanderreihung von 114 Jesus zugeschriebenen Aussprüchen, nämlich Logien (weisheitlichen und apokalyptischen Inhalts sowie Gesetzes- und Ich-Worte), Gleichnissen, Dialogen und kleinen Szenen, die in einem Jesuswort gipfeln, die in auffälliger Analogie zur sog. Logienquelle der Synoptiker (Q) steht. Diese auf die Zeit um 40 - spätestens 70 zu datierende Spruchsammlung (die wiederum wahrscheinlich aus mehreren später verbundenen kleineren Sammlungen nebst Hinzufügungen und Zusätzen zusammengesetzt war) gilt nach herrschender Auffassung als die älteste literarische Gattung der evangelischen Überlieferung. Sie wird als Vorstufe zu den Synoptikern Matthäus und Lukas angesehen, die nach der allgemein vertretenen Zweiquellen-Theorie außerdem aus Markus und anderen Sonder-Quellen schöpften (vgl. dazu auch P. VIELHAUER, Geschichte der urchristlichen Literatur, 1975, 311ff. 624ff; H. KÖSTER - J.M. ROBINSON, Entwicklungslinien durch die Welt des frühen Christentums, 1971, 121ff; H. KÖSTER, Einführung in das Neue Testament, 1980, 478ff; ders., Ancient Christian Gospels, 1990, 86ff u.a.).
Diese vorhandene Analogie zur synoptischen Spruchquelle Q wird noch dadurch erhärtet, dass mindestens 22 ganze und 18 Teilabschnitte im EvThom mit dem Spruchgut, das Q zugeschrieben wird, übereinstimmen (KÖSTER zählt in J.E. GOEHRING pp., Gospel Origins and Christian

Beginnings, Festschr. J.M. Robinson, 1990, 55, mindestens 38 und höchstens 45 solche Parallelen). Dabei ist zudem bemerkenswert, dass besonders viele Q-Logien, die zur ältesten Schicht der Q zugrunde liegenden Sammlungen gerechnet werden, Parallelen zu EvThom-Sprüchen haben (nämlich Lk [Q] 6,20. 21. 22. 30. 39. 41f. 43ff zu Log 54; 69 S.2; 68/69 S.1; 95; 34; 26; 43 u. 45 S.1-4; Lk 9,57; 10,2. 8. 9 zu Log 86; 73; 14 S.4; Lk 11,9; 12,2f. 22ff. 33; 13,18ff zu Log 92/94; 5 S.2; 6 S.5; 33 S.1; 36; 76 S.3; 20 u. Lk 14,26f zu Log 55 u. 101; s. KLOPPENBORG, Formation, 171ff; Excavating Q, 143ff; HOFFMANN - HEIL, Q, 16f, m.w.N.; ähnl. schon ZELLER, Mahnsprüche, 191). Allerdings sollte das letztere Argument nicht überbewertet werden, da die verschiedenen Schichten von Q (Q1, Q2, Q3) nicht völlig sicher abgrenzbar sind und überdies in verhältnismäßig kurzen Abständen entstanden sein können (s. auch SCHRÖTER, Erinnerung, 105ff.118ff). Immerhin ist das EvThom aber auch deshalb der frühesten Schicht von Q ähnlich, weil diese ebenso wie das EvThom jedenfalls noch keine biografisch-historisierenden Elemente aufweist, die den späteren Schichten von Q angehören (vgl. etwa Lk [Q] 3,2ff; 4,1ff; 7,1ff; 11,14ff; s. ebenfalls KLOPPENBORG, w.o., u.a.; ferner B.H. MCLEAN in R.A. PIPER (Ed.), The Gospel behind the Gospels, 1995, 321ff).

Eine Entsprechung besteht auch zu Logiensammlungen, wie sie (jedenfalls teilweise) dem Markus-Evangelium zugrunde liegen. Das ergibt sich deutlich aus der unverbundenen Aufreihung von Jesus-Worten in Mk 4,1-34, ferner Mk 8, 9 (beide am Ende) und 13 (s. z.B. H.-W. KUHN, Ältere Sammlungen im Markusevangelium, 1970, 99ff). Auch diese Spruchsammlungen stehen in Analogie zum EvThom bzw. seinen Sammlungen (s. dazu schon O. CULLMANN, Das Thomas-Evangelium und das Alter der in ihm enthaltenen Tradition, 1960, ThLZ 85, 323ff). Nahe stehen der Sammlung in Mk 4 etwa die Logien in EvThom 5,6 (Mk 4,22), 8 S.4 u.ö. (Mk 4,9/23), 9 (Mk 4,1ff), 20 (Mk 4,30ff), 21 S.9/10 (Mk 4,26ff), 33 (Mk 4,21), 41 (Mk 4,25), 62 (Mk 4,10ff) (s. R. NORTH, Chenoboskion and Q, CBQ 24, 1962, 168ff).

Besonders bemerkenswert ist schließlich, dass im EvThom auch noch eine Reihe von Parallelen zu Doppelüberlieferungen vorliegen, die unabhängig voneinander in Mk und Q vorhanden sind und diesen vorausliegen. Nämlich die Sprüche vom Haus des Starken (EvThom 35 = Mk 3,27 = Lk [Q] 11,21f), von der Sünde wider den heiligen Geist (EvThom 44 = Mk 3,28f = Lk 12,10), vom Licht unter dem Scheffel (EvThom 33 = Mk 4,21 = Lk 11,33), von der Offenbarung des Verborgenen (EvThom 5/6b = Mk 4,22 = Lk 12,2), vom Haben und Empfangen (EvThom 41 = Mk 4,25 = Lk 19,26), vom Senfkorn (EvThom 20 = Mk 4,30ff = Lk 13,18f), von der Aussendung der Jünger zur Krankenheilung (EvThom 14 = Mk 6,12 = Lk 10,9), von der Kreuzesnachfolge (EvThom 55 = Mk 8,34 = Lk 14,26f), von den Ersten und Letzten (EvThom 4 = Mk 10,31 = Lk 13,30), vom bergeversetzenden Glauben (EvThom 48/106 = Mk 11,23 = Lk 17,6), von der Spaltung unter Verwandten (EvThom 16 = Mk 13,12 = Lk 12,53), vom Kommen des Reichs Gottes (EvThom 113 = Mk 13,21 = Lk 17,23) und vom Vergehen der Welt (EvThom 11,111 = Mk 13,31 = Lk 16,17). Auch diese Parallelen, die mehr als die Hälfte aller überhaupt vorhandenen Doppelüberlieferungen von Mk und Q betreffen, belegen nachhaltig den hohen traditionellen Wert der Überlieferungen des EvThom (zu den ersteren s. auch R. LAUFEN, Doppelüberlieferungen, 1980, 81ff und H.T. FLEDDERMANN, Mark and Q, 1995, 21f).

3. Auf eine Herkunft des EvThom aus Spruchsammlungen sehr früher Datierung deutet ferner die Tatsache, dass dessen Sprüche nur einen losen strukturellen Gesamtzusammenhang und in aller Regel keine Rahmenerzählung oder einen sonstigen Kontext haben. Dergleichen kompositionelle Elemente gelten als spätere Entwicklungen, wie sie aus den Evangelien geläufig sind. Ein Rahmen erscheint nur ansatzweise in Log 13, 22, 60, 61, 99, 113 und 114. Die Logien des EvThom sind vielmehr regelmäßig kurz und isoliert, nur gelegentlich länger, und mehrfach mit offenbar späteren Zusätzen versehen. Sie werden meist durch die Formulierung „Jesus sagte", „Er sagte", „Seine Jünger fragten ihn" o.ä. eingeleitet, manchmal aber auch ohne diese aneinander gereiht (s. BLATZ, s.o., 96f; VIELHAUER, s.o., 623f. u.a.).

Außerdem sind die einzelnen Logien durchweg durch Stichwort-Zusammenhänge und Wortanklänge, manchmal auch durch motivische bzw. inhaltliche Verknüpfungen miteinander verbunden. Da dies regelmäßig mnemotechnische Hilfsmittel sind, spricht das ebenfalls für frühe, der mündlichen Überlieferung nahestehende Spruchsammlungen (s. CULLMANN, ThLZ 85 [1960], 330f; VIELHAUER, s.o., 623f). Vgl. z.B. Log 1/2 durch „finden", 2/3 durch „König sein", 3/4/5 durch „erkennen", 5/6 durch „Verborgenes", 6/7 durch „essen", 7/8 durch „Mensch", 8/9/10 durch „werfen", 10/11 durch den Weltuntergang, 11/12 durch „Himmel", 12/13 durch den „Gerechten", 13/14 durch den Gegensatz „berauschen / fasten", 14/15 durch „beten", 15/16 durch „Vater", 16/17 durch „Menschen" (gelegentlich zweifelhaft; nach Log 17 liegt eine Zäsur mit Stichwort-Abbruch vor). Dann folgt eine erneute Reihe von Stichwort-Zusammenhängen, evtl. bis Log 35. Hier ist ebenfalls ein stichwortmäßiger Einschnitt (und gleichzeitig der Beginn von POxy 655) zu konstatieren. Von Log 36 bis 49/50 und Log 51 bis 61 scheinen weitere Sammlungen vorzuliegen, die den Hauptteil der Q-Parallelen enthalten. Die folgenden Sammlungen könnten sich nach den Stichwort-Zusammenhängen von Log 62 bis 76, Log 77 bis 82/83, Log

84 bis 114 erstrecken, s. des näheren die Kommentierungen. Diese Sammlungen haben andeutungsweise kompositorische Gehalte, die sie als redaktionell zusammengehörig erscheinen lassen. Ihre Schnittpunkte sind inhaltlich dadurch gekennzeichnet, dass hier vermutlich spätere Stücke mit entwickelterem theologischen Charakter eingefügt worden sind, wohl zwecks nachträglicher Interpretation und Überformung des ursprünglichen Traditionsguts (z.B. Log 1, 18/19, 36/37, 49/50, 61, 77, 83ff, 114).

Die genannten (Haupt-) Sammlungen enthalten wiederum noch kleinere, aus meist 2, 3, 4 oder mehr zusammenhängenden Logien bestehende (Einzel-) Sammlungen (also Spruch-Paare, z.B. Log 2/3, 6/7, 8/9, 10/11, 16/17, 28/29 usw., Spruch-Gruppen bzw. -Reihen, z.B. Log 2-5, 6-9, 14-17, 20-23, 24-27, 28-31 usw., und strukturierte Kompositionen, s. evtl. 12-17, 51-57, 62-67 usw., deren kompositorische Zusammenstellung jeweils ebenfalls Verkündigungs-Interessen dient, s. näher wieder die Komm.). Die zugrunde liegenden Einzel-Logien weisen außerdem noch gelegentlich (frühere oder spätere) Zusätze und Anhängsel auf, gleichfalls zum Zweck der Interpretation oder zur besonderen Charakterisierung der Worte (s. zu den Stichwort-Zusammenhängen auch E. HAENCHEN, Die Botschaft des Thomas-Evangeliums, 1961, 12f; S.J. PATTERSON, The Gospel of Thomas and Jesus, 1993, 100ff; A. CALLAHAN, No Rhyme or Reason, HTR 90, 4, 1997, 411ff; zur Gliederung im übrigen s. zuletzt W.E. ARNAL, The Rhetoric of Marginality, HTR 88, 1995,471ff; J.-D. KAESTLI, L'Utilisation de l' Évangile de Thomas dans la Recherche actuelle sur les Paroles de Jésus, in D. MARGUERAT (Hg.), Jésus de Nazareth, 1998, 373ff u. A.D. DE CONICK, The Original Gospel of Thomas, VigChr 2, 2002, 167ff). Für das Vorliegen dieser mehreren Sammlungen spricht ferner das häufige Vorkommen von (ganzen oder teilweisen) Dubletten. So in Log 21 S.5/103, 41/70, 55/101, 56/80, 81/110, im weiteren Sinn auch in Log 2/92/94, 3/51/113, 38 S.1/92 S.2, 22 S.4ff/48/106, 87/112, wobei die Dubletten am Ende des EvThom auffällig zunehmen. Diese Dubletten sind ebenfalls charakteristische Anzeichen dafür, dass verschiedene Überlieferungen und daraus gespeiste Sammlungen über ein und dasselbe Wort vorliegen. Diese sind offenbar später, evtl. wegen sekundärer Veränderungen, vom Bearbeiter bzw. Endredaktor nicht als solche erkannt worden und im Gesamtbestand aus verschiedenen redaktionellen Gründen verblieben (vgl. auch CULLMANN, s.o., 328; VIELHAUER, s.o., 624f u.a.; abw. J.M. ASGEIRSSON, Arguments and Audience(s) in the GosThom, SBL.SPS 36, 1997, 47ff u. 1998, 325ff, der die Dubletten für rhetorische Konstruktionen hält, was jedoch nur einen Teilaspekt von ihnen beleuchtet und ihrer Traditionsgeschichte nicht gerecht wird). Insgesamt liegt bei allen genannten Aspekten eine Verwandtschaft des

EvThom mit der Spruchquelle Q vor, bei der ebenfalls dürftige Rahmung, Stichwort-Zusammenhänge und Dubletten vorkommen. Auch die kompositorische Gestaltung von Q folgt ähnlichen Gesetzmäßigkeiten (s. z.B. H. SCHÜRMANN in Festschr. G. Schneider, 1991, 325ff). Die Tatsache, dass die Logien des EvThom (im Gegensatz zu Q) regelmäßig mit „Jesus sagte" o.ä. eingeleitet sind, ist ohne Bedeutung, da vermutlich auch bei Q solche Markierungen ursprünglich vorhanden waren, aber später bei der Aufnahme in die Evangelien fortgefallen sind (s. schon BULTMANN, Tradition, 349).

4. Das EvThom kann nach im einzelnen noch zu begründender Auffassung nicht als später pseudepigrapher Auszug aus den Synoptikern zuzüglich anderer Quellen wie dem Johannes-Evangelium oder apokryphen Evangelien angesehen werden. Das folgt daraus, dass insbesondere die den synoptischen Evangelien entsprechenden Stücke zum größten Teil keine Anzeichen der speziellen redaktionellen Arbeit der Evangelisten zeigen. Außerdem sind die Stücke im EvThom so verstreut, als kämen sie „aus einer Pfefferdose" (so WILSON). Sie ermangeln der Reihenfolge in den Evangelien und entbehren auch in der Regel einer gezielten (etwa stilisierenden oder gar mystifizierenden) inhaltlichen Abänderung. Diese Stellen haben auch keineswegs den Charakter einer nachträglichen Bearbeitung der Synoptiker oder des JohEv; denn auch deren Aufbaustrukturen fehlen noch völlig. Es sind auch keine sinnvollen Harmonisierungen synoptischer Stellen, sondern (manchmal) Vermischungen von Logien, die typisch sind für vorliterarische Spruchsammlungen. Die im EvThom vorliegende Aneinanderreihung von solchen Einzelsprüchen macht gelegentlich sogar (nach VIELHAUER) noch „einen archaischeren Eindruck als Q". Somit spricht alles dafür, dass diese Stücke (von wenigen nachgetragenen Stücken abgesehen!) aus einer selbstständigen und zwar möglicherweise auch manchmal älteren Tradition als die Synoptiker stammen.

So insbesondere H. KÖSTER - J.M. ROBINSON, Entwicklungslinien durch die Welt des frühen Christentums, 1971, 67ff; 118ff, 155ff; H. KÖSTER, Einführung in das Neue Testament, 1980, 586ff; B. BLATZ, s.o., 93ff; P. VIELHAUER, s.o., 618ff; J. JEREMIAS, Die Gleichnisse Jesu, 3.A., 1969, 16ff; F. CORNELIUS, Die Glaubwürdigkeit der Evangelien, 1969, 45ff; K. BERGER, Einführung in die Formgeschichte, 1987, 120ff; J.H. SIEBER, A Redactional Analysis of the Synoptic Gospels with Regard to the Question of the Sources of the Gospel According to Thomas, 1966; S.J. PATTERSON, s.o., 7ff; S.L. DAVIES, The Gospel of Thomas and Christian Wisdom, 1983, 1ff sowie Christology and Protology, 1992, JBL 111, 662ff; J.D. CROSSAN, Four Other Gospels, 1985, 13ff; C.W. HEDRICK, Thomas and the Synoptics, SecCen 7, 1989/90, 39ff; R. CAMERON, ABD 6, 1992, 535ff; B.L.

MACK, Wer schrieb das Neue Testament?, 2000, 88ff; J. LIEBENBERG, Language of the Kingdom of Jesus, 2001 sowie G. THEISSEN - A. MERZ, Der historische Jesus, 1996, 52ff u.a. Anderer Meinung (a.M.) ist besonders W. SCHRAGE, Das Verhältnis des Thomas-Evangeliums zur synoptischen Tradition und zu den koptischen Evangelienübersetzungen, 1964 (und i. Anschl. an ihn der Kommentar von M. FIEGER, Das Thomasevangelium, 1991): Er will besonders beweisen, dass die koptische Übersetzung des EvThom mit den koptischen Evangelien-Übersetzungen weithin übereinstimmt. Allerdings sind diese Evangelien-Übersetzungen erst im 3. Jahrhundert entstanden. Welcher Übersetzer ins Koptische sich an wen angelehnt hat, ist damit auch nicht festzustellen. Im übrigen widerlegen derartige mögliche Beeinflussungen nicht das Vorliegen einer selbstständigen früheren Tradition mit den dafür sprechenden Anzeichen. Ferner R.M. GRANT - D.N. FREEDMAN, Geheime Worte Jesu, 1960, 91ff.79ff, die annehmen, dass die Sprüche im EvThom das Ergebnis bewusster Veränderungen, Umstellungen und Verknüpfungen synoptischer Logien seien, wofür sich aus dem EvThom selbst jedoch keine hinreichenden Anhaltspunkte ergeben; die gnostisierende Praxis der Kombination kanonischer Herrenworte durch die Naassener entspricht erheblich späterer Praxis. Für Abhängigkeit der Thomas-Logien von den Synoptikern plädieren auch E. HAENCHEN, Die Botschaft des Thomas-Evangeliums, 1961; B. GÄRTNER, The Theology of Thomas, 1961; R. KASSER, L' Évangile selon Thomas, 1961; J.-É. MÉNARD, L'Évangile selon Thomas, 1975; H. SCHÜRMANN, Das Thomasevangelium und das lukanische Sondergut, BZ 7, 1963, 236ff; A. LINDEMANN, Zur Gleichnisinterpretation im Thomas-Evangelium, ZNW 71, 1980, 214ff; A.J. HULTGREN, The Parables of Jesus, 2000, 430ff u.a.; jeweils im Zusammenhang mit der Behauptung, dass das EvThom gnostischer Herkunft sei und sich daraus auch ein entsprechender tendenzieller Gebrauch der Synoptiker ergebe (s. dazu noch später b. d. Komm.). Zurückhaltender hält C. TUCKETT, Das Thomasevangelium und die synoptischen Evangelien, BThZ 2, 1995, 186ff die Verbindung einzelner Logien mit der Redaktion der Synoptiker für möglich und nimmt deshalb an, dass eine indirekte Abhängigkeit des EvThom von den Synoptikern vorliege (s. auch Nov Test 30, 1988, 132ff u. ETL 67, 1991, 346ff). Oft wird insofern auch an eine „sekundäre orale" Überlieferung gedacht, vgl. R. URO, „Secondary Orality" in the Gospel of Thomas?, F & F Forum 9, 1993, 305ff. Weiterhin wird angenommen, dass auch eine solche Abhängigkeit von einer Harmonie aller Evangelien nach der Art von Tatians Diatessaron bestehen könne (J.P. MEIER, A Marginal Jew, 1.Bd., 1991, 137.165) oder ein Exzerpt aus einem Evangelien-Kommentar wie dem des Papias vorliegen könne (H.-M. SCHENKE, On the Compositional History of the Gospel of Thomas, F & F Forum 10, 1994, 9ff). Ausreichende Anzeichen für den Einfluss einer vorhergehenden Verschriftlichung sind jedoch nicht sicher feststellbar. Auch der typische Aufbau und Rahmen einer Evangelien-Harmonie oder eines entsprechenden Kommentars sind nicht ersichtlich, abgesehen davon, dass wir diese kaum kennen. Insgesamt entspricht das EvThom nicht einem Auszug aus einem vorher festliegenden Text, wie dies etwa beim EvPhil der Fall sein mag, sondern dürfte aus der Zusammenfügung kleinerer Spruchsammlungen erwachsen sein, die wiederum aus mündlicher Überlieferung entstammen, ähnlich wie dies bei Q anzunehmen ist; daraus dürften sich zumeist auch die von SCHENKE festgestellten „Aporien" am besten erklären lassen.

Die Beziehung des EvThom zum Johannes-Evangelium hat besonders R.E. BROWN, NTS 9, 1962/3, 155ff untersucht und insofern eine mögliche Einflussnahme des JohEv auf das EvThom oder eine seiner Quellen angenommen (ähnl. später J. SELL, Persp. in Rel. Studies 7, 1980, 24ff). Dem ist jedoch ebenfalls nicht zuzustimmen, da eine literarische Abhängigkeit des EvThom in keinem Fall nachzuweisen ist (s. KÖSTER in Entwicklungslinien, 124; vgl. die Komm. i.e.). Allerdings besteht in manchen Teilen eine bemerkenswerte Nähe zur Vorstellungswelt des JohEv und zu einzelnen joh Überlieferungen (vgl. näher I. DUNDERBERG in R. URO (Hg.), Thomas at the Crossroads, 1998, 33ff m.w.N.). Die Beziehung zum JohEv wird dadurch kompliziert, dass dieses in einem sehr verwickelten Traditions- und Redaktions-Prozess über einen langen Zeitraum hin entstanden sein wird. Über die damit zusammenhängenden Fragen ist allerdings in der nt Wissenschaft noch keineswegs Einigkeit erzielt worden, trotz vielfältiger Forschungsbemühungen. Das klassische Quellen- und Schichten-Modell R. BULTMANNs (Johannes, 1986 u. RGG III, 3.A., 1959, 842) ist zwar inzwischen weitgehend relativiert, aber jedenfalls insofern noch erheblich, als es von einer Redenquelle als einer der Grundlagen des JohEv ausgeht, die allerdings nicht als gnostisch, sondern als hellenistisch-judenchristlich zu qualifizieren sein wird, und besonders die „Ich-bin"- und die „Lebens"-Worte, ferner Sprüche über den „Sohn", den „Menschensohn" und den „Tröster" umfasst haben könnte (s. VIELHAUER, Geschichte der urchristlichen Literatur, 425ff.427; KÖSTER, Einführung in das NT, 616ff; NORDSIECK, Johannes, 45ff u.a.). Diese joh Redenquelle könnte ebenfalls eine Parallelerscheinung zum EvThom sein, das in analoger Weise Worte wie Log 77; 13,108; 28,43,62 („Ich"-Worte); Log 4,58,101; 1,18,19,111 („Lebens"-Sprüche), ferner Worte über die Präexistenz Jesu und der Seinen, über „Geist" und „Fleisch" und die „Welt" u.ä. enthalten hat. Die joh Redenquelle war zwar dem JohEv vorgelagert, sie wird aber jedenfalls wohl später als Q anzusetzen sein, auch insoweit ist eine Abhängigkeit des EvThom nicht auszumachen. Schließlich ist bemerkenswert, dass im EvThom auch keinerlei Spuren eines Einflusses der letzten sog. „kirchlichen" Redaktion des JohEv sich finden. Diese enthielt nach BULTMANN gewisse Ergänzungen, die von spezifisch kirchlichen Interessen getragen waren (so über die Taufe, die Eucharistie, den jüngsten Tag, Kreuzestod und leibliche Auferstehung Jesu sowie at Reflexionszitate); derartige Fragen sind im EvThom (noch) nicht eingearbeitet.

5. Das Vorliegen einer selbstständigen früheren Tradition im EvThom gegenüber den Synoptikern und auch dem JohEv lässt sich ferner auch aus einer Reihe von typischen Einzellogien und deren Form folgern, wie später noch näher aufzuweisen sein wird. Hier sei beispielhaft verwiesen auf Log 8 (Gleichnis vom großen Fisch), das älter sein dürfte als die Par Mt 13,47ff, da es in seiner Struktur der eschatologischen Reich-Gottes-Verkündigung Jesu offenbar nähersteht als die apokalyptisch ausgelegte Parallele (Par), so bereits J. JEREMIAS, HUNZINGER u.a., vgl. i.e. die Kommentierung. Ferner ist Log 31 (Prophetenspruch) wahrscheinlich früher als Lk 4,24 Par Mk 6,4; denn es handelt sich um eine zusammenhängende Kurzform weisheitlicher Herkunft, die regelmäßig Grundlage später ausgestalteter Szenarien wie Mk 6,1ff ist; außerdem kann sie nicht aus Lk wegen dessen Fragmentcharakters abgeleitet sein, sondern wird dort eher vorausgesetzt (vgl. schon BULTMANN und DIBELIUS zur gleichlautenden POxy-Par). Log 65 (Gleichnis von den bösen Weingärtnern) ist wie übrigens viele Gleichnisse vermutlich älter als Mk 12,1ff Par, was sich aus der stärker fortgeschrittenen Allegorisierung bei Mk und seinen synoptischen Par ergibt; es hat eine Form, die bereits vor Entdeckung des EvThom hypothetisch als Grundform angenommen worden ist (s. schon J. JEREMIAS, BULTMANN; dies gilt auch bei anzunehmender eschatologischer Deutung). Auch bei einer weiteren Zahl von aphoristischen Sprüchen und Gleichnissen spricht aus traditions- und formgeschichtlichen Gründen vieles dafür, dass sie von älterer Tradition sind als ihre synoptischen Pendants, s. des näheren die Kommentierung bei Log 9,26,55,76,86, 89,93,95 u.a.; andere wiederum sind diesen jedenfalls ebenbürtig. Wenn SCHRAGE etwa meint, Thomas habe „das Wort [Log 31] aus seiner historischen Situation, die ihm die Synoptiker zuweisen, gelöst und wieder zu einem ‚freien Logion' gemacht" (s. o., 76), oder LINDEMANN, ZNW 71 (1980), 236 eine „sekundäre Ent-allegorisierung" der Gleichnisse annimmt, so vernachlässigen sie damit grundlegende Erkenntnisse der formgeschichtlichen Forschung (s. auch KÖSTER in Entwicklungslinien, 121ff.163f.168f). Das gilt im übrigen auch für die Vorstellung von E. RAU (Jesus, Freund von Zöllnern und Sündern, 2000, 88), der eine „Tendenz zur Fragmentierung", zu

„kontextueller Isolierung" und damit zur „Enthistorisierung" in den Logien des EvThom sehen will.

6. Allgemein spricht für die Herkunft des EvThom aus einer sehr alten Tradition das große Gewicht der Reich-Gottes-Verkündigung in ihm, die als authentisch und besonders charakteristisch für den historischen Jesus gilt. Der Terminus „Reich" kommt im EvThom 9mal (Log 3,22,27,46,49,82,107,109,113), das „Reich des Vaters" 7mal (Log 57,76,96,97,98,99,113) und das „Reich der Himmel" 3mal (Log 20,54,114) vor. In keiner anderen frühchristlichen Schrift, abgesehen von den synoptischen Evangelien ist die Basileia daher so häufig thematisiert wie im EvThom (s. auch K.L. KING, Kingdom in the Gospel of Thomas, F & F Forum 3,1, 1987, 48ff; P. PERKINS in C.W. HEDRICK, Historical Jesus and Rejected Gospels, 1988, 79ff; D.C. DULING, ABD 4,49ff, 1992). Ähnliches gilt für den inhaltlich gleichbedeutenden Terminus „Leben", der ebenfalls ursprünglich ist und auch bereits bei den Synoptikern für die Gottesherrschaft verwendet wird, vgl. Log 4,58,101, s. auch Log 11 (dazu näher M. LELYVELD, Les Logia de la Vie dans l' Évangile de Thomas, 1987). Das Reich Gottes wird allerdings zentral in der Gegenwart gesehen (vgl. besonders Log 3,51,113), doch entfällt der Zukunftsaspekt durchaus nicht ganz (s. dazu Log 22,99, auch 11,111 u.ö.); daneben kommt (freilich sekundär) auch der Vergangenheitsaspekt vor, dass der Jünger aus dem Reich Gottes stammt (s. z.B. Log 49). Auch der altertümliche Begriff „Menschensohn" tritt 3mal auf, einmal für Jesus selbst und zweimal für seine Nachfolger bzw. die Menschen allgemein (s. Log 86; ferner 13 u. 106); dasselbe gilt für den Begriff „Sohn", ebenfalls in nicht-exklusiver Verwendung (s. Log 44; ferner s. Log 61 S.3). Kennzeichnend für das EvThom ist weiter die erstaunlich umfangreiche Aufnahme von Gleichnissen (14-mal, s. die Komm.), die inhaltlich durchaus der synoptischen (und vielfach jesuanischen) Verwendung entspricht und sich vom frühjüdischen wie auch sonstigen frühchristlichen Gebrauch deutlich unterscheidet; bemerkenswert sind dabei besonders die Gleichnisse von der Frau mit dem Krug und dem Attentäter (Log 97,98), die in keinem kanonischen Evangelium auftauchen. Ähnliches gilt schließlich für die typischen aphoristischen Logien, besonders mit den von Jesus bevorzugten Redewendungen wie dem passivum divinum, Hyperbeln und Paradoxien sowie dem antithetischen Parallelismus membrorum (s. schon J. JEREMIAS, Theologie, 19ff).

Dagegen fehlen im EvThom eine explizit ausgestaltete Christologie und Ekklesiologie nebst institutionellen Autoritätsstrukturen, Geburts- und Wundergeschichten sowie ein ausgebildetes Kerygma von Kreuz und Auferstehung Jesu, das später bei Paulus und Johannes so bedeutsam werden sollte. Das ändert aber nichts daran, dass Jesus und seinem

Wirken dennoch eine entscheidende Heilsbedeutung zugeschrieben wird, nicht nur als Lehrer, Prophet und Arzt, s. Log 13,31, sondern als „Lebendiger", somit als Vermittler des Reichs Gottes und „Lebens", vgl. Log 52,59 (s. auch M. FRANZMANN, Jesus in the Nag Hammadi Writings, 1996, 78ff). Selbst sein Tod und seine Erhöhung werden in verhüllter Weise angedeutet, s. Log 12 S.1,38,65,104 u. Log 66, und eine Heilsgemeinschaft wird in der Form der neuen Familia dei nahe gelegt, s. Log 99 (s. zum Ganzen VIELHAUER, s.o., 633ff; BLATZ, s.o., 97; THEISSEN - MERZ, s.o., 54).
Auch eine gnostische Mythologie ist trotz mancher „gnostisierender", weisheitlicher Färbung der Logien nicht ausgeführt. Die Gnosis soll hier typologisch als synkretistische religiöse Bewegung des 2./3. Jahrhunderts angesehen werden, die von einem scharfen Dualismus zwischen der göttlichen Sphäre und der materiellen Welt geprägt ist. Neben dem völlig jenseitigen, fernen obersten Gott werden weitere göttliche Figuren, Engelmächte, Sphären u.ä. eingeführt wie auch besonders der niedere Schöpfergott („Demiurg"). Die böse Welt und Materie sind in einem mythologischen Drama entstanden, bei dem ein „göttlicher Funken" in die niedere Welt gefallen ist, der darin schlummert und nunmehr durch Erkenntnis über diesen Zustand („Gnosis") befreit werden muss. Diese Befreiung ist nur durch eine jenseitige Erlösergestalt zu gewinnen, die aus einer oberen Sphäre hinab- und wieder hinaufsteigt. Diese Gestalt wird oft doketistisch gesehen, d.h. nur als mit einem Scheinleib aus pneumatischer Substanz versehen. Die in den gnostischen Systemen vorgetragene Mythologie fehlt indessen völlig im EvThom. Selbst der Terminus „Gnosis" kommt nur einmal, nämlich in dem Log 39 mit synoptischer Par (s. Lk 11,52), vor. Es liegen auch keine „Gespräche" des auferstandenen Christus mit seinen Jüngern oder eine sonstige Offenbarung von Mysterien durch den Erhöhten vor, wie sie für die Gnosis kennzeichnend sind. Desgleichen fehlt eine für die naassenische und valentinianische Gnosis typische Exegese. Der „lebendige" Jesus ist vielmehr (wie auch Gott, s. Log 3,37) der das Leben Besitzende und Spendende. Seine Worte sind vorösterlich geprägt und sollen zur Rettung zuvörderst in diesem Leben führen, wenn sie auch (redaktionell) als „geheim" bezeichnet werden (s. näher Log 1) und der Deutung bedürfen (vgl. Log 8,21,24,63 usw.: „Wer Ohren hat, der soll hören!") (s. K. RUDOLPH, Die Gnosis, 3.A., 1990; H.-J. KLAUCK, Die religiöse Umwelt des Urchristentums, 1996, 161ff; C. MARKSCHIES, Die Gnosis, 2001; K.W. TRÖGER, Die Gnosis, 2001 u.a.).
Auch eine Zugehörigkeit des EvThom zu dem der Gnosis nahestehenden Enkratismus ist nicht festzustellen (entgegen G. QUISPEL, ferner A.D. DE CONICK, s. später). Die für den Enkratismus typische asketische und zölibatäre Haltung ist im EvThom trotz seiner Distanz gegenüber der

„Welt" nicht ausgebildet (s. z.B. R. URO, Thomas at the Crossroads, 1998, 140ff m.w.N.). Aus den zur Begründung herangezogenen Log 22,48,106, ferner 37,114 u.a. lässt sich dies auch nicht entnehmen (vgl. die Komm. i.e.). Schließlich ist das EvThom auch nicht antijüdisch und etwa deshalb als Gnosis-nahe zu qualifizieren (so aber GÄRTNER, Theology, 157). Die dafür angeführten Log 6,14,52,53,89,104, die gesetzes- bzw. kultkritisch sind, oder Log 39,43,102 betr. „Pharisäer" und „Juden" bewegen sich in einem Rahmen, der auch vom synoptischen oder johanneischen Jesus geläufig ist, und sind eher als charakteristische innerjüdische Auseinandersetzungen zu würdigen. Ein Antijudaismus oder auch eine Trennung von der Geschichte Israels ist aus ihnen nicht zu entnehmen (vgl. auch die Komm. zu Log 52). Vielmehr gehören diese Logien Überlieferungen an, die einem älteren Judenchristentum besonderer Prägung entsprechen (so schon QUISPEL, s. unten; S.L. DAVIES, Christology and Protology, 682; H. KÖSTER - J.M. ROBINSON, Entwicklungslinien, 127f u.a.).

7. Es sprechen danach entscheidende Umstände dafür, daß das EvThom aus frühen, gegenüber den Synoptikern und dem Johannes-Evangelium selbstständigen und nicht-gnostischen Spruchsammlungen stammt, die dem frühesten Judenchristentum angehören und dem historischen Jesus jedenfalls nahestehen und somit authentisches Gut der Jesus-Verkündigung enthalten können.

Vgl. dazu schon L. LEIPOLDT, ThLZ 83 (1958), 481ff und O. CULLMANN, ThLZ 85 (1960), 321ff; dann besonders J. JEREMIAS, Gleichnisse, 3.A., 1969, 60ff; C.-H. HUNZINGER, ThLZ 85 (1960), 843ff und Festschr. J. Jeremias, BZNW 26, 209ff; R.MCL. WILSON, Studies in the Gospel of Thomas, 1960 und TRE 3, 1978, 323ff; H. MONTEFIORE, NTS 7 (1960/61), 220ff; R. HAARDT in K. SCHUBERT (Hg.), Der historische Jesus und der Christus unseres Glaubens, 1962, 257ff; T. SCHRAMM, Der Markusstoff bei Lk, 1971, 10ff; N. PERRIN, Jesus, 1972, 27ff; B. BLATZ, s.o., 93ff; R. VALANTASIS, The Gospel of Thomas, 1997,12ff; J. ROLOFF, Jesus, 2000, 25f u.a. Besonders der eigenwillige Gelehrte G. QUISPEL geht von sehr alten, gegenüber den Synoptikern unabhängigen und nicht-gnostischen Quellen des EvThom aus, bei denen er allerdings zum größten Teil an außerkanonische Evangelien wie das Nazaräer- bzw. Hebräer-Evangelium und das Ägypter-Evangelium denkt (s. The Gospel of Thomas and the New Testament, VigChr 11, [1957], 189ff; Makarius, das Thomasevangelium und das Lied von der Perle, 1967; Some Remarks on the Gospel of Thomas, NTS 5 [1958/9], 276ff; VigChr 45 [1991], 78ff u.ö.). Einen davon unabhängigen Zugang zur Echtheit von EvThom-Logien suchen J.B. BAUER in W.C. VAN UNNIK, Evangelien

aus dem Nilsand, 1960, 57ff und R. SUMMERS, The Secret Sayings of the Living Jesus, 1968. Auch J.D. CROSSAN, Der historische Jesus, 1994, 563ff.; G. LÜDEMANN, Jesus nach 2000 Jahren, 2000, 753ff und R. FUNK, R.W. HOOVER and the Jesus-Seminar, The Five Gospels, 1993, 471ff setzen sich in differenzierter Weise für die Möglichkeit einer Authentizität von Logien des EvThom ein.
Anderer Meinung sind E. HAENCHEN, s.o., 1961, und W. SCHRAGE, s.o., 1964 sowie M. FIEGER, dgl., 1991, die den gnostischen Anteil im EvThom für so groß halten, dass authentische Jesusüberlieferungen nicht zu erwarten seien (ähnlich auch J.-É. MÉNARD, L' Évangile selon Thomas, 1975, jedoch mit Differenzierungen; ferner GRANT - FREEDMAN, GÄRTNER, KASSER, LINDEMANN, TUCKETT, s.o., ferner noch J.P. MEIER, A Marginal Jew, 124ff; N.T. WRIGHT, The New Testament and the People of God, 1992, 435ff; L.T. JOHNSON, The Real Jesus, 1996, 88f; W. SCHMITHALS, Die Evangelisten als Schriftsteller, 2001, 106ff; B. DEHANDSCHUTTER, K.R. SNODGRASS und J.M. SEVRIN in ihren Gleichnis-Untersuchungen sowie zumeist auch A.J. HULTGREN in The Parables of Jesus, 2000, 430ff). Diese Untersuchungen verkennen jedoch das Verhältnis der verarbeiteten alten Traditionen zu der späteren theologischen und oft „gnostisierenden" Überarbeitung und Ergänzung, die möglich ist, aber durchaus von dem ursprünglichen Gut abgehoben werden kann. DAVIES, The Gospel of Thomas and Christian Wisdom, 1983, geht sogar nicht einmal von einer solchen Überarbeitung aus, sondern hält das EvThom für den Ausläufer einer christlichen Weisheitstradition, die Jesus mit der Weisheit identifizierte. Ähnlich tritt auch PATTERSON, The Gospel of Thomas and Jesus, 1993 für Unabhängigkeit der Überlieferung der Logien des EvThom ein, die er im Zusammenhang mit dem Wanderradikalismus der Jesus-Bewegung sieht (s. auch THEISSEN - MERZ, s.o., 55). Das gleiche akzeptieren auch zum Teil, allerdings mit verschiedener Gewichtung, in sorgfältiger Untersuchung der Rezeption der Logienüberlieferung J. SCHRÖTER, Erinnerung an Jesu Worte, 1997, und T. ZÖCKLER, Jesu Lehren im Thomasevangelium, 1999, ferner z.T. S. PETERSEN, Zerstört die Werke der Weiblichkeit, 1999 u. J. HARTENSTEIN - S. PETERSEN, Das EvThom, in Kompendium Feministische Bibelauslegung, 1998, 768ff.
8. Das Alter jedenfalls der meisten der dem EvThom zugrundeliegenden Spruchsammlungen wird man danach etwa in der Zeit der Entstehung der Logienquelle Q (ca. 40-70 n.C.) anzusetzen haben. Dabei wird man angesichts der zahlreichen Aramaismen jedenfalls von einem aramäischen Hintergrund der mündlichen Überlieferungen auszugehen haben, die dann zunächst zu Spruch-Sammlungen zusammengestellt wurden (s. schon A. GUILLAUMONT, Sémitismes dans les Logia de

Jésus, Journal asiatique [1958], 113ff u. Les Sémitismes dans l' Évangile de Thomas, Festschr. G. Quispel [1981], 190ff; ferner K.H. KUHN, Le Muséon 73, 1960, 317ff), wohl zuerst mündlich zu Spruch-Paaren und - Gruppen und schriftlich dann zu kleineren und größeren Spruch-Sammlungen. Inhaltlich ist diese älteste Schicht der zugrunde liegenden Spruch-Sammlungen stark weisheitlich, aber auch apokalyptisch geprägt (s. DAVIES, Wisdom, 18ff.100ff; DE CONICK, The Original Gospel of Thomas, VigChr 2, 2002,167ff.195). Man könnte sagen, dass in der eschatologischen Verkündigung, die auf Jesus zurückgeführt wird, apokalyptische und weisheitliche Züge untrennbar miteinander verbunden sind und auf eine charakteristische Weise ausbalanciert werden. Eine einseitig weisheitliche Prägung, zumal in der Nähe des hellenistischen Kynismus (so bes. MACK, The Lost Gospel, 1993 u.a.) ist nicht anzunehmen; dagegen spricht, dass besonders in der ältesten Schicht gerade das eschatologische Element mit seiner auf grundlegende und endgültige Veränderung zielenden Stoßrichtung maßgeblich ist (s. auch J.W. MARSHALL in W.E. ARNAL u. M. DESJARDINS (ed.), Whose Historical Jesus?, 1997, 37ff [59]).

Die nachfolgende Zusammenstellung und Verknüpfung der (Einzel- und der Haupt-) Sammlungen zu dem vorhandenen Spruch-Evangelium ist dann in einem länger währenden Prozess wohl für die Zeit bis spätestens ca. 100 - 110 anzunehmen, somit bis zur Zeit der (wahrscheinlichen) Abfassung des JohEv, und zwar in griechischer Sprache (a.M. die früher weit verbreitete Meinung: ca. 140 n.C., s. z.B. bei H.C. PUECH in SCHNEEMELCHER, NtApokr, I, 3.A., 1959, 205f). Die abschließende Redaktion kann ähnlich wie das JohEv (nach seiner Grundschrift) als „gnostisierend" bezeichnet werden, und zwar in einer Weise, die eine kreative Auseinandersetzung mit der sich allmählich entwickelnden Gnosis darstellt. Sie enthält im Ergebnis eine Verstärkung der weisheitlichen und schöpfungstheologischen Bestandteile und der Präexistenz-Christologie des EvThom, besonders in den Knotenpunkten der Log 18/19, 37, 49/50, 83/84 bzw. 61 und 77, aber auch in einer Reihe von Zusätzen und Anhängseln mit nur selten synoptischem Inhalt (s. z.B. Log 4 S.2, 5 S.2, 39 S.3 usw.), aber meist ebenfalls protologischen und spiritualisierenden Weiterentwicklungen (s. z.B. Log 3 S.4-5, 4 S.3, 16 S.4, 23 S.2 und ganz auffällig 111 S.3). Das hat gleichfalls besonders johanneische, ferner aber auch paulinische und sonstige frühchristliche Parallelen. Dagegen enthält diese abschließende Redaktion noch keinerlei Elemente der späteren joh „kirchlichen" Redaktion (zur Entwicklung des EvThom i.e. s. auch die Modelle von W.E. ARNAL, The Rhetoric of Marginality, HTR 88, 1995,477ff u. DE CONICK, The Original Gospel of Thomas, 185ff, die jedoch die genannte redaktionelle Schicht für „gnostisch" bzw. „enkratitisch" und „hermetisch" halten; zutreffend dagegen besonders VALANTASIS, GosThom, 19ff; DAVIES, Wisdom, 18ff.100ff; PAGELS, JBL 118/3, 477ff.488; CROSSAN, Der historische Jesus, 563ff u.a.). Als Ort der genannten Zusammenfassung kommt der ostsyrische Raum um Edessa (heute Urfa, Türkei) in Frage. Ägypten, wo die griech. Oxyrhynchos-Papyri und später das kopt. EvThom gefunden worden sind, scheint erst später von Bedeutung geworden zu sein. Auf das ursprüngliche Zentrum des Thomas-Christentums im ostsyrischen Raum verweist dagegen die Aussage des Prologs des EvThom in der Gestalt des POxy, wonach „Judas Thomas" der Verfasser des Evangeliums gewesen sein soll (s. auch den Schluss und Log 13, wo er nur „Thomas" genannt wird). Die Namensform „Judas Thomas" für den Jünger Thomas (vgl. zu ihm Mt 10,3 Par Lk 6,14 [Q]; Mk 3,18; Apg 1,13 und Joh 11,16; 14,5; 20,24ff; 21,2) ist, wie besonders die Thomas-Akten (ActTh), ferner das Thomas-Buch (LibTh) zeigen, dort beheimatet. Auch im übrigen ist nachzuweisen, daß der Raum um Edessa Mittelpunkt der Thomas-Tradition war. Von Judas Thomas (aram. Zwilling, wie Didymos nach Log 1 gr. Zwilling heißt) oder seinen Schülern können somit jedenfalls die dem Spruch-Evangelium zugrundeliegenden Sammlungen stammen, wie Einleitung und Abschluss des EvThom ergeben. Dieser war nach den Apostellisten Jünger Jesu und wurde regelmäßig mit dem anderen apostolischen Evangelisten Matthäus zusammen genannt. Nach den ebenfalls ostsyrischen Thomas-Akten soll er sogar mit dem leiblichen Bruder Jesu namens Judas identisch sein, was jedoch vermutlich eine nachträgliche Kombination ist (s. auch schon H.C. PUECH in SCHNEEMELCHER, NtApokr, I, 3.A., 1959, 199ff; näher auch H. KÖSTER - J.M. ROBINSON, Entwicklungslinien, 119f und besonders A.F. KLIJN, Edessa. Die Stadt des Apostels Thomas, 1965; kritisch dazu B. EHLERS, NovTest 12 [1970], 284ff und antwortend KLIJN, Christianity in Edessa and the Gospel of Thomas, NovTest 14 [1972], 70ff). Dass die ältesten Teile der Sammlung(en) evtl. sogar von Jerusalem oder Antiochia stammen und insoweit auch dem Herrenbruder Jakobus eine Rolle als Gewährsmann zufällt, vgl. Log 12, ist nicht auszuschließen, vgl. M. DESJARDINS, Toronto Journal of Theology 8, 1992, 121ff. Insgesamt ist von Bedeutung, wie besonders PATTERSON, GosThom, 113ff ausgeführt hat, dass die Thomas-Bewegung wie auch diejenige Jesu selbst personell von wandernden judenchristlichen Charismatikern mit einem sozial-radikalen Bewusstsein geprägt war und erst nach und nach, wohl im ostsyrischen Raum von Edessa, zur Sesshaftigkeit gelangt ist, zusammen mit heidenchristlichen Anhängern. An diese Gemeinschaft wird dann das EvThom als Ganzes auch adressiert gewesen sein, als eine Art Predigt-Instruktion, ähnlich wie KLOPPENBORG dies für Q angenommen hat (Excavating Q, 143ff).

9. Die Gründe, die das EvThom später als häretisch erscheinen ließen und wahrscheinlich auch zu seiner Nichtaufnahme in den Kanon geführt haben, dürften heute in keiner Weise mehr überzeugungskräftig sein. Es sind vermutlich die Hervorhebung der Rolle des Apostels Thomas als eines besonders herausragenden Offenbarungsvermittlers und seine Überordnung gegenüber Petrus und Matthäus mit ihren Traditionen (s. Log 13) und wohl auch die Zurückweisung der Kritik des Petrus an Maria Magdalena (Log 114). Die kanonischen Evangelien betonen demgegenüber die Führungsrolle des Petrus (besonders Mt 16,13ff; aber auch Mk 8,27ff; Lk 9,18ff und Joh 6,66; ferner 1Kor 15,4) gegenüber allen andern Jüngern bzw. -innen. Inhaltlich war das EvThom wohl anstößig wegen seiner individualistischen Haltung, die allem Institutionalismus abhold war, seiner Infragestellung des Patriarchalismus und last not least seiner besonders ausgestalteten Christologie. Weiter bestanden wohl auch Spannungen der Johannes-Gemeinde(n) zu dem Apostel Thomas und seiner Gemeinde, und zwar trotz ihrer Nähe zueinander, das zeigt die Hervorhebung des „Glaubens" gegenüber dem „Sehen", Erkennen des Thomas in Joh 20,29 (s. näher dazu G.J. RILEY, Resurrection Reconsidered, 1995, 100ff; ferner A. D. DE CONICK, Voices of the Mystics, 2001, 19ff). Auch die Kritik des Paulus an einer gesteigerten Gegenwarts-Eschatologie bei der Gemeinde in Korinth könnte ähnliche Vorstellungen bei den Thomas-Christen betreffen (s. 1Kor 2,4ff; 4,6ff.18f; dazu s. auch DAVIES, Wisdom, 138ff). Schließlich mag auch noch der offenbare Gebrauch des EvThom in vielen der Großkirche fernstehenden und des Gnostizismus beschuldigten Gemeinden dazu geführt haben, dass das EvThom nicht kanonisiert wurde. Dies alles dürfte jedoch heute für die Authentizität von Logien aus dem EvThom nicht mehr maßgeblich sein. Vielmehr ist, wie im folgenden versucht wird, jedes einzelne Stück dieses „5. Evangeliums" (DAVIES) in seinem historischen Kontext samt der vorliegenden Traditions- und Redaktions-Geschichte auf seine Echtheit zu überprüfen, selbst wenn dadurch möglicherweise dogmatische Erschütterungen zu erwarten sind, auch damit keines dieser Kostbarkeiten in Vergessenheit gerät. Durch seine vordogmatische Haltung könnte das EvThom auf diese Weise auch einen Beitrag zur Erneuerung der Kirche und zur Entkrampfung des Verhältnisses der Konfessionen und Religionen zueinander leisten.

10. Zum Text des EvThom s. zunächst die Editio princeps von A. GUILLAUMONT, H.-C. PUECH, G. QUISPEL, W. TILL und YASSA 'ABD AL MASIH unter dem Titel „Das Evangelium nach Thomas", 1959 (von ihr stammt die jetzt übliche Einteilung in 114 Logien); dazu neben HAENCHEN und FIEGER ferner J. LEIPOLDT, Das Evangelium nach Thomas, 1967; B. BLATZ in SCHNEEMELCHER, Neu-

testamentliche Apokryphen, I, 6.A., 1990, 98ff; K. BERGER u. C. NORD, Das Neue Testament und frühchristliche Schriften, 1999, 644ff; J. SCHRÖTER u. H.-G. BETHGE, Das Evangelium nach Thomas, in Nag Hammadi Deutsch, hg. v. H.-M. SCHENKE pp., 2001, 151ff; ferner O. BETZ - T. SCHRAMM, Perlenlied und Thomas-Evangelium, 1985; K. DIETZFELBINGER, Apokryphe Evangelien aus Nag Hammadi, 1988; W.C. VAN UNNIK, Evangelien aus dem Nilsand, 1960 sowie maßgeblich T.O. LAMBDIN, The Gospel According to Thomas, in B. LAYTON, Nag Hammadi Codex II, 53ff. Ergänzend sei schließlich auf die hervorragenden Forschungs-Berichte von E. HAENCHEN, Literatur zum Thomasevangelium, ThR 27 (1961/2), 147ff.306ff; K. RUDOLPH, Gnosis und Gnostizismus, ThR 34 (1969), 121ff,181ff u. 359ff; F.T. FALLON - R. CAMERON in ANRW II, 25/26 (1988), 4195ff; S.J. PATTERSON, The Gospel of Thomas and the Synoptic Tradition in F & F Forum 8,1-2, 1992 sowie G.J. RILEY, The Gospel of Thomas in the Recent Scholarship, Currents in Research, Biblical Studies 2, 1994, 227ff verwiesen. Einen bemerkenswerten „spirituellen Kommentar" zum EvThom bietet G.M. MARTIN, Das Thomas-Evangelium, 1998. Eine besonders sorgfältige Textausgabe in Koptisch, Deutsch und Englisch enthält schließlich die 15. Auflage der Synopsis Quattuor Evangeliorum v. K. ALAND, 1996, ausgeführt von dem Berliner Arbeitskreis für koptisch-gnostische Schriften, unter Initiative von H.-M. SCHENKE und Federführung von H.-G. BETHGE. Dieser Ausgabe und auch der Übersetzung folge ich auch im folgenden (mit kleineren von mir erläuterten Abweichungen); dabei werden nur noch gelegentlich Sigel angewandt, nämlich ( ) für Ausfüllung von größeren Lücken bzw. Ergänzung des Textes, [ ] für Beseitigung von entsprechenden Fehlern und [( )] für beides zugleich.

B. ZUR FRAGE DES HISTORISCHEN JESUS

Eine historisch-kritische Arbeit wie die folgende erfordert eine sorgfältige Besinnung über die Kriterien, nach denen sie in ihrer Durchführung vorgehen will. Dazu sei einführend besonders auf folgende Merkmale hingewiesen, die für die Einbeziehung einer Tradition in die Verkündigung und das Leben des historischen Jesus angewandt werden sollen:

1.1. Das Kriterium der Unableitbarkeit oder jedenfalls Differenz der authentischen Jesustradition sowohl im Hinblick auf das zeitgenössische Judentum als auch die Urchristenheit. Besonders eindeutig sind dabei die Überlieferungs-Stücke, die einerseits die christliche Gemeinde erkennbar gestört haben oder ihr anstößig waren, und andererseits diejenigen, die zur Verwerfung durch Teile des Judentums geführt haben. Dieses sog. Differenz-Kriterium hat angesichts der historischen Ablehnung Jesu durch eine Mehrheit des zeitgenössischen Judentums, aber auch eines feststellbaren Abdriftens der christlichen Gemeinde von der Jesus-Tradition trotz der dagegen erhobenen Einwendungen seine bleibende Bedeutung. Allerdings ist G. THEISSEN Recht zu geben, dass es flankiert werden muss durch ein historisches Plausibilitäts-Kriterium, das mit erheblichen, ja grundlegenden Wirkungen Jesu auf das Urchristentum rechnet und auch seine prinzipielle und unaufgebbare Einbindung in den frühjüdischen Verband berücksichtigt. Die Jesus-Überlieferungen müssen daher als charakteristische individuelle Erscheinungen im frühjüdischen Kontext gesehen werden. Gleichzeitig sollte eine historische Wirkungs-Plausibilität im urchristlichen Rahmen zu erkennen sein (s. im einzelnen näher G. THEISSEN - A. MERZ, Der historische Jesus, bes. 116ff; G. THEISSEN - D. WINTER, Die Kriterien der Jesusforschung; J. BECKER, Jesus von Nazaret, 17f u.a.).

1.2. Ferner ist ein weiteres entscheidendes Kriterium die Konsequenz der Überlieferung, ihre Stellung im Gesamtbild der Verkündigung und des Wirkens Jesu und somit besonders die Kohärenz des überlieferten Materials mit unzweifelhaft echtem Gut sowie eine gute Einbettung in den gesamten Rahmen der feststellbaren Biografie und Verkündigung Jesu selbst (so auch THEISSEN - MERZ und BECKER).

2.1. Zusätzlich ist das Kriterium der vielfachen Bezeugung in den verschiedenen Überlieferungssträngen und -formen erheblich (wie besonders J.D. CROSSAN, Der historische Jesus, 28ff, 563ff, aber auch N. PERRIN, Was lehrte Jesus wirklich?, 40ff betont haben), und zwar direkt in jedenfalls zwei voneinander unabhängigen, möglichst alten Überlieferungslinien oder -formen.

2.2. Die mehrfache Bezeugung kann auch indirekt in einer noch größeren Ansammlung von zumindest einander ähnlichen, sich nahe stehenden und früh anzusetzenden Stücken der Jesus-Tradition vorliegen. Es kann sich um Wort-Traditionen, aber auch um Handlungs- bzw. Ereignis-Traditionen handeln, die sich zudem wechselseitig stützen können. Dabei sind alle diese Maßstäbe unter näherer Berücksichtigung der zur Verfügung stehenden allgemein-wissenschaftlichen, religions- und traditionsgeschichtlichen, quellen- und literarkritischen sowie form- und redaktionsgeschichtlichen Kriterien anzuwenden. Es sind aber auch, wie schon J. JEREMIAS, Theologie, 13ff betont hat, sprachliche, psychologische und sozialwissenschaftliche Gesichtspunkte maßgeblich einzubeziehen, bis hin zu ganzheitlicher Betrachtungsweise.

Die Gesichtspunkte zu 1. und 2. sollen einander komplementär ergänzen: Je stärker ein Gesichtspunkt zu 1.1. bzw. 1.2. zu Buche schlägt, also ein frühes Jesus zugeschriebenes Traditionsstück aus dem Urchristentum und Judentum als anstößig und störend herausfällt, desto weniger bedarf es der Bezeugung durch besonders viele Traditionen. Je umfassender andererseits die Bezeugung eines solchen Stücks durch mehrfache und als alt und ursprünglich ausgewiesene Überlieferungen vorliegt, desto weniger muss das inhaltliche Kriterium zu 1.1 bzw. 1.2 vorliegen. Grundsätzlich sollte allerdings versucht werden, jeweils beide Gesichtspunkte in Anschlag zu bringen, um die Gefahren der Einseitigkeit einer Methode, insbesondere einer bloß statistischen Betrachtungsweise zu vermeiden und auch nicht in die Falle einer Projektion persönlicher Überzeugungen zu treten (so im Ergebnis auch die vom Jesus-Seminar, vgl. R.W. FUNK, R.W. HOOVER and the JS., Five Gospels, 1993, 2ff u. von G. LÜDEMANN, Jesus nach 2000 Jahren, 2000, 14ff verwendeten Kriterien; dabei ist das noch genannte „Anstößigkeits-Kriterium" natürlich unter das modifizierte Differenzkriterium zu subsumieren, das „Wachstumskriterium" entspricht der Forderung nach Einbeziehung der gesamten Traditions-, Form- und Redaktions-Geschichte, und die „Unechtheitskriterien" sind die Kehrseite der positiven Echtheitskriterien; s. auch noch ergänzend zur neueren Entwicklung J.P. MEIER, A Marginal Jew, 1994, 167ff; B.D. CHILTON - C.A. EVANS (Hg.), Studying the Historical Jesus. Evaluations of the State of Current Research, 1994; B. WITHERINGTON III, The Jesus Quest. The Third Search for the Jew of Nazareth, 1995 u. zusammenfassend T. SCHRAMM, Festschr. W. Popkes, 1996, 257ff u. THEISSEN-MERZ, Der historische Jesus, 21ff).

Hinzukommt insgesamt noch zu Inhalt und Form der Bezeugung (1. und 2.) die Person des/der Zeugen, die allerdings oft noch unsicherer, dennoch nicht völlig unwichtig ist, weil damit die Kontinuität und Zuverlässigkeit der Bezeugung bekräftigt werden kann. Das ist besonders bei der Bezeugung aus dem näheren oder weiteren Kreis der Schüler/-innen (= Jünger/-innen) des historischen Jesus der Fall.

Hier ist anzumerken, daß die Logien und Berichte über Jesus grundsätzlich erst in der nachösterlichen Gemeinde geformt worden sind. Jedoch kann ein Grundbestand, insbesondere von Jesus-Logien und -Geschichten durchaus auch schon in vorösterlicher Verkündigung, Lehre und Mission, so etwa anlässlich von Sendungsaufträgen der Jünger (s. Mt 10; Lk 10) entstanden und nach frühjüdischem Muster memoriert und weitergegeben sowie schließlich auch in kleinen Sammlungen zusammengefasst worden sein; dafür gibt es auch eine Reihe von Anhaltspunkten (s. z.B. in 1Clem 13,1; Polycarp Phil 2,3 oder Joh 2,22; 12,16). Regelmäßig werden Logien, Gleichnisse und Geschichten Jesu jedoch erst nach Ostern erzählt und für Zwecke der ersten Gemeinden verwendet worden sein. In deren sozialem Kontext und zu deren Zwecken wurden sie geformt und zunächst mündlich, dann schriftlich in kleineren und größeren Sammlungen tradiert. Erst nach einigen Jahrzehnten kam es zu Evangelien-Schriften, die für uns erreichbar sind, wobei wiederum besondere Gründe wie das Ableben der ersten Jünger zu ihrer Verfassung geführt haben werden (hier soll in Modifikation der formgeschichtlichen Schule von M. DIBELIUS und R. BULTMANN, den grundlegenden Arbeiten von J. JEREMIAS, W.G. KÜMMEL und L. GOPPELT gefolgt, aber auch denjenigen von M. HENGEL, R. RIESNER und P. STUHLMACHER Rechnung getragen werden).
Die ältesten für uns zugänglichen Zeugen der Jesus-Geschichte sind: Markus, der „Dolmetscher des Petrus" (nach Papias in Euseb, KG. III 39,15), dessen Evangelium auf ca. 64 - 70 anzusetzen ist, aber wahrscheinlich ältere (schriftliche) Quellen benutzt, und der Verfasser der Spruchquelle Q, die nach herrschender Auffassung (sog. Zwei-Quellen-Theorie) zusammen mit Mk die Grundlage des Mt- und Lk-Evangeliums und auf die Zeit um 40 - 70 anzusetzen ist; nach Papias (Euseb, KG III 39,16) könnten als Verfasser der Evangelist Matthäus bzw. Jünger von ihm in Frage kommen. Auch hier sind wahrscheinlich noch ältere Sammlungen verwendet worden. Das Matthäus-Evangelium, das später aus Mk- und Q-Stoff sowie Sondergut des Mt zusammengestellt worden ist, dürfte in seiner Schlussredaktion auf ca. 80 - 90 zu datieren sein. Lukas aus dem Kreis des Paulus und der Hellenisten in Antiochia hat sein Evangelium ebenfalls aus der Spruchquelle Q, dem Mk-Stoff und Sondergut zusammengefügt, und zwar muss dies, da die Zerstörung Jerusalems ebenso wie bei Mt vorausgesetzt ist, gleichfalls etwa um 80 - 90 gewesen sein. Alle diese Autoren haben neben ihren unbestreitbaren kerygmatischen Interessen auch historische Absichten und wollen die Geschichtlichkeit der Botschaft von der Erlösung im Wort bzw. Lebensweg Jesu dokumentieren.

Der 4. Evangelist ist entgegen der kirchlichen Tradition nicht mit dem Zebedaiden Johannes zu identifizieren, dieser kommt allenfalls für gewisse alte Quellenstücke, vielleicht Teile der sog. Zeichen-(Semeia-) Quelle, in der die Wunder Jesu gesammelt waren, und gewisse Logien bzw. deren Quellen als Urheber in Frage. Für den Grundbestand des Johannes-Evangeliums im übrigen, nämlich die zentralen Logien und die Passions- und Auferstehungs-Geschichte, und auch dessen spätere redaktionelle Bearbeitung kommt ein anderer in Betracht, bei dem es sich um einen jüngeren, aus vornehmem Priesteradel stammenden hellenistischen Judenchristen von Jerusalem oder Umgebung handeln dürfte (vielleicht den als „geliebten Jünger" bezeichneten „Lazarus" aus Joh 11, s. Joh 21,20ff, der mit dem Presbyter Johannes von 2/3 Joh und Papias in Beziehung stehen könnte). Die Quellenstücke des JohEv und seine Grundschrift könnten danach durchaus älteren Datums sein, was in der Forschung jedoch sehr bestritten ist. Die Schlussredaktion des Evangeliums ist aber wohl erst auf 100 - 110 anzusetzen, sodass ein Großteil des Textbestands historisch wesentlich unsicherer als der der Synoptiker ist (s. im einzelnen dazu auch NORDSIECK, Johannes, 33ff, 43ff).

Schließlich kommen als alter Zeuge auch noch der Verfasser des Thomas-Evangeliums bzw. seiner Quellen, möglicherweise der Jünger Thomas (oder auch Schüler von ihm) in Betracht. Dabei ist in diesem Zusammenhang zu berücksichtigen, dass als weiterer Gewährsmann vielleicht auch der Herrenbruder Jakobus oder sein Kreis in Frage kommt (s. Log 12 und 13); das letztere zeigen eine Reihe von Anklängen im Jakobus-Brief, s. i.e. zu Log 54,58,63,76 u.a., sowie allgemein dessen weisheitliche und sozial-radikale Orientierung, s. z.B. R. HOPPE, Der theologische Hintergrund des Jakobusbriefes, 1977. Das Problem der Authentizität von Traditionen aus dem Thomas-Evangelium ist derzeit besonders lebhaft umstritten. Es sprechen jedoch, wie gezeigt, viele gute Argumente für das Vorliegen früher und von den Synoptikern, aber auch vom JohEv unabhängiger Traditionen im EvThom, die dem historischen Jesus ähnlich nahestehen können wie die aus Q oder den kanonischen Evangelien. Im vorliegenden Kommentar wird daher der Versuch unternommen, herauszuarbeiten, in welchem Umfang Logien aus dem EvThom dem historischen Jesus zugehören können, auch wenn daraus sicherlich eine abgerundete und vollständige Aufzeichnung der Verkündigung Jesu nicht erbracht werden kann. Jedenfalls soll aber damit nachdrücklich die Auffassung vertreten werden, dass eine Darstellung der Predigt des historischen Jesus ohne eine hinreichende Berücksichtigung des EvThom nicht möglich sein dürfte und des weiteren auch nicht der Entwurf einer Neutestamentlichen Theologie, deren Grundlage ja der historische Jesus sein sollte. Das entspricht

allerdings noch längst nicht der gängigen Meinung, so dass diese einer grundsätzlichen Revision entgegen zu sehen hätte. Wenn behauptet wird, dem EvThom fehle die narrative Einbettung der Worte, um sie zum Bestandteil einer historischen Jesus-Erzählung werden zu lassen (vgl. J. SCHRÖTER, Jesus und die Anfänge der Christologie, 2001, 52f.63ff), so trifft dies zwar sicher zu, wenn auch bereits Ansätze einer Erzähltradition vorliegen (so in den Log 13,22,60,61,99,113 und 114). Diese Verbindung mit einer Erzähltradition ist aber nicht zwingende Voraussetzung für die Annahme früher und vom historischen Jesus abzuleitender Wort-Überlieferungen. Das beweist ja auch die ganz ähnliche Q-Tradition sowie fernerhin die Agrapha-Überlieferung (s. unten). Die Überlieferung von Q ist völlig um das Wort, die Logien Jesu zentriert. Auch bei den wenigen historisierend-biografischen Elementen von Q geht es um das Wort Jesu. Das zeigt besonders die Erzählung von der Heilung des Knechts des römischen Zenturio, Lk (Q) 7,1ff, bei der ganz das Vertrauen auf das Wort Jesu im Mittelpunkt steht, aber auch Lk 3,2ff; 4,1ff und 11,14ff, wo ebenfalls Worte (des Täufers und Jesu mit dem Teufel bzw. über ihn) die entscheidende Rolle spielen. Im übrigen muss betont werden, dass die älteste Q-Schicht (Q1) eine reine Wort-Überlieferung mit allenfalls erläuternder Rahmung ist genauso wie das EvThom (vgl. KLOPPENBORG, Formation, 171ff; Excavating Q, 143ff u.a.). Die im EvThom aufbewahrten Logien sind wegen ihres frühen Stadiums noch fragmentarisch und nach ihrer besonderen Eigenart ebenfalls noch nicht mit einer narrativen Rahmung versehen. Eine bewusste Tendenz des EvThom zur Fragmentierung oder Enthistorisierung kann daraus nicht nachgewiesen werden, zumal der Verfasser wegen der Nähe des Geschehens davon ausgegangen sein wird, dass der Hintergrund seinen Adressaten noch bekannt war (anders E. RAU, Jesus - Freund von Zöllnern und Sündern, 2000, 85ff u. NovTest 45, 2003, 138ff).
Während Q wahrscheinlich im westlichen Syrien zu Hause war und später in den historisch-narrativen Evangelien Mt und Lk aufgegangen ist, wo die Spruchsammlung mit den Wunder-Traditionen und der Passions- und Auferstehungs-Geschichte nach Mk verbunden wurde, hat das EvThom, das den ostsyrischen Zweig der Logienüberlieferung darstellt (s. auch KÖSTER - ROBINSON, Entwicklungslinien, 127), eine ähnliche Entwicklung genommen. In seiner Endgestalt mit ihrer „gnostisierenden", protologischen und weisheitlichen Prägung gehört es in den dem Evangelium des Johannes nahestehenden Raum. In dessen historischen und narrativen Rahmen wurden auch seine und ähnliche Traditionen, sofern sie nicht wie Q in Mt und Lk verarbeitet waren, ebenfalls zu erheblichen Teilen aufgenommen und (unter Veränderungen) eingefügt (zu dieser Beziehung s. auch KÖSTER,

Einführung in das NT, 589ff.617ff; ders., Ancient Christian Gospels, 113ff).
Letztlich wollen auch die Log 13 und 108 die Tradition des EvThom nicht der Geschichte entziehen und etwa eine Legitimation begründen, Jesus-Worte neu zu formulieren (vgl. RAU, Jesus, 85ff). Sie sollen vielmehr nur die Einheit des Jüngers Thomas mit seinem Herrn aufweisen, so dass er auch besonderen Zugang zu seiner Botschaft haben soll. Es kann aber daraus nicht entnommen werden, Thomas solle die Vollmacht erhalten, selber Worte Jesu neu zu schaffen und er habe dies auch entgegen jeglicher Historie getan (so RAU, s.o., 93f). Wenn Ähnliches später vom JohEv eingeleitet worden ist, so geschah dies unter Berufung auf den Parakleten (s. Joh 14,16f.26; 15,26; 16,7ff.12ff). Eine vergleichbare Bezugnahme auf den Parakleten fehlt indessen im EvThom völlig. Auch die Eingriffe der thom Überlieferung sind nicht mit denen des JohEv zu vergleichen, sondern beschränken sich, abgesehen von den größeren Einfügungen zumeist an den Schnittpunkten der Sammlungen, ähnlich wie bei Q hauptsächlich auf interpretierende Korrekturen des Wortlauts, entsprechende Zusätze und Anhängsel sowie besonders die kompositionelle Eingruppierung der Logien (s. i.e. die Komm.).
Außer dem EvThom sind schließlich auch noch eine Reihe anderer nichtkanonischer Evangelien, sonstiger Schriften bzw. ihre Verfasser zu beachten, die uns bisher nur fragmenthaft bekannt sind. So das Hebräer-, Nazaräer-, Ebionäer- und Ägypter-Evangelium, das Evangelium nach Petrus, Philippus und Maria, die Clemens-Briefe, der Barnabas-Brief, die Didache, der Hirt des Hermas und die Ignatius-Briefe, der Papyrus Egerton, der Dialog des Erlösers, das Apokryphon des Jakobus und diverse andere Fragmente (s. des näheren auch SCHNEEMELCHER, Neutestamentliche Apokryphen, I, 6.A.). Viele Kirchenväter überliefern ferner sog. Agrapha, d.h. versprengte Jesus-Worte, die gelegentlich Anspruch auf Echtheit erheben können (vgl. etwa J. JEREMIAS, Unbekannte Jesusworte, 1980). Insgesamt wird man allerdings hier wohl eine zeitliche Grenze bis etwa 150 n.C. ansetzen müssen. Außerdem darf auch last not least auf keinen Fall der Apostel Paulus vergessen werden, der zwar nur einige wenige, aber historisch umso wertvollere frühe Jesus-Traditionen in seinen Briefen aufbewahrt hat.
Natürlich sind neben den christlichen Quellen nicht zu übersehen eine ganze Reihe von außerchristlichen. Nämlich jüdische wie Josephus (Antiquitates Judaica 18,63f; 20,200) und bSanh 43a und gnostische Quellen, ferner die römischen Schriftsteller Plinius d.J., Tacitus und Sueton in verschiedenen Bekundungen über Christus und die Christen sowie schließlich moslemische Quellen wie der Koran und Al Ghazali (s. im einzelnen THEISSEN - MERZ, Der historische Jesus, s.o., 73ff). Allerdings sind die letzteren Quellen durchweg später als die meisten

biblischen Schriftsteller und in der Regel auch sekundär, ihre historische Bedeutung ist daher begrenzt. Die Folge der Anwendung all der vorgenannten Kriterien kann allerdings niemals eine absolut sichere Feststellung der Authentizität eines oder mehrerer Logien sein, und zwar schon wegen des nur bedingt historischen Charakters der Quellen und der Unsicherheiten bzgl. ihrer Verfasser. Zu erwarten ist insoweit allenfalls eine evtl. hohe Wahrscheinlichkeit der Echtheit eines Worts. In der folgenden Untersuchung wird es somit darum gehen, zu differenzieren zwischen der großen Wahrscheinlichkeit, dass ein Spruch auf den historischen Jesus zurückgeht, und der bloßen Möglichkeit eines solchen Zurückgehens. Dabei ist auch zu entscheiden zwischen einem Wort insgesamt oder nur Teilen des Worts oder auch bloß seiner Zielsetzung, seinem Sinn oder seiner Intention. Es kann oft auch nur die Nähe eines Logions zum geschichtlichen Jesus festgestellt werden und, wo auch dies nicht gesichert ist, seine evtle. Zugehörigkeit zur frühen urchristlichen Predigt. Damit ist der Rahmen der vorliegenden Untersuchung, soweit sie den historischen Jesus betrifft, vorläufig abgesteckt (etwas vereinfachter unterscheidet das Jesus-Seminar nur vier Stadien der Feststellung einer eindeutigen, wahrscheinlichen, möglichen oder der Nicht-Herkunft eines Jesus-Worts mit entspr. Farbgebung der Worte, s. FUNK u. JS., Five Gospels, 35ff).

C. KOMMENTAR

PROLOG UND LOG 1

1. DIES SIND DIE VERBORGENEN WORTE, DIE DER LEBENDIGE JESUS SAGTE, UND DIDYMOS JUDAS THOMAS SCHRIEB SIE AUF.
2. UND ER SAGTE: WER DIE DEUTUNG DIESER WORTE FINDET, WIRD DEN TOD NICHT SCHMECKEN.

Textkritisch ist zu bemerken, dass der koptische Text gut erhalten ist. Der griechische Text der Par in POxy 654, 1-5 ist im wesentlichen übereinstimmend mit dem koptischen, nur bei den Eigennamen fehlt der Zusatz „Didymos", der wohl später hinzugefügt worden ist.
Der Prolog (S.1) besteht aus drei Gliedern, dem Gegenstand der Schrift, dem Urheber und dem Redaktor. Gegenstand der Schrift sind die „verborgenen", somit geheimen Worte Jesu (gr. λόγοι ἀπόκρυφοι; kopt. ⲛ̄ϣⲁϫⲉ ⲉⲑⲏⲡ). Dies könnte ein Hinweis auf eine esoterische Lehre sein ähnlich wie im Thomasbuch (LibTh, NHC II,7; ca. 200 - 300 n.C.), das einen vergleichbaren Prolog mit dem Hinweis auf „geheime Worte" des Erlösers aufweist (LibTh 138,1). Es kann aber auch wie in den Synoptikern das „Geheimnis" des Reichs Gottes angesprochen sein, das die Worte enthalten sollen (s. besonders Mk 4,11 Par; vgl. auch näher Log 62). Dieses soll nicht „geheimgehalten" werden, wie LEIPOLDT, ThLZ 83, 495 annimmt, vielmehr geht es um das Suchen und Streben danach und letztlich um die Aufdeckung desselben. Es soll hierbei zugehen wie auch bei der „Weisheit" Gottes, die dem Menschen, der ihr „vertraut", „ihre Geheimnisse offenbaren" wird (s. Sir 4,17-21; ferner 39,1-13 u.ö.). Das liegt näher und ist gerade nach den zahlreichen Logien des EvThom, die ebenfalls Fragen des „Geheimen" ansprechen, eher als ursprünglich anzusehen (s. z.B. Log 5,6,32,33,39,83,96,108,109; s. i.e. dort; vgl auch näher ZÖCKLER, EvThom, 106ff).
Die Worte werden Jesus, dem „Lebendigen" (gr. ὁ ζῶν; kopt. ⲉⲧⲟⲛϩ) als Urheber zugeschrieben. Auch der Hinweis auf die Lebendigkeit kann gnostisch verstanden werden, aber auch entsprechend den kanonischen Evangelien, wo das Reich Gottes synonym mit dem „Leben" gebraucht wird (s. Mk 9,43.45.47; Mt 7,14; Lk 12,15) und Jesus ebenfalls als „Leben" bezeichnet wird (Joh 11,25; 14,6). In Apk 1,17/18 wird er sogar wörtlich „der Lebendige" genannt. Diese Worte zeigen danach, dass das „Leben", verstanden als wahres Leben, sowohl in dieser als auch in jener Welt, als entscheidendes Heilsgut gesehen werden soll und Jesus dementsprechend als sein Repräsentant (s. zum „Leben" ferner Log 4,58,101 usw.; betr. Jesus als „Lebendiger" s. Log 52 u. 59). Es handelt

sich somit keinesfalls um ein nur jenseitiges Leben, in der Auferstehungswelt, da Jesus nach Log 28 ausdrücklich als ins „Fleisch" gekommen anzusehen ist. Es geht auch nicht etwa um Worte des Auferstandenen (wie z.B. im LibTh anzunehmen ist). Das ergeben besonders die zahlreichen Dialoge Jesu, die sich in sozialen und historischen Zusammenhängen abspielen (vgl. z.B. Log 22,60,61,99, 100,113,114) (s. entspr. auch HAENCHEN, Lit. z. ThEv, ThR 27, 1961, 155f).
Als Redaktor wird (Didymos) Judas Thomas genannt. Dieser kommt sowohl in den Thomasakten (ActTh 1) wie auch im Thomasbuch (LibTh 138,5ff) vor, wo er als (spiritueller) Zwillingsbruder Jesu (gr. δίδυμος; aram. *t'oma*) bezeichnet wird. Er begegnet aber auch in den kanonischen Evangelien einschließlich der Apg (s. Einleitung Nr.8), besonders im JohEv, wo er Thomas Didymos (Joh 11,16; 20,24ff; 21,2) oder auch nur Thomas (Joh 14,5) genannt wird. Die Worte Jesu mögen danach von ihm oder auch einem bzw. mehreren der Jünger/-innen des Thomas tradiert und schließlich redigiert worden sein. Den näheren Vorgang und die Umstände der Traditions- und Redaktions-Geschichte kennen wir nicht. Wir wissen auch nicht, ob sie in einer oder mehreren Gemeinden oder auch kleineren Zirkeln überliefert worden sind. Die Erforschung dieser Geschichte wird im wesentlichen der Gegenstand der vorliegenden Arbeit sein und insbesondere auch die Frage, ob und ggf. inwieweit die Logien tatsächlich auf die historische Person Jesu zurückzuführen sind (s. zum Ganzen FIEGER, EvThom, 13ff; GÄRTNER, Theology, 112f, die den gnostischen Ansatz vertreten; kritisch zur gnostischen Interpretation besonders KÖSTER, One Jesus, 167; VIELHAUER, Geschichte, 622f; T. AKAGI, The Literary Development of the Coptic Gospel of Thomas, 1965, 125ff. 139ff; s. auch näher noch M.W. MEYER, The Beginning of the Gospel of Thomas,1991, in D.E. SMITH (Hg.), How Gospels Begin, 164f).
Der 2. Teil des ersten Abschnitts enthält das Logion (Log) 1, das eingeleitet wird mit: „Und er sagte:..." (ⲡⲏⲭⲁϥ). Diese Einleitung, die auch POxy 654, 3-5 entspricht, könnte bedeuten, dass Thomas oder dass Jesus redet. Wie sonst im EvThom dürfte allerdings ursprünglich Jesus gemeint sein (s. z.B. Log 8: auch hier kommt ⲡⲏⲭⲁϥ vor). Auch dass im Griechischen der Aorist (εἶπεν) entgegen dem sonst meist gebrauchten Präsens steht, muss nichts anderes bedeuten. Schließlich spricht für eine ursprüngliche Äußerung Jesu auch die große Lebensverheißung, die aus dem Logion hervorgeht. Freilich scheint der Text dadurch unklar geworden zu sein, dass der Prolog erst durch die abschließende Redaktion der vorliegenden Spruchsammlung vorangesetzt worden ist.
Auch die bestehende Fassung des Log 1 dürfte auf die entsprechende Endredaktion des Verfassers des EvThom zurückzuführen sein. Darauf

deutet schon der Hinweis auf „diese" nachfolgenden geschriebenen „Worte". Aber ebenso scheint auch der Begriff „Auslegung" (gr. ἑρμηνεία, auch im Kopt. ϨЄΡΜΗΝЄΙΑ) dafür zu sprechen. Er dürfte den weisheitlich zu erschließenden Charakter der Logien des EvThom betonen wollen. Dieser auszulegende Sinn der Worte Jesu eröffnet sich besonders dem Weisen, der einen Weg der Auslegung (Hermeneutik) „findet" (Ϩє - є), während den Anderen dieser Schlüssel fehlt (s. besonders ZÖCKLER, EvThom, 106ff, der zu Recht auf die Nähe dieser Formulierung zu weisheitlichen Schriften wie Weish 8,4;8,8; Spr 1,6 u. Sir 38,24ff.;47,17 verweist; a.M. dagegen SCHRAGE, Verh, 29f u.a., die eine esoterische Eigenart der Logien daraus entnehmen wollen).
Die Frage ist, ob und evtl. wie der ursprüngliche Sinn von Log 1 traditionsgeschichtlich zu ermitteln ist und ob ein Rückgriff auf eine frühere Fassung des Logions möglich ist.
Als kanonische Par kommen zuvörderst Joh 5,24.25 sowie 8,51.52 in den Blick, wohl aus der joh Redenquelle. In Joh 5,24 heißt es, dass, „wer mein Wort (ὁ τὸν λόγον μου) hört...", „der hat ewiges Leben (ζωὴν αἰώνιον)" und „ist aus dem Tod ins Leben hinübergegangen". Nach Joh 5,25 „kommt die Stunde und ist jetzt da, wo die Toten die Stimme des Sohnes Gottes hören werden, und die, welche sie hören, werden leben". Joh 8,51 kommt Log 1 noch näher: „Wenn jemand mein Wort (τὸν ἐμὸν λόγον) befolgt, wird er in Ewigkeit den Tod nicht sehen". Joh 8,52 enthält statt „den Tod sehen" das wohl ursprünglichere „schmecken" (γεύσηται θανάτου). Der Zusatz „in Ewigkeit" (εἰς τὸν αἰῶνα) fehlt in verschiedenen Joh-Handschriften und ist auch nicht essentiell notwendig. Auch die Bezugnahme auf „mein" Wort o.ä. dürfte sekundär sein, da sie stark christologisch geprägt ist. Diese joh Worte sind gegenüber Log 1 selbstständig, so dass es nicht von ihnen abzuleiten ist; die hier deutliche Entwicklungslinie könnte sie allerdings durchaus beeinflusst haben.
Eine noch frühere unabhängige Entwicklungslinie wird in Lk 11,28 Par EvThom Log 79 S.2 und Lk 8,21 Par erkennbar. In Lk 11,28 heißt es: „Selig sind in Wahrheit die, welche Gottes Wort hören und bewahren (i.S. v. halten)", während die Par in EvThom 79 lautet: „Heil denen, die das Wort des Vaters gehört haben und es wahrhaft beachtet haben" (mit gleichem Sinn, s. die Komm. zu Log 79). Lk 8,21 sagt insofern: „Meine Mutter und meine Brüder sind die, welche das Wort Gottes hören und tun" (s. dazu auch die Par in Mk 3,35 / Mt 12,50 / EvThom Log 99 S.2; ferner noch Lk 6,47 ff Par [Q]). Hier wird jedoch die Verheißung unbestimmter, die Lebenszusage begegnet dann in anderem Zusammenhang in ursprünglicherer Form wiederum in Mk 9,1 m.Par in allen Synoptikern (mit der Formulierung „wird den Tod nicht schmecken" [γεύσωνται θανάτου]). Bei dieser handelt es sich um einen alten Semitismus, der auch in 4Esr 6,26 und in Hebr 2,9 vorkommt.

Die älteste Form des zugrundeliegenden Logions dürfte danach wohl in einer markanten Verheißung zu finden sein, die sinngemäß wie folgt gelautet haben könnte: „Wer das Wort Gottes hören und bewahren wird, wird den Tod nicht schmecken (d.h. leben)". Dieser oder ein ähnlicher Spruch, in welchem Zusammenhang er auch immer gesagt worden sein mag, könnte auch vom historischen Jesus herrühren. Dies gilt schon aus dem Grundsatz der vielfachen Bezeugung. Er ist aber auch zeitgenössisch-jüdisch und frühchristlich gut nachvollziehbar und hat den für Jesus charakteristischen prophetisch-eschatologischen Akzent. Die Betonung auf dem „Finden" der „Deutung der Worte" in Log 1 ist allerdings für die (redaktionelle) Interpretation des Thomas kennzeichnend. Sie bleibt aber in einem nachvollziehbaren urchristlichen Rahmen, der eine Tendenz zur weisheitlichen Tradition des Frühjudentums, aber keinen gnostischen Charakter hat (a.M. FUNK u. JS., Five Gospels, 471 u. LÜDEMANN, Jesus 2000, 754; ähnlich aber wiederum ZÖCKLER, EvThom, 108).

Insgesamt geht es in Log 1 um die reale Verheißung unentfremdeten und sinnerfüllten wie auch ewigen Lebens, man könnte auch sagen: um wirkliche Lebensqualität für diejenigen, die das Wort Gottes, der Macht des Ganzen hören und befolgen. Darin eingeschlossen kann auch die Forderung nach biophiler Ethik (FROMM) oder der „Ehrfurcht vor dem Leben" (A. SCHWEITZER) mitgehört werden. Diese Verheißung des Kommens wahren Lebens in der herrschenden Todeswelt ist letztlich identisch mit der Zusage des Kommens der Basileia, des Reichs Gottes oder der Gottesherrschaft, wie sie das charakteristische Zentralwort des historischen Jesus ist, wovon im einzelnen noch zu sprechen sein wird.

LOG 2

1. JESUS SPRICHT: WER SUCHT, SOLL NICHT AUFHÖREN ZU SUCHEN, BIS ER FINDET. 2. UND WENN ER FINDET, WIRD ER BESTÜRZT SEIN. 3. UND WENN ER BESTÜRZT IST, WIRD ER ERSTAUNT SEIN. 4. UND ER WIRD KÖNIG SEIN ÜBER ALLES.

Dieses Logion steht (im Griechischen) über das Stichwort „finden" (εὑρίσκειν) im Zusammenhang mit dem vorangehenden Log 1; im Koptischen ist es jedenfalls sinngemäß damit verbunden (ϩⲉ - ⲉ bzw. ϭⲓⲛⲉ). Es beginnt mit ihm ferner eine Gruppe von Sprüchen, die sich mit dem Suchen und Finden des Reichs Gottes befassen und die bis Log 5 reicht (s. schon SCHIPPERS, EvThom, 133f).

Das Logion ist in der vorliegenden Tradition in zwei Fassungen überliefert. Die Fassung in POxy 654, 5-9 enthält in der rekonstruierten

Form zwei Abweichungen von der EvThom-Version: Statt der „Bestürzung" und des „Staunens" findet sich nur das „Bestürztsein" (θαμβεῖσθαι); das „Staunen" (θαυμάζειν) fehlt noch. Es ist zu vermuten, dass die verdoppelte Form („Staunen" und „Bestürzung") vom koptischen Übersetzer oder Redaktor stammt, der einen ihm unklaren Begriff erläutern wollte. Weiter lautet die Verheißung bei POxy nicht, dass der Suchende „über alles (oder das All)" König sein werde, sondern dass er König sein und „ruhen" werde. Auch hier kann bei der Übersetzung ins Koptische ein Irrtum aufgetreten sein, dass nämlich das griechische ἀναπαήσεται („er wird ruhen") mit der Wendung ἀνὰ πάντα („über alles") verwechselt worden ist. Dafür spricht auch die sonst häufige Benutzung der Begriffe „ruhen" und „Ruhe" im EvThom (s. näher Log 50,51,59,60,61,86,90) und die Verwendung bei der Par nach Clemens, dazu s. später (s. auch FIEGER, EvThom, 20f; FITZMYER, Oxyrhynchus-Logoi, 505ff u.a.).

Das Logion dürfte daher ursprünglich wie folgt gelautet haben:
„Wer sucht, soll nicht aufhören zu suchen, bis er findet. Und wenn er findet, wird er bestürzt sein. Und wenn er bestürzt ist, wird er König sein (d.h. herrschen). Und wenn er König ist, wird er ruhen".

Was die Herkunft des Logions betrifft, so muss seine Bezeugung auch in anderen Traditionen beachtet werden. Besonders Clemens Alexandrinus zitiert es noch zweimal in verschiedenen Zusammenhängen. In Strom II 9,45,5 nimmt er Bezug auf das Hebräer-Evangelium (EvHebr, Nr. 4a) und gibt an, dass darin folgende Fassung enthalten sei: „Wer staunt (θαυμάσας), wird zur Herrschaft gelangen. Und wer zur Herrschaft gelangt ist, wird ruhen". Später zitiert er in Strom V 14,96,3 eine andere Fassung, nämlich wie folgt: „Nicht ruhen wird, wer sucht, bis dass er findet. Wer aber gefunden hat, wird bestürzt sein (θαμβηθήσεται). Wer aber bestürzt ist (θαμβηθείς), wird zur Herrschaft gelangen. Wer aber zur Herrschaft gelangt ist, wird ruhen.", EvHebr Nr.4b, vgl. auch i.e. die gr. Fassungen bei FIEGER, EvThom, 21f; s. ferner ZÖCKLER, EvThom, 182. Weitere spätere Bezeugungen des Wortes finden wir noch im Dial Sot Nr. 20, der Pistis Sophia (PS), c. 100 S. 161, 24ff u. c. 102, S. 164, 23ff, s. C. SCHMIDT - W. TILL, PS (1978), in den ActThom c. 136 (Aa II,2), vgl. auch P. VIELHAUER - G. STRECKER in SCHNEEMELCHER, NtApokr, I, 6.A., 146f, und im LibTh 140,41-141,2; 145,8-16, s. M.W. MEYER, Hidden Sayings, 68f.

Auch die vorgenannten Bezeugungen, von denen jedenfalls noch die im judenchristlichen EvHebr als selbstständig anzusehen sein dürfte, zeigen, dass die oben gefundene Fassung (abgesehen von geringfügigen Abweichungen in den Verbformen) als ursprünglich zu bezeichnen sein wird.

Dass das Log 2 in den frühchristlichen Raum oder gar in die Nähe des historischen Jesus zurückzuführen sei, wird allerdings oft mit der Behauptung seines gnostischen oder gnostisierenden, gelegentlich auch seines platonischen Charakters bezweifelt. Danach führe das Staunen zur erstrebten Erkenntnis (Gnosis) und darüber zur Ruhe (Anapausis), sämtlich in gnostischen Texten wie dem Evangelium Veritatis (EvVer 22,9ff; 42,21.26ff), dem Corpus Hermeticum (CH IV 2; XIV 4; ferner Ascl 13) und dem 2. Buch Jeû häufig auftauchende Begriffe (s. FIEGER, EvThom, 21f; aber auch HOFIUS, Thom u. POxy, 28; CROSSAN, In Fragments, 101 u.a.).

Es gibt indessen gute Gründe, dem zu widersprechen. Es kann sich bei der „Suche" auch um die Suche nach dem Reich Gottes handeln, wie dies besonders von S.4 nahe gelegt wird (ⲡⲣⲟ,"König"-sein) und auch in den Logien Mt 7,7 Par Lk 11,9 (Q), ferner den Gleichnissen vom Suchen nach der Gottesherrschaft sowie in Log 92 und 94 EvThom vorkommt. Die Nähe zu alttestamentlichem Denken ist unzweifelhaft (s. z.B. Dtn 4,29; Jes 55,6; Jer 29,13.14 u.ö., wo es um das „Suchen" und auch „Finden" Gottes geht, und besonders Spr 8,17; Pred 7,25.28; Weish 6,13 betr.die Weisheit). Auch das „Ruhen" ist in Mt 11,28 Par EvThom Log 90 gut fundiert (s. dazu später Näheres bei Log 90). Das Ziel des Erlangens der Herrschaft (βασιλεία) weist ebenfalls eindeutig auf den historischen Jesus und seine Basileia-Verkündigung. Die Teilnahme an der Königsherrschaft durch die Jünger begegnet besonders in Lk 22,29 Par Mt 19,28; 25,34.

Problematisch erscheint die davor geschaltete Krisis, die Bestürzung, die Verwirrung oder das Erschrecken. Jedoch muss dieser Gedanke nicht gnostisch oder platonisch geprägt sein; dies könnte allenfalls für das später hinzugefügte „Staunen" gelten. Er ist nach Hieronymus (in Ez XVII u. Ep. ad Pammachium, s. Agraphon 103 bei RESCH, Agrapha) vielmehr auch von Jesus schon angesprochen worden: „Es gibt eine Verwirrung, die zum Tode führt, und es gibt eine Verwirrung, die zum Leben führt". Diese Vorstellung begegnet auch in der Weisheitstradition, s. z.B. Sir 4,21 und bei Paulus, vgl. 2Kor 7,10 (über die „Betrübnis" zum Heil oder zum Tod); Röm 2,4;6,21 u.ä.. Zugrunde liegt das Wissen, dass das Reich Gottes ein verwirrendes „Geheimnis" ist (vgl. Mk 4,11 Par), das sich nur denjenigen, die es annehmen und ihr Ego, ihr Haften an den Mächten der „Welt" überwinden, erschließt. Dagegen kann es bei den anderen, die sich davon nicht überwinden lassen, zur Verblendung führen, so dass sie das Heil verfehlen.

Insgesamt kann somit das Versprechen einer Herrschaft der Jünger im Reich Gottes, die sich als Überwindung des eigenen Ego und als Aussöhnung mit sich selbst darstellt, durchaus frühchristlich und sogar Jesus nahe sein und steht auch im Einklang mit der paulinischen Lehre

vom Mitherrschen in der Gottesherrschaft, etwa gem. 1Kor 4,8, ferner 2Tim 2,11f (für Echtheit auch schon A.v.HARNACK, Über einige Worte Jesu, die nicht in den kanonischen Evangelien stehen [1904], 177). Durch die Par im EvHebr liegt auch eine nicht ungünstige Bezeugung des Log 2 in seiner besonderen Struktur vor. Allerdings gibt die Par in Mt 7,7f / Lk 11,9f zu formgeschichtlichen Problemen Anlass. Es könnte argumentiert werden, dass das vorliegende Log 2 lediglich eine sekundäre Verlängerung und Auswalzung eines authentischen Logions vom bloßen Suchen und Finden darstellt (vgl. etwa KÖSTER, Gnostic Writings, 239; PATTERSON, GosThom, 19). Jedoch handelt es sich wohl in beiden Fällen, nämlich bei Mt 7,7f Par (Q) wie auch bei Log 2 um kettenartig geformte Sprüche, die sich ergänzen. In Mt 7,7.8 erscheint die Kette: Bitten - Suchen - Anklopfen (an die Tür der Gottesherrschaft), bis die Beharrlichkeit zum Erfolg führt. Bei Log 2 liegt eine andere Kette vor, nämlich: Suchen - Finden - Erschrecken - Herrschen - Ruhen (im Reich Gottes), die den Weg über die Verwirrung (Krisis) betont (s. auch die Komm. zu Log 92/94). Es ist daher formal keine die Struktur des Spruchs störende nachträgliche Verlängerung gegeben. Vielmehr kann das Logion auch in der Form von POxy 654 durchaus Jesus nahestehen (vgl. auch R. PIPER, Wisdom in the Q-tradition [1989], 23f; CROSSAN, In Fragments, 101). Der kompositionelle Charakter der Kette braucht schließlich auch nicht gegen diese Möglichkeit zu stehen (differenziert zur Frage der Echtheit auch FUNK u. JS., Five Gospels, 471f; ablehnend dagegen LÜDEMANN, Jesus 2000, 755 u.a).
Bei dieser Betrachtungsweise von Log 2 geht es inhaltlich um den Weg zum im Log 1 angesprochenen „Leben" im Sinne des Reichs Gottes. Dieser erfordert ein beharrliches Suchen und weicht auch einer Krisis in der Verwirrung nicht aus, bis er zur königlichen Herrschaft und das heißt, zur Überwindung des eigenen Ego und zur Teilnahme am universalen Reich Gottes führt.

LOG 3

1. JESUS SPRICHT: WENN DIE, DIE EUCH VORANGEHEN, ZU EUCH SAGEN: SIEHE, IM HIMMEL IST DAS KÖNIGREICH, DANN WERDEN EUCH DIE VÖGEL DES HIMMELS ZUVORKOMMEN. 2. WENN SIE ZU EUCH SAGEN: ES IST IM MEER, DANN WERDEN EUCH DIE FISCHE ZUVORKOMMEN. 3. VIELMEHR IST DAS KÖNIGREICH INNERHALB VON EUCH UND AUSSERHALB VON EUCH.
4. WENN IHR EUCH ERKENNT, DANN WERDET IHR ERKANNT WERDEN, UND IHR WERDET BEGREIFEN, DASS IHR DIE

KINDER DES LEBENDIGEN VATERS SEID. 5. WENN IHR EUCH ABER NICHT ERKENNT, DANN EXISTIERT IHR IN ARMUT, UND IHR SEID DIE ARMUT.

Das Log 3 knüpft stichwortmäßig und auch inhaltlich mit „Königreich" an das zu suchende „Königsein" im vorherigen Log 2 an. Der Wortlaut entspricht weitgehend der Rekonstruktion der Par in POxy 654, 9-21 (s. LÜHRMANN - SCHLARB, Fragmente, 114f). Zu bemerken ist, dass es statt der Formulierung, das Königreich sei „im Meer", heißt, es sei „unter der Erde", was aber in gleichem Sinn die Ferne betont. Außerdem steht statt des Adverbs „vielmehr" ein bloßes „und". Schließlich fehlt in der griechischen Vorlage die Wendung in S.4: „dann werdet ihr erkannt werden, und...", während diese zusätzlich die Einleitung aufweist: „Wer sich selbst erkennt, wird dieses finden und..."; die Einleitung wird als bloße Erläuterung weggelassen worden sein, während im übrigen die zusätzliche Wendung möglicherweise vom koptischen Redaktor seiner Übersetzung hinzugefügt worden ist (FIEGER, EvThom, 26).
Das Logion muss insgesamt als zentrale Aussage des EvThom angesprochen werden, zusammen mit den Log 51 und 113, die ebenfalls jeweils Schwerpunkte der Darstellung des EvThom bilden. Alle drei Logien fundieren den Glauben, dass das von Jesus angesagte Reich Gottes, die Königsherrschaft Gottes in der Gegenwart, hier und jetzt bereits eingetreten sei.
Diese Präsenz der Gottesherrschaft ist zwar auch eine Grundaussage der Predigt Jesu in den übrigen Traditionen. Sie tritt jedoch etwas zurück in den synoptischen Aussagen, dominiert aber dafür bekanntermaßen im JohEv und hat auch in den verschiedenen Überlieferungen durchaus divergierende Inhalte. Es ist allerdings davon auszugehen, dass sie in der Schlussredaktion des EvThom wiederum eine besondere, nämlich individuell-spiritualisierte Gestalt aufweist, die der thom Tradition entspricht. Dafür spricht besonders der 2. Hauptteil des vorliegenden Spruches, der wohl nachträglich angefügt worden ist und den 1. Hauptteil im Sinne dieser Überlieferung interpretieren soll.
Auch dieser Teil ist allerdings nicht als gnostisch oder gar platonisch anzusehen (so aber SCHRAGE, Verh, 31; FIEGER, EvThom, 27; HAENCHEN, EvThom, 44f u.a., etwa unter Verweis auf EvVer NHC I,22,13ff: „Wer Gnosis hat, weiß, woher er gekommen ist und wohin er geht"). Er ist durchaus noch im Rahmen der frühchristlichen Verkündigung, wenn er auch die Predigt Jesu überschreiten dürfte. Insofern ist daran zu erinnern, dass auch Paulus von der „Erkenntnis" Gottes spricht, die er freilich der Liebe unterordnet Vgl. besonders in 1Kor 8,1f; 13,2.8.12; er redet ferner davon, dass sein „Erkennen" jetzt „Stückwerk" sei, „dann aber werde ich völlig erkennen, wie ich auch

völlig erkannt worden bin"; in Gal 4,9 heißt es: „Jetzt jedoch, da ihr Gott erkannt habt, vielmehr aber von Gott erkannt worden seid". Bei Johannes ist auch die „Erkenntnis" thematisiert, mit dem Erkennen Gottes oder des Christus, verbunden mit dem Glauben an ihn (z.B. Joh 6,69; 17,3 usw.), es wird aber auch die Erkenntnis des Selbst angesprochen, vgl. etwa 1Joh 2,5: „Daran (nämlich der Erfüllung der Liebe) erkennen wir, dass wir in ihm (Gott) sind" (s. ferner 1Joh 3,19.24; 4,13, wo ebenfalls das Erkennen des Selbst darin besteht, zu erkennen, dass wir „in ihm" sind und „er in uns"). In diesem Umkreis befindet sich auch der 2. Hauptteil unseres Logions: Es geht hier ebenfalls um „Erkenntnis" des Selbst. Diese bedeutet, dass wir verstehen, „Kinder des lebendigen Vaters (also Gottes) zu sein" (s. Log 50). Dann sind wir innerlich von Gott erfüllt und bereichert, während wir sonst „in Armut", ja „die Armut" sind, vgl. auch Log 29 (s. auch ähnlich DAVIES, Wisdom, 41ff; ZÖCKLER, EvThom, 175ff).
Dazu passt, dass im 1. Hauptteil expliziert wird, dass das Reich Gottes sowohl „in euch" als auch „außer euch" sei. Zwar hat man auch hier versucht, gnostische Par zu finden, so z.B. im (manichäischen) ManPs 160,20f, wo es heißt: „Das Himmelreich - siehe, es ist in uns, siehe, es ist außerhalb von uns". Jedoch steht auch diese späte Aussage eher unter dem Einfluss des EvThom als umgekehrt. Immerhin spricht aber auch jene (wohl redaktionelle) Zweiteilung dafür, dass sich das von Gott herkommende und in ihm befindliche Selbst als das Königreich in uns finden lässt und im übrigen auf das göttliche Reich außer uns, nämlich in der übrigen Schöpfung Gottes, Bezug genommen wird.
Mit der vorstehend dargelegten Auffassung der Schlussredaktion des EvThom kann es allerdings nicht sein Bewenden haben, weil entscheidende Argumente dafür sprechen, dass das Wort im 1. Hauptteil auf ältere und zwar frühchristliche, wenn nicht sogar auf jesuanische Tradition zurückzuführen ist.
Die maßgebliche Par ist insofern Lk 17,20.21. Dieses viel umstrittene Wort, von dem Log 3 wegen seiner ganz eigenständigen Aussage keineswegs abhängig ist (das behauptet nicht einmal SCHRAGE, Verh, 30), lautet wie folgt: Als er von den Pharisäern gefragt wurde, wann das Reich Gottes komme, antwortete er ihnen und sprach: „Das Reich Gottes kommt nicht so, dass man es beobachten könnte (μετὰ παρατηρήσεως). Man wird auch nicht sagen können: Siehe hier! Oder: dort! Denn siehe, das Reich Gottes ist in eurer Mitte (ἐντὸς ὑμῶν ἐστιν)." Die beiden negativen Antworten gehen somit dahin, dass das Kommen des Reichs sich nicht zeitlich vorausberechnen lasse, etwa durch apokalyptische Konstellation oder astrologisch-esoterische Spekulation, es wird auch nicht spektakulär oder sensationell, z.B. durch Auftreten des Messias auf dem Berg Zion o.ä. erscheinen (s. auch Mt 24,23.26). Vielmehr soll die

Gottesherrschaft „ἐντὸς ὑμῶν" sein, wobei zweifelhaft ist, ob hier die ältere (lutherische bis liberale) Exegese mit „inwendig in euch" oder die jüngere Exegese mit „mitten unter euch" vorzuziehen ist (zur ersteren A. v.HARNACK, Das Wesen des Christentums, 1900/77, 46; s. auch SCHÄFER, Jesus, 59.60; zur letzteren W.G. KÜMMEL, Verheißung und Erfüllung, 1956, 27f; ferner PERRIN, Jesus, 69ff; BORNKAMM, Jesus, 61f; E. SCHWEIZER, Jesus, 28; SCHNACKENBURG, Gottes Herrschaft, 93; FLUSSER, Jesus, 87; ähnlich BRAUN, Jesus, 61: „in eurem Wirkungsbereich", u. A. RÜSTOW, ZNW 51 [1960], 197ff; sowie DIBELIUS, Jesus, 62: „zu spüren in eurer Mitte"). Die apokalyptische Deutung, dass das Reich Gottes plötzlich, mit einem Schlage „mitten unter euch" sei (so BULTMANN, Jesus, 31; J. JEREMIAS, Theologie, 104) scheitert daran, dass die Plötzlichkeit des Eintreffens künstlich eingetragen erscheint.

So verbleibt nach der häufigsten Übersetzung von ἐντός im Profangriechischen mit „mitten, zwischen, unter, im Bereich" und auch der entsprechenden guten Verbreitung im Aramäischen (*ben* mit Pronominalsuffix) als wahrscheinlichste Möglichkeit, dass das Reich Gottes hier und jetzt, in der Gegenwart, „mitten unter euch" angebrochen sei, nämlich in Jesus und seiner Person, aber auch im Leben und Wirken seiner Jünger sowie in Ereignissen, die um sie herum wirksam geworden sind. Das entspricht auch den sonstigen präsentischen Aussagen über die Gottesherrschaft, die Jesus zu Recht zugeschrieben werden (s. Lk 11,20 Par Mt 12,28 [Q]; Lk 4,16-21; Mt 11,2-6 Par; Lk 10,23-24 Par). Die rein spirituell-individuellen Aussagen, das Reich Gottes sei „in euch", kommen beim historischen Jesus wörtlich nicht und sinngemäß eher selten vor, sie sollten allerdings durchaus als darin eingeschlossen angesehen werden (vgl. die Worte über das „Herz", Lk 6,45 Par oder die „Seele", Mk 8,35 Par; s. auch BOVON, Lk 3, 168).

Das vorliegende Log 3, 1.Hauptteil dürfte einer Lk 17,20.21 parallel laufenden alten Überlieferung entstammen. Diese ist als unabhängig zu betrachten (s. SIEBER, Analysis, 224ff; PATTERSON, GosThom, 72; J.M. ROBINSON in C.W. HEDRICK, Historical Jesus and Rejected Gospels, 1988, 50ff; gegen SCHRAGE, Verh, 30f.199f). Sie weist ebenfalls Nähe zum historischen Jesus auf. Bereits in Dtn 30,1ff ist gesagt, dass die Tora Gottes dem Israeliten nicht ferne sei, sie sei „nicht im Himmel", zu weit weg, um sie auf die Erde zu holen, auch „nicht jenseits des Meeres" (also in der Unterwelt), was ebenfalls als unerschwinglich galt, sondern ganz nah, „in deinem Munde und in deinem Herzen", so dass sie vom Menschen befolgt werden könnte. Ähnliches ist in Hiob 28,12-15 und Bar 3,15.29ff von der Weisheit ausgesagt. Auch im Urchristentum gibt es bei Paulus (Röm 10,6ff) eine Analogie, wonach weder „in den Himmel" hinaufzusteigen sei oder „in

die Unterwelt" hinabzusteigen sei, um Christus zu haben und in seiner Nähe zu sein. Vielmehr ist auch hier Christus und das Wort vom Glauben als nah vorgestellt, um auf sie zu hören. Unser vorliegendes Logion weist daher mit der entsprechenden Aussage über das Reich Gottes, das weder im Himmel noch unter der Erde (nicht in der Unterwelt) zu suchen sei, zwar durchaus eine Abweichung zu jüdischen und frühchristlichen Betrachtungsweisen auf, die jedoch kein Fremdkörper darin ist, sondern eine charakteristische Ausprägung und Entwicklung der jüdischen Sicht darstellt und sich im Urchristentum typischerweise auf den Christus verdichtet hat (vgl.entspr. DAVIES, Wisdom, 41ff; T.F. GLASSON, The Gospel of Thomas, Saying 3, and Deuteronomy XXX, 11ff, ExpT 78 [1966/7], 151f; KING, Kingdom, 60ff.91ff; zum ergänzten Differenzkriterium, s. THEISSEN - MERZ, Historischer Jesus, 116ff).
Das Wort kritisiert wohl die, die die Jünger „verführen" wollen, wer dies auch sei. Die Bedeutung „verführen" trifft wahrscheinlich die griechische Vokabel ἕλκειν besser als „vorangehen", „voranführen", was im koptischen cⲱκ ϩⲏⲧ eher angesprochen ist und die Leiter der Gemeinde betreffen würde. Dies ist aber vermutlich eine Übersetzungsverlegenheit (vgl. HAENCHEN, EvThom, 44); es könnte insofern auch ein Aramaismus vorliegen, wie GUILLAUMONT, Les Sémitismes, 194f ausgeführt hat. Das „Reich" (ⲙⲛ̄ⲧⲉⲣⲟ) ohne das Attribut „Gott" ist natürlich das Reich Gottes, da die judenchristliche Tradition des EvThom die Nennung des Gottesnamens aus Ehrfurcht möglichst vermied. Die Verführer werden mit ihrer Behauptung, dass sich das Reich „im Himmel" oder in der Unterwelt befinde, verspottet, und Jesus beharrt darauf, dass es „mitten unter euch" ist. Das letztere war wohl auch ursprünglich in Log 3 entsprechend formuliert. Wegen der vermutlich bald sich ergebenden Auslegungsprobleme in verschiedenen Gemeinden ist dann im Laufe der Überlieferung ausgelegt und präzisiert worden, dass das Reich sowohl „in euch" als auch „außer euch" sei.
Das Logion kann nach allem mit der bezeichneten Einschränkung durchaus als echtes und grundlegendes Jesus-Wort angesehen werden, das anderweit auch noch nicht überliefert ist (ähnlich CROSSAN, Historischer Jesus, 377f.570; B. CHILTON, The Gospel according to Thomas as a Source of Jesus Teaching, Gospel Perspectives Nr.5 [1985], 472; FUNK u. JS., Five Gospels, 472; a.M. LÜDEMANN, Jesus 2000, 755f, jedoch ohne nähere Begründung). Formal befinden sich die ersten beiden Glieder des Spruchs in jesusgemäßem synonymem Parallelismus und diese wiederum zum Schlussglied in antithetischem Parallelismus. Das Wort widerspricht inhaltlich der Auffassung der Verführer über das Reich Gottes und hebt dessen Gegenwart besonders hervor. Diese betrifft nach der Verkündigung Jesu zunächst die Person Jesu selbst. Sie zeigt sich aber auch im Leben und Wirken seiner Jünger und -innen sowie in

der Schöpfung Gottes. Auch im Leben der Nachfolger Jesu ist Gott präsent, mit seiner Zuwendung in Liebe, Gerechtigkeit und Wahrheit, hier haben diese sie anzunehmen und daraufhin ihr Leben zu gestalten.

LOG 4

1. JESUS SPRICHT: DER MENSCH, ALT IN SEINEN TAGEN, WIRD NICHT ZÖGERN, EIN KLEINES KIND VON SIEBEN TAGEN ÜBER DEN ORT DES LEBENS ZU BEFRAGEN, UND ER WIRD LEBEN. 2. DENN VIELE ERSTE WERDEN LETZTE SEIN. 3. UND SIE WERDEN EIN EINZIGER SEIN.

Das Log 4 steht mit den Vokabeln „Kind" und „Leben" im Stichwortzusammenhang mit Log 3, 2. Hauptteil („Kinder" und „lebendig"). Es gehört motivisch auch mit dem 1. Hauptteil von Log 3 zusammen, und zwar in einer Gruppe von „Königreichs"-Worten, da sich „Königreich" und „Leben" entsprechen, wie noch zu zeigen sein wird.
Der Spruch besteht aus drei Teilen und ist ebenfalls in POxy 654, 21-27 überliefert, mit der Variante, dass beim Spruch von den Ersten und Letzten entsprechend der Tradition auch ausgeführt wird, dass „die Letzten Erste sein werden", was bei EvThom anscheinend versehentlich ausgelassen worden ist (so FIEGER, EvThom, 29).
Das Wort zeigt die besondere Zuwendung Jesu zu den Kindern, in betontem Widerspruch zur verbreiteten Geringschätzung der Kinder bei den Zeitgenossen, die auch in Kindesaussetzungen und -misshandlungen nichts Verwerfliches sahen. Hier wird ein kleines Kind als Prototyp einer ursprünglichen Ganzheitlichkeit und Einheit entsprechend der Schöpfung dargestellt und damit auch als Vorbild für das Leben im Reich Gottes.
Es mag sein, dass die Schlussredaktion das gesamte Logion gnostisierend ausgelegt hat. Dafür spricht auch eine späte naassenische Par, die Hippolyt in Ref V,7,20 als aus dem EvThom stammend zitiert: „Wer mich sucht, wird mich finden in Kindern von 7 Jahren, denn dort im 14. Äon verborgen offenbare ich mich", ferner ManPs 192,2-3 (vgl. besonders GRANT - FREEDMAN, Verborgene Worte, 120.80). Allerdings redet das EvThom nicht von Äonen und auch nicht von der Offenbarung Jesu in einem Kleinkind (allenfalls könnte der Zusatz „er wird leben", ϥⲛⲁⲱⲛϩ, ursprünglich geheißen haben: „es [das Leben] wird offenbar werden", ϥⲛⲁⲟⲩⲱⲛϩ, mit Stichwortanschluss an Log 5/6, s. CALLAHAN, HTR 90, 413). Auch der anzustrebende Zustand der Einheit und Ganzheitlichkeit kommt zwar in EvPhil Log 94 und EvVer 25,10ff vor, wonach die am Anfang stehende Einheit durch Erkenntnis wiederhergestellt werden und zur Aufhebung der bestehenden

Trennungen führen soll (so auch SCHRAGE, Verh., 33f; FIEGER, EvThom, 30f). Dieses eschatologische Ziel war aber der frühchristlichen und sogar jesuanischen Verkündigung auch nicht fremd, was u.a. bei Log 22 noch näher auszuführen sein wird.
Was die Traditionsgeschichte betrifft, so steht das Logion, 1. Teil sicher der Verkündigung Jesu über die Zuwendung Gottes zu den Kindern nahe, wie wir sie aus Mk 10,13f Par; Mt 18,4; 21,15ff; Mk 9,37 und 10,15 Par; ferner Log 22 EvThom kennen. Besonders zeigt dies die Begebenheit in Mk 10,13-16 Par, wonach Jesus seinen Jüngern, die den Zugang von Kindern zu ihm verwehren wollten, unwillig entgegentritt und sie auffordert, die Kinder zu ihm kommen zu lassen, „denn solchen gehört das Reich Gottes". Hier wird auch tradiert, dass derjenige, der „das Reich Gottes nicht wie ein Kind annimmt, nicht hineinkommen wird". Die Kinder sind nach dieser alten, echten Überlieferung in besonderer Nähe zum von Jesus angesagten Reich Gottes (s. J. JEREMIAS, Theologie, 153f.218f; M. MACHOVEC, Jesus, 117ff u.a.).
In diesen Kontext passt auch das vorliegende Log 4, das ebenfalls ein Kind als Vorbild für einen alten Menschen zum „Leben" (ⲱⲛϩ), d.h. zum Eingang ins Reich Gottes darstellt. Dass „Leben" und „Reich Gottes" hier und auch bei Jesus selbst oft synonym gebraucht werden, dazu sei auf die zahlreichen synoptischen und johanneischen Par bei den Ausführungen zu Log 1 und 11 verwiesen. Die Formulierung vom „Ort des Lebens (ⲧⲟⲡⲟⲥ ⲙ̄ ⲡⲱⲛϩ)" scheint eine Nähe zu Joh 14,2ff zu haben, wo die den Jüngern zu bereitende Stätte auch als Topos bezeichnet wird. Aus welchen Gründen das Kind als vorbildhaft dargestellt wird und zu „befragen" ist, wird nicht direkt gesagt. Nach der thom Auffasung wird es wohl deshalb als solches gesehen, weil es eine besondere Affinität zum ursprünglichen Einssein des Menschen hat (s. dazu noch besonders die Komm. zu Log 22). Das Logion ist in seinem Wortlaut durch altertümlich semitischen Sprachgebrauch geprägt (so O. HOFIUS, EvTh 20 [1960], 33). Zur Formulierung des Worts im einzelnen finden sich freilich keine näheren Par in der Jesus-Verkündigung. Insgesamt ist daher das Wort nicht sicher als authentisch nachzuweisen. Es ist jedoch gewiss frühchristlicher, nicht gnostischer Herkunft und steht der Jesus-Verkündigung nicht fern (s. ähnlich FUNK u. JS., Five Gospels, 473; CROSSAN, Historischer Jesus, 358ff.579; dagegen hält LÜDEMANN, Jesus 2000, 756 es für gnostisch verwurzelt).
Ähnliches gilt für das vielfältig tradierte Logion von den „Ersten", die „Letzte" und von den „Letzten", die „Erste" werden sollen. Das Wort kommt in den verschiedensten Zusammenhängen in der evangelischen Überlieferung vor, so in Mk 10,31 Par, Mt 20,16 Par Lk 13,30 (Q), ferner Barn 6,13 und wird hier mit einer geringfügigen Abweichung, besonders was die Ausdrucksweise von den „Vielen" betrifft, aufgenommen. Eine

Abhängigkeit des Logions in EvThom von den vorgenannten Traditionen ist wegen des völlig anderen Kontextes aber nicht zu vermuten (s. PATTERSON, GosThom, 19f gegen SCHRAGE, Verh, 32f). Vielmehr dürfte das EvThom-Logion aus mündlicher Tradition stammen und in den vorliegenden Zusammenhang eingebaut worden sein, um die Notwendigkeit zu betonen, dass auch hochbetagte und angesehene Alte sich Kindern und ihrem Wesen annähern sollten.
Das Wort ist wegen der darin angesagten radikalen Umwertung der herkömmlichen Werte im Reich Gottes sicher als jesuanisch einzustufen. Dabei wird der in Lk 13,30 erhaltene Wortlaut von Q (ohne den Zusatz der „Vielen") vielleicht der ursprünglichste sein (s. POLAG, Fragmenta Q, 68f). Die Echtheit wird auch durch die hervorragende Bezeugung des Logions in den verschiedenen Traditionen bestätigt (s. auch FUNK u. JS., Five Gospels, 473).
Der letzte Teil des Logions, Nr. 3, dass „sie ein Einziger (oyλ oyⲱⲧ) sein werden", scheint ein weiteres Anhängsel zu sein, das der thom Schlussredaktor entsprechend zahlreichen ähnlichen Logien im EvThom angefügt hat. Die schließliche Einheit und Ganzheit betonen z.B. auch Log 11,16,22,23,49,75 und 106. Die Frage des Grundes und der Herkunft sowie der inhaltlichen Authentizität der Verkündigung vom Einssein soll im einzelnen später, besonders im Rahmen von Log 22 besprochen werden.

LOG 5

1. JESUS SPRICHT: ERKENNE, WAS VOR DEINEM ANGESICHT IST, UND DAS, WAS FÜR DICH VERBORGEN IST, WIRD SICH DIR ENTHÜLLEN.
2. DENN ES GIBT NICHTS VERBORGENES, DAS NICHT OFFENBAR WERDEN WIRD.

Der Stichwortanschluss mit „erkennen" bezieht sich einerseits auf Log 3, 2. Hauptteil („erkennen"), andererseits besteht ein solcher Anschluss an Log 6 S.5, wonach „Verborgenes" „offenbar werden" soll. Insgesamt wird im vorliegenden Wort inhaltlich das Thema des „Geheimnisses" des Reichs Gottes weiterentwickelt.
Das Log 5 entspricht der im wesentlichen gleichlautenden Version in POxy 654, 27-31. Sie hat allerdings eine bemerkenswerte Erweiterung durch den Nachsatz: „und nichts ist begraben, was nicht (auferweckt werden wird)". Dieser Satz ist von PUECH nach einer Aufschrift auf einer Begräbnisbinde aus Behnasa b. Oxyrhynchos (5.- 6. Jh.) ergänzt worden, wo ebenfalls ein Jesus-Wort gleicher Fassung zitiert wird (s.

näher dazu C.H. PUECH in SCHNEEMELCHER, NtApokr, I, 3.A., 1959, 216ff u.a.). Warum in der koptischen Fassung des Log 5 dieser Nachsatz weggelassen wurde oder dieser auch schon in der weiteren Entwicklung der griechischen POxy-Par entfallen ist, ist nicht ganz klar. Es könnte aber mit einer Gnostisierung der Redaktion dieser Fassung zusammenhängen, die mit der leiblichen Auferstehung der Toten nichts mehr anzufangen wusste (so PUECH, 222 und G. QUISPEL, Makarius, 71f). Dafür spricht auch, dass der Zusatz in der manichäischen Kephalaia LXV Bd. 1, 163,28f ebenfalls ausgelassen wurde (a.M. SCHRÖTER, Erinnerung, 370, der auf Unsicherheiten der Überlieferung des Zusatzes u. darauf verweist, dass die Auferstehung auch gnostisch umgedeutet werden konnte; s. auch S.R. JOHNSON, NovTest 44, 2002, 176ff, der den Zusatz für von Log 6 S.6 abgeleitet hält). Eine Verbindung mit der Verkündigung Jesu könnte insofern über Mk 12,18ff, das sog. Sadduzäergespräch über die Auferstehung der Toten in Betracht kommen. Der Inhalt des Gesprächs bewegt sich aber in weit von dem POxy-Logion entfernten Bahnen. So ist eine Echtheit des Worts zwar möglich, ein Nachweis kann aber kaum geführt werden (so auch FUNK u. JS., Five Gospels, 476).
Die Bedeutung des Log 5 im übrigen verweist in seiner Endredaktion auf die Notwendigkeit des „Erkennens" (ⲥⲟⲩⲱⲛ), nämlich der sich dem Erkennenden erschließenden Welt Gottes und seiner Zugehörigkeit zu dieser. Die Offenbarung dieses Verborgenen ist entsprechend der vorliegenden Fassung nicht in erster Linie Gabe Gottes, sondern Folge menschlichen Strebens, ähnlich wie in Log 3, 2.Hauptteil, und könnte daher mit gnostischer Offenbarungstheologie zusammenhängen, ähnlich wie in der manKephaleia LXV 163,26ff: „Erkennt, was vor eurem Angesicht ist, und das euch Verborgene wird euch offenbar werden" (so kritisch SCHRAGE, Verh, 35f; FIEGER, EvThom, 35f).
Die Traditionsgeschichte von Log 5 ist jedoch komplizierter. Zunächst ist darauf zu verweisen, dass auch Log 6 S.5/6 einen analogen Spruch zu Log 5 S.2 enthält: „Somit gibt es nichts Verborgenes, das nicht offenbar werden wird. Und es gibt nichts Verhülltes, das ohne Enthüllung bleiben wird", wobei der 2. Satz bei der griechischen Par in POxy 654 fehlt. Noch wichtiger sind die zahlreichen synoptischen Par zu Log 5 S.2. Hier sind einerseits Mk 4,22 m.Par Lk 8,17 und andererseits Mt 10,26 Par Lk 12,2 (Q) zu verzeichnen.
Die älteste Fassung des Worts dürfte Mk 4,22 sein: „Denn nichts ist verborgen, außer damit (ἵνα) es offenbar wird, und nichts ist ein Geheimnis geworden, außer damit (ἵνα) es an den Tag kommt". Es geht hier um die eschatologische Offenbarung alles Verborgenen in der kommenden Gottesherrschaft, die nach dem Zusammenhang bei Mk auch als Gericht gesehen wird. Als redaktionelle Bearbeitung von Mk ist Lk

8,17 anzusehen, wo der finale Sinn von Mk abgeschwächt wird: „Denn nichts ist verborgen, was nicht (ὃ οὐ) offenbar werden wird, und nichts geheim, was nicht (ὃ οὐ) bekannt werden und an den Tag kommen wird". Die Q-Fassung gem. Mt 10,26 / Lk 12,2 betont nach dem bestehenden Kontext (in beiden Fällen Reden Jesu an seine Jünger) das Offenbarwerden durch die Predigt der Jünger und sagt dazu: „Nichts ist verhüllt, was nicht (ὃ οὐκ) enthüllt werden wird, und nichts verborgen, was nicht (ὃ οὐ) bekannt werden wird". Verglichen mit Mk dürfte dies eine sekundäre Deutung sein, die gegenüber dem Offenbarwerden durch die kommende Gottesherrschaft die Bedeutung der Predigt hervorhebt. Bemerkenswert ist, dass die Fassung in Log 5 S.2 wörtlich mit der redaktionell bearbeiteten Lk-Fassung in Lk 8,17 übereinstimmt, und zwar insbesondere in der griechischen Übersetzung von POxy 654, 27-31: „οὐ γάρ ἐστιν κρυπτὸν ὃ οὐ φανερὸν γενήσεται". Es ist daher wahrscheinlich, dass Log 5 S.2 insofern von Lk beeinflusst ist, wenn auch möglicherweise aufgrund mündlicher Überlieferung, die jedoch wiederum von der Lk-Fassung geprägt worden ist (so auch SCHRÖTER, Erinnerung, 370f; C. TUCKETT, Das Thomasevangelium und die synoptischen Evangelien, BThZ 12 [1995], 197; HULTGREN, Parables, 434; gegen PATTERSON, GosThom, 21f). Die Bildung in Log 5 S.2 ist somit hier später als die synoptische Tradition und dieses Stück daher vermutlich auch später in das EvThom bzw. eine dem vorangehende Sammlung eingefügt worden. Anders ist dies dagegen bei Log 6 S.4/5, dessen Formulierung von den synoptischen Fassungen unabhängig in ihrem andersartigen Wortlaut vom „Verborgenen" (ἀποκεκρυμμένον) ist und daher eine Parallelüberlieferung höheren Alters darstellt (s. SCHRÖTER, Erinnerung, 371 und auch noch die nähere Komm. zu Log 6).

Was Log 5 S.1 betrifft, so hat seine Formulierung vom „Erkennen, was vor deinem Angesicht ist", keine direkte Par in der jesuanischen Verkündigung. Zwar hat entgegen der allgemeinen Ansicht auch das „Erkennen" in der Predigt des historischen Jesus durchaus Anhaltspunkte, etwa wenn vom „Geheimnis (oder den Geheimnissen) des Reichs Gottes" die Rede ist (vgl. Mk 4,11 Par), das ja auch Erkenntnis erfordert, oder vom blinden Blindenführer, dem jede Erkenntnis abgeht (s. Lk 6,39 Par = Q). Jedoch fehlt es an Logien in der Jesus-Verkündigung, die explizit von der „Erkenntnis" des Selbst, der Welt Gottes oder des Alls sprechen (anders was die pln oder joh Theologie betrifft, s. Log 3, 2. Hauptabschnitt). Auch wenn man die Möglichkeit von entsprechender esoterischer Vermittlung durch Jesus erwägt, kann das vorliegende Logion S.1 nicht als authentische Aussage Jesu nachgewiesen werden (ähnlich CROSSAN, Historischer Jesus,

571.579; weitergehend für die Möglichkeit der Echtheit dagegen FUNK u. JS., Five Gospels, 475f, wo auf die Nähe zu Log 113 verwiesen wird). Als alte und Jesus zugehörige Überlieferung verbleibt jedoch der Log 5 S.2 zugrunde liegende Gedanke, dass das noch verborgene „Geheimnis" des Reichs Gottes sich im Hier und Jetzt ansatzweise durchsetzen und in der kommenden Endzeit endgültig offenbaren wird. Diese Offenbarung wird das Heil der dies Annehmenden bedeuten, kann aber auch Gericht sein und soll jedenfalls die Herrlichkeit Gottes vor der Welt enthüllen (s. auch JEREMIAS, Theologie, 21f.121f).

LOG 6

1. SEINE JÜNGER FRAGTEN IHN, UND SIE SAGTEN ZU IHM: WILLST DU, DASS WIR FASTEN? UND IN WELCHER WEISE SOLLEN WIR BETEN UND ALMOSEN GEBEN? UND AUF WELCHE SPEISEN SOLLEN WIR ACHTGEBEN? 2. JESUS SPRICHT: LÜGT NICHT. 3. UND TUT NICHT DAS, WAS IHR HASST. 4. DENN ALLES IST ENTHÜLLT VOR DEM ANGESICHT DES HIMMELS.
5. SOMIT GIBT ES NICHTS VERBORGENES, DAS NICHT OFFENBAR WERDEN WIRD. UND ES GIBT NICHTS VERHÜLLTES, DAS OHNE ENTHÜLLUNG BLEIBEN WIRD.

Wie schon ausgeführt, besteht zwar Stichwortzusammenhang in Log 6 S.5 mit Log 5 S.1 und 2. Jedoch setzt mit Log 6 auch eine weitere Gruppe von Logien über praktische Verhaltensregeln für die Jünger ein (bis Log 9).
Dabei entspricht die Fassung von Log 6 im wesentlichen dem rekonstruierten POxy 654, 32-40, allerdings mit drei wichtigen Einschränkungen: Statt der Einleitung der Frage im Koptischen: „Willst du, dass...?" heißt es im Griechischen: „Wie sollen wir...?". Es wird somit nach dem Modus der Gebotserfüllung gefragt (was ursprünglicher ist als die koptische Fassung, wie auch die weiteren Fragen zeigen). In S.4 lautet der koptische Text: „vor dem Angesicht des Himmels", der griechische Text dagegen: „vor dem Angesicht der Wahrheit". Vermutlich liegt beidesmal eine Umschreibung für das Angesicht Gottes vor. Im Koptischen sind „Wahrheit" (ⲙⲉ) und „Himmel" (ⲡⲉ) so ähnlich, dass auch eine versehentliche Übertragung denkbar ist (FIEGER, EvThom, 37f). Schließlich fehlt im griechischen POxy-Text der synonyme Parallelismus membrorum in S.5 des koptischen Textes. Allerdings ist der äußerliche Zustand des Textes hier so schlecht, dass eine sichere Rekonstruktion insofern nicht mehr möglich ist (BLATZ in SCHNEEMELCHER, NtApokr, I, 6.A., 99f).

Die Aussage des Spruchs in seiner Endgestalt ist Kritik an den zeitgenössischen jüdischen Vorschriften (der Halacha), die den Kult, besonders das Fasten, Beten, Almosengeben und die Einhaltung der Reinheitsvorschriften, betrafen. Sie widersprachen nach der Meinung der Schlussredaktion der wahren Erkenntnis des Geheimnisses Gottes und der inneren Befolgung des Willens Jesu (s. GRANT - FREEDMAN, Geheime Worte, 121; FIEGER, EvThom, 39).

Zu prüfen ist, in welcher Traditionsgeschichte dieses Logion im einzelnen steht und ob und wieweit es mit der Verkündigung und Praxis des historischen Jesus zu tun hat.

Die überlieferte alttestamentliche (at) Frömmigkeit betonte die Bedeutung von Gebet und Fasten, von Almosengeben, somit sozialer Wohltätigkeit und der Einhaltung der Speisevorschriften (s. z.B. Ps 35,13; 2Sam 12,16; Neh 1,4 / Spr 10,2 / Ex 22,30; Lev 11; Dtn 14,3ff). Kennzeichnend ist die Zusammenstellung in Tob 12,8 (LXX BA): „Gut sind Gebet mit Fasten, Almosen und Gerechtigkeit" Ähnlich war auch noch die übliche urchristliche Auffassung, s. z.B. Mk 9,29, wonach „böse Geister" nur auszutreiben seien „durch Gebet und Fasten", oder Apg 9,36, wo eine Jüngerin wegen ihrer „guten Werke und Almosen" gepriesen wird, und auch die Einhaltung der Reinheitsvorschriften war zunächst im Urchristentum durchaus noch gängig (s. Gal 2,11ff; Apg 10 u. 15, s. ferner 2Clem 16,2).

In Jesu Verkündigung und Praxis war jedoch neu und ungewöhnlich ein kritisch-integrativer Umgang mit den religiös-kultischen Vorschriften des zeitgenössischen Judentums. Wie noch später näher zu zeigen sein wird, lehnte Jesus den äußeren Vollzug der Reinheitsvorschriften, besonders der Speisegebote ab und verwies auf die Notwendigkeit der inneren Reinheit, s. Mk 7,15 Par u.a. Er steht auch dem kultisch begründeten Fasten reserviert gegenüber und betont die innere Haltung des Betens gegenüber der äußerlichen Demonstration, vgl. Mk 2,19 Par usw. (s. auch KÖSTER, Einführung NT, 568ff [589]; NORDSIECK, Reich Gottes, 18ff m.w.N.).

In diesem Kontext findet sich besonders auch die Stellungnahme Jesu zu Almosengeben, Beten und Fasten bei Mt 6,1-18. Darin ruft Jesus seine Zuhörer auf, wenn sie Almosen gewährten, nicht „vor sich her posaunen zu lassen, wie die Heuchler tun in den Synagogen und auf den Gassen, damit sie von den Leuten gepriesen werden" (6,2). Wenn sie beteten, sollten sie auch „nicht sein wie die Heuchler; denn sie beten gern in den Synagogen und wenn sie an den Ecken der Straßen stehen, um sich vor den Leuten sehen zu lassen" (6,5). Beim Fasten sollten sie „nicht finster dreinsehen wie die Heuchler; denn sie verstellen ihr Angesicht, um sich mit ihrem Fasten vor den Leuten sehen zu lassen". Jesus fordert auf, beim Almosengeben „die linke Hand nicht wissen zu lassen, was die rechte tut", beim Beten, „ins Kämmerlein zu gehen und die Tür zu schließen" und beim Fasten „das Haupt zu salben und das Angesicht zu waschen" (6,3.6.17), und zwar damit die Tat „im Verborgenen" sei, und er setzt hinzu: „Der Vater, der ins Verborgene sieht, wird es dir vergelten" (6,4.6.18) (s. dazu auch BORNKAMM, Jesus, 126f; GOPPELT, Theologie, 137f).

Die Spruchfolge aus der mt Bergpredigt ist der Zusammenstellung in Log 6 S.1-4 durchaus parallel gelagert. Auch hier geht es um den Modus, die zuträgliche Art und Weise der Einhaltung der kultischen Vorschriften. Es geht nicht um deren Restaurierung, aber auch nicht um ihre Abschaffung, wie schon die Fragestellung „Wie sollen wir..." (s. POxy-Par) ausweist. Wenn Jesus antwortet: „Lügt nicht", geht er durchaus auf die Frage ein (gegen FIEGER, EvThom, 39) und installiert auch nicht ein grundsätzliches Verbot der Lüge, etwa i.S. v. Eph 4,25 u.ä. (gegen FIEGER, 39). Vielmehr fordert er zur inneren Wahrhaftigkeit, Authentizität und Echtheit auf und will wie in Mt 6,1ff die Heuchelei angehen, die auch nicht einfach vorsätzliche Lüge, sondern den objektiven Widerspruch zwischen innerer Haltung und äußerem Gebaren betrifft (s. dazu auch die Wehe-Rufe gegen Pharisäer und Schriftgelehrte in Mt 23 Par). Der Nachsatz, nicht das „zu tun, was ihr hasst", hat mit der Goldenen Regel, s. Lk 6,31 Par nichts zu tun (anders MÉNARD, EvThom, 87 u.a.), sondern liegt auf derselben Linie wie der Aufruf zur Authentizität (die Stelle Tob 4,15 widerspricht dem nicht; denn sie betrifft nur die Aufforderung, „einem anderen" nicht das anzutun, was man hasst). Jesus will somit Selbstwiderspruch und -beschädigung sowie Fremdbestimmung abwehren und Selbstbestimmung fördern. Auch die Begründung, dass alles vor Gott „enthüllt" sei, entspricht durchaus Mt 6,1ff, wonach „der Vater ins Verborgene sieht" (vgl. dazu auch den traditionell gut belegten Gedanken, dass „deine (Gottes) Augen alle meine Tage sehen" und „du meine Seele wohl kanntest", s. Ps 139,7.14.16 u.ä.).

Bei Log 6 S.1-4 dürfte es sich danach um eine Mt 6,1ff analoge Tradition handeln, die allerdings nicht davon abzuleiten ist, wie ihre wortlautmäßig erhebliche Differenz zeigt, von der aber wohl auch das länger ausgearbeitete Stück in Mt 6 nicht herrühren wird. Beide Traditionen dürften daher dem historischen Jesus nahestehen. Sie sind nunmehr als gut bezeugt anzusehen und stehen mit seiner Gesetzesauslegung in Kohärenz (s. KÖSTER, Entwicklungslinien, 130f; zweifelnd dagegen FUNK u. JS., Five Gospels, 476f u. CROSSAN, Historischer Jesus, 579, weil sie das Vorliegen einer negativen Form der Goldenen Regel annehmen, ferner ablehnend LÜDEMANN, Jesus 2000, 757, der eine Verwurzelung in innergnostischen Diskussionen vermutet). Was die übrigen gesetzeskritischen Logien im EvThom betrifft· (s. Log

14,53,89,104), so widersprechen diese dem nicht und werden im folgenden noch zu behandeln sein. Bei Log 14 ist allerdings vermutet worden, es enthalte die eigentliche Antwort auf die Fragestellung der Jünger, sei es aufgrund redaktioneller Veränderung des Textes oder eines Versehens beim Abschreiben (s. QUISPEL, Makarius, 35f bzw. DAVIES, Wisdom, 153). Jedoch gibt es dafür keine hinreichenden Anhaltspunkte, und sachlich ist eine solche Lösung auch nicht geboten (vgl. auch A. MARJANEN in R. URO [Hg.], Thomas at the Crossroads, 1998, 167f).

Inhaltlich bedeutet somit die ==Überordnung der grundsätzlichen Weisung der Wahrhaftigkeit und Authentizität== über die einzelnen Regeln des Fastens, Betens, der Almosen- und Speise-Vorschriften deren Umformung und Neugestaltung, nicht dagegen ihre Befestigung oder ihre Abschaffung. Es liegt eine ähnliche Ausrichtung der positiven Bestimmungen und Satzungen auf eine höhere Norm vor, wie dies auch bei der Unterordnung der sittlich-moralischen Gesetze unter das allgemeine Liebes- und Gerechtigkeits-Gebot gilt (dazu im einzelnen noch später). Dadurch wird in Log 6 bereits eine grundsätzliche Weichenstellung im Verhältnis der eschatologischen Gottesherrschaft, des Reichs Gottes zum Gesetz, der Tora getroffen, insofern nämlich die Wahrhaftigkeit ein grundlegender Wert des Reichs Gottes ist (s. auch Log 69,78 und Joh 8,31.32) und diese Gottesherrschaft das entscheidende Handlungsprinzip, auch gegenüber der Tora ist (s. MERKLEIN, Gottesherrschaft als Handlungsprinzip, 94ff).

Der in Log 6 S.5 befindliche Parallelismus membrorum über die Offenbarung des Verborgenen und die Enthüllung des Verhüllten ist zur Bestätigung des vorangehenden Spruchs angehängt worden, und zwar wahrscheinlich schon durch die Tradition (wie der dichte stichwortmäßige Zusammenhang nahelegt). Er ist eine selbstständige ältere Variante zu Log 5 S.2 und kann nicht aus den synoptischen Par abgeleitet werden, das zeigt besonders auch der spezielle Gebrauch des „Verborgenen" (gr. ἀποκεκρυμμένον) (näher SIEBER, Analysis, 106 [111]). Ob es gegenüber Mk 4,22 als älter und dem historischen Jesus näherstehend anzunehmen ist, ist allerdings zweifelhaft wegen dessen eschatologischer Richtung (im übrigen s. die Kommentierung zu Log 5 S.2). Auf jeden Fall liegt auch insofern eine frühe und Jesus nahestehende Überlieferung vor (so auch FUNK u. JS., Five Gospels, 477; CROSSAN, Historischer Jesus, 571 u.a.). Diese enthält ebenso wie Mk 4,22 Par im Ursprung den Gedanken der Offenbarung im eschatologischen Gericht, das hier die Vorstellung vom Kommen der endzeitlichen Gottesherrschaft modifiziert.

LOG 7

1. JESUS SPRICHT: SELIG IST DER LÖWE, DEN DER MENSCH ESSEN WIRD, UND DER LÖWE WIRD MENSCH SEIN. 2. UND ABSCHEULICH IST DER MENSCH, DEN DER LÖWE ESSEN WIRD, [(UND DER MENSCH WIRD LÖWE SEIN)].

Das Log 7 ist durch die Begriffe „fasten" / „Speise" (Log 6) und „essen" (Log 7) als Spruch-Paar mit dem vorherigen Logion verbunden und setzt die Frage nach dem rechten Verhalten der Jünger fort. Der Text des Log 7 ist im letzten Satz zweifelhaft. Er lautet im Koptischen ebenso wie in S.1: „und der Löwe wird Mensch sein". Dies kann nach ganz überwiegender Meinung aber nur ein Abschreibfehler sein. Sinnvoll ist wegen der ablehnenden Beurteilung des vom „Löwen" gefressenen „Menschen" allein die Formulierung: „und der Mensch wird Löwe sein" (s. HAENCHEN, EvThom, 15; MÉNARD, EvThom, 56; FIEGER, EvThom, 42 u.a.; zweifelnd H.-G. BETHGE, Synopsis, 521, s. aber unten Didymos d. Bl.). „Mensch" (kopt. ρωμε; gr. ἄνθρωπος) kann hier im übrigen auch jedesmal mit „Mann" übersetzt werden.

Eine Rekonstruktion der griechischen Par in POxy 654, 40-42 ist nur äußerst hypothetisch möglich, da von ihr nur noch zwei Worte überliefert sind. Es fehlt auf alle Fälle der Einleitungssatz: „Jesus spricht:". Der letzte Satz der POxy-Par ist überhaupt nicht mehr zu rekonstruieren (s. LÜHRMANN - SCHLARB, Fragmente, 116).

Danach ist jedenfalls von der hier angenommenen Fassung des Spruchs auszugehen. Diese konnte im Rahmen eines gnostisierenden Christentums als Warnung vor der Welt der Materie verstanden werden. Aus verschiedenen gnostischen Schriften wie der Hypostase des Archonten (NHC II, 4) wird deutlich, dass der „Löwe" die Welt der Materie mit ihren aggressiven und gewalttätigen Neigungen repräsentiert. In der Lehre der Naassener (s. Hippolyt, Ref 5,8,15) sowie dem ManPs 149,22f ist der Löwe auch das Symbol für sexuelles Verlangen. Selbst die platonische Tradition hatte bereits die Vorstellung, dass die menschliche Seele durch Umwandlung die Gestalt eines Löwen annehmen kann (s. FIEGER, EvThom, 42f und ausführlich H.M. JACKSON, The Lion becomes Man, SBLDS 81 [1985], 182ff).

Eine Traditionsgeschichte des vorliegenden Logions ist allerdings nur eingeschränkt möglich. Es gibt lediglich eine einzige direkte Bezeugung des Spruchs im frühchristlichen Raum, nämlich bei Didymos dem Blinden (313-398). In seinem Psalmenkommentar heißt es in einer Auslegung von Ps 44,12 betr. das Verhältnis eines Lehrers zu seinem Schüler: „...nachdem er (der rohe oder bösartige Schüler) vom Lehrer gefressen worden und zu seiner Speise geworden ist, (ist er) nicht mehr

Löwe. Darum ist er selig und wird selig gepriesen, nicht weil er Löwe ist, sondern weil er Mensch geworden ist. Wenn aber einmal ein vernünftiger Mensch mit vernünftigen Regungen von einem rohen und wilden Menschen oder einer bösen Macht gefressen worden ist, dann wird er zum Löwen, und ein solcher ist elend; denn wehe dem Menschen, den ein Löwe frisst". Wenn hier auch nicht explizit die Anmerkung als Jesus-Wort gekennzeichnet ist, so gibt sie sich doch durch die Parallelisierung von Mensch und Löwe sowie die Seligpreisung und den Weheruf deutlich als Zitat von Log 7 zu erkennen (s. LÜHRMANN, NT 32 [1990], 312ff).

Im übrigen gibt es (bisher) keine unmittelbaren Belege für die Verwendung oder Entwicklung dieses Logions. Allerdings ist die hier angesprochene Löwen-Metaphorik auch im Frühchristentum verbreitet. So fordert nach 1Petr 5,8 der Verfasser die Gläubigen auf, „nüchtern" zu sein und zu „wachen"; denn „euer Widersacher, der Teufel, geht umher wie ein brüllender Löwe und sucht, wen er verschlingen könne". Auch andere Worte wie Hebr 11,33 und 2Tim 4,17 sprechen ähnlich vom „Rachen des Löwen". Diese Terminologie vom „Löwen" als solche ist freilich in der Jesus-Verkündigung ansonsten nicht zu finden. Es gibt zwar Seligpreisungen und Weherufe ähnlich wie in Log 7 (vgl. dazu etwa Lk 6,20ff.24ff). Auch wird die Macht Satans mit ihren aggressiven und gewalttätigen Implikationen drastisch von Jesus geschildert (s. z.B. Mk 3,23.24 Par; Lk 11,18 Par), aber sie soll vom kommenden Reich Gottes überholt und im Ergebnis unwiderruflich gebrochen werden (s. Lk 10,18; vgl. ferner Log 35).

Es muss daher dabei bleiben, dass das Logion zwar sinngemäß durchaus in die Predigt Jesu eingeordnet werden kann wie auch in die urchristliche Verkündigung. Eine Authentizität des Logions als solchen kann jedoch nicht erwiesen werden (so im Ergebnis auch FUNK u. JS., 477; CROSSAN, Historischer Jesus, 579; LÜDEMANN, Jesus 2000, 758).

Das Logion spricht jedenfalls metaphorisch mit dem „Löwen" von der Gewalt des Bösen, wobei dessen aggressive Seite besonders hervorgehoben wird. Das Essen oder Fressen hat nichts mit einer sakramentalen Aufnahme zu tun (gegen LEIPOLDT, EvThom, 57). Es bedeutet vielmehr die geistig-seelische Bewältigung und Integration der Aggression. Gerühmt wird der aggressive Mensch, insbesondere Mann, wenn er das Böse in seinem Verhalten integrieren und damit seiner zerstörerischen Kraft berauben kann, sodass der „Löwe" menschliches Antlitz erhält. Dagegen wird der Mensch bzw. Mann abgelehnt, den das Böse, die Aggression überwältigt und selbst zur Aggression macht. Damit gewinnt das Reich des Bösen und nicht die Gottesherrschaft Raum, sowohl im Menschen als auch in der Welt (zur symbolischen Inkorporation s. auch noch Log 11 und 60 sowie 13 und 108).

LOG 8

1. UND ER SPRICHT: DER MENSCH GLEICHT EINEM VERSTÄNDIGEN FISCHER, DER SEIN NETZ INS MEER WARF. UND ER ZOG ES HERAUF AUS DEM MEER, GEFÜLLT MIT KLEINEN FISCHEN. 2. UNTER IHNEN FAND DER VERSTÄNDIGE FISCHER EINEN GROSSEN, GUTEN FISCH. 3. ER WARF ALLE KLEINEN FISCHE HINAB INS MEER, UND ER WÄHLTE DEN GROSSEN FISCH OHNE MÜHE. 4. WER OHREN HAT ZU HÖREN, SOLL HÖREN.

Das Logion 8 ist stichwortmäßig durch das Substantiv „Mensch" mit dem vorhergehenden Spruch verbunden. Die Benutzung dieser Vokabel in dem vorliegenden Gleichnis ist allerdings problematisch; denn es handelt sich um ein Reich-Gottes-Gleichnis wie das folgende Log 9, und ursprünglich wird statt „Mensch" (ρωμε) hier „Reich" (μῆτερο) bzw. „Reich der Himmel / des Vaters" gestanden haben (FIEGER, EvThom, 45f; P. NAGEL, Die Parabel vom klugen Fischer im Thomasevangelium von Nag Hammadi, FS F. Althaus [1969], I, 518ff u.a.). Das folgt einfach daraus, dass dies auch in insgesamt acht anderen Gleichnissen des EvThom, nämlich Log 20,57,76,96,97,98,107,109 steht. Außerdem ist entsprechend auch vom „Reich" in den Parallelstellen bei Clemens Alexandrinus (Strom VI, 95,3) sowie Mt 13,47f die Rede (zur Begründung der letzteren als Par, s. W.G. MORRICE, ExpTim 95 [1984], 269ff). Ob die Veränderung vom Schlussredaktor oder der schriftlichen oder mündlichen Tradition erfolgt ist, ist unklar, desgleichen aus welchen Gründen. Es könnte ein versehentlicher oder bewusster Eintrag des „Menschen" beim Übergang von der mündlichen zur schriftlichen Überlieferung vorgenommen worden sein, weil im vorangehenden Log 7 mehrfach vom „Menschen" die Rede ist und sich damit ein Stichwortanschluss ergab (so NAGEL, s.o., 524). Es wird aber auch vermutet, das Gleichnis habe mit einem gnostischen Inhalt gefüllt werden sollen, insofern als hier der innere „Mensch" habe angesprochen werden sollen (s. SCHRAGE, Verh, 37 u.a.). Das ist aber unwahrscheinlich, da sonst das von Gnostikern erstrebte Gut die Erkenntnis oder der innere göttliche Funke sind.

Einen derart gnostisierenden oder gar gnostischen Inhalt kann man mit dem vorliegenden Gleichnis auch nur sehr schwer verbinden (anders jedoch SCHRAGE, s.o., 40f; LÜDEMANN, Jesus 2000, 758f). Vielmehr stellt das Gleichnis ein besonders schönes Beispiel frühester christlicher Tradition dar. Eine alte Bezeugung findet sich auch bei Clemens Alex. in Strom VI, 95,3: „Das Reich der Himmel ist wie ein Mensch (ἄνθρωπος), der ein Netz ins Wasser warf und aus der Menge der gefangenen Fische die besseren wählte". An anderem Ort (Strom I, 16,3) zitiert Clemens: „Unter der großen Anzahl der kleinen Perlen ist die eine, in dem großen Fang von Fischen ist der schöne Fisch". Abgesehen von dem Schwanken des Clemens über die Anzahl der Fische ist hier ein Großteil der ursprünglichen Formulierung noch vorhanden. Das Gleichnis scheint auch mit demjenigen von der Perle verbunden und wirkt gegenüber Log 8 unabhängig.

Dagegen ist die Par in Mt 13,47f, die auch im Kontext der verwandten Gleichnisse von der Perle und vom Schatz im Acker steht (13, 44-46, sämtlich mt Sondergut), deutlich von Mt oder seiner Tradition bearbeitet (dazu B.B. SCOTT, Hear then the Parable [1983], 314f; DAVIES, Wisdom, 9; ZÖCKLER, EvThom, 139f; LUZ, Mt 2, 357, der die Mt-Par für „sprachlich weitgehend red." hält). Sie passt schon nicht mehr recht zu den Kontext-Gleichnissen, die deutlich für die Entscheidung zu der einen großen Sache des Reichs Gottes werben. Vielmehr spricht dieses Gleichnis davon, dass das „Reich der Himmel (βασιλεία τῶν οὐρανῶν)" „einem Netz gleich" sei, das „ins Meer geworfen wurde und (Fische) von allerlei Art zusammenbrachte. Und als es voll geworden war, zogen sie es ans Gestade, setzten sich und sammelten die guten in Gefäße, die faulen aber warfen sie weg." Es geht hier nicht um Werbung für eine Entscheidung, vielmehr um Warnung vor Trennung und Lebensverfehlung. Die hierzu gebrauchten Vokabeln „sammeln" (συλλέγειν) zum Wegwerfen, die „guten" (τὰ καλὰ) und die „faulen" (τὰ σαπρὰ) werden gern von Mt in Gerichtskontexten gebraucht (vgl. Mt 7,17; 13,28-30.40.41; so ZÖCKLER, s.o., 139f, der auch darauf hinweist, dass „faule Fische" zum Fang von Frischfisch nicht passen). Desgleichen ist der Schluss des mt Gleichnisses für Mt oder seine Tradition typisch, so die Aussonderung der Bösen am „Ende der Welt" (Mt 13,40ff) und deren Vernichtung im „Feuerofen" (13,42), und zwar mit „Heulen und Zähneknirschen" (13,42;8,12). Hier machen sich besonders die mt ekklesiologischen Interessen in seiner Betonung der Kirche als Corpus permixtum geltend, die erst im jüngsten Gericht offengelegt wird; dieses wird von ihm auch gern in grellen apokalyptischen Farben gemalt.

Dagegen ist die Fassung in Log 8 so nahe am historischen Jesus, dass man von einem authentischen Gleichnis sprechen kann, das in den Kreis der Gleichnisse von der Perle und dem Schatz im Acker gehört. Schon J. JEREMIAS hat treffend gezeigt, wie im Gleichnis das palästinensische Lokalkolorit getroffen ist, die Fischfangtechnik mit einem Wurfnetz und die Bezeichnung des Sees Genezareth als „Meer" (gr. θάλασσα, kopt. ⲑⲁⲗⲁⲥⲥⲁ). Die Schilderung der „Klugheit" des Fischers, der „Größe" des „guten Fischs" und der Unbedenklichkeit der Wahl entspricht orientalischer Erzähllust und enthält keine Anzeichen für eine gnostisierende Gestaltung (auch in Lk 12,42 Par [Q], Mt 7,24 u. 25,2ff ist von „klugen" Handelnden die Rede). Der Fischer wird durch seinen Fang von großer Freude ergriffen und wirft alle kleinen Fische weg, um den großen zu wählen. So soll es auch nach der Zeit des Suchens mit der Entscheidung für das kommende Reich Gottes, das Reich der Freiheit, der Liebe und Gerechtigkeit sein; denn ihm gegenüber verliert alles andere seinen Wert (s. J. JEREMIAS, Gleichnisse Jesu, 8. ungek. Aufl., 199ff u. Unbekannte Jesusworte, 84f; ähnlich C.H. HUNZINGER, BZNW 26 [1960], 209ff; PERRIN, Jesus, 96; W.D. STROKER in HEDRICK, Historical Jesus, 104ff; für alte Tradition auch DAVIES, Wisdom, 9; KÖSTER, Ancient Christian Gospels, 105; CROSSAN, Historischer Jesu, 464 u. In Parables, 34; SLAVENBURG, EvThom, 73; ZÖCKLER, EvThom, 143f u.a.; zweifelnd T. BAARDA, HTR 84.4 [1991], 373ff; a.M. HAENCHEN, EvThom, 48; MÉNARD, EvThom, 90; LINDEMANN, Gleichnisse, ZNW 71 [1980], 218; A.J. HULTGREN, Parables, 305ff.440f u.a., die für eine gnostische Deutung der Parabel plädieren).

Die Echtheit des Gleichnisses folgt aus dem Gedanken der Kohärenz besonders mit den oben genannten Gleichnissen von der Perle und dem Schatz im Acker. Sie ergibt sich außerdem aus der guten Bezeugung zusammen mit der Parallel-Überlieferung bei Clem. Alex. sowie der Unableitbarkeit des Log 8 aus der synoptischen Tradition in Mt, s. dazu auch SIEBER, Analysis, 187ff; PATTERSON, EvThom, 72f und LIEBENBERG, Language, 275. Auch der Hinweis, dass eine vergleichbare Fabel bei Äsop vorliege (so FUNK u. JS., Five Gospels, 477f), kann nicht einer Echtheit entgegenstehen, zumal die Fabel einen anderen Vergleichspunkt hat, nämlich der Differenz zwischen den vielen kleinen Fischen, die durch die Maschen des Netzes entwischen, und dem großen Fisch, der gefangen wird. Insgesamt bestehen daher keine ersichtlichen Bedenken mehr, bei unserem Gleichnis von einer echten Jesus-Überlieferung auszugehen, die auch der synoptischen gegenüber als überlegen anzusehen ist.

Die abschließende Weckformel ist demgegenüber wohl sekundär an das Gleichnis angehängt worden. Sie ist dennoch vermutlich echt, da sie typisch jesuanisch ist. Sie kommt im EvThom sechsmal vor (außer bei Log 8 in Log 21,24,63,65,96) und außer in Apk 2.7; 13,9 nur noch in synoptischen Jesusworten (Mk 4,9.23; 7,16; Mt 11,15; 13,9.43; Lk 8,8; 14,35). Es handelt sich um eine für Jesus charakteristische Aufforderung zur verstärkten Suche nach dem verborgenen Sinn eines Wortes. Dabei kann auch das Kriterium der vielfachen Bezeugung durchaus als durchschlagend angesehen werden (für die Möglichkeit der Authentizität auch FUNK u. JS., Five Gospels, 478).

LOG 9

1. JESUS SPRICHT: SIEHE, EIN SÄMANN ZOG AUS. ER FÜLLTE SEINE HAND UND WARF AUS. 2. EINIGES FIEL AUF DEN WEG. DIE VÖGEL KAMEN UND PICKTEN ES AUF. 3. ANDERES FIEL AUF DEN FELS, UND ES TRIEB KEINE WURZEL HINAB IN DIE ERDE, UND ES LIESS KEINE ÄHREN EMPORSPRIESSEN. 4. UND ANDERES FIEL UNTER DIE DORNEN, SIE ERSTICKTEN DIE SAAT, UND DER WURM FRASS SIE. 5. UND ANDERES FIEL AUF GUTE ERDE, UND SIE BRACHTE GUTE FRUCHT HERVOR. ES KAM SECHZIGFÄLTIG UND HUNDERTZWANZIGFÄLTIG.

Das Log 9 steht durch das Verb „werfen" im Stichwortzusammenhang mit Log 8. Außerdem sind beide Logien durch ihren Gleichnis-Charakter als Spruch-Paar miteinander verbunden.

Das Logion mag von dem Endredaktor oder der es benutzenden Gemeinde in gnostisierend-esoterischem Sinn aufgefasst worden sein. Etwa in der Richtung, dass Jesus den göttlichen Lichtfunken (den Samen) in den Gläubigen (die Erde) sät, so dass er Frucht bringt und zum Himmel aufsteigt. Insoweit verweist SCHRAGE, Verh, 48 z.B. auf die Sophia Jesu Christi, 122, 12ff, wonach „ihr reichlich Frucht tragt und zu dem aufsteigt, der von Anbeginn an ist"; das sei in S.3 angedeutet, wo es wörtlich heißt, dass keine Ähren „zum Himmel" sprießen (ⲉϩⲣⲁï ⲉⲧⲡⲉ; nochmals S.5); ähnlich auch HAENCHEN, EvThom, 45; FIEGER, EvThom, 54. Diese Deutung ist jedoch insgesamt sehr gekünstelt. Vielmehr ist eher anzunehmen, dass die frühchristliche Auffassung auch in der vorliegenden Endfassung von Log 9 unverstellt zum Ausdruck kommt. Insofern kann auch noch ein Zurückgehen auf den historischen Jesus in Betracht kommen.

Traditionsgeschichtlich muss hier besonders auf die synoptischen Parallelen von Log 9, nämlich Mk 4,1-9 Par Mt 13,1-9 und Lk 8,4-8, ferner 1Clem 24,5 verwiesen werden. Jesus lehrt nach Mk (und ihm im wesentlichen folgend Mt) „das Volk" eine Reihe von Gleichnissen, an deren Spitze das folgende steht: „Hört zu! Siehe, der Sämann ging aus, um zu säen. Und es begab sich (fehlt bei Mt), indem er säte, fiel etliches auf den Weg (ὁδόν), und die Vögel kamen und fraßen (κατέφαγεν) es auf. Anderes fiel auf den felsigen Boden (πετρῶδες bzw.πετρώδη), wo es nicht viel Erde fand (Mt: hatte), und es ging sogleich auf, weil es nicht tiefe Erde fand (Mt: hatte). Und als (Mt: Als aber) die Sonne aufging, wurde es verbrannt, und weil es nicht Wurzel (ῥίζαν) hatte, verdorrte es. Anderes fiel unter die Dornen (ἀκάνθας), und die Dornen wuchsen auf und erstickten es, und es brachte keine Frucht (καρπόν; letzterer Hs. entfällt bei Mt). Noch anderes fiel auf den guten Boden (τὴν γῆν τὴν

καλήν) und brachte Frucht, indem es aufging und wuchs (Hs. fehlt wieder bei Mt), und eins trug dreißigfältig und eins sechzigfältig und eins hundertfältig (Mt kürzer und in umgekehrter Reihenfolge). Und er sprach (entfällt bei Mt): Wer Ohren hat zu hören (das letztere Verb fehlt bei Mt), der höre!". Nach Darlegung seiner Auffassung vom „Geheimnis des Reichs Gottes" in Mk 4,11f folgt bei Mk 4,13-20 (ebenso bei Mt) eine ausführliche allegorisierende Deutung des Gleichnisses vom Sämann. Auch Lk übernimmt das Mk-Gleichnis in wenig abgeänderter Fassung: „Der Sämann ging aus, um seinen Samen zu säen. Und indem er säte, fiel etliches auf den Weg und wurde zertreten, und die Vögel des Himmels fraßen es auf. Andres fiel auf den Felsen, und als es aufging, verdorrte es, weil es keine Feuchtigkeit hatte. Andres fiel mitten unter die Dornen, und die Dornen, die mit aufwuchsen, erstickten es. Noch andres fiel auf den guten Boden und wuchs auf und trug hundertfältige Frucht. Als er das sagte, rief er: Wer Ohren hat zu hören, der höre!". Auch bei Lk wird dann die mk Geheimnis-Lehre sowie die Deutung des Gleichnisses im wesentlichen übernommen, so dass man von Abhängigkeit des Lk von Mk sprechen muss.
Anders jedoch bei Log 9. Hier fehlt die mk Einleitung (Mk 4,1/2), der Weckruf (4,9), die Überleitung zur Deutung (4,10ff) und die Deutung des Gleichnisses selbst (4,13-20). Auch Spuren der redaktionellen Arbeit der Evangelisten, insbesondere des Mk finden sich nicht bei EvThom, besonders muss die Erwähnung der „Wurzel" nicht mk-redaktionell sein (vgl. SIEBER, Analysis, 157ff; PATTERSON, GosThom, 22f; J.D. CROSSAN, The Seed Parables of Jesus, JBL 92, 1973, 245f; ausführlich J. HORMAN, NovT 21, 1979, 336ff u.a.; a.M. TUCKETT, NovTest 30, 2, 1988, 155). Auch umgekehrt erscheint Mk nicht von Log 9 abhängig. Die Notiz in der Par 1Clem 24,5 ist unvollständig, da sie die vierfachen Geschicke der Saat nicht erwähnt, sie ist in unserem Zusammenhang daher nicht verwertbar. Es ist somit im Ergebnis von zwei nebeneinander bestehenden unabhängigen Traditionen des Gleichnisses vom Sämann bei Mk und EvThom auszugehen (so auch schon J. JEREMIAS, Gleichnisse, 3. A., 55ff; QUISPEL, GosThom and NT., VigChr 11,1957, 189ff; MONTEFIORE, Comparison, 224f; WILSON, Studies, 144ff; LIEBENBERG, Language, 413f; zweifelnd S. PETERSEN, A. Jülicher und die Parabeln des ThEv, 191f; a.M. besonders BLOMBERG, GP 5, 1985, 184ff; SCHRÖTER, Erinnerung, 316f m.w.N.).
Des näheren dürfte die Tradition, die sich in Log 9 niedergeschlagen hat, sogar älter als die mk Überlieferung sein. Mk hat insgesamt die längere und ausführlichere, EvThom die schlichtere Form (s. LÜDEMANN, Jesus 2000, 759.46ff). Bei Mk fällt das Saatgut (wörtlich übersetzt) „neben [παρά] den Weg", bei EvThom „auf [kopt. ⲉϫⲛ̄, gr. rückübers. ἐπί] den Weg", dies entspricht dem aram. ʿal urha (so QUISPEL, NTS

5, 1959, 277f, u.ö., was auch durch den gelegentlichen übereinstimmenden koine-Gebrauch von παρά als „auf" nicht entkräftet wird, a.M. HAENCHEN, ThR 27, 167), eine wahrscheinlich doch ältere Ausdrucksweise. Mk betont doppelt, dass der Samen auf dem felsigen Boden nicht „viel" bzw. „tiefe Erde" fand (Mk 4,5) und dass er „verbrannt" wurde und „verdorrte" (4,6). Auch die Fruchtbringung erscheint bei Mk doppelt (4,7.8), was alles bei EvThom fehlt. Die Betonung dieser Punkte erscheint Mk wegen seines missionarischen Interesses wichtig und verweist bereits auf die ausführliche Deutung in 4,13ff. Die Frucht trägt dann 30-, 60- und 100-fältig, während sie bei EvThom nur 60- und 120-fältig trägt. Auffällig ist auch die Deutung selbst, die nicht als ursprünglich angesehen werden kann. Sie deutet die vorliegende in sich geschlossene Parabel stark allegorisierend, nämlich den Sämann auf Jesus, der das „Wort" sät (ein typisch frühkirchlicher Terminus), und das vierfach beschriebene Ackerfeld auf vier Menschengruppen sowie das Fruchtbringen auf deren Werke (vgl. dazu auch die frühjüdische Par in 4Esr 9,31;8,41; s. J. JEREMIAS, s.o., 56). Das Gleichnis hat nach dieser Deutung auch nicht die entsprechend der Jesus-Verkündigung vom Reich Gottes anzunehmende eschatologische Spitze mehr, sondern wird zur paränetisch-psychologischen Mahnung an Konvertiten, die danach den Ernst ihrer Umkehr prüfen sollen.

Ganz anders ist Log 9 im wesentlichen frei von allegorisierenden oder gnostisch deutenden Bestandteilen (so auch SCHRAGE, Verh, 44; J. JEREMIAS, s.o., 55; a.M. BLOMBERG, Parables, 185f). Es fehlt im Gegensatz zu Mk/Mt und Lk auch jede spätere Deutung. Die ihm eigenen geringen Zusätze gegenüber den synoptischen Fassungen sind natürlich-landwirtschaftlich sinnvoll. Dass der Sämann „seine Hand füllte und warf" (ⲁϥⲙⲉϩ ⲧⲟⲟⲧϥ̄ ⲁϥⲛⲟⲩϫⲉ), fällt darunter, wobei noch konzediert werden mag, dass EvThom eine besondere Vorliebe für die „Hand" hat (vgl. Log 17.21.22.35.41.98). Desgleichen ist aber sinngemäß nachvollziehbar, dass das Saatgut „keine Wurzel in die Erde trieb" und „keine Ähren zum Himmel (=empor-)sprießen ließ", was ebenfalls verbreiteter Sprachgebrauch war, sowie dass „der Wurm" (ϥⲛ̄ⲧ) die Saat „fraß" (s. auch Log 76).

Insgesamt erscheint bei Prüfung der beiden ursprünglichsten Fassungen, nämlich des Mk und EvThom die letztere als die am ehesten authentische. Sie dürfte im Rahmen der zahlreichen Gleichnisse Jesu über Saat und Ernte (s. z.B. Mk 4,26ff; 13,24ff Par; Mt 13,31ff Par [Q]) wegen deren Kohärenz dem historischen Jesus zuzuschreiben sein; dabei ist auch eine gute frühjüdische Einwurzelung des Gleichnisses nicht zu bestreiten (s. z.B. Sir 6,19) und erweist die christliche Wirkungsgeschichte sich in der synoptischen Auslegung (s. besonders LÜDEMANN, Jesus 2000, 759.46ff; CROSSAN, Historischer Jesus,

571; ähnlich FUNK u. JS., Five Gospels, 478). Das nunmehr gut bezeugte Gleichnis passt auch bestens in den eschatologischen Kontext der Predigt und des Wirkens Jesu. Gott sät mit dem Kommen seines Reichs sein Wort aus, zuletzt auch durch Jesus und seine Jünger. Zwar stehen der Erfüllung in der Geschichte Israels mannigfache Widerstände und Hindernisse entgegen. Jedoch ruft das Gleichnis zur Hoffnung und Zuversicht auf, weil Gott trotz des unauffälligen Beginns und trotz aller Störungen sein Reich, die Befreiung Israels und der ganzen Welt in der zu erwartenden großen Ernte mit Kraft und Herrlichkeit herbeiführen wird (s. J. JEREMIAS, Gleichnisse Jesu, 101f u. WRIGHT, Jesus, 230ff).

LOG 10

JESUS SPRICHT: ICH HABE FEUER IN DIE WELT GEWORFEN, UND SIEHE, ICH BEWAHRE ES, BIS ES LODERT.

Das Logion steht über das Verb „werfen" im Stichwortzusammenhang mit den vorhergehenden Log 9 und 8. Als Gerichtswort über die Welt hat es einen neuen Ansatz und ist paarweise mit Log 11 verbunden. Sprachlich ist nicht ganz klar, ob es im 2.Hs. heißen muss: „ich bewahre es (das Feuer), bis es lodert" oder: „ich bewahre es, bis sie (die Welt) brennt" (denn beide sind im Kopt. von mask. Genus). Die letztere (besonders von FIEGER, EvThom, 55 vertretene) Ansicht ist jedoch eine Mindermeinung, die auch deswegen nicht überzeugt, weil das zu dem fraglichen ϣⲁⲛⲧⲉϥⲭⲉⲣⲟ gehörige Subjekt nach dem vorangehenden ⲉⲣⲟϥ eindeutig auf das „Feuer" verweist (so auch H.-G. BETHGE, Synopsis, 522; BLATZ in SCHNEEMELCHER, NtApokr, I, 6.A., 100).
Das Wort könnte von der Endredaktion oder der Thomas-Gemeinde durchaus in gnostisierendem Sinne verstanden worden sein. Danach wäre das hier bezeichnete Feuer das Gericht, in dem die böse irdische Welt vernichtet werden soll. Dafür spricht auch das von Thomas im übrigen häufig verwendete Substantiv Kosmos (Welt), das vielfach die irdische Welt abwertet (s. z.B. Log 56, ferner 21,27,28,80,110 u.a.). Ergänzend mag dazu auch auf ManPs 49,26 verwiesen werden: „Alle Materie der Welt, die mich umgibt - verbrenne sie heute" mit ähnlicher Bedeutung (s. zudem Pistis Sophia, Kap. 141; vgl. SCHRAGE, Verh, 49f; MÉNARD, EvThom, 94f).
Das ändert aber nichts daran, dass das Log 10 ursprünglich in einer davon abweichenden Bedeutung verstanden werden musste. Das Feuer kommt in der frühchristlichen und besonders jesuanischen Verkündigung auch in abweichendem eschatologischen Sinn vor. Zwar ist hier gleichfalls die Bedeutung als Gericht, als Krisis impliziert. Es handelt

sich jedoch um die der hereinbrechenden Gottesherrschaft vorangehende eschatologische Drangsal und Notzeit, die als Voraussetzung für das Kommen des Reichs Gottes angesehen wurde. Dies wird deutlich in der lk Par zum vorliegenden Logion, die wie folgt lautet (Lk 12, 49.50): „Ein Feuer auf die Erde zu bringen (βαλεῖν ἐπὶ τὴν γῆν), bin ich gekommen, und wie sehr wünschte ich, es wäre schon entfacht (ἀνήφθη). Mit einer Taufe aber muss ich getauft werden, und wie ist mir so bange, bis sie vollendet ist." Auch das folgende Logion Lk 12,51ff Par Mt 10,34ff (Q) ist zu beachten, wonach Jesus „nicht gekommen" sei, „Frieden auf die Erde zu bringen", sondern „Entzweiung" (Lk) bzw. „Schwert" (Mt) oder „Feuer" (so die Par in EvThom Log 16). In EvThom Log 82 heißt es deshalb auch: „Wer mir nahe ist, ist dem Feuer nahe, und wer mir fern ist, ist fern vom Reich (Gottes)" (s. i.e. später). Mk 9,49 sagt entsprechend: „Denn jeder wird mit Feuer gesalzen werden." Die eschatologische Drangsal läuft dem kommenden Reich Gottes voraus und geht auch an keinem Menschen spurlos vorbei. Jedoch sieht sich Jesus, wie Lk 12,50 zeigt, gerufen, sie in ihrem entscheidenden Anteil für die Menschen und zu ihrer Befreiung auf sich zu nehmen, wie dann besonders Mk 10,45; 14,22 explizieren (s. auch J. JEREMIAS, Theologie, 128f; NORDSIECK, Reich Gottes, 91ff.188f).

In diesen Kontext gehört ursprünglich auch Log 10, dabei kann Lk 12,49 am ehesten als Parallel-Überlieferung zu ihm angesehen werden. Zwar ist Log 10 wohl nicht von Lk 12,49 abhängig (s. PATTERSON, GosThom, 23f u. ders., Fire and Dissension: Ipsissima Vox Jesu in Q 12:49,51:53? Forum 52 [1989], 121ff; desgl. gibt es nach SIEBER, Analysis, 115 keinen Beweis für eine Abhängigkeit des Log 10 von Lk). Es zeigt weder redaktionelle Merkmale von Lk 12,49 noch von seinem Kontext. Jedoch dürfte es sich bei Lk 12,49 um die gegenüber Log 10 ältere und ursprünglichere Fassung handeln. Sie ist der aramäischen Sprachgestalt wahrscheinlich näher (s. BLACK, Aramaic Approach, 89). Auch ist der Terminus „Erde" vermutlich ursprünglicher als das von EvThom besonders betonte Substantiv „Kosmos". Weiter ist die Formel vom „Gekommensein" Jesu seiner sonstigen Verkündigung näher (vgl. dazu THEISSEN - MERZ, Historischer Jesus, 457f). Schließlich ist die Einleitung der eschatologischen Drangsal, die mit dem „Feuer" gemeint ist, in Lk noch als in den Anfängen befindlich gedacht, während sie bei EvThom schon „bewahrt" werden muss, damit sie weiter lodert; das erstere wird aber dem historischen Jesus eher entsprechen als die EvThom-Fassung (allerdings streitig: LÜDEMANN, Jesus 2000, 759f hält Log 10 für unecht, FUNK u. JS., Five Gospels, 478f u. CROSSAN, Historischer Jesus, 573 ziehen Log 10 der lk Version vor).

Inhaltlich besagt die Vorstellung des Wortes, die der prophetisch-eschatologischen Tradition (s. besonders Jer 17,4; Ez 21,36f u.a.) entstammt, dass dem Kommen des Reichs Gottes der Aufstand der Gegenmächte und des Bösen vorausgehen wird, diese jedoch ihrer letzten Offenbarung, Enthüllung und dadurch erfolgenden Entmachtung entgegenlaufen. Insofern liegt auch das Gericht über die Mächte des Todes und der Aggression und Bösartigkeit vor. Dieses Gericht wird ebenso in vielen apokalyptischen Darstellungen, s. z.B. Mk 13 Par angesprochen, die jedoch im einzelnen eher sekundär sind und dem historischen Jesus fernliegen. Die Vorstellung vom „Feuer" dürfte dagegen, wie gezeigt, durch mannigfache Bezeugung gut belegt sein und daher zur authentischen Verkündigung Jesu gehören. Ein inneres Feuer oder ein Feuer des Geistes sind hier nicht gemeint. Es handelt sich um die eschatologische Not- und Gerichts-Zeit, die dem Reich Gottes als Reich des Friedens und der Gerechtigkeit vorausgehen und es letztlich heraufführen soll. Jesus schreibt sich in diesem Ich-Wort eine besondere Rolle dabei zu, nicht nur was die Heraufführung des „Feuers" betrifft, sondern auch was seine Übernahme angeht, s. Lk 12,50 (für Echtheit auch J. JEREMIAS, Theologie, 128; KÜMMEL, Theologie, 58; THEISSEN - MERZ, Historischer Jesus, 457f; zweifelnd BULTMANN, Tradition, 165f).

LOG 11

1. JESUS SPRICHT: DIESER HIMMEL WIRD VERGEHEN, UND DER HIMMEL OBERHALB VON IHM WIRD VERGEHEN. 2. UND DIE TOTEN LEBEN NICHT, UND DIE LEBENDEN WERDEN NICHT STERBEN.
3. IN DEN TAGEN, ALS IHR TOTES VERZEHRT HABT, HABT IHR ES LEBENDIG GEMACHT. WENN IHR IM LICHT SEID, WAS WERDET IHR TUN? 4. AN DEM TAGE, ALS IHR EINER WART, SEID IHR ZWEI GEWORDEN. WENN IHR ABER ZWEI GEWORDEN SEID, WAS WERDET IHR TUN?

Ein Stichwortzusammenhang mit dem vorigen Log 10 ist nicht direkt vorhanden, jedoch besteht eine mittelbare Verbindung über das Motiv des Weltuntergangs, der (als Gericht) beide Sprüche verknüpft. Das Log 11 setzt sich zusammen aus vier ursprünglich wahrscheinlich selbstständigen Teilen, von denen 1. und 2. näher zusammengehören und vielleicht auch 3. und 4, die wohl später hinzugefügt worden sind. Sämtliche vier Teile sind ebenfalls durch Stichwort-Beziehungen miteinander verbunden (1. und 2. durch „Vergehen" und „Sterben", 2.

und 3. durch „Tote" und „Totes" und ferner „Leben", 3. und 4. durch „in den Tagen" und „an dem Tage" sowie die abschließende gleichlautende Frage).
1. Die Teile 1. und 2. betreffen das Vergehen der übereinander gedachten Himmel, und zwar wohl der zwei Himmel, in denen Mächte und Engel wohnen (s. z.B. 1Kor 8,5; 2Kor 12,2 u.ä.), nicht dagegen des höchsten, der Gottes Sitz ist, sowie die Lebens-Verheißung an die „Lebenden", die dem Untergang entgehen. Die beiden Teile gehören zusammen, wie ihre Parallele in Log 111 S.1/2 ausweist. Diese lautet: „Die Himmel werden sich aufrollen und die Erde vor euch. Und wer lebendig ist aus dem Lebendigen, wird den Tod nicht sehen..." Es handelt sich hier, wie auch in manchen anderen Fällen, um eine EvThom-interne Variante (Dublette), die zum größten Teil für älter als unser Log 11 S.1/2 zu halten ist (s. auch des näheren dort).
Bemerkenswert ist insoweit, dass in Log 11 von dem Vergehen lediglich „der Himmel" die Rede ist, dagegen in Log 111 vom analog zu verstehenden Aufrollen (s. Apk 6,14) „des Himmels und der Erde". Dieser Zusammenbruch des gesamten himmlischen und irdischen Systems entspricht einer frühen Auffassung, die sich auch in Jesus-Worten findet. Vgl. etwa Mk 13,31 Par, danach „werden der Himmel und die Erde vergehen, aber meine (Jesu) Worte werden nicht vergehen". Vom Vergehen von „Himmel und Erde" spricht auch das Q-Logion 16,17 Par Mt 5,18 (dazu auch VALANTASIS, GosThom, 71). In Log 111 scheint sogar noch der Rest einer alten Naherwartung sichtbar zu sein; denn der Weltzusammenbruch soll „vor euch" (ⲘⲡⲉⲧⲚⲘⲦⲟ ⲉⲃⲟⲗ), somit zu Lebzeiten der Zuhörer, erfolgen (zum Vergleich s. auch Mk 9,1 Par; Lk 22,16.18 Par; Mk 14,25 u.ä.). Dagegen ist der Zusammenbruch in Log 11 bereits in unbestimmte Zukunft gerückt.
Insgesamt handelt es sich um die Skizzierung eines eschatologischen, sogar apokalyptischen Weltuntergangs-Szenarios ähnlich Mk 13 Par oder auch Lk 17,23.24.26.27 Par (Q). Eine Abhängigkeit des Log 11 oder 111 von diesen Stellen ist allerdings nicht anzunehmen, zumal die Übernahme redaktioneller Besonderheiten nicht ersichtlich ist (s. PATTERSON, GosThom, 73). Die Vorstellung entsprach wohl grundsätzlich auch dem Denken Jesu, wenn auch nicht in den apokalyptisch geprägten Einzelheiten wie dem Zerstörungsmythos und dem mythologischen Zeitplan. Der Zusammenbruch der alten Welt sollte aber wohl jedenfalls dem zukünftig kommenden eschatologischen Reich Gottes in seiner Vollendung vorausgehen (vgl. J. JEREMIAS, Theologie, 128ff u.a.).
Eine Hervorbringung dieser Vorstellungen in Log 11 bzw. 111 durch die gnostische Tradition (wie z.B. MÉNARD, EvThom, 96; FIEGER, EvThom, 59 u.a. meinen) ist nicht anzunehmen. Es handelt sich um

älteste apokalyptische Überlieferung. Diese befindet sich im Einklang mit alttestamentlichen Vorstellungen (vgl. etwa Jes 34,4 u.ä.), ist aber auch in vollem Umfang im urchristlichen Rahmen, selbst wenn sie Jesus nicht wörtlich zugeschrieben werden kann (s. VALANTASIS, GosThom, 191; LELYVELD, Les Logia de la Vie, 58f).

2. Nicht ferne von Jesus ist auch der Grundgedanke von Log 11 S.2, ähnlich wie bei Log 111 S.2. Hier ist die erstere Formulierung durchaus altertümlich, dass nämlich „die Toten nicht leben (ⲟⲛϩ) und die Lebenden nicht sterben (ⲙⲟⲩ) werden". Der Zusatz „aus dem Lebendigen" (bei Log 111) könnte schon aus christologischen Gründen hinzugesetzt sein (Jesus meint sich selbst mit dem „Lebendigen", s. Log 1) und damit eine spätere Ergänzung und Klarstellung sein. Insgesamt ist aber auch hier nicht von einer gnostischen oder gnostisierenden Herkunft zu reden (gegen FIEGER, EvThom, 60, auch wenn später EvPhil Log 4 eine ähnliche Vorstellung übernimmt). Vielmehr spricht auch der synoptische Jesus vielfach von „Leben" (gr. ζωή, kopt. ⲟⲛϩ) im Sinne des Reichs Gottes, vgl. Mk 9,43.45.47; Mt 7,14; Lk 12,15 u.ö. Dem entspricht das EvThom in Log 4,58,101. Ferner sei auf die entsprechende joh Verwendung des Terminus „Leben", z.B. in Joh 3,16; 5,24.26; 6,27.33.35; 6,51.53.63 usw. verwiesen. Dass der historische Jesus ebenso von „Leben" als Synonym für das Reich Gottes geredet hat, ist als sehr wahrscheinlich anzunehmen (s. KÜMMEL, Theologie, 31ff u.a.). In Lk 9,60 Par Mt 8,22 (Q), einem wohl ebenfalls echten Jesus-Wort sagt dieser sinngemäß, dass „die Toten" „ihre Toten begraben sollen", womit die gemeint sind, die sich nicht um das Reich Gottes scheren. Beim Gleichnis vom verlorenen Sohn war dieser, als er sich in der Ferne von seinem Vater befand, „tot" und wird durch die Rückkehr zu ihm wieder „lebendig" (Lk 15,11ff). Damit wird die doppelsinnige Sprache in S.2 deutlich, dass nämlich die, die nicht im Sinne des Reichs Gottes „leben", schon „tot" sind, und dass die, die im Kraftbereich der Gottesherrschaft leben, „lebendig" sind und die Verheißung haben, auch in Zukunft, selbst beim Untergang der Welt nicht zu sterben. Sie sollen somit in ihrem Kern den Tod überwinden und zum Ziel des Lebens kommen (vgl. auch DAVIES, Wisdom, 75f; ZÖCKLER, EvThom, 190f).

Die Verheißung endgültigen Lebens gehört auch zur alttestamentlichen Tradition (s. Dtn 30,15ff; Dan 12,2 usw.). Das hier vorliegende Logion befindet sich durchaus in diesem Rahmen und entspricht auch der frühchristlichen Auffassung. Allerdings können sowohl S.1 als auch S.2 nach der konkreten Formulierung des Logions nicht mit Sicherheit dem historischen Jesus zugeschrieben werden, vgl. auch Log 111 S.1/2 (s. ZÖCKLER, EvThom, 190f.256; gegen eine Zugehörigkeit zur Jesus-Verkündigung auch CROSSAN, Historischer Jesus, 577.579; LÜDEMANN, Jesus 2000, 760; FUNK u. JS., 479).

3. Der 3. Satz, also die Hinzufügung vom Lebendigmachen des verzehrten Toten, also einer Transformation des Toten zum Leben ist zunächst irritierend. Es darf aber daran erinnert werden, dass auch in Log 7 und 60 eine ähnliche Diktion vorkommt. Nach Log 7 ging es um die Einverleibung des „Löwen" durch den Menschen (Mann) bzw. umgekehrt, dieses hatte mit der geistig-seelischen Bewältigung der Aggressivität durch den Menschen oder umgekehrt auch mit seiner Überwältigung durch diese zu tun. In Log 60 wird ebenfalls vom Verzehren einer „Leiche" gesprochen, das könnte gleichfalls mit der Überwältigung des Menschlichen durch die Mächte der Welt zusammenhängen (s. noch später). Jedenfalls ist vorliegend ebenso daran zu denken, dass dann, wenn Lebende „Totes" „verzehren" (ογωм), d.h. wenn sie ihnen Entgegengesetztes, Fremdes und Unlebendiges in sich aufnehmen, sie dieses ihrem Leben integrieren und bewältigen können. Diese Chance wird ihnen in S.3 des Log 11 zugesprochen.

Es handelt sich auch hier nicht um im Ansatz gnostische Vorstellungen, selbst wenn in EvPhil Log 93 entfernt verwandte Gedanken auftauchen, nämlich dass „diese Welt ein Leichenfresser" sei und „die Wahrheit ein Lebensfresser" sei (vgl. FIEGER, EvThom, 60). Näher liegen auch hier eher wieder Gedanken aus dem Frühchristentum, nämlich des Paulus nach 2Kor 5,4. Danach wird „das Sterbliche vom Leben verschlungen (καταποθῇ)". Dies enthält die Auffassung, dass das Leben bzw. das Lebendige dem Sterblichen gegenüber überlegen ist und dass es in der Lage ist, es sich einzuverleiben, anzupassen und zu integrieren. Das kommt der Vorstellung von Log 11 S.3, dass das Tote von dem Lebendigen lebendig gemacht und integriert werden kann, nahe. Auch wenn Paulus in 1Kor 15,54 davon spricht, dass „der Tod vom Sieg verschlungen (κατεπόθη)" wird, ist diese Formulierung dem Text des EvThom nicht fern (s. dazu auch MARTIN, EvThom, 56f).

Der 2.Hs. von S.3 mit der Frage: „Wenn ihr im Licht seid, was werdet ihr tun?" hat eine Parallele bei Hippolyt, Ref V, 8,32f. Hippolyt behauptet hier, die Naassener, die das EvThom in Gebrauch hatten, sagten: „Wenn ihr Totes gegessen und es lebendig gemacht habt, was werdet ihr tun, wenn ihr Lebendiges esst?" (s. auch FIEGER, s.o., 60). Die letztere Ausdrucksweise könnte die ursprünglichere sein, ist allerdings wohl sinngleich mit der in Log 11 vorliegenden, die vom Leben „im Licht" spricht. Dieses wird dem Essen des Lebendigen entsprechen, wobei auf die Licht-Metaphorik noch später, s. Log 18 und 24 einzugehen sein wird. Der Sinn der Frage geht jedenfalls auf die Begegnung des Menschen mit dem wahrhaft Lebendigen, dem Licht. Der Mensch bewältigt und integriert zwar noch das Tote und Unlebendige, womit vom Reich Gottes unberührte Aggressivität und Gewalttätigkeit oder auch entsprechende Sexualität gemeint sein mögen. Die Begegnung mit

dem wahrhaft Lebendigen, dem göttlichen Licht ist dann aber das wirklich Umstürzende, die Krisis des „normalen" Menschen. Die Frage in unserem Logion ist, ob er auch dieser letzten Erschütterung gewachsen sein werde (vgl. dazu noch ZÖCKLER, EvThom, 220f).
Nach dem Gesagten handelt es sich auch hier um die geistig-seelische Bewältigung einer den Menschen angehenden Macht, nämlich der lebendigen Macht Gottes. Ein reales Essen oder auch symbolisch-sakramentales Verzehren (wie etwa in der Abendmahls-Überlieferung) dürfte nicht gemeint sein (FIEGER, EvThom, 60/61; anders HAENCHEN, EvThom, 48, Anm 44; M. MARKOVICH, Textual Criticism at the Gospel of Thomas, JTS 20 [1969], 72; dem widersprechen aber die Par in Log 7 und 60).
Ob bei Log 11 S.3 ein echtes oder Jesus nahe stehendes Wort vorliegt, lässt sich mangels Kenntnis weiterer Details der Traditionsgeschichte nicht bejahen (s. entspr. auch FUNK u. JS., Five Gospels, 479). Das Wort kann allerdings durchaus in dem Rahmen der urchristlichen Überlieferung, wie die von Paulus genannten Worte zeigen, gesehen werden.
4. Das dem nahe stehende Stück in S.4 spricht schließlich von dem ursprünglichen Einssein (ογλ) und der dann erfolgten Zwei-Werdung. Diese Frage begegnete bereits in Log 4 S.3, und sie wird auch noch öfter, nämlich in Log 16,22,23,49,75 und 106 auftauchen, wo sie näher zu besprechen sein wird (s. besonders Log 22). Hier ist nur zu bemerken, dass ihr zugrunde liegt die Vorstellung von der ursprünglichen schöpfungsmäßigen Einheit des Menschen nach Gen 1 und 2, besonders 1,26f und 2,21-24. Diese paradiesische Einheit ist verloren gegangen, insbesondere durch die Zweiteilung der Geschlechter Mann und Frau, aber auch durch andere Differenzierungen und Trennungen. Das Log 11 S.4 weist auf diese faktischen Trennungen und Entfremdungen hin. Dass es wiederum mit einer Frage endet, zeigt die Ambivalenz und Gefährdung nicht nur desjenigen, der schon im Licht ist und unentfremdet lebt (s. S.3), sondern weist auch nochmals auf die Problematik dessen hin, der sich noch in dieser Entfremdung befindet. Auch er ist im Fragen und auf der Suche, nämlich nach der Erlösung und Befreiung aus Not, Sünde und Entfremdung (vgl. ZÖCKLER, EvThom, 220f).
Das Wort wirkt wie ein Anhang an das vorhergehende Stück. Über die Authentizität des hier möglicherweise zugrunde liegenden Textes wird später noch zu verhandeln sein (s. besonders Log 22). Dass das vorliegende Logion S.4 in seiner speziellen Fassung authentisch wäre, wird kaum anzunehmen sein (dgl. FUNK u. JS., w.o., 479). Es wird aber in den Kontext einer ihm zugrunde liegenden frühchristlich-weisheitlichen Tradition wie in Log 22 hinein gehören.

LOG 12

1. DIE JÜNGER SPRACHEN ZU JESUS: WIR WISSEN, DASS DU VON UNS GEHEN WIRST. WER IST ES, DER DANN ÜBER UNS GROSS SEIN WIRD? 2. JESUS SPRACH ZU IHNEN: WOHER AUCH IMMER IHR GEKOMMEN SEID, ZU JAKOBUS DEM GERECHTEN SOLLT IHR GEHEN, UM DESSENTWILLEN DER HIMMEL UND DIE ERDE ENTSTANDEN SIND.

Der Spruch steht in Stichwort-Verbindung mit dem Log 11 durch die Vokabel „Himmel". Der 1. Hs. des S.2 (ⲡⲙⲁ ⲛ̄ⲧⲁⲧⲉⲧⲛ̄ⲉⲓ ⲙ̄ⲙⲁⲩ) kann auch übersetzt werden: „wo auch immer ihr hingegangen seid" o.ä. (s. etwa HAENCHEN, EvThom, 17; BLATZ, NtApokr, I, 101), ferner „wo auch immer ihr seid" (LAMBDIN, Transl, 59). Die vorgenommene Übersetzung erscheint jedoch wegen des anzunehmenden Spannungsverhältnisses zwischen den beiden Hs. am sinnvollsten (so auch BETHGE, Synopsis, 522; ZÖCKLER, EvThom, 24 u.a.).

Das Logion geht mit einem neuen Ansatz auf eine entsprechende Anfrage der Jünger ein. Es regelt das Problem des Nachfolgers Jesu nach seinem ins Auge gefassten Tod und bestimmt als diesen Nachfolger dessen leiblichen Bruder Jakobus, der als „der Gerechte" (ⲡⲇⲓⲕⲁⲓⲟⲥ) bezeichnet und so hoch gerühmt wird, dass er mit der Schöpfung des Himmels und der Erde in Verbindung gebracht wird.

Der Wortlaut des Logions gibt für eine gnostisierende Deutung keinen Anlass, besonders wenn man seine „Ränder" über den Tod Jesu und die Schöpfung von Himmel und Erde betrachtet (dagegen aber z.B. FIEGER, EvThom, 64f; GRANT - FREEDMAN, Geheime Worte, 126f.81f). Jakobus spielte zwar in der gnostisch-christlichen Tradition eine nicht unbedeutende Rolle. Er hat nach den Naassenern (s. Hippolyt, Ref V, 7,1; X, 9) die Lehren Jesu empfangen und an Mariamne (Maria Magdalena) weitergegeben. Auch beschäftigen sich gnostische Schriften wie das manches alte Gut enthaltende Apokryphon des Jakobus (NHC I,2) und die 1. und 2. Apokalypse des Jakobus (NHC V,3 und V,4) mit ihm.

Die Beziehung des Jakobus zum frühen Christentum ist aber dennoch am schwerwiegendsten. In seinem historischen Leben war Jakobus ein profilierter Vertreter des Judenchristentums und nicht irgendwelcher gnostischen Richtungen. Er war nach den glaubwürdigen Angaben in Mk 6,3 Par Mt 13,55 einer der leiblichen Brüder Jesu und gem. Gal 2,9.12f eine der „Säulen" der Jerusalemer Urgemeinde (s. ferner Gal 1,19; 1Kor 15,7). In der Apg erscheint er als führende Autorität und als Vertreter der judenchristlichen Richtung (vgl. Apg 12,17; 15,13ff; 21,18ff). Er war nach Weggang des Petrus und dem Tod des Zebedaiden Jakobus der Leiter der Jerusalemer Urgemeinde und wird deshalb später auch als ihr

erster Bischof bezeichnet (Euseb, h.e., II, 23,4ff; IV, 22,4: PsClem rec I 43; 66,2; 70,3). Auch der kanonische Jakobus-Brief wird ihm, wohl zu Recht, zugeschrieben (s. Jak 1).
Seine besondere Stellung rührte vermutlich nicht aus der Zugehörigkeit zum Jüngerkreis zu Lebzeiten Jesu her, sondern weil er einer der ersten Zeugen seiner Auferstehung gewesen sein soll. Das bezeugen sowohl Paulus in 1Kor 15,7 als auch das EvHebr Nr.7 (nach Hieronymus, de vir. ill. 2). Trotz seines Festhaltens am Gesetz ist Jakobus nach einer Nachricht des Josephus (Ant XX 9,1) im Jahre 62 von dem Hohenpriester Ananos d.J. wegen Gesetzesverstoßes zum Tode verurteilt und gesteinigt worden (s. des näheren zum Vorgenannten auch W. BIENERT in SCHNEEMELCHER, NTApokr, I, 6.A., 375ff m.w.N.).
Nach dieser Vita des Jakobus, der aufgrund seiner besonderen Gesetzestreue „der Gerechte" genannt wurde, ist davon auszugehen, dass das vorliegende Logion, das seine hervorragende Stellung unterstreicht und ihn als Nachfolger Jesu bestimmt, von hohem Alter ist. Es betrifft offenbar den Herrenbruder als noch Lebenden und rühmt ihn auch in charakteristischer judenchristlicher Manier als Repräsentanten der Gerechtigkeit. Im zeitgenössischen Judentum wurde die Auffassung vertreten, dass Himmel und Erde um des Gesetzes willen, aber auch um großer gerechter Männer willen, wie Abraham, Mose, David, sowie auch um des Messias willen erschaffen worden seien (s. J.-É. MÉNARD, L' Évangile selon Thomas et le Nouveau Testament, SMR 9 [1966], 97f).
Trotz des hohen Alters der vorliegenden Überlieferung erscheint allerdings eher zweifelhaft, ob das Logion auf Jesus selbst oder in seinen nächsten (vorösterlichen) Kreis zurückgeführt werden kann. Es gibt zwar eine ähnlich klingende Parallelstelle in Mk 9,33f Par Mt 18,1 und Lk 9,46, danach hatten auch die Jünger Jesu besprochen, wer „der Größte" sei (nach Mt: „der Größte im Himmelreich" oder nach Lk: „der Größte unter ihnen"). Jesus stellt in dieser Szene dann aber ein Kind unter sie und bezeichnet sinngemäß als Größten, wer sich einem solchen Kind gleichstelle. Ein ähnlicher Rangstreit der Jünger, wer zu den „Größten" gehöre, begegnet auch in Mk 10,35f. Auch hier gibt Jesus den fragenden Söhnen des Zebedäus (Jakobus und Johannes) keine Zusicherung. Vom Jakobus unseres Logions, dem Bruder Jesu ist danach in beiden Fällen nicht die Rede. Das war auch nicht zu erwarten, da das Verhältnis Jesu zu seiner Familie in seiner Lebenszeit eher distanziert war (s. z.B. Mk 3,20f. 31ff Par; auch Joh 7,1ff). Die bezeichneten Stellen betreffen auch nur die Frage der „Größe" der Jünger zu Lebzeiten Jesu oder im kommenden Reich Gottes und nicht das Problem der Nachfolge nach seinem Tode. Dieses stand auch historisch vermutlich nicht ausdrücklich zur Debatte, da die Jünger jedenfalls bis kurz vor den letzten Ereignissen in Jerusalem

nicht mit dem Tode ihres Meisters gerechnet haben dürften (vgl. Mk 8,32; 9,32; Lk 18, 34 u.ä.; s. anders später Joh 14 und 16).
Die Authentizität des Jesus in Log 12 zugesprochenen Logions ist daher kaum anzunehmen. Es ist zwar nicht festzustellen, dass es aus den kanonischen Evangelien entnommen wäre (gegen GRANT - FREEDMAN, Geheime Worte, 126). Es reiht sich jedoch in eine Anzahl ähnlicher Gemeindebildungen ein, die sich mit der Frage der Nachfolge Jesu nach seinem Weggang befassen und diese sinnvoll zu regeln suchen. Ähnliche Versuche sind etwa Stellen wie Mt 16,18f oder Joh 21,15f betr. das Amt des Petrus, Joh 21,22 betr. die Stellung des joh „Lieblingsjüngers" oder auch Log 13 des EvThom, das den Apostel Thomas, wie noch zu zeigen sein wird, zum Nachfolger Jesu legitimieren soll. Diese Stellen sind sämtlich singulär und zeigen das augenscheinliche Interesse eines Teils der urchristlichen Gemeinde, ihren jeweiligen Leiter als Nachfolger und Stellvertreter Jesu auf den Schild zu heben (s. auch W. PRATSCHER, Der Herrenbruder Jakobus und die Jakobustradition, 1987, 151ff). Sie widersprechen im übrigen auch der Vollmachtserteilung gem. Mt 18,18 an sämtliche Jünger bzw. -innen. Am nächsten liegt insofern historisch noch, dass Jesus die Leitung seiner Gemeinde dem mütterlichen heiligen Geist überlassen wollte, der dem engsten Jüngerkreis den notwendigen Beistand geben werde (vgl. Mk 13,11 Par; Mt 10,20; Lk 12,12; Joh 14,16.26;15,26;16,7.13).
Eine Herkunft des Log 12 von Jesus selbst kann daher nicht festgestellt werden, weder was die Übertragung der Nachfolgerschaft von Jakobus betrifft noch was dessen auf die Schöpfung bezogene Hochschätzung angeht (so auch LÜDEMANN, Jesus 2000, 760f; CROSSAN, Historischer Jesus, 339f; FUNK u. JS., Five Gospels, 479f). Das eigentümliche Verhältnis von Log 12 zu dem nachfolgenden Log 13 über den Jünger Thomas und die Frage der von ihnen repräsentierten Werte und Traditionen soll in der nachfolgenden Kommentierung erörtert werden.

LOG 13

1. JESUS SPRACH ZU SEINEN JÜNGERN: VERGLEICHT MICH UND SAGT MIR, WEM ICH GLEICHE. 2. SIMON PETRUS SPRACH ZU IHM: DU GLEICHST EINEM GERECHTEN BOTEN. 3. MATTHÄUS SPRACH ZU IHM: DU GLEICHST EINEM VERSTÄNDIGEN PHILOSOPHEN. 4. THOMAS SPRACH ZU IHM: LEHRER, MEIN MUND VERMAG ES GANZ UND GAR NICHT ZU ERTRAGEN ZU SAGEN, WEM DU GLEICHST. 5. JESUS SPRACH: ICH BIN NICHT DEIN LEHRER. DENN DU HAST GETRUNKEN, DU HAST DICH

BERAUSCHT AN DER SPRUDELNDEN QUELLE, DIE ICH AUSGEMESSEN HABE. 6. UND ER NAHM IHN, ER ZOG SICH ZURÜCK UND SAGTE IHM DREI WORTE. 7. ALS THOMAS ABER ZU SEINEN GEFÄHRTEN KAM, BEFRAGTEN SIE IHN: WAS HAT DIR JESUS GESAGT? 8. THOMAS SPRACH ZU IHNEN: WENN ICH EUCH EINES VON DEN WORTEN SAGE, DIE ER MIR GESAGT HAT, WERDET IHR STEINE AUFHEBEN UND AUF MICH WERFEN, UND FEUER WIRD AUS DEN STEINEN HERAUSKOMMEN UND EUCH VERBRENNEN.

Das Logion ist durch die Vokabel „gerecht" mit dem vorhergehenden Spruch verbunden. Die Verbindung ist auch inhaltlich gegeben, insofern als es sich in beiden Worten um die Legitimation einer bestimmten führenden Jüngerpersönlichkeit und damit auch einer bestimmten urchristlichen Richtung und Tradition handelt.
Im vorliegenden Fall fragt Jesus seine Jünger nach deren Einschätzung seiner Person, und Simon Petrus, Matthäus und Thomas antworten ihm. Jesus lässt die Antworten des Petrus und Matthäus unerörtert, sondern geht lediglich auf die Antwort des Thomas ein und offenbart diesem dann seine, des Thomas besondere Position und Würdestellung. Auf die Frage der anderen Jünger nach dieser gibt Thomas sie nicht direkt preis, sondern verweist nur auf die Unerhörtheit des Zuspruchs Jesu.
Im einzelnen wird man in dieser Tradition eines Dialogs Jesu mit seinen Jüngern feststellen müssen, dass Jesus mit der Frage nach seiner, Jesu Person zunächst eine Reihe von Antworten seiner Jünger provoziert, die dem frühchristlichen, nicht jedoch gnostischen Umfeld nahe stehen. Die Antwort des „gerechten Boten" (oder Gesandten, prophetischen Verkündigers, kopt. wie gr.: ⲁⲅⲅⲉⲗⲟⲥ) durch Petrus weist auf Jesus zugeschriebene Worte, dass er ein von Gott Gesandter sei (vgl. etwa Mt 10,40 Par Lk 10,16; Mt 15,24; Lk 4,18; Joh 12,44.45; 13,20 usw.). Die von FIEGER, EvThom, 69 u.a. bevorzugte Übersetzung „gerechter Engel" ist weniger treffend. Der Hinweis auf EvPhil Log 20: „Christus hat alles in sich: Mensch oder Engel oder Geheimnis und den Vater" passt nicht besonders, da das Verhältnis Mensch - Engel hier keine Rolle spielt. Die zweite Antwort des Matthäus, dass er ein „verständiger Philosoph" (kopt. wie gr.: ⲫⲓⲗⲟⲥⲟⲫⲟⲥ) sei, sieht Jesus als Weisheitslehrer. Auch hier liegt der Vergleich mit einem frühjüdischen Weisheitslehrer näher als der mit einem kynischen (verwiesen sei insofern auf Stellen wie Mt 23,34ff Par Lk 11,49ff; Mt 23,37 Par Lk 13,34; Mt 11,28ff, wo Jesus als Sprecher der Weisheit gesehen wird). Die dritte Antwort des Thomas enthält zunächst die Anrede „Lehrer" (oder „Meister", kopt. ⲥⲁϩ, gr. διδάσκαλος), diese begegnet ebenfalls in Jesus-Texten, vgl. Mk 10,17 Par; Mt 23,8; Joh 13,13. Die Antwort des Thomas

geht aber über alle diese Antworten weit hinaus und deutet mit der betonten Unaussprechlichkeit des Geheimnisses der Person Jesu ein absolutes Non-Comparandum an (so auch FIEGER, EvThom, 69f; LEIPOLDT, EvThom, 59; zu den Bezugnahmen auf die Apostel s. A.-F. WALLS, NTS 7, 1961, 266ff).

Das Bekenntnis des Thomas greift Jesus nunmehr positiv auf. Er geht damit über die ersten beiden Antworten der anderen Jünger hinweg. Er negiert auch die Bezeichnung als „Lehrer" als im Verhältnis zu Thomas nicht mehr zureichend (im Gegensatz zu Mt 23,8 und Joh 13,13, wo er der Titulatur als „Lehrer" durch die anderen Jünger noch zustimmt, jedoch in derselben Richtung wie Joh 15,14.15, dass die Jünger nicht mehr „Knechte", sondern „Freunde" seien). Dann verweist er auf die besondere Erkenntnis und den Glauben des Thomas, der von der „sprudelnden Quelle" Jesu getrunken habe und davon ganz erfüllt sei. Diese „Quelle" dürfte sich auf das Reich Gottes beziehen, das in Log 74 als „Brunnen" gekennzeichnet ist, aber auch auf die daraus folgende göttliche Qualität Jesu, wie sie dann auch in Log 108 und in Joh 4,13ff; 7,38 angedeutet wird: Danach ist er es, der „lebendiges Wasser" gibt: „Wer...von dem Wasser trinkt, das ich ihm geben werde, den wird in Ewigkeit nicht dürsten, sondern das Wasser, das ich ihm geben werde, wird in ihm zu einem Brunnen werden, der ins ewige Leben quillt" (4,14; vom Rausch dadurch spricht auch OdSal 11,6ff). Aus Log 108 folgt dann: „Wer von meinem (Jesu) Mund trinkt, wird werden wie ich. Ich selbst werde zu ihm werden..."

Jesus sagt in Abwesenheit der übrigen Jünger dann entsprechend zu Thomas „drei Worte" (ⲛ̄ϣⲟⲙⲧ ⲛ̄ϣⲁϫⲉ), die wohl wirklich drei Worte und nicht nur allgemein wenige Worte waren. Sie werden freilich nicht wörtlich genannt und bleiben ein Geheimnis. Durch den gesamten Kontext und besonders die Nähe zu Log 108 können sie jedoch gedeutet werden, und zwar dergestalt, dass sie „Ich bin du" oder „Du bist ich" oder „Wir sind e i n s" gelautet haben mögen, also eine Aussage der mystischen, geistig-seelischen Identität des Thomas mit seinem Herrn und Meister enthalten haben (ähnlich HAENCHEN, Anthropologie, 224f). Diese Bekundung ist auch nahe der Perspektive von Log 22 sowie des Paulus und des JohEv. Paulus bekennt in Gal 2,20, dass Christus „in mir lebt". Nach Joh 14,20 werden die Jünger glauben und erkennen, dass „ich (Jesus) in meinem Vater bin und ihr in mir und ich in euch". Jesus bittet den Vater in Joh 17,21, dass „sie alle eins seien, wie du, Vater, in mir und ich in dir, dass auch sie in uns eins seien" (vgl. auch 17,26).

Diese alle anderen Aussagen übersteigende Spitzenaussage ist zwar im späteren Umfeld des EvThom wohl noch weitgehend ein Geheimnis geblieben. Das ergibt z.B. Kap. 47 der Thomas-Akten und die manKephaleia I, 5,26ff, wo zwar die „drei Worte" genannt, ihre

Bedeutung aber nicht angegeben wird. Ferner zeigt dies die Bemerkung des Hippolyt (Ref V, 8,5) über die Naassener, die meinten, darin verhüllte Geheimformeln wie „*Kaulakau, Saulasau, Zesar*" (s. Jes 28,10.13) sehen zu müssen, ferner die PS Kap. 136, wo „*Yao Yao Yao*" als geheimer Name Gottes damit in Verbindung gebracht wird (s. GRANT - FREEDMAN, Geheime Worte, 128f; M. MEYER, Hidden Sayings, 75; zu den entspr. Stellen auch näher E.W. SAUNDERS, A Trio of Thomas-Logia, BibRes 8 [1963], 44ff u. S. ARAI, Annual of the JapBiblInstitute 18, 1992, 62ff).

Es handelt sich jedoch um eine Zusage Jesu an Thomas, wie auch die nachfolgende Besorgnis einer späteren Steinigung des Thomas ergibt. Der Gehalt dieser Zusage wird gerade durch das nachfolgende Log 108 ganz deutlich gemacht und gehört sicher zu den entscheidendsten personalen Aussagen des EvThom überhaupt. Die Antwort des zu den übrigen Jüngern zurückkehrenden Thomas zeigt denn auch wieder, dass die Jünger noch nicht für reif gehalten werden, das Geheimnis ihres Meisters und seines „Lieblingsjüngers" Thomas zu erfassen. Thomas erwartet von ihnen deshalb die Strafe der Steinigung (wegen Gotteslästerung, s. z.B. Dtn 17,1ff), dann aber, da Gottes Wahrheit auf dem Spiel steht, die Vernichtung der Strafenden durch das verzehrende Feuer Gottes selbst (vgl. Ez 28,14ff; 2Kön 1,10).

Wenn man nach dem Kontext dieses Dialogs sucht, der hier im EvThom einen hervorragenden Platz einnimmt, so fällt zunächst die Parallelität zu dem Bekenntnis des Petrus in Mk 8,27-33 Par Mt 16,13-23 und Lk 9, 18-22 (s. auch Joh 6,66-70) auf, aber natürlich auch mit Log 12 EvThom.

Das Bekenntnis des Petrus, eine biographische „Legende" (so BULTMANN) setzt ebenfalls mit der Anfrage Jesu gegenüber seinen Jüngern ein: „Für wen halten mich die Leute?", worauf diese zu ihm sagen: „Für Johannes den Täufer, andere für Elia, noch andere für einen der Propheten". Auf die Frage Jesu aber, für wen ihn die Jünger hielten, antwortet Petrus: „Du bist der Christus (der Messias und Gesalbte, der Israel in der kommenden Herrschaft Gottes befreien sollte)". Nach der mt Version nennt Jesus Petrus daraufhin „selig" und erklärt ihm, er sei „Petrus" (der Fels), „und auf diesen Fels will ich meine Kirche bauen", und „die Pforten des Totenreichs werden nicht fester sein als sie". Es folgt dann des näheren noch eine Bevollmächtigung des Petrus zum Binden und Lösen auf Erden und im Himmel.

Die Authentizität dieser legitimatorischen Legende ist, was das Petrus-Bekenntnis betrifft, sehr umstritten: Während BULTMANN und seine Schule sie für eine völlig unhistorische Glaubenslegende halten (z.B. BULTMANN, Tradition, 275f), sehen konservativere Gelehrte wie P. STUHLMACHER keinen Grund für gegeben, die Tradition dem historischen Jesus abzusprechen (Biblische Theologie des NT, 2.A.,

113ff). Das gilt nach STUHLMACHER sogar für die Einsetzung in das Petrus-Amt der Kirche, während hier fast allgemein die Historizität abgelehnt wird.

Die historische Frage kann bezüglich des Petrusbekenntnisses letztlich hier dahingestellt bleiben. Bei der uns vorliegenden Autorisierung des Thomas in Log 13 wird man die Frage der Historizität allerdings mindestens ebenso zurückhaltend beantworten müssen. Die Szene ist unverkennbar von der mündlichen (nicht dagegen von der verschriftlichen) Tradition über das Petrusbekenntnis und seine Amtseinsetzung beeinflusst. Sie ist redaktionell der Gestaltung des Petrusbekenntnisses nachgebildet, wie die Einführung, die Antworten der anderen Jünger und die Hervorhebung eines autoritätsermächtigten Jüngers (Thomas) zeigen. Außerdem spielt sie ausdrücklich im Gegenzug die Rolle des Petrus und auch die des Matthäus herunter. Ferner scheint ihr der Christus-(Messias-)-Titel für Jesus unzulänglich zu sein, sie versucht ihn durch das angedeutete Mysterium zu überbieten.

Die vorliegende Einsetzung des Thomas als Führungspersönlichkeit ist aber nicht nur sekundär gegenüber dem Petrusbekenntnis und dessen Amtseinsetzung, auch für die Nachfolge (s. Joh 21,15ff). Vielmehr ist sie auch sekundär gegenüber der Einsetzung Jakobus' des Gerechten in Log 12. Wir hatten bereits unter Log 12 bemerkt, dass es sich hier um eine ältere judenchristliche Tradition handelt, auch wenn diese ebenfalls nicht als authentisch anzusehen ist. Es wird so zu beurteilen sein (s. auch PATTERSON, GosThom, 120; ZÖCKLER, EvThom, 24f), dass die Einfügung der beiden Logien verschiedenen zeitlichen Phasen zuzuordnen ist, wohl aber auch verschiedenen Gemeinden, die an der Tradierung beteiligt waren. Der Hauptstrom der evangelischen Tradition wurde von den Gemeinden getragen, in denen Petrus und Matthäus (vielleicht bei der Q-Gruppe) und dann auch Jakobus führend waren. Dem stand etwa der Gemeindeverband gegenüber, in dem der Evangelist Johannes maßgebend war (s. dazu Joh 21,20ff). Dem waren nach seiner Tradition Thomas und seine Gemeinde nahe, wobei für eine gewisse Differenz beider allerdings die Notiz in Joh 20,27 spricht, in der Thomas vom JohEv wegen seines „Unglaubens" kritisiert wird (s. auch RILEY, Resurrection Reconsidered. Thomas and John in Controversy, 1994).

Insgesamt zeigt das EvThom durch das maßgeblich (hinter Log 12) positionierte Log 13 die entscheidende und Jakobus übergeordnete Autorität des Thomas, die auch kämpferisch gegenüber Petrus und Matthäus in Ansatz gebracht werden soll. Durch die Belassung von Log 12 in seinem Zusammenhang soll allerdings die judenchristliche Linie von Jakobus mit der hellenistisch-christlichen Richtung des Thomas versöhnt und in sie integriert werden. Dasselbe wird man für die von beiden vertretenen Traditionen und Werte annehmen können. Die von

Jakobus vertretene judenchristliche Überlieferung und die Betonung von Gesetz und Gerechtigkeit wird nicht verleugnet. Sie wird vielmehr eingebunden in die thom Linie, die auf die Betonung der Vereinigung der Dualitäten und Einswerdung sowie den Bezug auf die Schöpfung setzt (vgl. dazu auch KÖSTER, Introduction, 40ff; CROSSAN, Historischer Jesus, 539f; ZÖCKLER, EvThom, 24f).

Nach alledem wird die redaktionelle Abfassung und Einfügung des Log 13 als eher spät und sekundär angesehen werden müssen und eine historische Verifizierung der Szene nicht mehr möglich sein. Dabei dürfen aber folgende Umstände nicht vergessen werden:

1. Die Tradition von der „sprudelnden Quelle" Jesu wird älter als bisher angenommen sein. Das betrifft den „Brunnen" als Symbol der kommenden Gottesherrschaft (s. Log 74) sowie das „lebendige Wasser", die „Quelle ewigen Lebens", die in Jesus sind und seinen Nachfolgern vermittelt werden können (s. Joh 4,13ff; 7,37.38, wo eine Entwicklungslinie des Worts einmündet, ferner Log 108). Diese Überlieferung ist gut bezeugt und dürfte jedenfalls der intim-esoterischen Verkündigung Jesu nahe stehen (zum at Hintergrund s. Ps 36,9f; Joel 3,18; Sach 14,8; Ez 47,1ff). Das könnte auch durchaus für das Einssein Jesu mit dem Vater, aber auch mit seinen Jüngern und -innen und demgemäß auch in besonderer Weise mit dem Jünger Thomas gelten (s. dazu noch später).

2. Auch diese besondere Beziehung Jesu zu seinem Jünger Thomas und dessen eigentümliche Initiation könnte wie auch immer erfolgt eine Grundlage für den vorliegenden Dialog sein. Es ist immerhin zur Person des Thomas zu bemerken, dass er in den synoptischen Aposteln namentlich prominent vorkommt (Mk 3,18; Mt 10,3 Par Lk 6,15 [Q]; Apg 1,13) und auch bei Johannes mehrfach als „Thomas genannt Didymos" bezeichnet wird (Joh 11,16; 20,24; 21,2; s. auch 14,5). Beides heißt aramäisch bzw. griechisch „Zwilling", womit durchaus der Zwillingsbruder Jesu gemeint sein kann. Als solcher ist er in den Thomas-Akten ausdrücklich auch bezeichnet (s. SCHNEEMELCHER, NtApokr, II, 3.A., 325), und desgleichen im Thomasbuch (s. NHC II, 138,5). Nach den Thomas-Akten soll er sogar ein leiblicher Bruder Jesu gewesen sein und mit dem Bruder Judas (Mk 6,3 Par) identisch sein, vom dem der Judas-Brief im NT stammen soll. Da dieser aber keine Nähe zur Thomas-Tradition zeigt, wird von einer leiblichen Verwandtschaft wohl nicht auszugehen sein. Vielmehr handelt es sich um eine spirituelle Brüderschaft zwischen Jesus und Thomas, zu der die Aussage über ein mystisches Einssein gut passen würde (s. dazu auch KÖSTER - ROBINSON, Entwicklungslinien, 119f).

Abschließend ist daher zu bemerken, dass die in Log 13 geschilderte Szene zwar keinen historischen Charakter beanspruchen kann. Sie liegt aber ganz in dem Rahmen der frühchristlichen Auseinandersetzungen um die Führungspositionen in der Gemeinde (so auch LÜDEMANN, Jesus 2000, 761f; FUNK u. JS., Five Gospels, 780) und weist zudem eine Reihe älterer Traditionselemente auf.

LOG 14

1. JESUS SPRACH ZU IHNEN: WENN IHR FASTET, WERDET IHR EUCH SÜNDE HERVORBRINGEN. 2. UND WENN IHR BETET, WERDET IHR VERURTEILT WERDEN. 3. UND WENN IHR ALMOSEN GEBT, WERDET IHR SCHLECHTES FÜR EUREN GEIST TUN.
4. UND WENN IHR IN IRGENDEIN LAND GEHT UND WANDERT VON ORT ZU ORT UND WENN SIE EUCH AUFNEHMEN, DANN ESST DAS, WAS MAN EUCH VORSETZEN WIRD. DIE KRANKEN UNTER IHNEN HEILT.
5. DENN WAS IN EUREN MUND HINEINGEHEN WIRD, WIRD EUCH NICHT VERUNREINIGEN. VIELMEHR DAS, WAS AUS EUREM MUND HERAUSKOMMT, DAS IST ES, WAS EUCH VERUNREINIGEN WIRD.

Das Log 14 enthält einen neuen Ansatz als Mahnspruch, zusammen mit dem Log 15. Es verbindet sich außerdem durch die Vokabeln „Mund", „fasten" und „essen" mit dem vorherigen Spruch 13 und seinen Stichworten „Mund", „berauschen" und „trinken".
Inhaltlich knüpft es an das Log 6 an, wo es um das Gebot der Wahrhaftigkeit bei der Ausübung der Kultvorschriften geht. Im vorliegenden Log 14 wird die Kritik an der Praxis der kultischen Vorschriften näher begründet (s. 1. Teil, Nr. 1-3). Im 2. Teil (Nr. 4) liegt eine Erlaubnis vor, jedenfalls bei der Mission von den rituellen Speisevorschriften Abstand zu nehmen. Der 3. Teil (Nr. 5) begründet dann inhaltlich die Entbindung der Jünger von der Einhaltung dieser Speisevorschriften.
1. Es geht im 1. Teil des Log 14 wiederum um die Trias „Fasten, Beten, Almosen", wie wir sie schon von Log 6 her kennen. Sie ergab sich bereits dort als Ausdruck alttestamentlicher Frömmigkeit (s. Komm. zu Log 6). Sie wurde aber auch deutlich in den Jesus-Worten aus Mt 6,1-18 angesprochen und dort kritisch hinterfragt. Diese Linie setzt sich dann nach anfänglichem Zögern auch ähnlich im Urchristentum durch. Das Log 14 liegt inhaltlich durchaus auf dieser Linie, wenn auch auf den ersten Eindruck Fasten, Beten und Almosengeben total abgelehnt zu werden scheinen. Von dieser völligen Ablehnung, die evtl. die spätere

gnostisierende Auslegung vertreten haben mag, geht auch FIEGER, EvThom, 74f, ähnlich SCHRÖTER, Erinnerung, 233 aus. Diese steht aber nicht mit dem Wortlaut und Sinn des Spruches im Einklang. Die angesprochenen „Ihr" sind nicht abstrakte Menschen, sondern die konkreten Zeitgenossen, besonders die Jünger und -innen Jesu, deren Einstellung bei ihrer kultischen Praxis angesprochen wird. Insofern geht es nicht um eine völlige Negierung der Vorschriften, die auch Log 6 gänzlich widersprechen würde. Vielmehr handelt es sich vorliegend überhaupt nicht um die Formulierung eines generellen Verbots, sondern um die nähere Begründung der kritisch-differenzierenden Einstellung Jesu zu den Vorschriften, nämlich die Überordnung des Grundsatzes von Wahrhaftigkeit und Authentizität im Sinne von Log 6 über die formale Einhaltung der Fasten-, Gebets- und Almosen-Gebote. Diese Ausrichtung der positiven kultischen Normen an dem Wert der inneren Wahrhaftigkeit und Authentizität wird hier ähnlich wie in Mt 6,1-18 gerechtfertigt.
Angesichts der von Jesus konstatierten Heuchelei und Selbstgefälligkeit der Zeitgenossen bei der Ausführung der kultischen Regeln und ihrer Äußerlichkeiten weist Jesus auf die Gefahr der „Sünde" hin, nämlich der Verletzung des wirklichen Willens Gottes. Bemerkenswerterweise kommt der Begriff der „Sünde", kopt. ⲚⲞⲂⲈ, gr. ἁμαρτία im EvThom hauptsächlich in diesem Umfeld der Unaufrichtigkeit beim Kult vor, s. auch Log 104. Es besteht angesichts dieser Unaufrichtigkeit und Zurschaustellung gerade im religiösen Bereich auch verstärkt das Risiko, dass durch diese „Sünde" das „verurteilende" Gericht Gottes heraufbeschworen wird und der Mensch seinem „Geiste", nämlich seiner von Gott herkommenden Innerlichkeit Schaden zufügt. Insofern wird in Log 14 auch eine Trias der „Sünde" aufgebaut, die Sequenz der Verletzung des Willens Gottes, der dadurch provozierten richtenden Führung Gottes und letztlich der Schädigung des eigenen Lebens durch die „Sünde". Nicht mehr und nicht weniger ist im Teil 1 des Log 14 gesagt. Dies entspricht auch durchaus wieder der näheren Darstellung in Mt 6,1ff, wo ebenfalls die Unehrlichkeit beim Fasten, Beten und Almosengeben verworfen wird und dann auch Lohn und Strafe als selbstverschuldete Folgen des jeweiligen Handelns in den Raum gestellt werden.
Eine inhaltliche Nähe zur Verkündigung des historischen Jesus sowie eine Kohärenz zu den sonstigen kultkritischen Ausführungen Jesu ist daher nicht zu übersehen. Dabei wird die andersartige Formulierung von Log 14 einer selbstständigen Parallelüberlieferung zu Mt entstammen, die durchaus Anspruch auf Ursprünglichkeit erheben kann (s. KÖSTER - ROBINSON, Entwicklungslinien, 130f). Ihr Wortlaut im einzelnen kann freilich nicht mit Sicherheit auf den historischen Jesus zurückgeführt

werden (ablehnend insoweit auch LÜDEMANN, Jesus 2000, 762; CROSSAN, Historischer Jesus, 441.579; wohingegen FUNK u. JS., 481 auf divergierende Voten verweist).
2. Auch das folgende Logion (S. 4) vom „Essen, was man euch vorsetzen wird" kann in gnostischen Kreisen, wie SCHRAGE, Verh., 54 annimmt, ebenso wie auch das weitere „Heilen" in übertragenem Sinn, also symbolisch verstanden worden sein. Ursprünglich wird dies aber nicht der Sinn des Spruches gewesen sein, wie Wortlaut und Zusammenhang deutlich zeigen. Es geht vielmehr um die Frage der Einhaltung der kultischen Speisevorschriften im Rahmen der Mission der Jünger (genauer der Aussendung der Jünger zum Zwecke der Reich-Gottes-Predigt und Heilung von Kranken). Der Spruch enthält insofern eine Lizenz zur Durchbrechung dieser Reinheitsvorschriften, wie sie im AT, besonders in Lev 11, Dtn 14 statuiert waren, jedenfalls bei der Mission in evtl. auch heidnisch dominierten Landstrichen.
Die Struktur und Traditionsgeschichte des Logions ist unübersichtlich. Auffällig ist, dass die zusätzliche Aufforderung zur Krankenheilung sprachlich deplaziert erscheint, da der Konditionalanschluss von S. 5 („Denn...") nicht an diese, sondern an die vorhergehende Aufforderung zum Essen des Vorgesetzten anschließt. Das Gebot der Krankenheilung könnte daher ein späterer redaktioneller Einschub sein, vielleicht motiviert durch Lk 10,9 Par oder eine ähnliche Tradition (s. GRANT - FREEDMAN, Geheime Worte, 130; WILSON, Studies, 70f u.a.). Es könnte allerdings auch so fest mit dem Vordersatz traditionell verbunden gewesen sein, dass die Redaktion den ungeschickten Konditional-Anschluss in Kauf genommen hat.
Auch wenn man die obige Erweiterung streicht, verbleibt aber ein Spruch aus möglicherweise eigenständiger und altertümlicher Überlieferung. Dieser hat zunächst eine Parallele in der lk Aussendungsrede (Lk 10,8-11): „Und wo ihr in eine Stadt (ἣν ἂν πόλιν) kommt und sie euch aufnehmen, da esst, was euch vorgesetzt wird (τὰ παρατιθέμενα ὑμῖν), und heilt die Kranken, die darin sind, und sagt ihnen: Das Reich Gottes ist zu euch genaht! Wo ihr aber in eine Stadt kommt und sie euch nicht aufnehmen, da geht auf ihre Straßen hinaus und sprecht: Auch den Staub, der sich von eurer Stadt uns an die Füße gesetzt hat, wischen wir zum Zeichen gegen euch ab; doch das sollt ihr wissen, dass das Reich Gottes genaht ist". Die Par bei Mt 10,7-14 enthält zwar die Aufforderung zur Predigt, dass das „Himmelreich" genaht sei, sowie zur Heilung der Kranken, und später die Fortsetzung: „Wo ihr aber in eine Stadt (πόλιν) oder in ein Dorf (κώμην) kommt, erkundigt euch, wer darin würdig sei..." sowie schließlich die Aufforderung zum Weggehen bei Nichtaufnahme und den Gestus des Staubabschüttelns. Es fehlt aber das Gebot zum

Essen des Vorgesetzten (ebenso wie dies übrigens auch in der mk Aussendungsrede Mk 6,7ff nicht enthalten ist). Es ist danach sehr umstritten, ob das Gebot in der zugrunde liegenden Fassung der Spruchquelle Q enthalten war. R. LAUFEN, Doppelüberlieferungen, 219f nimmt dies zwar an, besonders mit Rücksicht auf den Parallelismus bzgl. der Aufnahme und Nichtaufnahme in den lk V. 8 u. 10, jedoch muss dies nicht das Essen des Vorgesetzten einschließen. HOFFMANN, Studien, 276ff geht demgegenüber davon aus, dass V. 8 insgesamt nicht zu Q gehörte, sondern eine redaktionelle Bildung des Lk sei, zumal dieser eine Vorliebe für die Mission in den Städten zeige. Diese Mission findet sich aber auch bei Mt und daher möglicherweise in Q. Am nächsten liegend scheint mir, dass die Aufforderung zum Essen des Vorgesetzten nicht in Q sich vorfand, da sie bei Mt fehlt und hinreichende Gründe zum Weglassen auch nicht gegeben sind (Mt bevorzugt zwar die Judenmission, hat aber auch den Spruch über die große „Ernte" Mt 9,37/Lk 10,3, der nach Joel 3,13 u.a. ebenfalls auf Heidenmission verweisen könnte, belassen). Die Aufforderung macht auch sprachlich den Eindruck eines Einschubs, weil schon vorher (V.7) vom Essen die Rede war. Es ist daher am überzeugendsten, insoweit von einer Ergänzung durch Lk auszugehen (so POLAG, Fragmenta Q, 46f; SCHULZ, Q, 407; SCHRÖTER, Erinnerung, 187ff). Die Meinung der letzteren, es liege lk Redaktion vor, da παρατιθέναι vielfach bei Lk und in der Apg vorkomme, überzeugt allerdings nicht, da es auch anderweit, etwa in Mk 6,41;8,6 gebraucht wird, und auch sonst keine typisch lk Eigentümlichkeiten zu finden sind (so schon SCHRAGE, Verh, 53). Vielmehr dürfte Lk hier wohl die Einfügung aufgrund einer Sonderüberlieferung vorgenommen haben (so bes. POLAG, Christologie, 68). Diese ist auch durchaus als ursprünglich anzusehen und hat eine ebenfalls alte Par in 1Kor 10,27, wo es heißt: „Wenn jemand von den Ungläubigen euch zu Gaste bittet und ihr wollt hingehen, so esst alles, was euch vorgesetzt wird (πᾶν τὸ παρατιθέμενον), ohne um des Gewissens willen etwas zu untersuchen".
Die Tradition in EvThom ist demgegenüber auch als durchaus selbstständig anzusehen. Sie ist sowohl gegenüber Lk als auch 1Kor unabhängig (s. besonders P. SELLEW, Early Collections of Jesus' Words [1985], 131ff; A.D. JACOBSON, The First Gospel [1992], 142; a.M. R.URO in ders. (Hg.), Thomas at the Crossroads, 27ff). Es liegen bei ihr keine typisch redaktionellen Züge besonders des Lk vor. Sie spricht von einem fremden „Land" (ⲕⲁϩ), nicht einer Stadt, wie bei Lk, und dem Wandern dort „von Ort zu Ort" (wörtlich :"in den Gebieten", ⲭⲱⲣⲁ). Sie erlaubt das damit verbundene Essen der vorgesetzten Speisen, ohne die rituellen Speisevorschriften über Koscher und Nichtkoscher einhalten zu müssen.

Die Prüfung der Authentizität und Zugehörigkeit des Spruchs zur Verkündigung des historischen Jesus hängt allerdings noch davon ab, ob diesem der Auftrag zur Verkündigung auch gegenüber den Heiden zuzutrauen ist. Naheliegt insofern eher, dass Jesus das zukünftige Hinzuströmen der Heiden und Fremden zum Zionsberg prophezeit hat (Mt 8,11 Par Lk 13,29 [Q]) und dass er mehrere Fremdländische wie den Knecht des Hauptmanns von Kapernaum und die Syrophönizierin geheilt hat (Mt 8,5ff Par; Mk 7,24ff Par). Die Reich-Gottes-Verkündigung hat er möglicherweise zunächst auf „die verlorenen Schafe des Hauses Israel" beschränkt (s. Mt 10,5 u. 15,24). Dennoch spricht vieles wie das Wort von der großen „Ernte" (Mt 9,37 Par) und das Gleichnis vom großen Abendmahl (Lk 14,16ff Par) für eine vorzeitige Einbeziehung der „Heiden" und Fremden (s. auch die Vorstellungen von einem „neuen Tempel", Mk 14,58 Par als einer neuen Menschengemeinschaft, der Konstituierung eines „neuen Bundes", Lk 22,20 Par und Gerichtslogien wie Lk 10,13f Par) (s. auch JEREMIAS, Theologie, 236; THEISSEN - MERZ, Historischer Jesus, 246).

Das vorliegende Logion könnte unter diesen Aspekten durchaus von Jesus stammen, wobei der thom Version wegen ihres ländlichen Backgrounds sogar der Vorzug zu geben wäre. Es passt auch in seine kultkritischen Äußerungen sowie zu seiner Praxis des Umgangs mit kultisch unreinen Zöllnern und „Sündern" und ist nunmehr als hinreichend bezeugt anzusehen (so auch FUNK u. JS., Five Gospels, 481; CROSSAN, Historischer Jesus, 439ff.570; ablehnend dagegen LÜDEMANN, Jesus 2000, 762.416, der eine nachösterliche Gemeindebildung annimmt, jedoch ist der Spruch eher als Instruktion im Rahmen des Wanderlebens Jesu und seiner Jünger denn als Gebot des Auferstandenen zu verstehen).

3. Das letzte Logion (S. 5) ist wiederum als Begründung für die vorhergehende Aufforderung gedacht, obwohl es materiell erheblich darüber hinausgeht und im Ergebnis den levitischen Reinheitskodex weitgehend außer Kraft setzt.

Das älteste Zeugnis der vorgenannten Tradition dürfte sich in Mk 7, 15 befinden, wo Jesus auf eine Frage der Pharisäer und Schriftgelehrten zur Essenspraxis seiner Jünger antwortet: „Nichts kommt von außen in den Menschen hinein, was ihn verunreinigen kann (κοινῶσαι), sondern was aus dem Menschen herauskommt (das sollen böse Taten und Gedanken sein), das ist es, was den Menschen verunreinigt (τὰ κοινοῦντα)." Die Authentizität dieses Worts ist allerdings lebhaft umstritten, da es in Bezug auf die Reinheitstora eine sehr weitreichende und umwälzende Wirkung ausspricht. RÄISÄNEN, Herkunft, 480f meint, es sei ein nachösterlicher Ausfluss aus der Heidenmission und der daraus resultierenden Kommensalität mit Nichtjuden, und auch SCHRÖTER,

Erinnerung, 234f will das Wort als Reflexion aus bereits vorhandener Gemeinde-Praxis verstehen. Es ist jedoch kaum wahrscheinlich, dass in der Jüngerschaft Jesu eine derart revolutionäre Praxis sich durchgesetzt hätte, wenn nicht ein entsprechender Anstoß durch Jesus selbst vorhanden gewesen wäre. Dies muss auch trotz durchaus eigenständiger Aussagen des Paulus in Röm 14,14ff (vgl. auch Gal 2,21ff) oder des Petrus gem. Apg 11,8ff angenommen werden. Überzeugend erscheint dies auch wegen zahlreicher anderer Jesus-Logien, die ebenfalls erhebliche Kritik an den Reinheitsvorschriften üben. So in Lk 11,39-41, wo es heißt: „Ihr Pharisäer, ihr reinigt die Außenseite des Bechers und der Schüssel, euer Inneres aber ist voll Raub und Bosheit. Ihr Unverständigen! Hat nicht der, der das Äußere schuf, auch das Innere geschaffen?" (s. auch die Par in Mt 23,25-26 u. EvThom 89, s. noch später). Desgleichen ist auch ganz charakteristisch die anstößige Praxis Jesu im Umgang mit Zöllnern und „Sündern", ferner einer blutflüssigen Frau, die ebenfalls als kultisch unrein galten. Insgesamt kann auch ein modifiziert angewandtes Differenzkriterium nur dazu führen, wegen des Abstands Jesu sowohl von der Praxis des zeitgenössischen Judentums als auch der Unsicherheit des frühen nachösterlichen Christentums davon auszugehen, dass das radikale Logion Mk 7,15 mit seiner grundsätzlichen Aufhebung der Reinheitsvorschriften als echt anzusehen ist (so auch BRAUN, Jesus, 72ff; BORNKAMM, Jesus, 88ff; BECKER, Jesus, 371ff; THEISSEN - MERZ, Historischer Jesus, 326ff u.a.).
Die Par zu Mk 7,15 in Mt 15,11: „Nicht was in den Mund (στόμα) hineinkommt, verunreinigt (κοινοῖ) den Menschen, sondern was aus dem Mund herauskommt, das verunreinigt den Menschen", ist eine deutliche Abschwächung des Mk-Logions; denn sie verweist nur noch auf die Verunreinigung durch das Essen. Das EvThom-Wort ist der Mt-Par sehr ähnlich. Auch es betrifft nur die Verunreinigung durch den „Mund" (ρο). Es verweist aber im Gebrauch der verbalen Zeitform auch auf die Mk-Par und hat auch einen völlig eigenständigen Kontext. Da die Mt-Par wahrscheinlich eine redaktionelle Bearbeitung des Mk-Logions ist, könnte in der Ähnlichkeit des EvThom-Worts ein Hinweis darauf zu finden sein, dass das letztere von Mt abhängig ist (so auch eine verbreitete Ansicht, vgl. SCHRAGE, Verh, 55; MÉNARD, EvThom, 101; TUCKETT, BThZ 2 [1985], 198 u. R. URO in Thomas at the Crossroads, 23ff). Jedoch ist auch eine mit dem Mt synchrone Weiterentwicklung unter Einschränkung der sehr weitgehenden Mk-Überlieferung durch die thom Tradition möglich (so im Ergebnis und damit für Selbstständigkeit des EvThom-Logions SIEBER, Analysis, 192f; PATTERSON, GosThom, 24f; CROSSAN, In Fragments, 250ff). Letztlich kann dies freilich dahingestellt bleiben, da auch die EvThom-Fassung gegenüber der Mk-Version wohl schon sekundär abgeschwächt,

nämlich auf das Essen beschränkt ist und daher als weniger ursprünglich anzusehen ist (dagegen allerdings KÖSTER - ROBINSON, Entwicklungslinien, 171, die die EvThom-Version derjenigen in Mk vorziehen).

Nach alledem bin ich der Meinung, dass die Kritik Jesu an den Reinheitsvorschriften, allerdings in der Fassung des Mk als authentisch anzusehen ist (so auch LÜDEMANN, Jesus 2000, 762.72; THEISSEN - MERZ, Historischer Jesus, 326ff; FUNK u. JS., Five Gospels, 481f). Die kritisch-integrative Einstellung Jesu ist Ausfluss der von ihm verkündigten Gottesherrschaft als grundlegendem Handlungsprinzip. Dieses enthält in erster Linie die Gebote der inneren Wahrhaftigkeit und Reinheit sowie der Rücksichtnahme auf den Nächsten, aber auch auf die eigene Person (s. Log 6). Da diese Werte den kultischen Vorschriften übergeordnet sind, müssen diese im Konfliktfall, wie dies bei den Reinheitsvorschriften gegeben war, zur Aufhebung kommen.

LOG 15

JESUS SPRICHT: WENN IHR DEN SEHT, DER NICHT VON EINER FRAU GEBOREN WURDE, WERFT EUCH NIEDER AUF EUER ANGESICHT UND BETET IHN AN. JENER IST EUER VATER.

Dieses Logion hat über den Konditional-Anschluss („Wenn ihr...") sowie die Vokabeln „beten" und „anbeten" einen Stichwortzusammenhang mit dem vorhergehenden Log 14, wobei allerdings „beten" (ϣⲗⲏⲗ) und „anbeten" (ⲟⲩⲱϣⲧ) sprachlich etwas differieren.

Das Wort mahnt zur Anbetung des einen transzendenten Gottes, den es „Vater" nennt, und nicht die von Menschen, auch nicht von Jesus selbst. Insofern Gott als ungeborener und unendlicher angesehen wird, kann das Logion auch in einem gnostischen Kontext angesiedelt werden, vgl. z.B. Sophia Jesu Christi 84,1ff: „Er (Gott) ist in der Tat unsterblich und ewig; er ist ein Ewiger, der nicht geboren wurde" (s. B. GÄRTNER, GosThom, 137; ähnlich FIEGER, EvThom, 78). Der traditionsgeschichtliche Hintergrund liegt aber auch hier wohl in einer anderen Richtung.

Wenn das Logion von dem spricht, der „nicht von einer Frau geboren" wurde, so ist dies ein Semitismus, der auch in Jesus nahestehenden Äußerungen vorkommt. So z.B. in Lk 7,28 (Q) m.Par sogar in EvThom 46, wo Jesus von Johannes dem Täufer sagt: „Unter denen, die von Frauen geboren sind, ist kein größerer Prophet als Johannes...". Hier weist das Geborensein von einer Frau auf das typisch Menschliche einer Person hin, und zwar in ihrer Schwäche und Beschränktheit (vgl. auch Hiob 14,1ff). Dies bedeutet auch noch die Charakterisierung Jesu selbst

in Gal 4,4 als von Gott gesandtem Sohn, „von einer Frau geboren" und „dem Gesetz unterworfen" (s. auch VALANTASIS, GosThom, 81f). Dieses Signum der Menschlichkeit und Schwachheit hebt Jesus auch selbst hervor, wenn er von seiner eigenen Person spricht. Er wehrt z.B. die Bezeichnung „gut" ab mit der Bemerkung: „Niemand ist gut als Gott allein" (Mk 10,18 Par). Er nimmt damit auch nicht Sündlosigkeit in Anspruch, wie sie späterer Dogmatik entsprach. Er bedeutet den Zebedaiden, die in der Gottesherrschaft zu seiner Rechten und Linken sitzen wollen, dass er nicht allmächtig sei, sondern nur Gott über diese Plätze verfüge (Mk 10,40 Par). Er sagt auch deutlich, er kenne den Zeitpunkt des endgültigen Kommens des Reichs Gottes nicht und sei daher nicht allwissend (Mk 13,32).
Daraus folgt, dass Jesus nicht göttliche Verehrung und Anbetung von Menschen, die „von einer Frau geboren" sind und nicht einmal von sich selbst als Menschen akzeptiert. Sie soll, wie sicher auch das vorliegende Logion meint, auf jeden Fall ausgeschlossen sein. Ein evtler. Sitz im Leben Jesu, wo sich Menschen vor ihm auf ihr Antlitz werfen und ihn anbeten, könnte sich hier auftun. Eine solche Verehrung lehnt Jesus jedenfalls rigoros ab.
Jesus will aber auf jeden Fall die Verehrung des einen Gottes, seines Vaters und „eures Vaters" (s. auch Mt 5,16.45.48 u. Lk 6,36 [Q]). Dieses „größte und erste Gebot" (Mt 22,38) steht ganz in der Tradition des AT wie des Frühjudentums und wird auch von Jesus in den Mittelpunkt gerückt: Danach ist „der Herr, unser Gott ... allein Herr, und du sollst den Herrn, deinen Gott, lieben aus deinem ganzen Herzen und aus deiner ganzen Seele und aus deinem ganzen Denken und aus deiner ganzen Kraft" (Mk 12,29 Par Mt 22,36 u. Lk 10,27). Neben der Liebe betont Jesus auch die Ehrfurcht vor Gott; denn Menschen können zwar „den Leib töten, aber nachher nichts Weiteres tun", aber Gott besitzt auch „Macht, in die Hölle zu werfen" (Lk 12,4.5 Par [Q]). Diese Dualität von Liebe, aber auch Ehrfurcht kann als Haltung Jesu in der Verehrung Gottes, des Vaters zusammengesehen werden. Das ist von ihm wohl auch gelegentlich wörtlich so zusammengefasst worden: „Du sollst den Herrn, deinen Gott anbeten (προσκυνήσεις) und ihm allein dienen" (Lk 4,8 Par [Q]; ähnl. Dtn 6,13 u.ä.). Eine entsprechende Verehrung seiner Person, auch als Auferstandenen oder Erhöhten hat Jesus hier nicht im Blick (gegen GRANT-FREEDMAN, Geheime Worte, 130); dies ergeben auch nicht Ähnlichkeiten mit Worten wie Joh 10,30;14,9, da Jesus sich insofern kaum als „euren Vater" bezeichnen würde.
Der vorbezeichneten Haltung Jesu zu seinem Vater entspricht durchaus die durch Log 15 charakterisierte Einstellung, die Jesus von seinen Jüngern und -innen erwartet. Dabei dürfte an einen neuen Kult allerdings wohl nicht gedacht sein (a.M. LEIPOLDT, EvThom, 59). Der

herkömmliche Kult, wenn er in Wahrhaftigkeit und Authentizität befolgt wird, soll aber nicht ausgeschlossen sein, so dass ein Widerspruch zu Log 14 nicht besteht. Gott soll dann angebetet werden, wenn die Jünger ihn „sehen", somit wenn sie ihn erkennen und ihm glaubend vertrauen. Eine mystische Vision der Herrlichkeit (*kavod*) Gottes ist dazu nicht erforderlich (gegen A.D. DE CONICK, Seek, 100).
Was die Frage nach der Zuschreibung des Logions zu dem historischen Jesus betrifft, kann mehr als eine Nähe zu ihm wohl nicht nachgewiesen werden. Allerdings ist ein Zusammenhang mit ähnlichem Jesus-Gut durchaus zu konstatieren, wenn auch nicht, was die wortlautmäßige Formulierung in jeder Einzelheit betrifft (die Forschung ist eher ablehnend, vgl. dazu FUNK u. JS., Five Gospels, 483; ferner CROSSAN, Historischer Jesus, 579, der die Echtheit des Logions ebenfalls bezweifelt, während LÜDEMANN, Jesus 2000, 762f sogar wiederum eine Verwurzelung im gnostischen Denken vermutet).

LOG 16

1. JESUS SPRICHT: VIELLEICHT DENKEN DIE MENSCHEN, DASS ICH GEKOMMEN BIN, FRIEDEN IN DIE WELT ZU WERFEN. 2. DOCH SIE WISSEN NICHT, DASS ICH GEKOMMEN BIN, STREITIGKEITEN AUF DIE ERDE ZU WERFEN: FEUER, SCHWERT, KRIEG. 3. ES WERDEN NÄMLICH FÜNF IN EINEM HAUS SEIN: ES WERDEN DREI GEGEN ZWEI SEIN UND ZWEI GEGEN DREI. DER VATER (WIRD) GEGEN DEN SOHN (SEIN) UND DER SOHN GEGEN DEN VATER. 4. UND SIE WERDEN DASTEHEN ALS EINZELNE.

Das Logion ist über das Stichwort „werfen" und auch „Vater" mit Log 15 verbunden. Es geht inhaltlich aber in einem neuen Ansatz zu Worten über die Person Jesu über.
Es wehrt damit einem offenbar durch die Friedenspredigt Jesu hervorgerufenen Missverständnis der Menschen und weist darauf hin, dass, jedenfalls im Zuge der noch bevorstehenden eschatologischen Drangsal Zwietracht und große Auseinandersetzungen, die durch die Verkündigung hervorgerufen werden, nicht zu vermeiden sein werden. Auch hier kann der Wortlaut der Endredaktion wiederum gnostisierend gelesen werden, besonders weil Thomas von der „Welt" (kopt. wie gr. ⲕⲟⲥⲙⲟⲥ) spricht und hier auch wieder eine Weltverneinung angenommen werden kann. Auch der „Einzelne" (gr. wie kopt. ⲙⲟⲛⲁⲭⲟⲥ) im Schlusssatz wird der „Welt" gegenübergestellt und negiert sie (vgl. SCHRAGE, Verh., 59f; FIEGER, EvThom, 79f).

In der Traditionsgeschichte des Worts muss aber festgestellt werden, dass es aus apokalyptischen Zusammenhängen stammt und jedenfalls wegen seines eschatologischen Charakters in die Nähe der urchristlichen, evtl. sogar jesuanischen Predigt gehört.
Die maßgeblichen Parallelen finden sich in Lk 12,51-53 und Mt 10,34-36 und stammen aus der Spruchquelle Q (ferner sei auf Mk 13,12 Par mit apokalyptischer Kontextualisierung verwiesen). Die lk Par lautet: „Meint ihr (δοκεῖτε), dass ich gekommen sei, Frieden auf der Erde (ἐν τῇ γῇ) zu schaffen (δοῦναι; hschr. auch ποιῆσαι oder βαλεῖν)? Nein, sage ich euch, sondern Entzweiung (διαμερισμόν). Denn von jetzt an (ἀπὸ τοῦ νῦν) werden fünf in e i n e m Haus entzweit sein (διαμεμερισμένοι), drei mit zweien und zwei mit dreien: Es werden entzweit sein der Vater mit dem Sohn und der Sohn mit dem Vater, die Mutter mit der Tochter und die Tochter mit der Mutter, die Schwiegermutter mit ihrer Schwiegertochter und die Schwiegertochter mit der Schwiegermutter."
Bei Mt lautet die Par wie folgt: „Meint nicht (μὴ νομίσητε), dass ich gekommen sei, Frieden auf die Erde zu bringen (βαλεῖν = wörtl. werfen). Ich bin nicht gekommen, Frieden zu bringen (βαλεῖν), sondern das Schwert (μάχαιραν, hschr. auch διαμερισμόν τῶν διανοιων). Denn ich bin gekommen, einen Menschen mit seinem Vater zu entzweien (διχάσαι) und eine Tochter mit ihrer Mutter und eine Schwiegertochter mit ihrer Schwiegermutter, und des Menschen Feinde werden die eigenen Hausgenossen sein."
Bei der Rekonstruktion des Logions für Q wird man hauptsächlich Lk folgen, beginnend mit der Frageform: „Meint ihr, dass ..."; denn „Meint nicht, dass..." ist wohl typisch mt (s. z.B. Mt 5,17, dagegen könnte Lk 13,2f.4f traditionell sein). Es geht weiter darum, ob Jesus „gekommen" sei, „Frieden auf die Erde zu werfen" (βαλεῖν wird zwar hauptsächlich in Mt bezeugt, ist aber auch handschriftlich für Lk vertreten). „Nein, sage ich euch", „sondern Entzweiung" (s. Lk, auch gelegentlich bei Mt vertreten, eher ursprünglich als „das Schwert", s. BUSSMANN, Studien II, 80; a.M. SCHULZ, Q, 258 u.a.; jedoch ist auch Lk 11,17 Par Mk 3,23ff mit διαμερίζειν nicht lk, sondern traditionell). „Denn fünf werden in einem Haus entzweit sein, drei mit zweien und zwei mit dreien" (fehlt zwar bei Mt, ergibt aber sprachlich sinnvollen Anschluss; „von jetzt an" ist dagegen lk, s. u.a. Lk 1,48). „Es werden entzweit sein der Vater mit dem Sohn und der Sohn mit dem Vater, die Mutter mit der Tochter und die Tochter mit der Mutter, die Schwiegermutter mit ihrer Schwiegertochter und die Schwiegertochter mit der Schwiegermutter" (ähnl. Mt, der aber nach Micha 7,6 formuliert, u. ohne V. 36 über die „Hausgenossen", das ebenfalls dem Micha-Zitat entspricht) (s. POLAG, Fragmenta Q, 64f; z.T. abweichend ROBINSON pp, CEQ, 380f u.a.).

Nach SCHRAGE, Verh, 58f; FIEGER, EvThom, 80f soll Log 16 ein „Mischtext", überwiegend aus Lk, aber auch aus Mt komponiert und daher ohne selbstständige Bezeugung sein. Das wird jedoch der EvThom-Tradition keineswegs gerecht, die jedenfalls im Kern sowohl von den Synoptikern als auch von Q unabhängig ist. PATTERSON, GosThom, 25f hat gezeigt, dass sie vorliegend bereits in völlig anderem Überlieferungszusammenhang als die Sprüche bei Lk und Mt steht. Sie ist auch anders eingeleitet: „Vielleicht (ταχα) denken (μεεγε) die Menschen, dass ..." „und sie wissen nicht...". Es fehlt die typisch lk-redaktionelle Formel „von jetzt an". Es fehlt auch die für Mt charakteristische Einleitung: „Meint nicht...". Schließlich ist das bei Mt vorkommende, vermutlich sekundäre Micha (7,6)-Zitat, das an die Formulierung über die Verwandten angeschlossen ist, nicht vorhanden. Eine Übernahme von Log 16 aus Lk oder Mt kann mangels Vorliegens sicherer redaktioneller Züge aus diesen nicht festgestellt werden. Aber auch eine evtle. Ableitung aus dem zugrunde liegenden Q-Spruch, mit dem manche Gemeinsamkeiten bestehen, dürfte entfallen (so auch SIEBER, Analysis, 115ff; PATTERSON, s.o., 25f; a.M. TUCKETT, Nov Test 30, 2, 1988, 146f, u. J. ROBINSON, Documenta Q, Q 12:49-59, 1996f, 119ff, die Abhängigkeit des EvThom-Logions annehmen).
Die Tradition, die sich in Log 16 niedergeschlagen hat, muss also als eine selbstständige parallel zu Q laufende Überlieferung angesehen werden, die aber gleichfalls von hohem Alter sein dürfte. Das ergibt insbesondere der Zusammenhang mit den sonstigen Worten Jesu über das „Feuer" (Lk 12,49f Par EvThom Log 10; ferner Mk 9,49; EvThom Log 82). Auch die Fortsetzung über die „Streitigkeiten", „Entzweiungen" o.ä. (πωρx) in der Familie ist ebenfalls nun durch zwei unabhängige Quellen gut bezeugt und muss nicht deshalb unecht sein, weil sie auch Erfahrungen der Gemeinde in den eigenen Familien entspricht. Allerdings ist Log 16 (wie auch die synoptischen Versionen bzw. Q) nicht ohne sekundäre Zusätze: So ist „Welt" (κοσμος) in S.1 gegen „Erde" einzutauschen, da typisch für EvThom und singulär gegenüber „Erde" (γῆ) in Lk/Mt. Die Aufzählung der einzelnen Zwistigkeiten: nämlich „Feuer" (κωϩτ), „Schwert" (cηqe), „Krieg" (πολεμος) könnte ebenfalls sekundär nachgetragen sein, „Feuer" aus der in Log 10 ersichtlichen Tradition, „Schwert" aus Mt oder entsprechender mündlicher Überlieferung und „Krieg" aus in den syrischen Pseudo-Clementinen deutlicher Überlieferung (s. auch QUISPEL, VigChr 11, 1957, 190). Schließlich ist auch der Nachsatz zu V.3 wegen V.4 abgekürzt und dieser: „Und sie werden dastehen als Einzelne (μοναχος)" vermutlich aus eigener thom Tradition bzw. vom Schlussredaktor angehängt worden, vgl. auch Log 49 u. 75.
Das Logion kann daher mit den bezeichneten Einschränkungen als echt angesehen werden, da es durch zwei unabhängige Quellen gut bezeugt ist

und in Kohärenz zu den sonstigen Worten Jesu über das „Feuer" steht, das auch zur Krise in den Familien führen kann (so auch THEISSEN - MERZ, Historischer Jesus, 203.216.337; BERGER, Jesus, 49; CROSSAN, Historischer Jesus, 573.399; FUNK u. JS., Five Gospels, 482; dagegen aber LÜDEMANN, Jesus 2000, 763.442, der das Wort für eine gnostisierende Gemeindebildung aus frühen christlichen Auseinandersetzungen um familiäre Probleme hält).
Das Wort wird in seiner ursprünglichen Gestalt Elemente aus Q und EvThom in sich vereinigen und steht inhaltlich im Zusammenhang mit der Vorstellung von der eschatologischen Drangsal. Es weist darauf hin, dass das von Jesus verkündigte Kommen des Reichs Gottes nicht ohne schwerwiegende Konflikte und eine tiefgreifende Krise zu erwarten ist. Deshalb wird der Frieden der Gottesherrschaft nicht ohne vorhergehende erhebliche Zwistigkeiten und Zwietracht in der Welt und insbesondere auch in den Familien kommen; dabei ist mit der Fünfzahl die „ganze" Familie gemeint. Bloß geistige und rhetorische Auseinandersetzungen sind nicht zu erwarten. Allerdings darf das Kommen von solchen Streitigkeiten, von Gericht und Krieg auch keineswegs als schicksalhaft angenommen werden. Vielmehr bedeutet die hier ausgesprochene Warnung gleichzeitig auch den Anruf, jegliche unnötige Aggression, jedes vermeidbare Unrecht in der sozialen Welt und in der Familie zu unterlassen.
Der Anhang in S.4 über das „Dastehen als Einzelne" ist, wie gesagt als sekundärer thom Zusatz anzusehen (s. auch FUNK u. JS., Five Gospels, 482). Er ist nicht als zusätzliche Warnung mit negativer Bedeutung zu lesen, sondern eher als Verheißung, dass die Menschen von Zwistigkeiten Abstand nehmen können und auch wieder zu sich selbst kommen und in soziale Gemeinschaft treten können und sollen (zu dieser Bedeutung s. auch des näheren noch Log 22, 48/49 u. 75).

LOG 17

JESUS SPRICHT: ICH WERDE EUCH DAS GEBEN, WAS KEIN AUGE GESEHEN UND WAS KEIN OHR GEHÖRT HAT UND WAS KEINE HAND BERÜHRT HAT UND WAS IN KEINES MENSCHEN HERZ GEKOMMEN IST.

Das Logion steht in direktem Stichwort-Zusammenhang mit Log 16, und zwar über die Vokabeln „Mensch" und „kommen" und schließt sich inhaltlich an das Ich-Wort darin an. Im weiteren Sinn endet mit ihm auch

eine bestehende Spruch-Reihe von paränetischen Sprüchen ab Log 14 mit der Folge eschatologischer Verheißungen.
Log 17 mag gnostisierend auslegbar gewesen sein, insofern als dem der Welt der Materie verhafteten Menschen die Gnade der Erkenntnis des eigenen Lichts versprochen wird und der Gegenstand der Verheißung das gesamte Sinnesvermögen des Menschen überschreiten soll (so die Interpretation von FIEGER, EvThom, 84; s. ferner GÄRTNER, GosThom, 147f). Das Logion kann jedoch nicht nur in diesem späteren Kontext gesehen werden, sondern muss auch in seiner Beziehung zur urchristlichen und auch jesuanischen Verkündigung Ernst genommen werden.
Wenn man sein Verhältnis zur Jesusbotschaft und zur urchristlichen Verkündigung überprüft, stellt man allerdings fest, dass eine direkte Parallele in der jesuanischen Botschaft nicht vorliegt. Es finden sich jedoch bemerkenswerte Anknüpfungspunkte sowohl im Alten Testament als auch in der frühchristlichen Predigt.
Ausgangspunkt des Worts scheint ein Gebet des (Trito-)Jesaja in Jes 64,4 zu sein, wo es heißt: „Kein Ohr hat gehört, kein Auge gesehen einen Gott außer dir, der für die wirkte, die auf ihn harren". Diese Stelle ist gern mit Ps 31,20 kombiniert worden, wo die große Güte Gottes gelobt wird, die er „denen aufgespart hat, die dich fürchten". Es geht hier somit zunächst um Gott selbst und seine wunderbaren Gaben, die vom alttestamentlichen Frommen als unvergleichlich gerühmt werden.
Im NT spricht der Apostel Paulus in 1Kor 2,9 (s. auch 2,6.7) von der Weisheit Gottes und seinen außerordentlichen Werken: „Was kein Auge gesehen und kein Ohr gehört hat und keinem Menschen ins Herz emporgestiegen ist, was alles Gott denen bereitet hat, die ihn lieben". „Uns aber hat es Gott geoffenbart durch den Geist..." (2,10). Er bezieht sich wegen des ersteren Spruchs auf eine andere Schrift („wie geschrieben steht"), was den Jes-Text wegen dessen Andersartigkeit kaum betreffen kann, aber auch sonst in keiner anderen bekannten älteren Schrift, die für Paulus verbindlich war, nachzuweisen ist. Die Behauptung des Origenes, 230 n.C., das Wort entstamme einer uns nicht näher geläufigen „Apokalypse des Elias", ist nicht zwingend, auch im hebr. „Buch des Elias" findet sich kein entspr. Spruch. Jedenfalls weist auch Paulus auf die durch den Geist offenbarte Weisheit Gottes hin, die ihm bereits jetzt vermittelt worden sei. Während das at Zitat in Jes 64,4 auf Gott bezogen, somit theologisch geprägt war, wirkt das Paulus-Wort eschatologisch, jedoch dergestalt, dass der Geist bereits in die Gegenwart hineingewirkt hat.
Im 1.Johannesbrief bezieht sich der Verfasser dann sogar auf ein Geschehen in der Vergangenheit wie folgt: „Was von Anfang an war, was wir gehört, was wir mit unseren Augen gesehen, was wir geschaut

und was unsere Hände betastet haben in Bezug auf das Wort des Lebens - und das Leben ist erschienen, und wir haben es gesehen und bezeugen und verkündigen euch das ewige Leben, das beim Vater war und uns erschienen ist..." (1Joh 1,1-2). Hier wird mit dem Wort (λόγος) des Lebens der Fingerzeig gegeben auf den geschichtlich bereits erschienenen Jesus in seiner Fleischwerdung (s. auch Joh 1); dabei ist die zusätzliche Betonung des „Schauens" wohl sekundär, wie dies auch in Joh 1,14 der Fall ist. Jedenfalls wird vom Verfasser des 1Joh damit eine christologische Deutung des eschatologischen Geschehens eingeführt mit einer deutlichen Spitze gegen andere frühchristliche Gruppen, die dieses eher spirituell deuteten (s. zu dieser Traditionsgeschichte im einzelnen auch T. ONUKI in Festschr. F.Hahn [1991], 399ff).

Neben den genannten Stellen gibt es dann auch noch eine Reihe weiterer Zitate, so unter nochmaligem Hinweis auf einen anderweitigen „Spruch", also eine entsprechende schriftliche Bezeugung in DialSot 57a und 1Clem 34,8, ferner Bezeugungen bei Clemens Alex. Protrept X 94, im Ps-Titus-Brief c.2 und in den ActPetr 39(10), wo jedesmal ausdrücklich auf das Vorliegen eines Herrenworts verwiesen wird (s. näher auch SCHNEEMELCHER, NtApokr, II, 3.A., 52.98; P. PRIGENT, TheolZeitschr 14, 1958, 416ff; ferner K. BERGER, NTS 24, 1977/78, 270ff).

Unser Log 17 hat gegenüber der paulinischen Stelle, aber auch der aus 1Joh die Besonderheit, dass es als Jesus-Wort bezeichnet wird, und zwar erstmalig (das betont auch S. ARAI, Kakusareta Iesu: Tomasu-Fukuinsho, 1984, 63f). Es enthält eine futurische Zusage durch den im Ich-Stil sprechenden Jesus und verspricht eine Erfüllung des Heils der Gottesherrschaft mit vier Wahrnehmungsweisen, nämlich mit den menschlichen Augen (ⲃⲁⲗ), den Ohren (ⲙⲁⲁϫⲉ), den Händen (ϭⲓϫ) und dem menschlichen Herz (ϩⲏⲧ ⲡ̄ⲣⲱⲙⲉ, womit wohl der ganze Mensch gemeint ist). Eine Abhängigkeit des Log 17 von den vorgenannten Stellen ist nicht festzustellen, da deren redaktionelle Besonderheiten nicht vertreten sind (so auch T. ONUKI, s.o., 404ff; HAENCHEN, ThR 27, 1961, 163; gegen KASSER, EvThom, 53). Ob andererseits das EvThom oder eine ihm vorauslaufende Logiensammlung die von Paulus gemeinte „Schrift" darstellen (so O.A. PIPER, The Gospel of Thomas, 1959, 21) oder auch den in DialSot genannten „Spruch", lässt sich allerdings auch nicht feststellen. Möglich ist aber jedenfalls, dass Log 17 einer alten und dem historischen Jesus nahestehenden Überlieferung entstammt.

Dafür spricht die charakteristische Differenz sowohl zu dem at Gebet als auch zu den späteren Zeugnissen, insbesondere denjenigen des Paulus in 1Kor, die sämtlich nicht direkt Jesus, sondern Gott bzw. seine Weisheit ansprechen. Erst in 1Joh erfolgt dann eine Bezugnahme auf Jesus, und zwar in der Vergangenheitsform, wobei bemerkenswerterweise jetzt auch der Tastsinn mitaufgeführt ist und Jesus selbst als das „Wort des Lebens" bezeichnet wird, das dem Verfasser bzw. seiner Schule „erschienen" sei. Das Log 17 hat auch eine signifikante Affinität zur Verkündigung Jesu, der hier wie in manchen anderen sapientialen Worten als Lehrer, ja sogar Repräsentant der Weisheit auftritt. Das wird deutlich in Lk 7,35 Par Mt 11,19 [Q], wo er sich als „Sohn" (Kind, τέκνον) der Weisheit bezeichnet. Ferner in Lk 11,49 Par [Q], wo er ausdrücklich im Namen der Weisheit spricht, aber auch in Mt 11,28ff Par EvThom Log 90; hier predigt Jesus gleichfalls in seinem Heilandsruf an die „Mühseligen und Beladenen" als Vertreter der göttlichen Weisheit (s. dazu auch F. CHRIST, Jesus Sophia, 61ff). Die Verheißung der Fülle des eschatologischen Reichs Gottes und ihrer umfassenden Wahrnehmung durch Augen, Ohren, Hände und mit dem ganzen Herzen und allen Sinnen durch Jesus selbst, der wiederum in weisheitlicher Kompetenz spricht, passt gut in diesen Kontext (s. auch ZÖCKLER, EvThom, 131f.253, unter Hinweis auf KÖSTER, Gnostic Writings, 248ff).

Auffällig ist insoweit auch das Spannungsverhältnis zwischen eschatologischer Gegenwart und Zukunft, das auch hier festgestellt werden kann. In einem im allgemeinen ebenfalls als altertümlich angesehenen Spruch aus Q (Lk 10,23f Par Mt 13,16f) verkündet Jesus seinen Jüngern für die Gegenwart in der Begegnung mit ihm, Jesus: „Selig sind die Augen, die sehen, was ihr seht; denn ich sage euch: Viele Propheten und Könige haben gewünscht zu sehen, was ihr seht, und haben es nicht gesehen, und zu hören, was ihr hört, und haben es nicht gehört." (zur Ursprünglichkeit s. THEISSEN - MERZ, Historischer Jesus, 235; BECKER, Jesus, 78.135f). Gemeint sind etwa heilschaffende Ereignisse wie Heilungen und Dämonenaustreibungen, die Proklamation des Gnadenjahrs für die Unterdrückten und Entrechteten, die Tempelaktion zur Herstellung einer Neuen Gemeinschaft einschließlich der „Heiden" und Fremden.

Als Pendant für die zukünftige Erfüllung dieses noch unvollständigen, durch Kreuz und Tod Jesu gebrochenen Heilsgeschehens passt Log 17 zu diesem Q-Logion in bemerkenswerter Weise. Denn es verkündet die letzte Vollendung des hier angefangenen Sehens und Hörens und entspricht damit durchaus auch der eschatologischen Reich-Gottes-Predigt Jesu, in deutlichem Abstand zu jeder gnostischen oder gnostisierenden Betrachtungsweise (s. entspr. auch KÖSTER, Entwicklungslinien, 173; PATTERSON, GosThom, 85.233). Es bedeutet die sich noch jeder Vorausschau und Prognose entziehende Verheißung von Heil und Seligkeit für die Zukunft an alle, die auf diese Zusage vertrauen.

Insgesamt muss angenommen werden, dass dieses Jesus-Wort jedenfalls die nahe Möglichkeit der Authentizität aufweist, nicht nur wegen seines Inhalts, sondern auch aufgrund seiner guten Bezeugung. Die Forschung ist allerdings insoweit durchweg eher zweifelnd, s. CROSSAN, Historischer Jesus, 571; FUNK u. JS., 483 sowie LÜDEMANN, Jesus 2000, 763f, der eine Anspielung auf Joh 20,24ff wegen des Tastsinns annimmt; das könnte jedoch allenfalls Grund für eine sekundäre Zufügung dieses Sinns sein.

LOG 18

1. DIE JÜNGER SPRACHEN ZU JESUS: SAGE UNS, WIE WIRD UNSER ENDE SEIN? 2. JESUS SPRACH: HABT IHR DENN SCHON DEN ANFANG ENTDECKT, DASS IHR JETZT NACH DEM ENDE FRAGT? DENN WO DER ANFANG IST, DORT WIRD AUCH DAS ENDE SEIN. 3. SELIG IST DER, DER IM ANFANG STEHEN WIRD. DA WIRD ER DAS ENDE ERKENNEN, UND ER WIRD DEN TOD NICHT SCHMECKEN.

Das Log 18 ermangelt einer Stichwort-Verbindung mit dem vorhergehenden Spruch. Das könnte eine besondere Zäsur des EvThom bedeuten, die wohl den Abschluss einer größeren zusammenfassenden Sammlung von Sprüchen anzeigt (nämlich Log 1 - 17 über das Suchen und Finden des Reichs Gottes) und den nachträglichen verbindenden Einschub der Log 18f. Immerhin ist jedenfalls insoweit ein gedanklicher Zusammenhang mit Log 17 hergestellt, als es sich beidesmal um ein Problem des „Endes" handelt.
Vielfach wird eine gnostische Deutung des vorstehenden Logions betont. Besonders HAENCHEN, EvThom, 40, Anm 13 möchte im Kern des Spruchs „ein Stück wirklicher gnostischer Tradition" sehen. So auch FIEGER, EvThom, 85f; er verweist zum Beleg auf eine markante Stelle im EvVer 22,15: „Wer so erkennen wird, erkennt, woher er gekommen ist und wohin er gehen wird." (ferner K.M. WOSCHITZ, Das Theologumenon „Den Anfang entdecken" in Festschr. J.B. Bauer, 139ff). Zweifellos waren diese Fragen durchaus maßgeblich für die gnostische Weltsicht und können auch die vorliegende Endredaktion beeinflusst haben. Dennoch dürften Log 18 (und das folgende Log 19) traditionsgeschichtlich älter als ihre gnostische Verwendung sein.
Dazu bedarf es jedoch noch umfassenderer Prüfung der Überlieferungs-Zusammenhänge des Logions und seines Bedeutungsgehalts. In der Jesus-Tradition finden sich direkt keine Analogien zu unserem Logion. Im nt Kanon könnte man auf Apk 1,8; 21,6; 22,13 verweisen, wonach

Gott selbst „das A und das O", „der Anfang (ἀρχή) und das Ende (τέλος)" sind. Auch an Christus in seiner Präexistenz könnte gedacht werden, wenn vom „Wort" Gottes am „Anfang" die Rede ist (s. z.B. Joh 1) und er am Ende wiederkommen soll (Joh 14 u. 16). Der Kern der Aussage von Log 18 ist jedoch, dass es entscheidend auf den „Anfang" (ⲁⲣⲭⲏ) ankomme, weil dort das „Ende" (ϩⲁⲏ) sei, und dass derjenige „selig" (ⲙⲁⲕⲁⲣⲓⲟⲥ) sei, der „im Anfang stehen" werde. Dieser ist hier noch nicht unmittelbar angesprochen und würde nur sehr allgemein getroffen, wenn man ihn so interpretieren würde, dass der in Gott oder Christus Lebende im „Anfang" stände und selig gesprochen würde.

Es muss daher im Kontext des EvThom selbst recherchiert werden, ob daraus Näheres über den Gehalt dieser Aussage zum „Anfang" und „Ende" zu finden ist. Gem. Log 50 Nr.1 ergibt sich nun, dass über den Anfang, die Herkunft der Jünger gesagt wird, dass sie „aus dem Licht gekommen" seien, „dem Ort, wo das Licht aus sich selbst entstanden" sei. Auch würden sie nach Log 11 S.3 in der Zukunft „im Licht" sein. Nach Log 24 Nr.3 könne sich das Licht auch in der Gegenwart zeigen, das „Licht" sei „im Inneren eines Lichtmenschen", der „die ganze Welt erleuchte" (s. auch Log 33 S.2/3). Ein Mensch „fülle sich mit Licht", wenn er „gleich" sei (s. Log 61 S.5). Auch Jesus identifiziert sich nach Log 77 mit dem „Licht, das über allem ist". Letztlich ist ausgesagt, dass das Licht aus Gott und seinem „Reich" herrühre; denn die Jünger sind nach Log 50 Nr.2 „Söhne (Kinder) des lebendigen Vaters". Die Jünger stammen nach Log 49 Nr.2 aus dem „Reich" (also dem Reich Gottes), und sie werden auch wieder dorthin gehen. Das ist jedoch keineswegs als Automatismus gedacht, sondern bedarf des Glaubens und entscheidend der Erkenntnis, wie besonders Log 3 S.4 hervorhebt: „Wenn ihr euch erkennt, dann werdet ihr erkennen, dass ihr die Kinder des lebendigen Vaters seid..."

Das Ziel der Aussage in Log 18 ist somit die Erkenntnis vom seelischen Selbst des Jüngers und von seiner Herkunft. Dies ist nicht zu verwechseln mit dem menschlichen Ego, wovon noch zu sprechen sein wird. Es ist vielmehr die Bewusstwerdung des Grunds der menschlichen Seele, seiner Tiefe, und das heißt, seiner seelischen Beziehung und Einheit mit Gott, aus dem er stammt und zu dem er hingehört. Er und sein Reich sind das Licht. Er gibt dem Jünger sein Licht, füllt und erleuchtet ihn damit. Diese Erkenntnis des Selbst, im Hier und Jetzt, ist danach die den Jüngern und -innen gestellte Gabe und Aufgabe. Denn „wer alles erkennt, aber sich selbst verfehlt, verfehlt das Ganze" (entspr. Log 67); doch „wer sich selbst gefunden hat, dessen ist die Welt nicht wert" (Log 111 Nr.3).

Nach dieser Rundfahrt durch die Spitzenaussagen des EvThom über das präexistente „Licht" Gottes, den Ursprung seines „Reichs" und die Erleuchtung des Jüngers, der darin sein Selbst, seinen Seelengrund erkennt, wird deutlich, worauf Log 18 abzielt: Das „Ende" entspricht dem „Anfang". Wer sich den „Anfang" bewusst macht, kann auch das „Ende" erkennen. Es ist die Herkunft aus dem präexistenten göttlichen Licht, und das Leben darin ist gleichzeitig das Ziel und Ende. Deshalb wird auch „selig" gepriesen, wer „im Anfang steht" (zu diesem „Stehen" s. auch Log 16 S.4), wer sich dieser Herkunft bewusst und ihrer gewahr wird und darin lebt. Hier wird mit der Verheißung, er werde „den Tod nicht schmecken" (s. auch Log 1,19 u. 85 in Analogie zu Mk 9,1; Joh 8,52 u.a.), letztlich auch das eigentliche, vom Tod nicht zerstörte Leben zugesagt (vgl. ZÖCKLER, EvThom, 211ff.217f; ferner B.F. MILLER, NovT 9 [1967], 52ff)..

Die Frage ist, inwieweit hier Einheit oder Verschiedenheit in Bezug auf die urchristliche oder auch jesuanische Lehre zu verzeichnen ist. HAENCHEN, EvThom, 74 sieht die hier präsentierte Erlösung und auch das Bild des Erlösers als „von der neutestamentlichen tief verschieden", weil „Sünde" und Sündenvergebung ausgeblendet seien. Das ist jedoch insofern unzutreffend, da die „Sünde" (s. Log 14,104), Mängel an Glaube und Erkenntnis (vgl. Log 91, 3 S.4 u.ö.) sowie deren Vergebung (s. Log 107) durchaus thematisiert werden. Zweifellos ist allerdings richtig, dass für Jesus im Zentrum steht das in seiner Person bereits angekommene Reich Gottes und die darin angesagte Erlösung für Israel und die Welt. In diese eingeschlossen war aber jedenfalls auch die individuelle Erlösung und Befreiung des Einzelnen. Die von ihm verkündigte Gottesherrschaft war durchaus das vom ganzen Volk, aber auch jedem Einzelnen anzunehmende Angebot der Zuwendung Gottes, die frohe Botschaft, die das wirkliche Leben des Glaubenden in dieser Welt, aber auch jenseits der Todesgrenze verhieß.

Damit impliziert die Botschaft Jesu vom Reich Gottes nicht nur eine Kosmologie, sondern auch eine Anthropologie, die als Gehaltensein des Einzelnen in der Zuwendung und Forderung Gottes, aber auch johanneisch als letztes Einssein mit Gott als dem Grund des Selbst angesehen werden kann. Mit der letzteren Sicht gerade des JohEv ist die Lehre des EvThom in seiner Schlussredaktion nahe verwandt und gut vereinbar. Eine gewisse Differenz kann allenfalls in der Frage der Präexistenz des von Gott zur Erlösung geführten Menschen und seines seelischen Kerns gesehen werden. Diese Präexistenz und ursprüngliche Verwurzelung in Gott wird von Log 18 und 19 (i. Vbdg. mit Log 50 u.a.) behauptet. Sie begegnet jedoch (zumindest) nicht explizit in der Verkündigung Jesu und der sich durchsetzenden Kirche. Es scheint, dass diese Präexistenz lediglich auf Jesus Christus als Sohn und Menschensohn beschränkt sein sollte.

Besonders in den joh Schriften findet sich auch die Vorstellung, dass Jesus von Gott kommt, der das „Licht" ist (1Joh 1,5), und er deshalb auch das „Licht" ist (Joh 8,12; 9,5 u. 12,35.46 u.a.). Er ist „vom Vater ausgegangen und in die Welt gekommen", er „verlässt die Welt wieder und geht zum Vater" (Joh 16,28 u.ä.). „Und niemand ist in den Himmel hinaufgestiegen außer dem, der aus dem Himmel herabgestiegen ist, der Menschensohn..." (Joh 3,13). Hier fällt die Begrenzung auf, dass nämlich kein anderer dieser Präexistenz teilhaftig sein soll als Jesus. Die Jünger wissen nach Joh 8,14b nicht einmal, „woher ich komme und wohin ich gehe". Man darf danach allerdings vermuten (so auch überzeugend KÖSTER, Ancient Christian Gospels, 113f u.a.; a.M. J. FREY, Die johanneische Eschatologie, I, 1997, 374), dass es anderweitig christliche Traditionen gab, die hier anders dachten und die Präexistenz auf die Jünger, die „Kinder des Lichts" (Joh 12,36, auch Lk 16,8, s. ferner die Komm. zu Log 49) ausdehnten. Erst später wäre es dann aus christologischen Gründen zu einer Einschränkung der Präexistenz auf Jesus als den „Sohn Gottes" gekommen. Als solche Überlieferungen kommen besonders das EvThom und ihm vorausgehende Traditionen in Betracht, die somit durchaus älter als die joh Äußerungen waren.

Es kann daher davon ausgegangen werden, dass jedenfalls die Jünger, die „Erwählten" (s. Log 23,49 u. 50) nach dem EvThom mit Jesus als in gewissem Sinn präexistent gedacht werden in ihrer Herkunft aus dem „Licht" des „Anfangs". Sie werden, wie noch zu zeigen sein wird, auch als „Menschensöhne" in Analogie zum „Menschensohn" Jesus bezeichnet (s. Log 106). Dies war auch keine gnostische Vorstellung, zumal da jede typisch gnostische Spekulation vom Demiurgen und Fall der Sophia fehlt. Vielmehr war sie ähnlich wie die joh Theologie aus der frühjüdischen Weisheitslehre gespeist, die in Analogie zu Gen 1,3 vom urzeitlichen „Licht" sprach und auch einen vorzeitlichen „Menschen" (Adam) kannte, der nicht dem Sündenfall bzw. den damit zusammenhängenden Trennungen und Entfremdungen unterworfen war (vgl. auch ZÖCKLER, EvThom, 124ff; DAVIES, Wisdom, 59f; VALANTASIS, GosThom, 85ff m. Verweis auf PATTERSON, GosThom, 198).

Diese Vorstellungen aus der frühjüdischen Weisheit sind zwar, wie noch näher zu zeigen sein wird, vielfach im Urchristentum und ansatzweise auch beim historischen Jesus festzustellen. Allerdings muss mangels näherer sonstiger Parallelen offen bleiben, ob die Präexistenz des menschlichen Selbst, zumindest des „Menschensohns" und der zu ihm gehörigen Menschen, wie sie Log 18 (und 19) voraussetzen, von Jesus ausgesprochen worden ist. Letztlich kann daher die Authentizität des vorliegenden Logions nicht näher festgestellt werden. Diese negative Sicht entspricht auch der allgemeinen Ansicht (so auch CROSSAN, Historischer Jesus, 579; LÜDEMANN, Jesus 2000, 764; FUNK u. JS., Five Gospels, 483).

LOG 19

1. JESUS SPRICHT: SELIG IST, WER WAR, BEVOR ER WURDE. 2. WENN IHR MIR ZU JÜNGERN WERDET UND AUF MEINE WORTE HÖRT, WERDEN EUCH DIESE STEINE DIENEN. 3. DENN IHR HABT FÜNF BÄUME IM PARADIES, DIE SICH NICHT VERÄNDERN IM SOMMER UND IM WINTER, UND IHRE BLÄTTER FALLEN NICHT AB. 4. WER SIE ERKENNEN WIRD, WIRD DEN TOD NICHT SCHMECKEN.

Hier liegt zum vorhergehenden Log 18 ein zweifacher Stichwortzusammenhang vor, nämlich einerseits durch die Seligpreisung (den Makarismus) und andererseits durch die Verheißung, „den Tod nicht zu schmecken" und somit die Frage des „Endes".
1. Der Spruch 19 ist im übrigen weitgehend als inhaltliche Parallele zu Log 18, aber auch zu Log 1 anzusehen. Nr.1 des Logions verhält sich in Fortsetzung von Log 18 wiederum über die Präexistenz der Seele des Menschen (s. daher auch die dortige Kommentierung). Es wird derjenige „selig" (gr. wie kopt. μακαριoc), d.h. des Heils teilhaftig genannt, der schon in der Ewigkeit, der göttlichen Welt lebte, bevor er ins irdische Leben trat. Dabei dürfte es allerdings darauf ankommen, wie auch in Log 18, dass der Mensch dies auch erkennt und annimmt (ZÖCKLER, EvThom, 217 spricht ebenfalls davon, dass er dies erkennt und „zu dem Punkt vorstößt, wo er war, bevor er wurde").
Das Logion ist sicher auch in gnostischen Kreisen zur Verwendung gekommen. Es hat z.B. in EvPhil einen Nachklang erfahren, wo es kommentierend heißt (Log 57): „Der Herr sprach: Selig ist, wer existiert, bevor er entstand. Wer nämlich existiert, entstand und wird Bestand haben"(s. FIEGER, EvThom, 87f). Jedoch ist auch hier mit einer früheren Entstehung in weisheitlichem Kontext zu rechnen, wie dies schon bei Log 18 gezeigt wurde. Insofern ist auch wieder eine Verwandtschaft mit der joh Theologie anzunehmen (vgl. näher ZÖCKLER, EvThom, 216ff; VALANTASIS, GosThom, 85f.87).
Die letztere beschränkt allerdings, wie zu Log 18 ausgeführt, die Präexistenz auf Christus und sieht eine Ausdehnung auf seine Jünger oder „Erwählten" nicht vor. Bemerkenswert ist hier das Wort in Joh 8,52, wonach Jesus von sich sagt: „Wahrlich, wahrlich ich sage euch: Ehe Abraham war, bin ich." Die Präexistenz des Christus betonen auch Irenäus und Laktanz mit ähnlichem Wortlaut wie in Log 19 S.1, s. ZÖCKLER, EvThom, 216. Freilich beschränkt sich Log 19 nicht auf den Christus. Die Aussage, dass jeder Jünger „war, bevor er wurde" und somit vor aller Zeit und Welt bei Gott war, geht durchaus darüber hinaus.

Sie überschreitet auch at Andeutungen, wonach etwa ein Prophet (hier Jeremia) von Gott „erwählt" wurde, bevor er „im Mutterleib gebildet" wurde (Jer 1,5) oder auch der messianische König nach Ps 110,1ff. von Gott vorzeitlich angesprochen wird.

Zur Frage der Authentizität kann daher lediglich gesagt werden, dass S.1 des Log 19 sich im Rahmen altertümlicher protologischer Aussagen des frühen Juden- und Christentums mit weisheitlichem Charakter bewegt. Eine Herkunft des Spruchs vom historischen Jesus kann dagegen nicht mit Sicherheit festgestellt werden (so im Ergebnis auch LÜDEMANN, Jesus 2000, 764; FUNK u. JS., 483f).

2. In ganz andere Richtung weist Nr.2 Log 19, wonach denen, die Jünger Jesu werden und auf seine Worte hören, „die Steine (ωνε) dienen (ΔΙΑΚΟΝΕΙ) werden". Ein gnostischer oder auch nur gnostisierender Sinn ist hier nicht zu erkennen. Vielmehr liegen insoweit dieselben Parallelen wie zu Log 1 vor, und bewegt sich dieser Spruch auch durchaus im Umkreis dieser Worte, s. etwa Joh 8,51 oder Lk 11,28 (vgl. näher die Komm. zu Log 1). Das Logion hat eine semitisierende Sprache und entspricht auch bezüglich der „Steine" ganz frühchristlichem Sprachgebrauch. Vgl. die Versuchungsgeschichte, wonach aus „Steinen Brot werden" soll, Mt 4,3 Par Lk 4,3 (Q) oder auch Mt 3,9 Par Lk 3,8 (Q); danach könne Gott „aus Steinen dem Abraham Kinder erwecken" oder auch Lk 19,40: „wenn diese (die Jünger) schweigen" würden, werden „die Steine schreien" (s. auch Hab 2,11) (vgl. M. MEYER, Hidden Sayings, 77).

S.2 des Log 19, der wohl ursprünglich selbstständig war, kann somit durchaus in der Nähe der Verkündigung des historischen Jesus angesiedelt werden. Er enthält eine der Reich-Gottes-Verkündigung entsprechende Verheißung an diejenigen, die auf die Worte Jesu hören (anders LÜDEMANN, Jesus 2000, 764f u. FUNK u. JS., Five Gospels, 484, die Unechtheit annehmen, jedoch ohne nähere Begründung). Diese Verheißung läuft inhaltlich darauf hinaus, dass den Jüngern, die seinem Wort folgen, nicht nur Leben, sondern auch eine besondere Machtfülle zugesagt wird. Das Unmögliche soll ihnen möglich sein. Versteinerte Herzen und versteinerte Verhältnisse können durch sie wieder lebendig werden (so auch ZÖCKLER, EvThom, 216f).

3. Nr.3 und 4 von Log 19 knüpfen demgegenüber wieder an S.1 über das präexistente Sein bei Gott an und beziehen sich mit den „fünf Bäumen im Paradies (Ν̄ϯΟΥ Ν̄ϢΗΝ ϨΜ ΠΑΡΑΔΙСΟС)", die als bewegungslos und unvergänglich gekennzeichnet werden, wieder auf das Leben vor aller Zeit und Welt. Vielleicht stand S.3f auch ursprünglich in direktem Anschluss an Nr.1, wofür die im jetzigen Zusammenhang unpassende Partikel „denn" (ΓΑΡ) spricht, und beschrieb damit einen maßgeblichen Gehalt des vorzeitlichen Seins.

Dieses wird jedenfalls im Anschluss an die frühjüdische protologische Spekulation als „Paradies" dargestellt (vgl. Gen 2/3). In diesem befinden sich „allerlei Bäume" (Gen 2,9; hier wegen der ganzheitlichen Intention mit „fünf" bezeichnet), und zwar besonders der „Baum des Lebens" und der „Baum der Erkenntnis des Guten und des Bösen" (Gen 2,9.17). Die Vorstellung begegnet auch in der Johannes-Offenbarung, s. Apk 22,2, wo ebenfalls „Bäume des Lebens", jetzt im Neuen Jerusalem genannt werden, „die zwölf Früchte tragen", nämlich jeden Monat, „und ihre Blätter dienen zur Heilung der Völker".
Was im einzelnen die Sprache von den „fünf Bäumen im Paradies" bildlich zu bedeuten hat, ist durchaus strittig. Deutungen kommen insofern später im manPsalmbuch (p. 161, 17-18) und in der Pistis Sophia (p. 316) vor, die Nr.3 Log 19 zitieren und die in der unerschütterlichen Ruhe der Ewigkeit bestehende göttliche Hilfe schildern (s. HAENCHEN, EvThom, 63, Anm 95; MÉNARD, EvThom, 107 u.a.). Die Interpretationen werden im einzelnen davon abhängig sein, ob Nr.3 mehr auf Nr.1 oder Nr.2 bezogen wird. Bei letzterer, aber wohl sekundärer Beziehung kann man an 5 Sinne oder sittliche Werte, an die 5 Bücher Mose oder Evangelienbücher denken, s. auch Apk 22,19. Die erstere Verbindung spricht eher dafür, dass präexistente Kräfte oder Mächte gemeint sein können, freilich in vorzeitlicher Ruhe, Kräfte des (geistig-seeelischen) Erkennens und (körperlichen) Lebens, die uns schon vor aller Zeit geschenkt und der Heilung dienlich sein können. Um ihre Wahrnehmung geht es in S.4 entscheidend. Ihre Bewusstmachung und Nutzung verheißt das wirkliche und sogar ewige Leben (zur Zusage, „den Tod nicht zu schmecken", s. auch schon die Kommentierungen zu Log 1,18 u. 85).
Auch in dem vorliegenden Logion haben wir es nach allem wieder mit einer protologischen Aussage zu tun, die in den Rahmen der frühchristlichen Weisheit und ihrer Schöpfungs-Vorstellungen gehört (s. dazu DAVIES, Christology, 664ff; ZÖCKLER, EvThom, 217). Sie ist durchaus als altertümlich zu bezeichnen. Wieweit sie auf Jesus selbst zurückzuführen ist, kann jedoch mit Sicherheit nicht nachgewiesen werden (ablehnend auch LÜDEMANN, Jesus 2000, 765; CROSSAN, Historischer Jesus, 579; FUNK u. JS., 483f).

LOG 20

1. DIE JÜNGER SPRACHEN ZU JESUS: SAGE UNS, WEM DAS KÖNIGREICH DER HIMMEL GLEICHT! 2. ER SPRACH ZU IHNEN: EINEM SENFKORN GLEICHT ES. 3. ES IST DER KLEINSTE VON

ALLEN SAMEN. 4. WENN ES ABER AUF DIE ERDE FÄLLT, DIE BEARBEITET WIRD, BRINGT ES EINEN GROSSEN ZWEIG HERVOR UND WIRD ZUM SCHUTZ FÜR DIE VÖGEL DES HIMMELS.

Ein direkter Stichwortzusammenhang mit Log 19 besteht nicht. Auch eine Beziehung vom „Paradies" (S.3) zum „Himmel" erscheint eher gekünstelt und nachträglich. Desgleichen wird die Übereinstimmung in der Ansprache der Jünger mit Log 18 redaktionell sein, so dass hier ebenfalls wie vor Log 18 ein besonderer Einschnitt wahrzunehmen ist. Es beginnt nun eine neue Spruchsammlung, und zwar mit einer Gruppe von Logien, die sich mit dem neuen Leben des Gottesreichs in und gegenüber der „Welt" befassen.

Eine gnostische Deutung des vorliegenden Gleichnisses vom Senfkorn mag zwar in entsprechenden Kreisen versucht worden sein, etwa damit dass das Senfkorn für den im Menschen steckenden Lichtfunken stehe und die große Verzweigung für seine Entfaltung in der Fülle eines Jüngerkreises oder in der göttlichen Urwirklichkeit (so SCHRAGE, Verh, 66, unter Hinweis auf MandLit 244,3ff; FIEGER, EvThom, 92; HAENCHEN, EvThom, 46). Sie hat aber am Wortlaut keinerlei Anhaltspunkte und erscheint als dem Text übergestülpt.

Die nächsten Analogien für Log 20 sind dagegen eindeutig die synoptischen Parallelen in Mk 4,30-32 und in Lk 13,18-19 /Mt 13,31-32 (Q). Die Stelle Mk 4,30-32, die am Ende seiner großen Gleichnisrede platziert ist, lautet: „Und er (Jesus) sprach: Womit sollen wir das Reich Gottes (βασιλείαν τοῦ θεοῦ) vergleichen (ὁμοιώσωμεν) oder unter welchem Gleichnis sollen wir es darstellen? Es ist gleich einem Senfkorn (κόκκῳ σινάπεως), das, wenn (ὅταν) es in die Erde (ἐπὶ τῆς γῆς) gesät wird (σπαρῇ), kleiner (μικρότερον) ist als alle anderen Samenarten auf Erden. Und wenn (ὅταν) es gesät wird, geht es auf und wird größer (μεῖζον) als alle Gartengewächse und treibt große Zweige (κλάδους μεγάλους), so dass die Vögel des Himmels unter seinem Schatten (σκιὰν) nisten können".

Dagegen lautet Lk 13,18-20 im Rahmen einer allgemeineren Redensammlung vor dem Aufbruch Jesu nach Jerusalem wie folgt: „Er sprach nun: Wem ist das Reich Gottes gleich (ὁμοία), und womit soll ich es vergleichen? Es ist gleich einem Senfkorn, das ein Mensch nahm und in seinen Garten (κῆπον) warf (ἔβαλεν). Und es wuchs und wurde zum Baum (δένδρον), und die Vögel des Himmels nisteten in seinen Zweigen (κλάδοις)".

Das Gleichnis in Mt 13,31-32 ist, obwohl es im selben Kontext wie bei Mk steht, auch der lk Fassung ähnlich: „Ein anderes Gleichnis legte er ihnen vor und sprach: Das Reich der Himmel (βασιλεία τῶν οὐρανῶν) ist gleich einem Senfkorn, das ein Mensch nahm und auf seinen Acker

(ἀγρῷ) säte. Dieses ist zwar kleiner als alle anderen Samenarten. Wenn es aber (ὅταν δὲ) hervorgewachsen ist, so ist es größer als die Gartengewächse und wird ein Baum, so dass die Vögel des Himmels kommen (ἐλθεῖν) und in seinen Zweigen nisten."
Die Lk und Mt zugrundeliegende Q-Fassung kann rekonstruiert werden, wenn man berücksichtigt, dass Mt die ausführlichere Einleitung entsprechend dem Gleichnis Mt 13,24 geschaffen hat. Er hat auch wie vielfach nicht vom „Reich Gottes", sondern vom „Reich der Himmel" gesprochen. Weiter hat er statt „Garten" „Acker" eingesetzt (wie auch in Mt 13,24.27; 24,40 u.ö.) und das „Säen" statt des „Werfens" bei Lk. Insofern folgt er Mk. Bei diesem macht er auch insofern eine Anleihe, als er das Senfkorn „kleiner als alle anderen Samenarten" nennt und als Baum „größer als die Gartengewächse". Schließlich ist auch auf mt Redaktion zurückzuführen, dass die Vögel des Himmels zusätzlich „kommen" und nisten. Nach alledem hat Lk die ältere Q-Version im wesentlichen bewahrt (so auch SCHULZ, Q, 298ff; ähnlich POLAG, Fragmenta Q, 66f und schon v. HARNACK, Sprüche, 24).
Wenn man sich fragt, wie Log 20 sich zu den synoptischen Texten oder auch Q verhält, wird man der Auffassung, dass es sich um einen Mischtext mit „Anleihen bei allen drei Evangelien" handele, nicht folgen können (so aber SCHRAGE, Verh, 62; FIEGER, EvThom, 90; ähnlich LINDEMANN, Gleichnisse, 224f; BLOMBERG, GP 5, 1985, 186f u. TUCKETT, Nov Test 30, 2, 1988, 149ff). Es ist vielmehr als grundsätzlich unabhängig von diesen Texten anzusehen, ebenso wie auch Mk und Lk (Q) voneinander unabhängig sind. Wenn EvThom lediglich ein Exzerpt aus sämtlichen synoptischen Evangelien hätte vornehmen wollen, wäre er sicher nicht so atomisierend vorgegangen, dass er „Reich der Himmel" aus Mt, „es gleicht" aus Lk und den „kleinsten von allen Samen" sowie den „großen Zweig" aus Mk (evtl. in sah Übersetzung) entnommen hätte (entspr. SCHRAGE, Verh, 63f).
Zwar verwendet Mt gern die Bezeichnung „Reich der Himmel" anstelle von „Reich Gottes", um gemäß jüdischem Brauch den Gottesnamen zu umgehen. Aus demselben Grund meidet dies aber auch das EvThom, das nur selten von „Gott" spricht (s. nur Log 100) und sein Reich durchweg als „Reich" (ⲙⲛ̄ⲧⲉⲣⲟ, s. z.B. Log 3), „Reich der Himmel" (ⲙⲛ̄ⲧⲉⲣⲟ ⲛ̄ⲙⲡⲏⲩⲉ, Log 54) oder in Log 57 und 76 als „Reich des Vaters" (ⲙⲛ̄ⲧⲉⲣⲟ ⲙ̄ⲡⲉⲓⲱⲧ) bezeichnet (anders und gegen Mt, der hier auch „Reich der Himmel" hat). Auch das ὅταν δὲ ist nicht typisch mt; denn ὅταν kommt auch bei Mk vor, außerdem gehört es wohl zur Argumentationsstruktur des Gleichnisses. Das „Gleichen" weiterhin ist auf keinen Fall lk redaktionell, sondern findet sich ähnlich bei Mt und Mk und ist Einleitungsformel vieler Gleichnisse. Dass EvThom vom „kleinsten von allen Samen" und „großen Zweig" spricht, kann zum typischen

Bildmaterial des Gleichnisses gezählt werden und muss nicht mk Redaktion sein. Im übrigen ist ein „großer Zweig" (ⲧⲁⲣ bzw. κλάδον) auch abweichend von Mk, der pluralisch von „Zweigen" redet. Der Verweis SCHRAGEs auf koptische Mk-Fassungen und überhaupt spätere Evangelien-Fassungen greift überhaupt nicht, da diese aus den verschiedensten Gründen, auch unter dem Einfluss des EvThom, einander angepasst worden sein können. Schließlich ist auch wiederum bemerkenswert, dass Log 20 in völlig anderem Zusammenhang steht sowohl als Mk (und Mt) mit seiner Gleichnis-Sammlung als auch Lk (und Q), wo eine Verküpfung mit dem Gleichnis vom Sauerteig vorliegt. Eine sekundäre Ableitung des EvThom aus den Synoptikern ist auch deshalb ganz unwahrscheinlich, weil Log 20 wesentliche eigene Teile hat, so besonders, dass das Land „bearbeitet" wird (ⲉⲧⲟⲩⲣ̄ ϩⲱⲃ ⲉⲣⲟϥ) und der Spross zum „Schutz (ⲥⲕⲉⲡⲏ)" für die Vögel des Himmels wird. Für Unabhängigkeit des Log 20 setzen sich deshalb auch SIEBER, Analysis, 171ff; PATTERSON, GosThom, 27f; CROSSAN, Seed Parables, 258f u. Historischer Jesus, 370ff und LIEBENBERG, Language, 328ff ein. Eine sekundär-orale Herleitung aus synoptischem Textmaterial, wie dies SCHRÖTER, Erinnerung, 322f und S. PETERSEN, Parabeln, 192f bevorzugen, ist nicht nachweisbar, da diese jedenfalls auch voraussetzen würde, dass eine erkennbare Abhängigkeit von einer vorhergehenden Verschriftlichung ersichtlich wäre, das ist aber nicht festzustellen.
Welche der genannten unabhängigen Traditionen (Mk, Q oder EvThom) nun letztlich die älteste Überlieferung wiedergibt, ist allerdings zweifelhaft. Log 20 bietet zwar den insgesamt kürzesten Text an. Das allein reicht aber nicht aus, um insofern die größte Nähe zum historischen Jesus anzunehmen. Auch die Q-Fassung ist knapp und wirkt mit ihrem indirekten Vergleich zwischen ganz kleinem Anfang und überwältigend großem Ende dem ursprünglichen Wortlaut nahe, gegen Mk, der diese Pointe des Gleichnisses ausführlicher und explizit gestaltet. Auch die besonderen Züge des EvThom, besonders die Bearbeitung der Erde und der Schutzcharakter des Baumes mögen zwar in ihrer ethisierenden (keineswegs gnostisierenden!) Tendenz durchaus Jesus nahesein, sie haben aber keine Parallele bei den anderen Zeugen und sind daher ungesichert. Andererseits ist aber auch die Darstellung der ausgewachsenen Senfstaude als „Baum" in Q wohl eine sekundäre Interpretation apokalyptischer Herkunft, die auf Ez 17,22ff; 31,6; Dan 4,7ff.9 anspielt. Insgesamt dürften Q und EvThom die ältesten Fassungen des Gleichnisses darstellen, die aber auch beide nicht völlig frei von sekundären Bestandteilen sind (ähnlich auch LÜDEMANN, Jesus 2000, 51f.765; FUNK u. JS., Five Gospels, 484f).
Das Gleichnis vom Senfkorn ist wie allgemein die Gleichnisse Jesu seiner Form nach ohne direkte Analogie im zeitgenössischen Judentum

und ist auch von der frühchristlichen Predigt different, die die Gleichnisse alsbald zu Allegorien umgestaltete. Auch inhaltlich ist es entsprechend der sonstigen Verkündigung Jesu auf das in die Welt hereinbrechende eschatologische Reich Gottes bezogen. Der Vergleich des nur wenige Millimeter kleinen Samens mit der am See Genezareth bis zu einer Höhe von 3 m wachsenden Senfstaude soll zeigen, dass Gott „aus den kümmerlichsten Anfängen, aus einem Nichts für menschliche Augen, ... seine machtvolle Königsherrschaft, die die Völker der Welt umfassen wird", schaffen soll (so J. JEREMIAS, Gleichnisse, 101f; ferner BULTMANN, Tradition, 186 und ErgH, 67; THEISSEN - MERZ, Historischer Jesus, 238f). Das Gleichnis steht zudem in enger Kohärenz zu Jesu sonstigen Wachstumsgleichnissen und erfreut sich auch besonders vielfältiger Bezeugung, so dass gegen seine Authentizität keine Bedenken bestehen (so auch die Auffassung von LÜDEMANN, CROSSAN und FUNK u. JS., w.o.).

LOG 21

1. MARIA SPRACH ZU JESUS: WEM GLEICHEN DEINE JÜNGER? 2. ER SPRACH: SIE GLEICHEN KLEINEN KINDERN, DIE SICH AUF EINEM FELD NIEDERGELASSEN HABEN, DAS IHNEN NICHT GEHÖRT. 3.WENN DIE HERREN DES FELDES KOMMEN, WERDEN SIE SAGEN: LASST UNS UNSER FELD. 4. SIE (ABER) ZIEHEN SICH NACKT VOR IHNEN AUS, DAMIT SIE ES IHNEN LASSEN, UND GEBEN IHNEN IHR FELD.
5. DESHALB SAGE ICH EUCH: WENN DER HAUSHERR ERFÄHRT, DASS DER DIEB IM BEGRIFF IST ZU KOMMEN, WIRD ER WACHSAM SEIN, BEVOR ER KOMMT, UND WIRD IHN NICHT EINDRINGEN LASSEN IN SEIN HAUS, SEINEN HERRSCHAFTS-BEREICH, DASS ER SEINE HABE WEGNEHME. 6. IHR ABER SEID WACHSAM GEGENÜBER DER WELT! 7. GÜRTET EURE LENDEN MIT GROSSER KRAFT, DAMIT DIE RÄUBER KEINEN WEG FINDEN, UM ZU EUCH ZU KOMMEN. 8. DENN DEN BESITZ, NACH DEM IHR AUSSCHAUT, WERDEN SIE SONST FINDEN.
9. ES MÖGE IN EURER MITTE EIN VERSTÄNDIGER MENSCH SEIN.
10. ALS DIE FRUCHT REIF WAR, KAM ER IN EILE MIT SEINER SICHEL IN DER HAND, UND ER ERNTETE SIE.
11. WER OHREN HAT ZU HÖREN, SOLL HÖREN.

Log 21 setzt die in Log 20 begonnene Reihe von Sprüchen über das Leben gegenüber der „Welt" fort. Was die Stichwortfrage betrifft, so ist Log 21 insgesamt durch die Vokabel „gleichen" mit dem vorhergehenden

Spruch verbunden, ferner besteht eine Brücke durch das Gleichnis (V.1-4). Intern ist in Log 21 der erste Block (V.1ff) mit dem zweiten (V.5-8) über das Substantiv „Herr" und der zweite Block mit dem dritten (V.9-11) über das Verb „kommen" verknüpft. Sprachlich schlägt H.-G. BETHGE mit dem Berliner Arbeitskreis für koptisch-gnostische Schriften (Synopsis, 525) in V.1 die Ersetzung des Substantivs „kleine Kinder" (kopt. ϣⲏⲣⲉ ϣⲏⲙ, gr.παιδία) durch „Knechte" (παισίν) vor, da dies mehr Sinn gebe. Das reicht jedoch wohl nicht zu diesem erheblichen textlichen Eingriff, zumal die „kleinen Kinder" wiederum im Stichwortzusammenhang mit den „kleinen Kindern" in Log 22 stehen und der verwandte Spruch Log 37 ebenfalls von „kleinen Kindern" handelt (so auch die Mehrheit der Übersetzer, vgl. HAENCHEN, EvThom, 18f; BLATZ in SCHNEEMELCHER, NtApokr, I, 102; LAMBDIN, Transl, 62f u.a.). Was den kopt. Genitiv bzgl. des „Hauses" betrifft (V.5: ⲛ̄ⲧⲉ ⲧⲉϥⲙⲛ̄ⲧⲉⲣⲟ), so folge ich BETHGE in der explikativen Übersetzung: „sein Haus, seinen Herrschaftsbereich" sinngemäß und übersetze nicht „sein Haus des Königreichs", was sprachlich schwierig ist und keinen Sinn ergibt (so z.B. FIEGER, EvThom, 94, während LEIPOLDT, ThLZ 83, 1958, 485 den Genitiv ganz weglassen will; zur Übertragung allgemein s. ferner H. QUECKE, Sein Haus seines Königreichs, Le Muséon 76, 1963, 47ff). Auch für den Text im übrigen und besonders S.8 bevorzuge ich die gewählte Übersetzung, die aber auch BETHGE alternativ annimmt, als die dem Zusammenhang gemäßeste.
Das Log 21 soll insgesamt, wie SCHRAGE, Verh, 68 behauptet, eine „eindeutige gnostische Deutung" erfahren haben, weil es die Achtsamkeit vor den Mächten der feindlichen „Welt", des Kosmos ausspricht (so auch HAENCHEN, EvThom, 51f u.a.). Für die Schlussredaktion mag eine gnostisierende Interpretation auch anzunehmen sein. Im übrigen ist jedoch angebracht, hier differenzierter nachzufragen, insbesondere auch, da es sich um drei Blöcke mit verschiedenartigen Traditionsverhältnissen handelt.
1. Was Block 1 (V.1-4) betrifft, hat J.Z. SMITH in seinem Artikel „The Garments of Shame", HR 5, 1966, 217ff sich ausführlich (allerdings hauptsächlich betr. das verwandte Log 37) geäußert und dafür eingesetzt, dass der Spruch mit seiner Aussage vom „Ablegen der Kleider" einen Sitz im Leben im Rahmen frühester christlicher Taufpraxis habe (ebenso DAVIES, Wisdom, 117ff. 136 u.a.). Die von SMITH angeführten Quellen (wie z.B. Hieronymus EpFab 64,19) entstammen jedoch dem 4. und 5. Jh. n.C., wie A.D. DE CONICK - J. FOSSUM , Stripped before God, VigChr 45, 1991, 123ff zutreffend ausgeführt haben. Eine rituelle Beziehung des Spruchs zur Taufe kommt daher primär nicht in Frage und ebenso, wie die genannten Autoren ausgeführt haben, auch nicht zur

Salbung (so auch PATTERSON, GosThom, 127 gegen DAVIES, s.o.). Allerdings dürfte das „Ausziehen der Kleider" im vorliegenden Logion auch nicht das Ablegen des materiellen Körpers im Tode bzw. während des Aufstiegs zum Himmel bedeuten (so aber LEIPOLDT, EvThom, 61; HAENCHEN, EvThom, 51; entspr. DE CONICK - FOSSUM, s.o., 131). Dagegen spricht, dass das vorliegende Logion die wahre Jüngerschaft beschreiben will und damit auch eine Verhaltensaufforderung enthält, das würde jedoch zum Geschehen des Todes oder eines Aufstiegs zum Himmel schlecht passen.

Das Logion, dessen Sinn nach ZÖCKLER, EvThom, 204 immer noch nicht „eindeutig zu ermitteln" sei, muss daher doch anderweitig interpretiert werden. Der Einsatz bei der Schöpfungs-Geschichte und ihren frühjüdischen bzw. -christlichen Konnotationen ist allerdings, wie auch DE CONICK - FOSSUM ausführen (s.o., 124), sicher zutreffend, und zwar wiederum parallel zu Log 37, wo den Jüngern zugesagt wird, dass sie den „Sohn des Lebendigen" „sehen" würden, wenn „ihr euch entkleidet, ohne Scham, und eure Kleider nehmt und sie unter eure Füße legt wie kleine Kinder und darauf trampelt".

Die Jünger (und auch Jüngerinnen) werden hier auf eine Frage von Maria Magdalena ins Gespräch gebracht (diese ist mit ⲙⲁⲣⲓϩⲁⲙ gemeint, s. auch MOHRI, Maria Magdalena, 15f; NORDSIECK, Maria Magdalena, 52f u. Komm. zu Log 114). Wenn sie daraufhin von Jesus als „kleine Kinder" bezeichnet werden, so spielt dies auf die ersten Menschen an, repräsentiert durch Adam, vor ihrem Fall, als sie noch „unschuldig" wie kleine Kinder und mit sich eins und im Reinen waren (DE CONICK, 134f m.w.N.). Die Jünger und -innen werden von Jesus auf dem Wege zu diesem paradiesischen Urzustand im Reich Gottes gesehen. Dass sie derzeit noch auf einem „Feld" (ⲥⲱϣⲉ, ἀγρός) wohnen, das ihnen „nicht gehört", hat ebenfalls mit dem „Feld" von Gen 3,1.14 (und 2,20) zu tun. Auf diesem „Feld" befinden sich „alle Tiere" und vor allen anderen Tieren die „Schlange", denen es ursprünglich gehörte (Gen 1,24), und die es auch wieder in Besitz nehmen wollen (Gen 3,1.4). Der Spruch sieht nunmehr die Aufgabe der Jünger und -innen darin, dass sie sich vor diesen „entkleiden" und ihnen auch ihr Feld „lassen". Das Entkleiden spielt wiederum an auf die „Kleider von Fell", die Gott den ersten Menschen nach ihrem Fall gegeben hat (Gen 3,21). Es gilt, sich dieser „Kleider" zu entledigen und wieder die Nacktheit und Authentizität des Urzustands zu erwerben. Auch das „Feld", das die ersten Menschen nach dem Fall bearbeiteten (s. Gen 3,18; 4,8 usw.), soll „zurückgegeben" werden; aus den dazugehörigen verderblichen Bindungen sollen die Jünger heraustreten und aussteigen.

Wenn man unter Berücksichtigung dieses protologisch-weisheitlichen Bildmaterials zu einer Interpretation des Bildworts vordringen will, geht es hier wohl um die Distanz der Jünger und -innen zu den Verhältnissen und Strukturen der Welt, in die sie involviert, an die sie fixiert sind. Da außerdem von ihren Kleidern die Rede ist, wird auch ein Abstand von den äußeren Rollen und Masken der Jünger, an die sie gebunden sind, und vielleicht auch letztlich noch von ihrem Körper angesprochen sein. Sie sollen zurück zu ihrem eigentlichen Wesen, zu dem Kern ihrer Person, zu ihrem tieferen Selbst gelangen und sind nach der Antwort Jesu an Maria Magdalena auch bereits auf dem Wege dahin.

In welcher Beziehung nun Log 21 (1. Block) zur frühchristlichen Verkündigung und insbesondere derjenigen des historischen Jesus sich verhält, ist nicht einfach festzustellen. In der frühchristlichen Lehre finden sich ähnliche Erwägungen wie hier bei Paulus in 2Kor 4 und 5. Es geht dabei auch darum, dass „unser innerer Mensch von Tag zu Tag erneuert" wird, während der „äußere Mensch" zerstört wird (2Kor 4,16). Nach Paulus „sehnen wir uns, mit unserer Behausung aus dem Himmel überkleidet zu werden, wenn wir doch, nachdem wir bekleidet sind, nicht nackt erfunden werden". Wir „wünschen nicht, entkleidet, sondern überkleidet zu werden, damit das Sterbliche vom Leben verschlungen werde" (2Kor 5,2.3.4). Ja, es gilt nach Gal 3,27 sogar, „Christus anzuziehen". Auch hier ist die Vorstellung der Distanz vom äußeren weltlichen Menschen zugunsten des inneren erneuerten Menschen deutlich sowie der Wunsch nach der Überkleidung des sterblichen mit dem ewigen Leben. Ähnliche Erwägungen vom „Ablegen" des „alten Menschen" und „Anziehen des neuen Menschen" finden sich in Eph 4,22ff und Kol 3,9f. Nach OdSal 21,25 soll schließlich „die Finsternis" „wie ein Kleid abgelegt" und „das Licht" „wie ein neues Gewand angezogen" werden; „du hast mir deinen heiligen Geist wie ein Kleid angezogen". Allerdings ist des näheren eine traditionsgeschichtliche Beziehung dieser Stellen zu unserem Log 21 nicht nachweisbar.

Es bleibt daher im Ergebnis lediglich die Verwandtschaft des vorliegenden Bildworts zu dem parallel gelagerten Spruch in Log 37. Dieser soll auch noch nach Clemens Alex Strom III 91ff im Ägypter-Evangelium (EvÄg, 2.Jh.) bezeugt worden sein. Hiernach fragt Salome nach Erkennen des von Jesus Erfragten diesen, und er soll gesagt haben: „Wenn ihr das Gewand der Scham mit Füßen treten werdet und wenn die zwei eins werden und das Männliche mit dem Weiblichen und weder männlich noch weiblich sein wird" (s. die Komm. zu Log 37). Diese an sich mehrfach bezeugten Logien haben indessen im Wortlaut wenig Parallelen zur sonstigen Verkündigung Jesu. Eine Authentizität kann daher nicht festgestellt werden (so auch CROSSAN, Historischer Jesus, 579; HULTGREN, Parables, 442; LÜDEMANN, Jesus 2000, 766; FUNK u. JS., Five Gospels, 485). Allerdings ist der Spruch sinngemäß der Predigt Jesu nahe sowie auch der frühchristlichen Verkündigung,

nämlich was die Kritik an den Mächten der (alten) Welt und den Bindungen an diese betrifft (s. auch Log 27 und später).
2. Der 2. Block von Log 21 ist mit der Formel „deshalb sage ich euch" (s. ähnl. auch Log 61 S.5) mit Block 1 verbunden, wohl eine Reminiszenz an ähnliche Formeln besonders des synoptischen Jesus wie Mk 3,28; 8,12; Mt 5,20. 22ff; 12,36; Lk 6,27; 7,9 usw. (anders SCHENKE, Compositional History, 25f, der darin die Stimme eines anderen als Jesus, nämlich die Tradition bereits deutenden „Hermeneuten" sehen will). Inhaltlich soll der Block 2 in der Endredaktion, aber auch bereits in der traditionellen Verknüpfung beider Blöcke wie dieser eine Warnung vor den Mächten des Kosmos artikulieren. Diese werden hier mit dem „Dieb", aber auch mit den „Räubern" identifiziert, die im Begriff sind zu kommen und in das Haus des Herrn einzubrechen, um diesem die Habe wegzunehmen (SCHRAGE, Verh, 67ff; FIEGER, EvThom, 97f).
Es ist allerdings fraglich, ob diese vorhandene Identifizierung überlieferungsgeschichtlich als ursprünglich anzusehen ist oder nicht eher der Intention in Block 1 angepasst worden ist. Für das letztere spricht die doch wohl anders gemeinte Aussage in den synoptischen Parallelen Lk 12,39-40 Par Mt 24,43-44 (Q), aber auch Lk 12,35ff. In dem Q-Logion heißt es im Kontext eschatologischer Reden Jesu: „Das (Mt: jenes) aber merket: Wenn der Hausherr wüsste, zu welcher Stunde (Mt: in welcher Nachtwache) der Dieb kommt, würde er (Mt zusätzlich: wachen und) nicht in sein Haus einbrechen lassen. Auch ihr sollt (Mt: deshalb sollt ihr) bereit sein; denn der Sohn des Menschen kommt zu einer Stunde, wo ihr es nicht meint." (zur Q-Version s. SCHULZ, Q, 268; POLAG, Fragmenta Q, 62f u.a.). In Lk 12,35 wird hinzugefügt (betr. die Knechte des Hausherrn): „Eure Lenden seien umgürtet..." und in 12,37: „Wohl jenen Knechten, die der Herr, wenn er kommt, wachend finden wird..." (zum „Wachen" s. auch Mk 13,33-37).
Gegenüber Lk und Mt und ihren Varianten könnte bei EvThom die sprachlich überzeugendere Fassung auch älter und ursprünglicher sein: „Wenn der Hausherr erfährt, d a s s der Dieb im Begriff ist zu kommen, wird er wachsam sein, bevor er kommt und wird ihn nicht in sein Haus eindringen lassen..." Das „wachen, wachsam sein" (ροεικ, γρηγορεῖν) ist keine sekundäre mt Formulierung, sondern kommt auch bei Lk (s. 12,37) und sogar Mk 13,33.37 vor. Eine Abhängigkeit des EvThom von Mt oder Lk (bzw. Q) ist daher (gegen SCHRAGE, Verh, 67 u.a.) nicht anzunehmen. Vielmehr dürfte hier eine unabhängige und sogar ältere Variante gegenüber den Synoptikern vorliegen, die von der stärker apokalyptischen Tendenz bei den Synoptikern (und Q) nicht beeinflusst ist (s. SIEBER, Analysis, 255ff; PATTERSON, GosThom, 28f; ferner CROSSAN, In Fragments, 57ff).

Dies gilt allerdings nur mit Einschränkungen: Die Apposition „seinen Herrschaftsbereich" oder „seines Reichs" scheint eine spätere Hinzufügung zu sein, die die Zugehörigkeit der Jünger zum Gottesreich andeuten soll. Der Imperativ „Ihr aber seid wachsam gegenüber der Welt!" ist wohl ebenfalls ein Zusatz, dieser verknüpft das Gleichnis vom Dieb mit der vorhergehenden Bilderzählung von den kleinen Kindern. Auch die S.7 und 8 scheinen nachträgliche Einschübe zu sein, die aus umlaufender Tradition stammen und die Intensität des Streits gegen die Mächte der Welt darstellen sollen. Dabei denkt der Bearbeiter vielleicht auch noch an das Bildwort vom Kampf gegen den Stärkeren, s. Mk 3,27 Par, in dem ebenfalls von der Wegnahme der „Habe", des Hausrats (ckeyoc, σκευή) die Rede ist.

Die älteste Fassung des Spruchs vom Dieb in der Nacht hat, wie auch der sekundäre Charakter der Zufügungen ergibt, ursprünglich nicht den Sinn, vor einer Überwältigung durch die Gewalten der (alten) Welt zu warnen. Es ist vielmehr eine Warnung vor dem nahen eschatologischen Gericht, wahrscheinlich verbunden mit der Ankündigung des Kommens des Menschensohns, dessen Eintreffen in Bälde erwartet wurde. Dafür sprechen nicht nur die synoptischen Belege (einschließlich Q) samt ihrem Kontext, sondern auch die sonstige starke frühchristliche Bezeugung, und zwar auch schon durch sehr alte Zeugnisse wie 1Thess 5,2: „Denn ihr selbst wisst genau, d a s s der Tag des Herrn so kommt wie ein Dieb in der Nacht"; Apk 3,3: „Wenn du nun nicht wachst, werde ich kommen wie ein Dieb..."; ferner Apk 16,15 und 2Petr 3,10 (s. auch BERGER, Theologiegeschichte, 10ff.301f).

Diese Gerichtsankündigung dürfte auch als jesuanisch zu qualifizieren sein. Durch die Entdeckung des EvThom ist neben der Bezeugung durch Lk/Mt (Q) ein unabhängiges weiteres Zeugnis in Log 21 getreten. Zusätzlich ist auch Log 103 des EvThom zu nennen, worin „selig" gepriesen wird „der Mensch, der weiß, in welchem Teil (der Nacht) die Räuber hereinkommen werden, damit er aufstehe, sein Reich (seinen Herrschaftsbereich) sammle und seine Lenden gürte, bevor sie hereinkommen". Diese Parallele zu den vorgenannten Stellen mag zwar stärker verändert sein als diese, dürfte aber auch ihnen gegenüber selbstständig sein (s. die Komm. dort). Zu dem Kriterium der mehrfachen Bezeugung tritt auch, dass das Bildwort im zeitgenössischen Judentum ungewöhnlich ist und die christliche Gemeinde davon spricht, „ich" (Jesus) oder „der Herr" komme wie ein „Dieb" in der Nacht. Zur Echtheit bejahend s. schon J. JEREMIAS, Gleichnisse, 32ff.60.65.110; BULTMANN, Tradition, 185; GOPPELT, Theologie, 109f; THEISSEN - MERZ, Historischer Jesus, 288.298f. Das Argument, es handele sich um ein aus der Parusieverzögerung erwachsenes Wort, greift nicht durch, da es nicht darum, sondern um das nahe eschatologische Gericht geht, ähnlich wie bei den Worten über Blitz, Sintflut und Feuerregen, Mt 24,27.37f; Lk 17,26f.28f m.Par. Die amerikanische Forschung lehnt die Authentizität ab, da sie das Wort für eine Warnung vor den Gefahren der Welt hält, so FUNK u. JS., Five Gospels, 485f; CROSSAN, Historischer Jesus, 338f.570; ähnlich LÜDEMANN, Jesus 2000, 766.

3. Der 3. Block (V.9-11) ist durch den Wunsch angeschlossen, in der Mitte der Jünger und -innen möge „ein verständiger Mensch" sein. Gemeint ist nach der Endfassung der Worte ein solcher, der die Bedeutung der Wachsamkeit gegenüber den Mächten der Welt erkennt. Wenn die Situation des Kampfs gegen diese Gewalten „reif" ist, greift er „in Eile" zu seiner Sichel und schreitet zur „Ernte" (s. auch FIEGER, EvThom, 98 u.a.).

Allerdings muss auch hier gesagt werden, dass ebenfalls ältere Tradition mit abweichender Intention zu verzeichnen ist. Dies ergibt sich aus der synoptischen Parallele in Mk 4,26-29 (mit einem vielleicht selbstständigen Ausläufer in ApokrJak 12,20-30); dort liegt ein Reich-Gottes-Gleichnis vor, das die kommende Gottesherrschaft mit einer Aussaat vergleicht, bei der „ein Mensch den Samen in die Erde wirft" „und schläft und aufsteht Nacht und Tag, und der Same sprosst und wird groß, er weiß selbst nicht wie. Von selbst (αὐτομάτη) bringt die Erde Frucht, zuerst den Halm, dann die Ähre, dann den vollen Weizen in der Ähre." Es folgt dann die Log 21 S.10 analoge Zeile: „Wenn aber die Frucht es zulässt, legt er alsbald die Sichel an; denn die Ernte ist da." Hier liegt keine Reflexion über ein zügiges Wirken im Kampf gegen die Welt vor. Vielmehr geht es um den Einsatz des Menschen in dem von Gott längst völlig zum Reifezustand gebrachten Reich Gottes.

Dieses Gleichnis gilt wegen seiner Kohärenz mit den übrigen Saatgleichnissen und seiner eschatologischen Ausrichtung allgemein als authentisch und zum Kern der Jesus-Verkündigung gehörig (vgl. J. JEREMIAS, Gleichnisse, 102ff; BECKER, Jesus, 153ff u.a.). Freilich ist zu erwägen, ob nicht der Schluss in Log 21 älter ist als derjenige in Mk 4,29; denn dieser ist ein Zitat aus Joel 3,13: „Legt die Sichel an; denn die Ernte ist reif", das im Gegensatz zum ursprünglichen Sinn des Mk-Gleichnisses einmal eine Gerichts-Aussage war. Dagegen wirkt Log 21 S.10 mit seiner Aufforderung zum alsbaldigen Eintritt in die „Ernte" des Reichs Gottes älter, zumal es auch ein nicht in den vorliegenden Zusammenhang passendes Perfekt aufweist (für Echtheit auch CROSSAN, Historischer Jesus, 464.573; ähnlich FUNK u. JS., Five Gospels, 486, während LÜDEMANN, Jesus 2000, 766 das Logion 21 insgesamt für gnostisch hält, ohne Begründung).

Zur sekundär angefügten Weckformel sei auf die Kommentierung zu Log 8 verwiesen.

LOG 22

1. JESUS SAH KLEINE KINDER, DIE GESTILLT WURDEN. 2. ER SPRACH ZU SEINEN JÜNGERN: DIESE KLEINEN, DIE GESTILLT WERDEN, GLEICHEN DENEN, DIE IN DAS KÖNIGREICH EINGEHEN. 3. SIE SPRACHEN ZU IHM: WERDEN WIR DENN ALS KLEINE IN DAS KÖNIGREICH EINGEHEN? 4. JESUS SPRACH ZU IHNEN: WENN IHR DIE ZWEI ZU EINEM MACHT UND WENN IHR DAS INNERE WIE DAS ÄUSSERE MACHT UND DAS ÄUSSERE WIE DAS INNERE UND DAS OBERE WIE DAS UNTERE, 5. DAMIT IHR DAS MÄNNLICHE UND DAS WEIBLICHE ZU EINEM EINZIGEN MACHT, AUF DASS DAS MÄNNLICHE NICHT MÄNNLICH UND DAS WEIBLICHE NICHT WEIBLICH SEIN WIRD, 6. WENN IHR AUGEN MACHT ANSTELLE EINES AUGES UND EINE HAND ANSTELLE EINER HAND UND EINEN FUSS ANSTELLE EINES FUSSES, EIN BILD ANSTELLE EINES BILDES, 7. DANN WERDET IHR EINGEHEN IN DAS KÖNIGREICH.

Zur Stichwortverbindung ist zu sagen, dass Log 22 mit Log 21 über die Substantive „kleine Kinder" verbunden ist, obwohl hier verschiedene (koptische) Vokabeln benutzt sind (ϣηρε ϣηм bzw. κογει). Eine motivische Verknüpfung ist aber auch über die Vokabeln „Königreich" und „gleichen" gegeben. Im übrigen setzt das Logion die Sprüche über das neue Leben der Jünger fort.

Sprachlich ist die Sequenz „Augen anstelle eines Auges", „eine Hand anstelle einer Hand", „ein Fuß anstelle eines Fußes", „ein Bild anstelle eines Bildes" schwierig. Eine Emendation wird jedoch (mit BETHGE, Synopsis, 526) nicht vorzunehmen sein. Lediglich dürfte „Bild" statt „Gestalt" für kopt. ϩικων, gr. εἰκών, vorzuziehen sein (gegen BETHGE), da dies auch der Bedeutung in Log 50, 83 und 84 entspricht (so auch HAENCHEN, EvThom, 19; BLATZ in SCHNEEMELCHER, NtApokr, I, 102).

Die Endfassung des Log 22 mag auch im vorliegenden Fall wiederum gnostischer Deutung zugänglich gewesen sein. Die „kleinen Kinder" waren gut zur Identifikation mit den Gnostikern geeignet. Besonders der Enkratismus betonte als asketische gnostische Richtung die Abwertung leiblicher Leidenschaften, von denen er die „kleinen Kinder" unberührt sah, und damit auch eine Ablehnung von Sexualität und Ehe. Diese sollte sich aus der Aufforderung zur Einheit, insbesondere des Männlichen und Weiblichen ergeben (s. FIEGER, EvThom, 100f; MÉNARD, EvThom, 113 u.a.).

Diese Interpretation ist jedoch keineswegs zwingend gegeben, und sie war auch ursprünglich mitnichten angestrebt. Das betrifft zunächst die Szene von der Verheißung des Reichs (Gottes) an diejenigen, die kleinen Kindern gleichen, die gestillt wurden (S. 1 u. 2). Diese Zusage steht nämlich in nahem Kontext zu einer Reihe von Logien aus den kanonischen Evangelien mit durchaus anderem Bedeutungs-Spektrum. Bekannt ist die Szene aus Mk 10,13-16 Par Mt 19,13-15 und Lk 18,15-17, wo Kinder zur Segnung zu Jesus gebracht werden und Jesus dem Widerstand der Jünger mit den Worten entgegentritt: „Lasst die Kinder (παιδία) zu mir kommen und verwehrt es ihnen nicht; denn solchen gehört (τοιούτων ἐστὶν) das Reich Gottes (βασιλεία τοῦ θεοῦ)." In diesem Zusammenhang heißt es auch bei Mk und Lk: „Wer das Reich Gottes nicht annimmt wie ein Kind, wird nicht hineinkommen (εἰσέλθῃ)." Mt 18,1-5 kennt dieses letztere Wort in einer anders gestalteten Szene, bei der Jesus in einem Rangstreit der Jünger ein Kind herbeiruft und erklärt: „Wenn ihr nicht umkehrt und werdet wie die Kinder, so werdet ihr nicht ins Reich der Himmel kommen (εἰσέλθητε)." Statt der vertrauensvollen Annahme des Reichs Gottes wie Mk und Lk betont er die „Umkehr" und das „Werden wie die Kinder", was hier (im Zusammenhang des Rangstreits der Jünger) auf die Machtlosigkeit der Kinder anspielt. Mt fügt entsprechend auch hinzu (18,4): „Wer nun sich selbst erniedrigt wie dieses Kind, der ist der Größte im Reich der Himmel".

Die synoptischen Stellen sind durchweg als Imperative bzw. sich daraus ergebende Warnungen gestaltet, während nach Log 22 indikativisch gesagt wird, dass „die Kleinen, die (wörtlich) Milch empfingen, denen gleichen (kopt. ⲧⲛ̄ⲧⲱⲛ, gr. ὅμοιά ἐστιν), die in das Reich eingehen" (ⲁⲛⲉⲧⲃⲏⲕ ⲉϩⲟⲩⲛ ⲁⲧⲙⲛ̄ⲧⲉⲣⲟ, τοῖς εἰσερχομένοις εἰς τὴν βασιλείαν).Eine Abhängigkeit der Fassung in EvThom von den Synoptikern ist wegen der ganz abweichenden Formulierung und dem Fehlen synoptischer redaktioneller Elemente nicht anzunehmen (so auch PATTERSON, GosThom, 74). Vielmehr ist, auch wegen der anders gestalteten Szenerie, bei der Jesus Kinder beim Stillen sah, Unabhängigkeit der thom Tradition von den synoptischen Parallelen zu konstatieren. Das gilt übrigens auch von den Par Joh 3,3.5, wonach die „von oben" bzw. „aus Wasser und Geist" „Neugeborenen" in das Reich Gottes kommen sollen.

Wegen der Kohärenz der genannten Stellen mit der Jesus-Verkündigung im allgemeinen und wegen ihres Gegensatzes zur patriarchalischen und kinderfeindlichen Umwelt ist auf jeden Fall von der Nähe der synoptischen Stellen sowie des Log 22 S.2 zum historischen Jesus auszugehen. Dabei wird Log 22 neben Mk 10,14 und 15 zu den ursprünglichsten Fassungen gehören, ohne dass hier einer Stelle der Vorrang einzuräumen wäre (s. schon BULTMANN, Tradition, 32.110; J.

JEREMIAS, Theologie, 218f; FUNK u. JS., Five Gospels, 486 u. besonders CROSSAN, Historischer Jesus, 358ff.571; dagegen bzgl. Log 22 ablehnend LÜDEMANN, Jesus 2000, 766).
Aus welchen Gründen den Kindern die Teilnahme am Reich Gottes zugesagt wird, und zwar in Gegenwart und Zukunft, ist nicht direkt gesagt. Deshalb ist neben Vertrauen und Demut, die in den Synoptikern angesprochen sind, auch die in EvThom gegebene Begründung möglich, die auf die Empfänglichkeit der Kinder und (nach dem Kontext mit S.4 ff) das Einssein der Kinder mit sich selbst hinweist; dieses wird damit auch als Vorbild hingestellt.
Somit kommen wir zum 2. Teil des Log 22 (S.3-7), der eine zentrale Aussage des EvThom enthält, jedoch wieder in besonders merkwürdiger und verschlüsselter Ausdrucksweise.
Es geht um eine (wohl schon traditionell mit S.1-2 verbundene) Anfrage der Jünger und -innen Jesu, ob sie, wenn sie klein wie die Kinder werden, in das Reich Gottes eingehen werden. Jesus verweist zur Erläuterung auf die Notwendigkeit, die „Zwei zu Einem" (oyλ) zu machen. Er expliziert dies an mehreren Beispielsfällen und zeigt besonders als Ziel auf, das Männliche und das Weibliche zu einem „Einzigen" (oyωt) zu machen, dem fügt er noch die Notwendigkeit der Verwandlung des Körpers hinzu, um in das Reich Gottes eingehen zu können.
Bei der Erforschung der Traditionsgeschichte dieses Blocks muss festgestellt werden, dass direkte synoptische Parallelen zu diesem ursprünglich vielleicht selbstständigen Stück zunächst nicht ersichtlich sind. Es scheint vielmehr ein sog. Wanderspruch vorzuliegen, der in zahlreichen apokryphen Schriften als Herrenwort auftaucht. Dabei handelt es sich jedoch um textlich durchaus voneinander differierende Versionen, die zum Großteil auch nicht voneinander abhängig sind, sondern aus mündlicher Tradition stammen (s. z.B. D.R. MACDONALD, There is no Male and Female,1987, 115; T. CALLAN, JRelS 16, 1990, 46ff). Er findet sich insbesondere im 2. Clemensbrief (2Clem 12,1-6; bis ca. 150) (vgl. dazu T. BAARDA, 2Clem 12 and the Sayings of Jesus, BEThL 59, 1982, 529ff), im EvÄg 1f (2. Jh., nach Clemens v. Alexandria, Strom III, 13,92), im EvPhil 69a (2. Jh.), in den Petrusakten Act. Verc. c. 38, in den Acta Philippi c. 140, in den Thomas-Akten c. 147, bei Hippolyt, Elenchus V,7,13ff, s. auch Resch, Agrapha, Nr. 71 (zu den Texten s. des näheren SCHNEEMELCHER, NtApokr, I/II, Stichw.; WENGST, Schriften des Urchristentums II, 255). Obwohl es sich vielfach um gnostische und gnostisierende Quellen handelt und der Spruch auch sicherlich, z.B. bei den Naassenern und Enkratiten in eben dieser Weise gedeutet worden ist, spricht schon aus der Großzahl unabhängiger Quellen viel dafür, dass er möglicherweise alt und sogar auf Jesus zurückzuführen ist.

Zur Fassung im einzelnen gilt, dass die Formulierung im EvPhil mit der Einleitung: „Ich bin gekommen..." ähnlich den anderen Worten Jesu vom Gekommensein wohl sekundär ist, da die sonstigen Fassungen der Parallelen regelmäßig sinngemäß mit „Wenn..., dann..." eingeleitet werden. Ursprünglich ist insofern auch die häufigere positive Wendung, nicht die negative wie in den Petrus- und Philippus-Akten, wo es heißt: „Wenn ihr nicht..., so werdet ihr nicht..." Insgesamt geht es im einzelnen um die Umgestaltung des „Inneren wie des Äußeren", des „Oberen wie des Unteren" und des „Männlichen und des Weiblichen" (als besondere Spitze der Aussage), wobei die Parallelen gelegentlich noch sekundäre Differenzen aufweisen, so bei den Petrus- und Philippus-Akten zusätzlich das „Rechte wie das Linke" und bei den Petrus-Akten das „Hintere wie das Vordere". Die Par in 2Clem sowie in EvPhil betonen aber ebenso wie Log 22 beide das „Äußere und das Innere", das EvPhil ebenso wie EvThom das „Obere und das Untere" und die Par in 2Clem und EvÄg wie EvThom das „Männliche und das Weibliche". Die singulären Zusätze von Log 22 über „Augen anstelle eines Auges und eine Hand anstelle einer Hand und einen Fuß anstelle eines Fußes, ein Bild anstelle eines Bildes" scheinen nachträgliche Hinzufügungen bei EvThom zu sein, die auf einen Einfluss von Mk 9,43ff Par oder seiner Tradition zurückgehen dürften, wonach Auge, Hand und Fuß zur Sünde reizen können, beim Bild liegt wohl ein Einfluss von Log 50,83,84 vor. Die Formulierung vom „Eingehen" in das Reich wird älter als die vom „Erkennen", etwa in den Petrus-Akten sein, die vielleicht gnostisierenden Charakter hat (zum Gesamten ähnlich, z.T. etwas abweichend, s. D.R. MACDONALD, s.o., 46f.50ff.62).

Die Fassung von Log 22 S.4-7 kann daher abgesehen von den Zusätzen bzgl. „Auge, Hand, Fuß und Bild" als ursprünglichste und zuverlässigste Version des Spruchs angesehen werden. Für ihre Authentizität sprechen neben der guten Bezeugung auch noch eine Reihe anderer Umstände: Das EvThom kennt nämlich diverse weitere Logien, die sich mit der Einheit des Menschen, seinem Einssein oder seiner Vereinzelung (kopt. ογα, ογωτ oder auch ΜΟΝΑΧΟΣ, gr. εἷς / ἕν oder μοναχός) befassen. So z.B. die Log 4,11,16,23,49,75 und 106. Dabei handelt es sich zwar, z.B. in Log 4,16,23 manchmal um redaktionelle Zusätze, die als sekundär und nicht ursprünglich anzusehen sind, auch wenn sie vom thom Redaktor als typisch jesuanisch angesehen worden sein mögen.

In Log 106 begegnet man jedoch einer Aussage, die einen urtümlichen Charakter hat: „Wenn ihr die zwei zu einem (ογα) macht, werdet ihr Söhne des Menschen (ϣΗΡΕ ΜΠΡΩΜΕ) werden". Hier ist besonders auffällig der Aramaismus „Söhne der Menschen", worunter man die zum Menschensohn Gehörigen, die Nachfolger des Menschensohns verstehen kann, zu denen sich Jesus berufen wusste (s. i. e. später bei der Komm. zu

Log 106). Sie sind eins mit diesem, mit sich selbst und untereinander. Diese Einheit ist nach der frühjüdischen und christlichen Auslegung der Schöpfungs-Geschichte Gen 1 (bes. 1,27) das Kennzeichen des ersten Menschen, Adam, als Repräsentant aller Menschen in seinem paradiesischen Zustand vor der durch den Fall verursachten Entfremdung. Er ist ursprünglich „einer", androgyn, mit Licht bekleidet, unsterblich und hat alle Gewalt auf Erden. Danach verliert er im Zuge der Entstehung von Eva und des Sündenfalls sowie der Vertreibung aus dem Paradies jedoch seine Einheit (s. Gen 3,7), auch sein Licht, seine Unsterblichkeit und Macht. Erst der Messias soll dem Menschen die ursprüngliche schöpfungsmäßige Einheit auf neuer Stufe wiedergewinnen. Der messianische Menschensohn soll den neuen Menschen repräsentieren und zusammen mit seiner Gemeinschaft von erneuerten Menschen die Schöpfung in der Endzeit wieder herstellen (zur frühjüdischen und christlichen Literatur, bes. der Vita Adae et Evae i.e. s. A.F.J. KLIJN, The „Single One" in the Gospel of Thomas, JBL 81 [1962], 271ff; ferner H.C. KEE, JBL 82 [1963], 313ff u. W. MEEKS, The Image of the Androgyne, History of Religions 13,3, 1974, 165ff).
Zu dieser Vorstellung passt eine weitere Jesus zugeschriebene Aussage, nämlich in Log 48 und 49: „Wenn zwei mit einander Frieden machen in einem Haus, dann werden sie zum Berg sagen: Hebe dich weg, und er wird sich wegheben." und „Selig sind die Einzelnen (ⲙⲟⲛⲁⲭⲟⲥ), die Erwählten; denn ihr werdet das Königreich finden." Hier geht es nicht nur um die innere Einheit, sondern auch um äußeren Frieden mit dem Nächsten, um die Gesellschaft. Auch hier hat die Sprache der Logien authentischen Charakter. Das betrifft sowohl den nachbarlichen Frieden der Menschen als auch die Verheißung des Reichs Gottes. Dabei gehört die Aufforderung zum „Bergeversetzen" in einen anderen Kontext, desgleichen die Frage der „Erwählung" (s. im einzelnen die Komm. zu Log 48 u. 49). Das letztere Wort weist auch eine deutliche Par in Mt 18,19 auf: „Wenn zwei von euch auf Erden eins werden darin, worum sie bitten wollen, das soll ihnen zuteil werden von meinem Vater im Himmel." Der Bezug dieses Worts zum Gebet ist sekundär gegenüber dem „Eingehen ins Reich", das sich im EvThom findet. Auch hier steht der Gedanke der Einheit im Vordergrund und kann durchaus als frühe Tradition angesehen werden
Die beiden genannten thom Kernworte über das innere und äußere Einssein könnten im Ansatz ursprünglich sein und stehen in enger Kohärenz zu Log 22, womit dessen Echtheit unterstützt wird. Entscheidend ist aber außerdem, dass auch in der frühchristlichen Literatur im übrigen die Auffassung von der Einheit ihren Niederschlag gefunden hat. So bei Paulus in einem sehr alten Zeugnis in Gal 3,28 (ca 57 n.C.), wonach auch die in Log 22 angesprochenen Trennungen

aufgehoben sein sollen. Es soll nicht mehr „Jude noch Grieche", „Knecht noch Freier" und nicht mehr „Mann noch Frau" sein; „denn ihr seid alle e i n e r (εἷς) in Jesus Christus". Es handelt sich nach überwiegender Meinung um ein vorpaulinisches liturgisches Traditionsstück, in dem ähnlich Log 22 drei wesentliche Dualismen, die innen und außen, unten und oben sowie männlich und weiblich entsprechen, in Jesus, dem messianischen Menschensohn als Zentrum des Reichs Gottes entfallen sollen. Auch in Eph 2,13ff ist ähnlich die Rede davon, dass Christus „aus den zweien einen neuen Menschen" schafft und „Frieden" macht, wobei ebenfalls eine ältere Tradition vorauszusetzen ist, die den Gedanken der inneren und äußeren Einheit und den Bezug zum Frieden kennt (s. ferner noch 1Kor 12,13 u. Kol 3,9ff). Im JohEv gibt es vergleichbare Traditionen, die allerdings später anzusetzen sind. Im sog. hohepriesterlichen Abschiedsgebet bittet Jesus für die, die an ihn glauben, dass sie „alle eins (ἕν) seien, wie du, Vater, in mir bist und ich in dir, dass auch sie in uns eins (ἕν) seien" (Joh 17,21 u. 26; ferner 14,20 u.ä.). Auch hier geht es um die Wiedergewinnung der ursprünglichen Einheit nunmehr mit Gott, dem Vater, Christus und der Menschengemeinschaft in der gegenwärtigen eschatologischen Erfüllung (vgl. dazu z.B. BETZ, Galaterbrief, 344ff m.w.N. u. SCHULZ, JohEv, 217ff). Die Traditionen im pln und joh Christentum stehen insgesamt Log 22 sehr nahe. Sie erweisen sich als von seiner Überlieferung beeinflusst, entwickeln allerdings besonders durch ihre christologische Formulierung und (bei Gal) ihre Beziehung zur Taufliturgie und die Konkretisierung der Dualitäten in „Jude und Grieche", „Knecht und Freier", „Mann und Frau" (s. ähnl. 1Kor 12,13) einen spezifisch eigenständigen und somit sekundären Charakter. Wegen dieser redaktionellen Eigenarten wird auch eine umgekehrte Abhängigkeit von Log 22, das diese Bezüge nicht hat, kaum anzunehmen sein (s. auch D.R. MACDONALD, s.o.,114ff. u. S. PETERSEN, Werke der Weiblichkeit, 311f).
Insgesamt kann man daher die Authentizität der sich in Log 22 darstellenden Tradition im Kern durchaus annehmen. Diese verbindet wie bei Jesus nicht ungewöhnlich eine weisheitliche Aufforderung, nämlich „die Zwei zu Einem" zu machen mit der eschatologischen Verheißung des (zukünftigen!) Eingehens in das endzeitliche Reich Gottes. Die Auffassung CROSSANs (Historischer Jesus, 397), der Rückgriff auf die biblische Schöpfungs-Geschichte und protologische Erwägungen seien Jesus fremd gewesen, trifft nicht zu, wie z.B. der synoptische Beleg über die Schöpfung von Mann und Frau, Mk 10,6 Par Mt 19,4 sowie zahlreiche andere thom Stellen zeigen. Literarisch steht Log 22 in festem Stichwortzusammenhang nicht nur mit Log 21, sondern auch zum nachfolgenden Log 23 (s. dort). Das Logion hat auch, wie im EvThom nur ganz ausnahmsweise der Fall ist, einen nachvollziehbaren

Sitz im Leben und Wirken Jesu mitangegeben, nämlich bei der Jünger-Belehrung angesichts von kleinen Kindern, die von ihren Müttern gestillt wurden. Es sprechen somit ganz erhebliche Gründe für eine Echtheit der zugrunde liegenden Tradition (a.M. allerdings FUNK u. JS., Five Gospels, 487; LÜDEMANN, Jesus 2000, 766f, die die Verkündigung von der Einswerdung für gnostisch geprägt halten).
Eine gnostische und besonders enkratitische Prägung des Log 22, die sich in Askese und Ablehnung von Sexualität und Ehe erweise, liegt jedoch keineswegs vor (so auch ZÖCKLER, EvThom, 225ff m. ausführl. Begründung; S. PETERSEN, Werke der Weiblichkeit, 213f.311ff; R. URO in Thomas at the Crossroads, 151ff.161; gegen die Obg.; ferner KEE, s.o., 312ff; KLIJN, 277f u.a.). Von einer solchen Ablehnung ist direkt nirgendwo die Rede, dies ergibt auch nicht zwingend der Gedanke der Einheit von Männlichkeit und Weiblichkeit, abgesehen davon dass dieser auch die letzte Folgerung aus der Einswerdung im übrigen ist. Die bei den Enkratiten gebräuchliche Par in EvÄg hat eine besondere Tradition und muss für Log 22 nichts besagen (s. näher ZÖCKLER, EvThom, 235).
Es geht bei unserem Logion und den verwandten Worten (und bes. auch in der frühen Tradition des Gal-Briefs) vielmehr um die Einswerdung des Menschen und die Aufhebung der trennenden und spaltenden Dualitäten zugunsten eines neuen ganzheitlichen und in Frieden lebenden Menschen. Das meint die Dualität der Innerlichkeit und Äußerlichkeit, die sich durch alle religiösen Bewegungen zieht. Die Dualität zwischen Herrschaft und Unterlegenheit, die in allen politischen Systemen am Werke ist. Und schließlich die Dualität zwischen Männlichkeit und Weiblichkeit, die ebenfalls ihrer Erlösung in allen Kulturen harrt. Es bedeutet im einzelnen, dass Frauen und Männer ihre Fixierung auf soziale Rollen überwinden. Der Mann muss seine innere Weiblichkeit, die Frau ihre Männlichkeit annehmen. So kann es dazu kommen, dass die Geschlechter in einer neuen Eintracht und in Frieden miteinander leben können. Alle diese bestehenden Zwiespalte und Zweideutigkeiten warten auf ihre Integration, Vermittlung und Vereinigung in dem Reich des Einen Gottes (s. Mal 2,10; Sach 14,9; Hos 13,14; ebenso 1Kor 8,4ff u.a.), und zwar als Reich der Einheit und Gleichheit, das Jesus mit diesem Logion verheißt (ähnlich auch ZÖCKLER, EvThom, 237ff; MARTIN, EvThom, 100).
Die Bedeutung des sekundär eingefügten Stücks über „Augen, Hand, Fuß und Bild" dürfte ähnlich zu verstehen sein (s. BERGER - NORD, Das NT u. frühchristl. Schriften, 1999, 651). Entsprechend dem Abbild Gottes soll auch der Körper eine neue Gestalt anstelle der alten erhalten, eine neue Art mit ihm zu leben und umzugehen. Dazu gehören neue Augen anstelle des einäugigen alten, eine neue Hand statt der alten und ein neuer

Fuß anstatt des alten. An sich ist diese Vorstellung in dem Text im übrigen bereits enthalten, der thom Redaktor meinte offenbar indes, dies noch besonders ausdrücken zu müssen.

Der neue Mensch des Log 22 ist nach alledem Kindern in ihrem anfänglichen Menschsein zu vergleichen, nämlich in ihrer noch unentfremdeten und ungebrochenen und unzersplitterten Einheit und Ganzheitlichkeit. Gemeint ist insofern im Ergebnis eine Restituierung der ursprünglichen Schöpfungsordnung im Reich des Einen Gottes, die durch, mit und in Jesus in die Wege geleitet werden soll (s. auch DAVIES, Christology, 663ff [668]). Diese Tendenz haben auch andere Jesus-Worte, mit denen unser Logion kohärent ist, nämlich diejenigen, dass die Letzten Erste sein werden und die Ersten Letzte, dass die sich selbst erhöhen, erniedrigt werden sollen und die sich selbst erniedrigen, erhöht werden sollen und dass die Armen das Reich gewinnen und die Reichen seiner ermangeln sollen. Auch alle diese Worte zielen auf Umwertung der bestehenden Werte und auf letzte Gleichheit und Einheit in der der Schöpfungsordnung entsprechenden Endzeit und stehen daher in enger Verwandtschaft zu unserem Logion (zu diesem Zusammenhang s. auch NORDSIECK, Reich Gottes - Leben der Welt, 239ff [241]); vgl. ferner W. NIGG, Das ewige Reich, 1954, 42).

LOG 23

1. JESUS SPRICHT: ICH WERDE EUCH AUSERWÄHLEN, EINEN AUS TAUSEND UND ZWEI AUS ZEHNTAUSEND. 2. UND SIE WERDEN DASTEHEN ALS EIN EINZIGER.

Wie schon angegeben, besteht ein enger Stichwortzusammenhang mit Log 22 über das Leben der Jünger sowie die Vokabeln „einer" und „zwei" sowie „ein Einziger". Sprachlich fällt auf, dass in S.1 von „euch" und in S.2 von „sie" die Rede ist, dies dürfte mit einer nachträglichen Anfügung von S.2 an S.1 (durch den Kompilator oder Redaktor) zusammenhängen, aber keine sachliche Bedeutung haben.

Die Aussage, dass die Jünger als Einzelne aus einer großen Menge von Menschen auserwählt werden, die (zunächst jedenfalls) nicht auserwählt sind, begegnet auch in gnostischen Zeugnissen. So in der Pistis Sophia (PS, Nr. 134), wo der „Erlöser" zu Maria (Magdalena) sagt: „Ich sage euch: Um das Geheimnis des Ersten Geheimnisses zu vervollständigen, findet sich einer unter tausend und zwei unter zweitausend"; ähnlich bei den Basilidianern nach Irenäus AdvHaer I, 24,6 (s. MÉNARD, EvThom, 116; FIEGER, EvThom, 101f).

Vergleichbare Aussagen lassen sich aber auch im frühen Christentum sowie bei Jesus feststellen, in der Tradition des Judentums. In Ps 106,5; ähnlich Jes 43,20 wird vom „Glück deiner (Gottes) Erwählten und der Freude deines Volkes (Israel)" gesprochen. Insbesondere die Weisheit ist es, die den Einzelnen „erwählt" (Bar 3,37). Den Auserwählten trifft das Unheil nicht, auch wenn „tausend an deiner Seite fallen und zehntausend zu deiner Rechten" (Ps 91,7) (zum weisheitlichen Kontext s. auch DAVIES, Wisdom, 57).
Nach urchristlicher Auffassung ist Jesus der „auserwählte Sohn" (Lk 9,35) und Christus der „Auserwählte Gottes" (s. Lk 23,35). Es ist aber auch die Rede von den „Auserwählten" (ἐκλεκτοί), den Gläubigen und Nachfolgern Jesu, und zwar in verschiedenen Zusammenhängen (s. Mk 13.20.22.27 Par; Lk 18,7). In Mt 20,16; 22,14 heißt es, in Abhebung von der großen Zahl der Anderen, ähnlich wie in Log 23: „Viele sind berufen, aber wenige sind auserwählt (ἐκλεκτοί)".
Die Spannung zwischen der Masse der Vielen und den wenigen Erwählten findet sich auch in anderen Jesus-Worten, die teilweise auch im EvThom bezeugt sind. So in dem Spruch von der „engen Pforte", durch die in das Reich Gottes einzugehen ist, während die Pforte weit und der Weg breit ist, der zum Verderben führt (Mt 7,13.14 Par Lk 13,23.24). „Die Ernte ist groß, aber der Arbeiter sind wenige" (Mt 9,37.38 Par Lk 10,2 [Q] und EvThom Log 73). Nach Log 74 des EvThom stehen „Viele" um den Brunnen herum, aber keiner schöpft aus dem Brunnen, auch gem. Log 75 stehen „Viele" vor der Tür, aber nur Einzelne gehen in das Brautgemach ein.
Nach alledem ist dies zwar die Beschreibung eines Zustands, in dem die Vielen noch unerlöst sind, weil sie das Heil nicht annehmen, sich ihm verweigern. Es ist aber nicht das letzte Wort, das endgültige Ziel; denn gerade Jesus sieht sich andererseits gekommen, die „Vielen" aufzusuchen und zu befreien (s. Mk 10,45 Par; Mk 14,24 Par, wonach er sein Leben zur Befreiung der „Vielen" gibt). Die „Vielen" werden nach Mt 8,11 Par Lk 13,29 (Q) „von Morgen und Abend und von Mitternacht und Mittag kommen und sich (mit Abraham, Isaak und Jakob) im Reich Gottes zu Tische setzen". Jesu ganzes Wirken zielt darauf hin, den Letzten, Sündern und Verworfenen nachzugehen, wie auch die Gleichnisse vom verlorenen Schaf (s. Lk 15,4-7 Par EvThom Log 107), vom verlorenen Groschen und vom verlorenen Sohn (Lk 15,8ff; 15,11ff) deutlich zeigen.
Auch das vorliegende Log 23, das von den vorgenannten Worten unabhängig ist, sagt nur die besondere Zuwendung Jesu gegenüber der kleinen Schar seiner Nachfolger aus. Er will sie „erwählen" (ϲⲉⲧⲡ) „einen aus tausend" und „zwei aus zehntausend" (zu dieser Formulierung s.auch Dtn 32,30; Pred 7,28). Er will aber die Masse der Anderen, die die Berufung noch nicht annehmen, keineswegs ausschließen. Diejenigen,

die Erwählung treffen wird, sollen nach dem zugesetzten S.2 „als ein Einziger (ⲟⲩⲁ ⲟⲩⲱⲧ) dastehen" (zum „Dastehen" s. Log 16 u. 18 S.3). Sie werden somit zur (inneren und äußeren) Einheit und Ganzheit gelangen (s. zur Einheit bes. auch Log 22) und dadurch zur Teilnahme am Reich Gottes gelangen. Die Anderen sind allerdings in der Gefahr, das von Jesus vermittelte Heil auszuschlagen und letztlich völlig zu verpassen.
Die Frage nach der Zurückführung dieses weisheitlichen Logions (so auch ZÖCKLER, EvThom, 132) auf den historischen Jesus ist nicht sicher zu beantworten. Sinngemäß passt es zwar, wie gezeigt, durchaus in den allgemeinen Rahmen seiner Verkündigung. Ein wörtlicher Nachweis besonders der vorliegenden konkreten Formulierung, die parallele Zeugnisse vom AT bis zu gnostisch-christlichen Kreisen hat, kann allerdings nicht geführt werden (s. auch CROSSAN, Historischer Jesus, 579; LÜDEMANN, Jesus 2000, 767.780; FUNK u. JS., Five Gospels, 487).

LOG 24

1. SEINE JÜNGER SPRACHEN: ZEIGE UNS DEN ORT, AN DEM DU BIST, WEIL ES FÜR UNS NÖTIG IST, DASS WIR NACH IHM SUCHEN. 2. ER SPRACH ZU IHNEN: WER OHREN HAT, SOLL HÖREN. 3. ES IST LICHT IM INNEREN EINES LICHTMENSCHEN, UND ER LEUCHTET DER GANZEN WELT. WENN ER NICHT LEUCHTET, IST FINSTERNIS.

Eine direkte Stichwortverbindung mit dem vorgängigen Log 23 ist nicht vorhanden, allenfalls eine mittelbare Beziehung über die Frage der Jüngerschaft, die dann auch zu Log 21 und 22 besteht. Es folgt mit Log 24 eine weitere Reihe von Nachfolgesprüchen bis Log 27. Was die Sprachgestalt betrifft, so kann für das Fragment des POxy 655 (Fragm. d) eine Rekonstruktion versucht werden, wonach auch der „Lichtmensch" (kopt. ⲡⲙⲟⲩⲟⲉⲓⲛ) mit ἄνθρωπος φωτεινός (im Griech. ein lichtvoller bzw. Mensch voll Licht) vorkommt: „Es ist Licht in einem Lichtmenschen. Er (oder weniger wahrscheinlich: es, das Licht) erleuchtet die ganze Welt. Wenn er (oder: es) nicht leuchtet, ist Finsternis (nämlich für den Einzelnen und die Welt)" (s. LÜHRMANN - SCHLARB, Fragmente, 118f; ZÖCKLER, EvThom, 92f).
Nach dem vorliegenden Log 24 fragen die Jünger und -innen Jesus nach seinem Ort (ⲧⲟⲡⲟⲥ), worunter sein Stand oder Rang, seine Qualifikation gemeint sind, nicht das Ziel seines Wegs, wie etwa in Joh 13,38 („Herr, wohin gehst du?"). Die Jünger wollen in seiner Nachfolge nach dieser

Stellung suchen. Jesus antwortet zunächst mit dem schon aus den Log 8 und 21, ferner auch 63,65,96 bekannten Weckruf (zur wahrscheinlichen Echtheit, s. Log 8). Er verweist dann auf den „Lichtmenschen", mit dem er sich selbst, aber auch besonders die ihm Nachfolgenden anspricht.
Sicher ist in der Gnosis die Rede von Gott als dem „Licht" und dem Erlöser als dem „Gesandten des Lichts", der Licht in sich hat und es vermittelt, sehr verbreitet (s. Ginza 58,17.23; CH I 6; PS Kap. 125; vgl. auch FIEGER, EvThom, 103f; GRANT - FREEDMAN, Geheime Worte, 138f). Das Logion kann somit zwar gnostisch ausgelegt werden. Das bedeutet aber keineswegs, dass es nur diesen Gehalt hätte oder aus gnostischer Tradition stammte. Ebenso ist nämlich das „Licht" (φῶς) in dieser Bedeutung schon alttestamentlich und frühjüdisch, aber auch in urchristlichem Kontext ausgesprochen beliebt. Schon in Jes 9,1; 60,1ff.19f; Dan 12,3 wird Gott und seine eschatologische Offenbarung mit dem Licht verglichen. Gott und sein Christus, auch der Logos sind nach Joh 1; 8,12; 12,35; 1Joh 1,5 das „Licht", und dieses „Licht" wird an die Gläubigen vermittelt, die „Söhne (Kinder) des Lichts" genannt werden (s. Joh 12,36; Lk 16,8; 1Thess 5,5). In äthHen 5,8 kommt auch der „Lichtmensch" vor, in dem ein „Licht" ist. Nach 2Kor 4,6 sind die Gläubigen „erleuchtet" und vom „Licht" erfüllt (s. auch Röm 13,12; Kol 1,12 usw.). Die synoptische Jesus-Verkündigung sieht Jesus nur mittelbar selbst als das „Licht", aber seine Jünger benennt Jesus als „Licht der Welt" (Mt 5,14), die „ihr Licht vor den Leuten leuchten lassen" sollen (Mt 5,16). Auch die Verkündigung des Reichs Gottes wird mit dem Licht verglichen (s. Mk 4,21 Par Lk 8,16 u. Mt 5,15 Par Lk 11,33 [Q], s. auch EvThom Log 33 u. Komm.), gem. Mt 5,16 gilt dies auch für die „guten Werke" der Gläubigen (s. ferner E.W. SAUNDERS, A Trio of Thomas Logia, BiRes 8, 1963, 43ff).
Am nächsten kommt unserem Logion jedoch das Bildwort vom Auge (Mt 6,22-23 Par Lk 11,34-36), das aus Q stammt. Es lautet nach der wohl ursprünglichen Fassung, meist nach Mt: „Die Lampe des Leibes ist das (Lk: dein) Auge. Wenn (Mt: nun) dein Auge lauter (ἁπλοῦς) ist, wird (Lk: ist) dein ganzer Leib voll Licht (φωτεινὸν) sein. Wenn aber dein Auge (Lk: es) böse (πονηρὸς) ist, wird (Lk: ist) dein ganzer Leib finster sein. Wenn nun das Licht, das in dir ist, Finsternis ist, wie groß wird die Finsternis sein" (Lk: Sieh nun zu, ob das Licht, das in dir ist, nicht etwa Finsternis sei...") (zur Q-Fassung s. SCHULZ, Q, 468f; etwas abweichend POLAG, Fragmenta Q, 54f).
Das gut zu isolierende Wort setzt mit einer physiologischen Betrachtung des Auges als Licht (Lampe) des Körpers ein, wie es der zeitgenössischen Beurteilung entsprach. Die Funktion des Auges erfolgt dann jedoch nach dessen Einstellungsweise, nämlich je nachdem ob diese lauter (ἁπλοῦς) oder böse (πονηρός) ist. C. EDLUND, Das Auge der

Einfalt, 1952, 27ff hat gezeigt, dass mit dem ersten Adjektiv nach frühjüdischer Denkweise kultisch das „fehlerlose, unversehrte" Opfer und religiös-ethisch das „vollkommene, ganzheitliche" und „unschuldige" Verhalten verbunden ist. Die ethische Grundhaltung wird besonders gestört, wenn der Mensch (so der Zusammenhang nach Mt) nach übermäßigem Reichtum giert. Dann ist sein Auge nicht mehr „einfältig" (ἁπλοῦς), sondern „zersplittert" und „geteilt" (πονηρός). Je nach der Verhaltensweise des Menschen und seines Auges ist der Mensch bzw. sein Körper „voll Licht" (φωτεινὸν) oder er ist „Finsternis" (s. auch ZÖCKLER, EvThom, 84ff).
Log 24 ist über das Adjektiv φωτεινός, das neutestamentlich ungewöhnlich und singulär ist, sowie den antithetischen Parallelismus bzgl. Licht und Finsternis deutlich mit dem Q-Logion verbunden. Auch die Form des Konditionalsatzes ist bei Log 24 im 2. Satz noch erhalten. Der entscheidende Unterschied (abgesehen vom Fehlen der „physiologischen" Bestimmung des Auges) ist bei Q die Differenzierung nach „lauter" (einfältig, ganzheitlich) und „böse" (zerspalten), während Log 24 nur auf das „Licht" im „Inneren" des „Lichtmenschen" abstellt. In Log 24 ist außerdem als zusätzliches Moment betont, dass das Licht „der ganzen Welt (ⲡⲕⲟⲥⲙⲟⲥ ⲧⲏⲣϥ) leuchtet".
Log 24 gehört daher mit Mt 6,22f Par Lk 11,34ff (Q) direkt zusammen. Es ist auch nicht abhängig von dieser synoptischen Par (so PATTERSON, GosThom, 85.86; SIEBER, Analysis, 62), sondern als selbstständige Tradition zu qualifizieren. Ihr nahe steht noch Log 61 S.5: „Wenn einer gleich (i.S.v. in sich einig) ist, wird er sich mit Licht füllen. Wenn er aber ein Getrennter wird, wird er sich mit Finsternis füllen" (s. dazu später die Komm.). Was die Ursprünglichkeit der Überlieferung betrifft, wird der Parallelismus der Konditionalsätze bei der Fassung von Q am ehesten Jesus nahe kommen: „Wenn dein Auge lauter (i.S.v. Ganzheitlichkeit) ist, wird dein ganzer Leib voll Licht sein. Wenn aber dein Auge unlauter ist, wird dein ganzer Leib finster sein." (s. z.B. POLAG, Fragmenta Q, 54f). Die Vorstellung von Log 24, dass Licht „im Inneren" des „Lichtmenschen" sei oder er „nicht leuchte" und der Mensch dann entweder voll „Licht" oder „Finsternis" sei, ist wesentlich unbestimmter. Sie meint vielleicht, dass der Mensch erkennt oder bewusst ist o.ä., dies ist jedoch nicht näher fassbar. Auf jeden Fall muss die „Lauterkeit" als dem jüdischen Sprachgebrauch hier näher stehend angesehen werden. Dagegen ist die Fortsetzung bei Log 24, nämlich dass der Leib bzw. der Mensch dann der „ganzen Welt" leuchte bzw. „Finsternis" sei, der in Q fehlt, wiederum eher in Affinität zum historischen Jesus. Diese Fortsetzung entspricht auch der sonstigen Jesus-Verkündigung, insbesondere Mt 5,14, wonach die Jünger das „Licht der Welt" sein sollen. Sie ist auch ausgesprochen un- bzw. sogar anti-

gnostisch, da in der Gnosis das Licht im Menschen keineswegs in eine Beziehung zur Welt tritt (so auch ZÖCKLER, EvThom, 93).
Im Ergebnis sind daher sowohl Log 24 S.3 als auch Mt 6,22f/Lk 11,34ff (Q) der authentischen Jesus-Verkündigung beide zu gewissen Anteilen nahestehend, ohne dass man allerdings eine ursprüngliche Form mit Sicherheit rekonstruieren kann (während Log 61 S.5 ferner liegt). Zur Authentizität von Mt 6,22f haben sich früher auch schon BULTMANN, Tradition, 77.91; J. JEREMIAS, Theologie, 153 positiv geäußert; zu Log 24 wird dagegen eher Ablehnung bekundet, s. FUNK u. JS., Five Gospels, 487 u. LÜDEMANN, Jesus 2000, 767f.; anderer Meinung ist jedoch CROSSAN, Historischer Jesus, 579.
Eine Bestätigung findet die hiesige Auffassung aber auch noch durch eine sinngemäße Parallele in DialSot Nr.8: „Solange dein Sinnen gerade (ⲥⲟⲩⲧⲱⲛ) ist, ... sind eure Körper (licht). Solange euer Herz dunkel ist, wird das Licht, das ihr erwartet, (nicht scheinen)." Auch diese (vielleicht ebenfalls als selbstständig zu beurteilende) Stelle zeigt im übrigen den Inhalt, dass derjenige Mensch sich mit „Licht" füllt, „erleuchtet" wird, der ganzheitlich und ungeteilt lebt und dadurch auf seinen Nächsten und die Welt verändernd einwirkt. Dagegen bleibt im „Dunkel", wer in sich zersplittert und geteilt ist, er kann daher auch nur Dunkelheit verbreiten.
Die Identifikation des mit Licht gefüllten, erleuchteten Menschen mit Jesus selbst entspricht zwar der Christologie des EvThom. Sie wird aber jedenfalls im vorliegenden Logion wie auch bei dessen Einleitung (der Jünger-Aufforderung) als traditionsgeschichtlich sekundär anzusehen sein und steht auch der Predigt des historischen Jesus eher fern. In erster Linie verweist Jesus nicht auf sich und seine Stellung, sondern darauf, dass die fragenden Jünger das Licht bei sich, in ihrem Selbst suchen und finden (so auch ZÖCKLER, EvThom, 248f); dann ist es an ihnen, in seiner Nachfolge die Welt damit zu erleuchten.

LOG 25

1. JESUS SPRICHT: LIEBE DEINEN BRUDER WIE DEINE SEELE. 2. BEHÜTE IHN WIE DEINEN AUGAPFEL.

Eine Stichwortverknüpfung mit dem vorhergehenden Log 24 kann über das „Innere" in diesem und die „Seele" in Log 25 bestehen. Im übrigen setzt in der Hinwendung von Log 24 (s. dort) zum Nächsten, zur „Welt" eine Reihe entsprechender ethischer Aufforderungen in der Nachfolge Jesu ein, die sich mit Log 25,26,27 fortsetzt.
Eine gnostische Sicht der Bruderliebe, wie FIEGER, EvThom, 104f, s. auch MÉNARD, EvThom, 117f, meint, ist fernliegend und ergibt sich

auch nicht aus dem Gebrauch des Begriffs ψγxн / ψυχή. Dieser kommt auch in zahlreichen synoptischen Jesus-Worten wie Mk 8,35 Par; 8,36/37 Par; Mt 10,39 = Lk 17,33 (Q); Mt 10,28 Par und Lk 12,23 Par mit der Bedeutung „Seele" bzw. „Leben" (hebr. *nefesh*) vor.
Die Beziehung des vorliegenden Spruchs zur Jesus-Tradition ist durchaus eng. Diese ist in Joh 13,34.35 und 15,12.17 noch spät bezeugt, mit dem Tenor, dass „ihr einander lieben sollt (ἀγαπᾶτε), wie ich (Jesus) euch geliebt habe". Sowohl die christologische Begründung als auch die Beschränkung der Liebe zu einander, nämlich zum Mitgläubigen, zeigen dies deutlich. Die zentrale synoptische Bezeugung des Liebesgebots findet sich dagegen in Mk 12,29-31 mit seinen Par in Mt 22,37-39 und Lk 10,27. In dieser Überlieferung werden die alttestamentlichen Gebote der Gottesliebe und der Nächstenliebe (s. getrennt in Dtn 6,5 und Lev 19,18) wie folgt zusammengebunden (nach Mk): „Das erste (Gebot) ist: Höre Israel, der Herr, unser Gott, ist allein Herr (fehlt bei Mt u. Lk), und du sollst den Herrn, deinen Gott, lieben (ἀγαπήσεις) aus deinem ganzen Herzen und aus deiner ganzen Seele und aus deinem ganzen Denken und aus deiner ganzen Kraft (das letztere fehlt bei Mt und ist bei Lk gegen Denken vertauscht). Das zweite ist dieses (Mt: ist ihm gleich, bei Lk nur: und): Du sollst deinen Nächsten lieben wie dich selbst...". Die Formulierung ist nach herrschender Auffassung aus der LXX entnommen. Ausdrucksweisen wie die Rede vom „ersten" und „zweiten" Gebot und „wie dich selbst" (ὡς σεαυτόν) sind hellenistisch geprägt. Auch die Zusammenfassung der Gebote als Summe des Gesetzes (s. Mk 12,31 u. Mt 22,40) unterliegt formal hellenistischem Einfluss (s. C. BURCHARD, Das doppelte Liebesgebot in der frühen christlichen Überlieferung, Festschr. J. Jeremias, 1970, 39ff; K. BERGER, Die Gesetzesauslegung Jesu, 1972, 142ff). Diese Auffassung bei den Synoptikern wird jedoch inhaltlich auch mit der Verkündigung Jesu vom Reich Gottes als Reich der Liebe zusammenhängen und seiner Intention jedenfalls entsprechen (vgl. die Bemerkung Jesu zu dem Schriftgelehrten und seine Begründung des Liebesgebots: „Du bist nicht fern vom Reich Gottes", Mk 12,32).
Dagegen weist der Spruch in Log 25 deutliche Semitismen auf, in der Formulierung: Liebe deinen Bruder (i.S. des Nächsten) „wie deine Seele" (mit derselben Bedeutung wie „wie dich selbst", s. auch QUISPEL, VigChr 11, 1957, 192, der noch auf eine entspr. Diatessaron-Lesart verweist). Der zweite Teil erweitert nicht nur (sekundär) den ersten Teil (wie HOFIUS, Unbekannte Jesusworte, 368 meint), sondern enthält einen formgerechten synonymen Parallelismus mit der Aufforderung: „Behüte ihn wie deinen Augapfel". Diese Ausdrucksweise begegnet auch alttestamentlich in Dtn 32,10; Ps 17,8; Spr 7,2; ferner Sir 17,22. Sie stellt die Umkehrung der Kains-Geschichte dar, der scheinheilig fragt: „Bin ich

denn meines Bruders Hüter?" (Gen 4,9). Sie betont damit auch die Radikalität des Gebots der Nächstenliebe. Beide Forderungen setzen gleichzeitig eine natürliche Selbstliebe als gegeben und auch angemessen voraus.
Eine weitere Zuspitzung des Gebots der Nächstenliebe liegt dann in Lk 6,27.28 Par Mt 5,23-45 (Q) vor. Es geht hier um die Aufforderung Jesu, nicht nur den Nächsten, sondern sogar „eure Feinde" zu lieben, wobei Lk den Zusatz kennt: „ Tut Gutes denen, die euch hassen. Segnet die, welche euch fluchen. Bittet für die, welche euch beleidigen." und Mt das Gebot der Feindesliebe in den Rahmen seiner Antithesen der Bergpredigt einfügt. Er stellt auch den Rahmen zu Gott und seiner Herrschaft her, der „seine Sonne über Böse und Gute aufgehen lässt" und „regnen lässt über Gerechte und Ungerechte".
Eine Abhängigkeit des Log 25 von den johanneischen und synoptischen Parallelstellen ist nicht anzunehmen und wird auch von SCHRAGE, Verh, 70 nicht behauptet. Auch PATTERSON, GosThom, 74 sieht die Selbstständigeit des Log 25 als festgestellt an (a.m. SIEBER, Analysis, 249, jedoch ohne nähere Begründung). Welches der Worte auf den historischen Jesus zurückzuführen ist, ist nicht leicht festzustellen. Nach allgemeiner Meinung kommt insofern die joh Formulierung nicht in Betracht. Unstrittig ist jedoch, dass für Jesus die Liebesforderung zentral war und das Leben in der Liebe für ihn Zeichen der Gottesherrschaft war. Das mk Doppelgebot der Gottes- und Nächstenliebe ist freilich in seinem Wortlaut und seiner Zusammenstellung stark hellenistisch-christlich geprägt, so dass es nicht wörtlich auf ihn zurückgeführt werden kann. Dennoch wird jedenfalls sein Zusammenklang sinngemäß auf ihn zurückgehen (so MERKLEIN, Die Gottesherrschaft als Handlungsprinzip, 1978, 100ff [106]).
Das Log 25 wirkt in seinem Wortlaut ursprünglich, ist auch in seinem Vergleich mit Seele und Augapfel des Adressaten recht zugespitzt und entspricht Jesu radikaler Betrachtungsweise. Es könnte daher durchaus echt sein, auch wenn es sprichwörtlich vorgebildet war (s. auch A.J. HULTGREN, Parables, 439; allerdings sind FUNK u. JS., Five Gospels, 487 u. CROSSAN, Historischer Jesus, 579 eher zurückhaltend, während LÜDEMANN, Jesus 2000, 768 Echtheit sogar ablehnt). Das Q-Wort ist von eschatologischer Konsequenz und wird wegen seiner Differenz sowohl von frühjüdischem wie auch sonstigem urchristlichem Denken im allgemeinen für authentisch gehalten; dem wird zu folgen sein (vgl. J. JEREMIAS, Theologie, 204ff; BULTMANN, Tradition, 110.142ff; MERKLEIN, Die Gottesherrschaft als Handlungsprinzip, 1978, 222ff [230]).

LOG 26

1. JESUS SPRICHT: DEN SPLITTER, DER IM AUGE DEINES BRUDERS IST, SIEHST DU, DEN BALKEN ABER, DER IN DEINEM AUGE IST, SIEHST DU NICHT. 2. WENN DU DEN BALKEN AUS DEINEM AUGE HERAUSZIEHST, DANN WIRST DU KLAR SEHEN, UM DEN SPLITTER AUS DEM AUGE DEINES BRUDERS HERAUSZUZIEHEN.

Das Wort steht in engem Stichwort-Zusammenhang mit Log 25, nämlich über die Vokabeln „Auge" und „Bruder" (wie in Log 25 mit der Bedeutung des „Nächsten"). Zum Text ist ergänzend auf das nur bruchstückhaft überlieferte Stück in POxy 1,1-4 zu verweisen, nämlich bloß mit der Zeile: „...und (καὶ) dann (τότε) wirst du klar sehen (διαβλέψεις), um den Splitter im Auge deines Bruders herauszuziehen". Zur sprachlichen Form hat ZÖCKLER, EvThom, 77f dargelegt, dass das Verb διαβλέπειν die Grundbedeutung „klar sehen" und nicht, wie auch bei den synoptischen Parallelen regelmäßig übersetzt, „zusehen, dass" hat. Außerdem hat er gezeigt, dass das καὶ die Wenn-dann-Verbindung, wie im koptischen Text vorliegend, nicht ausschließt, vielmehr nur sie einen verständlichen Zusammenhang ergibt.
Eine gnostische Bedeutung des Logions kann nicht festgestellt werden. Auch das „klare Sehen" im letzten Satz hat entgegen MONTEFIORE (A Comparison of the Parables of the Gospel According to Thomas and the Synoptic Gospels, NTS 7 [1960/1], 231) keinen gnostischen Hintergrund. Ein solcher ist selbst nach Auffassung von SCHRAGE, Verh, 73 auch nicht auszumachen.
Dagegen ist der Zusammenhang des Logions mit den synoptischen Sprüchen in Mt 7,3-5 Par Lk 6,41-42 (Q) deutlich zu erkennen. Das Logion aus Q lautet wie folgt, hauptsächlich nach Mt: „Was siehst du aber den Splitter in deines Bruders Auge, des Balkens jedoch in deinem Auge (Lk: in deinem eigenen Auge) wirst du nicht gewahr? Oder (fehlt bei Lk) wie kannst du zu deinem Bruder sagen: Halt (bei Lk: Bruder, halt), ich will den Splitter aus deinem Auge (Lk: der in deinem Auge ist) (heraus-)ziehen, und siehe, in deinem Auge ist der Balken (Lk: wenn du selber den Balken in deinem Auge nicht siehst)? Du Heuchler, zieh zuerst den Balken aus deinem Auge, und dann magst du zusehen (καὶ τότε διαβλέψεις: klar sehen), dass du den Splitter aus deines Bruders Auge (Lk: der in deines Bruders Auge ist) (heraus-) ziehst".
Wie sich aus dem vorliegenden Text ergibt, lässt sich auch der Bestand der Spruchquelle relativ leicht erheben, und zwar aus den bei Mt und Lk gemeinsamen Teilen, da Lk nur in verhältnismäßig geringfügigem

Umfang Zusätze und Änderungen angebracht hat (s. auch SCHULZ, Q, 146f; POLAG, Fragmenta Q, 36f). Eine Abhängigkeit des Log 26 von Mt/Lk oder Q ist, wie PATTERSON, GosThom, 29ff; SIEBER, Analysis, 73f nachgewiesen haben, nicht anzunehmen. Der Zusammenhang des synoptischen Wortes mit den Sprüchen vom Richten und insgesamt im Rahmen der mt Bergpredigt bzw. der lk Feldrede fehlt bei EvThom. Auch die diversen wörtlichen Überschneidungen des EvThom mit dem Mt- und Lk-Text können keine Abhängigkeit vermuten lassen, da spezifisch redaktionelle Eigenarten von Mt oder Lk (oder auch Q) bei EvThom nicht aufzufinden sind. Dass in POxy S.3 ἐν („im Auge") wie in Lk statt ἐκ („aus dem Auge") wie im kopt EvThom und Q steht, muss nicht auf Übernahme der lk Redaktion schließen lassen, wie HULTGREN, Parables, 435f will, sondern kann auch eine Angleichung an den vorhergehenden Text oder ein Abschreibefehler sein (s. SIEBER, s.o., 73). Auch die von SCHRAGE, Verh, 72f aufgeführten sah Versionen der synoptischen Evangelien aus späteren Jahrhunderten führen wegen der Möglichkeit gegenseitiger Anpassung nicht zur Annahme von Abhängigkeit.

Bemerkenswert ist vielmehr, dass bei EvThom statt der synoptischen Fragesätze („Was siehst du...?") Aussagesätze vorliegen. Statt des Imperativsatzes („Zieh zuerst...!") ist ein Konditionalsatz gegeben. Ein antithetischer Parallelismus von deutlicher Formung liegt bei EvThom da vor, wo die Synoptiker eher einen Chiasmus aufweisen (Mt 7,3 / Lk 6,41). Bemerkenswert ist auch, dass die Synoptiker (und wohl auch Q) den Hauptaussagesatz tautologisch verdoppelt haben, der bei EvThom nur einmal vorkommt (das hebt auch A.J.B. HIGGINS, Non-Gnostic Sayings in the Gospel of Thomas, NovT 4, 1960, 296 hervor). Hier liegt doch wohl ein sekundärer Zusatz der Synoptiker und Q's vor, der ihre Aussage verstärken soll, wohingegen eine Weglassung oder Kürzung durch EvThom kaum begründbar ist (das räumt auch SCHRAGE, s.o., 73 ein). Schließlich ist auch der Ausruf „Du Heuchler!" (ὑποκριτά) aus Mt/Lk bzw. Q, der wohl ebenfalls der Verstärkung dienen sollte, weggelassen.

Alle diese polemischen Zusätze werden gern von den Synoptikern verwendet. Sie sind offenbar EvThom nicht geläufig, dessen Fassung deshalb die Vermutung höheren Alters für sich hat (wofür auch der Parallelismus membrorum spricht). Dies gilt sogar gegenüber der Spruchquelle Q, in der die genannten Zusätze ebenfalls vorgekommen sein dürften und deren Autor sie wahrscheinlich zur rhetorischen Verschärfung und Anpassung an den Kontext mit den Worten über das Richten eingefügt hat (ähnl. auch KÖSTER, EntwLinien, 168f, Anm. 80; ZÖCKLER, EvThom, 76ff).

Was die Echtheit des Log 26 als Jesus-Wort betrifft, so ist dem oft entgegengehalten worden, dass es sich um ein Weisheits-Wort zeitgenössisch jüdischer Provenienz handele (s. dazu allgemein BULTMANN, Tradition, 105ff). Freilich ist richtig, dass im Judentum ähnliche Mahnungen bekannt waren (vgl. Rabbi Tarphon, ca 100 n.C.: „Wenn man einem sagt: Entferne den Splitter aus deinem Auge! wird er antworten: Entferne den Balken aus deinem Auge!" (b Ar 16b Bar, b. STRACK-BILLERBECK, I, Komm., 446; s. auch Sir 11,7; Spr 24,27). Abgesehen von dem durchaus abweichenden Sinn muss aber festgehalten werden, dass gerade aufgrund der Kenntnis des EvThom heute die Auffassung nicht mehr vertretbar ist, Jesus habe lediglich das apokalyptisch-eschatologische Kommen des Reichs Gottes gepredigt und eine entsprechend zugespitzte Ethik verkündet. Es hat sich gezeigt, dass er jedenfalls in der Gegenwart die Gottesherrschaft bereits angebrochen sehen konnte und diesen Tatbestand weisheitlich deutete.

Da das vorliegende Logion nunmehr neben Mt/Lk (Q) auch von EvThom, somit mehrfach gut bezeugt ist und auch sprachlich keine Bedenken gegen eine Zugehörigkeit zur Jesusverkündigung bestehen, darf durchaus von der Möglichkeit der Authentizität des Spruchs ausgegangen werden (so auch KÖSTER, Entwicklungslinien, 168; CROSSAN, Historischer Jesus, 573). Dafür spricht ferner maßgeblich die hyperbolische Formulierung des Wortes. Dieses deckt die Projektionstendenz des Menschen, auch des gläubigen beim Richten und Beschuldigen auf und weist deshalb auf die Notwendigkeit von Bewusstheit und Selbstkritik vor jeder Anschuldigung des Mitmenschen hin. Auch diese inhaltliche Richtung steht im Einklang mit der sonstigen Verkündigung Jesu über Verurteilen und Vergeben (entspr. auch FUNK u. JS., Five Gospels, 488; dagegen LÜDEMANN, Jesus 2000, 768, der wegen des Vorliegens einer Weisheitsregel eine Rückführung auf den historischen Jesus bezweifelt).

LOG 27

1. WENN IHR NICHT GEGENÜBER DER WELT FASTET, WERDET IHR DAS KÖNIGREICH NICHT FINDEN. 2. WENN IHR NICHT DEN SABBAT ZUM SABBAT MACHT, WERDET IHR DEN VATER NICHT SEHEN.

Der Stichwortanschluss zum Log 26 besteht in dem Verb „sehen". Die Par im griechischen POxy 1,4-11 weist zwei Abweichungen auf: nämlich „Reich Gottes" (βασιλεία τοῦ θεοῦ) statt „Reich" (Königreich; kopt. ⲘⲚⲦⲈⲢⲞ; gr. βασιλεία) sowie ein „und" (καὶ) zwischen S. 1 und 2. Beide

Abweichungen können ältere Überlieferung darstellen, ändern aber am Inhalt nichts Entscheidendes. Dass die Logien S. 1 und 2 evtl. früher einmal selbstständig waren, könnte sein, erscheint jedoch angesichts des älteren „und" eher unwahrscheinlich.
Eine gnostische Verwendung des Logions ist wegen der in ihm enthaltenen Ablehnung des Kosmos durchaus möglich. So hält HAENCHEN (EvThom, 57) das Wort ebenso für gnostisch wie auch LÜDEMANN (Jesus 2000, 769), der meint, es sei „ganz in der gnostischen Welt zu Hause". Form, Struktur und Inhalt des Spruchs weisen jedoch völlig in die frühjüdische sowie urchristliche und sogar jesuanische Umwelt.
Die merkwürdige Formulierung „Fasten gegenüber der Welt" begegnet ähnlich bei Clemens von Alexandrien (Strom. III, 15,99,4): „ μακάριοι οὗ τοι εἰσιν οἱ τοῦ κόσμου νηστεύοντες" [„Selig sind die, die gegenüber der Welt fasten"]. Dabei ist ein Genitiv (τοῦ κόσμου) vorhanden, während bei POxy ein Akkusativ (τὸν κόσμον) und bei EvThom ein Dativ (oder Akkusativ) vorliegt (επκοсмос; τῷ κόσμῳ wäre dativisch). Ähnlich wie im EvThom ist in den Paulus- und Thekla-Akten (vgl. Evang. Apokrypha, hg. v. C. Tischendorf, 1853, 42: „μακάριοι οἱ ἀποταξάμενοι τῷ κόσμῳ") ein Dativ verwendet. Im Liber Graduum, einer syrischen Schrift aus dem 4. Jh. wird 5mal die Phrase „Fasten gegenüber der Welt" gebraucht, davon 3mal in einer syrischen Kasus-Gestaltung, die zwei Übersetzungen zulässt, nämlich im Griechischen akkusativisch wie τὸν κόσμον (in POxy s.o.) oder im Koptischen dativisch (aber auch akkusativisch) wie επκοсмос (so EvThom). Das syrische Liber Graduum verweist wiederum auf ältere syrisch-palästinensische Überlieferung, so BAKER, Fasting to the World, JBL 84 (1965), 291ff u. NTS 12 (1965), 50; FITZMYER, The Oxyrhynchus Logoi, 391. Insofern kann die Formulierung unseres Logions auch als Aramaismus verstanden werden (s. G. QUISPEL, VigChr. 45 [1991], 82).
Noch stärker ist das der Fall bei der Terminologie, die sich in dem σαββατίσητε τὸ σάββατον / ειρε Ⲙ̄ⲠⲤⲀⲘⲂⲀⲦⲞⲚ Ⲛ̄ⲤⲀⲂⲂⲀⲦⲞⲚ („Macht den Sabbat zum [wahren] Sabbat") zeigt. Sie kommt schon in der LXX vor (s. z.B. Lev 23,32; 2Chron 36,21). Ähnlich heißt es aber auch bei Justin im Dialog mit Tryphon, 12: „σαββατίζειν ὑμᾶς ὁ καινὸς νόμος διὰ παντὸς ἐθέλει" (s. dazu i. e. MÉNARD, EvThom, 119f u. FIEGER, EvThom, 108f). In diesem Zusammenhang hat P. BROWN (Nov Test 34, 2, 1992, 193) die Auffassung vertreten, dass „Sabbat" hier auch die „ganze Woche" meinen kann, was die Wirkung des Logions noch verstärken würde (ähnl. auch H. WEISS, ZNW 86, 1995, 145ff). Auf jeden Fall liegt auch hier ein Bezug auf frühe palästinensische Tradition vor.

Die genannten Quellen verweisen damit in beiden Fällen in das Frühjudentum syrisch-palästinensischer Umwelt. Der Inhalt weist jedoch bei aller Nähe dazu auch charakteristische Differenzen vom zeitgenössischen Judentum auf, die das Logion als urchristliche Verhaltensregel erweisen (s. schon BULTMANN, Tradition, 156f). Das Wort gehört danach eindeutig in die urchristliche Diskussion um Tora und Halacha und des näheren zur Kritik an diesen.

Wir haben uns damit bereits bei den Log 6 und 14, s. auch 104 auseinander gesetzt. Dort wurde ausgeführt, dass sich Jesus kritisch-integrativ besonders mit den kultisch-religiösen Normen des zeitgenössischen Judentums, auch mit den Fasten-Vorschriften befasste. Das gleiche gilt aber auch für die Sabbat-Halacha. Diese Regeln werden von Jesus nicht aufgehoben, aber auch nicht einfach bestätigt, sondern umgeformt und neugestaltet, indem sie auf bestimmte höherwertige Normen, die von der hereinbrechenden Gottesherrschaft herkommen, bezogen werden. Auch vorliegend liegt eine solche typische Umformung und Neugestaltung der Fasten- und Sabbat-Vorschriften vom Reich Gottes und seiner Ordnung her vor (s. auch ZÖCKLER, EvThom, 114).

So sollen nicht mehr die traditionellen Fastenregeln unbefragt angewendet werden (zur Distanz von der Fasten-Halacha s. auch Mk 2,19 Par). Vielmehr soll „gegenüber der Welt" gefastet werden. Die Jünger und -innen sollen sich somit von den Mächten und Gewalten der (alten) Welt fernhalten, von privatem Reichtum, Luxusleben und ausbeuterischer Wirtschaft. Sie sollen auch nicht penibel und formal die Sabbatvorschriften einhalten. Vielmehr ist ihr intentionaler Sinn zu beachten, nämlich die Freiheit von Arbeitslast, Konsum und Profit, das Heil und die Freude des Menschen sowie die (meditative) Ruhe, wie Jesus dies auch in vielen anderen Fällen betont hat, s. z.B. Mk 2,27.28 Par; 3,4 Par Mt 12,10ff; Lk 13,15; 14,5; ferner Joh 5 u. 9 (s. auch KÖSTER, Einführung in das NT [1980], 589, der hervorhebt, dass auch die Form von Log 27 älter als die entsprechender Logien aus den synoptischen Evangelien ist). Ein besonderer Asketismus, wie oft behauptet, dürfte sich aus dem Logion dagegen nicht entnehmen lassen (gegen CHILTON, Jesus' Teaching, GP 5, 1985, 166f u.a.).

Das Alter des in Log 27 aufbewahrten Spruchs ergibt sich auch aus seiner Gestaltung als synonymer Parallismus membrorum, wobei die Enthaltung von der Welt bzw. auch die wahre Sabbatfeier sich als negative Einlassbedingungen zum kommenden Reich Gottes darstellen. Derartige Basileia-Worte begegnen vielfach in der Jesus-Verkündigung (s. Mt 5,20; 18,3; Mk 10,15 Par Lk 18,17 u.a.). Auch das Suchen und Finden des Reichs Gottes kann auf Jesus zurückgeführt werden (vgl. Mt 6,33 Par Lk 12,31 [Q]; s. ferner die Logien in EvThom 3,58,107,109 usw.). Desgleichen gehört das „Sehen" Gottes bzw. des Vaters möglicherweise

in den Rahmen der Verkündigung Jesu (vgl. einerseits Mt 5,8: „Ihr werdet Gott sehen", andererseits Joh 6,46; 14,7-9, wo vom „Sehen des Vaters" die Rede ist).
Auch die im Log 27 deutliche Distanz von der „Welt" (κοcμοc) steht dem nicht entgegen. Sie bedeutet weder Askese, Sexualfeindschaft oder Mönchstum, die sämtlich mit dem historischen Jesus nichts zu tun haben. Vielmehr handelt es sich bei Jesus um eine differenzierte Betrachtungsweise, die auf das Vergehen der alten Welt (des alten Äons) und das Hereinbrechen der neuen Welt des Reichs Gottes zurückzuführen ist. Das wird später noch näher auszuführen sein bei den zentral sich mit der „Welt" befassenden Logien (s. z.B. Log 56,60,80). Hier sei nur bemerkt, dass Jesus auch in Mk 8,36 Par die Seele, das Leben des Menschen der „ganzen Welt (κόσμος)" gegenüberstellt. Andererseits fordert er seine Jünger und -innen auf, „Licht der Welt" (κόσμος) zu sein (Mt 5,14). Entscheidend wird die Auseinandersetzung mit der „Welt" im JohEv, wo jedoch ebenfalls Kritik und Ablehnung neben positiver Stellungnahme zu finden sind (vgl. einerseits, dass Jesus „zum Gericht" in die „Welt" gekommen ist, z.B. Joh 9,39;12,31, und die „Welt" „überwunden" hat, s. Joh 16,33, andererseits, dass er das „Licht" der „Welt" sei, Joh 8,12 und der „Welt" das „Leben" gegeben werden soll, Joh 6,33 usf.).
Da die gesamte Verkündigung Jesu von der „Welt" kaum ohne einen Anhalt an der Predigt des geschichtlichen Jesus zu deuten ist, ist durchaus die Möglichkeit zu sehen, das vorliegende Logion auf diesen zurückzuführen. Sowohl der „ethische Rigorismus", besonders in dem Verständnis der Kultvorschriften, den FIEGER, EvThom, 109, darin sieht, spricht deutlich dafür. Ebenso aber auch der Bezug zum kommenden Reich Gottes, der charakteristisch für die Predigt Jesu ist und in dieser Weise dem zeitgenössischen Judentum wie auch der frühen Kirche abgeht (s. auch BERGER, Jesus, 157; ablehnend jedoch FUNK u. JS., Five Gospels, 488f; CROSSAN, Historischer Jesus, 579). Das Logion kann insgesamt als eine Art Brücke zwischen Q bzw. der synoptischen und der johanneischen Jesus-Verkündigung angesehen werden, was auch die Stellung des EvThom insgesamt zwischen diesen beiden Traditionen beleuchtet.

LOG 28

1. JESUS SPRICHT: ICH STAND IN DER MITTE DER WELT, UND ICH OFFENBARTE MICH IHNEN IM FLEISCH. 2. ICH FAND SIE ALLE TRUNKEN. NIEMANDEN UNTER IHNEN FAND ICH DURSTIG. 3. UND MEINE SEELE EMPFAND SCHMERZ ÜBER DIE

MENSCHENKINDER, WEIL SIE BLIND SIND IN IHREM HERZEN UND NICHT SEHEN, DASS SIE LEER IN DIE WELT KAMEN UND AUCH WIEDER LEER AUS DER WELT HERAUSZUKOMMEN SUCHEN. 4. ZWAR SIND SIE JETZT TRUNKEN. WENN SIE JEDOCH IHREN WEINRAUSCH ABSCHÜTTELN, DANN WERDEN SIE UMKEHREN.

Zunächst ist festzuhalten, dass mit dem Substantiv „Welt" (κόσμος) zwar Stichwortanschluss an das vorliegende Log 27 besteht, jedoch im übrigen mit der Ich-Aussage eine neue Gruppe von Sprüchen ansetzt. Bemerkenswert ist weiter, dass dem vorliegenden Spruch die Par in POxy 1, 11-21 entspricht, die allerdings bloß bis „nicht sehen" reicht und im übrigen nur analog dem koptischen Spruch rekonstruiert werden kann. Textlich bestehen freilich insoweit und auch bezüglich der Übersetzung der koptischen Vorlage keine wesentlichen Probleme.
Nach VALANTASIS, GosThom, 103 artikuliert das vorliegende Logion „a classically gnostic theology". Auch HAENCHEN, EvThom, 65 behauptet die gnostische Herkunft des Spruchs und sieht danach in Jesus die „fleischgewordene ... Erleuchtung". Gerade dies lässt jedoch an dem gnostischen Charakter des Worts zweifeln. Besonders die Fleischwerdung des Erlösers ist völlig ungnostisch, ja sie zeigt antignostische Tendenz (s. ZÖCKLER, EvThom, 132). Das gleiche folgt aus der Betonung des „Schmerzes" Jesu über die Menschenkinder. G.W. MACRAE hat gezeigt (The Jewish Background of the Sophia Myth, Nov Test 12, 1970, 92.98), dass hier auch weitere Grundgedanken des Erlösermythos fehlen: der Bruch in der höheren Welt beim Fall der Sophia und der übliche strenge Antikosmismus.
Es liegt daher näher, den Kontext des Logions anderweitig zu suchen, wobei sich zunächst das syrisch beheimatete und besonders das johanneische Christentum nahe legt. Das Logion ist inhaltlich ein Ich-Wort, das sich als eine Art Rechenschaftsbericht Jesu über sein Kommen in die „Welt" und seinen Erfolg bzw. Misserfolg darin darstellt. Das Kommen des Erlösers in die „Welt" und sein Erscheinen im „Fleisch" (ϭⲁⲣⲝ / σάρξ) erinnern an Joh 1,9.14; 3,17; 6,14; 11,27 usf. Nach Joh 1,10 usw. wurde er von der „Welt" nicht erkannt. Das „Dürsten" wird ebenfalls im JohEv vielfach artikuliert (s. Joh 4,13f; 6,35; 7,37), allerdings in etwas anderer Nuancierung. Dass die Menschen der Welt „trunken" sind vom „Wein ihrer Unzucht", sagt Apk 17,2.6. Der Erlöser empfindet auch nach Joh 12,27 Schmerz („Erschütterung") in seiner „Seele" (ἡ ψυχή μου τετάρακται). Ebenso wird die Blindheit in Joh 9,41 angesprochen. Vom „Umkehren" (ⲙⲉⲧⲁⲛⲟⲉⲓ / μετανοεῖν) spricht zwar nicht das JohEv, aber mehrfach die Apokalypse des Joh (s. Apk 2,5.21; 3,3; 9,20; 16,9) (vgl. insgesamt dazu auch FIEGER, EvThom, 112f).

Von hier aus ergeben sich auch manche Beziehungen zu den synoptischen Evangelien und ihrer Jesus-Darstellung und zur paulinischen Theologie. Die Forderung der „Umkehr" findet sich zentral auch in vielen Jesus-Worten (s. zusammenfassend Mk 1,25 Par; ferner Mt 18,3 Par; 11,21 Par Lk 10,13 [Q]; Mt 12,41 Par Lk 11,32 [Q]; Lk 13,1ff usw.). Auch die Kritik der „Trunkenheit" durch mancherlei Betäubung und dadurch mangelnde Wachheit und Bewusstheit kann man in verschiedenen frühen nt Zusammenhängen feststellen (s. z.B. Lk 12,45 Par; 1Thess 5,6ff; Eph 5,18), desgleichen die Aufforderung zur Nüchternheit (1Thess s.o.; 1Kor 15,34 usw.); damit soll auch vermieden werden, „leer", also mit leeren Händen vor Gott zu stehen (vgl. dazu Ex 23,15; Jes 55,11). Schließlich ist darauf hinzuweisen, dass auch nach 1Tim 3,16 das „Geheimnis der Frömmigkeit" (gemeint ist das des Erlösers, Jesus) „offenbart wurde im Fleisch" (ähnlich Barn 5,6; 6,7 pp), ein früher christlicher Hymnus, der ebenso wie die joh Fleischwerdung des Logos aus weisheitlicher Theologie stammt (so auch ZÖCKLER, EvThom, 132ff).

Entscheidend dürfte damit in Log 28 eine besondere Christologie aus frühjüdischer und -christlicher Weisheitstradition zur Sprache kommen (s. besonders DAVIES, Christology, 675 sowie Wisdom, 96). Die „Weisheit", die Gott „erschaffen" oder auch nur „gefunden" hat (Spr 8,22-26; Hiob 28,23), wohnt zunächst verborgen bei Gott bzw. im Himmel (Hiob 28,13f; Spr 8,27-30). Sie war bei der Schöpfung zugegen und hat an ihr mitgewirkt (Spr 8,27ff; Sir 1,9). Sie erhebt ihren Ruf (Spr 1,20ff; 8,1ff) und kann von Israel angenommen werden (Sir 1,106). Sie wird aber auch abgelehnt, mahnt und kann ihre Annahme nicht erzwingen (Spr 1,23-25; 8,36; Bar 3,12f). Von ihrer Wiederkunft spricht äthHen 5,8; 91,10.

In Log 28 tritt Jesus als Repräsentant dieser Weisheit auf. Er kommt wie diese „mitten in die Welt" (äthHen 42,2; Weish 7,7) und „offenbart sich im Fleisch", somit als Mensch (vgl. Sir 24,10; Bar 3,38). Er ruft die „Menschenkinder" (Spr 8,1ff), aber es kommt zur Ablehnung seines Heilsrufs. Für die Entstehung unseres Worts noch in einer Jesu Wirksamkeit nahen Zeit spricht, dass der Sprecher nicht sein Entschwinden, seinen Aufstieg zum Himmel ankündigt wie sonst oft in der Weisheitstradition (s. Spr 1,28; Sir 24,5f; äthHen 42,1ff). Vielmehr äußert Jesus die noch bestehende Hoffnung, dass die Menschen „ihren Weinrausch abschütteln" und zur Bewusstheit, Nüchternheit und „Umkehr" gelangen.

Will man die Beziehung des Logions zum historischen Jesus prüfen, kann man neben den bereits ausgeführten johanneischen und synoptischen Belegen auch die Verwurzelung Jesu in der Weisheitstradition feststellen (s. dazu auch H. KÖSTER, Einführung in das NT, 1980, 588). So spricht Jesus als Repräsentant bzw. Vertreter, als „Sohn" der Weisheit in dem Rechtfertigungswort Lk 7,31-35 Par Mt 11,16-19 (Q), in dem Jubelruf Mt 11,25-27 Par Lk 10,21f (Q), dem Heilandsruf Mt 11,28-30 Par EvThom 90 sowie dem Jerusalemwort Lk 13,34f Par Mt 23,37-39 (Q). Auch mit dem Logion über die Prophetenmörder in Lk 11,49-51 Par Mt 23,34-36 (Q) zitiert er weisheitliche Überlieferung (s. näher dazu F. CHRIST, Jesus Sophia, 61ff; M. HENGEL in HENGEL - SCHWEMER, Anfänge der Christologie, 84ff).

Diese sapientialen Traditionen in der Jesus-Verkündigung sind an sich gut bezeugt und durch die Überlieferung in Q auch als altertümlich ausgewiesen. Sie sind allerdings in sich wenig kohärent und wirken eher wie verbliebene Relikte in den Evangelien, die auch in der sonstigen kanonischen Überlieferung wenig Spuren hinterlassen haben, vielleicht weil sie später von der Gnosis aufgenommen worden sind. So sind denn auch bloß in der thom Tradition noch weitere frühe Beispiele von ihnen vorhanden (s. z.B. Log 17,23,38,90). Da diese Logien unter einander sehr different sind und eine konsistente Grundlage, die auch in Kohärenz zu Log 28 steht, nicht nachzuweisen ist, ist lediglich die Feststellung möglich, dass unser Spruch wohl in erheblicher Nähe zum geschichtlichen Jesus steht. Ein konkreter Nachweis seiner Echtheit ist jedoch nicht möglich, zumal auch eine Situation, in der er gesprochen worden sein könnte, schwerlich erkennbar ist (so auch im Ergebnis FUNK u. JS., Five Gospels, 489; CROSSAN, Historischer Jesus, 579; LÜDEMANN, Jesus 2000, 770).

LOG 29

1. JESUS SPRICHT: WENN DAS FLEISCH ENTSTANDEN IST WEGEN DES GEISTES, IST ES EIN WUNDER. 2. WENN ABER DER GEIST WEGEN DES KÖRPERS ENTSTANDEN IST, IST ES EIN WUNDERBARES WUNDER. 3. JEDOCH WUNDERE ICH MICH DARÜBER, WIE DIESER GROSSE REICHTUM IN DIESER ARMUT WOHNUNG GENOMMEN HAT.

Der Stichwortzusammenhang mit dem vorhergehenden Logion besteht in dem Substantiv „Fleisch", aber auch besonders in der „Ich"-Aussage Jesu. Die griechische Par in POxy 1,22 ist nur noch bezüglich der letzten Zeile „in dieser Armut" (ταύτην τὴν πτωχείαν).
Die gnostische Auslegung dieses Logions wird wiederum von FIEGER, EvThom, 114 und HAENCHEN, EvThom, 70f bevorzugt. Jedoch sieht die Gnosis den Leib bzw. das Fleisch noch stärker abwertend, etwa als

Gefängnis, Fessel oder sogar Grab des Geistes (vgl. K.-W. TRÖGER, Die gnostische Anthropologie, 1981, 31ff [39]). Ähnlich auch im EvPhil Log 22, wo die „Seele" als „wertvolle Sache" bezeichnet wird, die „in einen wertlosen Leib" geriet. Im vorliegenden Logion ist die Sicht des Verhältnisses von „Fleisch" bzw. „Leib" und „Geist" jedoch wesentlich differenzierter dargestellt. Zunächst wird in V.1 die Schöpfung gelobt, wenn sie das „Fleisch" (capz / σάρξ), den menschlichen Körper, „wegen des Geistes" (πηλ / πνεῦμα) hervorgebracht hat, was „durch" (kausal) den Geist heißen kann, aber auch „um des Geistes willen" (final), zu geistigen Zwecken bedeuten kann (das kopt. ετβε kann beides sein). Dann wird gesteigert gerühmt (in V.2) die Entstehung des Geistes (gerade umgekehrt) „wegen" bzw. „durch" den „Körper" (cωμα / σῶμα), wobei wiederum die kausale Rückbeziehung des Körpers auf den Geist gemeint sein kann, aber auch der Geist „um des Körpers willen", um ihn also auch körperlichen Zwecken dienstbar zu machen, geschaffen sein kann. Es ist somit in beiden Versen eine Wechselbeziehung von Körper und Geist angesprochen, wobei hier (vielleicht absichtlich) das positiv gesehene Körperliche als soma, nicht als sarx bezeichnet worden ist. Ein „ironischer Unterton", wie FIEGER, s.o., annimmt, ist insoweit durchaus nicht ersichtlich. Schließlich wird in V.3 eine erneute Kehrtwendung vollzogen (die durchaus nicht nachträglich eingefügt sein muss, gegen PLISCH, Verborgene Worte, 104). Es wird von Jesus betont, dass gerade er sich „verwundert" (ϣπηρε), wie, auf welche Weise dieser „große Reichtum" (gemeint ist doch: des Geistes, s. z.B. Log 85) in der „Armut" des Leibes enthalten ist und auch wirkt.

Insgesamt wird damit in sehr ausgewogener Weise die Wechselbeziehung von „Geist" und „Leib" dargestellt, wie dies im zeitgenössischen Judentum und auch im frühen Christentum nur selten geschieht. Es ist danach zwar im 3. Satz als Spitze des ganzen Spruchs die Höherwertigkeit des Geistes, als göttlicher Kraft im Menschen gegenüber dessen Leib festgehalten, jedoch im davor befindlichen Satz durchaus die außerordentliche Bedeutsamkeit gerade auch des Leibes für den Geist herausgestellt (s. ähnlich auch ZÖCKLER, EvThom, 122f sowie DAVIES, Wisdom, 73; zur Vielfalt der Aussage auch treffend MARTIN, EvThom, 123ff).

Die Aussage dieses Logions steht recht singulär zwischen dem zeitgenössischen Judentum und den Bekundungen der frühen Kirche. Nach Joh 6,63 ist es der „Geist" (πνεῦμα), der „lebendig macht", das „Fleisch" (σάρξ) „hilft nichts", wobei freilich nach dem vorhergehenden Abschnitt das „Fleisch" Jesu als des Menschensohns eine Ausnahme macht (6,51c ff). In Mk 14,38 Par sagt Jesus im Garten von Gethsemane, der „Geist" sei „willig", er wird positiv gesehen, das „Fleisch" aber sei

„schwach" (ἀσθενής). Im übrigen finden sich nur wenige Aussagen, in denen Geist und Fleisch kontrastiert werden. Mit Ausnahme allerdings der Schriften des Paulus, der eine ganz persönlich entwickelte Anthropologie in der Spannung von Fleisch, Leib und Geist entwickelt (s. Gal 5,16ff; Röm 8,6ff u.a.; vgl. des näheren BULTMANN, Theologie des NT, 193ff.232ff); dabei wird das Fleisch stark in die Sphäre einer kosmischen Ego-Macht gerückt und damit als Ursprung der Sünde gesehen (s. auch J. FREY, ZNW 90, 1999, 45ff). Im AT und frühen Judentum wiederum wird das Körperliche, auch das „Fleisch" positiver gedeutet und sind auch Kontrastierungen seltener. Bemerkenswert ist etwa die hoffnungsvolle Aussage nach Joel 2,28 (Luther-B.: 3,1); danach soll in der Endzeit der „Geist" (Gottes) über alles „Fleisch" „ausgegossen" werden (was freilich die persönliche Anthropologie bereits überschreitet).

Nach allem ist das Log 29 durchaus im frühchristlichen Raum und in der Nähe des historischen Jesus anzusiedeln. Es könnte hier sogar eine Aussage sein, die nicht nur die Menschen allgemein betrifft. Vielmehr könnte Jesus auch (zumindest nach der Schlussredaktion, vgl. den EvThom-Kontext mit Log 28) seine eigene Person im Blick haben, wenn er die Einwohnung des heiligen Geistes in sich selbst und die Schwachheit und Verletzlichkeit seines Leibes, besonders in Bezug auf das Kreuzesgeschehen meint (so nach der Übersetzung von BERGER u. NORD, Das NT u. frühchristliche Schriften, 1999, 653 u. der erstere in Theologiegeschichte des Urchristentums, 1994, 202f).

Insgesamt dürfte indessen die Äußerung Jesu zu der vorliegenden Problematik in seinem Umfeld zu singulär und auch zu gering bezeugt sein, als dass sichere Ausführungen über die Echtheit des Logions gemacht werden könnten. Dies gilt sowohl für die seltene Thematisierung der Frage in den Synoptikern, aber auch im EvThom, das zwar in Log 87 und 112 noch weitere Sprüche mit dem Gegenstand „Fleisch" / „Leib" bzw. „Seele" hat. Aber auch diese sind, wie noch zu zeigen sein wird, von so eigenwilliger Bearbeitung, dass sie zum Nachweis einer Authentizität des Logions nicht geeignet sind (so im Ergebnis auch FUNK u. JS., Five Gospels, 489; CROSSAN, Historischer Jesus, 579; LÜDEMANN, Jesus 2000, 770).

LOG 30

1. JESUS SPRICHT: WO DREI [GÖTTER] SIND, SIND SIE GÖTTER.
2. WO ZWEI ODER EINER IST, BIN ICH MIT IHM.

Die Stichwortverbindung mit den vorhergehenden Logien 28 und 29 besteht über das Personalpronomen mit dem „Ich" Jesu.
Die textliche Struktur des koptischen Log 30 ist unsicher, da hier für jedenfalls zwei Stellen eine textliche Korruption behauptet wird (s. i.e. H.-G. BETHGE, Synopsis, 527 u.a., unter Bezug auf die POxy-Par). Es könnte zunächst heißen: „Wo drei sind, sind sie Götter". Es wird aber auch vertreten: „Wo drei sind, sind sie ohne Gott" oder: „Wo drei sind, sind sie nicht ohne Gott" (s. dazu auch O. HOFIUS, EvTh 1960,185f). Freilich mag zwar im 1.Hs. eine Dittographie („Götter") vorliegen, das liegt nahe, da die Verdoppelung nur schwerlich einen Sinn ergibt (s. M. MARCOVICH, JTS, N.S., Vol XX, 1969, 67f u.a.). Jedoch sind die obigen Berichtigungen im 2.Hs. nicht zwingend und haben im Text keine Grundlage. Auf jeden Fall hat die vorliegende koptische Endredaktion (selbst unter Berücksichtigung der Dittographie) einen für diese durchaus noch verständlichen Sinn ergeben (s. VALANTASIS, GosThom, 104f; BERGER - NORD, Das NT und frühchristliche Schriften, 653): Etwa als kritische Äußerung zu einer sich entwickelnden orthodox-kirchlichen Trinitätslehre. Die Dreieinigkeit könnte insofern als Einheit von drei Göttern angegriffen worden sein. Im Kontrast dazu könnte die Menschlichkeit von zwei oder einem Menschen in der Gemeinschaft mit Jesus hochgeschätzt worden sein.
Noch erheblichere textliche Probleme sind mit der Rekonstruktion der älteren griechischen Par in POxy 1,23-30 gegeben. Es bestehen hier mehrere Textlücken, die wie folgt aufzufüllen sind: [λέγ]ει [Ἰ(ησοῦ)ς ὅπ]ου ἐὰν ὦσιν [τρ]ε[ῖς], ε[ἰσι]ν ἄθεοι, καὶ [ὅπ]ου ε[ἷς] ἐστιν μόνος [ἢ δ]ύω, ἐγώ εἰμι μετ' αὐτ[οῦ]. („Jesus spricht: Wo auch immer drei sind, sind sie ohne Gott. Und wo einer oder zwei sind, bin ich mit ihnen") (in Anlehnung an MARCOVICH, s.o., 67f). Es folgt dann der Text von Log 77 S.2 und 3 mit einem weiteren Ich-Wort, das hier nicht näher zu erörtern ist (s. die Komm. z. Log 77). Statt mit [τρ]ε[ῖς] wird die Lücke im 1.S. auch mit [γ' θ]ε[οι] („drei Götter") oder mit [γ'] ο[ὐκ] („drei, nicht)" gefüllt; dabei ist am Ende des 1.S. neben ἄθεοι (=„ohne Gott" bzw. gottlos) auch die Lesart θεοι („Götter") möglich. Schließlich wird im 2.S. statt [ἢ δ]ύω („und zwei") auch vielfach [λέ]γω („sage ich") gelesen, manchmal auch [αὐ]τῷ („selbst"). Zum Streit sei verwiesen auf: J.A. FITZMYER, TS 20, 1959, 505ff; HOFIUS, EvTh 1960, 182ff [185f]; MARCOVICH, s.o.; C.H. ROBERTS, JTS 21, 1970, 91f; H. ATTRIDGE, BASP 16, 1979, 153ff; LÜHRMANN - SCHLARB, Fragmente, 2000, 122f.
Die Lesarten betr. „drei Götter" und „Götter" scheinen mir durch die koptische Übersetzung veranlasst zu sein und wirken daher textlich konstruiert. Desgleichen wirkt die Lesart „nicht ohne Gott" wie eine künstliche Entschärfung des Textes, bei dem „ohne Gott" zu bevorzugen

ist. Der Einschub „sage ich" (ferner auch „selbst") statt des von der Zahlenfolge her natürlichen „und zwei" scheint mir ebenfalls anfechtbar zu sein. Allerdings verbleibt hier letztlich eine nicht völlig lösbare Unsicherheit in der Wiederherstellung des griechischen Textes (s. auch B. ENGLEZAKIS, NTS 25, 1979, 262ff u. LÜHRMANN - SCHLARB, s.o., u.a., die zur Rekonstruktion „sage ich" statt „und zwei" neigen).
Auch die inhaltliche Auslegung der älteren gr. Par in POxy ist schwierig. Am nächsten liegt, das Logion in Verbindung mit Mt 18,20 zu sehen, wo es heißt: „Wo zwei oder drei (δύο ἢ τρεῖς) in meinem Namen versammelt sind, da bin ich mitten unter ihnen". (die „zwei oder drei" begegnen ähnlich beim Zeugnis in der Gemeinde, s. 2Kor 13,1; 1Tim 5,19; Hebr 10,28). Bei Mt 18,20 handelt es sich um ein Jesuswort, das allerdings bereits durch das kirchliche Interesse des Mt geformt sein wird. Das ergibt besonders der Kontext Mt 18,15-20 und die dortige singuläre ekklesia-Terminologie, näheres dazu auch BULTMANN, Tradition, 158ff.162f. Die mt Stelle wird bei Clemens Alex, Strom III 69,4; 68,3 zitiert unter Verweis auf die Erwählung gerade auch des „einen". Bemerkenswert ist ferner die Kommentierung bei Ephraem, dem Syrer (s. RESCH, Agrapha, 201): „Wo einer (allein) ist, da bin auch ich" ... „Und wo zwei sind, da werde auch ich sein". Es folgt dann im Anschluss daran: „Und wo drei sind, kommen sie gleichsam in der Kirche zusammen ..." (s. zu entspr. frühjüdischen Traditionen noch STRACK - BILLERBECK, Kommentar zum NT aus Talmud u. Midrasch, 794; nach diesen rechnet Gott, wenn drei zusammensitzen und sich mit der Tora beschäftigen, es ihnen als „Versammlung" an).
Dass unsere POxy-Par zu Log 30 weiter formuliert: „Wo auch immer drei sind, sind sie ohne Gott" könnte daher mit Rücksicht darauf erfolgt sein, dass traditionell die größere Zahl („drei") mit der Kirche in Verbindung gebracht wurde. Die Thomas-Gemeinde legte indessen auf Individualität und Selbstverantwortung gesteigerten Wert, wie ihre starke Betonung des Einzelnen und In-sich-Geeinten ja zur Genüge zeigt (so auch VALANTASIS, GosThom, 43f; ENGLEZAKIS, NTS 25, 264f). Dazu passt dann auch die Zusage der Gegenwart Jesu, wenn „einer oder zwei" zusammen sind.
Letztlich könnte hier auch noch eine ältere Tradition im Rahmen der Jüngeraussendung Jesu hindurchscheinen: Jesus war zwar nach der Überlieferung der Thomas-Gemeinde bei dem „Einzelnen", auch bei seinem Tätigsein und Arbeiten (vgl. noch das ursprünglich in unseren Kontext gehörige Log 77 S.2/3: „Spaltet ein Stück Holz, und ich bin da. Hebt den Stein auf, und ihr werdet mich dort finden", s. i.e. später). Er legte aber bei der Aussendung der Jünger auch Wert darauf, dass gerade jeweils „zwei" (δύο) von ihnen ausgesandt wurden (so die alte Jesus-Tradition in Lk 10,1 Par Mk 6,7). Sie waren es auch, die ihn vertreten

sollten (Lk 10,16 Par Mt 10,40). Dagegen passte eine Aussendung von „dreien" anscheinend nicht in sein Konzept. Sie entsprach nach seiner Auffassung nicht dem Willen Gottes, und wer diese anordnete, konnte damit „ohne Gott" sein (ἄθεοι, zu dieser Ausdrucksweise s. entspr. auch Eph 2,12). So konnte die älteste Formulierung unseres Logions aufkommen, dass da, wo einer oder zwei sind, diese im Sinne Jesu sind und auf seine Gegenwart vertrauen dürfen. Er ist mit ihnen, und sie vertreten ihn. Dagegen soll die Verkündigung durch Auftreten größerer Gruppen, also schon von dreien und mehreren nicht dem Willen Gottes gemäß sein.
Ob dieser massenkritische Akzent tatsächlich ursprüngliche Tradition ist, kann freilich nicht mit Sicherheit festgestellt werden. Vielleicht war es auch eine Eigenart der Individualisten des Thomas-Christentums, das ja den „Einzelnen" besonders hervorhob, während die Gemeinde des Mt die größeren Gruppen, mindestens „zwei oder drei" und „kirchliche" Einheiten bevorzugte (vgl. auch Mt 16,18f; 18, 17.18 o.Par). Eventuell weist die Überlieferung von Log 30 jedoch zumindest in sehr frühe Traditionsschichten, in denen die Aussendung der „zwei" betont wurde. Eine Abhängigkeit von anderen Logien wie Mt 18,20 ist jedenfalls mangels Übernahme der besonderen redaktionellen Eigenarten des Mt nicht festzustellen (gegen SCHRAGE, Verh, 74f; FIEGER, EvThom, 116f). Weiteres lässt sich zur Frage der Authentizität nicht feststellen, die im übrigen auch sonst abgelehnt wird (s. FUNK u. JS., Five Gospels, 489f; CROSSAN, Historischer Jesus, 573; LÜDEMANN, Jesus 2000, 770f).

LOG 31

1. JESUS SPRICHT: KEIN PROPHET IST WILLKOMMEN IN SEINEM DORF. 2. EIN ARZT HEILT NICHT DIE, DIE IHN KENNEN.

Eine direkte Stichwortverbindung zum vorigen Log 30 ist nicht ersichtlich, jedoch ein substanzieller Zusammenhang, als es sich beide Male um die Person Jesu handelt. Die griechische Variante in POxy 1,30-35 entspricht im wesentlichen dem koptischen Log 31.
Eine gnostische Deutung von Log 31 wird von SCHRAGE, Verh, 77 (ferner von MÉNARD, EvThom, 126f) versucht. Er meint, es gehe bei πατρις (Heimatdorf) um die irdisch-weltliche Sphäre überhaupt, in der der Gnostiker fremd und verkannt sei (s. auch Heracl Fragm 27 u. 37). Es ist jedoch, auch für die Schlussredaktion durch den Zusammenhang mit Log 30 klar, dass es sich hier speziell um Jesus und sein Schicksal als Prophet und Arzt handelt. Die gnostische Bezugnahme ist auch im

übrigen weit hergeholt. Eindeutig ist dagegen die Relation des Log 31 zur kanonischen Überlieferung. Charakteristisch ist insoweit der Auftritt Jesu in seiner Heimatstadt Nazareth gem. Mk 6,1-6 Par Mt 13,53-58, wo er nach der Notiz in 6,5 „keine Machttat vollbringen konnte" (außer bei „wenigen Kranken"), weil „sie Anstoß an ihm nahmen". Es heißt dann in Mk 6,4 Par Mt 13,57, dass er zu ihnen sagte: „Ein Prophet ist nirgends verachtet (ἄτιμος) außer in seiner Vaterstadt (πατρίδι) und bei seinen Verwandten (συγγενεῦσιν) und in seinem Hause (οἰκίᾳ)". Mt folgt dem, er lässt aber die „Verwandten" weg, deren Ablehnung Mk auch sonst betont, vgl. Mk 3,21. Eine selbstständige Parallele dazu bietet Lk 4,16-30, wo die Predigt über das „Gnadenjahr des Herrn" und seinen Anbruch in Jesus im Mittelpunkt steht, dagegen keine Heilungstaten vermerkt werden. Hier äußert Jesus auf Fragen nach seiner Herkunft (V.23): „Jedenfalls werdet ihr mir dieses Sprichwort sagen: Arzt, heile dich selbst! So große Dinge in Kapernaum geschehen sind ..., so große tue auch hier in deiner Vaterstadt (πατρίδι)!" (V.24). Er sprach aber: Wahrlich, ich sage euch: „Kein Prophet ist gut aufgenommen (δεκτός) in seiner Vaterstadt." Schließlich wird in einer weiteren Par in Joh 4,44 im Rahmen des Zugs Jesu von Samaria nach Galiläa notiert, wohl wegen des dort erwarteten Unglaubens: „Denn Jesus selbst bezeugte, dass ein Prophet in seiner eigenen Vaterstadt (πατρίδι) kein Ansehen genießt".
Fraglich ist nun, ob Log 31 von den kanonischen Versionen, ggf. von welcher abhängig ist. Das kann jedoch entgegen SCHRAGE, Verh, 75ff; MÉNARD, EvThom, 126ff keineswegs angenommen werden. Schon WENDLING, Die Einheit des Marcus-Evangeliums (1908), 54 hat zu der POxy-Par überzeugend ausgeführt: „Die(se) klare Parallele des Logions muß auf jeden Unbefangenen natürlicher und ursprünglicher wirken als die aus Spruch und Erzählung zusammengesetzte Mc-Stelle; in dem Doppelspruch ist die Kunstform erhalten, in der die meisten Sprüche Jesu gefaßt sind". Vielmehr liege es nahe, dass Mk unseren Doppelspruch gekannt habe und ihn nach seinem Bedürfnis zurecht gemacht habe. Auch der Vater der formgeschichtlichen Forschung R. BULTMANN meint in Tradition, 30f, es liege ein „Musterbeispiel" vor, „wie aus einem freien Logion eine ideale Szene" (nämlich in Mk 6,1-6) „komponiert" worden sei. Er hält das Logion POxy 1,30ff = Log 31 für gegenüber Mk 6,4f „primär". Der Doppelspruch kann nach ihm kaum aus Mk 6,1-6 entsprungen sein, vielmehr ist das Umgekehrte wahrscheinlich: Die 2. Hälfte des Doppelworts ist in Erzählung umgesetzt (s. Mk 6,5) und die „Bekannten" in S.2 sind zu „Verwandten" in 6,4 geworden. Ähnlich urteilt auch M. DIBELIUS (Formgeschichte, 2.A., 106f u. Jesus Christus, 25), dass die Erzählung „ursprünglich in einen Spruch Jesu ausgegangen" sei, der „doppelgliedrig gewesen sein" könnte wie das Wort in POxy. Die

letzte Hälfte des Worts wäre auch nach ihm von der Überlieferung in einen entsprechenden Vorgang umgewandelt worden, evtl. um einen Übergang zu der folgenden Aussendung der Jünger anzubahnen (s. auch schon PREUSCHEN, ZNW XVII, 1916, 33ff). Dem folgen im Ergebnis auch KÖSTER, Ancient Christian Gospels, 111 u. Entwicklungslinien, 121.168; SIEBER, Analysis, 21ff; PATTERSON, GosThom, 31f; CROSSAN, In Fragments, 281ff (285); THEISSEN - MERZ, Historischer Jesus, 53; ZÖCKLER, EvThom, 43f u.a. Log 31 ist somit als unabhängig von Mk und sogar als ältere Stufe in der Überlieferung des Worts anzunehmen.

Die bloße Ähnlichkeit mit Mk 6,4, die SCHRAGE, s.o., anführt, und zwar auch in den koptischen Evangelien-Versionen, reicht keineswegs aus, um das Gegenteil anzunehmen. Zweifelhaft und formgeschichtlicher Forschung geradezu konträr ist insofern auch besonders seine Bemerkung, Thomas habe „das Wort aus seiner historischen Situation ... gelöst und wieder (!) zu einem „freien Logion" gemacht" (76). Ferner ist auch der Widerspruch E. LOHMEYERs (Mk, 10.A., 1937, 111f) gegen die Ursprünglichkeit des Worts, weil eine Verbindung von Arzt und Prophet auf jüdischem bzw. hellenistischem Boden unmöglich sei, nicht überzeugend, da J.B. BAUER (BZ 41, 1997, 95ff) das Gegenteil nahegelegt hat.

Es ist ferner auch nicht anzunehmen, dass eine Abhängigkeit des Log 31 von Lk 4,24 vorliegt (so aber ebenfalls SCHRAGE, SCHRÖTER-BETHGE in NHD, 159 u.a.; dagegen die Obengenannten). Insbesondere ist nicht davon auszugehen, dass δεκτός (kopt. ϣηπ; angenehm), auch vorfindlich in der Formulierung vom „Gnadenjahr des Herrn" in V.19 (ἐνιαυτὸν κυρίου δεκτόν), auf lk Redaktionsarbeit zurückzuführen und von EvThom übernommen sei. Es liegt hier eher unabhängige Überlieferung als charakteristische lk Redaktion vor. Es ist insofern auch fraglich, ob Lk von Mk abhängig ist und diesen abgeändert hat. Vielmehr spricht gerade die scheinbar unmotivierte Aufnahme des Sprichworts „Arzt, heile dich selbst!" (Lk 4,23) dafür, dass hier die Tradition vom 2. Teil des thom Doppelspruchs in Erinnerung war und von Lk durch das genannte Sprichwort ersetzt worden ist. Diese „Überlieferungsvariante" in Lk (SCHÜRMANN, Lk, 223f; s. auch K.L. SCHMIDT, Rahmen der Geschichte Jesu, 38ff.158) hat somit ebenfalls nicht den Doppelspruch in Log 31 hervorgebracht, sondern ist eher von ihm abhängig (s. auch CORNELIUS, Glaubwürdigkeit, 49).

Die joh Überlieferung schließlich stellt wohl eine spätere Zitation des mündlich umlaufenden Spruchguts dar, wobei bemerkenswert ist, dass Joh 4,44 ausdrücklich sagt, dass „Jesus selbst" die Richtigkeit des Spruchs „bezeugt" habe.

Im Ergebnis dürfte auch von der Authentizität des Log 31 und seiner Zugehörigkeit zur Predigt des historischen Jesus auszugehen sein. Sprachlich bestehen dagegen auch keine Bedenken, der intakte Parallelismus membrorum spricht formal durchaus dafür. Das Logion hat eine gut nachvollziehbare situative Verwurzelung im Leben Jesu selbst. Es passt zu seinem historischen Wirken als Heiler und charismatischer Prophet, der in seiner Heimatstadt abgelehnt wurde, was kaum von der frühen Gemeinde erfunden sein kann. Auch dass das Wort in volkstümlichen Sprichwörtern Parallelen hat, spricht nicht gegen seine Echtheit, da Jesus gern solche Spruchweisheit aufgegriffen hat, um typische Eigenheiten seines Wirkens zu charakterisieren.
Mit Rücksicht auch auf die Quantität seiner Bezeugung ist danach von der Echtheit des Logions auszugehen (s. auch BERGER, Jesus, 164; ROLOFF, Jesus, 25; H. TAUSSIG, F & F Forum, 10,1 [1994], 34f; vgl. ferner FUNK u. JS., Five Gospels, 490f; CROSSAN, Historischer Jesus, 571; dagegen bevorzugt LÜDEMANN, Jesus 2000, 771.61 die Mk-Fassung).

LOG 32

JESUS SPRICHT: EINE STADT, AUF EINEM HOHEN BERG ERBAUT UND BEFESTIGT, KANN NICHT FALLEN, NOCH WIRD SIE VERBORGEN SEIN KÖNNEN.

Das Logion könnte durch das Substantiv „Stadt" in Stichwortverbindung zum „Dorf" in Log 31 stehen, jedenfalls besteht insofern assoziative Nähe. Im übrigen beginnt mit Spruch 32 ein neuer Ansatz mit einer Gruppe von weisheitlichen, Q nahe stehenden Worten. Dem kopt. Logion entspricht die gr. Par in POxy 1,36-41 mit geringfügigen Abweichungen, nämlich zusätzlich mit „auf dem Gipfel eines hohen Bergs" (ἐπ' ἄκρον ὄρους ὑψηλοῦς) und „weder" „noch" (οὔτε ... οὔτε) statt „nicht" „noch" (ⲘⲚ̄ ... ⲞⲨⲆⲈ ... ⲀⲚ / οὐ...οὐδέ).
Eine gnostisierende Deutung des Logions ist möglich, da der Gnostiker gelegentlich mit einem „hohen Berg" verglichen wird, „den die Stürme nicht von der Stelle rücken können" (s. Ginza 215, 23f) und der als „Lichtmensch" auch sich nicht verbergen kann (so SCHRAGE, Verh, 78f; MÉNARD, EvThom, 128f).
Jedoch ist wiederum nahe liegender und erhellender, auf den frühchristlichen und sogar jesuanischen Zusammenhang des Logions zurückzugreifen. Besonders deutlich ist der Bezug zu Mt 5,14, wo die Jüngerschar Jesu von ihm als „Licht der Welt" bezeichnet wird und dann das Bildwort angefügt wird: „Eine Stadt, die auf einem Berge liegt

(ἐπάνω ὄρους κειμένη), kann nicht verborgen sein (κρυβῆναι)". Es folgt abschließend das Logion vom „Licht", das nicht „unter den Scheffel", sondern „auf den Leuchter" gestellt werden soll. Weiter dürfte auch das Gleichnis vom Haus auf dem Felsen (Mt 7,24ff Par Lk 6,47ff [Q]) Verwandtschaft mit unserem Logion haben. Es vergleicht in der mt Fassung den, der Jesu Worte hört und tut, mit einem „klugen Mann", der „sein Haus auf Felsen baute (ᾠκοδόμησεν)" und „es fiel nicht ein (ἔπεσεν)", obwohl Wasserströme und Winde es bedrängten. Anders der „törichte Mann", der seine Worte hört, aber nicht befolgt; „sein Haus fiel ein (ἔπεσεν)" und war ein „großer Trümmerhaufen". In der lk Version heißt es, dass das Haus des einen „Menschen" vom Hochwasser „nicht erschüttert werden konnte (ἴσχυσεν σαλεῦσαι)", während das des anderen „zusammenstürzte (συνέπεσεν)". Da das lk Sprachmaterial zum größten Teil für diesen typisch ist, ist der mt Fassung (soweit sie hier von Bedeutung ist) der Vorzug zu geben und wird diese auch im wesentlichen der Q-Version entsprechen (so auch SCHULZ, Q, 312f; POLAG, Fragmenta Q, 38f).
Zur Frage des Verhältnisses dieser Traditionen zu Log 32 nimmt SCHRAGE, Verh, 38 an, dass dieses „eine Kombination von Mt 5,14 mit Bildelementen aus Mt 7,24f" sei und davon nachträglich abgeleitet worden sei (so auch FIEGER, EvThom, 119). Dagegen hält MONTEFIORE, NTS 7 (1961), 240f, i. Anschl. an L. VAGANAY, Le problème synoptique, 1954, 340ff, das Wort für selbstständig und aus einer von den Synoptikern unabhängigen Quelle stammend.
Es muss festgestellt werden, dass das Vokabular von Mt 5,14 und POxy/ Log 32 doch weitgehend voneinander abweicht, besonders was die Stadt auf dem Berge betrifft. So heißt es gegen Mt (ἐπάνω ὄρους κειμένη) in POxy: ἐπ' ἄκρον ὄρους ὑψηλοῦς und in EvThom Log 32: ⲉⲡ' ὄρος ὑψηλὸν (kopt. ⲉⲅⲕⲱⲧ. ⲙ̄ⲙⲟⲥ ϩⲓⲭⲛ̄ ⲟⲩⲧⲟⲟⲩ) nebst weiteren Abweichungen. Auch die Nähe zu Mt 7,24ff ist eher assoziativ. Zwar zeigt Mt 12,25, dass „Stadt" und „Haus" miteinander verbunden sein können, doch auch hier stimmt das Vokabular nicht wörtlich überein. Typisch redaktionelle Charakteristika von Mt kommen bei EvThom nicht vor. Das Verb πίπτειν („fallen") liegt zwar auch bei Mt mehrfach vor (7,25.27). Es ist aber nicht typisch mt, sondern traditionell und stammt aus Q (s. z.B. POLAG, s.o.), wie auch das ähnliche Vorkommen in Lk 6,49 andeutet. Es ist daher näher liegend anzunehmen, dass sowohl Mt als auch POxy/EvThom aus unterschiedlichen Traditions-Strömen stammen und keine gegenseitige Abhängigkeit, also auch nicht des Mt-Textes von POxy/EvThom vorliegt (so im Ergebnis auch ausführlich SIEBER, Analysis, 43ff; PATTERSON, GosThom, 74f; während J.JEREMIAS, Unbekannte Jesusworte, 13f unser Logion für eine Erweiterung von Mt hält).

Fraglich ist allerdings, welche der Überlieferungen das höhere Alter aufweist oder sogar auf Jesus selbst zurückgeführt werden kann. Die Fassung in POxy/EvThom ist zwar sehr knapp, sie wirkt aber formal unausgeglichen. Sie hat keinen echten Parallelismus membrorum und hinkt inhaltlich; denn die Höhe der Stadt und ihre Befestigung können wohl für ihre Sicherheit Bedeutung haben, aber nicht beide für ihre Sichtbarkeit. Dagegen sind die Fassungen in Mt bzw. Mt/Lk (Q) zwar etwas umständlicher, aber inhaltlich folgerichtiger: Nach Mt 5,14 kann die Stadt auf dem Berge wegen dessen Höhe nicht verborgen sein, und nach Mt 7,24ff Par kann das Haus wegen seiner guten Befestigung nicht fallen; dabei liegt noch ein antithetischer Parallelismus für den Fall seiner schlechten Befestigung vor (J. JEREMIAS, Theologie, 25f, Anm 14; KASSER, EvThom, 66).
Ich neige daher dazu anzunehmen, dass die beiden letzteren Sprüche in Mt und Q in die Nähe des historischen Jesus gehören. Die kombinierte Form in EvThom, die in mündlicher Überlieferung zusammengeflossen sein dürfte, wird dagegen eher sekundär sein (so auch BULTMANN, Tradition, 98). Für die Authentizität beider Traditionen spricht die sich nunmehr durch POxy/EvThom ergebende gute Bezeugung. Es liegt auch eine individuelle Einbettung in die Vorstellungen der zeitgenössischen Umwelt vor. Das Frühjudentum spricht von der Stadt auf dem Zionsberg, vgl. Jes 2,2ff; Micha 4,1ff; Jes 25,6f.60 als Bau der Gottesgemeinde. Aber auch das frühe Christentum kennt die festgegründete Stadt, das neue Jerusalem (s. Hebr 11,10.16; Apk 3,12; 21,2 u.a.). Bei Jesus dürfte es hier (sowohl nach Mt als auch EvThom) um die Gemeinschaft der an das Reich Gottes Glaubenden gehen, die ihr Licht leuchten lassen sollen und gleichzeitig ihren Glauben durch Hören und Tun befestigen sollen. Diese eigenwillige Aussage Jesu im Rahmen ähnlicher zeitgenössischer Bekundungen könnte durchaus echt sein, auch wenn ihre Formulierung durch profane Volksweisheit beeinflusst worden ist (zur Authentizität der Mt- u. Q - Stellen s. besonders J. JEREMIAS, Theologie, 108.166.221.135.242; ferner LÜDEMANN, Jesus 2000 ,771.182 [nur betr. Mt 5,14]; dagegen sprechen sich FUNK u. JS., Five Gospels, 492; CROSSAN, Historischer Jesus, 573 eher für EvThom aus).

LOG 33

1. JESUS SPRICHT: WAS DU HÖREN WIRST MIT DEINEM OHR UND MIT DEM ANDEREN OHR, VERKÜNDIGE ES AUF EUREN DÄCHERN.
2. DENN KEINER ZÜNDET EINE LAMPE AN UND STELLT SIE UNTER EINEN SCHEFFEL, AUCH STELLT ER SIE NICHT AN EINEN

VERBORGENEN ORT. 3. VIELMEHR STELLT ER SIE AUF DEN LEUCHTER, DAMIT EIN JEDER, DER HEREINKOMMT UND HINAUSGEHT, IHR LICHT SIEHT.

Die Stichwortverbindung des vorliegenden Worts besteht über das Adjektiv „verborgen" mit dem vorhergehenden Logion. Eigenartigerweise gibt es auch innerhalb des Spruchs, nämlich zwischen S.1 und S.2/3 noch eine stichwortmäßige Brücke, nämlich im Koptischen, durch die Worte „Ohr" (ⲙⲁⲁϫⲉ) und „Scheffel" (Getreidemaß; ebenfalls ⲙⲁⲁϫⲉ); vielleicht ist hier eine Verbindung erst spät, nämlich im koptischen Sprachraum erfolgt. Im übrigen setzt das Wort die mit Log 32 begonnene Reihe von Weisheitssprüchen fort. Sprachlich hat der 1.Satz durch die Formulierung „mit deinem Ohr" (ϩⲙ ⲡⲉⲕⲙⲁⲁϫⲉ) auch insofern ein Problem, als in der weiteren Ausdrucksweise „mit dem anderen Ohr" (ϩⲙ ⲡⲕⲉⲙⲁⲁϫⲉ) eine Dittografie vorliegen könnte. Inzwischen hat sich jedoch die durchaus überzeugende Meinung gebildet, dass es sich hier um eine absichtliche Verdoppelung handelt, die „mit beiden Ohren", somit sicher und zuverlässig bedeuten soll (s. u.a. FIEGER, EvThom, 121, auch zu den alternativen Möglichkeiten der Übersetzung). Dies entspricht auch POxy 1,41-43: „Was du hörst mit einem deiner Ohren und (rek.: mit dem anderen, verkündige es ...); der restliche Text ist nicht mehr herzustellen.
Wenn SCHRAGE, Verh, 80f meint, „mit dem anderen Ohr" gehöre zur „Verkündigung", etwa in dem Sinne, dass auf den Dächern in jemand anderes Ohr verkündigt werden solle, so ergibt dies nicht den gewünschten „gnostischen" Sinn, vielmehr ist es schlicht in sich widersprüchlich. Die Verkündigung „auf (bzw. von) den Dächern" heißt nämlich in besonderer Steigerung öffentlich und ist in keiner Weise gnostisch oder auch nur esoterisch zu verstehen (s. auch MÉNARD, EvThom, 130).
Log 33 S.1 ist daher traditionsgeschichtlich sinnvoll mit Mt 10,27 Par Lk 12,3 (Q) in Beziehung zu bringen. Mt 10,27 befindet sich im Rahmen der Aussendungsrede an die Jünger Jesu und lautet: „Was ich euch im Dunkeln sage, das sagt im Licht. Und was ihr ins Ohr geflüstert (τὸ οὖς) hört (ἀκούετε), das predigt (κηρύξατε) auf den Dächern." Bei Lk 12,3 liegt ein anderer Rahmen vor, nämlich eine öffentliche Auseinandersetzung Jesu mit den Schriftgelehrten und Pharisäern, wobei Jesus deren „Heuchelei" rügt und ihre Entlarvung ankündigt: „Deswegen wird alles, was ihr im Dunkeln gesagt habt, im Licht gehört werden. Und was ihr in den Kammern ins Ohr geflüstert habt (πρὸς τὸ οὖς ἐλαλήσατε), wird auf den Dächern gepredigt werden (κηρυχθήσεται)". Die letztere Formulierung macht den Eindruck, dass sie in besonderer Weise auf den Kontext des Lk hin gestaltet worden ist, nämlich als Drohwort wegen der

„Heuchelei" der Pharisäer. Dagegen fügt sich die mt Ausdrucksweise gut in die Aussendungsrede, die auch Q und der darin enthaltenen Tradition zugrundeliegt. Sie entspricht dem verborgenen Anfang des kommenden Reichs Gottes und auch der Predigt Jesu und fordert zur öffentlichen Verkündigung durch die Jünger auf. Die mt Version ist auch als Grundlage für Q anzusehen (s. SCHRÖTER, Erinnerung, 351ff; LAUFEN, Doppelüberlieferungen, 160ff; SCHULZ, Q, 462f u.a.; gegen POLAG, Fragmenta Q, 58f). Letztlich passt diese auch besser zu unserem Log 33, 1.S. Der Unterschied besteht insofern in der Sonderformulierung bzgl. der beiden Ohren und in der 2. Pers. Sing. im 1. Hs. und der 2. Pers. Plural zusätzlich im 2. Hs. Diese Differenz in der Person dürfte mit der für das EvThom typischen Individualisierung und der Betonung des Einzelnen zusammenhängen und im vorliegenden Wort wahrscheinlich sekundär sein. Daher wird zwar auch in Log 33 1.S. mit unabhängiger Tradition zu rechnen sein (s. SIEBER, Analysis, 109f; PATTERSON, GosThom, 32f; gegen GRANT-FREEDMAN, Geheime Worte, 143 u.a.), zumal redaktionelle Elemente der Synoptiker nicht vorliegen. Jedoch wird, was die Ursprünglichkeit der Überlieferungen betrifft, wohl der mt (und Q)-Fassung der Vorzug zu geben sein, und zwar nicht nur gegenüber Lk, sondern auch gegenüber EvThom. Diese Fassung darf auch insgesamt als altertümlich angesehen werden und steht in Kohärenz mit dem folgenden Logion und der Predigt Jesu im übrigen, besonders zur Mission, sodass insofern von Authentizität ausgegangen werden kann. Die herrschende Auffassung hält auch die mt Fassung eher für eine Bildung der frühchristlichen Gemeinde angesichts von Verfolgungen und die thom Version schon wegen des zweifelhaften Wortlauts für nachrangig (s. FUNK u. JS., Five Gospels, 492; LÜDEMANN, Jesus 2000, 772.221f; dagegen nimmt CROSSAN, Historischer Jesus, 573 insgesamt Authentizität an).

Was Log 33 2./3. Satz betrifft, so liegen ebenfalls gnostische Parallelen fern. Vielmehr sind offenbar am nächsten befindlich die synoptischen Stellen in Mk 4,21 Par Lk 8,16 und Mt 5,15 Par Lk 11,33 (Q), die sich als Doppelüberlieferung derselben Spruchseinheit darstellen.

So sagt Jesus bei Mk 4,21 im Anschluss an die Deutung des Sämann-Gleichnisses zu seinen Jüngern: „Bringt man etwa die Lampe (λύχνος), damit sie unter den Scheffel (ὑπὸ τὸν μόδιον) oder unter das Bett gestellt wird (τεθῇ), (und) nicht vielmehr, damit sie auf den Leuchter (ἐπὶ τὴν λυχνίαν) gestellt wird (τεθῇ)?". Die Par in Lk 8,16 ist in denselben Gleichnis-Zusammenhang eingefügt und lautet nicht wie Mk in Frage-, sondern in Aussage-Form: „Niemand aber, der eine Lampe angezündet hat (ἅψας), bedeckt (καλύπτει) sie mit einem Gefäß (σκεύει) oder stellt (τίθησιν) sie unter ein Bett, sondern er stellt sie auf einen Leuchter, damit

die Hereinkommenden (εἰσπορευόμενοι) das Licht sehen (βλέπωσιν)." Lk hat gegenüber Mk charakteristische Veränderungen vorgenommen, so das „Anzünden" der Lampe, das „Bedecken" mit einem „Gefäß" sowie den Finalsatz, damit die „Hereinkommenden" das Licht „sehen".
Diese Änderungen zeigen sich auch teilweise in der (vor dem Bildwort vom Auge positionierten) Lk-Fassung des Q-Logions (Lk 11,33 = Mt 5,15): „Niemand zündet eine Lampe an (ἅψας) und stellt sie in ein Versteck (κρύπτην τίθησιν), auch nicht unter den Scheffel (ὑπὸ τὸν μόδιον), sondern auf den Leuchter (ἐπὶ τὴν λυχνίαν), damit die Hereinkommenden (εἰσπορευόμενοι) den Schein sehen (βλέπωσιν)". Lk hat damit sowohl die Mk-Fassung verändert als auch einen eigenen Beitrag zur Q-Tradition geleistet (die zusätzliche Wendung: „auch nicht unter den Scheffel" fehlt allerdings in mehreren wichtigen Handschriften und ist textkritisch nicht sicher). Die Q-Fassung erscheint ebenfalls verändert in der Par Mt 5,15, nach den Bildworten vom Licht der Welt und der Bergstadt: „Man zündet auch nicht eine Lampe an (καίουσιν) und stellt (τιθέασιν) sie unter den Scheffel (ὑπὸ τὸν μόδιον), sondern auf den Leuchter (ἐπὶ τὴν λυχνίαν); dann leuchtet (λάμπει) sie allen, die im Hause (ἐν τῇ οἰκίᾳ) sind". Auch Mt hat für ihn charakteristisch das „Anzünden" (καίουσιν) der Lampe und (parataktisch verbunden) das „Leuchten" (λάμπει) gegenüber „allen, die im Hause sind". Das entspricht dem Kontext des Mt, der Verkündigung des Reichs Gottes, besonders durch die damit verbundenen „guten Werke" im Sinn hat, während bei Lk der Zusammenhang zu dem „Lichtmenschen" mit dem „lauteren Auge" im Gegensatz zu Menschen mit dem „bösen Auge" besteht. Prinzipiell dürfte die Lk-Fassung (allerdings abgesehen von dem textkritisch zweifelhaften Einschub wegen des Scheffels) der Formulierung in Q am nächsten kommen. Diese entspricht auch der Q-Akoluthie, die bei Mt aufgehoben ist, mit ihren altertümlichen Stichwort-Verbindungen (wie hier: „böses Geschlecht", 11,29 und „böses Auge", 11,34). Auch dürfte der finale Nachsatz, dass „die Hereinkommenden" den Schein „sehen" sollen, auf für Q kennzeichnende Missions-Adressaten gemünzt sein, während Mt allen „im Hause" (Israel) die Verkündigung zukommen lassen will. Das wird als typisch mt und somit sekundär anzusehen sein (s. MANSON, Sayings, 93; LAUFEN, Doppelüberlieferungen, 465ff; a.M. SCHULZ, Q, 474; ferner SCHRÖTER, Erinnerung, 334ff; G. SCHNEIDER, Das Bildwort von der Lampe, ZNW 61 [1970], 183ff).
Noch komplizierter wird die Traditionsgeschichte durch unser Log 33 S. 2/3. Eine Abhängigkeit von den Synoptikern ist wiederum (gegen SCHRAGE, Verh, 81ff; FIEGER, EvThom, 121ff) nicht anzunehmen. Die Rückübersetzung des koptischen Texts ins Griechische zeigt am nächsten Verwandtschaft mit dem Q-Text, wie er bei Lk erscheint (s.

BETHGE, Synopsis, 528). Das „Anzünden" der Lampe hat das Verb ἅπτειν, das „Wegstellen" kommt in τίθησιν vor. Als Aufhebung des Lichts gibt es beides: den „Scheffel" (μόδιος) und den „verborgenen Ort" bzw. das"Versteck" (κρυπτή / ⲙⲁ ⲉϥϩⲏⲡ; im Griechischen ein Hapaxlegomenon, das auch bei Lk sonst nicht vorkommt). Der finale Nachsatz enthält allerdings „Hereinkommende" und zusätzlich „Hinausgehende" (ἐκπορευόμενοι), die das „Licht" (φῶς) „sehen" sollen (βλέπωσιν). Eine Abhängigkeit des thom Textes von typisch lk oder anderweitiger synoptischer Redaktion ist nicht nachweisbar, desgleichen fehlen die Zusammenhänge, die bei Lk, aber auch bei Mt vorhanden sind (so auch SIEBER, Analysis, 45ff; PATTERSON, GosThom, 33; KÖSTER, Entwicklungslinien, 147ff [168f]; a.M. SCHRÖTER, Erinnerung, 373f, der jedenfalls Anlehnung an die synoptische Tradition annimmt). Im Gegenteil bewahrt EvThom nach QUISPEL, NTS 5 (1959), 285; MONTEFIORE, NTS 7 (1960/1), 241 in der Version von den „Hereinkommenden" und „Hinausgehenden" einen typischen Semitismus, der hier für hohes Alter und Eigenständigkeit der Tradition spricht. Diese Version dient auch nicht spezifisch thom Zwecken; es liegt insbesondere keine grundsätzliche Aussage über den „„Menschen" vor, der „aus dem Königreich kommt und auch dorthin zurückkehren wird" (Log 49), wie SCHRÖTER, Erinnerung, 375f annehmen will. Vielmehr handelt es sich hier um Menschen, die der Außenwelt, dem Gegenüber der Verkündigung des Reichs Gottes durch die Jünger angehören und in dieser Sphäre „ein- und ausgehen".
Insgesamt haben wir es somit mit drei selbstständigen und alten Traditionssträngen betr. das Logion vom Licht unter dem Scheffel zu tun, nämlich in Mk, Q und EvThom (POxy ist verloren gegangen). Bei Mk fehlt allerdings der finale bzw. parataktisch verbundene Nachsatz, den alle anderen Versionen haben. Bei Q ist unklar, worunter die Lampe gestellt werden soll, und wem die Lampe leuchten soll, den im Hause Befindlichen oder nur den Hereinkommenden. EvThom hat die klarste Formulierung und macht den Eindruck ältester Überlieferung, besonders in der unbefangenen volkstümlichen Ausdrucksweise von den „Ein- und Ausgehenden".
Im übrigen bestehen auch gegen die Annahme eines authentischen Jesus-Worts insofern keine durchgreifenden Bedenken (s. bes. CROSSAN, Historischer Jesus, 571; LÜDEMANN, Jesus 2000,772.48f.182 bevorzugt allerdings eher die Mk- u. Q-Fassung, während FUNK u. JS., Five Gospels, 492 sämtliche Versionen für evtl. echt hält). Dies folgt schon aus der insgesamt besonders guten Bezeugung sowie der charakteristischen und prägnanten Ausdrucksweise. Die Bedeutung des Spruchs ist auch trotz der im einzelnen sich ergebenden Verästelungen in der sprachlichen Komposition recht unkompliziert und folgt aus dem

Auftrag an die Jünger Jesu zur Verkündigung des Evangeliums von dem kommenden und schon hereingebrochenen Reich Gottes. Diese Verkündigung soll nämlich öffentlich und zu aller Kenntnisnahme erfolgen, da das darin enthaltene Licht, die damit verbundene Erkenntnis allen in der Umwelt Jesu „Ein- und Ausgehenden" zugänglich gemacht werden soll. Dies ist eine Vorstellung, die auch in Israel durchaus gängig war, wonach nämlich dieses als „Gottesknecht" das „Licht der Völker" zu deren Heil und Wohl sein sollte (vgl. z.B. Jes 42,6; 49,6 usw.). Auch die christliche Gemeinde spricht davon, dass die Gläubigen „leuchten" sollten „wie Himmelslichter in der Welt" (Phil 2,15 u.ä.). In diesen Kontext passt auch gut, dass die Jüngerschar das Licht des Reichs Gottes an alle Welt weitergeben und sich nicht durch Hindernisse welcher Art auch immer davon abhalten lassen sollten. Jesus hat sich persönlich gewiss auch als denjenigen gesehen, der in erster Linie das Kommen der Gottesherrschaft verkündigte (so J. JEREMIAS, Die Lampe unter dem Scheffel, in Abba, 1966, 99ff; Gleichnisse, 81). Dagegen dürfte die Deutung, dass unser Logion das Kommen des Reichs Gottes von Gott her betreffe, zu ihrem Vokabular weniger passend sein (anders JÜLICHER, Gleichnisreden II, 1899, 84f;s. s. aber auch BULTMANN, Tradition, 82.91.97.102).

LOG 34

JESUS SPRICHT: WENN EIN BLINDER EINEN BLINDEN FÜHRT, FALLEN BEIDE HINAB IN EINE GRUBE.

Die Stichwortverbindung besteht über die Vokabel „fallen" zum Log 32. Dagegen ist zu Log 33 nur eine inhaltliche Beziehung, nämlich wegen des Gegensatzes von Licht und Blindheit sowie der Fortführung der Reihe von weisheitlichen Sprüchen vorhanden.
Eine gnostische Interpretation unseres Spruchs versuchen wiederum SCHRAGE, Verh, 87; MÉNARD, EvThom, 133f. Nach Pistis Sophia 368,10f (K) „führt" das Pneuma alle Seelen zum Licht, die sonst „wie Blinde" „in der Finsternis herumtappen und nicht sehen", s. auch PS 241, 25f (D). Sie bedürfen somit als „Führer" des geistbegabten „Erlösers" (EvVer 19,17) und nicht anderer Blinder.
Diese Beziehung zur Gnosis dürfte jedoch sekundär und nachträglich geformt worden sein. Der Spruch ist viel näher in der synoptischen Überlieferung beheimatet. Wir haben es hier wieder mit der Tradition der Spruchquelle Q zu tun, die sich in Mt 15,14 Par Lk 6,39 niedergeschlagen hat.

Lk 6,39 befindet sich im Kontext der lk Feldrede und ist angeschlossen, und zwar wahrscheinlich schon in Q, an das Logion vom Nicht-Richten (Lk 6,37f Par). Der Spruch wird eingeführt mit den Worten: „Er (Jesus) sagte ihnen aber auch ein Gleichnis" und lautet (in Frage-Form): „Kann etwa ein Blinder einen Blinden führen (ὁδηγεῖν)? Werden nicht beide in eine Grube hineinfallen (ἐμπεσοῦνται)?". Bei Mt 15,14 steht der Spruch in dem Gespräch Jesu über die Reinheits-Vorschriften und betrifft die gegnerischen Pharisäer (so auch Mt 23,16.24 u. 26). Er lautet: „Lasst sie; sie sind blinde Führer von Blinden. Wenn aber ein Blinder einen Blinden führt (ὁδηγῇ), werden beide in eine Grube fallen (πεσοῦνται)". Die Stelle ist ein Einschub des Mt in einen ursprünglich von Mk stammenden Kontext. Was Q betrifft, so wird ihr am ehesten die Lk-Fassung entsprechen. Das folgt aus der Q-Akoluthie, insbesondere aus dem inhaltlichen Zusammenhang mit dem Wort über das Nicht-Richten. Aber auch die doppelte Frageform passt durchaus zu dem maschalhaften Charakter des Worts, während die mt Fassung einen umständlichen Vorspann aufweist (s. BULTMANN, Tradition, 82.84; SCHULZ, Q, 472f; POLAG, Fragmenta Q, 36f; s. ferner JÜLICHER, Gleichnisreden II, 52 u.a.).

Eine Abhängigkeit unseres Logions von den synoptischen Fassungen, insbesondere von Mt oder auch von Q sehe ich (entgegen SCHRAGE, Verh, 86f) nicht als festgestellt an. Zwar ist Log 34 ebenso wie Mt 15,14 nicht interrogativ, sondern indikativisch gefasst. Dieser Wechsel der Aussageform ist jedoch sehr verbreitet. Auch sind bei EvThom keine für Mt typischen redaktionellen Merkmale feststellbar. Im Gegenteil ist bei EvThom im Vordersatz von ⲥⲱⲕ ϩⲏⲧ / προάγειν (vorangehen bzw. - führen) die Rede, während Mt das Verb ὁδηγεῖν hat. Der Nachsatz hat ein zusätzliches ⲉⲡⲉⲥⲏⲧ (hinab) und steht auch nicht wie bei Mt im Futur, sondern in einer Präsensform (πίπτουσιν). Er unterscheidet sich damit auch von Lk und von Q. Selbst hinsichtlich der sah Mt-Übersetzung überwiegen die Differenzen erheblich. Im übrigen steht das EvThom-Log in völlig anderen Zusammenhängen als bei Mt und Lk (so auch PATTERSON, GosThom, 34; ferner SIEBER, Analysis, 194f). Es ist daher anzunehmen, dass Log 34 das Ergebnis einer selbstständigen Traditionsgeschichte ist.

Was die Authentizität des Logions angeht, so scheint mir die indikativische Form nach EvThom und Mt zu bevorzugen zu sein, da sie gegenüber der von Lk (Q) gewählten Frageform besser bezeugt ist. Andererseits ist das Verb ὁδηγεῖν (führen) durch Mt/Lk (und Q) wahrscheinlicher als das thom προάγειν (voranführen); denn dieses könnte eine besondere Vorliebe des EvThom bzw. seiner Redaktion sein (s. ⲥⲱⲕ ϩⲏⲧ in Log 3 u. ⲥⲱⲕ in Log 114). Ähnliches könnte für das Futur in der Apodosis bei Mt/Lk gelten. Insgesamt haben sowohl die Q- wie

auch die EvThom-Version ursprüngliche Elemente, so dass beide Fassungen als gleichwertig zu behandeln sind. Sie stehen auch beide dem historischen Jesus sehr nahe, denn sie sind gerade auch durch die zusätzliche Version des EvThom nunmehr als hinreichend gut bezeugt anzusehen und können auch sachgemäß in einen nachvollziehbaren frühjüdischen und urchristlichen Zusammenhang eingepasst werden (s. auch CROSSAN, Historischer Jesus, 573; FUNK u. JS., Five Gospels, 492f). Dass Herkunft von einer zeitgenössischen sprichwörtlichen Redewendung möglich ist, dürfte an der Echtheit des Worts nichts ändern (gegen LÜDEMANN, Jesus 2000, 772.381).
Inhaltlich ist zwar nicht zu entscheiden, ob es sich um ein Mahnwort an die Pharisäer (und vielleicht auch Sadduzäer) als Führer des Volks Israel handelt (dafür spricht Mt, besonders auch Mt 23,16ff=Q) oder die Jünger als zukünftige Leiter christlicher Gruppen (darauf zielt schon Lk und wohl auch EvThom ab); das erstere ist freilich wahrscheinlicher. Jedenfalls wird den Führungspersönlichkeiten vorgehalten, dass sie blind sind, somit der Erkenntnis und des Wissens von Gott und seinem Willen, von ihrer Herkunft und Zukunft ermangeln. Sie führen ein Volk oder auch nur eine Gemeinschaft, die ebenfalls blind ist und weder Gottes noch ihrer selbst bewusst ist. Dieser Mangel birgt die schreckliche Gefahr, dass beide in den Abgrund, ins Unheil fahren - eine Warnung, die wie bei Jesus regelmäßig einen eschatologischen Hintergrund haben wird und nicht nur auf harmlose profane Spruchweisheit reduziert werden sollte (s. J. JEREMIAS, Gleichnisse, 113; BULTMANN, Tradition, 103.107; KÖSTER, Entwicklungslinien, 167f).

LOG 35

1. JESUS SPRICHT: ES IST NICHT MÖGLICH, DASS JEMAND IN DAS HAUS DES STARKEN HINEINGEHT UND ES GEWALTSAM NIMMT, ES SEI DENN, ER FESSELT DESSEN HÄNDE. 2. DANN WIRD ER SEIN HAUS AUF DEN KOPF STELLEN.

Auch hier ist ein Stichwortzusammenhang vorhanden, nämlich über das Zeitwort „hineingehen (bzw. -kommen)" (εἰσέρχεσθαι) mit dem Log 33; dabei ist offenbar das Log 34 als so eng mit dem vorhergehenden Spruch verbunden gesehen (über die Thematik von Licht und Blindheit), dass es gegenüber Log 35 als unselbstständig erschien; im übrigen gehört auch Log 35 zur Reihe der mit Log 32 beginnenden weisheitlichen Sprüche.
Hinsichtlich der Übersetzung scheint mir entgegen der Übertragung von BETHGE und des Berliner Arbeitskreises, nämlich in S.2 „ausplündern", das Verb „auf den Kopf stellen" angemessener, da im kopt. ⲡⲱⲱⲛⲉ ⲉⲃⲟⲗ,

gr. μεταθήσει stark der Gedanke des Umkehrens, Umdrehens, der Veränderung steckt (so auch HAENCHEN, EvThom, 21). Was eine gnostische Deutung des Logions betrifft, so soll nach FIEGER, EvThom, 126f mit dem „Starken" der Nichtgnostiker gemeint sein, nach SCHRAGE, Verh, 90 aber evtl. auch die „Welt" (ähnl. HAENCHEN, EvThom, 69). Dass der Nichtgnostiker mit dem „Starken" angesprochen sei, liegt aber ganz fern und kann auch nicht belegt werden. Allenfalls kommt in Frage, ähnlich wie in Log 21, dass die Endredaktion in dem Spruch eine Aufforderung gesehen hat, das „Haus" des „Starken" und damit die „Welt" zu überwinden, was allerdings einen unmittelbaren Angriff auf diese bedeuten würde (so richtig LEIPOLDT, EvThom, 63). Sehr naheliegend ist dies aber nicht.

Auch hier kommt wieder viel eher in Betracht, dass das Log 35 in unmittelbarem Traditionszusammenhang mit synoptischen Sprüchen, also mit Mk 3,27 Par Mt 12,29 und Lk 11,21.22 gesehen werden muss. Das Logion Mk 3,27 steht in Beziehung zu der Szene von der Beelzebul-Anschuldigung Jesu durch die Schriftgelehrten, und zwar wegen seiner Dämonenaustreibungen (Mk 3,22ff). Diesem Apophthegma ist das ursprünglich selbstständige Logion angefügt (s. BULTMANN, Tradition, 10f), und zwar mit folgendem Wortlaut: „Niemand aber kann in das Haus des Starken (οἰκίαν τοῦ ἰσχυροῦ) hineingehen (εἰσελθὼν) und ihm den Hausrat rauben (τὰ σκεύη ... διαρπάσαι), wenn er nicht zuvor den Starken bindet (δήσῃ); erst dann wird er sein Haus ausrauben (διαρπάσει)."

Auch im Q-Zusammenhang ist eine Dämonenaustreibung eingefügt, auf die dann mehrere Logien und Bildworte folgen, so zwischen den Sprüchen Lk 11,20 und 11,23.24ff die Parallele zu unserem Logion: „Wenn der Starke (ἰσχυρὸς) bewaffnet seinen Hof (auch Palast, αὐλήν) bewacht, bleibt sein Besitztum in Frieden. Doch wenn ein Stärkerer (ἰσχυρότερος) als er über ihn kommt (ἐπελθὼν) und ihn überwindet (νικήσῃ), nimmt er (αἴρει) ihm seine Waffenrüstung (πανοπλίαν), auf die er sich verließ, und verteilt seine Beute (τὰ σκῦλα ... διαδίδωσιν)."

In derselben Reihenfolge, die wohl auf Q zurückzuführen sein wird (vgl. Mt 12,28 u. 12,30), steht Mt 12,29, jedoch überraschenderweise fast wortgleich mit der Mk-Par, und zwar in Frageform: „Oder wie kann jemand in das Haus des Starken hineingehen und ihm den Hausrat rauben, wenn er nicht zuvor den Starken bindet? Erst dann wird er sein Haus ausrauben."

Was die Spruchquelle Q betrifft, so dürfte zwar an ihrem Vorliegen hier nicht zu zweifeln sein (s. POLAG, Fragmenta Q, 52f; ROBINSON pp., CEQ, 234f; gegen SCHULZ, Q, 203). Jedoch ist ihre Fassung schwerer zu rekonstruieren, da einerseits Mt weitestgehend die Mk-Par übernommen hat und Lk seine Fassung ebenfalls stark verändert und besonders an Lk 11,24-26 und 11,34 („wenn - doch wenn", ὅταν / ἐπὰν) angepasst hat. Außerdem hat er jedenfalls Zusätze über die Bewaffnung des Starken, sein befriedetes Besitztum und die Waffenrüstung, auf die er sich verließ, sowie die Beute eingefügt. Somit ist die Q-Formulierung wohl darauf zu reduzieren, dass „der Starke" zwar „seinen Hof (Palast) bewacht", „jedoch ein Stärkerer über ihn kommt und ihn überwindet", „dann nimmt er ihm seine Waffenrüstung" (s. POLAG, s.o.). Eine Abhängigkeit des Log 35 von den synoptischen Parallelen, besonders Mk/Mt oder auch Q ist nicht festzustellen. Die größte Ähnlichkeit besteht mit Mk/Mt, weshalb SCHRAGE, Verh, 89; FIEGER, EvThom, 126 auch einen entsprechenden literarischen Zusammenhang annehmen. Es liegt aber wohl auch bei Log 35 eher eine unabhängige Tradition vor (so SIEBER, Analysis, 141ff; PATTERSON, GosThom, 34f). Unser Logion hat zwar den Aufbau wie die Mk-Fassung (im Gegensatz zur mt Frageform). Es spricht aber gegen beide in der Protasis vom Nehmen des „Hauses" (ʜєι), nicht des Hausrats (oder gar der Rüstung bzw. Beute), und zwar vom „gewaltsamen Nehmen" (ñqxιτq ñxnaϩ / βιάζεσθαι) sowie vom Binden der „Hände" (ϭιx) des Starken, und in der Apodosis davon, dass der Überwinder des Starken das Haus „auf den Kopf stellt" („umdreht") und nicht, dass er es ausraubt. Die Unterschiede zur Mk/Mt-Fassung, noch mehr zu Lk oder Q sind so erheblich und auch der Zusammenhang des Logionas so abweichend, dass von einer selbstständigen Überlieferungsgeschichte ausgegangen werden muss, zumal auch redaktionelle Elemente aus den Synoptikern bei EvThom nicht zu erkennen sind (vgl. auch SCHRÖTER, Erinnerung, 295f, der eine literarische Abhängigkeit ebenfalls für nicht erweislich hält, aber das Verhältnis zur synoptischen Überlieferung letztlich offenlassen will; dagegen geht QUISPEL, Remarks, 280 davon aus, dass Log 35 auf eine separate Übersetzung eines aramäischen Originals zurückzuführen sei).

Insgesamt ist anzunehmen, dass das Logion von der Fesselung des Starken zwar aus einer sprichwörtlichen zeitgenössischen Redewendung stammen wird, dessen Deutung auf seine eigenen Exorzismen Jesus jedoch nicht abgesprochen werden kann (so sogar SCHRAGE, Verh, 89 u. bes. J. JEREMIAS, Theologie, 77f; BULTMANN, Tradition, 110 u.a.). Das Logion wird als echt anzusehen sein wegen seiner guten Bezeugung durch nunmehr drei voneinander unabhängige Quellen sowie das eschatologische Hochgefühl, das sich in der Bekräftigung von Jesu Sieg über den „Mächtigen", nämlich Beelzebul, den Satan und vorgeblichen Herrscher der Welt zeigt (J. JEREMIAS, s.o.; THEISSEN - MERZ, Historischer Jesus, 237f; a.M. BECKER, Jesus, 231, da das Wort zur Entmachtung des Bösen durch Gott, s. Lk 10,18 in Spannung stehe; indes handelt natürlich auch vorliegend Gott durch Jesus als seinen Gesandten).

Allerdings wird die Lk- und Q-Fassung wegen ihrer weitgehenden Divergenz vom Wortlaut der anderen Versionen ferner vom Original sein als die Formulierungen in Mk/Mt und EvThom. Von den letzteren wird auch Mts Frageform gegen Mk und EvThom wegfallen, sodass zu prüfen ist, welche von den letzteren die älteste Fassung aufweist. Dabei ist zunächst festzuhalten, dass auch EvThom von dem Kampf Jesu gegen Satan, die (personifiziert gedachte) Macht des Bösen ausgeht, wie etwa auch Log 98 zeigt, und nicht nur allgemein gegen die „Welt" (so aber SCHRÖTER, Erinnerung, 296f; dagegen mit Recht ZÖCKLER, EvThom, 199ff). Log 35 konstituiert den Sieg Jesu über den „Mächtigen", besonders in seinen Exorzismen und Krankenheilungen als eschatologisches Ereignis, das jetzt schon eingeleitet worden ist und dessen Weg er aufzeigt (vgl. zur Terminologie vom „Mächtigen" auch Jes 49,24f; PsSal 5,3; zur Bindung Satans s. ferner TestLev 18,12; äthHen 54,3ff; Apk 20,2). Wegen der Fesselung nimmt Jesus wahrscheinlich Bezug auf die vorher aufgrund der Versuchung (Mk 1,12f Par Mt 4,1ff u. Lk 4,1ff) erfolgte Überwindung Satans (s. J. JEREMIAS, Theologie, 77). Zum daraus folgenden Sieg über Satan durch die Exorzismen und Krankenheilungen Jesu passt dann das „Hineingehen" in das „Haus" des Starken, womit hier im Gegensatz zu dessen „Reich" eher die vom Bösen befallene Gemeinschaft oder der Einzelne als solcher gemeint sein werden (s. Lk 11,24). Deshalb erscheint die „gewaltsame Einnahme" des Hauses dem Original auch als näherstehend als das bloße „Rauben" des Hausrats (der Rüstung oder der Beute), wobei als Gegenüber auch an die βιασταί nach Mt 11,12 zu denken ist. Die „Fesselung" der „Hände" könnte demgegenüber wieder eher von der thom Tradition beeinflusst sein (vgl. den vielfachen Gebrauch der „Hand" in EvThom-Logien wie z.B. Log 17,22,41,98). Gegen Mk spricht andererseits das treffendere „auf den Kopf Stellen" (bzw. „Umdrehen") des Hauses bei EvThom, das eine völlige Neueinstellung auf die hereinbrechende Gottesherrschaft signalisiert.
Es wird deutlich, dass sowohl EvThom als auch Mk die entscheidenden urtümlichen Elemente des Jesus-Worts aufbewahrt haben, ohne dass eine Version vollinhaltlich zu bevorzugen wäre, und insofern von einer Authentizität des Wortes auszugehen ist (s. auch bejahend CROSSAN, Historischer Jesus, 573; FUNK u. JS., Five Gospels, 493; LÜDEMANN, Jesus 2000, 773.42). Beide zeigen auf, dass schwere geistige Erkrankungen wie Psychosen und Neurosen, aber auch körperliche Leiden mit Besessenheit und Abkehr von der Ordnung Gottes zu tun haben können, deren Behandlung mit erheblichen Eingriffen verbunden sein kann, und diese eine völlige Verwandlung und Umkehr der Persönlichkeit erfordern (zweifelnd MARTIN, EvThom, 138f; s. aber auch M.S. PECK, Die Lügner, 1990, 202ff). Eine solche Umwandlung

des Einzelnen, aber auch der Welt wird von Jesus als Anbruch der endzeitlichen Gottesherrschaft in Kraft angesehen. Deren Sieg steht bei Jesus wiederum im Mittelpunkt seiner Verkündigung und Praxis.

LOG 36

JESUS SPRICHT: TRAGT NICHT SORGE VOM MORGEN BIS ZUM ABEND UND VON DER ABENDZEIT BIS ZUM MORGEN, WAS IHR ANZIEHEN WERDET.

Dieses Logion steht in keinem Stichwort-Zusammenhang zu dem vorigen Spruch (abgesehen von der Verneinung in beiden Sprüchen, die wohl unbeachtlich ist) und auch nicht in einem näheren materiellen Bezug, wohl aber zu dem nächsten Spruch Log 37. Das deutet wiederum eine stärkere Zäsur des Textes an und somit ein Abbrechen einer zugrunde liegenden Spruchsammlung und den Beginn einer neuen, die sich mit dem Thema der Nachfolge im Reich Gottes befasst. Darauf könnte auch hinweisen, dass mit Log 36 ein weiteres POxy-Fragment, nämlich POxy 655 anfängt, das sich bis etwa Log 39/40 erstreckt.

Der Text der griechischen Parallele in POxy 655, 1-17 ist wesentlich länger als Log 36 und lautet nach der rekonstruierten Fassung von LÜHRMANN - SCHLARB, Fragmente, 125 (i. Vbdg. m. ROBINSON-HEIL in H.-G. Bethge u.a. (ed.), For the Children, 411ff, m.w.N.): „Jesus sagte: Sorgt euch nicht von früh bis spät und von Abend bis früh (ἀπὸ πρωὶ ἕως ὀψέμητε ἀφ' ἑσπέρας ἕως προὶ) weder um die Speise (τροφῇ) für euch, was ihr essen (φάγητε) noch um die Kleidung (στολῇ) für euch, was ihr anziehen sollt (ἐνδύσησθε).Um vieles herrlicher (πολλῷ κρείσσονές) seid ihr als die Lilien (ἐστε τῶν κρίνων), die nicht krempeln (ἅτινα οὐ ξαίνει) noch spinnen (οὐδὲ νήθει). [Und wenn ihr nur ein Kleid habt (καὶ ἕν ἔχοντες ἔνδυμα)],[woran habt ihr Mangel gehabt (τί ἐνδεῖτε καὶ ὑμεῖς)]? Wer könnte eurem Körperwuchs etwas hinzufügen (τίς ἄν προσθείη ἐπὶ τὴν ἡλικίαν ὑμῶν)? Er selbst wird euch euer Kleid geben (αὐτὸς δώσει ὑμεῖν τὸ ἔνδυμα ὑμῶν)." Die in Klammern [] gesetzten Satzteile sind wegen fragmentarischer Textgestalt unklar und bestritten, s. näher dazu FITZMYER, POxy, 407f; ATTRIDGE, Greek Fragments, 127 u. J. SCHRÖTER, NTS 47, 2001, 442ff m.w.N.

Warum Log 36 viel kürzer als die ältere POxy-Parallele ist, ist zweifelhaft. Dies könnte an einem Fehler beim Abschreiben des Textes oder einer dabei vorliegenden Unvollständigkeit des Textes gelegen haben. Es könnte aber auch noch eher eine absichtliche Reduktion des Textes durch den koptischen Kompilator bzw. Redaktor vorliegen, in Anpassung an Log 37. Insoweit vermuten SCHRAGE, Verh, 91 und

FIEGER, EvThom, 128 einen „gnostischen Grund" und verweisen z.B. auf PS 140,7ff (D), wonach „Sorgen" zum Wesen des Kosmos gehört. „Allen Sorgen dieses Äons entsagen" sei darum gleichbedeutend damit, der ganzen Welt und allem in ihr Befindlichen zu entsagen. Die „Kleidung" in Log 36 sei auch deshalb in gleicher Weise zu verstehen, wie die „Kleider der Scham" in Log 37, so dass eine Distanz des Logions gegenüber Leiblichkeit und Sexualität anzunehmen sei.

Für die Endfassung des Log 36 und vielleicht auch POxy 655 wird eine gnostisierende Auslegung, auch in Bezugnahme zu Log 37 (wovon noch zu sprechen sein wird) durchaus möglich sein. Auch hier ist es jedoch zur Vertiefung notwendig, die traditionsgeschichtliche Beziehung zur synoptischen Verkündigung Jesu ins Auge zu fassen, und zwar besonders zu dem Spruchgut in Lk 12,22-31 Par Mt 6,25-33, das herkömmlicherweise der Überlieferung in Q zugerechnet wird.

Das Spruchgut findet sich bei Mt und Lk in unterschiedlicher Zusammenstellung, bei Mt in der Bergpredigt, hinter dem Logion vom Doppeldienst an Gott und Mammon (6,24). Bei Lk steht es nach der Pharisäerpredigt, im Anschluss an das Gleichnis vom reichen Kornbauern (12,16ff). Die Textstruktur ist weitgehend einheitlich, wobei Lk etwas ursprünglicher und geschlossener wirkt als Mt:
„Deshalb sage ich euch: Sorgt euch nicht um das Leben (ψυχῇ), was ihr essen sollt (φάγητε) (Mt: um euer Leben, was ihr essen oder was ihr trinken sollt), noch um den Leib (σώματι) (Mt: um euren Leib), was ihr anziehen sollt (ἐνδύσησθε). Denn das Leben ist mehr als die Speise (τροφῆς) und der Leib mehr als die Kleidung (ἐνδύματος) (Mt hat hier die Frageform). Betrachtet (Mt: Seht an) die Raben (Mt: die Vögel des Himmels). Sie säen nicht und ernten nicht, sie haben weder Vorratskammer (fehlt bei Mt) noch Scheune (Mt: und sammeln nicht in Scheunen), und Gott (Mt: euer himmlischer Vater) ernährt sie doch. Wieviel mehr wert seid ihr (πόσῳ μᾶλλον ὑμεῖς διαφέρετε) als die Vögel (Mt: als sie, mit Frageform)! Wer aber von euch kann durch sein Sorgen seiner Lebenslänge (ἡλικίαν) eine Elle (Mt: eine einzige Elle) zusetzen (προσθεῖναι)? Wenn ihr nun auch nicht das Geringste vermögt, was sorgt ihr euch um das Übrige (Mt diff: Und was sorgt ihr euch um die Kleidung)? Betrachtet die Lilien (Mt: des Feldes), wie sie wachsen (Mt: αὐξάνουσιν bzw. Lk: αὐξάνει) und weder arbeiten (κοπιᾷ) noch spinnen (νήθει) (Mt: sie arbeiten, κοπιῶσιν, nicht und spinnen, νήθουσιν, nicht). Ich sage euch aber: Auch Salomo in all seiner Pracht war nicht gekleidet wie eine von diesen (Mt: Ich sage euch aber, dass...). Wenn aber Gott das Gras auf dem Feld, das heute steht und morgen in den Ofen geworfen wird, so kleidet, wieviel mehr euch, ihr Kleingläubigen (Mt hat wieder Frageform) . Und ihr, fragt doch nicht, was ihr essen und was ihr trinken sollt und seid nicht in Unruhe (Mt diff: darum sollt ihr euch nicht

sorgen...)! Denn nach allen diesen Dingen trachten die Völker der Welt (Mt: die Heiden). Euer (Mt: himmlischer) Vater aber weiß, dass ihr (Mt: all) dieser Dinge bedürft. Vielmehr sucht (Mt: zuerst) sein Reich (Mt: und seine Gerechtigkeit), dann wird euch dies (Mt: werden euch alle diese Dinge) hinzugefügt werden!"
Die Q-Fassung folgt im wesentlichen der hier verzeichneten Hauptlinie der Lk/Mt-Überlieferung, wobei Einzelheiten strittig sind. Gewisse paränetische Erweiterungen bei Mt („was ihr trinken sollt", „euer" Leben bzw. Leib, „himmlischer Vater", „die Vögel des Himmels", mehr wert „als sie", „einzige" Elle, die Lilien „des Feldes", das Reich (Gottes) „und seine Gerechtigkeit", „alle diese Dinge" u.ä.), aber mehrfach auch bei Lk („weder Vorratskammer", „seid nicht in Unruhe", Völker „der Welt" sowie die Abänderung der Frageform) gehören nicht zu ihr. Manchmal sind „Dreiklänge" aus Lk und Mt zu bilden: die Raben „säen nicht", sie „ernten nicht" noch „haben sie eine Scheune", die Lilien „wachsen", sie „arbeiten nicht" und „spinnen nicht" (handschr. auch gut bezeugt der westl. Text nach D: sie „spinnen nicht" und „weben nicht"). Die Komposition von Q leitet danach vom Imperativ des Nicht-Sorgens über die Aufforderungen zum Blick auf die Raben (mit einem Einschub über die Lebenslänge) und zum Betrachten der Lilien über zum nochmaligen Aufruf zum Nicht-Sorgen und schließlich zum Trachten nach dem Reich Gottes (s. dazu des näheren SCHULZ, Q, 149f; POLAG, Fragmenta Q, 60ff; ROBINSON ff, CEQ, 334ff u.a.).
Eine Abhängigkeit des Log 36 bzw. der ihm entsprechenden früheren POxy-Par von den synoptischen Fassungen des Spruchs oder auch von Q ist nicht festzustellen (vgl. PATTERSON, GosThom, 75f; SIEBER, Analysis, 63ff; dagegen jedoch SCHRAGE, Verh, 90f). Die Texte sind zwar im Kern einander ähnlich. Irgendwelche typischen redaktionellen Eigenarten von Lk/Mt oder auch Q sind bei POxy 655 oder Log 36 jedoch nicht nachweisbar. Im Gegenteil finden sich eine Reihe schwerwiegender Differenzen. So liegt ein Zusatz beim zu unterlassenden Sorgen vor, das nicht „von Morgen bis zum Abend und nicht vom Abend bis zum Morgen" (bei POxy ähnlich alternierend) erfolgen soll, eine volkstümliche Wendung für das ständige und ununterbrochene Sorgen. Auch wird in POxy die „Speise" (τροφῇ) und die „Kleidung" (στολῇ) angesprochen, in den synoptischen Parallelen und Q dagegen verallgemeinernd das „Leben" (ψυχῇ) und der „Leib" (σῶμα). Nach ersterem sind die Jünger „um vieles herrlicher" (πολλῷ κρείσσονές ἐστε) als die Lilien, nach den Synoptikern und Q „seid ihr viel mehr wert" (πόσῳ μᾶλλον ὑμεῖς διαφέρετε) als die Vögel. Schließlich wird in POxy gefragt, wer seinem „Körperwuchs" (entspr. der „Lebenslänge") „etwas hinzufügen" kann (προσθεῖη), bei den Evangelien und Q geht es dabei um eine „Elle" (πῆχυν); auch hier ist synoptischer Einfluss nicht

festzustellen (so auch ZÖCKLER, EvThom, 71f; PATTERSON, GosThom, 75; a.M. SCHRÖTER-BETHGE in NHD, 159). Die Frage, welche Tradition älter ist und dem historischen Jesus entspricht, ist allerdings schwierig zu beantworten. Zunächst wird man den Kern des Logienbestands durchaus für ursprünglich und auch authentisch halten können, schon wegen der nunmehr sich ergebenden doppelten Bezeugung. Er enthält zunächst die Aufforderung, in erster Linie an die wandernd umherziehenden Jünger Jesu, denen die Verkündigung der Gottesherrschaft oblag, auf Sorge für eine Erwerbsarbeit zu verzichten. Sie sollten sich die Natur, nämlich die Raben und die Lilien vor Augen führen, deren Wert sie doch weit überschritten, und darauf vertrauen, dass Gott ihnen das Nötigste verschaffen werde, etwa indem er ihnen gastfreundliche Häuser öffnete. Das steht in enger und gut nachzuempfindender Beziehung zum Lebensstil Jesu und seiner Jünger und ihrer Verkündigung des Reichs Gottes (s. auch J. JEREMIAS, Theologie, 226f; THEISSEN - MERZ, Historischer Jesus, 334f; BECKER, Jesus, 163f).

Offen bleibt, welche Version im einzelnen als ursprünglicher und historisch angesehen werden muss, die Q- oder die POxy (EvThom-)-Fassung. Die synoptische und auch noch die Q-Formulierung ist als eine große Spruchkomposition mit rational sich entwickelnder Argumentations-Struktur gestaltet, und zwar anscheinend bereits vom Verfasser der Spruchquelle. Wie PIPER, Wisdom in the Q-tradition, 26 gezeigt hat, liegt in der stilistischen Ausformung des gesamten Komplexes, besonders durch Einfügung generalisierender Begriffe wie „Leben" und „Leib" sowie in der sorgfältigen Verknüpfung verschiedener, ursprünglich selbstständiger Einzellogien, ein nicht zu übersehendes sekundäres Element (so auch ZÖCKLER, EvThom, 72ff). Dagegen weist die POxy-Fassung einen Aufbau auf, der einer ursprünglichen Gestalt in der losen Verknüpfung disparater Einzellogien noch näher kommt. Jedoch sind dadurch aber auch gewisse Unvollständigkeiten gegeben, die historisch eher unwahrscheinlich sind, so die Aufforderung zum Nichtsorgen um „Kleidung" und zusätzlich auch „Nahrung" mit nachfolgendem Vergleich mit den „Lilien" (betr. die Kleidung), jedoch unter Auslassung der „Raben" (betr. die Nahrung); dabei scheint ebenfalls eine Anpassung an Log 37 eine Rolle zu spielen. Auch dürfte der Schluss-Aufruf zum „Trachten" nach der eschatologischen Gottesherrschaft wegen seiner Bezugnahme auf die „sonstigen Dinge" (bzw. „dies alles") zum ursprünglichen Logienbestand dazugehören und ihn dadurch auch besser zum Abschluss bringen als die bloße POxy-Aussage: „Er selbst wird euch euer Kleid geben" (obschon diese durchaus auch authentisch sein kann, wie J. JEREMIAS, Unbekannte Jesusworte, 92f gezeigt hat).

Neuerdings ist auch ein bemerkenswertes philologisches Argument ins Gespräch gekommen, das wiederum für die Priorität der POxy-Fassung spricht, nämlich dass ihre Lesart für das „Krempeln" von Wolle (οὐ ξαίνει) vermutlich ursprünglicher ist als die der parallelen Q-Version (αὐξάνει) mit der Bedeutung vom „Wachsen" der Lilien (s. J. ROBINSON, HTR 92, 1999, 61ff; ders. u. C. HEIL, ZNW 89, 1998, 30ff, unter Hinweis auch auf die Lesart des Sinaiticus für Mt 6,28b; kritisch dazu J. SCHRÖTER, ZNW 90, 1999, 265ff; dagegen wieder die ersteren in NTS 47, 2001, 1ff; ZNW 92, 2001, 113ff und der letztere in NTS 47, 2001, 442ff; ZNW 92, 2001, 283ff; s. ferner GLASSON, JThS 13, 331ff; S. E. PORTER, JThS 52, 2001, 84ff u. R. H. GUNDRY, NTS 48, 2002, 159ff). Den ersteren könnte jedenfalls unter traditionsgeschichtlichen Gesichtspunkten zu folgen sein, weil „Krempeln" (ξαίνειν) inhaltlich besser in den Kontext passt als das farblose und vermutlich fehlerhafte αὐξάνειν („Wachsen") und nur hierdurch auch der formal naheliegende Dreischritt im Parallelismus der Eigenschaften von Lilien und Raben erreicht wird: letztere „säen, ernten und sammeln nicht in Scheunen", erstere „krempeln nicht, spinnen nicht und weben nicht", was zur ältesten Fassung gehören wird (s. auch BOVON, Lk 2, 299).

Insgesamt wird man sowohl in der Q- als auch in der POxy-Version maßgebliche und entscheidende Elemente sehen müssen, die in der authentischen Jesus-Verkündigung Platz finden können. Dabei sind in der POxy-Fassung wie gezeigt zunächst der Q-Fassung überlegene Elemente, die insoweit deutlich für eine (teilweise) ältere Fassung von POxy sprechen. Die Q-Version fügt jedoch zutreffend zu den „Lilien" die „Raben" noch hinzu und schließt das Logion mit dem Aufruf zum Trachten nach dem Reich (Gottes) ab; auch dies wird man als ursprünglich ansehen können. Schließlich ist der Zusatz von dem „Körperwuchs" zwar wohl spätere Hinzufügung, könnte jedoch wegen der jetzt doppelten Bezeugung ebenfalls noch echt sein (zur Ergänzung s. entsprechend auch CROSSAN, Historischer Jesus, 573; F & F Forum 10 (1994), 57ff, u. FUNK u. JS., Five Gospels, 493, während LÜDEMANN, Jesus 2000, 773 im 2.Teil von POxy eine gnostische Interpretation sehen will; dafür bietet der Text jedoch keinen hinreichenden Anlass).

LOG 37

1. SEINE JÜNGER SPRACHEN: AN WELCHEM TAG WIRST DU UNS ERSCHEINEN, UND WANN WERDEN WIR DICH SEHEN? 2. JESUS SPRACH: WENN IHR EUCH ENTKLEIDET, OHNE EUCH GESCHÄMT ZU HABEN, UND EURE KLEIDER NEHMT UND SIE UNTER EURE FÜSSE LEGT WIE KLEINE KINDER UND DARAUF

TRAMPELT. 3. DANN WERDET IHR DEN SOHN DES LEBENDIGEN SEHEN, UND IHR WERDET EUCH NICHT FÜRCHTEN.

Das Logion steht in nahem Stichwort-Zusammenhang mit dem vorhergehenden Spruch 36, und zwar über das Wortfeld „kleiden" und „Kleidung". In S.3 ist strittig, ob „ihr werdet sehen" (ⲧⲉⲧⲛⲁⲛⲁⲩ) oder „ihr werdet kommen zu" (ⲧⲉⲧⲛⲛⲏⲩ) zu lesen ist; ich neige mit der Mehrheit der Stimmen zum ersteren (zur Diskussion s. M. MEYER, HTR 91, 4, 1998, 413ff m.w.N.; gegen G. RILEY, HTR 88, 1, 1995, 179f). Der griechische Text befindet sich in POxy 655, 17-31. Dieser ist allerdings nur sehr bruchstückhaft, nämlich bloß am Anfang und Ende überliefert. Er enthält, soweit feststellbar, keine wesentlichen Abweichungen (nur: seine Jünger sprachen „zu ihm", was im kopt. Text fehlt, und „Er sprach", statt kopt.: „Jesus sprach"; vgl. zur Rekonstruktion BETHGE, Synopsis, 529; LÜHRMANN - SCHLARB, Fragmente, 126f u.a.).
Das Logion ist ähnlich wie Log 21, 1-4, dem es verwandt ist, oftmals gnostischer bzw. enkratitischer Deutung zugeführt worden. FIEGER, EvThom, 130f nennt es ein „rein" gnostisches Logion, da es Leiblichkeit und Geschlechtlichkeit ablehne. Hierzu verweist M. MEYER, Hidden Sayings, 84 auf spätere Verlautbarungen wie z.B. manPs 99, 26-30, die ebenfalls vom „Ablegen" des „eitlen Kleides dieses Fleischs" und vom „Trampeln" darauf sprechen. MÉNARD, EvThom, 137 sieht wie auch DE CONICK - FOSSUM (s. i.e. später) eine Verbindung zum (der Gnosis nahestehenden) Enkratismus, der besonders von Julius Cassianus vertreten wurde und durch Askese und Weltabkehr gekennzeichnet war. Im einzelnen ist hier aber ebenso wie bei Log 21, 1. Teil noch näher zu differenzieren und müssen die verschiedenen Traditionsstränge im einzelnen überprüft werden.
Auch bei Log 37 hat J.Z. SMITH in „The Garments of Shame", History of Religions, 1966, 217ff zunächst die Auffassung vertreten, dass die Ausdrucksweise vom „Ablegen der Kleider" einen Sitz im Leben archaischer christlicher Taufriten habe (ihm folgend DAVIES, Wisdom, 117ff u.a.). Dem sind jedoch A.D. DE CONICK - J. FOSSUM in dem Aufsatz „Stripped before God", VigChr 45, 1991, 123ff überzeugend entgegengetreten. Danach kann ein aktuelles symbolisch-rituelles Ablegen von Kleidern in einer Taufliturgie nicht vor dem 4. und 5. Jh. nachgewiesen werden. Auch eine Verbindung mit Salbungsriten kommt nur gelegentlich vor und spielt direkt für Log 37 jedenfalls keine Rolle (so auch PATTERSON, GosThom, 127). Allerdings bedeutet das Ablegen der Kleider im vorliegenden Spruch ebenso wie in Log 21 auch nicht das Ablegen des materiellen Körpers im Tode oder anlässlich des Aufstiegs zum Himmel, wie DE CONICK - FOSSUM, s.o., 131 nahe legen wollen. Von einem Aufstieg in die himmlische Welt ist im

Gegensatz zu den von den vorgenannten Autoren genannten Quellen in unserem Logion nicht die Rede. Es handelt sich hier vielmehr um einen Ausspruch Jesu auf eine Frage seiner Jünger, wann er ihnen „erscheinen" werde (ογωνϩ εβολ / ἐμφανῆ γενέσθαι), also ihnen seine Identität offenbaren werde (vgl. etwa ähnlich Joh 14,21.22). Daraufhin mahnt Jesus sie in einem paränetischen Bildwort zu einem bestimmten Verhalten, nämlich dass sie sich ohne Scham ihrer Kleider entledigen und nackt sein sollten (entspr. Log 21,2), dann werde sich der „Sohn des Lebendigen (Gottes)", s. dazu Mt 16,16, gemeint ist Jesus selbst, als von Gott erhöhter „Sohn" offenbaren. Mit einer solchen Mahnung ist die jenseitig-bestimmte Deutung (wie auch eine kultisch-rituelle) indessen kaum vereinbar. Es geht vielmehr, wie dies auch sonst das zentrale Anliegen des thom Jesus ist, um die Vergegenwärtigung des Heils und somit auch um die Offenbarung des „Sohns" in dieser Welt (vgl. Joh 1,51, wonach auch der joh Jesus vorhersagt, dass die Jünger „den Himmel offen sehen" werden und den Menschensohn in seiner himmlischen Herrlichkeit mit seinen Engeln).

Im übrigen ist jedoch DE CONICK - FOSSUM durchaus darin zu folgen, dass sie die Bildwelt des Logions auf die Schöpfungsgeschichte und ihre frühchristliche und -jüdische Auslegung zurückführen (s.o., 124; s. auch schon J.Z. SMITH, s.o., 218f). Das „Ablegen der Kleider" (κεκ εϩΗΥ / ἐκδύειν) spielt an auf Gen 3,21, wonach Gott nach dem Sündenfall Adam und Eva „Kleider aus Fell" machte und ihnen anlegte. Vorher waren sie nach frühjüdischer Auffassung (s. auch Ez 28,12ff u.a.) mit einem Lichtkleid angetan, das sie als Folge ihres Falls verloren. Im übertragenen Sinn wird auch von einem Kleid der Heiligkeit, der Gerechtigkeit und der guten Taten gesprochen (s.o., Anm. 141). Die alten Kleider gilt es nach unserem Logion auszuziehen, und zwar „ohne Scham". Gem. Gen 2,25 war der ursprüngliche Status der Menschen, dass sie „nackt" waren und „sich nicht schämten". Nach dem Fall wurden jedoch ihre Augen geöffnet (s. Gen 3,7), sie wurden gewahr, dass sie „nackt" waren, und sie schämten sich, so dass sie ihre Blöße mit Feigenblättern bedeckten (s. auch Jub 3,21f; Apk Mose, Kap. 20). Es soll also nach unserem Wort die natürliche und unschuldige Nacktheit ohne Scham wiedergewonnen werden, wie sie „kleine Kinder" haben. Auch hier wird wieder die Parallele zu Log 21, 1. Teil deutlich, wo die Jünger mit „kleinen Kindern" verglichen werden, die mit sich selbst eins und im Reinen sind. Der Vergleich mit Adam und Eva in ihrem paradiesischen Urzustand ohne Sünde und ihre Entfremdungen und Spaltungen wird auch hier deutlich. Sie „trampeln" dann auf den alten Kleidern, die sie ablegen und nunmehr verwerfen (vgl. Josephus Ant 2,9,7 über Mose, der als Kind das königliche Diadem abwarf und darauf trampelte, vgl. auch LELYVELD, Les Logia de la Vie, 85ff).

Wenn man den Gehalt unseres Bildworts erfassen will, wird man hier keinen Aufstieg zur himmlischen Welt angesprochen sehen können und auch nicht eine Askese, die Sexualität und Körperlichkeit radikal ablehnt (so aber DE CONICK - FOSSUM sowie M. LELYVELD, s.o.; dagegen ZÖCKLER, EvThom, 235f; R. URO, Thomas at the Crossroads, 154f.160f). Zwar ist das Logion von Cassianus nach Clemens Alex., Strom III, 91ff, enkratitisch und antisexuell gedeutet worden, nämlich als „Befreiung von der Gemeinschaft der Geschlechtsteile und der männlichen Glieder und der Schamteile". So soll Cassianus gesagt haben: „Als Salome fragte, wann man das, was sie erfragt hatte, erkennen werde, sprach der Herr: Wenn ihr das Gewand der Scham (τῆς αἰσχύμης ἔνδυμα) mit Füßen treten werdet (πατέσετε) und wenn die zwei eins werden und das Männliche mit dem Weiblichen und weder männlich noch weiblich sein wird." Dies sieht Clemens Alexandrinus als Zitat aus dem Ägypter-Evangelium (EvÄg, ca 1. Hälfte des 2.Jh.) an. Er widerspricht aber schon seinerseits der enkratitischen Interpretation, indem er erklärt, dass „mit dem männlichen Trieb der Zorn und mit dem weiblichen die Begierde angedeutet" seien (vgl. SCHNEEMELCHER, NtApokr, I, 6.A., 175f). Insgesamt ist danach weder ein Aufstieg in eine jenseitige Welt noch eine radikale Enthaltung von dieser Welt, besonders in sexueller Hinsicht erkennbar.

Nahe liegender sind daher auch Entsprechungen unseres Logions nach den Oden Salomons (ca. 130) und dem paulinischen Schrifttum, insbesondere dem 2. Korintherbrief (um 55/6). In OdSal bekennt der Odist, dass er sich von „allem wertlosen Schein" abgewendet habe. Er entledigte sich aller „Dummheit" und „zog sie aus wie ein Kleid". Gott „gab mir ein (neues) Gewand und machte mich neu". Nach OdSal 21 „legte" der Odist „die Finsternis ab wie ein Kleid" und „zog das Licht an wie ein neues Gewand". In OdSal 25 preist er: „Du hast mir deinen heiligen Geist wie ein Kleid angezogen", „die Kleidung aus Fellen legte ich ab". „Denn deine Hand hat mich erhöht und ließ alle Krankheit von mir weichen" (zu diesen Anspielungen auf die Schöpfungsgeschichte s. i.e. auch BERGER - NORD, Das NT u. frühchristl. Schriften, 1999, 935ff).

In den Briefen des Paulus und den Deutero-Paulinen begegnet ebenfalls die Terminologie vom „Ausziehen des alten Menschen" und „Anziehen" eines „neuen Menschen", die hier auch mit der Adam-Christus-Typologie zusammenhängt. In 2Kor 5, 1ff spricht Paulus vom Abbrechen „unserer irdischen Zeltwohnung" und sehnt sich danach, „mit unserer Behausung aus dem Himmel überkleidet zu werden", „wenn wir doch, nachdem wir bekleidet sind, nicht nackt erfunden werden". Er wünscht, „nicht entkleidet, sondern überkleidet zu werden". Nach Gal 3,26 haben die Gläubigen, die getauft sind, „Christus angezogen". In Eph 4,22ff geht es darum, „den alten Menschen, der vermöge der betrügerischen Lüste zugrundegerichtet wird, abzulegen" und „den neuen Menschen anzuziehen, der nach Gott geschaffen ist in wahrhafter Gerechtigkeit und Heiligkeit". Schließlich mahnt der Verfasser des Kol (3,9), nicht „gegeneinander zu lügen, nachdem ihr doch den alten Menschen mit seinen Taten ausgezogen und den neuen angezogen habt, der nach dem Bild seines Schöpfers zur Erkenntnis erneuert" wird und wo „alles und in allen Christus" ist (s. ferner Kol 2,11).

Im Ergebnis liegt es daher nahe, das Ablegen der Kleider allgemein als Abstandsnahme von dem „alten Menschen" und seinem Ego, von seinem scheinhaften und unechten Wesen, seinen äußeren Rollen, Masken und Verkleidungen zu verstehen (so auch MARTIN, EvThom, 142). Dies wird am ehesten dem verwendeten Bildmaterial, aber auch der Anspielung auf den Sündenfall im Rahmen der Paradieserzählung des Jahwisten gerecht, die ja eine Überhebung des Menschen und seine Unwahrhaftigkeit thematisiert. Die Distanz zum Körper und zur Sexualität spielen insoweit eine mehr nebensächliche Rolle. Auch Beziehungen zu sakramentalen Akten wie Taufe und Salbung mögen zwar mit hereinwirken, sind aber sekundär. Angestrebt werden soll eine „Nacktheit" ohne Beschämung und damit eine Freiheit vom Ego und seinen Verkleidungen (ähnl. der vielleicht älteren Par in dem gleichnisähnlichen Log 21 S.2) und letztlich die Einheit und Ganzheit eines neuen Menschen, ohne schlechtes Gewissen und ohne Angst und Furcht (s. die letzte Zeile, dass „ihr euch nicht fürchten werdet", u. Log 22 S.4ff). Dann wird auch das Reich Gottes und der „Sohn" und Menschensohn als Neuer Mensch in Erscheinung treten, wobei die Vollendung des Reichs und der messianischen Offenbarung sicher auch jenseitig gedacht sind. Neben der maßgeblich präsentisch-eschatologischen Vorstellung ist damit durchaus auch eine besondere Sohn-Christologie anvisiert (s. auch Log 61).

Auf die Frage nach der Authentizität des Log 37 wird man allerdings dieses nicht mit Sicherheit auf den historischen Jesus zurückführen können. Es ist zwar mit seinem Inhalt durchaus im frühchristlichen Raum anzusiedeln und entspricht auch der mit Jesus in Einklang zu bringenden Eschatologie sowie einer (in den Synoptikern angedeuteten und im JohEv ausgeführten) Sohn-Christologie. Auch als Sitz im Leben Jesu käme eine Situation vor dem Aufbruch nach Jerusalem vielleicht in Betracht, da hier ebenfalls Fragen wie in S.1 berichtet werden (vgl. Mk 13,4 Par u.ä.). Jedoch ist eine Bezeugung in den kanonischen Evangelien im übrigen nicht ersichtlich und auch schwerlich eine Analogie zu sonstigen Logien Jesu zu finden. Es verbleibt lediglich die Bezeugung im EvThom und dem späteren EvÄg, wo nach Clemens Alex. vom „Gewand der Scham" die Rede ist und dass es „mit Füßen getreten" werde. Auch DialSot 85 (2.

Jh.) lässt Jesus sagen, dass die Jünger „als Kinder der Wahrheit" sich nicht mit „vergänglichen Kleidern bekleiden" sollten. „Vielmehr sage ich euch, dass ihr selig werdet, wenn ihr euch auszieht" (s.dazu B. BLATZ in SCHNEEMELCHER, NtApokr, s.o., 252). Bemerkenswert ist noch eine Beziehung zu den Sprüchen vom Einssein (s. Log 22 u.a.), da diese traditionsgeschichtlich mit dem Gedanken vom „Ent"- bzw. „Bekleiden" verbunden sein können (s. EvÄg, aber auch Gal 3,27/8). Ob mit diesen gesamten Erwägungen und (relativ späten) Zeugnissen ein Nachweis der Authentizität des Spruchs zu führen ist, ist jedoch zweifelhaft. Es kann nach allem lediglich seine Nähe zur frühchristlichen Predigt und Vereinbarkeit mit der Verkündigung Jesu konstatiert werden (so im Ergebnis auch CROSSAN, Historischer Jesus, 572; FUNK u. JS., Five Gospels, 494; s. auch LÜDEMANN, Jesus 2000, 774, der jedoch gnostische Herkunft des Spruchs annimmt).

LOG 38

1. JESUS SPRICHT: VIELE MALE HABT IHR BEGEHRT, DIESE WORTE ZU HÖREN, DIE ICH EUCH SAGE, UND IHR HABT NIEMAND ANDEREN, SIE VON IHM ZU HÖREN.
2. ES WIRD TAGE GEBEN, DA WERDET IHR NACH MIR SUCHEN, UND IHR WERDET MICH NICHT FINDEN.

Eine stichwortmäßige Anknüpfung an Log 37 ist über das Substantiv „Tag(e)" gegeben, und motivisch geht es ebenfalls um das Suchen und Finden Jesu durch seine Jünger und ihre Nachfolge. Von der griechischen Fassung in POxy 655, 32-41 sind nur einige Bruchstücke verblieben, so dass bloß eine unsichere Rekonstruktionsmöglichkeit besteht, die keine ins Gewicht fallenden Abweichungen erkennen lässt. Zu erwähnen ist nur, dass es in POxy heißt: „und es werden Tage kommen" (καὶ ἐλεύσονται ἡμέραι) statt wie in Log 38: „es wird Tage geben" (ογÑ 2Ñ2οογ) (s. LÜHRMANN - SCHLARB, Fragmente, 126f m.w.N.).
Eine gnostische Deutung des Logions wird versucht von MÉNARD, EvThom, 138 und auch HAENCHEN, EvThom, 62. Nach ersterem will das Wort zeigen, wie „der Offenbarer fern von jeder Materie ist", nach letzterem, dass „die Stunde der Offenbarung sich nicht nach Belieben herbeirufen" lässt (vgl. dazu Epiphanius, Pan XXXIV, 18, 13; manPs 187, 27-29). Indessen weisen zahlreiche Belege wiederum auf die Nähe des Spruchs zu frühchristlichen, insbesondere synoptischen und johanneischen Parallelen. Dabei scheint es sich hier um zwei ursprünglich getrennt tradierte Sprüche zu handeln.

1. Der 1. Teil des Log 38 setzt wahrscheinlich eine Situation voraus, in der der Sprecher (Jesus) enttäuscht ist über die mangelnde Resonanz seiner Botschaft (vom Reich Gottes) in der Vergangenheit. Er spricht seine Zuhörer an und weist darauf hin, dass sie vielfach gewünscht hätten, die Heilsbotschaft zu hören. Jetzt sei die Stunde gekommen, da er die Botschaft verkündige und realisiere. Er mahnt: Wenn sie jetzt nicht gehört werde, würden sie in Zukunft niemand anderen mehr finden, der ihnen die Botschaft ausrichten könne.
Eine entfernte Parallele zu unserem Spruch kann in dem Q-Logion Mt 13,16f Par Lk 10,23f gesehen werden. Hier geht es auch darum, dass viele, nämlich „Propheten und Könige" (so Lk; nach Mt: „Propheten und Gerechte"), „begehrt haben", seine Worte und Taten zu „hören" und zu „sehen". Allerdings nennt Jesus in diesem Kontext seine Jünger „selig", weil sie Zeugen dieser mit ihm hereinbrechenden Heilszeit sind. Die Ablehnung Jesu kann man lediglich indirekt aus den (sekundären) Zusammenhängen ableiten, nämlich bei Mt aus der Verstockung der Adressaten seiner Gleichnis-Predigt (Mt 13,10ff) und bei Lk aus der Kritik an den „Weisen und Verständigen" (Lk 10,21f).
Eine näher liegende Parallele findet sich in einem Spruch, den Irenäus als Zitat der Markosianer (2. Jh.) anführt (Adv. haer. I, 20,2): „Oftmals haben sie begehrt, eines von diesen Worten zu hören, und es war niemand da, der es ihnen sagte" (s. auch ZÖCKLER, EvThom, 130). A. v. HARNACK, „Über einige Worte, die nicht in den kanonischen Evangelien stehen", Sitzungsberichte, 1904, 188, hat bereits darauf aufmerksam gemacht, dass diese Formulierung wegen ihrer prägnanten Fassung und großen Lebendigkeit im Ausdruck unter Umständen für älter als die Q-Parallele zu erachten sei. Die Markosianer müssten das Wort „aus einem uns unbekannten Evangelium geschöpft haben, welches mit den kanonischen sehr verwandt war, aber doch auch von ihnen abwich". Diese These ist jetzt im EvThom bestätigt worden.
Freilich hat auch diese Fassung noch Abweichungen von Log 38, insbesondere was die dortige Ankündigung betrifft, dass sie keinen anderen als Jesus haben würden, der ihnen diese Worte vermitteln werde, also die herausgehobene Stellung Jesu selbst als des Verkünders der Heilsbotschaft. Wegen der Unsicherheit der Fassungen und auch der geringen Bezeugung des Logions im übrigen wird man danach zwar sehr wohl die Nähe des Worts zur frühchristlichen Überlieferung konstatieren können, aber nicht ohne weiteres die Authentizität des Worts als Jesus-Logion (so im Ergebnis auch CROSSAN, Historischer Jesus, 579; FUNK u. JS., Five Gospels, 494; LÜDEMANN, Jesus 2000, 774).
2. Anders steht dies beim 2. Teil von Log 38. Hier liegt eine breite Palette von ähnlichen Äußerungen, die Jesus zugeschrieben werden, vor, also eine wesentlich stärkere Bezeugung als im 1.Teil.

Die Formel „Es werden Tage kommen" u.ä. ist Gerichtsankündigung, die bereits alttestamentlich gut belegt ist, vgl. Amos 4,2; 8,11; Jer 7,32; Jes 13,9ff usw., und auch im Frühchristentum bekannt ist (s. Hebr 8,8). Auch das „Suchen und Nicht-Finden" begegnet bereits im weisheitlichen Kontext, s. Spr 1,28: „Alsdann werden sie mich (die Weisheit) rufen, aber ich werde nicht hören. Sie werden mich suchen, mich aber nicht finden". Ähnlich wird bei Cyprian, Testimoniorum libri tres ad Quirinium III, 29 zitiert: „So auch in Baruch: Denn es wird eine Zeit kommen, und ihr werdet mich suchen, sowohl ihr als auch die, die nach euch kommen werden, zu hören das Wort der Weisheit und der Einsicht, und werdet nicht finden" (vgl. M. MEYER, GosThom, 86; MÉNARD, EvThom, 138).

Unmittelbar bezeugt ist das vorliegende Logion in den Worten vom vergeblichen Suchen in Joh 7,34.(36); 8,21; 13,33, die wahrscheinlich auf ein Kernwort zurückgehen (wohl Joh 7,34), das dann gemäß den weiteren Situationen variiert worden ist. Weiter ist auf parallele Worte in Lk 17,22; Mk 2,20 Par; Mt 23,39 Par (Q) aufmerksam zu machen. Nach letzteren Worten kommt auch die Gerichtsformel „Es werden Tage kommen" (ἐλεύσονται ἡμέραι) bei Jesus vor, wo der „Menschensohn" begehrt wird zu „sehen", jedoch nicht „gesehen" wird, ferner der „Bräutigam" „weggenommen" sein wird oder „Ihr mich (Jesus) nicht mehr sehen werdet". Die joh Worte betonen: „Ihr werdet mich suchen und nicht finden" (ζητήσετέ με καὶ οὐχ εὑρήσετέ) (Joh 7,34 bzw. „in eurer Sünde sterben", so sekundär Joh 8,21) und erläutern: „Wo ich bin (bzw. wohin ich gehe, Joh 8,21 u.13,33), dahin könnt ihr nicht kommen"; dieser Satz mag auch ein Zusatz zu einer älteren Tradition sein, wie ebenso noch die Einleitung über die Kürze der Zeit (so auch ZÖCKLER, EvThom, 131).

Insgesamt ist hier somit wiederum von der Ankündigung einer Zeit durch Jesus auszugehen, in der seine ungläubigen Zuhörer ihn und seine Heilsbotschaft nicht mehr zur Verfügung haben würden. Wegen ihrer Verstocktheit und Ablehnung seiner Botschaft besteht dann die dringende Gefahr, dass sie ihn trotz Suchens nicht mehr finden werden. Daher ist jetzt noch die letzte Stunde, Jesus anzunehmen und das Heil zu gewinnen. Die komprimierte Fassung des Logions macht nicht den Eindruck, von den synoptischen oder johanneischen Par abgeleitet zu sein. Es dürfte sich vielmehr um eine ihnen gegenüber ältere Tradition handeln (s. auch BERGER, Theologiegeschichte, 686.669; ZÖCKLER, s.o., 131; a.M. H.W. ATTRIDGE, „Seeking" and „Asking" in Q, Thomas and John, Festschr. J.M. ROBINSON, 2000, 302). Die synoptischen Stellen sind sämtlich durch ihre Situationen geformt. Auch das joh Kernwort in 7,34 ist erweitert durch die Einleitung und die abschließende Rückkehr zum Vater. Dagegen ist in EvThom lediglich mit der

Zusammenfassung von S.2 mit S.1 redaktionell eingegriffen worden. Es könnte bei dem joh Spruch daher sogar eine Herkunft vom S.2 EvThom zu erwägen sein. Auch eine Authentizität oder jedenfalls Nähe zum historischen Jesus ist bezüglich POxy/Log 38, S.2 durchaus zu begründen. Dafür spricht die typische und eigenwillige Übertragung der weisheitlichen Ankündigung auf Jesus selbst und zwar in einem apokalyptisch-eschatologischen Kontext. Auch der Gesichtspunkt der Kohärenz zum übrigen Spruchgut Jesu kann angewandt werden, dem solche Gerichtsansagen und ihr Bezug zu seiner Person nicht völlig fremd waren. Im EvThom selbst mag insoweit auch auf die Log 59 und 92 verwiesen werden (s. näheres dort). Das Wort kann im Lebensvollzug Jesu zu den Sprüchen gerechnet werden, die in verhüllter Form sein Leiden und Sterben im Rahmen der eschatologischen Notzeit voraussagen. Es zeigt, dass auch diese charakteristischen Worte sich ansatzweise im EvThom wiederfinden (s. NORDSIECK, Reich Gottes, 93ff; die herrschende Ansicht ist allerdings ablehnend und hält das Wort für unecht, s. CROSSAN, Historischer Jesus, 573; FUNK u. JS., Five Gospels, 494; LÜDEMANN, Jesus 2000, 774).

LOG 39

1. JESUS SPRACH: DIE PHARISÄER UND DIE SCHRIFTGELEHRTEN HABEN DIE SCHLÜSSEL DER ERKENNTNIS EMPFANGEN, DOCH SIE HABEN SIE VERSTECKT. 2. WEDER SIND SIE HINEINGEGANGEN NOCH HABEN SIE DIE GELASSEN, DIE HINEINZUGEHEN BEGEHRTEN.
3. IHR ABER SEID KLUG WIE DIE SCHLANGEN UND OHNE FALSCH WIE DIE TAUBEN!

Ein Stichwortzusammenhang zum vorhergehenden Log 38 ist über das Verb „begehren" („wünschen" u.ä.) ersichtlich. Auch kann man einen inhaltlichen Kontrast zwischen dem „Suchen" und „Finden" in Log 38 und dem „Empfangen" und „Verstecken" der Schlüssel in Log 39 konstatieren. Die Übersetzung, dass die Pharisäer und Schriftgelehrten die Schlüssel „empfangen" haben, ist im übrigen wohl zutreffender als dass sie sie „weggenommen" haben; denn es heißt kopt. ⲁϫⲓ, gr. ἔλαβον, und nicht kopt. ⲁϥϥⲓ, was als „wegnehmen" übersetzt werden könnte, vgl. auch QUISPEL, VigChr 45, 80 u. BETHGE, Synopsis, 529. Es erscheint daher sinnvoll, in Log 39 wiederum einen neuen Ansatz zu einer Reihe von paränetisch ausgerichteten Logien zu sehen, oft in Bezug zum Verhalten der Gegner Jesu, und zwar bis Log 43.

Es gibt auch eine Parallele zu unserem Logion in POxy 655, 41-53, die allerdings wiederum sehr lückenhaft ist. Die Rückübersetzung, wie sie LÜHRMANN - SCHLARB, Fragmente, 128f, m.w.N., bietet, spiegelt im wesentlichen den koptischen Text (allenfalls mit unerheblichen sprachlichen Abweichungen, evtl. in den Konjunktionen).
1. Die gnostische Ableitung oder jedenfalls Auslegung des Spruchs (S. 1 u. 2) macht sich besonders an der Vokabel „Erkenntnis" (gr. u. kopt. Gnosis) fest und verweist darauf, dass sie auch in den Log 3 und 67 vorkommt und dort vor allem Selbsterkenntnis beinhalte. Auch die grundlegende Auslegung der Gnosis in EvVer 22,13ff wird zitiert: „Wer Erkenntnis hat, weiß, woher er gekommen ist und wohin er geht. Er weiß es wie jemand, der, nachdem er betrunken gewesen war, zurückgekehrt ist aus seiner Trunkenheit, und der zurückgekehrt zu sich selbst das Seine wiederhergestellt hat" (s. SCHRAGE, Verh, 93; FIEGER, EvThom, 135; HAENCHEN, EvThom, 66). Allerdings ist zu beachten, dass bereits die synoptische Par von Log 39, nämlich Lk 11,52 ebenfalls von „Erkenntnis" (γνῶσις) spricht und hier eine gnostische Ableitung oder auch Auslegung abwegig wäre. Auch sonst spricht der gesamte Kontext unseres Logions, besonders die dramatische Auseinandersetzung mit den „Pharisäern und Schriftgelehrten" bzw. den „Gesetzeskundigen", die den (die) „Schlüssel der Erkenntnis" „empfangen" bzw. „weggenommen" haben (Mt 23,13 Par Lk 11,52) dafür, dass hier ein frühchristlicher, evtl. sogar judenchristlicher Traditions-Zusammenhang relevant ist.
Die Parallele in Lk 11,52 befindet sich im Rahmen der lk Rede Jesu gegen Pharisäer und Gesetzeskundige und lautet: „Wehe euch Gesetzeskundigen, dass ihr den Schlüssel der Erkenntnis (τὴν κλεῖδα τῆς γνώσεως) weggenommen habt (ἤρατε). Ihr selbst seid nicht hineingekommen (εἰσήλθατε), und die, welche hineinwollten, habt ihr daran verhindert (τοὺς εἰσερχομένους ἐκωλύσατε)". Die mt Rede gegen die Schriftgelehrten und Pharisäer (in dieser Reihenfolge) weist in Mt 23,13 die folgende Par auf: „Wehe aber euch, ihr Schriftgelehrten und Pharisäer, ihr Heuchler (ὑποκριταί), dass ihr das Reich der Himmel vor den Menschen zuschließt (κλείετε). Denn ihr kommt nicht hinein (εἰσέρχεσθε), und die, welche hineinwollen, lasst ihr nicht hinein (τοὺς εἰσερχομένους ἀφίετε εἰσελθεῖν)".
Die zugrundeliegende Q-Fassung wird überwiegend mit dem 1. Satz der Lk-Aussage begonnen, so dass sie einen Wehe-Ruf gegenüber den „Gesetzeskundigen" enthält, dass „ihr den Schlüssel der Erkenntnis weggenommen habt". Die Hervorhebung der „Schriftgelehrten und Pharisäer", zumal als „Heuchler" wird für typisch mt gehalten (s. Mt 23,2ff.15.23.25 usw.; 6,2.5.16 u.a.), ebenso das „Verschließen des Himmelreichs" (Mt 3,2 u.v.m.). Der 2. Satz folgt dann allerdings überwiegend der mt Version mit der präsentischen Formulierung, dass

„ihr nicht hineinkommt und die, welche hineinwollen, nicht hinein lasst" (so schon A. v. HARNACK, Sprüche und Reden Jesu, 70; POLAG, Fragmenta Q, 56f; etwas abweichend andere wie SCHULZ, Q, 110: statt „Gesetzeskundige" bevorzugen sie für Q „Pharisäer").
Zur Frage der Beziehung von Log 39 zu den synoptischen Fassungen geht SCHRAGE, Verh, 92f, ähnlich FIEGER, EvThom, 134f, davon aus, dass unser Logion ein „Mischzitat" aus den Mt- und Lk-Fassungen sei und sich besonders eng mit Lk berühre. Jedoch genügt für eine literarische Abhängigkeit keineswegs eine bloße Ähnlichkeit in der Formulierung, die ja auf eine Parallelentwicklung aus einer älteren Quelle zurückzuführen sein kann. Vielmehr kann eine Abhängigkeit nur bei Übernahme typischer redaktioneller Elemente eines Texts angenommen werden. Dass sowohl Lk als auch EvThom vom „Schlüssel der Erkenntnis" sprechen (übrigens EvThom im Plural und Lk im Singular), kann daher kein Beweis für eine Unselbstständigkeit der thom Version sein. Es handelt sich nicht um eine redaktionelle Eigenart des Lk, vielmehr hat dieser den Terminus wahrscheinlich von Q übernommen. Auch dass beide die Vergangenheit anstelle des Präsens bei Mt benutzen (Lk: Aorist u. EvThom. neg. Perfekt I), spricht nicht für Abhängigkeit, da auch hier kein typisch lk Charakteristikum vorliegt. Redaktionelle Bestandteile sind aber auch nicht von Mt übernommen worden. Mt spricht vom Wehe über „Schriftgelehrte und Pharisäer", EvThom rügt dieselben in umgekehrter Reihenfolge, auch hier liegt Abhängigkeit nicht nahe, zumal auch der mt Zusatz „Heuchler" fehlt. Im übrigen zeigt EvThom einen völlig anderen Kontext als die Synoptiker und weist schließlich eine große Anzahl von Besonderheiten auf, so besonders betr. den „Empfang" der Schlüssel und ihr „Verstecken", die die Synoptiker nicht kennen. Deshalb dürfte auch eine Abhängigkeit von der Spruchquelle Q eher fern liegen, obwohl hier die Übereinstimmung mit dem „Schlüssel der Erkenntnis" gegeben ist; auch hier ist aber fraglich, ob dieses Moment für Q redaktionell ist (vgl. schon WILSON, Studies, 75f; KÖSTER, Ancient Christian Gospels, 92 u. bes. SIEBER, Analysis, 250ff; PATTERSON, GosThom, 36, der allerdings mt Einfluss auf die EvThom-Fassung für möglich hält).
Was die Möglichkeit einer Zurückführung des Spruchs auf den historischen Jesus betrifft, so ist dies auch bei den synoptischen Parallelen bestritten. Zwar kann nach BULTMANN, Tradition, 118f in den Weherufen über die Pharisäer und Schriftgelehrten „primäres Gut" gesehen werden, aber man kann nicht in allen Einzelfällen darüber sicher sein, da manche auch sekundär hinzugetreten sein könnten und auch mit der Veränderung von Tradition zu rechnen sei. Auch GOPPELT, Theologie, 136ff ist der Auffassung, dass die Anklage Jesu gegen die Vertreter des Gesetzes in Theorie und Praxis „in ihrem Kern" auf Jesus

zurückgehen dürfte. Dem ist zu folgen, wobei unser Logion jedenfalls durch das EvThom inzwischen als gut bezeugt angesehen werden kann. Es ist kohärent mit der Verkündigung Jesu gegenüber den Pharisäern und Schriftgelehrten und entspricht auch Log 102 EvThom (s. dort später). Allerdings ist im einzelnen der Wortlaut zu rekonstruieren, den man als älteste Tradition akzeptieren kann.

Insofern kann auch hier das „Wehe" (οὐαί) angenommen werden, da es Lk/Mt entspricht und auch in Log 102 vorkommt. Es gilt jedenfalls den „Pharisäern" und „Schriftgelehrten", wie unser Logion und Mt übereinstimmend sagen. Die mt Formulierung vom „Zuschließen" (κλείειν) des Himmelreichs ist gegenüber derjenigen von Lk und EvThom nicht hinreichend bezeugt, so dass von den „Schlüsseln" (τὰς κλεῖδας) des Reichs der Himmel (= Reich Gottes) auszugehen ist (s. auch Mt 16,19), da die Schlüssel der „Erkenntnis" wohl nicht jesuanisch sind. Auch das „Hineinkommen und -gehen" (εἰσέρχεσθαι) passt besser zum räumlich und zeitlich gedachten Reich als zum rein innerlichen Erkennen. Die Predigt des Reichs Gottes bzw. der Himmel ist im übrigen grundlegend für Jesu Predigt und Wirken.

Entscheidend scheint mir auch die thom Version, dass die Volksführer „die Schlüssel" des Reichs Gottes nicht einfach „weggenommen" haben, so Lk, sondern „empfangen" (ϫι), jedoch „versteckt" (ϩⲱⲡ) haben. Darin wird deutlich, dass sie auf Moses Stuhl sitzen und die Tora sowie die mündliche Tradition (Mischna) zu Recht erhalten haben (s. auch Mt 23,1), aber durch ihre verfehlte Auslegung und insbesondere Anwendung ihren eigentlichen Grund verdunkelt haben (dazu finden sich Par in den Pseudo-Clementinen Hom III, 8,3; XVIII, 5,7; Rec I, 54,6-7; II, 30,1;46,3, die frühe judenchristliche Wurzeln haben; s. QUISPEL, VigChr 45,80 u. schon 11,190). Dagegen ist das bloße „Wegnehmen" (αἴρειν) bei Lk wenig charakteristisch und dürfte lk geprägt sein (s. Lk 11,22;17,13;19,21.22 u. Apg 4,24). Gut begründet ist auch, dass die Volksführer deshalb „nicht hinein kommen", aber auch die „nicht hinein lassen, die hinein wollen"; hier wird die präsentische Anrede gem. Mt (Q) am ehesten authentisch sein, da sie der historischen Situation entspricht.

Die sich somit ergebende Fassung unter Berücksichtigung von Q und EvThom wird der jesuanischen Predigt durchaus zugetraut werden können (s. auch CROSSAN, Historischer Jesus, 573; FUNK u. JS., 494f; anders LÜDEMANN, Jesus 2000, 775.290f, der den Spruch aus der mt Gemeindesituation erklären will). Sie greift die Partei der Pharisäer sowie die Schriftgelehrten wegen ihrer Auslegung und Praxis der Tora an und wirft ihnen vor, dass sie ihren jüdischen Zeitgenossen damit das Reich Gottes und das eigentliche Leben und Menschsein verunmöglichen. Sie hätten keinen Zugang zu diesem wirklichen Leben und verhinderten auch

dem ihnen anvertrauten Volk den Zugang dazu. Hiermit beginnt eine Auseinandersetzung zwischen Jesus und den Herrschenden in Israel auf Leben und Tod, die historisch im Leiden und Sterben dessen, der sie aufgenommen hat, endete.
2. In scharfem Kontrast zu den Volksführern werden im 2. Teil des Logions die Jünger und -innen Jesu von diesem angesprochen zu einer Klugheit „wie die Schlangen", d.h. hier wohl zu weiser Auslegung des Rechts Gottes, und zu Wahrhaftigkeit „wie die Tauben", was die Praxis des Lebens betrifft. Das Logion, das ebenfalls mit gnostischer Auslegung nur künstlich vereinbart werden kann, hat eine synoptische Par in Mt 10,16 im Rahmen der Aussendungsrede des Mt, wo seine Anbindung an das Wort von der Aussendung der Jünger „wie Schafe unter die Wölfe" wohl die drohende Verfolgung thematisiert und hier deshalb zu vorsichtigem und trotzdem nicht unehrlichem Verhalten rät.
Unser Logion stimmt mit der mt Par bis auf die Auslassung von „darum" (οὖν) und der Hinzufügung von „ihr aber" in Wortwahl und -stellung völlig überein. Da irgendwelche mt Eigentümlichkeiten des aus dem Sondergut stammenden Maschals nicht festzustellen sind, geht auch SCHRAGE, Verh, 94 davon aus, dass das Wort aus frei umlaufender Tradition stammt und eine Abhängigkeit des EvThom von Mt insoweit nicht vorliegt; anderer Meinung LÜDEMANN, Jesus 2000, 775; dagegen jedoch auch SIEBER, Analysis, 209; PATTERSON, GosThom, 36 (vgl. auch noch die Par in EvNaz 7 u. Ign Pol 2,2).
Zur Frage der Echtheit ist zu sagen, dass das Wort zwar möglicherweise volkstümlicher Spruchweisheit entstammt. Dies hindert aber angesichts nunmehr mehrfacher Bezeugung durch unabhängige Quellen und des vielfachen Rückgriffs Jesu auf weisheitliches Gut nicht die begründete Möglichkeit seiner Authentizität (s. auch CROSSAN, Historischer Jesus, 572; FUNK u. JS., 495).

LOG 40

1. JESUS SPRICHT: EIN WEINSTOCK WURDE AUSSERHALB DES VATERS GEPFLANZT. 2. UND WEIL ER NICHT BEFESTIGT IST, WIRD ER MIT SEINER WURZEL AUSGERISSEN WERDEN UND WIRD ZUGRUNDE GEHEN.

Ein direkter Stichwortzusammenhang mit dem vorhergehenden Log 39 ist nicht ersichtlich, es könnte aber eine mittelbare inhaltliche Verbindung zu diesem insofern bestehen, als sich auch Log 40 auf die Volksführer wie Pharisäer und Schriftgelehrte beziehen dürfte (s. auch den Kontext bei Mt 15,12ff). Sprachlich ist zu bemerken, dass „außerhalb des Vaters" (ⲙ̄ⲡⲥⲁ ⲛⲃⲟⲗ ⲙ̄ⲡⲉⲓⲱⲧ) natürlich bedeutet: „außerhalb des Weinbergs, Gartens o.ä. des Vaters" (BETHGE, Synopsis, 530). Eine gnostische Deutung des Logions wird von MÉNARD, EvThom, 142 und FIEGER, EvThom 136f behauptet: Das Bildwort schildere die Situation des Nichtgnostikers und nach HAENCHEN, EvThom, 62 sogar der ganzen nichtgnostischen Menschheit, die dem Untergang verfallen seien. Dies liege daran, dass sie ihre Wurzel, ihren göttlichen Ursprung nicht erkannt hätten. Schlüssig nachgewiesen werden kann diese Interpretation von ihnen nicht, zumal gerade die Par in EvPhil Log 162a nicht mit Log 40 zusammenhängt, sondern wörtlich die Fassung von Mt 15,13, somit der synoptischen Par übernimmt. Freilich kann letztlich auch nicht ausgeschlossen werden, dass die Auslegung der Schlussredaktion gnostisch beeinflusst worden ist.

Näher liegt die Zurückführung von Log 40 auf einen frühchristlichen Kontext und vielleicht auf die Verkündigung Jesu.

Zuächst fällt insofern eine Verwandschaft zu Joh 15, 1ff auf: Hier bezeichnet sich Jesus als den „wahren Weinstock" (ἄμπελος ἡ ἀληθινή), wohl im Gegensatz zu den Herrschenden Israels, denen er damit entgegentritt. Weiter heisst es: „Mein Vater ist der Weingärtner. Jeden Schössling an mir, der nicht Frucht trägt, nimmt er weg, und jeden, der Frucht trägt, reinigt er, damit er mehr Frucht trage". In V. 5 betont er nochmals, dass er der Weinstock sei und „ihr", somit seine Jünger und -innen, die Schösslinge. Nur wer in ihm sei und bleibe, trage „viel Frucht". Wenn jemand nicht in ihm bleibe, „wird er weggeworfen wie der Schössling und verdorrt, und man sammelt sie und wirft sie ins Feuer, und sie verbrennen". Dieser Text unterscheidet sich in vielen Einzelheiten von unserem Logion: Dieses spricht vor allem nicht von Jesus als dem wahren Lebensspender und Vermittler des Reichs Gottes, sondern den Anführern des Volks als seinen Gegenpolen. Sie sind „ausserhalb des Vaters", d.h. sie verkündigen und tun nicht seinen Willen, im Gegensatz zu Jesus und seinen Jüngern, in denen der Vater „verherrlicht" werden soll (V. 8). Auch die Formulierung ist zum größten Teil abweichend: Es geht um Fruchtbringung und darum, dass die unfruchtbaren Schösslinge „weggeworfen werden", dass sie „verdorren", und man sie „sammelt" und „ins Feuer wirft". Dies steht in Spannung zum Log 40, wonach der Weinstock als solcher mangels Befestigung „mit seiner Wurzel ausgerissen" wird und „zugrunde gehen" wird.

Die Bildrede Joh 15,1ff scheint daher eine spätere Weiterentwicklung zu sein, die stark christologisch geformt ist und einen Aufruf an die Jüngerschaft darstellt. Log 40 könnte ein Übergang zu dieser joh Gestaltung sein. Es steht jedoch näher zu der synoptischen Überlieferung in Mt 15,13. Diese lautet: „Jede Pflanze (πᾶσα φυτεία), die nicht mein himmlischer Vater gepflanzt hat (ἐφύτευσεν), wird ausgerissen werden (ἐκριζωθήσεται)". Sie steht im Zusammenhang einer Polemik gegen die Pharisäer (und weiter auch gegen die Schriftgelehrten, s. Mt 15, 1.12) und wird gefolgt von dem Wort über die blinden Blindenführer (15, 14). Die Verbindung wird offensichtlich durch die „Pflanze", die „gepflanzt" wurde, aber, weil dies nicht vom Vater, sondern getrennt von ihm geschah, „ausgerissen werden wird". Mt 15, 13 ist danach ebenso wie ursprünglich wohl auch Log 40 ein Warnwort an die Leiter des Volks und die ihnen Nachfolgenden, dass sie des Heils verlustig gehen können, weil sie den Willen Gottes weder verkündigen noch befolgen.

Eine Abhängigkeit unseres Logions von Mt 15, 13 dürfte jedoch nicht vorliegen. Auch SCHRAGE, Verh, 95 bemerkt vielsagend, dass „eine synoptische Nebeneinanderstellung" nicht lohne, da „die Unterschiede zu groß" seien. Allerdings kann ihm nicht darin gefolgt werden, dass aus der „Pflanze" (φυτεία) unter dem Einfluss von Mk 12, 1ff Par ein „Weinstock" geworden sei; das Gleichnis von den bösen Weingärtnern ist dem Bildmaterial nach ganz anders strukturiert als Log 40, da hier gerade die Weingärtner mit den Volksführern identifiziert werden sollen und nicht irgendein Weinstock oder Weinberg. Deshalb ist auch mit PATTERSON, GosThom, 76 davon auszugehen, dass sowohl Mt als auch EvThom den Spruch aus umherlaufender Tradition aufgenommen haben werden und beide voneinander unabhängig sind (s. ferner auch SIEBER, Analysis, 193f und früher schon QUISPEL, VigChr 12, 188f). Die Bemerkung von LÜDEMANN, Jesus 2000, 775, Log 40 leite sich von Mt 15,13 her, da es sich um eine mt Redaktionsbildung handele, überzeugt nicht, weil allenfalls die Ausdruckweise „mein himmlischer Vater" typisch mt ist (s. z.B. Mt 7, 21; 10,32; 16,17 u.ä.), diese aber gerade bei EvThom fehlt (ähnlich auch ZÖCKLER, EvThom, 39).

Die Frage bleibt, inwieweit der Spruch nach Mt bzw. EvThom ursprünglich ist und evtl. zur Verkündigung des historischen Jesus gehören kann. In der at Tradition waren „Pflanzung" und besonders „Weinstock" geläufige Bilder für Israel, für das Volk Gottes und seine Führer (s. Jes 61,3; Jer 2,21; Ps 80,9ff; Spr 12,12 usw.). In diese Tradition passen sowohl EvThom Log 40 wie auch Mt 15,13 gut hinein, auch wenn sie den Mächtigen Israels und ihren Nachfolgern das Gericht ansagen. Es besteht auch eine charakteristische Abweichung zur urchristlichen Verkündigung, in der Jesus und seine Jünger die Rolle des „Weinstocks" und seiner Schösslinge einnehmen (Joh 15). Neben dem modifizierten Differenzkriterium ist auch das der jedenfalls zweifachen Bezeugung gegeben. Die neben unseren Quellen noch relevanten Zeugnisse in Ign Trall 11,16 und Ign Phil 3,16 (die von einer „Pflanzung des Vaters" sprechen), könnten sekundär und von Mt abgeleitet sein und müssen daher ebenfalls wie auch EvPhil Log 162a außer Betracht bleiben.

In einzelnen dürfte allerdings sekundär sein, wenn Mt massiv „jede Pflanze" (statt EvThom: „ein Weinstock") nennt und von der Pflanzung durch „meinen himmlischen Vater" redet (s.o.). Auch bei EvThom könnte redaktionell, wenn auch sinnvoll sein, dass er davon spricht, der Weinstock sei nicht „befestigt" (ϵϲτⲁⳙⲣⲏⲩ; vgl. dazu Log 32) und werde nicht nur „mit seiner Wurzel" ausgerissen werden, sondern auch noch „zugrunde gehen", was apokalyptisch klingt. Im übrigen wird man jedoch eine authentische Äußerung Jesu in seiner Auseinandersetzung mit den Mächtigen Israels um den richtigen Weg des Reichs Gottes und seiner Gerechtigkeit für möglich halten können (ähnlich FUNK u. JS., Five Gospels, 495; während CROSSAN, Historischer Jesus, 572 die Echtheit des Logions bezweifelt).

LOG 41

1. JESUS SPRICHT: WER ETWAS IN SEINER HAND HAT, IHM WIRD GEGEBEN WERDEN. 2. UND WER NICHTS HAT, AUCH DAS WENIGE, WAS ER HAT, WIRD VON IHM GENOMMEN WERDEN.

Die Stichwort-Verbindung zu dem bzw. den vorhergehenden Logien kann allenfalls in den Verben „geben" und „empfangen" gesehen werden (s. Log 39). Sie ist wie in den nächsten paränetischen Sprüchen, die ebenfalls loser aneinander gereiht sind, relativ dünn.
Auch die gnostische Ausdeutung des Logions ist kaum fassbar. HAENCHEN, EvThom, 61f meint, es sei vom Haben des „göttlichen Selbst" die Rede: Wer es habe, dem werde damit die himmlische Existenz gegeben. Wer das Selbst nicht besitze, dem werde (beim Sterben) auch die irdische Existenz genommen (zu einer ähnlichen prädestinatianischen Lösung s. auch MÉNARD, EvThom, 142f). Nach SCHRAGE, Verh., 97f sind Objekt des Habens eher „Erkenntnis und Weisheit"; wer sie besitze, dem werde „Unvergänglichkeit" gegeben, während der andere „in Armut" sei und „wenig" besitze. Er verweist auch auf EvPhil Log 105: „Die einen, wenn sie sich nicht erkennen, werden das, was sie besitzen, nicht genießen. Die sich aber kennengelernt haben, werden es genießen". Die Beziehung von Log 41 zu diesem Spruch ist aber schon sprachlich nicht sehr dicht. Als Par in EvThom, die ebenfalls oft gnostisch ausgelegt wird, kommt auch Log 70 in Betracht, wonach jenes, was ihr „in euch habt", „euch retten wird", während das, was ihr „nicht in euch habt", „euch töten wird". Dieses Logion dürfte jedoch eine sekundäre Weiterentwicklung des zugrunde liegenden Spruchs sein, da das „Haben" sekundär auf das „Haben in euch" bezogen wird und außerdem noch hinzugefügt wird, dass man dieses Etwas „erzeugen" muss (s. im

einzelnen später bei Log 70; ferner LEIPOLDT, EvThom, 69; HAENCHEN, Anthropologie, 222).
Ursprünglicher dürfte die traditionsgeschichtliche Beziehung unseres Logions zu den synoptischen Sprüchen vom Haben und Empfangen sein, nämlich zu Mk 4,25 Par Mt 13,12 und Lk 8,18 sowie Mt 25,29 und Lk 19,26 (Q).
Mk verwendet sein Wort im Kontext mehrerer Saatgleichnisse, insbesondere auch seiner Geheimnistheorie und unmittelbar im Anschluss an den Spruch vom Tun-Ergehen-Zusammenhang (4, 24), mit folgendem Wortlaut: „Denn wer hat (ἔχει), dem wird gegeben werden (δοθήσεται), und wer nicht hat, dem wird auch das genommen werden (ἀρθήσεται), was er hat". In ähnlichem Zusammenhang steht die Par bei Mt 13, 12, die abgesehen von der Einleitung nur den redaktionellen Zusatz hat: „und er wird Überfluss haben" und im übrigen gleichlautend ist. Dasselbe gilt für die Par Lk 8, 18; auch sie hat abgesehen von einer veränderten Einleitung eine Modifikation von Mk, nämlich dass genommen wird, „was er zu haben meint", und ist im übrigen gleichlautend. Die Q-Parallelen stehen im Rahmen apokalyptischer Gleichnisse, und zwar im Anschluss an die Parabel von den anvertrauten Geldern (s. Mt 25,29 Par Lk 19,26). Sie heisst bei Lk: „Ich sage euch: Jedem, der hat (ὅτι παντὶ τῷ ἔχοντι), wird gegeben werden; dem aber (ἀπὸ δὲ), der nicht hat, wird auch das genommen werden, was er hat" (nicht wie Lk 8,18: „zu haben meint"). Die Par Mt 25,29 hat, abgesehen von einer wieder anderen Eingangsformulierung, ebenfalls den redaktionellen Zusatz „und er wird Überfluss haben". Daraus dürfte folgen, dass Q im wesentlichen der Fassung von Lk 19,26 entsprechen wird (s. schon A. v. HARNACK, Sprüche und Reden Jesu, 28; SCHULZ, Q, 292; POLAG, Fragmenta Q, 82f).
Was Log 41 betrifft, so kann nach SCHRAGE, Verh, 96f, die Frage nach der Abhängigkeit zwar nicht mit letzter Sicherheit beantwortet werden, jedoch spreche „manches für Mk" (ähnl. auch FLEDDERMANN, Mark and Q, 90). Jedoch denke ich, dass eher von drei verschiedenen unabhängigen Überlieferungen, nämlich Mk, Q und EvThom auszugehen ist, die alle recht ähnlich sind (s. auch SIEBER, Analysis, 163ff und PATTERSON, GosThom, 37). EvThom hat sowohl von Mk als auch von Q insofern zwei wesentliche Abweichungen, als es nicht einfach „hat", sondern „in seiner Hand (ϨⲚ ⲦⲈϤϬⲒⲜ) hat" sagt und im zweiten Satz „auch das Wenige" (ⲠⲔⲈϢⲎⲘ) hinzufügt; es fehlt außerdem das „denn" (γάρ). Beide wesentlichen Veränderungen sind vom Sinn her sehr schlüssig: Erst demjenigen, der etwas „in seiner Hand hat", also es handhabt, damit handelt und handwerkt, steht zu, dass er auch etwas erhält. Jedenfalls entspricht nur das dem Tun-Ergehen-Zusammenhang (wie er auch von Mk angedeutet ist) und auch der eschatologisch-apokalyptischen

Ordnung (so Q). EvThom spricht also nur das aus, was Mk und Q durch ihre jeweiligen Zusammenhänge ebenfalls ausdrücken. Freilich kann es sich, da EvThom eine Vorliebe für die Vokabel „Hand" hat (s. Log 9, 17, 21, 35, 88, 98), auch um eine redaktionelle Veränderung handeln, allerdings um eine notwendige und sinnvolle. Das gleiche gilt für das „Wenige", auch hier könnte EvThom redaktionell modifiziert haben (s. z.B. Log 96). Hier ist die Modifikation aber ebenfalls notwendig, da logischerweise von „nichts" auch nichts weggenommen werden kann.

Eine Abhängigkeit unseres Logions von den synoptischen Evangelien oder Q ist daher in keiner Weise feststellbar, da keine Übernahme redaktioneller Elemente durch EvThom und besonders auch keine Spur der synoptischen Rahmen ersichtlich sind, im Gegenteil EvThom zwei wesentliche Abweichungen sowohl gegenüber Mk als auch Q aufweist (so auch PATTERSON, s.o., 37).

Was die Authentizität des Wortes betrifft, so handelt es sich um ein Maschal aus frühjüdischer Volksweisheit, wonach gemäß BULTMANN, Tradition, 107f.112f eine Verwurzelung in der Predigt Jesu kaum feststellbar sein soll. Es muss jedoch im vorliegenden Fall nach der Entdeckung des EvThom betont werden, dass das Logion nunmehr durch drei unabhängige Quellen auf den historischen Jesus zurückgeführt wird, so dass eine gute mehrfache Bezeugung vorliegt. Auch schließt die Verwendung ähnlichen Spruchguts in der zeitgenössischen Spruchweisheit keineswegs aus, dass Jesus es auch in seine Verkündigung einbauen konnte und eingebaut hat. Das Logion ist auch in entsprechende alttestamentliche und frühjüdische Traditionen eingebettet, vgl. z.B. Spr 11, 24.25; 15, 6 und 4Esr 7, 25 (bejahend zur Möglichkeit einer Authentizität auch H. TAUSSIG, F & F Forum 10, 37f; CROSSAN, Historischer Jesus, 572; FUNK u. JS. 495f; zweifelnd dagegen LÜDEMANN, Jesus 2000, 776.49).

Die älteste Form des Logions scheint allerdings in Mk 4, 25 aufbewahrt zu sein, während Q eine gewisse Zuspitzung aus apokalyptischen Gründen darstellt („Ich sage euch: Jeder, der..."). Die Zusätze in unserem EvThom Logion, besonders „wer (etwas) in seiner Hand hat", also es handhabt und sinnvoll damit umgeht, sind zwar vielleicht nicht ursprünglich, da möglicherweise das kurze Wort in einer gewissen Rätselhaftigkeit und Anstößigkeit zum Nachdenken auffordern wollte, aber auf jeden Fall treffend. Keineswegs ist hier, nach FIEGER, EvThom 137 eine Erfolgsregel angesprochen, dass „die Reichen immer reicher und die Armen immer ärmer werden". Vielmehr ist demjenigen, der seine Gaben und Fähigkeiten handhabt und sie nutzt, verheißen, dass Gott ihm Wachstum und Reichtum schenken wird (es liegt ein sog. passivum divinum vor), während derjenige, der sie vernachlässigt, in Gefahr gerät, seine Fähigkeiten und Lebensmöglichkeiten gänzlich zu verlieren (eine

Beschränkung auf innere Werte wie etwa Weisheit und Erkenntnis, wie z.B. ZÖCKLER, EvThom, 192ff möchte, halte ich nicht für zwingend; dagegen auch MARTIN, EvThom, 153).

LOG 42

JESUS SPRICHT: WERDET VORÜBERGEHENDE!

Dieses Logion, das kürzeste im gesamten EvThom, entbehrt jeglicher Stichwortverbindung sowohl zum vorhergehenden als auch zum folgenden Spruch, was wohl damit zusammenhängt, dass es wegen seiner Kürze wie andere knappe Sprüche zu einem Logion, vielleicht dem folgenden zugeschlagen wurde. Das folgende Logion, nämlich Log 43 hat eine zumindest inhaltliche Verbindung zu den früheren Logien ab Log 39, nämlich als paränetischer Spruch sowie über das Substantiv „die Juden" zu „den Pharisäern und Schriftgelehrten".
Zum Text ist zu sagen, dass das kopt. ϣⲱⲡⲉ ⲉⲧⲉⲧⲛ̅ⲡⲁⲣⲁⲅⲉ gelegentlich auch mit: „Werdet, indem ihr vorübergeht" übersetzt wurde (LEIPOLDT, EvThom, 37; GÄRTNER, Theology, 243) oder auch „Seid Vorübergehende" (J. JEREMIAS, Unbekannte Jesusworte, 107; T. BAARDA, Jesus said, Be Passers-by, in Early Transmission of Words of Jesus, 1983, 179ff.181). Das ist nach der koptischen Grammatik zwar theoretisch möglich, beide Übersetzungen sind aber mit der Gesamtdarstellung des EvThom nicht vereinbar und daher ganz unwahrscheinlich, wie PATTERSON, GosThom, 128ff im einzelnen nachgewiesen hat (so auch HAENCHEN, EvThom, 50; FIEGER, EvThom, 179; BETHGE, Synopsis, 530). Fernliegend ist auch die von BAARDA, s.o., erwogene Anspielung auf eine Bedeutung der „Vorübergehenden" als „Hebräer", die zwar manchmal als „Wanderer" übersetzt wurden (s. z.B. Gen 14,13 LXX), jedoch wird dies zeitgenössisch allenfalls als entfernte Assoziation mitgeklungen haben. Als griechische Rückübersetzung liegt insgesamt am nächsten: Γίνεσθε παράγοντες (s. J. JEREMIAS und PATTERSON, s.o.).
Eine gnostische oder gnostisierende Auslegung des Log 42 ist oftmals versucht worden (s. besonders MÉNARD, EvThom, 143; FIEGER, EvThom, 139). Insbesondere soll es die Forderung beinhalten, an der feindlichen Welt vorüberzugehen. Darin zeige sich der Gnostiker als zutiefst Fremder in dieser Welt, was nach JONAS, Gnosis und spätantiker Geist I, 3.A., 96ff das Zentrum gnostischer Existenz sei. Auf der Ebene der Endredaktion mag eine solche Interpretation auch durchaus möglich sein. Aus der Traditionsgeschichte des Logions dürfte jedoch erkennbar sein, dass das Logion ursprünglich nicht in einen

gnostischen Kontext passt, sondern auch hier frühchristliche Zusammenhänge strukturbildend waren und das Logion in die Verkündigung und das Wirken des historischen Jesus gehören kann. Ein spätes Dokument aus dem Umkreis unseres Logions dürfte das Agraphon auf einer arabischen Inschrift in der indischen Ruinenstadt Fathpur Sikri sein: „Jesus, über dem Frieden sei, hat gesagt: Die Welt ist eine Brücke. Geht über sie hinüber, aber lasst euch nicht auf ihr nieder!" (s. i.e. J. JEREMIAS, Unbekannte Jesuworte, 105ff; ferner BERGER, Jesus, 158f). Dieses Wort ist sowohl in moslemischer Tradition bezeugt, z.B. Al-Ghazali (1059-1111) als auch in der Disciplina Clericalis des Petrus Alfonsi. Es ist nach einer Reihe weiterer Bezeugungen vormohamedanisch und verweist in die frühchristliche Zeit, wobei es jedoch vermutlich bereits eine Anzahl sekundärer Erweiterungen erfahren hat. Bemerkenswert ist jedenfalls, dass im frühchristlichen Raum vielfach die Vorstellung begegnet, dass die Gläubigen „Gäste und Fremdlinge auf Erden" sind (Hebr 11,13) bzw. „Pilger und Fremdlinge" (1Petr 2,11). Ihre wahre Heimat ist nicht diese Welt. Besonders deutlich heisst es auch in Hebr 13,14: „Denn wir haben hier keine bleibende Stadt, sondern wir suchen die zukünftige".
Ähnliche Erwägungen vom Gast-Status des Glaubenden und seiner Pilgerschaft finden sich alttestamentlich in Ps 119, 19.54; ferner 1Chr 19, 15 Par Ps 39,13. Bemerkenswert ist, wie ebenfalls J. JEREMIAS, s.o., 108f ausführt, ein Spruch der rabbinisch-jüdischen Pirque Abot 4,16: „Rabbi Ja'aqob (um 200) pflegte zu sagen: Diese Welt gleicht dem Vorzimmer vor der künftigen Welt. Bereite dich im Vorzimmer vor, damit du Einlass finden mögest in dem Speisesaal". Auch hier geht es um eine Mahnung, in dieser vorläufigen Welt mit ihren Mächten keine Heimat zu sehen, sondern an ihnen vorbeizugehen und sich auf das eigentliche Leben im Reich Gottes einzustellen.
Unser Log 42 steht mit dem gesamten frühjüdischen und urchristlichen Bestand von entsprechenden Worten in engem Zusammenhang. Es zeigt jedoch eine durchaus persönliche charakteristische Eigenart, besonders in der formalen Gestaltung. Es hat allerdings keine direkten Parallelen in den kanonischen Evangelien (weshalb seine Echtheit besonders umstritten ist, s. FUNK u. JS., Five Gospels, 496). Ungewöhnlich ist indessen, wie H. PAULSEN, Werdet Vorübergehende, Zur Literatur und Geschichte des frühen Christentums, 1997, 1ff m.w.N. gefunden hat, eine Notiz des Mk in der Epiphanie-Erzählung von Jesu Seewandel, wo es in Mk 6,48c eigenartigerweise heisst: „Und er (Jesus) wollte an ihnen vorübergehen" (καὶ ἤθελεν παρελθεῖν αὐτούς). Hier wird in einer möglicherweise sehr urtümlichen Gestalt angedeutet, dass in Jesus Gott selbst in Erscheinung tritt, und zwar als ein Vorübergehender, als ein immer Erneuernder und alles Verändernder, der sich keinerlei

Verfestigungen und Fixierungen unterwirft. In der synoptischen Berufungstradition ist fernerhin von Jesus als einem, der „vorbeigeht" (hier kommt das Verb παράγειν vor), die Rede (Mk 1,16-20 Par). Damit dürfte angedeutet sein, dass sein Leben im Umherziehen und Wandern geschieht, aber ebenso dass er sich von den Mächten der Welt, seien es Eigentums- oder Familienverhältnisse nicht festhalten lässt, sondern frei davon ist. Auch seine Jünger und -innen sollen davon frei sein. Sie sollen nicht durch übermäßigen Besitz und Eigentum (vgl.die Worte vom Reichtum und Mammonsdienst Mt 6,24 Par [Q], Mk 10,17ff Par, Lk 12,16ff), durch Machtanhäufung (s. die Logien zur Machtfrage Mk 10,42ff Par; Lk 14,11 Par) und nicht einmal durch Familienverhältnisse (vgl. die entspr. Logien Mk 10,29 Par; Lk 14,26 Par [Q] usf.) gebunden und an sie fixiert sein. Hierzu kann auch auf gleichlautende Parallelen im EvThom verwiesen werden (s. Log 63,64; 81,110; 55,101; 47); dabei ist bemerkenswert, dass auch die „Himmel" „vorübergehen" sollen (vgl. Log 11 S.1: ναπταραγε). Die Jünger sollen also wie auch Jesus selbst (so nach den ältesten Überlieferungen) an seinem Leben als Wandernde und Umherziehende teilnehmen und jedenfalls nicht an die Mächte der alten Welt, des Geldes und Besitzes, der Macht- und Familienstrukturen fixiert sein.

Das entspricht auch vollinhaltlich den soziologischen Analysen der Jesusbewegung, wie sie besonders von THEISSEN, Soziologie der Jesusbewegung, 14ff; ders., Wanderradikalismus, 92ff ausgeführt sind. Diese war durch vagabundierende Charismatiker geprägt, die THEISSEN als heimatlos, familienlos, besitzlos sowie schutzlos kennzeichnet. Diese Bewegung setzt sich nach PATTERSON, GosThom, 128ff.145f in der thomasischen Jüngerbewegung fort (s. Log 14,4 und 86). In diesen Kontext passt unser Logion hervorragend. Es enthält eindeutig den Aufruf nicht nur zum Umherziehen und Wandern, um das Reich Gottes zu verkündigen und zu heilen, sondern speziell auch sich nicht an die „Welt" und ihre Mächte, seien es Macht- und Besitzstrukturen oder auch familiäre Bande festzumachen (so auch ZÖCKLER, EvThom, 150f).

Man wird daher gut begründet von der Echtheit des Logions ausgehen können. Es entspricht einem modifizierten Differenzkriterium, wie gezeigt wurde, und besticht darüber hinaus durch seine völlige Kohärenz mit der Verkündigung und besonders dem Lebensstil der Jesusbewegung (so auch KOESTER, Entwicklungslinien, 131; A.J. DEWEY, F & F Forum 10, 1994, 69ff; CROSSAN, Historischer Jesus, 579; LÜDEMANN, Jesus 2000, 776; während J. JEREMIAS, Unbekannte Jesusworte, 110 eher dazu neigt, es der ältesten Christenheit zuzusprechen; allerdings dürfte der von ihm als fehlend gerügte „eschatologische Klang" im Bedeutungsfeld des Logions durchaus mitenthalten sein).

LOG 43

1. ES SPRACHEN ZU IHM SEINE JÜNGER: WER BIST DU, DASS DU UNS DIES SAGST? 2. (ER SAGTE:) BEGREIFT IHR DENN NICHT AUS DEM, WAS ICH EUCH SAGE, WER ICH BIN? 3. ABER IHR SEID WIE DIE JUDEN GEWORDEN. SIE LIEBEN DEN BAUM, DOCH SIE HASSEN SEINE FRUCHT. ODER SIE LIEBEN DIE FRUCHT, DOCH SIE HASSEN DEN BAUM.

Ein direkter Stichwort-Zusammenhang zu dem vorhergehenden Log 42 oder, da dies unserem Logion zugeschlagen werden kann, auch zu dem davor befindlichen Log 41 ist nicht vorhanden. Es liegt aber eine allgemeine Verbindung zu den Logien ab Log 39 über die Nachfolge sowie über die Kollektivbegriffe „Juden" und „Pharisäer und Schriftgelehrte" vor, da erstere als Zusammenfassung der letzteren angesehen werden können. Sprachlich ist zu bemerken, dass auf die Frage der Jünger in S.1 der folgende S.2 als antwortende Frage Jesu zu behandeln ist (s. auch BLATZ in SCHNEEMELCHER, NtApokr, I, 106; BETHGE, Synopsis, 530 u.a.).

Das Logion wird wiederum vielfach gnostisch ausgelegt, und zwar insofern als das „entschlossene Erkennen Jesu", nämlich allein aus dem EvThom selbst, der eigentliche Appell des Spruchs sei (s. z.B. FIEGER, EvThom, 140). Zutreffender wird auch hier sein, die frühchristlichen Wurzeln des Wortes zu eruieren und auf diese Weise der Tradition des Logions auf die Spur zu kommen.

Die Frage nach der Stellung Jesu und seiner wirklichen Identität begegnet auch in Joh 8,25. Auch hier fragen seine Jünger Jesus: „Wer bist du?", und seine Antwort läuft darauf hinaus, dass er sich auf Gott als seinen Vater beruft und darauf verweist, er (Jesus) „rede" das, was er „von ihm gehört" habe, „zur Welt" (8,26). Er verweist anderen Orts weiter darauf, dass seine „Werke" von ihm „Zeugnis" erbrächten (s. z.B. Joh 5,36; 10,25.38). Jesus definiert seine Identität somit nicht näher, etwa durch traditionelle Würdetitel wie „Messias", „Sohn Gottes" oder „Menschensohn", sondern umschreibt sie durch sein Werk, besonders durch seine Verkündigung. Andere Szenen, bei denen es um die Identität Jesu, sein eigentliches Wesen geht, sind das sog. Petrusbekenntnis (Mk 8,27ff Par) und EvThom Log 13, ferner die Anfrage Johannes' des Täufers in Mt 11,3ff Par. In allen diesen Fällen wird eine direkte Äußerung von Jesus ebenfalls vermieden, auf das Wirken Jesu oder auch sein Leiden hingewiesen und im übrigen das Geheimnis seiner Person gewahrt. Genau dies entspricht auch unserem Logion, wo Jesus in Frageform auf seine Verkündigung und sein Reden (hier gemeint: im EvThom) verweist. Möglicherweise ist auch auf seine Äußerung im

davor liegenden Log 42 angespielt, womit er auch sich selbst als „Vorübergehenden", als einen Sich-Verändernden, stets Neu-Werdenden und von den Mächten dieser Welt Freien und Unabhängigen bezeichnen will (vgl. ähnlich FIEGER, EvThom, 140; MÉNARD, EvThom, 1433f).
Anschließend kritisiert Jesus im 3. Satz die Fragenden und vergleicht seine Jünger mit den „Juden" (ⲛ̅ⲓⲟⲩⲇⲁⲓⲟⲥ / ἰουδαῖοι), eine Formulierung wohl für die Herrschenden und politisch-geistlich Maßgeblichen in Israel, die am nächsten wiederum der joh Terminologie steht. Auch hier ist regelmäßig pauschal von den „Juden" die Rede, sei es dass sie polemisch angegriffen werden, s. z.B. Joh 5,10-18; 7,12ff; 8,31ff; 10,19ff; sei es dass sie, was jedoch seltener ist, auch gerühmt werden und um sie geworben wird, s. 4,22; 7,41ff; 8,31. Wie 5,15; 7,13; 9,22 u.ö. zeigen, sind auch hier maßgeblich die Anführer des Volks und ihre Anhänger angesprochen.
Die folgende Bezugnahme auf den „Baum" und seine „Frucht" hängt offenbar mit dem entsprechenden Sprachgebrauch bei den Synoptikern, insbesondere in Mt 7,16-20 Par Lk 6,43-45 (Q), aber auch Mt 12,33-35 zusammen.
Es handelt sich hier um ein Bildwort, das in verschiedenen paränetischen Bezügen, so in der Bergpredigt des Mt, der Feldrede des Lk und auch noch in einer mt Verteidigungsrede anlässlich einer Dämonenaustreibung Jesu gesprochen wird. Nach Mt 7,16a.20 sollen „falsche Propheten" an „ihren Früchten" erkannt werden. Denn „jeder gute Baum (δένδρον)" „bringt gute Früchte (καρποὺς)", „der faule Baum aber bringt schlechte Früchte". „Ein guter Baum kann nicht schlechte Früchte bringen, noch kann ein fauler Baum gute Früchte bringen" (Mt 7,17.18).
Die Lk-Par 6,43.44a sagt nach einem Angriff auf heuchlerisch Richtende: „Denn es gibt keinen guten Baum (δένδρον), der faule Frucht (καρπὸν) bringt, und wiederum keinen faulen Baum, der gute Frucht bringt; denn jeder Baum wird an seiner Frucht erkannt". Die große Ähnlichkeit der Formulierung und der kompositorische Zusammenhang sprechen für die Herkunft der Stellen aus Q. Deren Fassung dürfte auch im wesentlichen derjenigen bei Lk entsprechen (s. POLAG, Fragmenta Q, 36f; SCHULZ, Q, 316ff u.a.; nach letzterem ist die mt Fassung „kann nicht" wegen der Falschpropheten-Polemik stärker zugespitzt, desgleichen ist der Plural καρποι mt redaktionell, s. auch 21,41.43).
Die weitere Par Mt 12,33 scheint eine Nebentradition zu sein, die nicht ein regelhaftes Sein, sondern eine Forderung äußert: „Entweder macht den Baum gut, dann ist seine Frucht gut, oder macht den Baum faul, dann ist seine Frucht faul; denn an der Frucht erkennt man den Baum" (s. auch Ign Eph 14,2b). Es mag sich hier um eine sekundäre Gestaltung des Worts handeln, die das Bildwort zu einem ethischen Aufruf weiterentwickelt hat, wiederum im Kontrast zu den gegnerischen

Pharisäern (vgl. BULTMANN, Tradition, 55.78.87.108; s. auch SCHULZ, Q, 318).
Unser Logion 43, 3. S. dürfte eine ähnliche Parallelentwicklung zu den Worten vom „Baum" (ϣHN) und seiner „Frucht" (καρποc), besonders in Q sein. Danach gehören Baum und Frucht als eine natürliche Ganzheit und Einheit zusammen. Genau das wird auch in Log 43 vorausgesetzt, so dass es unbegreiflich und defizitär erscheint, wenn Menschen den Baum „lieben", aber seine Frucht „hassen" oder die Frucht „lieben" und den Baum „hassen". Insgesamt liegen hier wohl mehrere Traditionsströme in einer breiten Logienentwicklung vor, von denen der in Q am ältesten und ursprünglichsten erscheint, aber auch in Mt und EvThom altertümliche Ausprägungen bestehen, die auch nicht voneinander abhängig sind, sondern unabhängig jeweils aus mündlicher Überlieferung ihren Weg genommen haben (vgl. ähnlich auch PATTERSON, GosThom, 76f; SUMMERS, Secret Sayings, 74f verweist ergänzend auf die Analogie zu Mt 11,16f (Par); wohingegen FIEGER, s.o., 140 selbstständige Hervorbringung durch die Thomas-Gemeinde annimmt).
Fraglich ist, welches Verhalten Jesus an seinen Jüngern wie auch an den „Juden" bemängelt. Dazu muss man festhalten, dass nach Jesu Auffassung zur Haltung in der Gottesherrschaft „Vollkommenheit" im Sinne dieser Ganzheitlichkeit, Einheit und Ungeteiltheit gehört (vgl. Mt 5,48 Par Lk 6,36; Mt 19,21). Nach frühjüdischer, aber auch alttestamentlicher Tradition bedeutet „vollkommen" (τέλειος = *shalem* [LXX]) einen Zustand, wonach das „Herz" ungeteilt bei Gott, der Wandel ganzheitlich und nicht eingeschränkt ist und der Mensch in jeder Hinsicht „erfüllt" ist (vgl. z.B. E. LOHSE, Das NT als Urkunde des Evangeliums, 2000, 44ff; s. auch J. JEREMIAS, Theologie, 205, der sich zu Recht gegen die traditionelle Vorstellung von Perfektionismus wendet). Diese Ganzheit und Einheitlichkeit des Menschen des Reichs Gottes wird in dem Bildwort vom Baum und seiner Frucht metaphorisch dargestellt (ähnlich s. auch noch Log 45 EvThom). Es zeigt den ganzheitlichen, in Gott wurzelnden Menschen, der in sich einheitlich und ungeteilt ist und aus dessen Sein gute „Früchte", somit gute Worte und Taten sowie Tatfolgen sich ergeben.
Was nach Log 43 sowohl den „Juden" wie auch den Jüngern Jesu fehlt, ist, dass sie dieser Ganzheitlichkeit und Ungeteiltheit ermangeln und in sich widersprüchlich sind. Worin sich dies in concreto aufweist, ist allerdings umstritten. Nach MÉNARD, EvThom, 144 geht es um den Widerspruch zwischen jüdischer Tradition und messianischer Erwartung, LEIPOLDT, EvThom, 64 vermutet, dass der Prediger Jesus geliebt wird, aber nicht seine Predigt und umgekehrt, oder der Vater anerkannt wird, aber nicht der Sohn. Im Ergebnis wird es auf die Haltung zu Jesus und seine Erkenntnis als den von Gott gesandten Heilsbringer ankommen, da

ja im Kontext des Logions (s. S. 1 u. 2) gerade nach ihm gefragt wird (s. auch VALANTASIS, GosThom, 119). Die einen (Pharisäer, Schriftgelehrte, wohl auch Sadduzäer wie auch die von ihnen herkommenden und von Jesus angesprochenen Jünger) lieben Gott und die traditionelle Messiasvorstellung, hassen aber Jesu konkretes Wirken und seine Gottesreichs-Verkündigung an die Armen, Sünder und Unterprivilegierten. Die anderen, die Sünder und die Leidenden (sowie ihnen wohlwollende Herren) lieben zwar dieses Wirken Jesu und ihn persönlich, aber sie stehen im Widerspruch zu Gott und den religiösen Traditionen, mit denen sie nicht zurechtzukommen meinen. Nach unserem Logion wird demgegenüber beides zusammen zu sehen sein, sowohl die Vorstellung von Gott und seiner Überlieferung wie auch das konkrete Wirken Jesu als des von Gott gesandten Sohns.

Wenn man nach dem Alter und der Ursprünglichkeit dieser Szene fragt, wird man ihre Historizität in den Einzelheiten nicht ohne weiteres feststellen können. Sie gehört aber sicher in den Bereich der frühen christlichen Tradition, wie ihre synoptischen und johanneischen Implikationen beweisen, wahrscheinlich in die frühe Auseinandersetzung mit der Synagoge, ähnlich wie dies von den ältesten Teilen des Grundbestands des JohEv gesagt werden kann oder von vielen Logien des Mt betr. den Streit mit Pharisäern und Schriftgelehrten (s. auch FUNK u. JS., Five Gospels, 496f). Der Kern der Szene, das Logion vom Baum und seiner Frucht sowie deren Erkenntnis dürften allerdings, jedoch in ihrer von Q überlieferten Gestalt, wegen ihrer hervorragenden Bezeugung echt sein und zur Jesus-Verkündigung gehören (s. zu deren Ursprünglichkeit BERGER, Theologiegeschichte, 627f u. zur Echtheit LÜDEMANN, Jesus 2000, 202.382.777)

LOG 44

1. JESUS SPRICHT: WER DEN VATER LÄSTERN WIRD, IHM WIRD VERGEBEN WERDEN. 2. UND WER DEN SOHN LÄSTERN WIRD, IHM WIRD VERGEBEN WERDEN. 3. WER ABER DEN HEILIGEN GEIST LÄSTERN WIRD, IHM WIRD NICHT VERGEBEN WERDEN, WEDER AUF DER ERDE NOCH IM HIMMEL.

Eine unmittelbare Stichwort-Beziehung zum vorhergehenden Log 43 besteht nicht, jedoch eine Sinnverbindung zwischen dem „Ich" von Log 43 und dem „Sohn" aus unserem Spruch. Im übrigen setzt hier wieder eine weitere Reihe von paränetischen und mit Q verwandten Sprüchen ein, die bis Log 48/49 geht.

Ein gnostisches Verständnis des Logions kann darin gefunden werden, dass „Vater" und „Sohn" Bilder für das Licht darstellen können. Im „heiligen Geist" kann dann der verborgene Lichtfunke im Menschen gesehen werden, der zur Erkenntnis des gesamten Lichts führen soll und bei dessen Nichterkenntnis der Mensch als verdammt gilt (so FIEGER, EvThom, 143; MÉNARD, EvThom, 144). Zwar ist nach EvPhil Log 33 „der heilige Geist bei der Offenbarung (des Vaters)". Auch betont Apokr Joh 70,18ff: „Alle, die gelästert haben gegen den heiligen Geist, werden gepeinigt werden in ewiger Strafe" (s. auch Keph 104,16ff). Jedoch dürften diese späten Zeugnisse nicht maßgebend sein für die Herkunft und ursprüngliche Deutung des Spruchs. Dies gilt auch für die Bezeugung des Logions in der Diatessaron-Überlieferung (s. HAENCHEN, ThR 27 [1961/2], 166), die eine trinitarische Weiterentwicklung des Logions ähnlich wie im EvThom darstellt, das hat aber mit gnostischer Traditionsbildung nichts zu tun.
Es ist daher auch hier sachgemäßer, zur Klärung der Überlieferungs-Geschichte und einer evtlen. Beziehung zum historischen Jesus auf die synoptischen Parallelen, nämlich auf Mk 3,28-29 Par Mt 12,31 und Mt 12,32 Par Lk 12,10 (Q) zurückzugreifen.
Bei Mk (ebenso wie auch bei Mt) steht das Logion im Zusammenhang einer Verteidigungsrede Jesu wegen des Beelzebul-Vorwurfs angesichts seiner Dämonen-Austreibungen und lautet nach Mk 3,28-29: „Wahrlich, ich sage euch: Alle Sünden und Lästerungen (πάντα τὰ ἁμαρτήματα καὶ αἱ βλασφημίαι) werden den Söhnen der Menschen (υἱοῖς τῶν ἀνθρώπων) vergeben werden (ἀφεθήσεται), so viele sie auch aussprechen. Wer aber gegen den heiligen Geist lästert (βλασφημήσῃ), hat in Ewigkeit keine Vergebung (οὐκ ἔχει ἄφεσιν εἰς τὸν αἰῶνα), sondern er ist ewiger Sünde schuldig". Bei Mt ist die Mk-Version mit derjenigen aus Q kontaminiert und lautet in 12,31: „Deshalb sage ich euch: Jede Sünde und Lästerung wird den Menschen (ἀνθρώποις) vergeben werden, aber die Lästerung des Geistes wird nicht vergeben werden (ἀφεθήσεται)". In 12,32 folgt dann als Q-Par: „Und wer ein Wort wider den Sohn des Menschen (λόγον κατὰ τοῦ υἱοῦ τοῦ ἀνθρώπου) redet, dem wird vergeben werden (ἀφεθήσεται). Wer aber eins wider den heiligen Geist redet, dem wird nicht vergeben werden, weder in dieser noch in der zukünftigen Welt (αἰῶνι)".
Die Lk-Fassung von Q lautet, und zwar im Kontext von nach Stichworten aneinander gereihten Sprüchen über das Bekenntnis der Jünger zu Jesus: „Und wer immer ein Wort gegen den Sohn des Menschen (λόγον εἰς τὸν υἱὸν τοῦ ἀνθρώπου) sagt, dem wird vergeben werden. Dem aber, der gegen den heiligen Geist (εἰς τὸ ἅγιον πνεῦμα) lästert, wird nicht vergeben werden". Der lk Version entspricht auch im wesentlichen die Q-Fassung, abgesehen allerdings von der Einleitung „wer immer" ...

„dem" (πᾶς ὅς ... τῷ δέ), die Lk 12,8f nachgebildet sein wird. Das typisch mt κατά („wider") und insbesondere der Nachsatz „weder in dieser noch in der zukünftigen Welt" („Äon", ebenfalls mt) sind als Redaktion des Mt in Abzug zu bringen (s. SCHULZ, Q, 246f; POLAG, Fragmenta Q, 58f u.a.).

Was unser Logion betrifft, so wird oftmals die Auffassung vertreten, es sei sowohl mit Q „vertraut" als auch von Mt „abhängig" (s. SCHRAGE, Verh, 98f; FIEGER, EvThom, 142; HAENCHEN, ThR 27, 166). Das ist aber bei der weithin divergierenden Fassung überhaupt nicht festzustellen (so PATTERSON, GosThom, 37f; ferner SIEBER, Analysis, 146ff). Insbesondere sind keine Übereinstimmungen mit irgendwelcher Redaktion eines Synoptikers und auch nicht von Q vorhanden. Das gilt auch für Mt, dessen: „Weder in dieser noch in der zukünftigen Welt" ist eine von EvThom: „Weder auf der Erde noch im Himmel" (ογτε 2μ πκας ογτε 2ν τπε) durchaus abweichende Lesart. Am ehesten ist daher anzunehmen, dass das EvThom-Logion von einer Q parallel laufenden Fassung des Worts herrührt, bei der später zur christologischen Präzisierung „Menschensohn" durch „Sohn" ersetzt und zur triadischen Vervollständigung auch die Lästerung des „Vaters" hinzugefügt worden ist (s. ähnlich 2Kor 13,13; Mt 28,19).

Danach liegen jedenfalls drei voneinander unabhängige Fassungen des Worts über die Lästerung des heiligen Geistes vor. Eine weitere öfters herangezogene Version aus Did 11,7, wonach „jede Sünde vergeben werden kann, diese Sünde (gegen den Geist) aber wird nicht vergeben werden", scheidet wohl aus, weil sie einerseits garnicht als Jesuswort zitiert wird und im übrigen in der Formulierung πᾶσα ἁμαρτία wohl von der mt Redaktion des Mk-Spruchs abhängig ist. Auch eine noch spätere Fassung im EvBarth 5,2ff lautet, dass „jede Sünde jedem Menschen vergeben werden" wird, „aber die Sünde wider den heiligen Geist wird nicht vergeben werden", auch hier dürfte Abhängigkeit von Mt vorliegen (s. dazu auch SCHRÖTER, Erinnerung, 285f). Von den danach noch verbleibenden drei Fassungen ist m.E. die Q-Fassung die älteste und dem historischen Jesus am nächsten stehende Version des Spruchs.

Der entscheidende Unterschied zwischen Q und Mk besteht darin, dass Q vom „Wort gegen den Sohn des Menschen" spricht, das „vergeben wird", Mk dagegen von „allen Sünden und Lästerungen", die „den Söhnen der Menschen" „vergeben werden". Dem wird in beiden Fällen gegenübergestellt (und zwar als Spitzenaussage), dass demjenigen, der „gegen den heiligen Geist lästere", „nicht vergeben werde" bzw. er (in Ewigkeit) „keine Vergebung habe". Die letztere Kernaussage ist in allen Versionen im wesentlichen gleichartig und gipfelt darin, dass die Lästerung des Geistes „nicht vergeben werde" (οὐκ ἀφεθήσεται / ϲεναkω αν εβολ).

Der Sinn dieser für uns anstößigen Beschränkung der Vergebung besteht wesentlich in der Schmähung von Jesu Vergebung und Heilung an dämonisch Erkrankten durch Pharisäer und Schriftgelehrte. Weil hier die Vergebungs- und Heilungs-Macht Jesu selbst angegriffen, gelästert wurde, die Jesus auf den heiligen Geist, die Angreifer aber auf den Satan zurückführten, schließt Jesus die Vergebbarkeit der Sünde aus: Wer die Vergebung und Heilung durch ihn ablehnt, dem kann diese auch nicht zugesprochen werden (vgl. J. JEREMIAS, Theologie, 149). Da hier ein gut nachvollziehbarer Kontext im Leben Jesu selbst vorliegt, bestehen insofern keine grundsätzlichen Bedenken gegen eine Historizität des Wortes. Dass später die nachösterlichen Jünger und Propheten das Wort auf sich und ihre Geisteskraft bezogen haben mögen, ändert an der ursprünglichen Authentizität nichts. Auch handelt es sich nicht um ein Gesetzeswort urchristlicher Propheten, das ist ebenso wie bei Lk 12,8f nicht nachweisbar, es ist vielmehr als vorösterlicher Ausdruck eschatologischer Ethik anzusehen. Diese kann auch den heiligen Geist zum Thema haben, der auch sonst gelegentlich Gegenstand von Jesu Verkündigung war (s. Mk 13,11; Lk 12,12 [Q]). Bestärkt wird die Authentizität im übrigen durch die gute Bezeugung in jedenfalls drei Versionen und die Kohärenz mit Jesu sonstigem Reden und Handeln (s. J. JEREMIAS, Theologie, 149.249; C. COLPE, Der Spruch von der Lästerung des Geistes, in Festschr. J. Jeremias, 1970, 63ff; CROSSAN, Historischer Jesus, 347f; a.M. aber viele, z.B. LÜDEMANN, Jesus 2000, 42.777f).

Noch umstrittener als die Frage nach der Authentizität des Spruchs über die Lästerung des Geistes ist die Frage nach derjenigen des 1. Teils des Spruchs. Ebenso wie bei der Lästerung des Geistes dürfte aber auch im 1. Teil des Wortes die Q-Version gegenüber derjenigen von Mk primär sein. Das ergibt schon der antithetische Parallelismus, der der „Lästerung wider den Geist" das „Wort wider den Menschensohn" gegenüberstellt. Dieser ist bei Mk und ihm folgend Mt zerbrochen: Bei Mk ist nun entgegen der Logik von „Sünden u n d Lästerungen", die „den Menschensöhnen" vergeben werden, die Rede. Sowohl die Hinzufügung „aller" „Sünden" wie auch die Betonung der „Menschensöhne" erscheint unausgeglichen. Wahrscheinlich liegt hier ein Missverständnis des Mk vor, weil die zugrunde liegende aramäische Fassung *le bar 'änasha* (Singular) sowohl die Sünden „gegen den Menschen" (= Menschensohn) heißen konnte wie dass die Sünden „seitens des Menschen" vergeben werden konnten (s. des näheren COLPE, Spruch, 65ff, freilich mit anderer Schlussfolgerung). Der Sinn wäre insofern, dass sehr wohl irgendein beleidigendes Wort gegen Jesus als dem „Menschen" (mit der verborgenen Bedeutung des „Menschensohns") der Vergebung zugänglich sein sollte, ganz gleich von wem, wann oder unter welchen

Umständen. Anders sollte dies nur sein, wenn bewusst die Macht der Vergebung und Heilung selbst, in der der heilige Geist wirksam war, verlästert wurde. Damit schloss sich der Lästernde selbst von dieser Vergebungsmacht aus. Dabei sind allerdings auch alle Verschärfungen wie bei Mk „in Ewigkeit" und bei Mt „weder in dieser noch in der zukünftigen Welt" und auch bei EvThom „weder auf der Erde noch im Himmel" sekundäre Zuwächse, die Q nicht kennt und die auch unjesuanisch sind.
Für die Ursprünglichkeit der Q-Fassung gegenüber Mk plädieren auch SCHULZ, Q, 246ff; TÖDT, Menschensohn, 109ff.282ff; HOFFMANN, Studien, 138 u.a., während BULTMANN, Tradition, 138; BORNKAMM, Jesus, 195; HAHN, Hoheitstitel, 299 für die Priorität der Mk-Version sind. Auf den Kontext des Worts bei Mk oder Mt/Lk kommt es wegen der ursprünglichen Selbstständigkeit des Spruchs nicht an. Desgleichen dürfte es nicht zutreffend sein, dass Q zwischen zwei Heilsperioden, nämlich der des historischen Jesus und der nachösterlichen des Geistes differenziert, es geht vielmehr um zwei verschiedene Ebenen der Beurteilung Jesu und seines Wirkens. Dabei spricht jetzt auch schwerwiegend für die Authentizität der Q-Fassung, dass bei EvThom die Lästerung des Geistes derjenigen des Sohns gegenüber gestellt wird. Hier findet sich in Log 44 alte und der Q-Fassung nahe stehende Tradition.
Auch der 1. Teil der Q-Fassung kann somit (allerdings entgegen der herrschenden Auffassung) durchaus von Jesus herrühren (so auch J.G. WILLIAMS, NtStudien 12, 1965/6, 75ff). Dafür spricht besonders die von ihm sehr geschätzte verhüllte Selbstbenennung als „Sohn des Menschen" im Status der Niedrigkeit (s. z.B. Mt 11,18.19 Par [Q]; Mk 2,27.28 Par; 10,43.44; Lk 9,57f Par EvThom Log 86, wovon noch zu sprechen sein wird). Insgesamt passt der Spruch von der Lästerung des Geistes gut in den differenzierten Zusammenhang von Jesu Leben und Lehre und hebt sich sowohl von der Strenge der frühjüdischen Zeitgenossen ab, die jede öffentliche Beschimpfung Gottes für ein todeswürdiges Verbrechen hielten (gem. Lev 24,11ff), wie auch der urchristlichen Lehre, die unser Logion alsbald auf die „Ewigkeit" ausdehnte und damit massiv verschärfte (ablehnend jedoch s. FUNK u. JS., Five Gospels, 497; LÜDEMANN, Jesus 2000, 777f.42 u.a.).

LOG 45

1. JESUS SPRICHT: TRAUBEN WERDEN NICHT VON DISTELN GEERNTET NOCH WERDEN FEIGEN VON DORNEN GEPFLÜCKT, DENN SIE GEBEN KEINE FRUCHT.

2. EIN GUTER MENSCH BRINGT GUTES AUS SEINEM SCHATZ HERVOR. 3. EIN SCHLECHTER MENSCH BRINGT ÜBLES AUS DEM SCHLECHTEN SCHATZ HERVOR, DER IN SEINEM HERZEN IST, UND ER REDET ÜBLES. 4.DENN AUS DEM ÜBERFLUSS DES HERZENS BRINGT ER ÜBLES HERVOR.

Der Stichwort-Kontext liegt in den Substantiven „Frucht" in den Logien 43 und 45. Ein innerer Zusammenhang könnte auch mit Log 44 gegeben sein, insofern als es jedesmal um Gott im Inneren des Menschen, sei es durch den heiligen Geist, sei es mit dem menschlichen Herzen geht.
Hier mag auch eine gnostisierende Deutung des Logions ansetzen. Ausgangspunkt wäre nach SCHRAGE, Verh, 105f der präexistente göttliche Wesenskern, etwa im Sinne von Log 19 oder auch EvVer 28,22ff: „Wer gar nicht war, wird auch nicht sein." Derjenige, der in diesem Sinne „keine Wurzel hat", „hat auch keine Frucht" (EvVer 28,16f). Alles hängt danach vom prädestinatianisch gedeuteten Gedanken des „guten Schatzes" des göttlichen Wesenskerns ab (ähnlich auch MÉNARD, EvThom, 145f).
Die gnostisierende Interpretation erscheint jedoch als nachträglich und abgeleitet, allenfalls im Sinne der letzten Redaktion des EvThom. Die Ursprünge des Logions weisen vielmehr in den frühchristlichen Raum und auch auf den historischen Jesus zurück.
Dies wird wiederum deutlich in den Parallelen, wie sie sich in den synoptischen Evangelien, insbesondere in Lk 6,44b.45 Par Mt 7,16b und 12,34b.35 finden; diese stehen in engem Zusammenhang mit den Parallelen zu Log 43 (Lk 6,43.44a Par Mt 7,16a.17.18.20 u. 12,33, s. bei Log 43) und sind redaktionell von Lk in die Feldrede, von Mt einerseits in die Bergpredigt, andererseits in die Verteidigungsrede Jesu wegen einer Dämonenaustreibung eingebettet.
Der Grundgedanke dürfte auch vorliegend die Vorstellung vom ganzheitlichen, in Gott wurzelnden, somit „vollkommenen" Menschen im Sinne von Mt 5,48 sein, der ungeteilt und von Gottes Geist „erfüllt" ist (s. auch zu Log 43). Lk sagt insofern nach dem Logion vom „guten Baum" und „faulen Baum", die auch entsprechend „Frucht" bringen: „Von Disteln (ἀκανθῶν) sammelt man (συλλέγουσιν) keine Feigen (σῦκα), und von einem Dornbusch (βάτου) schneidet man (τρυγῶσιν) keine Traube (σταφυλὴν)" (Lk 6,44b). „Der gute Mensch bringt (προφέρει) aus dem guten Schatze seines Herzens (τῆς καρδίας) das Gute hervor, und der böse (πονηρὸς) bringt aus dem bösen das Böse hervor" (6,45a). „Denn wovon sein Herz voll ist, davon redet sein Mund" (6,45b). Mt fragt im Anschluss an das Wort vom Erkennen der „Früchte": „Sammelt man etwa Trauben von Disteln (ἀκανθῶν) oder Feigen von Dornen (τριβόλων)?" (Mt 7,16b). In völlig anderem Zusammenhang, nämlich der

Verteidigungsrede zur Beelzebulanklage sagt er weiter (12,34b.35): „Denn wovon das Herz voll ist, davon redet der Mund". „Der gute Mensch bringt (ἐκβάλλει) aus seinem guten Schatz Gutes heraus, und der böse Mensch bringt aus seinem bösen Schatz Böses heraus". Was Q betrifft, so wird es formal die Reihenfolge wie bei Lk haben, nämlich 6,(43.44a).44b.45a.b, während Mt anscheinend die ursprüngliche Akoluthie auseinander gerissen hat, um die Logien seinen besonderen Zwecken nutzbar zu machen (so auch KLOPPENBORG, Formation, 79; SCHULZ, Q, 317f). Inhaltlich dürften auch die lk Formulierungen Q näher kommen als Mt. So die Paarbildung: „Keine Feigen von Disteln sammeln - keine Traube vom Dornbusch schneiden", während die Aussageform (Lk) oder die Frageform bei Mt zweifelhaft ist, die letztere könnte ursprünglicher sein. Das „Hervorbringen" des Lk (προφέρειν) ist hier singulär, während das „Herausbringen" (ἐκβάλλειν) bei Mt weiter verbreitet ist, so dass es für Q entfallen dürfte; allenfalls hat Lk wohl den Schatz „seines Herzens" (τῆς καρδίας) hinzugefügt. Beim letzten Wort von der Überfülle des Herzens sind die Versionen im wesentlichen (abgesehen von der sekundären Pronominalbildung bei Lk) gleichlautend (s. dazu auch POLAG, Fragmenta Q, 36f; SCHULZ, Q, 316ff).
Was unser Log 45 betrifft, so soll es sich nach SCHRAGE, Verh, 102ff um ein typisches „Mischzitat eines mit sekundären Erweiterungen angereicherten Evangelientextes" handeln (so wörtlich auch FIEGER, EvThom, 144f). Dies ist jedoch durch die mannigfachen Ähnlichkeiten nicht nachweisbar, da diese auch Parallelüberlieferungen darstellen können. Die Bevorzugung der Aussage- statt der Frage-Form durch EvThom besagt auch nicht Abhängigkeit, sondern ist für EvThom typisch (s. z.B. auch Log 34 / Lk 6,39). Die Zusammenstellung von „Disteln" (ἀκανθῶν) und „Dornen" (τριβόλων) (kopt. ϣⲟⲛⲧⲉ und ⲥⲣ̄ⲃⲁⲙⲟⲩⲗ, sog. Kameldorn) muss auch nicht auf Mt zurückgehen, sondern kann alttestamentlich bestimmt sein (s. z.B. Gen 3,18; Hos 10,8). Die attributive Wendung („der in seinem Herzen ist", ⲉⲧϩⲛ̄ ⲡⲉϥϩⲏⲧ) ähnelt zwar der redaktionellen Zufügung bei Lk, sie könnte vielleicht auch nachträglich im Zuge einer Vereinheitlichung der Worte hinzugesetzt worden sein (so PATTERSON, GosThom, 38f). Nachgewiesen ist dies aber auch nicht, da Lk vom guten Schatz „seines Herzens" spricht, EvThom jedoch vom schlechten Schatz „in seinem Herzen".
Eine Abhängigkeit von sekundären redaktionellen Elementen der Synoptiker ist daher nicht festzustellen (s. auch SIEBER, Analysis, 87ff; entspr. ferner BERGER, Theologiegeschichte, 627f; A.D. JACOBSON, The First Gospel, 1992, 104f). Dagegen hat EvThom eine durchaus selbstständige Eigenart, etwa in dem Nachsatz zu S.1: „denn sie geben keine Frucht" und in der Zuspitzung des Ganzen auf den „schlechten Menschen" (ⲕⲁⲕⲟⲥ ⲣ̄ⲣⲱⲙⲉ) mit seinem „schlechten (bösen) Schatz" und

seinem bösen „Reden" (xω). Entsprechend ist dann auch der Schluss-Satz 4 anders und betont die Hervorbringung des „Üblen" (ΠΟΝΗΡΟΝ). Wenn überhaupt eine Nähe zu einer redigierten Überlieferung vorhanden ist, dann ist es diejenige zur Spruchquelle Q; denn Log 45 stimmt in allen drei Spruchteilen mit der Reihenfolge in Q überein (s. PATTERSON, GosThom, 39; ZÖCKLER, EvThom, 45).
Es liegt somit im EvThom eine selbstständige Überlieferung vor, die neben Q einzuordnen ist. Sie ist auch nicht von Q in seiner Endgestalt abhängig, da die Q-Akoluthie für Log 43 und 44, die zu dem hier vorliegenden Gesamtkomplex gehören, nicht vorhanden ist; Log 44 (= Lk 12,10) findet sich bei den Synoptikern in anderen Zusammenhängen, ist aber in der mt Gestalt mit Material aus den Q-Sprüchen verbunden (Mt 12,31f; 33f). Die Reihenfolge in EvThom 43,44,45,1.-3.Teil ist danach völlig selbstständig und scheint somit wegen der Konstanz ihrer Bestandteile und ihres inneren Zusammenhangs auf eine sowohl EvThom als auch Q vorausliegende Quelle hinzuweisen (s. BERGER, s.o. u. ähnl. schon CORNELIUS, Glaubwürdigkeit, 52ff).
Wegen der guten mehrfachen Bezeugung unseres Logions kann dieses in allen drei Teilen dem geschichtlichen Jesus prinzipiell nicht abgesprochen werden, wobei freilich eine Entscheidung zwischen Q und EvThom schwer fällt. Auch wenn man grundsätzlich inhaltlich Q folgt, wird jedenfalls hinzuzufügen sein, dass aus dem Herzen auch „Übles" hervorgebracht werden kann. Dass es sich vorliegend um weisheitliche Aussagen handelt, kann an der Möglichkeit der Echtheit nichts ändern. Es geht bei Log 45 ebenso wie bei Q jedenfalls um den Menschen in seiner Ganzheit und Vollständigkeit. Bei der zugrunde liegenden dualistischen Anthropologie kann dies jedoch nicht nur positiv verstanden werden, nämlich als in Gott verwurzelter und von ihm erfüllter Mensch. Vielmehr wird bei Log 45 auch die negative Möglichkeit betont, nämlich ganz vom Bösen erfüllt zu sein und deshalb Böses zu reden und mit seinen Früchten zu wirken. Vgl. zur Echtheit neigend auch LÜDEMANN, Jesus 2000, 382 mit Hinweis auf die Nähe des Gesamtkomplexes zu Mk 7,15; ferner sei auf BERGER, Theologiegeschichte, 627f.682, verwiesen, nach dem das EvThom sowohl den ältesten Themenbestand als auch die älteste Reihenfolge zeigt; sowie auf FUNK u. JS., Five Gospels, 497, die jedoch die Generalisierung des letzten Teils für unecht halten.

LOG 46

1. JESUS SPRICHT: VON ADAM BIS ZU JOHANNES DEM TÄUFER GIBT ES UNTER DEN VON FRAUEN GEBORENEN KEINEN, DER

JOHANNES DEN TÄUFER ÜBERTRIFFT, SO DASS SEINE AUGEN NICHT BRECHEN WERDEN. 2. ICH HABE ABER GESAGT: WER UNTER EUCH KLEIN WERDEN WIRD, WIRD DAS KÖNIGREICH ERKENNEN, UND ER WIRD JOHANNES ÜBERTREFFEN.

Als stichwortmäßiger Zusammenhang kann die Verwendung der Substantive „Mensch" in Log 45 und „Adam" (hebr. Mensch) und „von Frauen Geborene" (ebenfalls Generalbegriff für Menschen) in unserem Logion angesehen werden, das wiederum paränetisch ist.
Nicht ganz eindeutig ist die Übersetzung von ογωϭπ („brechen bzw. gebrochen werden") in Bezug auf die Augen des Johannes. Die Übersetzung, dass „sich seine Augen nicht senken müssen" (H.-G. BETHGE, Synopsis, 531), scheint mir nicht überzeugend. Richtig dürfte vielmehr sein, dass „seine Augen nicht brechen werden" (so auch wohl die herrschende Meinung, s. HAENCHEN, EvThom, 23; FIEGER, EvThom, 147 u.a.), mit dem Sinn, dass er über den Tod hinaus leben werde.
Eine gnostische Interpretation des Logions ist wiederum von SCHRAGE, Verh, 108f und FIEGER, EvThom, 148 versucht worden: Interessant ist insofern, dass auch in EvPhil Log 28 die „Kinder Adams" und die „Kinder des himmlischen Menschen" einander gegenüber gestellt werden und nur von den letzteren gesagt wird, dass sie „immerzu (somit aus der Ewigkeit) erzeugt werden". Der Appell zum Kleinwerden wird unter diesem Aspekt auf die Wiederherstellung der Ur-Einheit und die Rückgängigmachung der Differenzierungen bezogen (s. Log 21,22), was jedoch nicht gnostisch verstanden werden muss. Das „Erkennen" des Reichs mag an Apokr Jak 8,25 erinnern: „Wenn ihr es (das Himmelreich) nicht durch Erkenntnis (Gnosis) empfangt, werdet ihr es nicht finden können" (so SCHRAGE); diese Vorstellung findet sich ähnlich aber auch in Lk 11,52.
Die Traditionsgeschichte weist auch bei Log 46 eher in Richtung der frühchristlichen Verkündigung, insbesondere zu den synoptischen Sprüchen aus Mt 11,11 Par Lk 7,28 (Q) und ferner in Mk 10,15 Par Lk 18,17 und Mt 18,3.
Mt 11,11 und Lk 7,28 gehören in den Rahmen der Rede Jesu über Johannes den Täufer, die sich in beiden Evangelien mit ähnlichem Inhalt findet. Jesus sagt nach Mt: „Wahrlich, ich sage euch (Lk nur: Ich sage euch): Unter denen, die von Frauen geboren sind, ist kein Größerer (μείζων) aufgetreten (ἐγήγερται) (Lk: ist kein Größerer, ἐστιν; in manchen Handschriften: größerer Prophet) als Johannes der Täufer (Lk meist nur: Johannes). Doch der Kleinste im Reich der Himmel (μικρότερος ἐν τῇ βασιλείᾳ τῶν οὐρανῶν; nach Lk: im Reich Gottes) ist größer als er".

Logion 46

Nach herrschender Auffassung stammen die Logien in Mt und Lk aus der Spruchquelle Q. Diese folgt im ersten Satz wohl der mt Lesart, besonders was das „Auftreten" des Johannes betrifft, allerdings soll die Einleitung nur „ich sage euch" heissen und der Zusatz „der Täufer" zu Johannes fehlen. Das „Auftreten" wird als typisch für Q angesehen (s. auch Mt 12,41.42 = Lk 11,31.32), Lk soll demgegenüber die Aussage vereinfacht haben (vgl. dazu v. HARNACK, Sprüche, 16; SCHULZ, Q, 229; POLAG, Fragmenta Q, 40f). Der 2. Satz ist bei beiden Evangelisten gleich, abgesehen von dem „Reich Gottes", das gegenüber dem „Reich der Himmel" des Mt vorzuziehen ist (dies kommt überwiegend nur bei Mt vor).

Was unser Log 46 betrifft, so wird man eine Abhängigkeit von Mt oder Lk nicht feststellen können, auch nicht von Q. SCHRAGE, Verh, 107f räumt ein, dass es „eines der am stärksten von der synoptischen Tradition abweichenden Logien" ist, geht aber doch wohl von Abhängigkeit aus. GÄRTNER, Theology, 224 nimmt an, es sei aus Q herausgebildet worden. Die Übereinstimmungen der Logien reichen jedoch zu einem solchen Schluss nicht aus, da ebenso gut parallel laufende Tradition vorliegen kann (so auch SIEBER, Analysis, 128ff; PATTERSON, GosThom, 40; ZÖCKLER, EvThom, 224f; für Unabhängigkeit und sogar Überlegenheit gegenüber der synoptischen Tradition plädiert auch HIGGINS, Non-gnostic Sayings, 297f). Das „Auftreten" des Johannes, das EvThom wie auch Lk nicht hat, wird zwar auf Q zurückzuführen sein; die lk Vereinfachung ist insoweit aber nicht typisch redaktionell für diesen. Desgleichen ist das Fehlen des „Täufers" nichts für Lk Charakteristisches. Außerdem muss berücksichtigt werden, dass nicht nur die gravierenden Abweichungen im ersten Satz vorhanden sind, sondern besonders auch der zweite Satz völlig divergierend von Lk/Mt oder auch Q gestaltet ist.

Besonders der zweite Satz spricht für eine ganz unabhängige Tradition, die auch nicht von Mk 10,15 Par Lk 18,17 und Mt 18,3 abzuleiten ist. In Mk 10,15 handelt es sich darum, dass derjenige nicht in das Reich Gottes hineinkommt, der es „nicht annimmt wie ein Kind (ὡς παιδίον)" (so auch die Par in Lk 18,17). Nach Mt 18,3 wird gewarnt: „Wenn ihr nicht umkehrt und werdet wie die Kinder (ὡς τὰ παιδία), so werdet ihr nicht ins Reich der Himmel kommen" (s. Mt 19,14). Von Kindern ist aber in unserem Logion nicht direkt die Rede, sondern vom „Klein-Werden" (ϣⲱⲡⲉ ... ⲛ̄ⲕⲟⲩⲉⲓ). Das erinnert an Worte Jesu wie Mt 18,4 und Lk 9,48; 14,11, wo es um „Selbst-Erniedrigung", somit Verzicht auf Status, Macht und Ehre geht; ähnliches wird in Mk 10,42ff gefordert. Jedesmal wird betont, dass gerade derjenige groß, Größter oder Erster ist, der sich klein macht, der Kleinste oder Letzte ist. In diesen Kontext gehört auch S. 2 unseres Logions, wonach derjenige, der „klein" sein wird, Johannes

„übertreffen" (ϫιce) wird. Insofern ist Log 46 nicht nur nicht abhängig von der synoptischen Überlieferung, sondern kann sogar gegenüber Mt 11,11 / Lk 7,28 (Q) als ursprünglichere Tradition angesehen werden (s. auch BERGER, Theologiegeschichte, 686).
Die synoptische Formulierung vom „Kleinsten im Reich Gottes (oder Himmelreich)" ist nämlich höchstwahrscheinlich sekundär und auch unauthentisch. Zunächst wird dieser S.2 in der Regel als Bildung der frühchristlichen Gemeinde angenommen, der es darum ging, den Täufer als Konkurrenten herabzusetzen (s. BULTMANN, Tradition, 177f u.a.). Aber auch die bisherigen Interpretationen von S.2 waren gewunden und unbefriedigend. Nach F. DIBELIUS, ZNW 11 (1910), 190ff und später auch CULLMANN, Christologie, 23.31 soll der „Kleinste" (μικρότερος) Jesus selbst sein, das liegt jedoch fern und wäre auch für die Hörer ganz unverständlich gewesen. Im übrigen passen „Kleinste" und „Größte" im Reich Gottes, als Unterschiede im Rang und Status gerade nicht in die Verkündigung Jesu von der Gleichheit in der Gottesherrschaft (vgl. die Mahltradition, das Gleichnis von den Arbeitern im Weinberg usw.; Mt 5,19 ist ebenfalls sekundär). Auch die Konstruktion von MERKLEIN (Gottesherrschaft als Handlungsprinzip, 86f), dass der μικρότερος der „Kleinere" sei, d.h. jeder der von Frauen Geborenen, der als solcher kleiner sei als Johannes, und als Teilhaber an der Basileia größer als Johannes, erscheint künstlich und muss ebenso wie die übrigen Auslegungen zu der Schlußfolgerung führen, dass die synoptische Version gegenüber der in EvThom sekundär ist. Dabei ist allerdings einschränkend zu bemerken, dass die ursprüngliche Fassung unseres Logions wohl statt des perfektischen „Ich habe aber gesagt" die bei Jesus üblichere präsentische Form und statt des spiritualisierenden „Erkennens" des Reichs das bei ihm gängigere „Eingehen" in das Reich Gottes gehabt haben wird.
Mit dieser Einschränkung wird man keine Bedenken haben, Log 46 der Verkündigung Jesu zuzuschreiben, und zwar S.2 aus Gründen des Kohärenzkriteriums und S.1 wegen der außerordentlichen Wertschätzung des Täufers, wie schon BULTMANN, Tradition, 178 ausgeführt hat. Der Spruch sieht damit die Reihe der natürlich entstandenen Menschen, der „von Frauen Geborenen" (s. auch Hiob 14,1 u.a.) von Adam herkommend bis zu Johannes dem Täufer; dabei kann dieser protologische Ansatz durchaus auch von Jesus herrühren, vgl. Mk 10,6 Par Mt 19,4. Johannes wird von Jesus, obwohl er noch nicht dem hereinbrechenden Reich Gottes angehörte, wegen seiner Umkehrpredigt, der Ankündigung des „Kommenden" und seiner Taufe, besonders hoch geschätzt; darüberhinaus wird ihm ebenso wie den at Patriarchen (s. Mt 8,11 Par Lk 13,28; Mt 12,41.42 usw.) das Leben in der Auferstehungswelt zugesagt. Dennoch sind die „Kleinsten", die wegen

ihres Statusverzichts und ihrer Machtlosigkeit dem nunmehr angekommenen Reich Gottes zugehören, höher als Johannes zu schätzen, und zwar wegen ihrer Teilnahme an diesem Reich Gottes. So auch schon für die synoptische Fassung J. BECKER, Jesus, 139f und auch für Log 46 THEISSEN - MERZ, Historischer Jesus, 194.196 und CROSSAN, Historischer Jesus, 323 (dagegen halten FUNK u. JS., Five Gospels, 498 nur den ersten Teil des Logions für echt und LÜDEMANN, Jesus 2000, 778.387 das gesamte Wort für nachösterlich, wogegen jedoch auch die nunmehr doppelte Bezeugung spricht).

LOG 47

1. JESUS SPRACH: ES IST UNMÖGLICH, DASS EIN MENSCH AUF ZWEI PFERDE STEIGT UND ZWEI BOGEN SPANNT. 2. UND ES IST UNMÖGLICH, DASS EIN KNECHT ZWEI HERREN DIENT. VIELMEHR WIRD ER DEN EINEN EHREN UND DEN ANDEREN WIRD ER SCHMÄHEN.
3. KEIN MENSCH TRINKT ALTEN WEIN UND BEGEHRT SOGLEICH, NEUEN WEIN ZU TRINKEN. 4. UND NEUER WEIN WIRD NICHT IN ALTE SCHLÄUCHE GEFÜLLT, DAMIT SIE NICHT ZERREISSEN. AUCH WIRD ALTER WEIN NICHT IN EINEN NEUEN SCHLAUCH GEFÜLLT, AUF DASS ER IHN NICHT VERDERBE. 5. EIN ALTER LAPPEN WIRD NICHT AUF EIN NEUES KLEID GENÄHT, WEIL EIN RISS ENTSTEHEN WIRD.

Stichwortmäßige Beziehungen bestehen mit der Vokabel „Mensch" sowohl unter den beiden Teilen von Log 47 als auch zu Log 45 und sinngemäß auch zu Log 46 („Adam" und „von Frauen Geborene"). Inhaltlich geht es in beiden Teilen des Spruchs auch wieder wie in Log 43 bis 45 um die angeforderte Ganzheitlichkeit des Menschen und die Ausschließlichkeit seiner Beziehung zu Gott und seinem Reich.
Sprachlich wird die schwierige koptische Konstruktion н ... ⲁⲩⲟ im 2. Halbsatz des 2. Satzes mit „vielmehr" ... „und" übersetzt (wörtlich: „oder" ... „und"). Die Schwerfälligkeit rührt vielleicht daher, dass ein davorstehender Halbsatz mit „entweder" ... „und" durch Abschreibefehler versehentlich ausgelassen wurde (so SCHRAGE, Verh, 111). Es kann aber auch ein aramäisches Äquivalent ungeschickt ins Griechische und dann Koptische übersetzt worden sein (vgl. G. QUISPEL, NTS 5, 1959, 279; ferner ders., VigChr 13, 1959, 91; dagegen H.W. BARTSCH, NTS 6, 1960, 252), eine sichere Feststellung ist insofern nicht möglich.
Das Log 47 ist in beiden Teilen auch wieder gnostisch interpretiert worden. Ausgehend von dem in ihm enthaltenen Ausschließlichkeits-

Anspruch wird hier die Radikalität des Gegensatzes zwischen Gott und der feindlich gesehenen Welt hervorgehoben und z.B. auf EvPhil Log 112 verwiesen: „Ihr aber, die ihr bei dem Sohne Gottes seid, liebt nicht die Welt, sondern liebt den Herrn, damit das, was ihr hervorbringen werdet, nicht der Welt ähnlich wird, sondern es dem Herrn ähnlich wird". Es wird auch auf PsThom 16,10ff (= manPs 223,2ff) Bezug genommen, wonach „ich keine zwei Herzen habe, einheitlich ist mein Herz und einheitlich meine Überlegung..., die Aufseher und Machthaber aber verwunderten sich, dass die Gerechten einem einzigen Herren gehörten" (vgl. besonders SCHRAGE, Verh, 115f; ähnlich MÉNARD, EvThom, 149).

Eine gnostisierende Deutung der Schlussredaktion mag wie oftmals nicht auszuschließen sein. Das Log 47 hat jedoch seinen Ursprung nicht in gnostischen Kreisen und ihnen entsprechenden Vorstellungen, sondern folgt in charakteristischer Weise aus der urchristlichen Verkündigung, die auch Jesus selbst nahe steht.

Zum ersten Block (S.1-2) kommen als Parallelen Mt 6,24 = Lk 16,13 (Q) sowie 2 Clem 6,1 in Betracht. Die Mt-Par findet sich in der Bergpredigt zwischen den Aufrufen zum Sammeln nicht irdischer, sondern himmlischer Schätze und zum Sorgen nicht um Kleidung und Nahrung, sondern um das Reich Gottes sowie dem Gleichnis vom Auge (6,22f) und lautet: „Niemand (οὐδείς) kann zwei Herren dienen (δουλεύειν); denn entweder (ἤ) wird er den einen hassen und den anderen lieben, oder (ἤ) er wird dem einen anhängen (ἀνθέξεται) und den anderen verachten (καταφρονήσει). Ihr könnt nicht Gott dienen und dem Mammon". Die lk Par ist mit dem Mt-Text wörtlich identisch mit Ausnahme der Einleitung: „Kein Knecht (οὐδεὶς οἰκέτης) kann ..." und befindet sich im Kontext einer Gleichnisrede Jesu, hinter dem Gleichnis vom ungerechten Haushalter und vor einer Bemerkung über die „Geldgier" der Pharisäer. Das Logion stammt nach herrschender Ansicht aus Q, das auch hier der lk Akoluthie folgt (s. SCHULZ, Q, 459f; POLAG, Fragmenta Q, 74f). Die lk Einleitung mit dem οἰκέτης wird meist für redaktionell gehalten, da sie zum Kontext mit einem οἰκονόμος passe und die Vokabel von Lk gern gebraucht werde. Sie soll daher für Q entfallen; dies ist allerdings nicht zwingend, da sie auch stichwortmäßig in den Q-Zusammenhang passen und von Mt aus Interesse an Verallgemeinerung weggelassen worden sein kann.

Was unser Logion 1.Teil betrifft, so herrscht wieder Streit darüber, ob es aus den Synoptikern abgeleitet worden ist oder selbstständige Tradition repräsentiert. SCHRAGE, Verh, 110f und SNODGRASS, GosThom, 34 halten es für von den Synoptikern, insbesondere Lk abhängig, besonders weil οἰκέτης (Knecht) redaktionelle Bildung des Lk sei. Das ist allerdings wie gesagt keineswegs sicher, außerdem weist Log 47 überhaupt nicht

οἰκέτης auf, sondern ϩⲙ̄ϩⲁⲗ (δοῦλος = Sklave). Auch die ἤ-Konstruktion zeigt andere Verben als beide Synoptiker (τιμα und ϩⲩⲃⲣⲓϩⲉ = τιμήσει und ὑβρίσει), und das Dienen heißt nicht δουλεύειν, wie bei Mt/Lk/Q, sondern ϣⲙ̄ϣⲉ (= λατρεύειν). Darüber hinaus weist EvThom noch zwei zusätzliche Bildworte vom Besteigen zweier Pferde und Spannen zweier Bogen auf, während der Sachvergleich mit dem Dienst an Gott und dem Mammon fehlt; der letztere wäre, wie PATTERSON richtig bemerkt, bei Kenntnis von EvThom wegen dessen Tendenz zur Reichtumskritik (s. Log 63,64 usw.) sicherlich nicht ausgelassen worden. Nach alledem liegt in EvThom gewiss ein selbstständiger Traditionsstrom, auch gegenüber Q vor (s. SIEBER, Analysis, 98ff; PATTERSON, GosThom, 41; ferner auch BERGER, Einführung in die Formgeschichte, 121f).
Was die Authentizität des Spruchs vom Doppeldienst im allgemeinen betrifft, so kann man bei seiner nunmehr guten Bezeugung, auch durch das EvThom sehr wohl von dieser ausgehen (s. auch BULTMANN, Theologie des NT, 9; J. JEREMIAS, Theologie, 214 u.a.), zumal er sich insgesamt gut in die prophetisch-eschatologische Verkündigung Jesu einfügt und ihren Entscheidungsruf zu Ganzheit und Ungeteiltheit betont. Natürlich ist gemeint worden, die Bildworte vom Besteigen zweier Pferde und Spannen zweier Bogen (nur EvThom) seien sekundäre Analogien zum Doppeldienst an zwei Herren, ferner der Schlussteil über den Gottes- und Mammonsdienst (nur Q) sei sekundärer Anhang. Beides ist aber unwahrscheinlich: Der Schlusssatz ist vielmehr charakteristische Sachhälfte, selbst wenn sie ursprünglich einmal selbstständig gewesen sein sollte. Auch ist sie durch eine weitere unabhängige Tradition, nämlich bei 2Clem 6,1 bezeugt: „Der Herr sagt aber: Kein Knecht kann zwei Herren dienen. Wenn wir sowohl Gott dienen wollen als auch dem Mammon, ist das schädlich (ἀσύμφορος) für uns" (s. auch H.C. BRENNECKE, ZNW 88, 1997, 157ff). Die Vorderworte bei EvThom sind keine typisch sekundären Ergänzungen (vgl. auch andere Dreifachbildungen Jesu, etwa in den Gleichnissen vom verlorenen Schaf, Groschen und verlorenen Sohn), sondern sagen treffend mit je neuen Bildern aus: Man kann sich nicht für zweierlei einsetzen, von dem beides den ganzen Menschen fordert, entweder für Gott und sein Reich oder für das Kapital bzw. andere den Menschen beherrschende Mächte. Auch sind alle Bilder im Palästina Jesu durchaus möglich und geläufig (gegen MICHAELIS, EvThom, 23f): Die Pferde waren von der römischen Besatzungsmacht her verbreitet, und das Bogenschießen war im ganzen Vorderen Orient seit alters bekannt; das gleiche gilt natürlich auch für den Dienst von Sklaven (zur Echtheit bejahend auch LÜDEMANN, Jesus 2000, 196.779; SUMMERS, Secret Sayings, 73f; CROSSAN, Historischer Jesus, 573.579 sowie mit Einschränkungen H. TAUSSIG, F & F Forum 10, 38f u. FUNK u. JS., Five Gospels, 499).

Zweiter Block (S. 3-5): Eine passende Überleitung von S. 1-2 zu S. 4-5 bietet S. 3 von dem unpassenden Zugleich des Trinkens von altem und neuem Wein. Es findet sich nur eine synoptische Parallele, nämlich in Lk 5,39, und zwar nach dem Bildwort vom Lappen und Wein: „Und niemand, der alten (Wein) getrunken hat, will neuen; denn er sagt: Der alte ist gut". SCHRAGE, Verh, 112 geht auch hier davon aus, dass EvThom das Wort von Lk kennt und es daraus abgeleitet hat. Er kann jedoch wiederum nur Entsprechungen der späteren sah und boh Übersetzungen des Lk erbringen, die keinerlei Bedeutung für die Herkunft des EvThom-Logions haben. Bei direkter Vergleichung ist Lk um den Nachsatz erweitert und hat θέλει (will) statt επιθγμει (ἐπιθυμεῖ, begehrt); das „sogleich" (εὐθέως) findet sich allerdings in diversen Handschriften. Eine irgendwie geartete Abhängigkeit des EvThom von einer Redaktion des Lk ist jedoch nicht ersichtlich, so dass es sinnvoll ist, unabhängige Überlieferungen beider Sprüche anzunehmen (so auch PATTERSON, GosThom, 42).

Das Logion ist danach zweifach bezeugt und hat außerdem noch außerkanonische Parallelen (s. näheres KLOSTERMANN, Lk, 5, 39). Es passt sinngemäß zu den bereits behandelten Fällen der Unvereinbarkeit des neuen Lebens des Reichs Gottes zu den alten Mächten und Gewohnheiten und könnte damit unter Aufnahme von jüdischer Volksweisheit (vgl. Sir 9,10) durchaus von Jesus gebraucht worden sein (dagegen BULTMANN, Tradition, 107, da es sich um ein profanes Sprichwort handele, s. auch Joh 2,10; LÜDEMANN, Jesus 2000, 779: Lk 5,39 sei redaktionell, was jedoch bloße unbegründete Vermutung ist). Auch BULTMANN, Tradition, 18 geht indessen von einem „freien Logion" aus, so dass Tradition naheliegt und Echtheit wegen guter Bezeugung immerhin möglich ist (s. auch FUNK u. JS., s.o., 499).

Das Logion vom Wein und Flicken hat Parallelen in Mk 2,21.22, Mt 9,16.17 und Lk 5,36-38, sämtlich im Kontext eines Gesprächs Jesu mit Jüngern Johannes des Täufers. Grundlegender Text ist Mk 2,21f, dem Mt 9,16f weitgehend folgt: „Niemand näht (ἐπιράπτει; Mt: setzt = ἐπιβάλλει) ein Stück ungewalktes Tuch (ἐπίβλημα ῥάκους ἀγνάφου) auf ein altes Kleid (ἱμάτιον παλαιόν); sonst reißt das Flickstück (ein Teil) von ihm ab (Mt: denn von dem Kleid reißt ein Flickstück ab), das neue von dem alten (fehlt bei Mt), und der Riss wird schlimmer (σχίσμα γίνεται). Und niemand füllt (βάλλει; Mt: man füllt auch nicht) neuen Wein (οἶνον νέον) in alte Schläuche (ἀσκοὺς παλαιούς); sonst wird der Wein die Schläuche zerreißen (ῥήξει; Mt: zerreißen die Schläuche), und der Wein geht zugrunde (ἀπόλλυται) samt den Schläuchen (Mt: der Wein wird verschüttet und die Schläuche gehen zugrunde). Sondern neuen Wein (füllt man) in neue Schläuche (Mt füllt den Satz auf und hängt an: dann bleiben beide miteinander erhalten)". Lk 5,36-38 ist wiederum etwas weitschweifiger und kommentierender: „Niemand reißt ein Stück von einem neuen Kleid (ἀπὸ ἱματίου καινοῦ) ab und setzt es auf ein altes Kleid; sonst wird er nicht nur das alte zerreißen, sondern auch zu dem alten wird das Stück vom neuen nicht passen. Und niemand füllt neuen Wein in alte Schläuche; sonst wird der neue Wein die Schläuche zerreißen, und er selbst wird verschüttet werden, und die Schläuche werden zugrunde gehen. Sondern neuen Wein soll man in neue Schläuche füllen". Im Ergebnis wird man davon auszugehen haben, dass sowohl Mt als auch Lk von Mk abhängig sind, zumal auch der kontextuelle Zusammenhang bei allen der gleiche ist. Eine Q-Fassung ist nicht festzustellen.

Was die EvThom-Version betrifft, so ist merkwürdigerweise nicht nur die Unvereinbarkeit von Neu mit Alt (des „neuen Weins" mit den „alten Schläuchen") betont, sondern auch die von Alt mit Neu, nämlich des „alten Weins" mit dem „neuen Schlauch" und des „alten Lappens" mit dem „neuen Kleid". Dennoch nehmen FIEGER, EvThom, 152f; SCHRAGE, Verh, 113f an, dass die Fassung des EvThom auf Mk, Lk und besonders Mt zurück ginge. Von EvThom übernommene redaktionelle Bildungen sind aber nicht ersichtlich, nur äußerliche Ähnlichkeiten, wobei auch die Analogie von Lk 5,36 vom „neuen Kleid" nicht als Übernahme, sondern als logische Folge der Aussage in einem anderen Zusammenhang erscheint. Gegen eine Ableitung aus den Synoptikern spricht auch der völlig andere Kontext des EvThom, der allen Synoptikern widerspricht und für eine ursprünglich selbstständig tradierte Spracheinheit votiert. Demgegenüber sind eher die immer ausführlicher werdenden Hinzufügungen sowohl bei Mk/Mt als auch bei Lk sekundäre Zusätze, insbesondere bei Mk 2,12: „das neue von dem alten" (so auch schon BULTMANN, Tradition, 18; HAHN, Christologische Hoheitstitel, 362f: mk Redaktion). Insgesamt wird man für unabhängige Tradition beim EvThom plädieren müssen (s. SIEBER, Analysis, 98ff; PATTERSON, GosThom, 441f; MONTEFIORE, NTS 7, 1961, 238; BERGER, Einführung in die Formgeschichte, 121f).

Das Doppellogion wird vielfach auch als authentische Jesusverkündigung angesehen, und zwar zunächst in seiner mk Gestalt (s. J. JEREMIAS, Theologie, 109; GOPPELT, Theologie, 123; BECKER, Jesus, 143f u.a.); dabei war maßgebend das modifizierte Differenzkriterium, unter Berücksichtigung besonders von Jes 43,19, ferner 42,9; 48,6. Auch die Form, die das Logion bei EvThom erhalten hat, hat jedoch Züge von Ursprünglichkeit. So weist W. NAGEL, Neuer Wein in alten Schläuchen, VigChr 14, 1960, 1ff auf den typischen Aufbau von Nr. 4 a/b als Doppelzeiler im Sinne eines antithetischen Parallelismus hin (dann wäre auch im zweiten Satzteil evtl. der Plural „Schläuche" zu bevorzugen, s. LEIPOLDT, ThLZ 83, 1958, 494). Nr. 5 (betreffend den Lappen) könnte ebenfalls ursprünglich ein Doppelzeiler gewesen sein, wobei die gegenteilige Aussage, die bei den Synoptikern steht, weggelassen worden sein kann. Nr. 5 ergibt nämlich insofern einen besseren Sinn als die vereinzelte Fassung bei Mk m. Par: Ein „alter Lappen" passt in der Tat weniger auf ein „neues Kleid" als umgekehrt (so auch SCHRAGE, Verh, 115). QUISPEL, VigChr 11, 1957, 194 hat darauf hingewiesen, dass die im EvThom vorkommende Erweiterung mit Umkehr der Bilder auch im persischen Diatessaron begegnet und jeweils einen guten Sinn ergibt: Die Botschaft des Neuen verträgt sich nicht mit dem Alten. Sowohl das Alte wie auch das Neue leiden bei einer Vermischung Schaden. Das heisst allerdings nicht, dass jüdische Tora und Halacha sowie christlicher Glaube nicht zusammenpassen, auch nicht AT und NT. Vielmehr ist Jesu Botschaft vom Anbruch der Gottesherrschaft neu (s. Mk 14,25; 1 Kor 11,25). In ihr ist aber das Gesetz des Alten Bundes in seinem Sinngehalt enthalten und zum Ziel gekommen. Distanz ist lediglich zu den äußerlichen Fixierungen und Verkrustungen der Tora einschließlich der Halacha angebracht, von denen Jesus gegenüber den Pharisäern und Schriftgelehrten immer wieder zum Kern des Willens Gottes zurückfragt. Nur dieser „Buchstabe" des Gesetzes ist das mit dem Neuen unvereinbare Alte, womit eine Vermischung und Vermengung nicht stattfinden soll.

Das weisheitlich geprägte Bildwort vom Wein und Lappen kann somit auch in der rekonstruierten Gestalt zweier Doppelzeiler als evtl. auf Jesus zurückgehend angenommen werden. Es setzt sich nicht nur für das Neue, nämlich das anbrechende Reich Gottes ein und widerstreitet jedem Kompromiss mit dem Alten. Es steht insgesamt für Ganzheit und Unteilbarkeit in der Hingabe daran und befindet sich damit in Kohärenz zu dem gesamten Block von Logien wie Log 43-45 und auch dem übrigen Teil von Log 47 (so im Ergebnis auch CROSSAN, Historischer Jesus, 573; FUNK, u. JS. 499f; dagegen LÜDEMANN, Jesus 2000, 779, der das Logion für abhängig von der Lk-Vorlage hält).

LOG 48

1. JESUS SAGTE: WENN ZWEI MITEINANDER FRIEDEN SCHLIESSEN IN EIN UND DEMSELBEN HAUS, DANN WERDEN SIE ZUM BERG SAGEN: HEBE DICH WEG! UND ER WIRD SICH WEGHEBEN.

Stichwortmäßig wird Log 48 durch die Zahlwörter „eins" und „zwei" mit dem vorhergehenden Log 47 verbunden, das das letztere sogar mehrfach benutzt, und motivisch durch die Einswerdung.

Die gnostische Deutung des Spruchs bevorzugen insbesondere SCHRAGE, Verh, 117f und MÉNARD, EvThom, 150, wobei sie sich auf die Dublette in EvThom Log 106 beziehen und darin die stärker gnostisierte Fassung sehen, die ihrerseits wiederum zur Findung des gnostischen Sinns auch in Log 48 führen soll. Da sich in Log 106 die Protasis findet: „Wenn ihr die zwei zu eins macht, werdet ihr Söhne des Menschen werden, ...", gehe es auch in Log 48 um das Innere des Menschen. In „ein und demselben Haus" heiße ebenfalls dies Innere des Menschen, also „im Gnostiker" (s. auch EvVer 25,21ff) solle wieder Frieden herrschen und somit die Ur-Einheit im Menschen wieder einkehren. Wie gezeigt worden ist (s. bei Log 22), kann indessen der Aufruf, „die zwei zu eins zu machen", durchaus nicht nur innerlich oder auch gnostisch verstanden werden, viel weniger kann das „Frieden-Schließen in ein und demselben Haus" von seiner ursprünglich sozialen Bedeutung weginterpretiert werden.

Es ist vielmehr sinnvoll, sich zunächst wieder den synoptischen Parallelen zu unserem Logion zuzuwenden, somit Mt 18,19 sowie Mt 17,20 Par Lk 17,6 (Q) und Mk 11,23 Par Mt 21,21, ferner syrDidaskalia TU 25,2.

Im Zusammenhang der gemeindlichen Belehrungen des Mt heißt es in Mt 18,19: „Wiederum sage ich euch: Wenn zwei von euch (ἐὰν δύο ... ἐξ ὑμῶν) auf Erden darin übereinstimmen werden (συμφωνήσωσιν), irgendeine Sache zu erbitten, so wird sie ihnen zuteil werden von meinem Vater in den Himmeln". Charakteristisch ist hier der Gebetskontext. Verwandtschaft mit unserem Logion hat eher die Fassung dieses Worts in der syrDidaskalia, einer Kirchenordnung aus dem 3. Jh., die jedoch eine ältere griechische Fassung aufweist: „Duo si convenirent in unum („Wenn zwei in einem übereinstimmen werden") et dixerint monti huic: tolle et mitte te in mari („und zu diesem Berg sagen werden: Hebe dich weg und wirf dich ins Meer"), fiat" („wird es geschehen").

Die synoptischen Worte vom Bergeversetzen stehen ansonsten in Zusammenhängen, die vom Glauben an die wunderwirkende Kraft Jesu oder auch seiner Jünger sprechen. Im Anschluss an die Heilung eines epileptischen Knaben durch Jesus fragen die Jünger, warum sie den „bösen Geist" nicht austreiben konnten, und Jesus nennt als Ursache ihren „Kleinglauben" mit den anschließenden Worten (Mt 17,20b): „Denn wahrlich, ich sage euch: Wenn ihr Glauben habt (auch nur so groß) wie ein Senfkorn, werdet ihr zu diesem Berge sprechen (ἐρεῖτε τῷ ὄρει τούτῳ): Hebe dich hinweg (μετάβα) von hier dorthin! und er wird sich hinwegheben (μεταβήσεται), und nichts wird euch unmöglich sein".

Die Lk-Par (17,6b) steht in einer Folge diverser Logien Jesu, die sich um Jüngerschaft angesichts von Verführungen drehen, und lautet nach einer Bitte um „Glaubensmehrung": „Wenn ihr Glauben hättet (auch nur so groß) wie ein Senfkorn, so würdet ihr zu diesem Maulbeerfeigenbaum sagen: Entwurzle dich und pflanze dich ins Meer, und er würde euch gehorchen". Die Q-Fassung ist wegen der Konkurrenz der Bilder vom Berg und Maulbeerfeigenbaum (Sykamine) sehr umstritten, wird aber überwiegend entsprechend der lk Version angenommen (s. z.B. SCHULZ, Q, 465f; POLAG, Fragmenta Q, 76f; ROBINSON pp, CEQ, 492f; dagegen SCHRÖTER, Erinnerung, 426f). Dies ist auch nachvollziehbar, da Mt von Mk und anderen Quellen beeinflusst sein könnte und auch einen Mk parallelen Wunderkontext hat. Dass die Wendung vom „Bergeversetzen" auch in übrigen frühchristlichen Zusammenhängen dominant war (s. 1Kor 13,2; Apk 8,8), ist zutreffend und wird auch für Ursprünglichkeit dieser Ausdrucksweise sprechen, muss aber nichts für die Q-Fassung besagen, für die bei Lk auch die offenbar passendere Akoluthie spricht.

Die Mk-Fassung (11,23) gehört in den Zusammenhang des vom Evangelisten vorher erzählten Verfluchungswunders an einem Feigenbaum, wonach er die Jünger nach dem Grund fragen lässt und Jesus antwortet: „Habt Glauben an Gott! Wahrlich, ich sage euch: Wer zu diesem Berge sagt (εἴπῃ τῷ ὄρει τούτῳ): Hebe dich empor und wirf dich ins Meer! (ἄρθητι καὶ βλήθητι εἰς τὴν θάλασσαν) und in seinem Herzen nicht zweifelt, sondern glaubt, dass das, was er sagt, geschieht, dem wird es zuteil werden". Mt hat dazu eine Par in demselben Rahmen, die besagt: „Wahrlich, ich sage euch: Wenn ihr Glauben habt und nicht zweifelt, so werdet ihr nicht nur tun, was dem Feigenbaum widerfahren ist (diese Bezugnahme ist sicher mt-redaktionell), sondern auch, wenn ihr zu diesem Berge sagt: Hebe dich empor und wirf dich ins Meer (wie Mk), so wird es geschehen". (Mt 21,21). Auf beide Logien sowohl bei Mk als auch bei Mt folgen ebenfalls Ausführungen Jesu zum Gebet und seiner Kraft.

Was unser Logion betrifft, so soll es nach SCHRAGE, Verh, 116f; FIEGER, EvThom, 154 sowohl bezüglich der Protasis als auch der Apodosis aus den Mt-Par stammen. Das kann jedoch nicht überzeugen. Mt 18,19 hat einen gegenüber Log 48 ganz anderslautenden Wortlaut, insbesondere geht es nicht um „Frieden-Schließen" (kopt. ⲣ ⲉⲓⲣⲏⲛⲏ; gr. εἰρηνεύσωσιν), sondern darum, darin übereinzustimmen, etwas von Gott zu erbitten. Die Übernahme einer redaktionellen Bildung des Mt (oder eines anderen Synoptikers) ist insofern nicht festzustellen. Die Apodosis zeigt zwar eine gewisse Ähnlichkeit mit Mt 17,20, als das „Wegheben" identisch ist (kopt. ⲡⲱⲱⲛⲉ; gr. μεταβαίνειν). Aber auch hier liegt keine typische Redaktion des Mt, sondern die Verwendung einer sprichwörtlichen Redewendung vor, die im frühen Christentum gängig war (so auch SCHRÖTER, Erinnerung, 433). Man wird daher von einem neuen und unabhängigen Wort Jesu auszugehen haben, das nicht von den

Synoptikern oder Q abgeleitet ist (SIEBER, Analysis, 202f; PATTERSON, GosThom, 87; C.W. HEDRICK, F & F Forum 6, 1990, 219ff). Die Frage, ob das Logion authentisch ist und welche Fassung am ehesten dem historischen Jesus entspricht, ist schwierig und auch sehr streitig. Ich neige dazu, dass mehrere Vorstellungen, die in den Logien präsent sind, Jesus zugetraut werden können und daher mehrere Grundformen möglich sind (s. auch LOHMEYER, Mt, 271f). Zunächst wird Mk 11,23 im wesentlichen als ursprünglich angesehen werden können (so auch BULTMANN, Tradition, 98; J. JEREMIAS, Theologie, 159; THEISSEN - MERZ, Historischer Jesus, 266.272.460 u.a.). Die Ausdrucksweise vom bergeversetzenden Glauben ist paradox und gegenüber den zeitgenössischen frühjüdischen Parallelen, etwa nach dem Talmud, von charakteristischer Eigenart. Sie ist auch von der urchristlichen Terminologie des Glaubens an den Christus unterschieden, obwohl sie bekannt und somit gut bezeugt ist (s. z.B. 1Kor 13,2). Daneben kann aber als Variante auch die Q-Version, die im wesentlichen Lk 17,6 entspricht, Echtheit beanspruchen. Das hyperbolische Bild vom entwurzelten Maulbeerfeigenbaum ist singulär im frühen Juden- und Christentum und passt ergänzend zu dem Mk-Spruch (s. z.B. BECKER, Jesus, 227f; SCHULZ, Q, 465f; a.m. LÜDEMANN, Jesus 2000, 260, der für Echtheit der Mt-Fassung ist). Die Mt-Parallelen (17,20 u. 21,21) sind einerseits von Mk und Q beeinflusst, können aber auch noch auf davon unabhängigen Quellen beruhen, wie verbreitete Auffassung ist; sie bringen allerdings nichts entscheidend Neues.
Die Logien 48 und 106 des EvThom dürften Dubletten darstellen (so CULLMANN, EvThom, 328; BAUER, Das ThEv in der neuesten Forschung, 195; QUISPEL, NTS 5 [1958/9], 288), dabei ist allerdings der beliebte Gedanke, dass Log 106 gegenüber Log 48 die abgeleitete und gnostisierte Form darstelle, nur halb richtig: Jedenfalls hat Log 48 eine altertümliche Form, die neben Mk und Q gleichermaßen Anspruch auf Authentizität hat und wiederum eine Variante des praktischen Friedensschlusses neben dem Glauben darstellt (s. ähnlich auch ZÖCKLER, EvThom, 222f). Die vordere Hälfte des Spruches ist weder gnostisch noch typisch thomasisch (zu Log 106 s. dort). Auf die Bedeutung des Friedensschließens verweisen auch die Seligpreisung der Friedensstifter (Mt 5,9) und der Q-Aufruf zur Friedensgewährung im Haus (Lk 10,5f Par Mt 10,12f) als Antizipation des eschatologischen Friedens. Eine Nähe zur Gnosis ist nicht ersichtlich und auch keine thom Besonderheit, der ja oft paradox auch vom Feuer und Zwist in der Familie spricht (s. Log 10,82; 16,55,101). Der Nachsatz des Spruchs entspricht weitgehend dem mk Wortlaut, so dass insgesamt aus dem Gesichtspunkt der Kohärenz durchaus die Möglichkeit einer Echtheit des

Wortes besteht (eher Bedenken dagegen haben CROSSAN, Historischer Jesus, 579 und FUNK u. JS., Five Gospels, 500f). Ein genauer Wortlaut und der Zusammenhang der drei als echt anzuerkennenden Logien kann freilich nicht rekonstruiert werden. Inhaltlich kann aber soviel gesagt werden: Nicht nur der Glaube, das Vertrauen, sondern ebenso Versöhnung und sozialer Friedensschluss, besonders auch auf engstem Raum, dem Ort der Familie und Nachbarschaft, entbinden Kräfte, die das sonst Menschenmögliche in ungeahnter Weise übertreffen und die Teilhabe am Reich Gottes gewähren.

LOG 49

1. JESUS SPRICHT: SELIG SIND DIE EINZELNEN, DIE ERWÄHLT SIND; DENN IHR WERDET DAS KÖNIGREICH FINDEN. 2. DENN IHR STAMMT (AUCH) AUS IHM UND WERDET WIEDER DORTHIN GEHEN.

Ein direkter Stichwort-Zusammenhang zu Log 48 liegt nicht vor. Allerdings kann man durch das Verhältnis der Zahlwörter „eins" und „zwei" in Log 48 zu den „Einzelnen" in unserem Spruch eine inhaltliche Beziehung herstellen.

Das vorliegende Wort wird in aller Regel nicht nur gnostisch gedeutet, sondern auch aus der Lehre der Gnosis hergeleitet. Das betrifft zunächst die Betonung der uranfänglichen Einheit des Menschen mit dem göttlichen Urlicht, aus dem der Gnostiker gekommen ist und zu dem zurückzufinden auch wieder sein Ziel ist (s. HAENCHEN, EvThom, 39f; MÉNARD, EvThom, 151f; FIEGER, EvThom, 156). Gelegentlich wird das Logion aber auch, insbesondere wegen der Bezugnahme auf die „Einzelnen" (ⲙⲟⲛⲁⲭⲟⲥ / μοναχός) enkratitisch interpretiert, wobei diese als Zölibatäre angesehen werden und in dem Logion eine Abwertung von Sexualität und Ehe gesehen wird (s. dazu QUISPEL, L' Évangile selon Thomas et les Origines de l'Ascèse chrétienne, 1965, 98ff).

In der Tat ist fraglich, was es mit den Monachoi auf sich hat. Das Wort kommt in EvThom in den Log 16, 49 und 75 vor und muss letztlich ebenso ausgelegt werden wie die Bezeichnungen „einer" (ⲟⲩⲁ / εἷς) oder auch „ein einziger" (ⲟⲩⲁ ⲟⲩⲱⲧ / εἷς oder εἷς μόνος), s. die Log 4,11,22,23,106. Es stammt nach den Untersuchungen von M. HARL, Rev Et Grec 73 (1960), 464ff und F.-E. MORARD, Freib Zeitschr f Phil u Theol (1973), 332ff u. VigChr 34 (1980), 395ff von dem syrischen Substantiv *ihidaya* = der Einzelne oder Ledige, das in das griechische μοναχός übersetzt und vom Koptischen entlehnt wurde. Nach dem gesamten Zusammenhang ist es mit den Worten ⲟⲩⲁ / ⲟⲩⲁ ⲟⲩⲱⲧ im

Ergebnis identisch verwendet und dient auch der Hervorhebung der im EvThom besonders hoch geschätzten Einheit des Menschen mit sich selbst, mit dem Mitmenschen und mit Gott (s. auch A.F.J. KLIJN, The „Single One" in the Gospel of Thomas, JBL 81[1962], 271ff).
Diese Einheit meint, wie bereits in der Kommentierung zu Log 22 im einzelnen ausgeführt wurde, nach der frühjüdischen und -christlichen Auslegung der Schöpfungsgeschichte Gen 2 und 3 das Kennzeichen des ersten Menschen (Adam) in seinem paradiesischen Zustand vor der später durch das Auftreten Evas und besonders den Sündenfall verursachten Entfremdung. Diese Einheit soll in der Endzeit durch den Messias und seine Menschengemeinschaft auf neuer Stufe wiederhergestellt werden (s. ebenso KLIJN, s.o. u. H.C. KEE, JBL 82, 1963, 313ff mit zahlreichen frühjüdischen Nachweisen, aber auch frühchristlichen Analogien).
Es geht bei den „Einzelnen" somit nicht zentral um Ledige bzw. Unverheiratete, auch nicht um einzelgängerische oder einsame Menschen, wenn sie auch gelegentlich mitgemeint waren. Auch Einsiedler (Mönche) werden erst später als Monachoi bezeichnet. Vielmehr handelt es sich einerseits um spirituelles Einssein, aber auch (wie schon in Log 48 angesprochen) um soziales Einigsein mit dem Mitmenschen in Familie und Gesellschaft. Wer in dieser Einheit lebt, ist nach unserem Logion in der Zuwendung Gottes und somit von ihm „erwählt" (cotπ; s. auch Log 23). In einem Wechsel von der 3. zur 2. Pers. Pl. (vgl. auch Log 54) verheißt das Wort denjenigen, die „eins" sind, dass sie das Reich Gottes „finden" werden (ϩε; so auch Log 27).
Das Logion begründet dies damit, dass die, die „eins" sind, aus dem Königreich (Gottes) stammen und sie deshalb auch wieder dorthin gehen können. Auch insoweit kann auf bereits Ausgeführtes, nämlich besonders die Komm. zu dem verwandten Log 18 verwiesen werden. Dort ist bereits ihre Herkunft aus Gott und seiner Lichtsphäre begründet worden. Hier war auch die anfängliche Einheit, Ungeteiltheit und Unentfremdetheit gegeben, zu der es zurückzufinden gilt (dies wird auch im folgenden Log 50 ebenfalls noch erörtert werden).
Fraglich ist nun, inwieweit dieses Wort im frühchristlichen Raum traditionsgeschichtlich als beheimatet angesehen werden kann. Zur „Einheit" ist bereits auf Paulus und besonders die von ihm übernommene ältere Tradition in Gal 3,28 verwiesen worden, wonach es nicht mehr „Jude und Grieche", „Knecht und Freien" und nicht mehr „Mann und Frau" geben soll; „denn ihr seid alle e i n e r (εἷς) in Christus". Desgleichen heißt es in Eph 2,13ff, dass Christus „aus den zweien einen neuen Menschen" schafft und „Frieden" macht, wobei ebenfalls ältere Überlieferung anzunehmen ist. Das soziale Einigsein, das hier angesprochen ist, begegnet auch in Mt 18,19, wo es darum geht, dass

„zwei von euch auf Erden eins werden" in einer Sache und gebetsweise um deren Erfüllung bitten. Die innerliche, spirituelle Einheit finden wir besonders in den joh Schriften betont, so im sog. hohepriesterlichen Abschiedsgebet, wo Jesus den „Vater" bittet, dass „sie (die Jünger u. -innen) alle eins seien, wie du, Vater, in mir und ich in dir, dass auch sie in uns eins seien, damit die Welt glaubt, dass du mich gesandt hast" (Joh 17,21; s. auch 17,26 u. 14,20). Ein gnostischer Hintergrund der Einheitsvorstellung muss daher nicht bemüht werden. Desgleichen scheint mir nicht notwendig eine Herleitung aus enkratitischen Vorstellungen, da besonders Askese und Sexualablehnung nicht zwingend durch den Gedanken der Einheit vorgegeben sind. So auch ZÖCKLER, EvThom, 124ff, der darauf hinweist, dass auch die letzte Bezugnahme auf das Jenseits als Anknüpfungspunkt des Heils nicht typisch gnostisch ist, sondern zahlreichen anderen religiösen Traditionen eigen ist, desgleichen die Frage nach der Identität, dem Woher und Wohin des Menschen. R. URO hat in Thomas at the Crossroads, 156ff.160f aufgezeigt, dass der Gebrauch der Bezeichnung als Monachoi auch eine Herkunft aus dem Enkratismus nicht voraussetzt.

Die Beziehung unseres Spruchs zum „Finden" des Reichs Gottes führt sogar in die Nähe der Verkündigung Jesu, wie schon anderweit gezeigt. Das gleiche gilt für die Form der Seligpreisung (des Makarismus, s. z.B. Lk 6,20ff Par Mt 5,3ff = Q). Auch zur Frage der Erwählung des Gläubigen ist bereits zu Log 23 das Nötige gesagt worden (s. auch Mt 20,16 Par u.ä.). Problematisch ist die Aussage über den präexistenten Charakter des Reichs und der menschlichen Seele. Bemerkenswert ist insofern, dass auch in Mt 25,34 die Vorstellung auftaucht, dass „den Gesegneten meines Vaters" „das Reich von Grundlegung der Welt an bereitet" sei. Allerdings wird im übrigen eine nähere Protologie nicht ausgebreitet. Lediglich im JohEv wird von der Präexistenz des „Menschensohns" gehandelt, nämlich dass dieser „aus dem Himmel herabgestiegen" sei und wieder „in den Himmel hinaufgestiegen" sei (Joh 3,13; ferner 6,62). Nicht ausgeschlossen ist, dass hierbei auch die Vorstellung mitschwingt, dass nicht nur Jesus als der exemplarische „Mensch" dieser Qualifikation teilhaftig sein sollte, sondern auch die zu ihm gehörige Menschengemeinschaft. Die generisch-anthropologische Deutung des Menschensohn-Titels ist jedenfalls bereits in den Synoptikern gängig (vgl. die dies anzeigenden Wortspiele des „Menschensohns" mit dem „Menschen" in Lk 12,8; Mk 9,31; Mt 11,19 u.ö.). Auch in Mk 2,27.28 und Mt 9,6.8 kommt ein verallgemeinernder Gebrauch des Menschensohn-Titels in den Blick. Es liegt somit nahe, eine ursprünglich auch kollektive Deutung des „Menschensohns", und zwar andeutungsweise selbst im JohEv und ihm nahe stehenden Traditionen anzunehmen (s. zur kollektiven Bedeutung z.B.

CULLMANN, Christologie, 156ff [161]; zur Problematik im JohEv bes. KÖSTER, Ancient Christian Gospels, 113ff.119 mit Hinweis auf Joh 8,14b, wo eine Restriktion dieses Gedankens vom Evangelisten eingefügt worden zu sein scheint). In den joh Schriften begegnet außerdem der Gedanke, dass die Jünger „von oben", „vom Himmel her" oder (explizit) „aus Gott" kämen bzw. stammten (vgl. Joh 3,31; 1Joh 4,2.4.6; s. auch Joh 1,12f). Somit befinden sich jedenfalls auch diese Vorstellungen im frühchristlichen Traditionsraum und sind nicht späten gnostischen Kreisen zuzuordnen (so auch ZÖCKLER, EvThom, 127f).

Nach alledem dürfte der Inhalt unseres Logions, dass nämlich der in sich und mit dem Mitmenschen in Einheit Befindliche in der Zuwendung und Erwählung Gottes steht und sein Königreich finden wird, zwar auch der Jesus-Verkündigung nahe stehen (vgl. dazu die Ausführungen zu Log 22). Jedoch begegnet der Wortlaut, insbesondere die Nennung der „Erwählten" und besonders der 2. Satz über die Herkunft aus dem präexistenten Reich erheblichen Bedenken, was die Zugehörigkeit zum historischen Jesus betrifft (diese wird denn auch allgemein abgelehnt, s. CROSSAN, Historischer Jesus, 579; LÜDEMANN, Jesus 2000, 780; FUNK u. JS., Five Gospels, 501f). Immerhin könnte eine ursprüngliche Fassung etwa dahingehend, dass die Friedensschließenden selig gepriesen werden; denn „ihr werdet das Königreich finden", auf Jesus zurückzuführen sein (vgl. auch Mt 5,9). Diese stände in gut zu begründender Kohärenz zu den sonstigen Makarismen der mt Bergpredigt bzw. Feldrede des Lk. Die Betonung des Einseins als Monachoi sowie der Erwählung könnten dann redaktionell, in Analogie auch zu anderen Worten über die Monachoi (s. Log 16 u. 75), das Logion zu seiner Endgestalt geformt haben; dieses hat dann auch wiederum Einfluss auf die weitere Tradierung, etwa in DialSot 1/2 gehabt, wo den „Auserwählten und den Einzelnen (μονοχος)" verheißen wird, dass sie „leben" werden. Im 2. Satz ist dann wohl auch die Vorstellung von der Präexistenz des Reichs Gottes vom Redaktor eingebracht worden; auch diese sollte jedoch durchaus noch als im Einklang mit der frühchristlichen Theologie stehend angesehen werden.

Insgesamt liegt in Log 49 (und 50) eine ersichtliche redaktionelle Bearbeitung vor (s. auch den ungeschickten Anschluss mit „ihr", S.1 2.Hs. und das zweimalige „denn"). Deshalb kann wieder eine Verknotung mehrerer Aussagenfolgen und wohl auch von Teilsammlungen des EvThom gegeben sein; dabei ist eine stark mit Q verwandte Sammlung (ab Log 36/37) mit einer weiteren Sammlung (ab Log 51) verbunden worden; bei der letzteren geht es um die Thematik Reich Gottes und Welt, Leben und Tod. Die Verbindung der Teil-Sammlungen ist besonders durch die Log 49 und 50 erfolgt, die gegenüber den vorliegenden Sammlungen eine weitergehende gnostisierend-theologische Aussage vertreten, dass nämlich die angesprochenen Jünger und -innen aus Gott und seinem präexistenten Reich stammen (analog der joh Auffassung vom Sein der Jünger „aus Gott") und deshalb wieder in dieses Reich eingehen sollen.

LOG 50

1. JESUS SPRACH: WENN SIE ZU EUCH SAGEN: WOHER STAMMT IHR?, DANN SAGT IHNEN: WIR SIND AUS DEM LICHT GEKOMMEN - DEM ORT, WO DAS LICHT AUS SICH SELBST ENTSTANDEN IST, DAS SICH HINGESTELLT HAT UND IN IHREM BILD ERSCHIENEN IST. 2. WENN SIE ZU EUCH SAGEN: WER SEID IHR?, DANN SAGT: WIR SIND SEINE KINDER, UND WIR SIND DIE ERWÄHLTEN DES LEBENDIGEN VATERS. 3. WENN SIE EUCH FRAGEN: WAS IST DAS ZEICHEN EURES VATERS AN EUCH?, DANN SAGT IHNEN: BEWEGUNG IST ES UND RUHE.

Zunächst ist festzustellen, dass der Stichwortzusammenhang mit dem vorherigen Log 49 über das Verb „stammen" hergestellt ist. Sprachlich ist zu sagen, dass das Logion aus drei Konditionalsätzen mit jeweils einer Frage und Antwort besteht. Nach dem ersten Konditionalsatz ist ein offenbar redaktioneller Einschub erfolgt, erkennbar an der gewundenen Explikation und der 2. Pers. Pl. („in ihrem Bild", ϩⲛ ⲧⲟⲩϩⲓⲕⲱⲛ) statt der zu erwartenden 1. Pers. Pl. „in unserem Bild" (s. auch FIEGER, EvThom, 157f; näheres dazu noch bei Log 83/84). Bei der dritten Frage wird das kopt. ϩⲛ verschieden übersetzt: „unter" (euch), „in" (euch) oder „an" (euch). Dabei sind sämtliche Übersetzungen sprachlich möglich, wobei mir die letztere vom Inhalt her am sachgerechtesten erscheint (ebenso FIEGER, EvThom, 157).

Das Logion wird überwiegend aus gnostischen Zusammenhängen hergeleitet, ja als eines der gnostischen Kern-Worte angesehen, das „unverhüllt das gnostische Antlitz" zeige (so HAENCHEN, EvThom, 38ff; s. auch MÉNARD, EvThom, 152; FIEGER, EvThom, 158f u.a.). Es sei das entscheidende Bekenntnis des Gnostikers und die kurz gefasste Antwort auf die Grundfragen der Gnosis: „Wer waren wir? Was sind wir geworden? Wo waren wir? Wohinein sind wir geworfen? Wovon sind wir befreit? Was ist Geburt? Was ist Wiedergeburt?" (s. Clemens v. Alexandria, Exc Theod 78,2). Diese Interpretation kann jedoch nicht überzeugen. Schon die Qualifikation des Logions als zentrale Aussage des EvThom ist instabil. Es könnte hier, ähnlich wie wahrscheinlich bei Log 18/19 und später bei Log 83/84, eine nachträgliche Interpolation des Worts durch den Endredaktor (zusammen mit dem überarbeiteten 1. u.

dem 2. Teil des Log 49) vorliegen, die dem Text im übrigen eine neue Prägung aufdrücken wollte; diese wurde evtl. noch verstärkt durch den redaktionellen Zusatz zur Antwort des 1. Konditionalsatzes. Außerdem ist der für gnostisch gehaltene Fragenkatalog auch durchaus nicht eindeutig und nur für die Gnosis zu postulieren. Die Fragen gibt es auch in sonstigen christlich-jüdischen Zusammenhängen, sie sind charakteristisch für die existentiale Suche in zahlreichen religiösen Bewegungen (so auch ZÖCKLER, EvThom, 124f).

Möglicherweise könnte in Log 50 auch noch ein Fragenkatalog mit entsprechenden Antworten in dem Kontext eines Aufstiegs des Gnostikers nach seinem Tode in die himmlische Welt gegeben sein, der diesem von Engeln oder anderen Mächten (Archonten) vor Einlass in die göttliche Sphäre gestellt würde (s. KASSER, EvThom, 78f; MÉNARD, EvThom, 152f, m. Hinweis auf Irenäus, AdvHaer I, 21,5; Epiphanius Pan XXXVI, 3,2-6; XXVI, 13, 2-3; 1Apok Jak 33, 11-34,1 u.a.). Diese These wird auch von KÖSTER, Ancient Christian Gospels, 125ff; PATTERSON, Introduction, 96ff geteilt. Tatsächlich kommt eine Triade entsprechender Fragen und Antworten von Himmelswächtern besonders beim Seelenaufstieg des Jakobus nach seinem Tode in 1Apok Jak 33/34 vor, die der Formation in Log 50 nicht unähnlich ist. Dennoch kann es sich hier und in ähnlichen Fällen auch um eine Übertragung durchaus irdischer katechismusartiger Fragen auf postmortale Aufstiegs-Darstellungen handeln, die für den ursprünglichen Inhalt unseres Logions nichts aussagen. Bemerkenswert ist, dass in diesem von einem Seelenaufstieg nach dem Tode und einer Problematik beim Einlass in das himmlische Reich nicht die Rede ist. Die Fragenden („wenn sie euch fragen") werden auch nicht als Engel oder sonstiges himmlisches Personal namhaft gemacht. Auch aus anderen Sprüchen des EvThom ergibt sich kein Anhaltspunkt für diese These, insbesondere nicht aus Log 59, s. dort (ablehnend daher auch ZÖCKLER, EvThom, 126f; ferner DAVIES, Christology, 671).

Weiter könnte es sich bei der in Log 50 vorliegenden Triade auch um die Wiedergabe einer Szene anlässlich eines mystischen Seelenaufstiegs zu Lebzeiten eines Mystikers handeln, bei dem dieser von Engeln vor Einlass in die himmlische Sphäre zum Zwecke einer Prüfung „auf Herz und Nieren" befragt würde. Eine solche Tradition würde noch nicht gnostisch sein, sondern auf frühjüdischer bzw. -christlicher Mystik beruhen (s. dazu A.D. DE CONICK, Seek to See Him, 1966, 55ff.64ff).
DE CONICK verweist neben zahlreichen apokalyptischen und auch gnostischen Texten besonders auf die Apok Paul 22,24 - 23,26 (s. auch W.R. MURDOCK - G.W. MCRAE, The Apocalypse of Paul, ed. M. PARROTT, 1979, 58ff), wo die Entrückung des Paulus vor seinem Tode (vgl. auch 2Kor 12,2ff) zum dritten Himmel bzw. Paradies geschildert

und auch eine Begegnung mit einem himmlischen Wächter benannt wird, wobei sich ein Frage- und Antwort-Dialog entfaltet und schließlich Paulus diesem ein „Zeichen" gibt. Diese Parallele zu unserem Logion ist zweifellos eindrucksvoll, dennoch kann es sich auch hier um eine Übertragung irdischer Examinationen auf himmlische Vorgänge handeln. Zumindest lässt sich für unseren Text in keiner Weise nachweisen, dass die Fragenden himmlische Mächte sind und die Antworten dem Zweck des Einlasses in göttliche Sphären eines Himmelaufstiegs dienen. Es liegt auch fern, dass die im EvThom in Log 50 erfolgte Verallgemeinerung von Fragen und Antworten im Zusammenhang mit einem derart singulären mystischen Geschehen stehen könnten, wie dies eine Entrückung in den dritten Himmel ist.
Zutreffend wird sein, dass der Katalog von Fragen und Antworten in unserem Spruch ursprünglich ein katechismusartiges Bekenntnis der Thomas-Gemeinde darstellt. Dieses wird im Zuge von deren Missionstätigkeit zur Werbung, aber auch zur Abgrenzung gegenüber anderen Gruppen, seien sie großkirchlich-christlicher, jüdischer oder auch heidnischer Herkunft, verwendet worden sein. Ähnlichkeiten finden sich z.B. in Fragen und Antworten betr. Johannes den Täufer (s. z.B. Joh 1,19.21.22.25), Jesus (s. z.B. Joh 8,14.18.25.33.53; 10,24; 2,18 oder auch Mk 6,2; 11,27ff) und die Jünger (Apg 4,7 usw.). Diese mögen nicht die Form von Katalogen gehabt haben, jedoch konnte diese Form durch Zusammenstellung von Fragen leicht entstehen; auch könnten diese Fragen leicht testenden oder sogar inquisitorischen Charakter gehabt haben (s. auch Log 3), so z.B. wenn sie von Leitern großkirchlicher Gemeinden kamen (s. dazu entspr. auch DAVIES, Christology, 670f; ähnlich LELYVELD, Les Logia de la Vie, 99ff u. ZÖCKLER, EvThom, 126f).
Zum Inhalt der Antworten ist zu sagen, dass sie zum größten Teil im EvThom schon in anderen Zusammenhängen aufgetaucht sind oder noch auftauchen werden. Unter Log 18 ist schon angesprochen worden, dgl. in Log 49 S.2, dass die Seele des Glaubenden aus der uranfänglichen göttlichen Sphäre stammt, die als „Reich" des Vaters, aber auch als „Licht" bezeichnet werden kann. Das ist frühchristlich und -jüdisch gut verankert. Gott selbst ist danach das „Licht" (1Joh 1,5). Es gehört zu seinen „Schätzen", und er bringt es bei der Schöpfung aus diesen hervor (s. 4Esr 6,39; 2Bar 59,11). Im „Wort" war auch das „Licht" (s. Joh 1,4.5); es bedeutete besonders auch nach qumranischer Tradition Weisheit und Erkenntnis. Als späterer redaktioneller Zusatz ist dazu noch davon die Rede, dass das „Licht" „aus sich selbst entstanden" ist Das wird von DE CONICK, s.o., auf frühe gnostische Quellen zurückgeführt, so auf den Eugnostos-Brief (1. Jh.), wonach Gott „unsterblich und ewig" sei und „keine Geburt" habe, er sei „ungezeugt" und wird der

„Selbstzeuger" genannt; das liegt nahe und ist jedenfalls nicht auszuschließen (s. aber auch Joh 1,1ff. 9ff). Auch der weitere (redaktionelle) Zusatz von der „Aufstellung" des Lichts (s. auch Log 16) und seinem „Erscheinen" „in ihrem", d.h. der Jünger „Bild" ist zwar durch schöpfungstheologische Vorstellungen des frühen Judentums hervorgerufen (s. dazu Gen 1,27), könnte aber, wie noch zu Log 83/84 zu prüfen ist, auch durch nachfolgende Ideen mitbestimmt sein.
Die zweite Antwort geht dahin, dass die Jünger und -innen die „Kinder" (kopt. ϣⲏⲣⲉ; oft als „Söhne" übersetzt) des „Lichts" seien und die „Erwählten" des „lebendigen Vaters". Auch die „Kinder des Lichts" sind bereits in Lk 16,8; 1Thess 5,5; Joh 12,36 bezeugt und haben besonders qumranisch-frühjüdische Parallelen. Die Vatervorstellung Gottes ist so verbreitet, dass sie hier nicht weiter nachgewiesen werden muss. Das gleiche gilt dafür, dass Gott „lebendig" ist bzw. „Leben" ist und hat (1Sam 2,17; 2Kön 19,4.16; Ps 42,3; Dan 6,21; Mt 16,16 / Spr 8,35; Joh 1,4; 5,26 usw.). Schließlich wurden die Jünger als „Erwählte" bezeichnet, wie auch schon unter Log 23 erörtert wurde (vgl. auch Ps 106,5; Jes 43,20; Dtn 7,6; Mk 13,20.22.27; Lk 18,7; Mt 20,16; 22,14 usw.); dgl. liegen zahlreiche qumranische Äußerungen vor (CD 3,20b ff; 1QS 11,7-9 usf.).
Schließlich dürften auch für das gefragte „Zeichen" (ⲙⲁⲉⲓⲛ / σημεῖον) der Gläubigen, nämlich „Bewegung" und „Ruhe" schöpfungstheologische Bezugnahmen am passendsten sein (so auch DAVIES, Christology, 670f). Nach Gen 1 und 2 „schuf" Gott den Himmel und die Erde bzw. „machte" er sie. Sein „Geist" „bewegte sich" nach Gen 1,2 über den Wassern. Bemerkenswert ist, dass nach Spr 8,27 die Weisheit zugegen war, als er den Himmel „baute". Gott „wirkte" sieben Tage lang (s. auch Joh 5,17) und vollendete sein „Werk" am siebten Tag, da er von all seinen „Werken" „ruhte" (Gen 2,2.3). Ausdruck seines Seins sind daher „Bewegung" (ⲕⲓⲙ / κίνησις) und auch „Ruhe" (ⲁⲛⲁⲡⲁⲩⲥⲓⲥ / ἀνάπαυσις). Der Sabbat wird dann zum „Zeichen" dafür zwischen Gott und den Menschen (s. Ex 31,13.17; Ez 20,12). Einer Ableitung aus dem gnostischen Corpus Hermeticum mit seiner Vorstellung vom „unbewegten Beweger" (s. auch CH 2,6; 5,5; 6,1; ca. 300 n.C.) bedarf es nicht (gegen DE CONICK, s.o., 93f), zumal dessen Konstruktionen eher von älteren Schöpfungs-Vorstellungen abgeleitet erscheinen (s. DAVIES, s.o., 670f).
Nach alledem kann unser Logion mit seiner bekenntnishaften Triade von Fragen und Antworten, insbesondere der Herkunft der Jünger aus dem Reich des göttlichen Lichts, ihrer Qualifikation als dessen Kinder und Erwählte und ihrer Teilnahme an der göttlichen Schöpfungs-Arbeit und -Ruhe, besonders auch der Einhaltung des Sabbats (s. auch Log 27 S.2) durchaus im Rahmen des frühen Christentums angesiedelt werden (zur

Problematik der „Ruhe" und ihrem Zusammenhang auch mit der Sabbat-Problematik s. auch das nächste Log 51). Eine direkte Verortung in der Jesus-Verkündigung muss allerdings entfallen (so im Ergebnis auch CROSSAN, Historischer Jesus, 579; LÜDEMANN, Jesus 2000, 780f; FUNK u. JS., Five Gospels, 502). Ein Widerspruch zu dieser oder auch zu frühchristlichen Vorstellungen im übrigen, etwa mit Rücksicht auf die implizit vorhandene Präexistenz-Theologie, sollte jedoch, wie bereits unter Log 18/19 und 49 erörtert, nicht angenommen werden.

LOG 51

1. ES SPRACHEN ZU IHM SEINE JÜNGER: WANN WIRD DIE RUHE DER TOTEN GESCHEHEN, UND WANN WIRD DIE NEUE WELT KOMMEN? 2. ER SPRACH ZU IHNEN: JENE (RUHE), DIE IHR ERWARTET, IST SCHON GEKOMMEN, ABER IHR ERKENNT SIE NICHT.

Das Stichwort, das Log 51 mit dem vorhergehenden Logion verbindet, ist das Substantiv „Ruhe". Eine starke Meinung (s. BETHGE, Synopsis, 532 u.a.) will statt „Ruhe" (kopt. ⲁⲛⲁⲡⲁⲩⲥⲓⲥ wie gr.) „Auferstehung" (kopt. ⲁⲛⲁⲥⲧⲁⲥⲓⲥ wie gr.) schreiben, da es sich um eine durch das Ende von Log 50 veranlasste Verwechselung handele und Stellen wie 2Tim 2,18 „Auferstehung" nahe legten. Dies wird aber durch die eindeutige Textüberlieferung nicht gedeckt (so BERGER - NORD, Das NT u. frühchristl. Schriften, 657; LÜDEMANN, Jesus 2000, 781 u.a.) und legt sich auch nach dessen Inhalt nicht nahe. Im übrigen widerspricht dem der vorliegende Stichwort-Zusammenhang mit Log 50 und auch die sonstige Vorliebe des EvThom für die Anapausis (s. Log 4,60,86,90).
Unser Logion ist neben den Log 3 und 113 eine der zentralen Aussagen des EvThom, der mittlere der drei Pfeiler, auf denen der Bau dieses Evangeliums ruht. Alle drei Sprüche betonen (wie dies auch beim historischen Jesus der Fall war) das Reich Gottes, seine Königsherrschaft, und zwar in der Gegenwart, im Hier und Jetzt und stehen damit in engem Zusammenhang mit den sonstigen Gegenwartsaussagen, sowohl in den synoptischen Evangelien, ganz besonders im JohEv, aber auch in der paulinischen Verkündigung, wobei die futurische Betrachtungsweise zwar zurücktritt, aber nicht ausgeschlossen wird.
Dies ist der Fall, obwohl wörtlich in Log 51 nach der „Ruhe der Toten" und der „neuen Welt" gefragt wird. Jedoch sind beide Termini eschatologische Kernbegriffe. Das gilt besonders für die „neue Welt", die der Reich-Gottes-Terminologie sehr nahe steht, nämlich in Begriffen wie

dem „neuen Himmel" und der „neuen Erde" (vgl. Apk 21,1; 2Petr 3,13; i.Anschl. a. Jes 65,17), „dieser" und „jener Welt" bzw. der „gegenwärtigen" und „zukünftigen Welt" (Mt 12,32; 13,39.40.49; Mk 10,30; Lk 16,8; 20,35; Joh 8,23; 9,39; 14,30; 18,36; Röm 12,2; 1Kor 3,19; Hebr 6,5). Dabei wird in den synoptischen Aussagen meist Aion, in den joh dagegen Kosmos gebraucht, entsprechend frühjüdischen Aussagen wie äthHen 48,7; 4Esr 7,30ff.
Jedoch ist auch „Ruhe" ein eschatologischer Hauptbegriff. Er findet sich bereits im AT (z.b. in Jer 6,16, als Verheißung der Suche nach dem „Heil"). In Sir 6,28 wird dem Weisheitsjünger am Ende „Ruhe" versprochen. Entscheidend spricht Jesus nach Mt 11,29 = EvThom Log 90 davon, dass er seinen Jüngern „Ruhe" geben werde. In Hebr 3,7ff.4 warnt der als Sprecher eingeführte heilige Geist davor, die „Ruhe" zu verspielen. Sie wird dabei auch mit der Ruhe Gottes selbst am siebten Tag in Beziehung gebracht; darauf beruht auch die Begründung des Ruhetags (des Sabbats, s. Ex 16,23ff). Auch in frühjüdischen und sonstigen christlichen Schriften ist „Ruhe" ein soteriologischer und eschatologischer Begriff (s. z.B. EpAp 23: „die Ruhe im Himmelreich" und 2Clem 5,5: „die Ruhe des künftigen Reichs und des ewigen Lebens" usf.). Eine Herleitung aus gnostischen Quellen, wie sie HAENCHEN, EvThom, 72ff und besonders P.VIELHAUER, ΑΝΑΠΑΥΣΙΣ. Zum gnostischen Hintergrund des ThEvs, Haenchen-Festschrift, 1964, 281ff, darstellen, greift nicht durch, wenn auch unzweifelhaft der Terminus „Ruhe" in späteren gnostischen Schriften wie der Sophia Jesu Christi, 123ff; dem EvVer 22f; 40f und den ActJoh eine ganz bedeutende Rolle spielt (dagegen auch PATTERSON, EvThom, 87f; ähnl. schon J.B. BAUER, Unbekannte Jesusworte ?, 127f).
Auch bei Log 51 ist somit davon auszugehen, dass es traditionsgeschichtlich im frühchristlichen Rahmen, und zwar möglicherweise auch im Kontext der eschatologischen Reich-Gottes-Verkündigung Jesu beheimatet ist. Als entscheidende Parallele kommt auch hier Lk 17,20.21 in Betracht, die eingefügt ist in diverses Geschehens- und Reden-Material, vor der endzeitlichen Rede Jesu über die Wiederkunft des Menschensohns aus Q und wie folgt lautet: „Als er (Jesus) aber von den Pharisäern gefragt wurde, wann (πότε) das Reich Gottes komme, antwortete er ihnen und sprach: Das Reich Gottes kommt nicht so, dass man es beobachten könnte (μετὰ παρατηρήσεως). Man wird auch nicht sagen: Siehe hier! Oder dort! (ἰδοὺ ὧδε ἤ ἐκεῖ); denn siehe (ἰδοὺ), das Reich Gottes ist mitten unter euch (ἐντὸς ὑμῶν ἐστιν)".
Dieses Logion, das vor Entdeckung des EvThom nur singulär tradiert zu sein schien, ist in seiner Deutung sehr umstritten. Nach heute überwiegender Auffassung (s. dazu die Ausführungen bei Log 3) ist es jedoch so auszulegen, dass das Kommen des endzeitlichen Reichs Gottes

sich weder zeitlich vorausberechnen lassen noch dass es sich anderweit festlegen lassen soll. Vielmehr sei es als ein gegenwärtig gekommenes bereits „mitten unter euch" (in eurer Mitte, in eurem Wirkungsbereich oder zu eurer Verfügung). Dabei sei die Gottesherrschaft wirksam geworden in Jesus selbst, aber auch im Leben und Wirken seiner Jünger und -innen und auch in Ereignissen um sie herum. Das passt auch zu sonstigen präsentischen Aussagen über die Gottesherrschaft, die Jesus mit Recht zugeschrieben werden (s. des näheren die Kommentierung zu Log 3). Dagegen kommt die rein spirituelle Aussage, dass das Reich Gottes „in euch" sei, beim historischen Jesus direkt so nicht und sinngemäß auch eher selten vor. Zum Rahmen, den Log 51 ausnahmsweise (ebenso wie Log 52 und 53) aufweist, nämlich der Frage der Jünger nach dem endzeitlichen „Kommen" des Reichs Gottes, sei weiter verwiesen auf Parallelen in Mk 13,32.33 Par; Mt 24,3.42 und Lk 21,7. Es geht hier regelmäßig um das futurische Kommen der Gottesherrschaft, und Jesus verweigert darauf die Antwort: Das Reich werde kommen, aber er kenne den Zeitpunkt nicht, nur der Vater kenne ihn, und es gelte, wachsam und im Hier und Jetzt tätig zu sein.

Unser Log 51 ist danach ein Schulgespräch, das gegenüber Lk 17,21, aber auch den anderen synoptischen Stellen, unabhängig und nicht von ihnen abgeleitet ist. Für eine Abhängigkeit bestehen auch keinerlei Anhaltspunkte, da außer einzelnen Begriffen keinerlei wörtliche Übereinstimmungen vorliegen (entspr. auch PATTERSON, EvThom, 87f). Auch eine Unselbstständigkeit gegenüber den beiden anderen Logien 3 und 113 EvThom besteht nicht, besonders auch nicht, was Log 113 betrifft (so aber PERRIN, Was lehrte Jesus wirklich?, 74). Zwar haben beide das Verb ϭⲱϣⲧ ⲉⲃⲟⲗ (erwarten, nach vorn schauen). Doch ist keineswegs gesagt, dass dies redaktionell bei Log 51 eingefügt ist. Es kann in beiden Logien traditionell sein, so dass eine literarische Abhängigkeit unseres Logions von Log 113 nicht feststellbar ist.

Es ist daher zu fragen, ob nicht auch Log 51 (ähnlich wie Log 3 und 113, s. dort) als authentisch oder jedenfalls dem historischen Jesus nahestehend in Betracht kommt. Die Par in Lk 17,20.21 wurde bislang, regelmäßig bei Unkenntnis oder zumindest Ausklammerung der Stellen des EvThom, als durchaus authentisch angesehen (s. dazu PERRIN, s.o., 75; zur weiteren Diskussion s. ErgH zu BULTMANN, Tradition, 47 m.w.N.). Maßgebend war dafür die Kohärenz der Aussage über die Gegenwart der Gottesherrschaft und die Abweisung besonders von nachweisbaren Vorzeichen für ihr Kommen mit anderen entsprechenden Aussagen Jesu (s. auch J. BECKER, Jesus, 147f). Dem ist sicher zu folgen, wobei folgendes klarzustellen sein wird mit Rücksicht auf die neu einzubeziehenden EvThom-Logien:

Der Einleitungssatz von der Frage der Pharisäer nach dem zukünftigen Kommen der Gottesherrschaft wird als redaktionell lk anzusehen sein. Im EvThom Log 51 und 113 ist historisch treffender von Fragen der Jünger danach die Rede. Auch wird sicherlich der Schlusssatz bei EvThom Log 51 und 113, dass „ihr (oder „die Menschen") sie nicht seht" (oder auch „erkennt", cooyn) als echt anzufügen sein. Er ist auch in dem „siehe" bei Lk 17,21 angedeutet und ergibt sich damit aus dem Zusammenhang aller Logien. Was den Kontext der Worte im übrigen betrifft, so glaube ich nicht, dass sie als Dubletten sämtlich aus e i n e m ursprünglichem Wort abzuleiten sind - das ist allenfalls bei Lk 17,21 und Log 113 der Fall. Im übrigen dürfte ihre Beziehung eher als komplementär anzusehen sein: Lk 17,20f / Log 113 könnten als Antwort auf die Frage nach den zeitlichen Perspektiven des Kommens der Gottesherrschaft gemeint sein. Die Gottesherrschaft ist danach im Sinne eines Kraftfeldes schon im Hier und Jetzt der Gegenwart zu finden. Nicht sollen die Jünger sich in besonderen apokalyptischen oder astrologisch-esoterischen Terminsspekulationen ergehen. Log 3 ist eher Antwort auf Fragen nach der örtlichen Seite des Kommens des Reichs Gottes, diese werden damit beantwortet, dass es mitten im Kreis der Jünger seinen Beginn habe, nicht in jenseitigen Bereichen von Himmel oder Nebenwelten. Unser Log 51 schließlich betrifft die inhaltliche Seite des Kommens der Gottesherrschaft, nämlich die Frage nach einerseits der (mehr persönlichen) Ruhe, dem seelischen Frieden und andererseits die nach einer (mehr universalen) neuen Welt, einem neuen Kosmos, beides integrierende Merkmale des von Jesus angesagten Reichs Gottes. Den darauf wartenden Jüngern wird in dem Logion bedeutet, dass die Ruhe (im Koptischen Femininum, während die neue Welt, der Kosmos, maskulin ist) bereits „gekommen" ist, somit dass das Reich jedenfalls im persönlichen und gesellschaftlichen Bereich ansatzweise bereits angelangt ist. Dagegen wird über das universale Kommen keine Aussage gemacht. Auch diese Bekundung wird man als durchaus charakteristisch für den geschichtlichen Jesus anzusehen haben, trotz gewisser Schwierigkeiten bei der Rekonstruktion im einzelnen, da sie in Kohärenz zu seiner Reich-Gottes-Predigt im übrigen steht und auch die Frage der Ruhe bei ihm erörtert wird (s. dazu näheres noch bei Log 90); auch hier liegt ein gnostischer oder gnostisierender Inhalt fern (s. dazu auch ZÖCKLER, EvThom, 165; CROSSAN, 378f.570; ähnlich FUNK u. JS., Five Gospels, 502f: „an authentic ring to it", während LÜDEMANN, Jesus 2000, 781 die Rede von der Ruhe für unecht hält).

LOG 52

1. ES SPRACHEN ZU IHM SEINE JÜNGER: VIERUNDZWANZIG PROPHETEN HABEN IN ISRAEL GESPROCHEN, UND ALLE HABEN DURCH DICH GESPROCHEN. 2. ER SPRACH ZU IHNEN: IHR HABT DEN LEBENDIGEN VON EUCH GESTOSSEN, UND IHR HABT ANGEFANGEN, VON DEN TOTEN ZU SPRECHEN.

Log 52 ist durch das Stichwort „die Toten" mit Log 51 verbunden, aber auch über die charakteristische Anfrage der „Jünger", die eine Reihe von Logien von Log 51 - 53 (mit evtler. Fortsetzung von 54 - 57) kennzeichnet, die sich mit deren Verhältnis zur „Welt" befassen.
Sprachlich kann das „durch dich" (so BETHGE, Synopsis, 532) auch übersetzt werden mit „von dir" (so FIEGER, EvThom, 160), ferner auch „in dir", „über dich" u.ä. Da ein kopt. ϩⲣⲁⲓ ⲛ̄ϩⲏⲧ zugrunde liegt, ist aber ein „durch dich", „in dir" jedenfalls treffender als die übrigen Übersetzungen. Beim Verb des letzten Halbsatzes (ⲁⲧⲉⲧⲛ̄ϣⲁⲝⲉ) dürfte ein gr. ingressiver Aorist dahinterstehen (s. BETHGE, s.o., 532), das wird gelegentlich auch übersetzt mit: „ihr spracht (von den Toten)" (s. LEIPOLDT, EvThom, 41 u.a.).
Eine gnostische Herleitung des Spruchs wird kaum versucht. Sie wird allenfalls durchgeführt werden können, wenn das Wort als Affront gegen das AT als Ganzes und als antijüdisch bezeichnet wird (so MÉNARD, EvThom, 155 u.a.). Das ist aber keinesfalls der Sinn des Logions, das vielmehr die Jünger Jesu auf diesen als „Lebendigen", also auf seine Person im Hier und Jetzt konzentrieren will und deshalb das Verweilen bei der Vergangenheit verwirft (s. ZÖCKLER, EvThom, 251f).
Die Traditionsgeschichte des Worts verweist auf den frühchristlichen Raum und führt an den historischen Jesus heran. Eine synoptische Parallele gibt es allerdings nicht. Freilich hat Jesus nach dem synoptischen Zeugnis ein positives Verhältnis zur alttestamentlichen Prophetie. Er nennt vielfach zusammenfassend als Grundlage seines Wirkens „Gesetz und Propheten" (Mt 5,17; 7,12; 11,13 Par Lk 16,16; Mt 22,40; Lk 16,29.31) und schätzt, jedenfalls nach Mt, in „Reflexionszitaten" ihre messianischen Voraussagen (Mt 1,22; 2,6ff; 3,2; 4,14ff; 8,17; 12,17ff; 13,35; 21,4f usw.). Auch im EvThom bringt er im übrigen prophetische Zitationen (s. z.B. Log 17: Jes 64,4; Log 66: Ps 118,22 u.a.) sowie zahlreiche weisheitliche Anspielungen. Besonders hoch schätzt er Johannes den Täufer als „Propheten" ein, er nennt ihn sogar „mehr als einen Propheten" (Mt 11,7f Par Lk 7,24f). Auch für sich selbst akzeptiert er die Titulatur als „Prophet" (s. Mk 6,4 Par, auch in EvThom Log 31); allerdings weist auch seine Identität darüber hinaus

(vgl. Mt 12,41.42 Par, wo er sich „mehr als Salomo" und „Jona" nannte oder Mk 12,37 Par, wo er sich für größer als David befand).
Die in unserem Logion genannten 24 Propheten mögen auf 4Esr 14,45 zurückgehen, wo damit die gesamte Prophetie im AT zusammengefasst wird, oder auch auf die Vita Prophetarum, wo 23 Propheten erwähnt werden und dann evtl. Johannes der Täufer hinzugezählt wird (s. HAENCHEN, EvThom, 63; FIEGER, EvThom, 161).
Dass Jesus sich selbst den „Lebendigen" nennt (ετονϩ; s. auch Log 1 u. 59) hängt mit seiner Beziehung zum „Leben" zusammen, das in den Synoptikern, aber auch besonders bei Joh Synonym für das Reich Gottes ist (s. Mk 9,43.45.47 Par; 10,17.30 Par; Mt 7,14; Lk 12,15; ferner Joh 3,16; 5,24.26 usf sowie auch EvThom Log 4, 58 und 101). Auch nach Lk 24,5 ist er der „Lebendige" (τὸν ζῶντα), was möglicherweise eine ältere Titulatur darstellt. Er ist es, weil er „Leben" hat (Joh 5,12) und vermittelt, indem er das Reich Gottes verkündigt und zeichenhaft herbeiführt. Der Kontrast des „Lebendigen" gegenüber den „Toten" begegnet auch bereits in Lk 9,60 Par Mt 8,22; Lk 15,11ff.24.32; ferner in EvThom Log 11.
Als näher liegende Parallele zu unserem Logion kommt besonders Joh 5,39.40 in Betracht, das innerhalb einer größeren Redeeinheit Jesu an die „Juden" über die Zeugen seiner göttlichen Sendung situiert ist: „Ihr durchforscht die Schriften (τὰς γραφάς), weil ihr meint, in ihnen ewiges Leben zu haben, und diese sind es, die von mir zeugen (μαρτυροῦσαι). Aber ihr wollt nicht zu mir kommen, um Leben zu haben". Das Logion ähnelt dem unsrigen, weil es auch den Vorwurf enthält, die Adressaten wendeten sich der religiösen Überlieferung zu anstatt Jesus, der das „Leben" anbietet (ähnlich auch noch die Par in PEgerton 2, die sich an die „Obersten des Volkes" wendet, allerdings des 2. Satzes „Aber ihr wollt nicht..." ermangelt).
Beide Worte unterscheiden sich allerdings so erheblich von Log 52, dass eine Abhängigkeit, von welcher Seite auch immer, ganz unwahrscheinlich ist. Unser Wort spricht von „24 Propheten" anstelle der „Schriften" (hier dürfte „Schriften" joh Formulierung sein, vgl. Joh 2,22; 7,38.42; 10,35; 13,18 u.ä.). Weiter ist der Nachsatz vom „Zeugen" aus dem joh Kontext zu verstehen und sekundär. Schließlich fehlt der Schlusssatz vom „Lebendigen" und den „Toten" völlig und ist durch einen anderen über das „Leben" (ζωή) ersetzt, was auch der joh Sprache entspricht. Im Ergebnis könnte es sich bei Joh 5,39f um eine sekundäre Weiterentwicklung unseres Logions handeln, die joh Interessen angepasst ist.
Eine spätere, aber Log 52 verwandtere Parallele ist durch Augustin, Contra adversarium legis et prophetarum II, 4,14; PL 42,647 als Zitat aus dem Traktat eines Markioniten bekannt geworden: „Als die Apostel fragten, was von den jüdischen Propheten zu halten sei, die, wie man

annahm, über sein Kommen etwas in Bezug auf die Vergangenheit ankündigten, antwortete unser Herr (schmerzlich) bewegt dadurch, dass sie jetzt noch Derartiges erwogen: Ihr habt den Lebendigen verstoßen, der vor euch steht, und schwatzt von den Toten" (s. dazu H.-C. PUECH, NtApokr, I, 3.A., 218ff; J.B. BAUER, Echte Jesusworte?, 128f; ferner J. JEREMIAS, Unbekannte Jesusworte, 2. A., 1951, 70f mit Hinweis auf eine spätere Bezeugung in Act Thom 170). Hier könnte insofern eine selbstständige Tradition vorliegen, als eine Situationsangabe für das Logion vorliegt, nämlich eine Frage der Apostel über die at Propheten betreffend die Ankündigung von Jesu Kommen, etwa im Rahmen von Gesprächen wie Mk 8,27ff Par Mt 16,14 / Lk 9,19. Ferner wird hier der „vor euch stehende Lebendige" angesprochen, und die Jünger „schwatzen" von den „Toten".

Damit dürfte auch die Möglichkeit einer Echtheit des Logions nicht auszuschließen sein. Zwar ist die weitere Bezeugung des Spruchs durch die von Augustin zitierten Stellen allein noch nicht besonders schwerwiegend. Der Spruch ist aber innerhalb des frühjüdischen und - christlichen Kontexts von charakteristischem Profil und ganz unverwechselbarer Eigenart. Jesus lehnt danach die at Prophetie, die auf ihn vorausweist, als solche durchaus nicht ab. Die Jünger bringen aber nicht nur zum Ausdruck, dass die Propheten ihn als Messias vorausgesagt haben (s. z.B. Jes 9,6f; 11,1ff; Micha 5,2ff; Jer 23,5f; Am 9,11ff; Dan 7,13 usw.). Sie wollen darüber hinaus vielmehr auch sagen, dass sie jetzt „durch ihn", Jesus gesprochen haben. Dabei übernehmen sie die herrschende zeitgenössische Ansicht, dass in einem lebenden Propheten wie Jesus oder Johannes dem Täufer einer der alten Propheten, z.B. Mose, Elia oder ein sonstiger früher Prophet wiedergekommen (reinkarniert) oder jedenfalls durch ihn repräsentiert sei, s. z.B. Mk 8,28 Par; 6,15 Par (so überzeugend J.B. BAUER, s.o., 128f; dagegen ZÖCKLER, EvThom, 252). Das aber weist Jesus nachdrücklich zurück. Er will in seiner alles Bisherige umwälzenden eschatologischen Verkündigung und Praxis nicht mit den Alten identifiziert oder durch sie ausgelegt werden (s. dazu auch M. MORELAND, The 24 Prophets of Israel are Dead, AAR/SBL Abstracts 1996 [1996], 350). Er sieht sich als „Lebendigen" und will „Leben" im Sinne des Reichs Gottes vermitteln. Ein Rekurs auf die „Toten" erscheint ihm als ebenso unzulässig, wie dies bei dem Nachfolgewilligen der Fall war, der zuerst seinen toten Vater bestatten wollte (Lk 9,59f Par).

Da wir es bei Log 52 somit nicht mit einer Negation der at Prophetie oder gar des AT schlechthin zu tun haben (gegen LÜDEMANN, Jesus 2000, 782), könnte es von Jesus herrühren (so auch J.B. BAUER, s.o., 128f). Es zeigt indirekt eine Christologie des „Lebendigen" an, der das „Leben" der Gottesherrschaft predigt und zeichenhaft verwirklicht. Noch wichtiger: Es ruft zur Entscheidung für das lebendige „Leben" und warnt drastisch davor, sich dabei vom Alten und Vergangenen, von der Vergangenheit abhalten oder beeinflussen zu lassen (s. auch BERGER, Jesus, 165f; zweifelnd dagegen CROSSAN, Historischer Jesus, 572; FUNK, u. JS., Five Gospels, 503).

LOG 53

1. ES SPRACHEN ZU IHM SEINE JÜNGER: IST DIE BESCHNEIDUNG VON NUTZEN ODER NICHT ? 2. ER SPRACH ZU IHNEN: WENN SIE VON NUTZEN WÄRE, WÜRDE SIE IHR VATER BESCHNITTEN AUS IHRER MUTTER ZEUGEN. 3. JEDOCH DIE WAHRE BESCHNEIDUNG IM GEIST HAT VOLLEN GEWINN ERBRACHT.

Stichwortmäßig ist Log 53 mit den beiden vorhergehenden Sprüchen 51 und 52 wieder durch die anfragenden „Jünger" verbunden. Diese bilden mit dem unsrigen eine Reihe von Logien, die durch diese Jüngerfrage zusammengehören.

Eine gnostische Ableitung kommt auch hier nicht in Frage. Das Logion wird zwar ebenso wie das vorherige vielfach als antijüdisch und deshalb gnostisch angesehen (s. etwa MÉNARD, EvThom, 156). Es ist auch richtig, dass die kultische Beschneidung (des männlichen Gliedes) als Zeichen des Bundes mit Gott (Gen 17,6ff; 34) und damit auch als zentraler Bestandteil der Tora und des Bekenntnisses (s. z.B. 1Makk 1,48ff) angesehen wurde. Das hinderte aber nicht, dass sie auch schon im Judentum (i. Anschl. a. Dtn 30,6; Jer 4,4) spiritualisierend ausgelegt werden konnte (s. z.B. Philo, Quaest. in Ex. 2.2).

Im Rahmen einer Überlieferungsgeschichte unseres Logion muss hauptsächlich auf die Schriften des Apostels Paulus und die Apg des Lk eingegangen werden. Dagegen kommt eine ausdrückliche Kritik an der Beschneidung in den synoptischen Evangelien sowie dem JohEv nicht vor. Historisch kam es bereits kurz nach dem Tod Jesu zur Auseinandersetzung über die Heilsnotwendigkeit der Beschneidung, da judenchristliche Gruppen von den Heidenchristen mit der Anerkennung des Mosegesetzes auch die Annahme der Beschneidung verlangten (s. Apg 15,1: „Wenn ihr euch nicht nach dem Brauch des Mose beschneiden lasst, könnt ihr nicht gerettet werden"). Nachdem Paulus mit Unterstützung des Petrus auf der Befreiung vom Beschneidungsgebot bestanden hatte, wurde diese ihm und seinen Mitarbeitern auf dem sog. Apostelkonzil (Apg 15; Gal 2,6ff) zugestanden und für die Heidenmission (allenfalls) noch ein Restbestand der kultischen Tora

aufrechterhalten (nämlich „Enthaltung vom Götzenopferfleisch", von „Blut und Ersticktem" sowie von „Unzucht").
Die früheste Begründung des Paulus für die Befreiung vom Gebot der Beschneidung dürfte aus der von ihm geltend gemachten „Gnade Christi" (s. Gal 1; 2,9) herrühren (s. auch Apg 15,11) sowie der Rettung aus dem „Glauben" an Christus (Gal 2,16; 3,5.11.13f), wodurch die „Werke des Gesetzes" zum Heil nicht mehr notwendig waren. „In Jesus Christus vermag (nunmehr) weder Beschneidung noch Vorhaut (als Unbeschnittenheit) etwas, sondern nur Glaube, der sich durch Liebe wirksam erweist" (Gal 5,6; ähnl. 6,15). Paulus betont ausdrücklich: „Wenn ihr euch beschneiden lasst, wird Christus euch nichts nützen (ώφελήσει)" (Gal 5,2). Im 1Kor erteilt Paulus eine Reihe von Verhaltensmaßregeln für Ehe und familiäres Leben, und beruft sich dabei teilweise auf Gebote des „Herrn", teilweise auf eigene Anordnungen. In 7,17 verordnet er „in allen Gemeinden", „wie der Herr einem jeden zugeteilt hat". Es folgt dann in autoritativer Anordnung: „Ist jemand als Beschnittener berufen, so mache er sich keine Vorhaut. Ist jemand in Vorhaut berufen, so lasse er sich nicht beschneiden. Die Beschneidung ist nichts und die Vorhaut ist nichts, sondern das Halten der Gebote Gottes (ist alles)"; vgl. ferner Phil 3,2f mit Betonung des Dienstes „im Geiste Gottes" (πνεύματι θεοῦ).
Grundlegend ist schließlich die Ansprache des Paulus an die Juden in Röm 2,17ff, wobei er ihr „Rühmen" des Gesetzes verwirft, da sie es „überträten": „Die Beschneidung ist wohl nützlich (ώφελεῖ), wenn du das Gesetz befolgst; wenn du aber ein Übertreter des Gesetzes bist, so ist deine Beschneidung zur Unbeschnittenheit geworden ... Denn nicht der ist ein Jude, der es äußerlich ist, und nicht das ist Beschneidung, die äußerlich am Fleisch geschieht, sondern der ist ein Jude, der es innerlich ist, und das ist Beschneidung, die am Herzen geschieht, im Geist und nicht nach den Buchstaben" (ἐν πνεύματι οὐ γράμματι), s. ferner noch Kol 2,11f; 3,9f (vgl. dazu BERGER, Theologiegeschichte, 254ff.258f; F. W. HORN, Der Verzicht auf die Beschneidung im frühen Christentum, NTS 42, 1996, 479ff).
Die Parallelität der pln Aussagen zum Log 53 ist durchaus erheblich, einerseits was die Frage des „Nutzens" (s. Gal 5,2; Röm 2,25) als auch die der Beschneidung „im Geist" betrifft (Phil 3,2f; Röm 2,29). Dennoch dürfte der Spruch 53 nicht von Paulus abhängig sein. Die Frage des „Nutzens" von Beschneidung oder sonstiger Gesetzeserfüllung wird weithin im frühen Christentum gestellt. So z.B. in Hebr 7,18 (Nutzlosigkeit des Gesetzes); 13,9 (kein Nutzen der Speisevorschriften); 1Kor 13,3 (Nutzen der Liebe); Justin Dial 14,1 (Nutzen der Taufe) usw. (s. BERGER, Einführung in die Formgeschichte, 123ff). Auch das Leben „im Geiste" ist frühchristlich vielfach erörtert und bezeugt (Röm 8,4; Gal

5,25; Eph 4,3; 6,18; usw.). Das gilt auch für den Gottesdienst „im Geist und in der Wahrheit" (Joh 4,23). Es liegen daher keine für Paulus charakteristischen Formulierungen vor, von denen Log 53 abhängig wäre. Dabei muss auch bemerkt werden, dass Röm 2,29 von der Beschneidung des „Herzens" spricht, nicht von der „im Geist". Der Gegensatz von „Geist" ist hier „Buchstabe"; anders im EvThom, wo die „wahre Beschneidung im Geist" derjenigen im Fleisch widerspricht (so auch BERGER, Einführung in die Formgeschichte, 125).
Schließlich ist auch zu bedenken, dass eher eine umgekehrte Abhängigkeit bestehen könnte. Paulus könnte ein Herrenwort bekannt geworden sein, das sich kritisch mit der Beschneidung befasste. Immerhin könnte in 1Kor 7,17ff bei der Anordnung des „Herrn" auch eine Anspielung darauf zu sehen sein. Es liegt eben näher, dass sich ein Jünger (= Schüler) nach Äußerungen seines Herrn richtet als dass ein Herrenwort aus der Produktivität eines Schülers hervorgeht, gerade dann wenn es sich um das „gravierendste Ereignis der Theologiegeschichte des 1. Jahrhunderts" (BERGER) handelt.
Es ist daher zu prüfen, ob das Logion Echtheit oder jedenfalls Nähe zum historischen Jesus beanspruchen kann. Es verneint zunächst das Nützen der (körperlichen) Beschneidung (zum Nützen bei Jesus s. auch Mk 8,36 Par) und begründet, dass man dann, wenn sie etwas nützen sollte, schon beschnitten gezeugt werden würde. Es verweist damit auf die Schöpfung, nämlich dass Gott als Schöpfer die Zeugung unbeschnittener Männer vorgesehen habe. Diese Begründung ähnelt sehr derjenigen, die Jesus gegen die Scheidung per Scheidebrief ausgesprochen hat (s. Mk 10,6 Par, wonach Gott Mann und Frau vom Anfang der Schöpfung als einen Leib geschaffen habe; andere Bezugnahmen auf die Schöpfungsordnung enthalten Mk 2,27; Lk 11,40f; 12,22ff Par Mt 6,25ff). Auch die These, dass die „wahre Beschneidung im Geist" besser und dem Heil dienlich ist, ist typisch jesuanisch und verweist auf die Bemeisterung sexueller und aggressiver Triebe, wenn dies erforderlich ist. Dass er insoweit auch auf den „Geist" rekurriert, sollte Jesus bei seinem Verständnis des heiligen Geistes im übrigen durchaus zugetraut werden (s. auch Log 44 mit dortiger Begründung). Auch bei der analogen Ablehnung der Reinheitsvorschriften hebt Jesus im übrigen statt auf die äußere auf die innere wirkliche Reinheit ab (s. Mk 7,15 Par; 15,11; Lk 11,39ff; ferner EvThom Log 14). Er hebt die Tora insofern nicht auf, bestätigt sie aber auch nicht einfach, sondern deutet sie in kühner Weise um, so dass ein neues eschatologisches, dem Reich Gottes entsprechendes Recht entsteht, das dem Kommen der Gottesherrschaft im Hier und Jetzt entspricht (s. dazu auch LELYVELD, Les Logia de la Vie, 102f sowie die Ausführungen zu Log 6, 14 u.104).

Ich meine daher, dass jedenfalls eine große Nähe unseres Logions zur Verkündigung des historischen Jesus besteht, auch wenn die wörtliche Ausformulierung mangels Bekanntheit einer ähnlichen Terminologie bei ihm vielleicht nicht mehr festgestellt werden kann (gegen Echtheit daher insgesamt J.B. BAUER, Echte Jesusworte?, 130f; CROSSAN, Historischer Jesus, 579; FUNK u. JS, Five Gospels, 503f). Jedoch ist nicht zu erweisen, dass das Wort, wie LÜDEMANN, s.o., 782 annehmen will, lediglich ein Produkt innergemeindlicher Auseinandersetzungen sei. Vielmehr ist durchaus nachvollziehbar, dass Jesus sich bei dem engen Kontakt Israels mit den „Heiden" und evtl. auch partiell vorliegender Heidenmission zur Frage der Beschneidung und auch im vorliegenden Sinne geäußert hat.

LOG 54

JESUS SPRICHT: SELIG SIND DIE ARMEN. DENN EUCH GEHÖRT DAS KÖNIGREICH DER HIMMEL.

Ein direkter Stichwortzusammenhang zu dem vorhergehenden Logion von der Beschneidung ist nicht festzustellen. Das ist aber bei ganz kurzen Sprüchen wie dem vorliegenden auch nicht ungewöhnlich (s. z.B. auch Log 4 S.2 u. 3, 39 S.3, 42 usw.). Eine inhaltliche Beziehung besteht insofern, als der Kompilator wohl die Armut als Mittel der „wahren Beschneidung im Geist" angesehen hat (s. MÉNARD, EvThom, 156).
Eine gnostische Herkunft des Logions oder auch nur eine Verbindung zur Gnosis, wie SCHRAGE, Verh, 119; FIEGER, EvThom, 167f annehmen, ist nicht zu erkennen. Sicher erfreut sich die Form der Seligpreisung (Makarismus) in gnostischen Kreisen großer Beliebtheit (s. EvMar 10,14f; PS 3,11ff; 17,20ff usw.). Aber dies ist ebenso in frühjüdischen und urchristlichen Verhältnissen der Fall. Es empfiehlt sich daher auch hier, die Traditionsgeschichte des Logions in den frühen christlichen Makarismen, insbesondere in Mt 5,3ff und Lk 6,20ff und deren Überlieferung aufzusuchen (s. bes. noch den Nachklang in Jak 2,5).
Die Seligpreisung Mt 5,3 befindet sich an der Spitze der mt Bergpredigt und lautet: „Selig (sind) die Armen im Geiste (οἱ πτωχοὶ τῷ πνεύματι); denn ihrer (αὐτῶν) ist das Reich der Himmel (βασιλεία τῶν οὐρανῶν)".
Die lk Parallele in der Feldrede heißt wie folgt (Lk 6,20): „Selig (sind, manchmal auch übersetzt: seid ihr) die Armen (οἱ πτωχοί); denn euch (ὑμετέρα) gehört das Reich Gottes (βασιλεία τοῦ θεοῦ)"; dabei haben manche Handschriften aus Mt „im Geiste" und „ihrer ist" übernommen.
Die Seligpreisungen stammen nach allgemeiner Meinung aus der Spruchquelle Q, deren Fassung wohl zum größten Teil nach Lk zu

rekonstruieren ist: Der Zusatz „im Geiste" nach Mt entfällt, da es sich um eine sekundäre Spiritualisierung (ähnlich wie bei Mt 5,6) handelt, wodurch Mt 5,3 an die weiteren mt Makarismen angepasst wurde. Auch die Begriffsverbindung „Reich der Himmel" statt „Reich Gottes" ist typisch judenchristlich und wohl von Mt, der sie regelmäßig verwendet, eingesetzt. Dagegen könnte die 2. Pers. Pl. „euch" (bei Lk) statt „ihrer" (bei Mt) von Lk sekundär ersetzt worden sein, um die lk Feldrede an die Fortsetzung in 6,22f und 24ff anzupassen. Formgeschichtlich ist naheliegender, dass die Makarismen ursprünglich in der 3. Pers. Pl. gefasst waren (so im Ergebnis SCHULZ, Q, 76ff; POLAG, Fragmenta Q, 32f; auch schon BULTMANN, Tradition, 114; anders DIBELIUS, Formgeschichte, 248, der „euch" bei Lk für ursprünglicher hält). Eine spätere Zitation des Makarismus findet sich noch bei Jak 2,5 und Polykarp Phil 2,3, wo ebenfalls den „Armen" das „Reich Gottes" „verheißen" ist (Jak) bzw. es als ihnen zugehörig versprochen ist (Polykarp).

Um auf unser Log 54 zu kommen, ist zu sagen, dass eine Abhängigkeit von den synoptischen Logien oder Q nicht festzustellen ist. Zwar gehen SCHRAGE, Verh, 117ff und FIEGER, EvThom, 164 von einem Mischzitat aus Mt und Lk aus, jedoch sind ihre Begründungen in keiner Weise durchgreifend. Log 54 weist zwar wie Mt 5,3 den Terminus „Reich (Königreich) der Himmel" (ⲙⲛⲧⲉⲣⲟ ⲛⲙⲡⲏⲩⲉ) auf, indessen kann dieser nicht als mt redaktionell angesehen werden, sondern ist judenchristlicher Herkunft und dient bei EvThom zur Vermeidung des Gottesnamens bei der Basileia (s. auch Log 20,114). Eine Abhängigkeit von Mt ist daher nicht gegeben, zumal bei EvThom auch das typisch mt „im Geiste" fehlt. Aber auch eine Ableitung des Logions aus Lk ist nicht feststellbar. Die Parallelität mit Lk verweist auf die gemeinsame Tradition und nicht auf irgendwelche redaktionellen Besonderheiten des Lk (so auch SIEBER, Analysis, 25ff; PATTERSON, GosThom, 42f; ZÖCKLER, EvThom, 41f). Dies gilt auch, wenn man das lk „euch" (ὑμετέρα) als redaktionell betont, weil in Log 54 das „euch" mit EvThom Log 49 parallel geht und sonach nicht aus Lk stammen muss (a.M. LÜDEMANN, Jesus 2000, 783). Schließlich dürfte auch Q bei Log 54 nicht Pate gestanden haben, da Q nicht „Reich der Himmel" hat und statt der 2. Pers. Pl. („euch", ⲧⲱⲧⲛ) wahrscheinlich die 3. Pers. Pl. („ihrer") aufweist. Wenn man berücksichtigt, dass das EvThom offensichtlich die gesamte Komposition der Bergpredigt bzw. Feldrede nicht kennt und Log 54 wie auch die sonstigen Seligpreisungen als isolierte Einzellogien überliefert, dürfte die Selbstständigkeit und Unabhängigkeit von Log 54 gesichert sein (so auch SIEBER, s.o., 25ff u. PATTERSON, s.o., 42f).

Was die Ursprünglichkeit der Makarismen betrifft, so ist bei der mt Fassung jedenfalls τῷ πνεύματι sekundäre Spiritualisierung und nicht zum ursprünglichen Bestand gehörig. Das gleiche gilt für „Reich der Himmel", auch wenn es ebenso bei EvThom auftaucht, da es judenchristlich geprägt sein dürfte und ursprünglich wohl von „Reich Gottes" die Rede war. Log 54 ist durch die Einfügung in den Kontext von Log 53 auch spiritualisierend ausgelegt worden, jedoch ansonsten nicht im Bestand verändert. Allenfalls ist die Anrede in der 2. Pers. Pl. möglicherweise sekundär (jedoch gem. der Par in Log 49, nicht nach Lk). Am ehesten kommt Lk allerdings der ursprünglichen Form nahe, entsprechend der Rekonstruktion nach Q: „Selig (sind) die Armen; denn ihnen gehört das Reich Gottes".

Insofern ist auch die Annahme echter Jesus-Tradition gerechtfertigt. Diese besteht auf dem Boden frühjüdischer Spruchweisheit, die jedoch normalerweise den Tugendhaften und Gerechten das Heil zusprach (s. BORNKAMM, Jesus, 68f; J. BECKER, Jesus, 196f). Im Gegensatz dazu liegt bei Jesus ein prophetisch-eschatologischer Zuspruch vor, der den sozial-materiell Armen die Umkehrung ihrer Verhältnisse im nahe bevorstehenden Reich Gottes verheißt. Da den Armen das Reich zu Recht zusteht, sagt Jesus ihnen auch bereits für die Gegenwart die Kraft und Möglichkeit zur Veränderung zu. Das entspricht übrigens einem von Jesus gern aufgenommenen Strom alttestamentlicher Verkündigung (s. Jes 57,15; Ps 72; 113,5ff; s. auch Mt 11,5f; Lk 4,17ff usf.). Im Urchristentum kommt demgegenüber bald die Tendenz auf, die Armut als religiöse Forderung zu reklamieren, wie schon gezeigt wurde (zur Erörterung ergänzend auch M.E. BORING in C.W. HEDRICK, Historical Jesus and Rejected Gospels, 24ff).

Der vorliegende Makarismus der Armen ist daher (ähnlich wie die noch zu besprechenden weiteren, s. Lk 6,20ff u. Mt 5,3ff; im EvThom Log 68, 69 u. 58) sowohl nach einem modifizierten Differenzkriterium als auch wegen seiner guten Bezeugung als authentisch zu akzeptieren, und zwar am ehesten in der Q-Fassung (entspr. auch THEISSEN - MERZ, Historischer Jesus, 232f; J. BECKER, Jesus, 196f; BULTMANN, Jesus, 23.138; Tradition, 114ff; J. JEREMIAS, Theologie, 114f; FUNK u. JS., Five Gospels, 504; während CROSSAN, Historischer Jesus, 363f.572 wohl die EvThom-Fassung bevorzugt).

LOG 55

1. JESUS SPRICHT: WER NICHT SEINEN VATER UND SEINE MUTTER HASSEN WIRD, WIRD MIR KEIN JÜNGER SEIN KÖNNEN.
2. UND WER NICHT SEINE BRÜDER UND SEINE SCHWESTERN HASSEN WIRD UND NICHT SEIN KREUZ TRAGEN WIRD WIE ICH, WIRD MEINER NICHT WERT SEIN.

Der Stichwortzusammenhang besteht zu Log 53 durch die Vokabeln „Vater" und „Mutter" und im übrigen auch allgemein zu den Logien mit den „Jünger"-Fragen (Log 51 - 53) durch das Substantiv „Jünger"; es geht wieder um deren Verhältnis zur „Welt".
Eine gnostische Herkunft oder auch Auslegung des Spruchs wird von SCHRAGE, Verh, 122f und FIEGER, EvThom, 167 behauptet. Es wird auf Stellen wie 2. Buch Jeû 305,3f verwiesen, wo Jesus zu seinen Jüngern sagt: „Ihr habt eure Väter und eure Mütter und eure Brüder und die ganze Welt verlassen" und 1. Buch Jeû 257,18ff; 258,5ff, wo es heißt: „Selig ist der, welcher den Kosmos gekreuzigt hat"; ähnl. manPs 167,47ff u.a. Jedoch wird man bei diesen späten Texten, die frühestens aus dem 3., 4. und 5. Jh. n.C. stammen, annehmen müssen, dass sie unter dem Einfluss früherer christlicher Schriften entstanden und nicht umgekehrt.
Auch hier ist eine Traditionsgeschichte nur sinnvoll von den Evangelien-Texten her zu entwickeln. Als solche kommen in Frage: Mt 10,37.38 Par Lk 14,26.27; ferner Mk 8,34 Par Mt 16,24 und Lk 9,23. Mt 10,37.38 erscheint im Rahmen der mt Aussendungsrede und lautet: „Wer Vater oder Mutter mehr liebt als mich (φιλῶν ... ὑπὲρ ἐμέ), ist meiner nicht wert (würdig, ἄξιος). Und wer Sohn oder Tochter mehr liebt als mich, ist meiner nicht wert. Und wer nicht sein Kreuz nimmt (λαμβάνει τὸν σταυρὸν) und mir nachfolgt (ἀκολουθεῖ ὀπίσω μου), ist meiner nicht wert". Lk (14,26.27) positioniert das Wort in den Zusammenhang seines Reiseberichts nach Jerusalem und lässt Jesus sagen: „Wenn jemand zu mir kommt (ἔρχεται πρός με) und nicht seinen Vater und seine Mutter und seine Frau und seine Kinder und seine Brüder und seine Schwestern und dazu auch sein Leben (ψυχὴν) hasst (μισεῖ), kann er nicht mein Jünger sein (οὐ δύναται εἶναί μου μαθητής). Wer nicht sein Kreuz trägt (βαστάζει τὸν σταυρὸν) und mit mir geht (ἔρχεται ὀπίσω μου), kann nicht mein Jünger sein".
Mk formuliert zusätzlich im Rahmen von Nachfolgeworten (Mk 8,34): „Wenn jemand mit mir gehen (ἐλθεῖν, nach anderen Lesarten: mir nachfolgen, ἀκολουθεῖν) will, verleugne er sich selbst und nehme sein Kreuz (ἀράτω τὸν σταυρὸν) und folge mir nach (ἀκολουθείτω μοι)". Die Par hierzu, nämlich Mt 16,24 und Lk 9,23 formulieren entsprechend, wobei Lk sekundär hinzufügt, dass es darauf ankomme, „täglich" sein Kreuz auf sich zu nehmen.
Auch wenn man gelegentlich eine Übernahme des Verwandtenspruchs Lk 14,26.27 aus Mk wegen der Einleitung „Wenn jemand zu mir kommt..." angenommen hat, besteht doch inzwischen weite Übereinstimmung, dass der Spruch in Lk/Mt aus der Spruchquelle Q stammt, und zwar in beiden Teil-Abschnitten (s. SCHULZ, Q, 446f.430f; POLAG, Fragmenta Q, 70f; CROSSAN, In Fragments, 131ff;

SCHRÖTER, Erinnerung, 404ff u.a.). Allerdings ist der vorauszusetzende Wortlaut von Q umstritten: Die Lk-Fassung ist jedenfalls insofern ursprünglicher als die von Mt, als sie vom „Hassen" der Verwandten spricht; das „mehr Lieben" bei Mt ist gegenüber der radikalen Formulierung bei Lk bereits sekundär abgeschwächt. Schwieriger ist, ob der lk Schluss („kann er nicht mein Jünger sein") oder der von Mt („ist meiner nicht wert") ursprünglicher ist. Die Mehrheit der Ausleger entscheidet sich für Lk, da die Alternative Jünger-sein oder nicht bei ihm treffender zum Ausdruck komme und die Würdigkeit für Mt kennzeichnend sei (s. auch Mt 10,10.11.13). Aber auch die Lk-Fassung enthält sekundäre Züge, so die Einleitung, die mk beeinflusst und überladen wirkt, die lk Liste der Verwandten gegenüber dem strengen Parallelismus bei Mt und der Einschub bzgl. der Psyche, der Nachwirkung von Lk 17,33 sein wird. Was den 2. Teilabschnitt des Spruchs bzgl. der Nachfolge im Kreuztragen betrifft, so soll ebenfalls der Schluss („kann er nicht mein Jünger sein") gegenüber Mt vorzuziehen sein. Dagegen sei das lk „Tragen" (βαστάζειν) des Kreuzes im Vergleich mit dem mt „Aufsichnehmen" sekundär, da es in der lk Apg gehäuft auftritt, desgleichen sei das ἔρχεται („Gehen") Einfluss der Mk-Fassung und nicht ursprünglich. Der Befund ist somit recht differenziert, wobei im Ergebnis die lk Fassung gegenüber Mt überwiegend zu bevorzugen ist (s. bzgl. der Nachweise i.e. SCHULZ, POLAG u. CROSSAN, s.o.).

Was unser Log 55 betrifft, so wird von SCHRAGE, Verh, 120f; FIEGER, EvThom, 160f das Vorliegen eines Mischzitats („Kombination aus Lk und Mt") angenommen, bei größerer Nähe zu Lk. Von Lk habe EvThom das „Hassen" übernommen sowie den Nachsatz „kann nicht mein Jünger sein", von Mt den Nachsatz „ist meiner nicht wert (würdig)". Auch das Kreuz „tragen" (kopt. ϥι, das mit βαστάζειν zu übersetzen sei) entstamme aus Lk. Auch C. TUCKETT, Thomas and the Synoptics, Nov Test 30, 2, 1988, 132ff und SCHRÖTER, Erinnerung, 412ff gehen davon aus, dass Log 55 sekundär von den Synoptikern geprägt worden sei.

Das ist jedoch im wesentlichen nicht als zutreffend festzustellen. Die Formulierung vom „Hassen" der Verwandten ist jedenfalls alte Jesus-Tradition und nicht lk. Auch dass EvThom neben „Vater" und „Mutter" „Brüder" und „Schwestern" nennt, muss keineswegs auf Übernahme der lk Version beruhen, vielmehr herrschte auch in der sonstigen Überlieferung vielfach freie Auswahl der verschiedenen Verwandten (s. z.B. Log 16 EvThom; Lk 12,51ff u. Mt 10,34f oder Mk 10,29f Par). Es ist richtig, dass EvThom sowohl die Möglichkeit der Jüngerschaft wie die Würdigkeit des Jüngers anspricht, jedoch muss nicht deshalb, weil Lk- und Mt-Termini hier kumulativ genannt sind, eine der beiden weniger ursprünglich sein (so auch SIEBER, Analysis, 122f; PATTERSON,

GosThom, 44f; F.T. FALLON - R. CAMERON, Forschungsbericht, ANRW II, 25/6, 4220f). Mag sein, dass die Formulierung „kann er nicht mein Jünger sein" (Lk) aus Q stammt. Jedoch kann auch die Formulierung „ist meiner nicht wert" von Mt gebraucht worden sein, weil sie Tradition enthielt. So ist z.B. Mt 10,10, dass „der Arbeiter seiner Speise wert" sei, ebenfalls traditionell (s. Lk 10,7,Q) und nicht mt-redaktionell. Auch kann hier Mt durchaus auf eine neben oder vor Q gelegene Tradition zurückgegriffen haben, die beide Jünger-Qualifikationen enthielt (auf diese Möglichkeit verweist besonders A.D. JACOBSEN, The First Gospel, 1991, 222f). Weniger wahrscheinlich, aber nicht auszuschließen ist auch, dass die mt Formulierung ursprünglich im Spruch über das Kreuztragen tradiert war (so CROSSAN, In Fragments, 134). Es liegt insofern jedenfalls nicht typisch mt Redaktion vor, so dass auch hier keine literarische Abhängigkeit des EvThom von Mt zu postulieren ist. Insgesamt spricht für unabhängige Überlieferung des EvThom auch das Fehlen jeglichen Hinweises auf den mt oder lk Rahmen. Es streitet dafür auch der abgerundete Parallelismus membrorum von Log 55, der bei Mt und Lk ausgeweitet erscheint. Schließlich spricht auch noch für unabhängige Überlieferung das Vorkommen der Dublette unseres Logions in Log 101, s. dort. Es ist nicht erklärbar, warum der Autor oder Redaktor des EvThom zwei parallel gelagerte Logien aus den Synoptikern herausgesponnen und noch verändert haben sollte, auch insofern liegt viel näher, dass ihm Tradition(en) vorlagen, an denen er nicht vorbeigehen konnte (für Unabhängigkeit daher auch QUISPEL, NTS 5, 1959, 287; HIGGINS, Nov Test 4, 1960, 298; BERGER, Theologiegeschichte, 627).
Allerdings bleibt fraglich, ob der Zusatz über das „Tragen des Kreuzes wie ich" in Log 55 ebenfalls alte Tradition repräsentiert. Hier könnte, wie das Verb „tragen" (ϥι / βαστάζειν) zeigt, lk Redaktion (s. 14,27) sowie die Formulierung „wie ich" (ⲚⲦⲀϨⲈ / ὡς ἐγώ) später eingefügt worden sein. Die Bezugnahme auf das „Kreuz" und der Vergleich mit Jesus selbst machen den Eindruck späterer theologischer Reflexion aufgrund des Leidens und Sterbens Jesu, was möglicherweise auch bei EvThom Log 101 der Fall ist.
Wenn man nun das Alter der vorliegenden Überlieferungen prüft, so könnte die Fassung des Log 55 (abgesehen von dem soeben bezeichneten Einschub über das Kreuztragen „wie ich") älter als die Q-Überlieferung sein, die nur eine der beiden Alternativen von EvThom aufweist. Sprachlich lenkt auch der synthetische Parallelismus in Log 55 auf das Vorliegen ältester Tradition, während Mt und Lk sekundär ausgeweitet erscheinen. Daneben könnte aber auch Mk 8,34 noch Ursprünglichkeit beanspruchen, zumal es offenbar auch Lk beeinflusst hat und zudem zwei Par bei Mt und Lk (hier mit einer

Weiterentwicklung) aufweist (eine umgekehrte Ableitung von Mk 8,34 aus Q oder Lk 14,26f erscheint mir unwahrscheinlich, weil die Vorstellung vom Verwandtenhass bei Mk völlig fehlt; s. auch SCHRÖTER, Erinnerung, 408f); auf Einzelheiten der Version bei Mk soll allerdings in diesem Zusammenhang nicht näher eingegangen werden.
Was die Beziehung zum historischen Jesus angeht, so wird das Logion vom „Hass" auf die Verwandten im allgemeinen wegen seiner Anstößigkeit und seiner charakteristischen Verbundenheit mit dem Leben Jesu als Wandercharismatiker für echt erachtet (s. THEISSEN - MERZ, Historischer Jesus, 203, der auch auf die „breite Streuung dieser Überlieferung" aufmerksam macht; dgl. J. BECKER, Jesus, 389; CROSSAN, Historischer Jesus, 400.573; LÜDEMANN, Jesus 2000, 457 u.a.). Es will natürlich keinen Hass im wörtlichen und emotionalen Sinn des Wortes, vielmehr fordert es Absage und Distanz gegenüber den Bindungen der Familie um des kommenden Reichs Gottes willen, das mit seiner neuen familia dei als allen anderen Beziehungen gegenüber überlegen angesehen wird.
Das Logion von der Aufsichnahme des Kreuzes wird man im Kern (s. Mk) ebenfalls für echt halten können, wie es bereits J. JEREMIAS, Theologie, 232; ders., Gleichnisse, 144 gezeigt hat, da es ursprünglich nicht auf den Kreuzestod Jesu angespielt hat, sondern auf öffentliche Missachtung und Schmähung sowie entwürdigendes Spießrutenlaufen, die verurteilten Verbrechern zukamen, wenn sie ihr Kreuz selbst tragen mussten. Insofern hat es auch Anhalt im realen, vorösterlichen Leben Jesu und ist durch die vielfache Bezeugung auch gut belegt (s. auch CROSSAN, Historischer Jesus, 572; a.M. insofern LÜDEMANN, Jesus 2000, 82f.456, der Beeinflussung durch den realen Tod Jesu annimmt und es als Wort des „Erhöhten" versteht, ähnl. schon BULTMANN, Tradition, 173f; s. ferner FUNK u. JS., Five Gospels, 504). Die entsprechende Einfügung bei EvThom Log 55 über das „Tragen" des Kreuzes „wie ich" wird allerdings abgeleitet und nicht ursprünglich sein. Sie zeigt andererseits ein deutliches ungnostisches Verständnis des Redaktors, da die Gnosis mit dem Kreuzestod Jesu nicht viel anzufangen wusste (so schon LEIPOLDT, EvThom, 67).

LOG 56

1. JESUS SPRICHT: WER DIE WELT ERKANNT HAT, HAT EINE LEICHE GEFUNDEN. 2. UND WER DIESE LEICHE GEFUNDEN HAT, DESSEN IST DIE WELT NICHT WÜRDIG.

Logion 56

Dieses Logion ist mit dem vorherigen durch das Adjektiv „würdig" bzw. „wert" verbunden. Inhaltlich fasst es die vorhergehenden Worte über Kult (Log 52/53), Besitz (Log 54) und Familie (Log 55) als Mächte der „Welt" zusammen.
Das Wort wird durchweg als ganz im gnostischen Denken verwurzelt angesehen (s. FIEGER, EvThom, 168f; LÜDEMANN, Jesus 2000, 783f u.a.). Zweifellos ist generell die Auffassung der Gnosis auch diese, wie z.B. CH 6,4 sagt: „Die Welt (der Kosmos) ist die Fülle des Schlechten, Gott aber des Guten". Zitiert wird auch in unserem Zusammenhang gern Log 93 EvPhil: „Diese Welt ist ein Leichenfresser. Alle Dinge, die man in ihr isst, sterben auch wieder. Die Wahrheit ist ein Lebensfresser. Daher wird keiner von denen, die sich von der Wahrheit nähren, sterben." (auch gem. manPs 63,22f wird in der „Welt" nur das „Nichts" gefunden).
Dennoch wird unser Logion nicht aus diesen gnostischen Zeugnissen, die im 2. und 3. Jh. anzusiedeln sind, abzuleiten sein, sondern ist überlieferungsgeschichtlich enger mit den frühchristlichen Traditionen verbunden. Dies ist auch deshalb anzunehmen, weil das EvThom, wie bereits beobachtet, den Kosmos nicht nur negativ qualifiziert, sondern, wie besonders das JohEv, aber auch die Synoptiker und Paulus durchaus ambivalent sieht. Wie das JohEv kennt das EvThom auch die Vorstellung der Fleischwerdung Jesu und seiner Offenbarung „in der Mitte der Welt (κοcмoc)" (Log 28). Den Gedanken der Zuwendung zur „Welt" spricht auch Log 24 S.3 deutlich aus, wonach das Licht im Inneren eines Lichtmenschen „die ganze Welt (κοcмoc)" „erleuchtet" (ähnlich s. auch Log 77) (vgl. näher dazu ZÖCKLER, EvThom, 118ff).
Diese Vorstellung findet sich bereits beim synoptischen Jesus, wenn dieser nach Mt 5,14 seine Jünger auffordert, „Licht der Welt (ebenfalls κόσμος)" zu sein und das Evangelium des Reichs Gottes der ganzen „Welt" zu verkündigen (z.B. Mk 14,9 Par). Er ist auch in zahlreichen seiner Gleichnisse und Logien (s. Mt 5,5) durchaus der Welt als Schöpfung Gottes zugewandt. Freilich heißt es auch hier schon kritisch (s. Mk 8,36 Par). „Was nützte es dem Menschen, wenn er die ganze Welt (τὸν κόσμον ὅλον) gewänne und nähme doch Schaden an seiner Seele?".Das frühe Judentum sieht dies ähnlich. Auch dieses betrachtete Himmel und Erde als Schöpfung Gottes, und „alle Welt soll der Herrlichkeit des Herrn voll werden" (Num 14,21 u.a.). Andererseits wird, gerade in späteren Zeugnissen, auch nicht übersehen, dass die Welt übel, „voll Untreue und List" und daher vergänglich ist (vgl. Sir 11,30; äthHen 48,7; 4Esr 4,11 u.ö.).
Besonders betont wird die Kritik an der Welt dann im JohEv, wenn auch dieses noch eine positive Wertung und Zuwendung zur Welt kennt (s. dazu bes. A. MARJANEN in R. Uro, Thomas at the Crossroads, 126f.132f.138). Das letztere findet sich auch hier in der Fleischwerdung

des Logos, in der Liebe Gottes zur Welt sowie in der Würdigung Jesu als „Heiland der Welt", der ihr das „Leben" geben will (s. Joh 1; 3,16; 4,42; 6,63 u.ö.). Überwiegend wird der Kosmos mit seinen Mächten vom JohEv jedoch negativ beurteilt: Er ist erfüllt von „Sünde", Satan ist der „Fürst dieser Welt", die „Welt" ist dem Gericht verfallen und zu verurteilen (Joh 1,29; 12,31; 14,30; 16,8.11; 17,25 u.ä.). Die Jünger haben in ihr zwar Angst, aber Jesus hat die Strukturen der „Welt" entmachtet und die „Welt" „überwunden" (Joh 16,33; s. auch 1Joh 2,17, wonach die Welt „vergeht" u. 5,4: danach ist „unser Glaube der Sieg, der die Welt überwunden hat").

Das ist fernerhin die Auffassung des Paulus, der Johannes nahe steht, weil auch er die Welt zwar als eine sieht, in die Christus zu ihrer Erlösung gesandt ist, Gott „versöhnte in Christus die Welt mit sich selbst" (2Kor 5,19). Jedoch „vergeht" die „Gestalt" dieser Welt (1Kor 7,31), und die Welt ist negativ zu beurteilen, da sie voller „Sünde" ist; ihre „Traurigkeit" „wirkt den Tod" (Röm 5,12; 2Kor 7,10). In Anlehnung an die Zwei-Äonen-Lehre der Apokalyptik unterscheiden die nt Schriften näher „diese Welt" (s. z.B. Joh 18,36 mit dem Terminus κόσμος), „diese Weltzeit" (αἰών) und die „kommende Weltzeit" (Mk 10,29f Par; Mt 12,32; Lk 16,8; 20,34; auch Paulus s. Röm 12,2; 1Kor 1,20 u.ö.: nur „diese Weltzeit"). Damit wird der Zusammenhang mit Jesu Lehre vom Reich Gottes hergestellt: „diese" alte „Welt" steht in Kontrast, in Opposition zur neuen „kommenden Welt", der Gottesherrschaft, die gleichzeitig „Leben", Sieg über die Mächte des Todes und der Sünde, die pervertierten Strukturen von Macht, Besitz und Ego sowie die letztgültige Erfüllung bedeutet.

In diesen traditionsgeschichtlichen Zusammenhang lässt sich auch unser Logion gut einzeichnen: Jesus ruft danach seine Jünger auf, die „Welt" (ⲕⲟⲥⲙⲟⲥ wie κόσμος) zu „erkennen" und sie dadurch zu überwinden; das „Erkennen" (ⲥⲟⲟⲩⲛ̄) ist hier freilich gegenüber den joh Texten singulär. Als Charakteristikum dieser Welt, das dann gefunden wird, wird ihre Unlebendigkeit bezeichnet: Sie ist eine „Leiche" (ⲡⲧⲱⲙⲁ). Sie führt zum Tode und ist selbst mit ihren Mächten und Strukturen im Vergehen begriffen, ja jetzt schon tot; das entspricht durchaus sowohl jesuanischer wie der joh und pln Verkündigung. Mag die Ausdrucksweise hier auch besonders krass erscheinen, so sei doch daran erinnert, dass Jesus auch bei Menschen, die der alten Welt verhaftet sind, davon spricht, dass sie „tot" seien (s. Mt 8,22 Par; Lk 15,11ff.24.32; ferner z.B. EvThom Log 11). Wer diese Erkenntnis der Wahrheit über die Strukturen und Mächte der Welt hat, „dessen ist die Welt nicht würdig" (ⲙ̄ⲡϣⲁ). Zu dieser Terminologie sei auf Hebr 11,38 verwiesen, wonach auch die Märtyrer in dieser Weise gewürdigt werden: Auch sie gehören nicht mehr zur alten Welt, sie sind ihr vielmehr schlechthin überlegen, haben sie besiegt und sind ihr gegenüber frei (s. auch Log 111; vgl. ferner die Deutung von ZÖCKLER, EvThom, 115f; VALANTASIS, GosThom, 133). Was die Beziehung des Log 56 zur Verkündigung des irdischen Jesus betrifft, so ist hier eine direkte Parallele allerdings nicht auszumachen, wenn auch die Schärfe der Diktion an den historischen Jesus erinnert. Auch dass in Log 80 eine fast wörtliche Dublette des Worts vorliegt (s. dort), dürfte als Nachweis nicht hinreichend sein (gegen Authentizität auch CROSSAN, Historischer Jesus, 579; LÜDEMANN, Jesus 2000, 783f; FUNK u. JS., 505). Jedoch passt das Logion (wie auch seine Par in Log 80) durchaus in das frühchristliche Umfeld und ist besonders der joh und pln Verkündigung nicht fern. Einer gnostischen Begründung oder auch Interpretation bedarf es nicht (gegen HAENCHEN, EvThom, 57f u.a.).

LOG 57

1. JESUS SPRICHT: DAS KÖNIGREICH DES VATERS GLEICHT EINEM MENSCHEN, DER GUTEN SAMEN HATTE. 2. SEIN FEIND KAM IN DER NACHT. ER SÄTE LOLCH UNTER DEN GUTEN SAMEN. 3. DER MENSCH LIESS SEINE LEUTE NICHT DEN LOLCH AUSREISSEN. ER SPRACH ZU IHNEN: DASS IHR NUR NICHT HINGEHT, UM DEN LOLCH AUSZUREISSEN UND IHR DANN DEN WEIZEN ZUSAMMEN MIT IHM AUSREISST. 4. DENN AM TAGE DER ERNTE WIRD DER LOLCH SICHTBAR WERDEN; ER WIRD HERAUSGERISSEN UND VERBRANNT WERDEN.

Ein direkter Stichwort-Zusammenhang mit dem vorhergehenden Log 56 besteht nicht. Es liegt aber eine inhaltliche Beziehung insofern vor, als es sich ebenso wie bei den vorhergehenden Logien um die „Welt" und das Verhältnis zu ihr handelt. Diese steht zentral im Hintergrund des Log 57, und jenes ist vermutlich gerade hier platziert worden, um dem Ausdruck zu verleihen.
Sprachlich ist unser Logion etwas holprig, insbesondere was die Person der Hilfskräfte betrifft, die das Unkraut (den Lolch) ausreißen sollten. Sie werden im kopt. Text nur mit „sie" bezeichnet (-oy bzw. nay). Wegen der unpersönlichen Bezeichnung sind sie hier nicht als „die Knechte" (Sklaven) o.ä. übersetzt worden, sondern als „seine Leute" (zur Wiederherstellung des Textes im übrigen, bes. in S.3, vgl. BETHGE, Synopsis, 533).
Eine gnostische Herleitung oder Deutung des Logions wird zwar von SCHRAGE, Verh, 125f; MÉNARD, EvThom, 159f angenommen. Eine Begründung wird aber nicht näher ausgeführt. Vom „Unkraut unter dem

Weizen" ist auch, wie von ihnen eingeräumt wird, in koptisch-gnostischen Texten nicht die Rede. Auch die sonstige Verwendung des Gleichnisses, etwa bei den Manichäern, interpretierte das Gleichnis nur sekundär, indem es den „guten Samen" als die ψυχαί und das „Unkraut" als die σώματα verstand (s. z.B. Epiphanius Haer 66,65). Insgesamt ist die Beziehung des Gleichnisses zur Gnosis nur sehr dünn. Entscheidend muss das Gleichnis daher im frühen Christentum traditionsgeschichtlich verortet werden, dabei kann dann auch die Beziehung zu Jesus und seiner Verkündigung überprüft werden.
Als frühchristliche Parallele kommt im wesentlichen nur Mt 13,24-30, 36-43 aus dem mt Sondergut in Betracht. Im Rahmen mehrerer Reich-Gottes-Gleichnisse, nämlich vom Sämann sowie Senfkorn und Sauerteig legt Jesus seinen Jüngern auch das folgende vor: „Das Reich der Himmel ist gleich (ὡμοιώθη ἡ βασιλεία τῶν οὐρανῶν) einem Menschen, der guten Samen (καλὸν σπέρμα) auf seinen Acker säte. Doch während die Leute schliefen, kam sein Feind (ἐχθρὸς) und säte Unkraut (ζιζάνια, Pl.) dazu mitten unter den Weizen und ging davon. Als aber die Saat sprosste und Frucht brachte, da zeigte sich auch das Unkraut. Da traten die Knechte des Hausherrn herzu und sagten zu ihm: Herr, hast du nicht guten Samen auf deinen Acker gesät? Woher hat er nun das Unkraut? Er aber sagte zu ihnen: Ein feindlicher Mensch hat das getan. Da sagen die Knechte zu ihm: Willst du nun, dass wir hingehen und das zusammensuchen (ausjäten, συλλέξωμεν)? Er aber sagt: Nein, damit ihr nicht, indem ihr das Unkraut zusammensucht, zugleich mit ihm den Weizen ausrauft. Lasst beides miteinander wachsen bis zur Ernte (θερισμοῦ), und zur Zeit der Ernte (ἐν καιρῷ τοῦ θερισμοῦ) will ich den Schnittern sagen: Sucht zuerst das Unkraut zusammen und bindet es in Bündel, damit man es verbrenne (κατακαῦσαι); den Weizen aber sammelt (συναγάγετε) in meine Scheune!".
In der (als sekundär anzusehenden) Deutung V. 36-43 wird das Gleichnis von Mt interpretiert (so allg. Meinung, s. J. JEREMIAS, Gleichnisse, 57f): Der, der den „guten Samen" „säe", sei der „Sohn des Menschen", der „Acker" sei die „Welt", der „gute Samen" die „Söhne des Reichs", das „Unkraut" die „Söhne des Bösen", der „Feind" sei der „Teufel", die „Ernte" sei das „Ende der Welt" und die „Schnitter" seien die „Engel". Mt malt im einzelnen aus, wie dann die „Gesetzlosen" „zusammengesucht" und mit „Feuer" im „Feuerofen" „verbrannt" werden, „unter Heulen und Zähneknirschen", während die „Gerechten" im „Reich ihres Vaters" wie die „Sonne" „leuchten" werden, insgesamt eine charakteristische apokalyptisch gefärbte mt Redaktion der Parabel.
Fraglich und umstritten ist, in welcher Relation Log 57 zum mt Gleichnis vom Unkraut unter dem Weizen steht. Nach SCHRAGE, Verh, 124f; GÄRTNER, Theology, 45f; ferner LINDEMANN, ZNW 71, 1980, 241;

BLOMBERG, Parables, GP 5, 1985, 182f ist die Version des EvThom von der des Mt abhängig und zwar dessen „Kurzfassung". MONTEFIORE, Comparison, 228 nennt die Fassung von Log 57 gegenüber der von Mt „inferior". Nun ist zwar richtig, dass die Darstellung des EvThom wesentlich kürzer als die des Mt ist. Das ist aber in der Regel eher ein Zeichen für höheres Alter als für spätere Abfassung. Auch bestehen eine ganze Reihe von Übereinstimmungen beider, die aber regelmäßig traditionell sein dürften: ein „Mensch", der „gute Same", „sein Feind", der ebenfalls „säte", das Verbot des „Ausreißens" von dessen Saat (durch „er sprach zu ihnen"), die „Ernte" und das „Verbrennen" der Saat des Feindes.
Demgegenüber liegen aber auch zahlreiche schwerwiegende Abweichungen vor: so bei Mt „Reich der Himmel" statt „Reich des Vaters" (obwohl EvThom sonst gern „Reich der Himmel" verwendet, s. Log 20,54,114), die Saat auf dem „Acker", der Feind säte, „während die Leute schliefen", statt „in der Nacht", das „Unkraut" statt des genauer bezeichneten „Lolchs" (gr. u. kopt. ZIZANION, gemeint ist der leicht giftige Taumellolch, lolium temulentum), ein ausführliches Auftreten der „Knechte des Hausherrn" mit Fragen und Antworten wegen des Erscheinens des Unkrauts, die zusätzliche Aufforderung, beides (Unkraut und Weizen) „miteinander wachsen" zu lassen und schließlich ebenfalls bei Mt, die „Zeit der Ernte" mit den „Schnittern" samt ausführlicher Darstellung dessen, was mit Unkraut und Weizen geschieht. Hier wird ganz deutlich, dass Mt das Gleichnis mit redaktionellen Elementen erheblich erweitert hat: insbesondere das Säen auf dem „Acker", der die „Welt" symbolisiert (s. auch V. 38), die „Knechte des Hausherrn", mit denen die frühe Kirche abgebildet wurde, und die „Zeit der Ernte", das Weltgericht, wo der „Menschensohn" mit seinen Engeln auftritt (s. V.39.41f; entspr. dem mt geformten Gleichnis vom Fischnetz, s. Mt 13,49.50 i.Vgl. m. Log 8; ferner Mt 25,31ff). Es liegt damit eine nahezu vollständige Allegorisierung vor, die regelmäßig Kennzeichen einer sekundären Bearbeitung ist (s. schon J. JEREMIAS, Gleichnisse, 57f.149; BULTMANN, Tradition, 202; KÖSTER, Entwicklungslinien, 163).
Dagegen sind bei EvThom keine oder nur geringfügige Allegorisierungen vorhanden. LINDEMANN, s.o., meint, das sei beim „Offenbarwerden" am Tag der Ernte der Fall; jedoch ist es nicht völlig unnatürlich, dass sich Lolch und Weizen erst kurz vor der Ernte deutlich sichtbar unterscheiden und trennen lassen (a.M. auch J.-M. SEVRIN, in A. LINDEMANN (ed.), The Sayings Source Q and The Historical Jesus, 2001, 474ff, der darin die Streichung der eschatologischen Erwartung sehen will; das kann indes wegen der Betonung durch S.4 nicht angenommen werden). Auf jeden Fall ist nicht festzustellen, dass in Log 57 irgendein redaktionelles

Element aus der Bearbeitung des Mt entlehnt worden ist; das „Reich des Vaters" ist auch eher thom Eigenart, s. Log 76,96,97,98,113 und nicht mt. Es muss daher davon ausgegangen werden, dass in EvThom eine gegenüber Mt unabhängige Tradition vorliegt (s. auch J. JEREMIAS, s.o.; SIEBER, Analysis, 167ff, mit Bezugnahme auf WILSON, Studies, 91; PATTERSON, GosThom, 46 und früher schon QUISPEL, VigChr 13, 1959, 113f unter Verweis auf verschiedene Gemeinsamkeiten mit dem Diatesssaron gegen Mt).

Daran ändern auch gewisse sprachliche Holprigkeiten nichts, die eher für ältere, noch ungeglättete und unüberarbeitete Überlieferung votieren. Etwa dass EvThom nicht ausdrücklich vom „Säen" des „guten Samens" spricht und der „Mensch" „sie" (seine Leute, wen sonst?) vom beabsichtigten „Ausreißen" des ungenießbaren Lolchs abhielt (gegen LINDEMANN, s.o.). Die Parabel ist danach auch keineswegs ohne eine Vorlage unverständlich, sie ist vielmehr ohne weiteres in sich stimmig und konsistent (gegen FIEGER, s.o.; vgl. auch LIEBENBERG, Language, 208f).

Da das Gleichnis bei Mt in ungleich größerem Maße als bei EvThom erweitert und allegorisiert ist, besonders um es apokalyptischen Vorstellungen dienstbar zu machen, muss die Fassung bei EvThom als ältere Überlieferungsvariante angesehen werden, die auch im wesentlichen durchaus Jesus zugeschrieben werden kann; das betrifft auch das „Sichtbarwerden" des Lolchs, vgl. zum Offenbarwerden auch Mk 4,22 Par Mt 10,26 / Lk 12,2; EvThom Log 6 u.a.

Die Authentizität des Gleichnisses folgt aus seiner Kohärenz mit anderen eschatologischen Reich-Gottes-Gleichnissen, die den Prozess von Saat und Ernte thematisieren (so im Ergebnis auch J. JEREMIAS, Theologie, 174; GOPPELT, Theologie, 116; CROSSAN, Historischer Jesus, 374f.573, der auch die gute Bezeugung durch EvThom und Mt noch betont). Wenn LÜDEMANN, Jesus 2000, 238; ähnlich FUNK u. JS., Five Gospels, 505 die Parabel für nicht jesuanisch halten, weil sie eine Gemeindesituation widerspiegele, so bleibt dies bloße Behauptung. Es kann ebensogut ein Topos im Wanderleben Jesu vorliegen, wo er gefragt wird, warum er nicht den „Sünder" aus seiner Nachfolge ausscheide (so auch JEREMIAS). Jesus ruft demgegenüber zur Geduld auf und wehrt dem vorzeitigen Richten und Ausmerzen des Bösen, wie es auch sonst seiner Haltung zum Richten entspricht. Die Bedenken BULTMANNs (Tradition, 220), das Gleichnis könne ebenso wie das vom Fischnetz auch aus jüdischer Tradition stammen, sind, zumal bei der jetzt erfolgten Vorlage der weiteren Fassung des EvThom, ebenfalls unbegründet, da die Apokalyptisierung als mt Redaktion erkannt worden ist, die in der sekundären Deutung durch Mt gipfelt (s. auch schon GOPPELT).

LOG 58

JESUS SPRICHT: SELIG IST DER MENSCH, DER GELITTEN HAT. ER HAT DAS LEBEN GEFUNDEN.

Ein Stichwortzusammenhang besteht mit dem vorhergehenden Log 57 durch das Substantiv „Mensch". Das Wort ist aber auch mit dem Log 56 dadurch verbunden, dass es davon spricht, er habe „das Leben gefunden", während es in Log 56 um das „Finden einer Leiche" geht. Insgesamt setzt in Log 58 eine neue Reihe von Logien ein, die sich mit der Zusage des (wahren) „Lebens" an die Jünger befassen.

Das Verb ϩⲓⲥⲉ wird von BETHGE (Synopsis, 533) u.a. mit „abplagen" übertragen. Das ist zwar nicht ausgeschlossen (s. auch Log 8, 107). Mir scheint jedoch die ebenfalls mögliche und verbreitete Übersetzung mit „leiden" überzeugender und zu dem Kontext des Wortes, besonders seiner Nähe zu entsprechenden Seligpreisungen, besser zu passen (s. HAENCHEN, EvThom, 25; FIEGER, EvThom, 172 u. ausführl. LELYVELD, Logia de la Vie, 69ff).

Eine besondere Beziehung des Logions zum gnostischen Denken ist nicht ersichtlich. Es wird lediglich vermutet, dass der Redaktor des EvThom konkrete Leidenserfahrungen seiner (als gnostisch verstandenen) Gemeinde im Auge hat (so FIEGER, EvThom, 173; ähnl. MÉNARD, EvThom, 160). Jedoch mag dies ebenso für die frühchristlichen Gemeinden gelten, mit denen das Logion eher verbunden ist.

So findet sich im Jakobus-Brief (1,12): „Selig (μακάριος) ist der Mann (ἀνήρ), der die Versuchung (πειρασμόν) standhaft erträgt; denn nachdem er sich bewährt hat, wird er die Krone des Lebens (στέφανον τῆς ζωῆς) empfangen, welche er (Gott) denen verheißen hat, die ihn lieben". Im 1. Petrusbrief (3,14) heißt es: „Wenn ihr auch leiden solltet (πάσχοιτε) um der Gerechtigkeit willen, selig (μακάριοι) seid ihr". Die Bedeutung des Durchgangs durch Versuchung und sonstiges Leiden für das Gewinnen des Reichs Gottes betonen auch Apg 14,22; Barn 7,11 und das von Tertullian (De baptismo, 20) zitierte Herrenwort, dass „niemand, ohne versucht worden zu sein, das Himmelreich erlangen" werde.

Die genannten Worte sind Makarismen und lehren die Bedeutung der Bedrängnis und des Leidens allgemein, um das „Leben" (ζωή) bzw. das Reich Gottes zu erlangen (s. dazu auch J. B. BAUER, Echte Jesusworte ?, 126). Sie sind allerdings nicht als Worte des irdischen Jesus gekennzeichnet (mit Ausnahme des von Tertullian zitierten Wortes über die „Versuchung") und können daher nur als spätere Nachklänge einer eventuellen Jesus-Verkündigung verstanden werden.

Näher stehen unserem Logion die Seligpreisungen in Mt 5,3ff Par Lk 6,25f (Q). Nach Mt 5,4 aus der Bergpredigt sollen „selig" (μακάριοι) sein die „Trauernden" (πενθοῦντες); „denn sie werden getröstet werden". Auch werden die Jünger Jesu „selig" gepriesen, wenn sie „euch schmähen und verfolgen (διώξωσιν) und alles Böse gegen euch reden um meinetwillen und damit lügen" (Mt 5,11). In der lk Feldrede heißt es: „Selig seid ihr, die ihr jetzt weint (κλαίοντες); denn ihr werdet lachen" (Lk 6,21 S.2). Diese Formulierung ist gegenüber Mt auch älter und entspricht Q, mit Ausnahme evtl. der Anrede in der 2. Pers. Pl., da die Bevorzugung der „Trauernden", die „getröstet werden" sollen, wohl typisch für Mt ist, s. z.B. Mt 9,15 redaktionell (s. SCHULZ, Q, 77f; POLAG, Fragmenta Q, 32f). Die Seligpreisung der „verfolgten" Jünger findet sich nicht bei Lk, sondern bloß die, wenn „euch die Menschen hassen und wenn sie euch ausschließen und schmähen und euren Namen als einen bösen ächten, um des Sohns des Menschen willen"; das „Verfolgen" kommt danach wohl für Q nicht in Betracht, es erscheint allerdings in der Par EvThom Log 68.

Am nächsten steht dem historischen Jesus wahrscheinlich die Seligpreisung der „Weinenden", die sich aus Q ergibt, und der „Verfolgten", die Mt und EvThom Log 68 aufweisen. Der Terminus πάσχειν (Leiden) und seine Ableitungen kommen demgegenüber hauptsächlich in hellenistisch geprägten Wendungen vor, so besonders bei den Leidensweissagungen Jesu Mk 8,31 Par und Lk 9,22; 17,25 u.ä. sowie den Ausführungen des Paulus über das Leiden Christi und seine Nachfolge im Leiden (2 Kor 1,5; Phil 1,29; Röm 8,17 usw.).

Was die Zusage des „Lebens" (kopt. ⲱⲛϩ; gr. ζωή) betrifft, so finden wir sie durchaus bei Jesus mehrfach. Es sei nur auf Stellen wie Mk 9,43.45.47 Par; 10,17.30 Par; Mt 7,14; Lk 12,15 usw. verwiesen, wo das Wort synonym mit der von Jesus verkündeten Gottesherrschaft ist. Auch im EvThom Log 4 und 101 kommt es aber vor und besonders im JohEv, s. Joh 3,16; 5,24.26; 6,27.33.35; 6,51.53.63 usw.

Was die Authentizität unseres Logions angeht, so setzt sich besonders J.B. BAUER (Echte Jesusworte?, 126f) dafür ein, mit Rücksicht auf die Verwendung des Begriffs „Leben" und weil das „Leiden" nicht näher, etwa frühchristlich als „Versuchung" umschrieben sei (zustimmend wohl auch ZÖCKLER, EvThom, 117; QUISPEL, VigChr 11, 1957, 204 verweist entsprechend auf den Zusammenhang des Wortes mit der frühjüdischen Weisheit, insbesondere mit Spr 8,34.35, und dem Talmud, Berakh 61 b). Auch CROSSAN, Historischer Jesus, 579 hält das Logion für echt („Selig der Leidende"), während LÜDEMANN, Jesus 2000, 785 eine „sekundäre Bildung" annimmt und u.a. auf die paulinischen Peristasenkataloge 1 Kor 4,11ff; 2 Kor 11,23ff über die von diesem erlittenen Leiden verweist. FUNK u. JS., Five Gospels, 506 halten das Logion ebenfalls nicht für authentisch; sie gehen allerdings von einer

Seligpreisung des „schwer Arbeitenden (toiler)" aus, die aus griechisch-römischer Philosophie entlehnt sei.
Meines Erachtens spricht der Charakter des Logions als „Zusammenfassung aller Seligpreisungen der Bedrängten und Leidenden" (ZÖCKLER) durchaus für die Möglichkeit einer Echtheit des Spruchs. Zumindest liegt, wenn man den ursprünglichen (aramäischen) Wortlaut von ϩⲓⲥⲉ nicht mehr mit Sicherheit ausmachen kann, eine große Nähe zur Jesus-Verkündigung vor. Das Wort darf dann natürlich nicht als Rechtfertigung oder Beschönigung von Leiden, Krankheit oder Verfolgung angesehen werden. Diese Entfremdungen werden auch nicht als von Gott gewollt verklärt. Vielmehr sind die, die „gelitten" haben, „selig", weil sie die Möglichkeit erhalten haben, eine Entscheidung für das Reich Gottes zu treffen, sich von den alten Mächten, Süchten und Illusionen zu befreien und ihrer Reifung und Menschwerdung näher zu kommen. Ihnen wird die Fähigkeit und Kraft dazu auch bereits zugesagt und verheißen, ja sie „haben" schon jetzt das „Leben" und damit ihre Befreiung und Selbstfindung erreicht, wenn sie die ihnen gegebenen Chancen ergreifen, vom Leiden zum Leben zu gelangen und sich mit diesem zu identifizieren.

LOG 59

JESUS SPRICHT: SCHAUT AUS NACH DEM LEBENDIGEN, SOLANGE IHR LEBT, DAMIT IHR NICHT STERBT UND IHN DANN ZU SEHEN SUCHT UND IHN NICHT SEHEN KÖNNT.

Stichwort-Zusammenhang besteht mit dem vorhergehenden Log 58 über die Begriffe „Leben" bzw. der „Lebendige" sowie dem Gegensatz „leben" und „sterben".
Die Terminologie vom „Leben" u.ä. findet sich auch in gnostischen Texten (s. z.B. EvPhil Log 4, wonach „das Leben gefunden hat", wer zum Glauben an die Wahrheit gekommen ist). Es ist aber bereits mehrfach gezeigt worden, dass sie ihre Grundlage im wesentlichen im frühchristlichen Sprachgebrauch hat, wo sie mit dem eschatologischen Gottesreich identifiziert wurde (s. auch Log 58).
Im vorliegenden Logion ist zwar nicht von der Suche nach dem „Leben", also dem Reich Gottes, die Rede, aber in verwandter Weise von dem „Ausschauen" (ϭⲱϣⲧ ⲛ̄ⲥⲁ) nach dem „Lebendigen" (ⲡⲉⲧⲟⲛϩ). Darunter kann man sprachlich sowohl Gott als auch Jesus verstehen und sogar den Jünger Jesu. Von Gott handeln etwa Log 3,50 („Lebendiger Vater") und 37 („Lebendiger"). Von Jesus sprechen Log 1,52 als dem „Lebendigen"

(nach Log 37 ist er der „Sohn des Lebendigen"), und allgemeiner sieht Log 111 die Jünger als „Lebendige aus dem Lebendigen" an. In unserem Logion liegt es am nächsten, Jesus als „Lebendigen" zu verstehen, den man nur „sehen" (ναγ) kann, wenn man „lebt" (ονϩ). Es ist der irdische Jesus angesprochen, aber nicht auszuschließen ist, dass auch der Auferstandene mit gemeint ist. Das „Ausschauen" ist jedes bemühte Streben und Suchen nach Jesus und seinem Wort, es geht nicht nur auf eine visionäre Sicht Jesu oder gar Gottes, wie A.D. DE CONICK, Voices of the Mystics, 2001, 86ff annimmt. Der Spruch warnt eindringlich vor einem Zu-Spät des Suchens nach Jesus, das im Fall des „Sterbens" (μογ) zu befürchten ist. Damit kann der biologische Tod gemeint sein, aber noch mehr das seelische Absterben, das unmerkbar erfolgen kann. Insofern äußern sich die Parallelen in EvThom Log 38 und 92 ähnlich, indem sie zur Suche nach Jesus auffordern und ebenfalls auf die Gefahr eines Zu-Spät hinweisen (s. auch HAENCHEN, EvThom, 62; ZÖCKLER, EvThom, 189f). Insgesamt wird der Suche nach dem „Lebendigen" verheißen, dass „ihr nicht sterbt" (ähnl. auch Log 60 S.6). Das traditionsgeschichtliche Umfeld unseres Mahnwortes liegt im frühen Christentum, besonders joh Provenienz. So sagt Jesus nach Joh 7,34.36 zu den „Juden": „Ihr werdet m i c h suchen ($\zeta\eta\tau\acute{\eta}\sigma\epsilon\tau\acute{\epsilon}$) und nicht finden, und wo ich bin, dahin könnt ihr nicht kommen" oder auch Joh 8,21: „Ich gehe hinweg, und ihr werdet mich suchen und werdet in eurer Suche sterben. Wohin ich gehe, dahin könnt ihr nicht kommen" (ähnl. auch nochmals Joh 13,33). Es handelt sich hier durchaus um parallele Formulierungen desselben Gedankens wie Log 59, wenn auch der Wortlaut abweichend gestaltet ist (a.m. FIEGER, EvThom, 174).
In den synoptischen Evangelien finden sich ähnliche Stellen. So in Lk 13,35 Par Mt 23,38 (Q): „Ihr werdet m i c h nicht (mehr) sehen ($\ddot{\iota}\delta\eta\tau\epsilon$), bis (die Zeit kommen wird, wo) ihr sprecht: „Gepriesen sei, der da kommt im Namen des Herrn". Oder Lk 17,22: „Es werden Tage kommen, wo ihr begehren werdet, auch nur einen von den Tagen des Menschensohns zu sehen, und ihr werdet ihn nicht sehen" (ähnl. Mk 2,22 Par; dort ist vom „Tage" die Rede, an dem „der Bräutigam" von seinen Jüngern „genommen sein" wird). Diese Worte sind ebenfalls unserem Logion nahe, ohne allerdings inhaltlich ihm voll zu entsprechen. Auch muss festgestellt werden, dass diese Worte zum großen Teil nicht sicher dem historischen Jesus zugeschrieben werden können (vgl. dazu LÜDEMANN, Jesus 2000, 450f.472f.32f), sondern eher sekundäre Zusätze und Erweiterungen anderer Worte darstellen.
Im Ergebnis wird man daher sagen müssen, dass Log 59 zwar fest in der frühchristlichen Verkündigung verankert ist. Es dürfte auch die Intention der Predigt Jesu treffen, ist aber vom Wortlaut nicht sicher auf den

irdischen Jesus zurückzuführen (so auch CROSSAN, Historischer Jesus, 579 und FUNK u. JS, Five Gospels, 506).
Fraglich ist, ob dies auch für die in diesem Logion ausgesprochene besonders bemerkenswerte Christologie gilt. Im EvThom ist eine Christologie, die an Jesu Titulatur als „Christus" („Messias" oder „Gesalbter") orientiert ist, nicht explizit feststellbar; die Bezeichnung Jesu als „Christus" („Messias" bzw. „Gesalbter") kommt als solche nicht vor. Das entspricht durchaus dem historischen Befund, jedenfalls was Jesu Selbstbezeichnung betrifft. Auch Benennungen Jesu als „Sohn" (Gottes) oder als „Menschensohn" kommen im EvThom nur sehr sparsam und indirekt vor (s. lediglich Log 44, 61 und 86), auch dies passt zu seiner historisch auch sonst nachweisbaren Zurückhaltung. Dagegen gibt es die Selbstbezeichnung als „Lebendigen", wenn auch ebenfalls indirekt, die ansonsten kaum feststellbar ist. Sie wiederholt sich auch noch in Log 52, dessen Kern vielleicht echt ist. Sie könnte aus dem Gesichtspunkt der Kohärenz möglicherweise authentisch sein; denn sie hängt auch mit dem starken Gebrauch des Terminus „Leben" durch den historischen Jesus als Synonym für das Reich Gottes zusammen (s. dazu noch Log 4 u. 58). Jesus sieht sich damit als denjenigen, der „Leben" in sich hat (vgl auch Joh 5,26), der „Leben" gibt (s. Joh 6,33), auch für andere hingibt (Joh 10, 15) und der der Verkündiger und Repräsentant des „Lebens" ist (Joh 11,25; 14,6: „Ich bin das Leben"). Die joh Theologie expliziert somit den Begriff des „Lebendigen", der als solcher, besonders als Selbstbezeichnung sonst nicht vorkommt. Insofern ist lediglich auf Lk 24,5 zu verweisen, wo es allenfalls andeutend heißt: „Was sucht ihr den Lebendigen bei den Toten?", was freilich Rest einer frühen Tradition sein kann.
Trotz dieses Sachverhalts halte ich es für möglich, und das betonte Vorkommen im EvThom spricht dafür, dass Jesus sich andeutend als „Lebendigen", somit als Verkündiger und Repräsentant des „Lebens" im Sinne des Reichs Gottes angesehen haben kann. Eine solche Selbsteinschätzung würde einerseits seiner zurückhaltenden Selbstbezeichnung als Lehrer und Prophet des Reichs Gottes, also des „Lebens" entsprechen. Andererseits hat sie aber implizit auch durchaus Verbindung zur messianischen Königstitulatur, da gerade auch Könige zeitgenössisch als „Lebendige" gerühmt wurden und auch Gott selbst der „lebendige Gott" genannt wurde (s. dazu auch LEIPOLDT, EvThom, 55; ZÖCKLER, EvThom, 190.256f; ferner allgemein noch M. FRANZMANN, Jesus in the Nag Hammadi Writings, 1996, 78ff).

LOG 60

1. (ER SAH) EINEN SAMARITANER, DER EIN LAMM TRUG, ALS ER AUF DEM WEG NACH JUDÄA WAR. 2. ER SPRACH ZU SEINEN JÜNGERN: WAS WILL DIESER MIT DEM LAMM MACHEN? 3. SIE SPRACHEN ZU IHM: ER WILL ES TÖTEN UND ESSEN. 4. ER SPRACH ZU IHNEN: SOLANGE ES LEBT, WIRD ER ES NICHT ESSEN, SONDERN ERST, WENN ER ES GETÖTET HAT UND ES EINE LEICHE GEWORDEN IST. 5. SIE SPRACHEN: AUF ANDERE WEISE WIRD ER ES NICHT TUN KÖNNEN. 6. ER SPRACH ZU IHNEN: SUCHT AUCH IHR NACH EINEM ORT ZUR RUHE FÜR EUCH, DAMIT IHR NICHT ZU LEICHEN WERDET UND IHR VERZEHRT WERDET.

Der Zusammenhang mit Log 59 ist so eng, dass man beide Stücke oft sogar als einen Abschnitt behandelt hat (s. MÉNARD, EvThom, 160f). Jedenfalls sind beide auch stichwortmäßig durch die Worte „solange" und „leben" und sinngemäß auch „zur Leiche werden" (sterben) verbunden, so dass sich hier die mit Log 58 einsetzende Reihe der Logien über „Leben" und „Tod" fortsetzt.

Der Text weist drei größere Probleme auf, die wohl zweckmäßig wie folgt zu lösen sind: Eine Lücke am Anfang von S.1 wird mit: „Er sah" auszufüllen sein = ⲁϥⲛⲁⲩ, gelegentlich auch übertragen mit: „Sie sahen" = ⲁⲩⲛⲁⲩ. Gegenstand des „Sehens" ist ein Samaritaner, der ein Lamm „trug" (ϥⲓ), was wohl mehr Sinn gibt, als dass er es „wegnahm" oder „wegzunehmen suchte" o.ä. (s. HAENCHEN, EvThom, 25; LAMBDIN, Transl, 74f). In S.2 liegt eine Übersetzungsschwierigkeit mit evtl. Textverderbnis vor: ⲡⲏ ⲙ̄ⲡⲕⲱⲧⲉ ⲙ̄ⲡⲉϩⲓⲉⲓⲃ (wörtl.: „Jener ist um das Lamm herum" oder auch Frageform), was wohl am treffendsten wie oben zu übertragen ist (s. z.B. BLATZ in SCHNEEMELCHER, NtApokr, I, 108; insgesamt etwas abweichend BETHGE, Synopsis, 534).

Die Erzählung entspricht der Form eines Schulgesprächs (nach BULTMANN, Tradition, 8ff.56: eines Apophthegmas) Jesu mit seinen Jüngern. Es ist situiert auf dem Weg nach Judäa, der von Galiläa über Samaria führte und den Jesus auch nach den Evangelien gegangen ist (Lk 9,52; Joh 4). Die Samaritaner waren mit den Juden verfeindet und galten als ungläubig und barbarisch. Im einzelnen ist hier eine Szene geschildert, bei der ein Samaritaner ein Lamm trägt, wohl um es zu schlachten und zu opfern; nach dem Opfer ist auch eine Verspeisung des Lamms vorgestellt. Aufgrund der angegebenen Örtlichkeit liegt es nahe, dass der Samaritaner zum Opfer, vielleicht anlässlich des Passafestes nach Jerusalem zieht. In einem Dialog Jesu mit seinen Jüngern wird das Opfern als Tötung und Herstellung einer „Leiche" eher befremdlich und

jedenfalls negativ dargestellt. Es klingt darin eine Kritik an der Blutigkeit und den Äußerlichkeiten der Opferriten an (dies könnte in Beziehung zu Jesu Kritik auch an sonstiger gesetzlicher Oberservanz, s. auch Log 6,14,53,104, gesehen werden). Fern liegt dagegen, dass Jesus sich selbst mit dem zu opfernden Lamm identifiziert hat. Zwar wird Jesus in Joh 1,29 und Apk 3,20; 4,4 und 5,6 als Lamm Gottes angesprochen, aber eine Bezugnahme auf seine Person und seinen Tod sind aus dem vorliegenden Text nicht eindeutig zu entnehmen (a.M. LELYVELD, Les Logia de la Vie, 88ff; dagegen GRANT - FREEDMAN, Geheime Worte, 156). Mehr als eine Abneigung und Kritik gegen das bei den Opferriten, zumal beim Passa veranstaltete Schlachtfest, ist aus dem Dialog nicht zu folgern. Die entscheidende Spitze des Wortes liegt im übrigen nicht hier, sondern (jedenfalls nach der thom Redaktion) im Schlusssatz der Szene S.6: Dies ist oft bei solchen Schulgesprächen festzustellen, kann allerdings auch als sekundärer Zusatz anzusehen sein (s. dazu wiederum BULTMANN, Tradition, 51): Nach diesem Abschluss in S.6 werden die Jünger von Jesus aufgefordert, nach einem „Ort" (kopt. wie gr. τοποc) zur „Ruhe" (kopt. und gr. ΛΝΛΠΛΥCIC) für sich zu suchen, damit sie nicht auch zu „Leichen" (πτωμΛ) wie das Lamm werden und sie deshalb „verzehrt" (gegessen oder gefressen: ογωμ) werden.
Dieses Wort gehört ganz ähnlich wie das vorige Log 59 insgesamt nicht in gnostische, sondern durchaus in frühchristliche Zusammenhänge. Das gilt besonders auch für das Heilsgut der „Ruhe", das VIELHAUER, ΑΝΑΠΑΥΣΙΣ, Festschrift E.Haenchen, 281ff aus späteren gnostischen Quellen auslegen will (so auch HAENCHEN, EvThom, 73f u.a.).
Die fünf Ruhe-Logien des EvThom (Log 50,51,60,86 und 90) passen jedoch sämtlich in einen jüdisch-weisheitlichen sowie urchristlichen Kontext. Das ist bereits bei Log 51 näher ausgeführt worden, wobei besonders auch auf den Gebrauch des Worts durch Jesus selbst in Mt 11,28ff = Log 90 EvThom verwiesen worden ist. Diese Ruhe wird auch (in einem gewissen Gegensatz zu den fragenden Jüngern des Log 51) nicht in erster Linie als jenseitige Ruhe im Sinne etwa eines Schlafens gesehen, sondern, wie schon Log 51 besagt, als schon hier und jetzt anzustrebende und ansatzweise auch erreichbare Größe. Sie ist somit ein Topos, in dem Wachsein und Selbsterkenntnis, aber auch Liebe herrschen; im Hintergrund besteht auch ein deutlicher Bezug zur schöpfungsgemäßen Sabbatruhe, vgl. auch Log 67,111; 25; 27 (s. ferner ZÖCKLER, EvThom, 189; dagegen für jenseitiges und zukünftiges Heil: VIELHAUER, s.o., 293f). Auch unser Logion ruft zum Streben und Suchen nach dieser Ruhe des Reichs Gottes auf, was letztlich auch als gleichbedeutend angesehen wird mit der Suche und dem „Ausschauen" nach dem „Lebendigen" (Log 59), ohne Befolgung blutiger Opferriten.

Diese Suche bekommt die Verheißung des wirklichen und unentfremdeten „Lebens", nämlich nicht „zur Leiche" und „gefressen zu werden", wie es drastisch heißt. Auch zur „Lebens"-Verheißung ist schon mehrfach Stellung genommen worden (s. Log 1,4,11,58,59 u.ö.). Das „Leben" ist nach den synoptischen Aussagen, aber auch besonders nach dem JohEv mit dem von Jesus angesagten eschatologischen Gottesreich identisch. Die diesem nicht angehören, können als unlebendig und sogar als „Tote" markiert werden (s. Lk 15,11ff.24.32; Mt 8,22 Par Lk 9,60). Befindet man sich in diesem Status der Unlebendigkeit, des Totseins, besteht die reale Gefahr, von den Mächten der „Welt", den Sorgen und Ängsten, Aggressionen, aber auch der Gier nach Macht und Besitztümern „gefressen", somit gefangen und überwältigt zu werden. Das sagt auf ähnliche Weise auch Log 7 und folgt in anderer Terminologie auch z.B. aus Mt 13,22 und sonstigen, die „Welt" und ihre Mächte betreffenden Aussagen, wie Joh 16,33 (s. auch ZÖCKLER, EvThom, 188f).
Fraglich ist, ob diese Szene, die in dem Logion in S.6 gipfelt, einen historischen Charakter haben kann. Dafür votiert ihre nähere topografische und auch im übrigen sehr konkrete Schilderung, die gegen eine spätere Erfindung spricht. Andererseits findet sich sonst in der Jesus-Verkündigung keinerlei Bezeugung dieser Szene. Das Logion ähnelt im übrigen sehr dem Log 59 und gehört in den Rahmen der Jesus-Verkündigung vom eschatologischen „Leben". Es entspricht nach allem zwar jedenfalls der Intention Jesu, ein wörtlicher Nachweis der Echtheit ist aber nicht mit Sicherheit möglich und anzunehmen (entspr. auch CROSSAN, Historischer Jesus, 579; FUNK u. JS., Five Gospels, 506; noch weitergehend LÜDEMANN, Jesus 2000, 786, der sogar wegen angeblicher gnostischer Beheimatung des Logions die Unechtheit annimmt).

LOG 61

1. JESUS SPRACH: ZWEI WERDEN AUF EINER LIEGE RUHEN. DER EINE WIRD STERBEN, DER ANDERE WIRD LEBEN.
2. SALOME SPRACH: WER BIST DU, MANN, DER WIE AUS DEM EINEN IST? DU HAST AUF MEINER LIEGE PLATZ GENOMMEN UND HAST VON MEINEM TISCH GEGESSEN. 3. JESUS SPRACH ZU IHR: ICH BIN DER, DER AUS DEM GLEICHEN STAMMT. MIR IST GEGEBEN WORDEN VON DEM, WAS MEINES VATERS IST. - 4. ICH BIN DEINE JÜNGERIN! - 5. DESWEGEN SAGE ICH: WENN EINER [GLEICH] IST, WIRD ER SICH MIT LICHT FÜLLEN. WENN ER ABER GETRENNT IST, WIRD ER SICH MIT FINSTERNIS FÜLLEN.

Der Stichwortzusammenhang von S.1 zu Log 60 besteht in den Verben „leben" und „sterben" sowie „ruhen". Der Dialog in S.2-5 knüpft mit dem Substantiv „Liege" („Bett" oder „Lager", ⲟⲗⲟϭ) an das Logion in S.1 an, aber auch mit dem substantivischen „Einen" (ⲟⲩⲁ) an den dortigen „Einen".
Das gesamte Stück weist eine Reihe textlicher Probleme auf: In S.2 steht in der Anrede Salomes wörtlich: ⲡⲣⲱⲙⲉ ⲍⲱⲥ ⲉⲃⲟⲗ ϩⲛ̄ ⲟⲩⲁ = „Mann (oder Mensch), wie aus dem Einen". Dies wird von BETHGE (Synopsis, 534) u.a. für eine falsche Lesart des gr. ὡς ἐξ ἑνός gehalten. Richtig sei zu lesen gewesen: ὡς ξένος = „als ein Fremder" (oder „Gast"; ⲍⲱⲥ ϣⲙ̄ⲙⲟ), so dass es heißen müsse: „Du hast (als Fremder) auf meinem Bett Platz bekommen". Mir scheint diese textliche Verbesserung jedoch eine zu weit gehende Unterstellung zu sein, die nicht hinreichend gerechtfertigt ist, um die Schwierigkeiten des Originaltextes zu bewältigen (für die Original-Fassung plädieren auch FIEGER, EvThom, 177f; HAENCHEN, EvThom, 25; LEIPOLDT, EvThom, 43 u.a.).
Eine weitere Problematik liegt in der Übersetzung der Antwort Jesu zu S.3, die wörtlich lautet: „der, der aus dem stammt, der gleich (ⲡⲉⲧϣⲏϣ) ist". Hier besteht eine Beziehung zu dem Verb ϣⲱϣ (gleichmachen, übereinstimmen, gleich sein), so dass statt „gleich" auch übertragen werden kann: „geeint", „eins" oder „ganz(heitlich)" (so z.B. auch ZÖCKLER, EvThom, 242 u.a.).
Es liegt ein Dialog zwischen Jesus und Salome vor, und zwar auch in S.5, der nicht als Kommentar eines Dritten verstanden werden kann. Jesus sagt in S.5: „Wenn einer (gleich) ist...". Allerdings besteht hier wohl, wie nach dem Zusammenhang auch nicht zu bezweifeln ist, im kopt. Text ein Abschreibefehler, nämlich ⲉϥϣⲏϥ (= zerstört, verwüstet) statt richtig: ⲉϥϣⲏϣ (= gleich); das zeigt S.3 und ergibt sich auch aus dem Gegensatz ⲉϥⲡⲏϣ (= getrennt, geteilt) (so auch ZÖCKLER, EvThom, 243; ebenfalls BETHGE, Synopsis; HAENCHEN, EvThom, 25; FIEGER, EvThom, 177f).

1.Unser Logion setzt ein mit einem Traditionsstück, das in einen frühchristlichen Kontext gehört und mit einem Teil der Endzeitrede Jesu in Mt 24,40.41 Par Lk 17,34.35 verwandt ist. In der lk Par heißt es unter Anspielung auf den „Tag des Menschensohns" (17,24): „Ich sage euch: In dieser Nacht werden zwei auf e i n e m Bette sein (ἔσονται δύο ἐπὶ κλίνης μιᾶς); der eine wird angenommen (παραλημφθήσεται) und der andere zurückgelassen werden (ἀφεθήσεται). Zwei werden am gleichen Orte mahlen; die eine wird angenommen, die andere aber zurückgelassen werden". Bei Mt lautet die Par: „Dann werden zwei auf dem Felde sein: einer wird angenommen und einer wird zurückgelassen. Zwei werden mit einem Mühlstein mahlen: eine wird angenommen und eine wird zurückgelassen". Hinter Mt/Lk steht eine Q-Fassung, die bzgl. des ersten

Teils des Spruchs (Lk 17,34/Mt 24,40) im wesentlichen der Lk-Version entspricht. Allerdings soll es statt: „der eine ... und der andere" hier heißen: „einer ... und einer", entspr. Mt. Im übrigen ist aber Mt, besonders die Lokalisierung „auf dem Felde" nach herrschender Meinung sekundär, da Mt 24,18 eingewirkt habe und die Zusammengehörigkeit der Männer auf dem Felde gegenüber den anderen Gemeinschaftsformen wie Bett und Mühle eher zufällig und die Trennung daher weniger schroff sei. Der zweite Teil des Spruchs ist dagegen bei Mt besser erhalten (s. auch SCHULZ, Q, 280; POLAG, Fragmenta Q, 78f; BULTMANN, Tradition, 123). Es handelt sich in beiden Fällen um die eindringliche Warnung vor dem eschatologischen Gericht durch den in Bälde erwarteten Menschensohn, das Männer und Frauen plötzlich und unvorbereitet treffen kann.

Die Annahme von SCHRAGE, Verh, 126f; GÄRTNER, Theology, 170f, dass Log 61 S.1 aus Lk entlehnt sei, kann nicht nachvollzogen werden. Weder kann die Heranziehung der kopt. Evangelien-Übersetzungen dies belegen noch zeigt Log 61 S.1 die geringsten charakteristischen Merkmale einer lk Redaktion des Spruchs. „Liege" bzw. „Bett" (ϭλοϭ / κλίνη) ist traditionell. Im übrigen ist hier im Gegensatz zu Lk von „ruhen werden" (ⲛⲁⲙⲧⲟⲛ / ἀναπαύσονται) und „sterben" und „leben werden" (ⲛⲁⲙⲟⲩ / ἀποθανεῖται, u. ⲛⲁⲱⲛϩ / ζήσεται) die Rede, statt wie bei Lk von „sein" sowie „angenommen" und „zurückgelassen werden". Außerdem zeigt EvThom die Version ⲡⲟⲩⲁ ... ⲡⲟⲩⲁ (gr. ὁ εἷς ... ὁ εἷς = der eine ... der eine, anders als Lk/Mt und Q) (so auch SIEBER, Analysis, 228f; PATTERSON, GosThom, 46).

Es liegt somit in Log 61 S.1 eine gegenüber den Synoptikern und Q unabhängige Tradition vor. Ob diese in der vorliegenden Fassung älter, etwa als Q ist und auf den historischen Jesus zurückgeht, ist bestritten. PATTERSON, GosThom, 47 hält EvThom wegen seiner weisheitlichen Tendenz für ursprünglicher und die Q (Mt/Lk)-Fassung für sekundär, da sie apokalyptisch geprägt sei; ähnlich auch S. BJORNDAHL, F & F Forum 10, 1994, 87ff; FUNK u. JS., Five Gospels, 507. Von einer großen Zahl von Forschern (wie z.B. J. BECKER, Jesus, 70f; BERGER, Jesus, 50; LÜDEMANN, Jesus 2000, 296; ferner J. JEREMIAS, Theologie, 130; BULTMANN, Tradition, 123) wird jedoch die Ursprünglichkeit der Q-Fassung angenommen, weil sie der eschatologischen Grundausrichtung Jesu entspreche. Auch Log 61 S.1 kann allerdings m.E. eschatologisch verstanden werden, zumal es futurisch formuliert ist und Jesus in eschatologischer Hinsicht, also für den Fall des zukünftigen Kommens des Reichs Gottes auch von „leben" spricht. Letztlich könnte im vorliegenden Fall freilich die Q-Fassung den Wortlaut des Jesus-Worts genauer bewahrt haben, insbesondere auch wegen des Gleichlauts mit dem 2. Teil von den am Mühlstein arbeitenden Frauen und dem damit sich ergebenden synonymen Parallismus. Der Spruch würde dann nachdrücklich vor dem mit dem Kommen des Reichs Gottes einhergehenden Gericht warnen, bei dem die Zugehörigkeit jedes Menschen zu Gott und seinem Reich unausweichlich offenbar werden wird. Insofern könnte er auch mit guten Gründen wegen seiner eschatologischen Verwurzelung und seiner guten Bezeugung als echtes Jesus-Wort anzusehen sein, zumal direkte frühjüdische Parallelen und christologische Bezüge fehlen (so auch LÜDEMANN, Jesus 2000, 296.787 u. die obg. deutschen Forscher; a.M. BJORNDAHL, s.o., der jedoch die EvThom-Fassung für echt hält; dagegen CROSSAN, Historischer Jesus, 573 sowie FUNK u. JS., s.o., 507).

2. Der 2. Teil des Log 61 (S.2-5) stellt sich als eine apophthegmatische Erzählung dar, die ein Ich-Wort Jesu enthält und der eine weitere weisheitliche Belehrung angehängt ist (vgl. BULTMANN, Tradition, 8ff.161f). Wir hören von einem Dialog Jesu mit Salome, die aus Mk 15,40; 16,1 (ohne Par) bekannt ist und auch im Geheimen Mk-Fragment sowie im EvÄg 1f genannt wird, in letzterem im Zusammenhang mit dem Wort Jesu über die Verheißung, dass „die zwei zu einem werden" sollen (s. SCHNEEMELCHER, NtApokr, I, 174ff). Sie fragt nach der Herkunft dessen, der sich in ihrer Tischgemeinschaft befand, und spielt darauf an, dass er „wie aus dem Einen" (also von Gott und seinem Reich) sei. Jesus antwortet: „Ich bin (ⲁⲛⲟⲕ ⲡⲉ / ἐγώ εἰμι) der, der aus dem Gleichen (ⲉⲃⲟⲗ ϨⲘ ⲛⲉⲧϢⲎϢ) stammt. Mir ist gegeben worden (ⲁⲩϮ ⲛⲁⲉⲓ) von dem, was meines Vaters (ⲉⲃⲟⲗ Ϩⲛ ⲛⲁ ⲡⲁⲉⲓⲱⲧ) ist". Mit dieser Präsentationsformel (BULTMANN, Johannes, 167) bezeichnet Jesus seine Herkunft aus der Welt Gottes als seines „Vaters" und sich selbst damit als „Sohn". Gott ist der „Eine", der „Gleiche" und „Ungeteilte", der „Ganzheitliche" und „Vollkommene". Sein Reich ist das der „Einheit" und „Gleichheit", wie auch besonders aus den vielen Worten des EvThom über die „Einheit" hervorgeht, von der die „Gleichheit" nach frühjüdischem Verständnis eine besondere Facette ist. Der Terminus „Gleichheit" wird hier wohl absichtlich im Zusammenhang der Frage einer (zeitgenössisch unterprivilegierten) Frau an Jesus gebraucht, weil auch Gott in sich gleich ist und Gleichheit unter den Menschen erwartet.

Neben der Präsentation als „Sohn" nimmt Jesus auch die dazugehörige Vollmacht in Anspruch, diese ist ihm aus der Machtfülle seines Vaters gegeben worden. Diese Formulierung erinnert an das Übergabewort in Mt 11,27 Par Lk 10,22, das bereits in Q im Kontext der sog. Offenbarungsrede Jesu Mt 11,25-27 Par Lk 10,21f steht (ähnl. auch Joh 3,35; 5,19.20; 6,37-39 u.ö.). Es ist eingerahmt von dem Dankgebet für die Offenbarung (der eschatologischen Geschichte des Kommens der Basileia) an die Unmündigen durch den Vater (V. 25.26) und dem Heilandsruf an die Mühseligen und Beladenen (V. 28f). Es lautet: „Alles ist mir von meinem Vater übergeben worden (πάντα μοι παρεδόθη ὑπὸ τοῦ πατρός μου) (sowohl bei Mt als auch Lk), und niemand erkennt den Sohn als nur der Vater, und den Vater erkennt niemand als nur der Sohn und wem es der Sohn offenbaren will" (Mt; Lk: „kennt" statt „erkennt"). Es meint ebenfalls die von Jesus in Anspruch genommene Macht und Herrschaft des Menschensohns, der gleichzeitig der Sohn des Vaters ist (s. SCHULZ, Q, 222f m.w.N., unter Hinweis auf Dan 7,14; äthHen 46,3 u.a.). Dieses Wort hat durchaus eine enge Beziehung zu unserem Logion (so auch SCHRAGE, Verh, 128f). Das letztere kann jedoch nicht als abhängig davon oder auch umgekehrt jenes nicht als abhängig von Log 61 angesehen werden. Es handelt sich vielmehr um unabhängige Überlieferungen (s. SIEBER, Analysis, 134). Mt/Lk gehören, wie auch der gemeinsame Kontext zeigt, zur Q-Tradition (s. SCHULZ, Q, 213ff; POLAG, Fragmenta Q, 48f u.a.). EvThom hat in dem Zusammenhang von Log 61 eine eigene unabhängige Überlieferung, die nicht auf Besonderheiten von Mt/Lk zurückgreift (auch eine Beziehung oder gar Abhängigkeit von Lk 2,49 ist nicht anzunehmen, da diese Tradition speziell den Tempel betrifft).

Insgesamt handelt es sich insoweit um eine frühchristliche und nicht gnostische Überlieferung, und zwar judenchristlicher Prägung. Eine direkte Ableitung des 1.Teils vom historischen Jesus lässt sich angesichts der expliziten „Ich-bin"-Formulierung und besonders der singulären Ausdrucksweise von der „Gleichheit" (ἰσότης) des Vaters und der Herkunft Jesu daraus nicht nachweisen. Das darauf folgende Übergabewort könnte dagegen einen authentischen Kern haben, in Verbindung mit der genannten Q-Fassung. Zwar wird das Wort vielfach als orientalisch-hellenistisches Offenbarungswort bezeichnet, das auch wegen seines an Mt 28,18 erinnernden Allmachtsanspruchs nachösterlich sei, s. besonders DIBELIUS, Formgeschichte, 279ff; BULTMANN, Tradition, 172; THEISSEN - MERZ, Historischer Jesus, 481f; LÜDEMANN, Jesus 2000, 417f u.a. Jedoch hat schon J. JEREMIAS, Theologie, 63f gezeigt, dass das Q-Wort ausgesprochen semitisierenden Charakter hat sowohl hinsichtlich seines Vokabulars als auch seines Stils. Auch verweist das wechselseitige Erkennen auf die eschatologische Gottesbeziehung, in der Jesus steht, und befindet sich in at Weissagungstradition (Jer 31,34; s. auch Jes 52,6), vgl. GOPPELT, Theologie, 251ff. Es unterscheidet sich auch im Wortlaut deutlich von den joh Aussprüchen, die es jedoch weiterführen. Entscheidend ist, dass das absolute „Sohn" (im Gegensatz zum „Sohn Gottes") durchaus vom irdischen Jesus stammen kann. Es spricht in geheimnisvoll-verhüllter Weise von dem durch den Vater zu erhöhenden Sohn (s. auch Mk 13,32 Par Mt 24,36 und das Gleichnis von den bösen Weingärtnern Mk 12,1ff Par, auch in EvThom Log 65, wohl i. Anschl. a. Ps 2,7; 2Sam 7,14), während die explizite und ausdrückliche Inanspruchnahme dieser Würdestellung als nachösterlich anzusehen ist (s. auch STUHLMACHER, Bibl. Theologie, 74f; U. WILCKENS, Theologie des NT, I, 1, 2002, 116ff; auch bereits FLUSSER, Jesus, 91f; BLANK, Jesus, 84f; B.M.F. van IERSEL, „Der Sohn" in den synoptischen Jesus-Worten, 1964, 2.A., 182f). Zusätzlich ist vom EvThom her noch zu bemerken, dass hier nicht von der Allmacht und Exklusivität des Sohns gesprochen wird wie in Q („Alles ist mir von meinem Vater übergeben worden"), sondern nur, dass Jesus (etwas) „gegeben worden ist, was meines Vaters ist". Das könnte wegen der darin zum Ausdruck kommenden Zurückhaltung sogar älter als die Q-Fassung sein.

Auf die „Gleichheit" Gottes und Jesu, die auch Gleichheit und Gerechtigkeit unter den Menschen fordert, bezieht sich dann wieder das Schlusswort unseres Logienkomplexes (S.5). Auf Jesu Ansprache hin bezeichnet sich Salome als seine Jüngerin, ein zeitgenössisch ganz ungewöhnlicher und Anstoß erregender Vorgang, da Salome damit die Gleichbehandlung mit den männlichen Jüngern entgegen aller Sitte für sich in Anspruch nimmt (s. J.J. BUCKLEY, Female Fault and Fulfilment in Gnosticism, 1986, 99ff, die daraus auch entsprechende Folgerungen für die Jünger-Gemeinde zieht). Jesus nimmt sie jedoch als Jüngerin an und fordert diese „Gleichmacherei" geradezu, indem er sie zusätzlich mit einer Verheißung verbindet: „Wenn einer gleich ist, wird er sich mit Licht füllen", zugleich mit der Warnung, dass derjenige sich mit „Finsternis" fülle, der dies ablehne (vgl. auch VALANTASIS, GosThom, 139). Diese Aussage entspricht Log 24, wonach ein Mensch zum „Lichtmenschen" werden kann und er auch sein „Licht" der „Welt" mitteilen, es weitergeben und diese Botschaft verkünden kann (s. ZÖCKLER, EvThom, 243).

Auch diese Aussage befindet sich nach dem Vorgenannten durchaus noch im Rahmen urchristlicher Predigt, wenn auch ein Erweis für die Zugehörigkeit zur jesuanischen Verkündigung mangels näherer und wörtlicher Analogien nicht möglich ist (s. auch FUNK u. JS., Five Gospels, 507; CROSSAN, Historischer Jesus, 579). Die Vorstellungen in Joh 5,18.19ff u. Phil 2,6 zeigen den frühchristlichen Kontext. Somit kann die Behauptung gnostischer Provenienz (wie sie MÉNARD, EvThom 162, mit Hinweis auf späte Verweise in EvVer 25,8 und Irenäus Adv Haer I, 2,6; 14,5 über valentinianische Vorstellungen annimmt, ferner LÜDEMANN, s.o., 787, u.a.) nicht überzeugen, da diese späteren Zeugen nur als Ausläufer und Nachfahren der frühchristlichen Predigt über die Gleichheit und das Einssein, vgl. dazu Log 22 u.ä. angesehen werden können.

LOG 62

1. JESUS SPRICHT: ICH SAGE MEINE GEHEIMNISSE DENEN, DIE MEINER GEHEIMNISSE WÜRDIG SIND.
2. WAS DEINE RECHTE TUN WIRD, DEINE LINKE SOLL NICHT WISSEN, WAS SIE TUT.

Ein Stichwortzusammenhang zum vorhergehenden Spruch oder dem davor ist nicht vorhanden. Allenfalls besteht eine ganz entfernte inhaltliche Beziehung, da die Selbstprädikation Jesu als „Sohn" Gottes zum Kern des Geheimnisses des Reichs Gottes gehört. Eine solche Beziehung liegt jedoch besonders zu den folgenden Log 63, 64 und 65 vor; denn diese enthalten sämtlich Parabeln, die Aussagen zum Geheimnis der Basileia machen. Insofern muss hier auch wiederum eine besondere Zäsur des EvThom angenommen werden, wonach eine Logiensammlung mit Log 61 endet, das sich als späterer, theologisch vertiefender Einschub darstellt. Mit Log 62 beginnt dann wiederum eine weitere Sammlung mit einer neuen Reihe von Logien, die die Geheimnisse und Anstöße der Gottesherrschaft thematisieren.

Eine Verbindung zur Gnosis und ihren Mysterien, die nur den „Würdigen" offenbart werden, wird von MÉNARD, EvThom, 163 gezogen, durch Bezugnahme auf Stellen im EvVer 43,21 und den LibGrad 376,20-22. SCHRAGE, Verh, 130f verweist auf die PS 83,12ff, wonach die „aus dem Ort der Rechten" gekommene Wahrheit „zum Ort derer von der Linken", nämlich in die Materie der Barbelo gegangen sei und ihnen „die Mysterien des wahren Ortes" gepredigt habe. Jedoch ist das EvThom nach seinem gesamten Inhalt solchen Spekulationen über gnostische Mysterien und die „Örter" der „Rechten" und der „Linken" noch sehr fern. Auch was das vorliegende Logion angeht, liegt eine Herleitung aus der Vorstellungswelt des frühen Christentums näher.

1. Insofern muss in erster Linie auf Mk 4,11 Par Mt 13,11.13 und Lk 8,10 Bezug genommen werden. Das Mk-Logion ist vom Evangelisten sekundär in einen älteren Zusammenhang verschiedener Gleichnisreden Jesu eingefügt worden, um seine besondere Auffassung vom Messiasgeheimnis Jesu zu verdeutlichen. Es lautet: „Euch (den Jüngern) ist das Geheimnis (μυστήριον) des Reichs Gottes gegeben (δέδοται), jenen aber, die draußen sind, wird alles in Gleichnissen (παραβολαῖς) zuteil" (γίνεται, nach anderer Lesart: „gesagt", λεγεται), worauf ein Zitat aus Jes 6,9.10 folgt: „auf dass sie mit Augen sehen und nicht erkennen und mit Ohren hören und nicht verstehen, damit sie nicht etwa umkehren und ihnen vergeben werde". Die Par in Mt und Lk sprechen von „Geheimnissen" im Plural (μυστήρια), und zwar in Lk 8,10: „Euch ist es gegeben, die Geheimnisse des Reichs Gottes zu erkennen, den

übrigen aber in Gleichnissen, ..." und in Mt 13,11.13: „Weil es euch gegeben ist, die Geheimnisse des Reichs der Himmel zu erkennen, jenen aber ist es nicht gegeben ... Deshalb rede ich in Gleichnissen zu ihnen, ...". Es handelt sich bei den Par in Mt und Lk nicht um Übernahmen aus Q, sondern wahrscheinlich aus Mk selbst; sie sind auch aus dem von Mk übernommenen Zusammenhang der Gleichnisrede eingefügt. Dabei könnte allerdings eine ältere Mk-Fassung bei ihnen durchscheinen und die auf uns überkommene (jüngere) Mk-Version vom „Geheimnis des Reichs Gottes" (im Singular) durch das sog. Geheime Mk-Fragment beeinflusst sein, nach dem Jesus den „geliebten Jünger" das „Geheimnis des Reichs Gottes" lehrte (H. MERKEL in SCHNEEMELCHER, NtApokr, I, 92; KÖSTER, Q and its Relatives, 53). Die ältere Mk-Fassung könnte auch von „Geheimnissen des Reichs Gottes" (im Plural) gesprochen haben, die den Jüngern gegeben werden, während den Außenstehenden alles in „Rätselreden" (παραβολή, zurückzuführen auf ein aram. *matla*) gesagt wird. Insofern könnte der Mk-Version, die dieser redaktionell seiner Theorie vom Messiasgeheimnis und der Verstockung der Zeitgenossen nutzbar gemacht hat, durchaus eine ursprüngliche Fassung zugrundeliegen, und sie muss nicht insgesamt als sekundär bezeichnet werden (so auch J. JEREMIAS, Gleichnisse, 10.11 u. Theologie, 121f; Goppelt, Theologie, 222f; a.M. BORNKAMM, Jesus, 64.183 u.a.). Diesen Gedanken der Verstockung der „Juden" nimmt das JohEv später auf, in Joh 9,39 und 12,37f. Die Verheißung, dass das „Geheimnis" zuletzt offenbar werden wird, drücken die Stellen in Mk 4,22 Par, s. auch Lk 12,2 und EvThom Log 5 und 6b aus (davon war bereits unter diesen Log die Rede).

Was das Verhältnis von Log 62 S.1 zu den bezeichneten Traditionen betrifft, so kann von Unabhängigkeit der unserem Logion zugrunde liegenden Überlieferung ausgegangen werden. Das wird auch von SCHRAGE, Verh, 130 nicht näher bestritten. Es folgt auch aus dem ganz anders gearteten Wortlaut und aus dem Fehlen von redaktionellen Elementen der Synoptiker bei Log 62.

Eine andere schwierigere Frage ist, ob das Logion auf die Verkündigung Jesu zurückzuführen ist bzw. ggf. welche Version dieser nahe steht. Jedenfalls wird man nach dem Vorstehenden davon ausgehen können, dass Mk sein Logion vom „Geheimnis des Reichs Gottes" aus älterer Tradition entnommen hat (so auch J. JEREMIAS, Theologie, 121f; GOPPELT, Theologie, 222f). Als dies Geheimnis muss man wohl die ansatzweise und zeichenhafte Gegenwart der Gottesherrschaft in der Person Jesu und auch seiner Jünger und -innen ansehen. Dies wird in den von Jesus erzählten Reich-Gottes-Gleichnissen deutlich, aber auch durch die Verkündigung Jesu über die Gegenwart des Reichs Gottes, die stichwortmäßig eng mit der Predigt vom „Geheimnis der

Gottesherrschaft" verbunden ist (s. Mt 13,16f Par [Q], Lk 11,20 Par [Q], Mk 2,19 Par; Lk 17,21 Par EvThom 3,51,113; Lk 4,16ff usw.). Auch in Jesu Wirken findet sich nach den ältesten Schichten die Verhüllung seiner Selbsteinschätzung als „Menschensohn" und „Sohn" (Gottes) (s. i.e. noch später). Das Logion aus Mk 4,11 könnte daher (wohl mit den „Geheimnissen" im Pl. und ohne den Finalsatz in V.12 betr. die „Verstockungstheorie") authentisch sein.

Log 62 S.1 begegnet insofern freilich Bedenken, weil es auf die Person Jesu bezogen von „meinen Geheimnissen" spricht und außerdem die Äußerung der Geheimnisse an die Voraussetzung der „Würdigkeit" (ⲙ̄ⲡϣⲁ) knüpft. Jedoch kann es sich hier durchaus um eine komplementäre Fassung gegenüber derjenigen von den „Geheimnissen des Reichs Gottes" handeln (s. dazu auch eine ältere Überlieferung in den PsClem Hom XIX, 20: „Mein Geheimnis gehört mir und meinen Jüngern", ferner auch Clemens Alex. Misc 5.10.63.7). Auch begegnet das Erfordernis der „Würdigkeit" indirekt noch in der Unterscheidung zwischen den Jüngern und den „Außenstehenden" in der Mk-Tradition. Ich denke daher, dass auch Log 62 S.1 zumindest der originalen Jesus-Verkündigung nicht fern steht (s. dazu ZÖCKLER, EvThom, 109f; ablehnend dagegen CROSSAN, Historischer Jesus, 573; LÜDEMANN, Jesus 2000, 44.48.787; zurückhaltend auch FUNK u. JS., Five Gospels, 507f).

2. Log 62 S.2 steht der Überlieferung in Mt 6,3.4 nahe, die aus der mt Bergpredigt stammt und dort in den Kontext des Almosengebens, der Sozialtätigkeit gestellt ist. Sie lautet: „Wenn du aber Almosen gibst, soll deine Linke (ἀριστερά; gemeint ist die linke Hand) nicht wissen (γνώτω), was deine Rechte (δεξιά) tut, damit dein Almosen im Verborgenen (ἐν τῷ κρυπτῷ) sei ...".

Bei der Verhältnisbestimmung zwischen Log 62 S.2 und Mt 6,3 fällt auf, dass die Mt-Par völlig von dem Zusammenhang des Almosengebens geprägt ist, und zwar schon in der Formulierung, sowohl am Anfang wie am Ende. Sie ist auch von umgekehrter Reihenfolge wie im EvThom. Sie hat den Sinn, beim Almosengeben nicht berechnend vorzugehen und sein Ego ins Spiel zu bringen. Ganz anders die Bedeutung des Rätselworts bei EvThom: Es hat den Sinn, das Geheimnis aus S.1 noch besonders zu betonen, etwa dergestalt, dass selbst die ausführenden Hände es nicht kennen. Dabei fällt auf, dass im EvThom lediglich die Rahmung des Logions seinen Sinn erschließen soll, dagegen ist das Logion selbst nicht (wie bei Mt) redaktionell verändert. Man wird daher davon auszugehen haben, dass Log 62 S.2 den ursprünglicheren Wortlaut erhalten hat (s. auch PATTERSON, GosThom, 47; desgl. für Selbstständigkeit SIEBER, Analysis, 53f). Eine Abhängigkeit des EvThom von Mt wird auch nicht einmal von SCHRAGE, Verh, 130 angenommen.

Dass das Wort in Log 62 S.2 von Jesus stammt, könnte insofern Zweifeln begegnen, als es sicher eine „populäre Maxime" (PATTERSON) ist, die weit verbreitet war. Es ist aber durchaus möglich, dass Jesus sie benutzt hat, wobei allerdings der Kontext nicht sicher ist. Der Gebrauch des Logions durch Jesus dürfte durch die inzwischen doppelte unabhängige Bezeugung durch Mt und EvThom wahrscheinlich sein (s. FUNK u. JS., Five Gospels, 508; zweifelnd wiederum LÜDEMANN, Jesus 2000, 787, aber auch CROSSAN, Historischer Jesus, 573).

LOG 63

1. JESUS SPRICHT: ES WAR EIN REICHER MENSCH, DER VIELE GÜTER HATTE. 2. ER SPRACH: ICH WERDE MEINE GÜTER GEBRAUCHEN, DASS ICH SÄE UND ERNTE, PFLANZE UND MEINE SCHEUNEN MIT FRUCHT FÜLLE, DAMIT ICH NICHT AN ETWAS MANGEL HABE. 3. DIES WAR ES, WAS ER IN SEINEM HERZEN DACHTE. UND IN JENER NACHT STARB ER.
4. WER OHREN HAT, SOLL HÖREN.

Eine unmittelbare Stichwortverbindung zum vorhergehenden Log 62 ist nicht zu konstatieren, aber eine inhaltliche Beziehung, insofern als Log 62 mit seiner Betonung des „Geheimnisses" eine Art Überschrift zu den folgenden drei Gleichnissen Log 63, 64 und 65 ist (so auch M. CARREZ, Festschr. F. Neyrinck, 1992, 2271). Danach hat das EvThom eine „Geheimnistheorie" ähnlich wie das Mk-Ev (vgl. Mk 4,11). Auch sind vielleicht entfernt noch die Stichworte „füllen" und „sterben" in Beziehung zu Log 61 verstanden worden.
Eine gnostische Deutung oder gar Herleitung des Logions gelingt nur mit Schwierigkeiten. SCHRAGE, Verh, 132 erwägt, dem Gleichnis einen „positiven Sinn" abzugewinnen und das große Vermögen des reichen Mannes als sein „göttliches Selbst, sein Pneuma" zu deuten (in Analogie zu Log 29), dem widerspricht aber eindeutig das bittere Ende des Mannes. Richtiger liegt insofern schon FIEGER, EvThom, 183, als er in dem Gleichnis eine „negative Beispielerzählung" sieht, die den Reichtum als „Weltverhaftung" kritisiert. Dies ist jedoch nicht nur eine gnostische Vorstellung, sondern entspricht völlig der urchristlichen und sogar jesuanischen Auffassung. Die entscheidende Parallele ist hier Lk 12,16-20, das sog. Gleichnis vom reichen Kornbauern. Dies ist eingerahmt einerseits durch eine Warnung vor „Habsucht" (V.15), die auf die Aufforderung eines Erben zur Erbauseinandersetzung an Jesus folgt (V.13-14), und andererseits durch eine Sentenz über das Schicksal dessen, der „für sich Schätze sammelt" und „nicht reich vor Gott ist"

(V.21); diese leitet wiederum über zu den Logien Jesu über das „Sorgen" (V.22ff). Das Gleichnis ist an das Volk gerichtet und lautet: „Das Land eines reichen Mannes (ἀνθρώπου ... πλουσίου) hatte gut getragen. Und er dachte (διελογίζετο) bei sich selbst: Was soll ich tun, da ich keinen Raum habe, wohin ich meine Früchte (καρπούς) sammeln kann? Und er sagte: Das will ich tun: Ich will meine Scheunen (ἀποθήκας) abbrechen und größere bauen und dorthin all mein Getreide und meine Güter (πάντα τὸν σῖτον καὶ τὰ ἀγαθά μου) sammeln und will zu meiner Seele (ψυχῇ) sagen: Seele, du hast viele Güter (πολλὰ ἀγαθὰ) auf viele Jahre daliegen; ruhe aus, iss, trink, sei fröhlich! Aber Gott sprach zu ihm: Du Tor! In dieser Nacht fordert man deine Seele von dir; was du aber bereit gelegt hast, wem wird es zufallen?".

Fraglich ist nun, in welcher Beziehung Log 63 zu dem lk Gleichnis vom törichten Reichen steht. FIEGER, EvThom, 183 hält das Logion für „eine freie Nacherzählung" von Lk 12,16ff. Auch LINDEMANN, ZNW 71, 228f nimmt Abhängigkeit des Logions an. Jedoch spricht nichts dagegen, dass die von ihm angesprochene „Szenerie" mit ihren Details auf Tradition beruht. Besondere lk redaktionelle Elemente sind bei EvThom auch nicht feststellbar (so schon SIEBER, Analysis, 216f und jetzt S. PETERSEN, Parabeln, 186f). Weder findet sich bei ihm die lk Anbindung an die Aufforderung zur Erbteilung mit der Warnung vor „Habsucht" (diese Geschichte ist vielmehr in Log 72 angesiedelt). Noch ist bei EvThom die abschließende Sentenz über den Reichtum „vor Gott" und die Verbindung mit dem Spruch über das „Sorgen" vorhanden; dieser ist in völlig anderer Fassung dagegen in Log 36 aufzufinden. Bei Kenntnis des Lk hätte es sicher nahegelegen, alle drei Logien im EvThom zusammen zu bringen und nicht auseinander zu reißen. Aber auch vom Inhalt her ist eher die Version des Lk redaktionell angereichert als die des EvThom (so auch PATTERSON, GosThom, 47f). So finden sich bei Lk mehrfach typische sekundäre Ausschmückungen, z.B. dass der Reiche zu seiner Seele sagt: Seele, du hast viele Güter auf viele Jahre daliegen, usf., oder Gott zu ihm spricht: „Du Tor! In dieser Nacht fordert man deine Seele von dir" usf. Auch das Verhalten des Landwirts dürfte bei Lk redaktionell bearbeitet sein, um seine Raffgier zu demonstrieren: Er hat schon Vorratskammern (ἀποθήκας), und will sie abreißen und neue, größere bauen, um all seine Güter zu sammeln. Dagegen setzt der Landwirt bei EvThom bloß sein Vermögen (ⲛ̅ⲭⲣⲏⲙⲁ / χρέματα) ein, um zu säen und zu ernten, zu pflanzen und seine Scheunen (hier ⲉⲍⲱⲣ = Schatzkammern) mit Frucht zu füllen, damit er keinen Mangel leide. Zwei grundsätzlich verschiedene Wirtschaftsarten aus verschiedenen Kulturen wird man hier jedoch nicht sehen können, in beiden Fällen wird jedenfalls auch wirtschaftliche Autarkie erstrebt (dagegen MONTEFIORE, Comparison, 232).

Insgesamt ist daher EvThom nicht von der lk Version abhängig, sondern enthält ältere Tradition (so auch U.-K. PLISCH, Verborgene Worte Jesu - verworfene Evangelien, 2000, 111). Eher zeigt Lk Züge jüngerer redaktioneller Bearbeitung. Log 63 ist nur durch die redaktionelle Hinzufügung des Weckrufs: „Wer Ohren hat, soll hören" gekennzeichnet (s. die Par in EvThom Log 8,21,24,65,96, s. näher unter Log 8); dieser soll den warnenden Charakter des Gleichnisses unterstreichen.
Damit ist auch bereits die Frage nach der Authentizität unserer Beispielerzählung gestellt. Für die Zugehörigkeit zur Verkündigung des historischen Jesus spricht ihre nunmehr gute Bezeugung in zwei unabhängigen Quellen, aber auch die Verwandtschaft der Erzählung zur sonstigen Kritik Jesu an Reichtum und übermäßigem, den persönlichen und gesellschaftlichen Bedarf übersteigenden Privateigentum, s. z.B. Mt 6,24 Par Lk 16,13 (Q); Mk 10,17-27 Par; Lk 16,19-31; 1-8 usw. (so auch CROSSAN, Historischer Jesus, 573; FUNK u. JS., Five Gospels, 508f; a.M. LÜDEMANN, Jesus 2000, 436.788 mit Rücksicht auf frühjüdische Par wie Sir 11,17-19; die hierin enthaltene individuelle Eschatologie mag zwar die lk Interpretation treffen, aber nicht die dahinter anzunehmende jesuanische Eschatologie). Die hier vorliegende Haltung entspricht der sonstigen eschatologischen Predigt des Reichs Gottes durch Jesus. Wie J. JEREMIAS, Gleichnisse, 110f ausgeführt hat, hat Jesus mit seinem Gleichnis nicht nur die alte Weisheit vom plötzlich eintretenden Sterben des Einzelnen vor Augen führen wollen, sondern mehr noch die mit dem Kommen der Gottesherrschaft einhergehende radikale Veränderung aller Verhältnisse und das endzeitliche Gericht (so auch BARTSCH, Jesus, 109; J. BECKER, Jesus, 65f; GOPPELT, Theologie, 131). Angesichts dieser Umstände will das Gleichnis die letztliche Nutzlosigkeit aller Sicherung durch übermäßiges privates Eigentum, Vermögen und finanzielle Planung dartun (s. dazu ergänzend auch Jak 1,10;2,6f;5,1f). Von den beiden Fassungen der Parabel erscheint, wie bereits gezeigt, die des EvThom älter und ursprünglicher als die des Lk. Abgesehen von der Weckformel am Schluß sind wesentliche sekundäre Veränderungen hier nicht ersichtlich, so dass sie gegenüber der lk Version als echtere vorzuziehen ist (s. auch PATTERSON, GosThom, 47f; a.M. dagegen Forscher wie MONTEFIORE, s.o., 232, die eine Weiterentwicklung der Wirtschaftsweise bei EvThom annehmen).

LOG 64

1. JESUS SPRICHT: EIN MENSCH HATTE GÄSTE. UND ALS ER DAS MAHL BEREITET HATTE, SCHICKTE ER SEINEN KNECHT, DAMIT ER DIE GÄSTE EINLADE. 2. ER KAM ZU DEM ERSTEN UND

SPRACH ZU IHM: MEIN HERR LÄDT DICH EIN. 3. ER SPRACH: ICH HABE GELDFORDERUNGEN GEGENÜBER KAUFLEUTEN. SIE WERDEN AM ABEND ZU MIR KOMMEN. ICH WERDE GEHEN UND IHNEN ANWEISUNGEN GEBEN. ICH ENTSCHULDIGE MICH FÜR DAS MAHL. 4. ER KAM ZU EINEM ANDEREN UND SPRACH ZU IHM: MEIN HERR HAT DICH EINGELADEN. 5. ER SPRACH ZU IHM: ICH HABE EIN HAUS GEKAUFT, UND MAN BITTET MICH FÜR EINEN TAG. ICH WERDE KEINE ZEIT HABEN. 6. ER GING ZU EINEM ANDEREN UND SPRACH ZU IHM: MEIN HERR LÄDT DICH EIN. 7. ER SPRACH ZU IHM: MEIN FREUND WIRD HEIRATEN, UND ICH BIN ES, DER DAS MAHL BEREITEN WIRD. ICH WERDE NICHT KOMMEN KÖNNEN. ICH ENTSCHULDIGE MICH FÜR DAS MAHL. 8. ER KAM ZU EINEM ANDEREN UND SPRACH ZU IHM: MEIN HERR LÄDT DICH EIN. 9. ER SPRACH ZU IHM: ICH HABE EIN DORF GEKAUFT. DA ICH GEHE, DIE ABGABEN EINZUNEHMEN, WERDE ICH NICHT KOMMEN KÖNNEN. ICH ENTSCHULDIGE MICH. 10. DER KNECHT GING UND SAGTE SEINEM HERRN: DIE, DIE DU ZUM MAHL EINGELADEN HAST, HABEN SICH ENTSCHULDIGT. 11. DER HERR SPRACH ZU SEINEM KNECHT: GEH HINAUS AUF DIE WEGE. DIE, DIE DU FINDEN WIRST, BRINGE MIT, DAMIT SIE MAHL HALTEN. 12. DIE KÄUFER UND DIE HÄNDLER WERDEN NICHT EINGEHEN ZU DEN ORTEN MEINES VATERS.

Log 64 ist stichwortmäßig durch das Substantiv „Mensch" (bzw. „Mann") mit dem vorhergehenden Log 63 verbunden. Im übrigen hängen Log 63, 64 und 65 als Gleichnisse zusammen, die außerdem sämtlich die Nichtannahme der Heilsbotschaft durch die Menschen thematisieren.
Traditionsgeschichtlich ist Log 64 als eine weitere Variante zum Gleichnis vom großen Abendmahl anzusehen. Das räumt auch SCHRAGE, Verh, 133f ein, der auch eine nähere gnostische Ableitung nicht versucht. Das Gleichnis findet sich in Mt 22,1-14 und Lk 14,15-24 und wird mehrheitlich auf die Spruchquelle Q zurückgeführt.
Bei Lk steht die Parabel im größeren Rahmen des Zuges Jesu nach Jerusalem und folgt als Beispielerzählung auf seine Aufforderung, bei einem Gastmahl „Arme, Krüppel, Lahme und Blinde" einzuladen (14,12f). Nach einer Seligpreisung dessen, der „das Brot im Reich Gottes isst", sagt Jesus zu einem „Tischgenossen": „Ein Mann (ἄνθρωπός τις) veranstaltete ein großes Gastmahl (δεῖπνον μέγα) und lud viele ein. Und zur Stunde des Gastmahls sandte er (ἀπέστειλεν) seinen Knecht, den Eingeladenen (κεκλημένοις) zu sagen: Kommt, denn es ist nun bereit! Und alle fingen gleichermaßen an, sich zu entschuldigen (παραιτεῖσθαι). Der erste sagte zu ihm: Ich habe einen Acker gekauft (ἀγρὸν ἠγόρασα)

und muss notwendig hinausgehen und ihn besichtigen; ich bitte dich, sieh mich als entschuldigt an! Und ein anderer sagte: Ich habe fünf Joch Ochsen gekauft (ζεύγη βοῶν ἠγόρασα πέντε) und gehe hin, um sie zu prüfen; ich bitte dich, sieh mich als entschuldigt an. Noch ein anderer sagte: Ich habe eine Frau genommen (γυναῖκα ἔγημα) und kann deshalb nicht kommen. Und der Knecht kam und berichtete das seinem Herrn. Da wurde der Hausherr zornig und sagte zu seinem Knecht: Geh schnell hinaus auf die Straßen und Gassen der Stadt (πλατείας καὶ ῥύμας τῆς πόλεως) und führe die Armen und Krüppel und Blinden und Lahmen hier herein. Und der Knecht sagte: Herr, es ist geschehen, wie du befohlen hast, und es ist noch Raum vorhanden. Da sagte der Herr zu dem Knecht: Gehe hinaus auf die Landstraßen und an die Zäune (ὁδοὺς καὶ φραγμοὺς) und nötige sie, hereinzukommen, damit mein Haus voll werde! Denn ich sage euch: Keiner jener Männer, die eingeladen waren, wird mein Gastmahl zu kosten bekommen".

Die Fassung bei Mt wirkt dagegen geradezu verwildert. Sie wird von Jesus in Jerusalem erzählt, nach dem Gleichnis von den bösen Weingärtnern und vor der Szene wegen der Kaisersteuer, in einer Phase äußerster Auseinandersetzungen mit den Anführern Israels. Sie lautet: „Das Reich der Himmel ist gleich einem König (ἀνθρώπῳ βασιλεῖ), der seinem Sohn die Hochzeitsfeier (γάμους) ausrichtete. Und er sandte (ἀπέστειλεν) seine Knechte aus, um die Geladenen (κεκλημένους) zur Hochzeit zu rufen, und sie wollten nicht kommen. Wiederum sandte er andere Knechte aus und sprach: Sagt den Geladenen: Siehe, ich habe meine Mahlzeit bereitet, meine Ochsen und das Mastvieh sind geschlachtet, und alles ist bereit; kommt zur Hochzeit! Sie jedoch achteten nicht darauf, sondern gingen hinweg, der eine auf seinen Acker (ἀγρόν), der andere an sein Geschäft (ἐμπορίαν), die übrigen aber ergriffen seine Knechte, mißhandelten sie und töteten sie. Da wurde der König zornig und sandte seine Heere aus, ließ jene Mörder umbringen und ihre Stadt anzünden. Dann sagte er zu seinen Knechten: Die Hochzeit ist zwar bereit, aber die Geladenen waren unwürdig. Darum geht an die Kreuzungen der Straßen (διεξόδους τῶν ὁδῶν) und ladet zur Hochzeit ein, so viele ihr findet! Und jene Knechte gingen hinaus auf die Straßen und brachten alle zusammen, die sie fanden, Böse und Gute, und der Hochzeitssaal wurde voll von Gästen". Unmittelbar verbunden ist dann damit das weitere Gleichnis vom Gast ohne Hochzeitskleid und der Spruch über Berufung und Auserwählung (22,11ff.14).

Bei näherer Untersuchung der beiden Gleichnis-Versionen, besonders auch zur Prüfung eines ihnen vorausliegenden Q-Wortlauts, fällt auf und ist seit langem erkannt, dass die mt Fassung, aber in geringerem Umfang auch die lk Fassung allegorisch erweitert und umgestaltet sind. Bei Mt ist aus dem „Mann" („Menschen", s. Lk 14,16) ein „König", aus dem

„Mahl" eine „Hochzeitsfeier" für den „Sohn" des Königs und aus dem einen Knecht eine Mehrzahl von Knechten geworden, von denen die erste Gruppe die Einladung überbringt und die zweite Gruppe zum fertigen Mahl ruft. Nach Misshandlung und sogar Tötung der Knechte wird der Rahmen der Erzählung völlig gesprengt, und es kommt zu einer Vergeltungsaktion des Königs, bei der er die Mörder töten und ihre Stadt verbrennen läßt (Mt 22,6.7). Offensichtlich wird auf die Zerstörung Jerusalems im Jahre 70 angespielt und das ganze Programm der Heilsgeschichte allegorisch dargestellt: Gott als „König", der seine Sklaven, die Propheten und Weisen des Alten Bundes sowie die Apostel und Missionare des Neuen Bundes aussendet, die Oberen, Reichen und Frommen Israels, die diese abweisen oder mißhandeln und töten, die darauf folgende Missionierung der „Heiden" und die Androhung der Todesstrafe und Zerstörung Jerusalems. Mt gestaltet damit eine dem vorangehenden Gleichnis von den bösen Weingärtnern analoge Allegorisierung und schließt unsere Parabel vom großen Mahl, das in allen Varianten auf das von Jesus verkündigte Reich Gottes abzielt, mit einem Sondergut-Gleichnis vom Gast ohne Hochzeitskleid, das nach der Öffnung des Zugangs zur Gottesherrschaft vorsichtshalber nochmals eine drohende Warnung an Unwürdige ausspricht (zum Ganzen s. J. JEREMIAS, Gleichnisse, 44ff.117ff; im wesentlichen auch schon JÜLICHER, Gleichnisreden Jesu, II, 407ff; BULTMANN, Tradition, 189 u.a.).

Jedoch kommt auch Lk nicht ohne sekundäre Allegorisierungen geringeren Umfangs aus: Er unterscheidet zwei nachfolgende Einladungen auf die Ablehnung der ursprünglichen Einladung, diejenige an die sozialen Randgruppen (Lk 14,21) und diejenige an die Fremden, die „Heiden" (Lk 14,23). Ursprünglich wird lediglich eine Einladung gewesen sein, wie die Par Mt 22,9 (s. auch EvThom Log 64) ergibt; die Verdoppelung der Einladung zeigt das Interesse des Lk an der Heidenmission (s. auch hierzu J. JEREMIAS, Gleichnisse, 44ff; BULTMANN, Tradition, 189 u.a.).

Der wahrscheinliche Wortlaut von Q ergibt sich aus dem Vorstehenden und entspricht im wesentlichen der lk Fassung: Er enthält daher Lk 14,16b.17 wegen der Allegorese bei Mt. Es folgt Lk 14,18-21a.b., allerdings mit der Maßgabe, dass die Weigerungen vielleicht ursprünglich knapper waren und der Knecht (wie bei Mt) nur auf die „Straßenkreuzungen" gehen soll. Nach Weglassung der lk Allegorese endet das Stück mit Lk 14,23b: „und nötige sie hereinzukommen, damit mein Haus voll werde!"; 24 ist nur lk und entfällt ebenfalls (vgl. SCHULZ, Q, 391ff; POLAG, Fragmenta Q, 70f; ROBINSON pp, CEQ, 432ff u.a.; zur Q-Zugehörigkeit von Lk 14,18ff s. bes. F. HAHN,

Festschr. G. Stählin, 1970, 55f u. W. SCHENK, Synopse zur Redenquelle der Evangelien, 1981, 107ff). Was das Verhältnis von Log 64 zu den synoptischen Fassungen der Parabel betrifft, so gehen SCHRAGE, Verh, 133f; GRANT - FREEDMAN, Geheime Worte, 158f und auch LINDEMANN, ZNW 71, 229f von einer Abhängigkeit des EvThom von den Synoptikern aus. SCHRAGE räumt allerdings ausdrücklich ein, dass sich ein „stringenter Beweis" nicht führen lasse. Im Gegenteil spricht auch alles dafür, dass die vorhandenen Gemeinsamkeiten der Versionen auf gemeinsamer Tradition beruhen. Von den spezifischen redaktionellen Bearbeitungen des Gleichnisses durch Mt, aber auch Lk finden sich bei EvThom keinerlei Anhaltspunkte. Log 64 ist vielmehr von allen diesen Veränderungen frei und zeigt allenfalls geringfügige eigene Bearbeitungen, wie eine vierte Einladung, statt der drei bei Lk, und ein ganz eigenständiges Schlusswort (so auch PATTERSON, GosThom, 77f; SIEBER, Analysis, 242f; S. PETERSEN, Parabeln, 194ff; desgl. schon J. JEREMIAS, Gleichnisse, 16.44ff.117f; LEIPOLDT, EvThom, 68; PERRIN, Was lehrte Jesus wirklich?, 124f; HORSLEY, Jesus, 180.197; s. ferner BOVON, Lk 2, 505f). Auch eine Abhängigkeit des EvThom von Q lässt sich nicht feststellen. Log 64 zeigt vielmehr eine eigenständige Darstellung, die durch ihren spezifischen Wortlaut, besonders die in direkter Rede gefassten Einladungen mit mehrfacher Wiederholung auf große Nähe zur mündlichen Überlieferung verweist (s. dazu auch BULTMANN, Tradition, 206f).
Die Parabel vom großen Mahl ist nach überwiegender Meinung auf die Verkündigung des historischen Jesus zurückzuführen. Es handelt sich bei ihr um die Rechtfertigung der Heilsbotschaft Jesu an die Armen, Unterdrückten und als „Sünder" Disqualifizierten. Jesus ruft seinen Kritikern zu: Weil ihr, die Herrschenden, Reichen und Frommen Israels das Reich Gottes nicht annehmen wollt, beruft Gott jetzt die am Rande und im Abseits Stehenden zu seinem Reich. Diese Predigt der Gottesherrschaft an die Armen und Unterprivilegierten sowie die dieser entsprechende Praxis der Mahlgemeinschaften Jesu steht in Differenz zum Hauptstrom des zeitgenössischen Judentums und wurde auch in der Kirche nicht durchgehalten. Diese Erwägung sowie die Kohärenz zur sonstigen Zuwendung Jesu an Randgruppen und Unterprivilegierte spricht entschieden für die Authentizität des Gleichnisses, das im übrigen jetzt auch durch die doppelte Bezeugung in Q und EvThom als gut belegt gelten muss (s. BORNKAMM, Jesus, 15f.75f; GOPPELT, Theologie, 187f; J. BECKER, Jesus, 205f; CROSSAN, Historischer Jesus, 351f.573 u.a.).
Von den verschiedenen Fassungen ist die EvThom-Fassung gegenüber denjenigen aus Mt oder Lk durchaus vorzuziehen (s. auch

MONTEFIORE, Comparison, 236; FUNK u. JS., Five Gospels, 471ff.509f; THEISSEN - MERZ, Historischer Jesus, 53; LÜDEMANN, Jesus 2000, 788.454f; a.M. SCHRÖTER, Christologie, 69f). Auch die lk Version zeigt in der Aufsplitterung auf zwei nachfolgende Einladungen, die metaphorisch die Randgruppen Israels sowie die nichtjüdischen Völker darstellen sollen, und wohl auch in dem Schlusssatz, dass „von den Eingeladenen keiner von meinem Mahl zu essen bekommen" werde (V. 21-24), sekundäre Züge. Log 64 könnte allenfalls bearbeitet sein in der Schlusszeile über die „Käufer" und „Händler". Dieser angehängte Spruch, der das Gericht über diejenigen, die die Einladung zur Gottesherrschaft ausschlagen, ausspricht, könnte ursprünglich selbstständig gewesen sein (zum Inhalt vergleiche etwa Mk 11,15ff; Joh 2,16) und statt der typischen EvThom-Formulierung von den „Orten meines Vaters" (ⲛⲧⲟⲡⲟⲥ ⲙⲡⲁⲓⲱⲧ, vgl. Log 4,24,60,68) den Ausdruck „Reich des Vaters" enthalten haben. Auch könnten statt der vier Einladungen lediglich sprichwörtliche drei, nämlich die zweite, dritte und vierte ursprünglich sein, die erste könnte mit Rücksicht auf den Nachsatz von den „Händlern" später eingefügt worden sein (dann muss auch das Bedenken entfallen, EvThom zeige wegen der ersten Einladung eher städtisches als ländliches Milieu).
Unter Berücksichtigung der vorgenannten Revisionen dürften die sich dann ergebenden Fassungen aus Q und EvThom als auf Jesus zurückzuführender Kernbestand angesehen werden können. Dabei könnte insgesamt die Form der Einladungen nebst Antworten sich eher aus der insofern einfacheren Q-Fassung ergeben. Dagegen würde das sonstige „Gerippe" und besonders auch der Schluss mit der Aufforderung, diejenigen „mitzubringen, die du finden wirst, damit sie Mahl halten", nämlich das große Mahl des endzeitlichen Reichs Gottes, aus dem EvThom herzuleiten sein (s. dazu auch die Par in Mt 22,9).

LOG 65

1.ER SPRACH: EIN (GÜTIGER) MENSCH BESASS EINEN WEINBERG. ER GAB IHN WINZERN, DAMIT SIE IHN BEARBEITETEN UND ER VON IHNEN SEINE FRUCHT ERHALTE. ER SCHICKTE SEINEN KNECHT, AUF DASS DIE WINZER IHM DIE FRUCHT DES WEINBERGS GÄBEN. 3. SIE PACKTEN SEINEN KNECHT, SIE SCHLUGEN IHN, UND FAST HÄTTEN SIE IHN GETÖTET. DER KNECHT GING ZURÜCK, UND ER SAGTE ES SEINEM HERRN. 4. SEIN HERR SPRACH: VIELLEICHT HABEN SIE IHN NICHT ERKANNT. 5. ER SCHICKTE EINEN ANDEREN KNECHT, UND DIE WINZER SCHLUGEN AUCH DEN ANDEREN. 6. DANN SCHICKTE

DER HERR SEINEN SOHN UND SPRACH: VIELLEICHT WERDEN SIE ACHTUNG VOR MEINEM SOHN HABEN. 7. JENE WINZER ABER, WEIL SIE WUSSTEN, DASS ER DER ERBE DES WEINBERGS IST, ERGRIFFEN IHN UND TÖTETEN IHN. 8. WER OHREN HAT, SOLL HÖREN.

Der stichwortmäßige Zusammenhang mit dem vorhergehenden Logion ist durch das Substantiv „Mensch (Mann)", ferner „Knecht" gegeben. Im übrigen gehört Log 65 zur Kette der Gleichnisse Log 63,64 und 65, die die Nichtannahme der Reich-Gottes-Botschaft zum Gegenstand haben. Sprachlich existieren zwei Probleme bei unserem Logion. Am Anfang besteht bzgl. des zu „Mensch" gehörenden Adjektivs eine Lücke, wonach es xpηctoc (gütig) oder xpηctec (wucherisch) heißen kann. Das letztere ist allerdings sowohl lexikalisch unwahrscheinlich, da es im Gegensatz zu xpηctoc (s. Log 90) im EvThom und den sonstigen Nag Hammadi-Schriften nicht vorkommt, als auch inhaltlich unpassend; denn der „gütige Mensch" steht in passendem Gegensatz zu den bösen Weingärtnern (s. S. PETERSEN, Parabeln, 203 gegen DEHANDSCHUTTER, La Parabole des vignerons homicides, 218). In S.4 muss eine Konjektur vorgenommen werden: мєϣακ· м̄π<ογ>· coγωn<ϥ> ("vielleicht haben sie ihn nicht erkannt") dürfte statt мєϣακ· м̄πєϥ ·coγωnoγ ("vielleicht hat er sie nicht erkannt") zu schreiben sein, weil sich sonst kein verständiger Sinn ergibt (s. BETHGE, Synopsis, 536; FIEGER, EvThom, 189 u.a.).

Da eine Ableitung des Gleichnisses von den bösen Winzern aus der Gnosis nicht möglich ist und auch eine gnostische Interpretation sich allenfalls an dem äußerlichen Gebrauch des Verbs „erkennen" (V.4 u. 7: cooγn̄) versuchen könnte, was aber auch ungeeignet ist (s. auch SCHRAGE, Verh, 144; MÉNARD, EvThom, 167), soll sogleich auf die synoptischen Parallelen des Logions eingegangen werden. Sie haben sämtlich ihre Grundlage in Mk 12,1-11, das zu den Streitgesprächen mit den Hohepriestern, Schriftgelehrten und Ältesten Israels gehört (m. Par in Mt 21,33-43 und Lk 20,9-18).

Mk 12,1ff stellt folgendes Gleichnis dar: „Ein Mensch (ἄνθρωπος) pflanzte einen Weinberg (ἀμπελῶνα) und zog einen Zaun darum und grub eine Kelter und baute einen Turm und verpachtete ihn an Weingärtner (γεωργοῖς) und zog außer Landes. Und als die Zeit da war, sandte er (ἀπέστειλεν) zu den Weingärtnern einen Knecht (δοῦλον), um bei den Weingärtnern von den Früchten (καρπῶν) des Weinberges (seinen Anteil) in Empfang zu nehmen (λάβῃ). Und sie ergriffen (λαβόντες) ihn, schlugen ihn und schickten ihn mit leeren Händen fort. Und er sandte wieder einen anderen Knecht zu ihnen, den schlugen sie auf den Kopf und misshandelten ihn. Und er sandte einen anderen, den töteten sie, und viele andere, die einen schlugen sie, die anderen töteten sie. Noch e i n e n hatte er, einen geliebten Sohn (υἱὸν ἀγαπητόν). Den sandte er zuletzt zu ihnen, indem er sagte: Sie werden sich vor meinem Sohn scheuen (ἐντραπήσονται). Jene Weingärtner aber sagten zu einander: Dies ist der Erbe (κληρονόμος); kommt, lasst uns ihn töten, so wird das Erbgut unser sein. Und sie ergriffen ihn, töteten ihn und warfen ihn zum Weinberg hinaus. Was wird der Herr des Weinbergs tun? Er wird kommen und die Weingärtner umbringen und den Weinberg anderen geben. Habt ihr denn auch gar nicht dieses Schriftwort (Ps 118,22.23) gelesen: Der Stein, den die Bauleute verworfen haben, der ist zum Eckstein geworden; durch den Herrn ist dieser es geworden, und er ist wunderbar in unsern Augen?"

Die Par in Mt 21,33-43 übernimmt wie oft den Text des Mk fast wörtlich, im wesentlichen mit folgenden Änderungen: Er setzt statt „Mensch" „Hausherr", lässt diesen gleich zu Anfang mehrere Knechte senden, diese werden nicht nur geschlagen und getötet, sondern auch gesteinigt. Er sendet dann andere Knechte, denen sie ebensolches antaten. Zuletzt sandte er seinen Sohn, und die Weingärtner ergriffen ihn und stießen ihn (zuerst) zum Weinberg hinaus und töteten ihn (dann). Auf die Frage Jesu, was der Herr des Weinbergs mit diesen Weingärtnern tun werde, sagen die Angesprochenen zu Jesus: „Er wird sie als Übeltäter übel umbringen und den Weinberg an andere Weingärtner verpachten, die ihm die Früchte zu ihrer Zeit abliefern werden". Nach dem Bildwort vom Eckstein sagt Jesus noch ausdrücklich (V. 43): „Das Reich Gottes wird von euch genommen und einem Volk gegeben werden, das dessen Früchte bringt".

Auch Lk (20,9-18) hat nach überwiegender Auffassung den mk Text weithin wörtlich übernommen, allerdings unter Verwendung einer Sonderüberlieferung (s. dazu SCHRAMM, Markus-Stoff, 151 Anm.2 u. 156ff). Dies folgt aus folgenden Änderungen: Lk beginnt auch damit, dass ein „Mensch" einen „Weinberg" „pflanzte", von „Zaun", „Kelter" und „Turm" ist jedoch keine Rede, er verpachtete ihn und zog „für lange Zeit" außer Landes. Lk lässt den Herrn auch zunächst nur „einen Knecht" senden, „damit sie ihm von der Frucht des Weinbergs (seinen Anteil) geben sollten (δώσουσιν αὐτῷ)". Nachdem die Weingärtner diesen geschlagen und mit leeren Händen fortgeschickt hatten, sandte er einen „anderen" Knecht, den sie zusätzlich „misshandelten". Darauf sandte er einen „dritten", den sie „verwundeten" und „hinausstießen". Da sprach der Herr des Weinbergs: „Was soll ich tun? Ich will meinen geliebten Sohn senden; vielleicht (ἴσως) werden sie sich vor diesem scheuen". Die Weingärtner beschlossen jedoch ebenfalls ihn zu töten. Und sie stießen ihn (zuerst) zum Weinberg hinaus und töteten ihn daraufhin. Auch Lk bringt dann die Drohung, dass der Herr des Weinbergs kommen werde und die Weingärtner umbringen und den Weinberg anderen geben werde.

Nach einem Intermezzo der Oberen mit den Worten: „Das sei ferne" folgt auch hier das Bildwort vom Eckstein (V.17), allerdings nur im 1.Teil (Ps 118,22), gefolgt von einem weiteren Wort über das Zerschellen an diesem Stein (Jes 8,14f; Dan 2,34.44).
Was das Gleichnis nach Log 65 betrifft, so wird von SCHRAGE, Verh, 139ff und ihm folgend FIEGER, EvThom, 192f behauptet, es liege eine unselbstständige „Mischform" aus Elementen aller drei Synoptiker, besonders aus Lk vor. Für sekundären Charakter des Gleichnisses plädieren auch MACARTHUR, ExpTim 71 (1959/60), 286f; SNODGRASS, NTS 21 (1974/5), 142ff; DEHANDSCHUTTER, BETL 34 (1974), 203ff und LINDEMANN, ZNW 71 (1980), 235f.
Zur Prüfung einer Abhängigkeit von Log 65 muss sorgfältig zwischen den Erzählelementen unterschieden werden, die wahrscheinlich ursprünglicher Tradition entstammen, und denjenigen, die typische Redaktion der Evangelisten darstellen. Nur bei Begegnung mit den letzteren kann literarische Ableitung nachvollziehbar behauptet werden. Eine solche Abhängigkeit liegt jedoch in keinem Fall vor.
Die Mk-Fassung des Gleichnisses weist, wie schon lange bekannt, in erheblichem Umfang sekundäre Elemente auf, die redaktionell, aber teilweise auch vor-redaktionell sind und dem Bedürfnis nach Allegorisierung entsprangen. So wird die Anlage des Weinbergs im Anschluss an das Lied vom Weinberg (Jes 5,1ff LXX) geschildert, besonders was die Errichtung des Zauns, der Kelter und des Turms betrifft. Dadurch wird verdeutlicht, dass im Gleichnis von Gott und den Herrschenden Israels die Rede ist. Dies entspricht auch der Mt-Par. Bei Mk werden drei Knechte ausgesandt, der erste wird geschlagen, der zweite misshandelt und der dritte getötet. Zusätzlich wird bei Mt wie allgemein bei ihm von einer Vielzahl von Knechten gesprochen, in denen offenbar die zu Israel gesandten Propheten und Weisen erkannt werden sollen; Mt fügt zur Verdeutlichung noch die Steinigung der Knechte hinzu (s. dazu 2Chron 24,21 u.a.). Die Sendung des „geliebten Sohns" weist in dieser Formulierung klar auf Jesus selbst als Sohn Gottes hin (s. Mk 1,11; 9,7), wobei Mt zur Verdeutlichung den Sohn erst aus dem Weinberg hinausgestoßen und dann getötet werden lässt, eine Anspielung auf die Tötung Jesu außerhalb Jerusalems (s. Joh 19,17; Hebr 13,12). Auch die Schlussfrage in Mk (V.9) entstammt Jes 5,5 LXX. Das Bildwort vom Eckstein aus Ps 118,22.23 (ebenfalls LXX) diente der frühen Kirche zum Nachweis für die Auferweckung und Erhöhung Jesu (s. dazu noch später bei Log 66). Schließlich zeigt Mt neben den genannten sekundären Erläuterungen noch die Inaussichtstellung einer Bestrafung der Anführer Israels, denen das Reich Gottes genommen und einem anderen Volk gegeben werden soll, womit wohl die Heidenkirche gemeint war.

Alle diese sekundären Erläuterungen, Verdeutlichungen sowie Allegorisierungen des Mk und Mt fehlen bei EvThom (mit Ausnahme von V.10f = Log 66, s. dort!), was als eindeutiges Beweiszeichen für ursprüngliche Tradition anzusehen ist (so bes. J. JEREMIAS, Gleichnisse, 50ff; BULTMANN, Tradition, 213ff; ferner QUISPEL, VigChr 11 [1957], 205f; MONTEFIORE, Comparison, 236ff; R.McL. WILSON, HTR 53 [1960], 239; MÉNARD, EvThom, 167; KÖSTER, Three Thomas Parables, 199f; HORSLEY, Jesus, 305; KLOPPENBORG, in WILSON, S.G. & DESJARDINS, M. (ed.), Essays in Honour of P. Richardson, 2000, 111ff; ZÖCKLER, EvThom, 50f u.a.). W. SCHOEDEL, Gleichnisse im EvThom, 374ff (385) meint, dass es gnostischer Auslegungspraxis entspreche, die synoptischen Deutungen der Gleichnisse nicht zu berücksichtigen; er muss aber zugestehen, dass EvThom einer Fassung des Gleichnisses sehr nahe komme, die „von der Formkritik als einfachste Form der Winzerparabel erschlossen wurde". Auch die Feststellung LINDEMANNs, ZNW 71, 236, dass das EvThom „ent-allegorisiere", führt nicht an dem zwingenden Schluss seiner Ursprünglichkeit vorbei. Zunächst widerspricht nämlich eine solche „Entallegorisierung" allen gesicherten Beobachtungen aus der Formgeschichte (dagegen auch C.L. BLOMBERG in CHILTON - EVANS, Studying the Historical Jesus, 231ff). Außerdem würde selbst ein solches Verkürzungsverfahren, wenn es denn vorläge, das Ergebnis einer ursprünglicheren Fassung nicht unbedingt aufheben.

Danach sind Ähnlichkeiten, die EvThom mit der Mk- oder auch Mt-Fassung verbindet, nicht als redaktionell anzusehen, sondern können nur als traditionsgemäß betrachtet werden (so i. e. auch SIEBER, Analysis, 234ff; PATTERSON, GosThom, 48ff). Das gilt auch für Lk, der zwar auch allegorisierend erweitert (s. z.B. V.12: „dritter" Knecht, V.13: „geliebter Sohn", V.15: Verstoßung aus dem Weinberg und dann Tötung), jedoch andere typische Allegoresen nicht aufweist (so V.9: Fehlen von „Zaun", „Kelter" und „Turm" sowie der zahllosen Knechte usw.). Seine Auslassung sowie Allegorese kann man jedoch kaum auf typische Redaktionsarbeit zurückführen, vielmehr sprechen diese dafür, dass Lk eine ursprünglichere Version, als sie der jetzige Mk darstellt, quellenmäßig bekannt war (so SCHRAMM, s.o., 156ff; vgl. ferner J.A.T. ROBINSON, The Parable of the Wicked Husbandmen, NTS 21, 1975, 461). Auch der Nachsatz (V.10), „damit sie ihm von der Frucht des Weinbergs (seinen Anteil) geben sollten" (δώσουσιν αὐτῷ; ähnl. Log 65: „auf dass die Winzer ihm die Frucht des Weinbergs gäben" [ⲛⲁϥ], und zwar im Gegensatz zu Mk V.2) beweist nicht, wie SCHRAGE will, dass Lk eine „stilistische Verbesserung" von Mk angebracht hat, sondern kann ebenfalls ein traditionelles Element aus besonderer Quelle sein oder von der Sache her sich nahe gelegt haben. Schließlich beweist auch das lk

„vielleicht" (ἴσως, V.13; parallel zu EvThom S.6: ⲙⲉϣⲁⲕ und gegen Mk, V.6) keine lk Redaktion, die durch seine Theologie von der Irrtumslosigkeit Gottes bestimmt sei (SCHRAGE). Vielmehr liegt ein nt Hapaxlegomenon vor, das damit eher gegen Redaktion, sondern ebenfalls für ein Traditionsstück spricht, das Lk und EvThom gemeinsam erhalten haben (so i.e. auch S. PETERSEN, Parabeln, 200f; SCHRAMM, Markusstoff, 153; PATTERSON u. SIEBER, s.o.; ferner W.G. MORRICE, Exp Tim 98, 1987, 104ff).
Es muss daher dabei bleiben, dass Log 65 in keiner Weise von den synoptischen Fassungen des Gleichnisses abhängig ist, sondern eine völlig eigenständige Version darstellt. Es schildert einen „gütigen" Mann, der einen Weinberg „besaß" und ihn Bauern „gab", damit sie ihn „bearbeiteten" und für ihn Frucht zögen. Er schickte zur Fruchteinziehung nur zwei „seiner" Knechte und nach deren Misshandlung „seinen Sohn", der als Erbe von ihnen getötet wurde. Diese knappe und unprätentiöse Fassung entspricht einer unabhängigen Tradition des Gleichnisses. Auch von SCHRAGE herangezogene Verweise auf spätere koptische Evangelien-Fassungen oder von SNODGRASS angegebene syrische Textversionen führen wegen möglicher späterer Angleichungen nicht zu anderen Ergebnissen (s. auch PATTERSON, GosThom, 50).
Es ist daher zu prüfen, inwieweit das Gleichnis Anspruch auf Authentizität erheben darf. Früher, bevor das EvThom entdeckt bzw. in die Bewertung einbezogen wurde, hielt die Mehrheit der Forscher das Gleichnis für eine späte Gemeindebildung (s. z.B. BULTMANN, Tradition, 191.216 u. ErgH, 72). Inzwischen ist diese Auffassung jedoch (teilweise) revidiert worden (s. bes. J. JEREMIAS, Gleichnisse, 50ff). Wenn der letztere darin analog zur Parabel vom großen Mahl ebenfalls eine Rechtfertigung der Frohbotschaft an die Armen sieht, dürfte von ihm allerdings der sekundäre Mk-Schluss (V.9) noch überbetont sein. Nach Log 65 handelt es sich zwar auch um die Rechtfertigung der Reich-Gottes-Botschaft, jedoch in ihrer Perspektive als Gerichtsankündigung: Ihr, die Obersten Israels und ihre Mitläufer, habt nicht gewollt, ihr habt die Gesandten Gottes geschlagen und verfolgt und weist auch den Sohn als eschatologischen Gottesboten ab. Deshalb wird letztmalig, verhüllt, aber unüberhörbar das Gericht angekündigt. Das wird zwar nicht ausgesprochen, ergibt sich aber den Angesprochenen als zwangsläufige Folge ihres Verhaltens. Mit dieser Deutung ist auch eine implizite Christologie verbunden, da Jesus hier geheimnisvoll auch auf seine eigene Würdestellung als „Sohn" verweist und seinen Tod einbezieht (s. ähnl. schon C.H. DODD, Parables of the Kingdom, 96ff.101). Als Par zu dem Gleichnis seien Gerichtsaussagen wie Lk 11,31f Par (Q); 12,49f Par (Q); Lk 13,1-5; Mt 18,23-34 u.ä. genannt, in Verbindung mit der Person Jesu auch Mk 10,38f Par; 14,27f Par; Lk 13,31-33 u.a.

Andere Interpretationen der Parabel halte ich für weniger überzeugend. Zwar kann das Gleichnis auch positiv als Aufruf zur Entschlossenheit angesichts des kommenden Eschatons gedeutet werden, besonders in der EvThom-Version, s. SCHRAMM - LÖWENSTEIN, Unmoralische Helden, 22ff; CROSSAN, Parables, 451ff. Jedoch begegnet diese Deutung Zweifeln, da alle Evangelisten sie kaum in dieser Weise verstanden haben werden, auch nicht EvThom, das den „gütigen Menschen" den bösen Winzern gegenüberstellt; die letzteren taugen auch insgesamt kaum als Vorbild für die damit Angesprochenen. Auch die Reichtumskritik der Parabel nach PATTERSON (GosThom, 140ff) oder ihre Kritik zelotischer Gewalt (s. J.E./R.R. NEWELL, NovTest 14, 1972, 226ff) treffen lediglich zusätzliche Züge am Gesamtverhalten der Täter, aber nicht die einzigen.

Nach dieser Auslegung der Parabel kann sie durchaus zur Verkündigung des historischen Jesus gehören, und zwar in ihrer Fassung bei EvThom. Die anderen Versionen, auch die bei Lk sind dagegen nur in geringerem Maße als authentisch anzusehen. Die Parabel als solche ist durch die neuerliche Bezeugung bei EvThom, durch Mk und eine wahrscheinliche Sonderüberlieferung bei Lk gut belegt. Sie passt mit ihrem Bildmaterial aufständischer Galiläer gegen zumeist landfremde Großgrundbesitzer, die durch einen Anschlag auf dessen Sklaven und seinen Sohn als Erben das gepachtete Land an sich reißen und ersitzen wollen, gut nachvollziehbar in den zeitgenössischen Kontext (JEREMIAS). Auch der Gesichtspunkt der Kohärenz mit der Jesus-Verkündigung im übrigen ist, wie bereits gezeigt, erfüllt. Die Form des Gleichnisses entspricht bei EvThom der Parabel und ist charakteristisch verschieden von rabbinischen Gleichniserzählungen sowie frühchristlichen Allegorien. Eine gnostische Herkunft ist auch nicht durch den bloßen Gebrauch des Verbs „erkennen" (ⲥⲟⲟⲩⲛ / γινώσκειν) in V.4 und 7 gegeben (gegen LÜDEMANN, Jesus 2000, 789f). Dieses passt in den natürlichen Erzählzusammenhang und ist auch der synoptischen Jesus-Verkündigung nicht fremd (s. z.B. Mt 13,11 Par Lk 8,10: Erkennen der Geheimnisse des Gottesreichs; Lk 10,11: Erkennen des Nahens der Gottesherrschaft; Mt 12,33 Par Lk 6,44: Erkennen des Baums an seinen Früchten, usf.).

Insgesamt bestehen keine ersichtlichen Bedenken gegen die Echtheit der thom Fassung des Gleichnisses von den bösen Winzern. Dabei wird der Weckruf: „Wer Ohren hat, der höre!" allerdings eine sekundäre Anfügung zum Zwecke der Erregung besonderer Aufmerksamkeit auf die Folgen der Verwerfung Jesu sein (s. dazu auch EvThom Log 8,21,24,63,96) (zur Echtheit des Gleichnisses allgemein zustimmend J. JEREMIAS, Gleichnisse, 50ff; THEISSEN - MERZ, Historischer Jesus, 53; CROSSAN, Historischer Jesus, 465.572; ders. Parables, 461f; FUNK u. JS., Five Gospels, 510f).

LOG 66

JESUS SPRICHT: ZEIGT MIR DEN STEIN, DEN DIE BAULEUTE VERWORFEN HABEN. ER IST DER ECKSTEIN.

Das Logion hat wie auch sonst die Kurzsprüche im EvThom keinen Stichwortzusammenhang mit dem vorhergehenden Log 65. Es ist jedoch mit ihm inhaltlich eng verbunden durch den Hinweis auf den „von den Bauleuten verworfenen" „Stein", in dem nur der verworfene „Sohn" aus Log 65 gesehen werden kann. Sein Einbau als „Eckstein" soll dessen Rehabilitation durch die Erhöhung Jesu ansagen. Eine Deutung des „Steins" als „Lichtfunke des Menschen" (so FIEGER, EvThom, 196) ist ganz fernliegend; selbst SCHRAGE, Verh, 146 sieht keine mögliche Interpretation des Worts aus den koptisch-gnostischen Schriften.
Notwendig ist daher wiederum ein traditionsgeschichtlicher Rekurs auf die frühchristlichen Schriften. Insbesondere sind die nächsten Parallelen wieder diejenigen aus Mk 12,10-11, Mt 21,42 und Lk 20,17-18, die sämtlich auch in nahem Zusammenhang, nämlich sogar in unmittelbarem Anschluss an das Gleichnis von den bösen Weingärtnern sich befinden.
In Mk 12,10.11 fragt Jesus nach Androhung von Strafmaßnahmen gegen die Weingärtner: „Habt ihr auch gar nicht dieses Schriftwort (Ps 118,22.23) gelesen: Der Stein (λίθον), den die Bauleute verworfen haben (ἀπεδοκίμασαν οἱ οἰκοδομοῦντες), der ist zum Eckstein geworden (κεφαλὴν γωνίας); durch den Herrn ist dieser es geworden, und er ist wunderbar in unsern Augen?" Mt verweist, Mk fast wörtlich übernehmend, ebenfalls auf die „Schriften". Lk lässt Jesus seine Gegner von den Oberen Israels anblicken und nach der Bedeutung des „Schriftworts" in Ps 118,22 (nicht 23) fragen, und fügt, wohl entsprechend einer Sondertradition an: „Jeder, der auf jenen Stein fällt, wird zerschellen. Auf wen er aber fällt, den wird er zermalmen".
Log 66 soll nach SCHRAGE, Verh, 146; FIEGER, EvThom, 195f von den synoptischen Stellen abhängig sein und das at Zitat wie bei Lk „verkürzt" haben. Das ist aber ganz unwahrscheinlich. Es ist nicht anzunehmen, dass die Synoptiker sämtlich die Stelle redaktionell eingefügt haben, dafür ergeben sich auch keine sprachlichen Anhaltspunkte. Vielmehr dürfte hier eine den Synoptikern vorausliegende Tradition bestehen, bei der schon vor der Allegorisierung bei Mk/Mt und auch bei Lk das Psalmwort vom Stein mit der Parabel von den bösen Winzern verklammert worden ist (dafür spricht auch das bereits im Hebräischen geläufige Wortspiel vom „Stein", hebr. *eben*, und „Sohn", *ben*). Diese Tradition wird der thom Kompilator kennen gelernt und frei zitiert haben mit der Formulierung: „Zeigt mir ..." (ⲙⲁⲧⲥⲉⲃⲟⲉⲓ). Eine Beziehung zu Lk 20,24 („Zeigt mir einen Denar", bei der

Zinsgroschenfrage, s. Log 100 EvThom), so SCHRAGE, Verh, 146, erscheint ganz unwahrscheinlich.
Eine Abhängigkeit des Log 66 von den Evangelien ist daher nicht anzunehmen (s. PATTERSON, GosThom, 48ff[50f]; SIEBER, Analysis, 236; ZÖCKLER, EvThom, 50ff). Das gilt auch für die verkürzte Fassung bei Lk, der eine Sonderüberlieferung wie bei dem Gleichnis hat (s. SCHRAMM, Markus-Stoff, 151 Anm.2 u. 156ff). Vielmehr liegt eine selbstständige Tradition vor, die auch früh, vermutlich vor-synoptisch anzusetzen sein wird. Sie verweist auf den „Sohn", der von den Herrschenden Israels „verworfen" worden ist, aber nunmehr zum „Eckstein", somit auferweckt, erhöht und zum Grundstein für die Gemeinschaft des Reichs Gottes, also die Kirche eingesetzt werden soll.
Dieses Wort ist zwar durch die vorliegenden Bezeugungen gut beglaubigt. Es könnte, auch wenn es eine Kirchengründung anzielt, möglicherweise noch eine Beziehung zum historischen Jesus haben (vgl. z.B. Worte wie Lk 12,32; Mk 14,58 Par u.ä.). Jedoch spricht gegen eine Historizität, dass es sich weitgehend um eine at Zitation handelt. Außerdem wird es im frühen Christentum umfänglich zur Deutung der Auferstehung Jesu verwendet, ohne als Jesus-Wort bezeichnet zu werden (s. Apg 4,11, wo Petrus vom gekreuzigten und auferweckten Christus sagt: „Das ist der von euch, den Bauleuten, missachtete Stein, der zum Eckstein geworden ist" oder Barn 6,4, wonach der „Prophet" über Christus sagt: „Ein Stein, den die Erbauer für unbrauchbar erklärten, dieser ist zum Eckstein geworden"; ferner 1Petr 2,4ff usw.). Es lässt sich somit als authentisches Jesus-Wort nicht mit Sicherheit nachweisen, hat aber als frühe Bildung für die Interpretation der christlichen Gemeinde erhebliche Bedeutung und weittragenden Einfluss (s. auch entspr. FUNK u. JS., Five Gospels, 511; CROSSAN, Historischer Jesus, 572; LÜDEMANN, Jesus 2000, 790; a.M. jedoch J. JEREMIAS, Theologie, 199.269, der Echtheit annimmt).

LOG 67

JESUS SPRICHT: WER DAS ALL ERKENNT, ABER SICH SELBST VERFEHLT, VERFEHLT DEN GANZEN ORT DES ALLS.

Die Stichwortverknüpfung mit dem vorhergehenden kurzen Log 66 fehlt, eine solche kann allerdings mit Log 65 über das Verb „erkennen" hergestellt werden.
Sprachlich wird auch anders übersetzt, nämlich: „Wer alles (πτηρq) erkennt - wenn es ihm an e i n e m (oya) mangelt, hat es ihm an allem (πμα τηρq = am ganzen Ort des Alls) gemangelt" (so BETHGE,

Synopsis, 536). Jedoch wird überwiegend und wohl zu Recht das ογλ λqp̄ emendiert zu ογλλq<q>p̄, so dass nicht die Verfehlung des „Einen", sondern des „Selbst" angesprochen wird; das passt auch besser zu der Par in Log 111 (vgl. FIEGER, EvThom, 196f; HAENCHEN, EvThom, 27.43; ZÖCKLER, EvThom, 175 u.a.).
Vielfach wird eine gnostische Herleitung des Spruchs vertreten, so von MÉNARD, EvThom, 168; FIEGER, EvThom, 196f u.a. mit der Lehre, dass die „Erkenntnis des Selbst" zur „Erkenntnis" auch des „Alls" führe; dabei wird besonders auch auf Clemens Alex. mit seinen Exc Theod 78,2 über die Herkunft, den Weg und das Ziel des Menschen verwiesen. Indessen ist in unserem Logion das Bestreben, das „All" oder „alles" zu „erkennen", eher negativ besetzt. Das Wort kann deshalb besser als Kritik gnostisierender Suche nach „Erkenntnis" verstanden werden (so auch VALANTASIS, GosThom, 147). Auch ist es, der allgemeinen Richtung des EvThom entsprechend, sinnvoller, auch hier die frühchristlichen Parallelen von Log 67 aufzusuchen. Als solche kommen Mk 8,36 m. Par in Mt 16,26 und Lk 9,25 in Frage (s. auch KÖSTER - ROBINSON, Entwicklungslinien, 170).
Mk 8,36 wird vom Evangelisten in den Rahmen einer Rede Jesu über die Kreuzesnachfolge gestellt, die auch das Wort vom Retten und Verlieren des Lebens enthält und in den Spruch vom Kommen des Menschensohns in der Herrlichkeit seines Vaters einmündet (8,34.35 u. 38). Jesus sagt danach: „Denn was nützt es (ὠφελεῖ) dem Menschen, die ganze Welt zu gewinnen (κερδῆσαι τὸν κόσμον ὅλον) und seine Seele einzubüßen (ζημιωθῆναι τὴν ψυχὴν αὐτοῦ)?" In der mt Par liegt derselbe Rahmen vor, und auch das Logion ist fast identisch (mit Ausnahme des Futurs „wird es nützen" und einer Konditionalverbindung „wenn er..."). Der Rahmen entspricht auch bei Lk dem Mk, wobei der Spruch etwas stärker differiert: „Denn was nützt es dem Menschen, wenn er die ganze Welt gewinnt, sich selbst aber ins Verderben bringt oder an sich selbst die Strafe leidet (ἑαυτὸν δὲ ἀπολέσας ἢ ζημιωθείς)?" Was das „Selbst" statt der „Seele" und besonders die Doppelung der Schädigung des „Selbst" betrifft, so könnte bei Lk eine Sonderüberlieferung verarbeitet sein.
Unser Spruch ist so erheblich von der synoptischen Überlieferung abweichend, dass eine Abhängigkeit ganz fern liegt, auch redaktionelle Übereinstimmung ist nicht zu finden. Die Nähe liegt aber darin, dass auch hier vor der Gefahr einer Schädigung der Seele oder des Selbst gewarnt wird, wenn der Mensch „alles" oder „das All" gewinnen will, freilich nicht durch Erwerb von Reichtum, Macht oder ähnlicher äußerer Güter, sondern auf das „All" bezogene „Erkenntnis". Das nützt ihm nicht nur nichts, vielmehr „verfehlt" er damit sogar „alles" (wörtlich: den „Ort des Alls", nämlich das Ganze des Gottesreichs) (s. auch KÖSTER - ROBINSON, s.o.; ZÖCKLER, EvThom, 175f).

Der Spruch dürfte in seiner Mk-Fassung der Verkündigung des historischen Jesus zugehören (so schon A. v. HARNACK, Wesen des Christentums, 47ff). BULTMANN, Tradition, 86.101 bezweifelt dies zwar, da es sich um „profane Volksweisheit" handele. Aber das Logion ist nicht nur, wie auch Mk 8,35 und 37, durch den Rahmen christologisch aufgeladen, sondern meint seinem ursprünglichem Sinne nach bereits endzeitlich relevantes Leben im Reich Gottes (s. SCHRÖTER, Erinnerung, 388f; G. DAUTZENBERG, Sein Leben bewahren, 1966, 66f). Es gehört somit in den Zusammenhang der Kritik Jesu an Reichtum und Macht in Verbindung mit dem Kommen des eschatologischen Gottesreichs. Da es jetzt auch durch die hiesige Par in EvThom mehrfach bezeugt ist, kann es (jedenfalls in der Mk-Fassung) durchaus als authentisch angesehen werden. Selbst die Rede von der „Seele" (gr. u. kopt. Psyche, hebr. *nefesh*) ist Jesus durchaus zuzutrauen (im Gegensatz zur Fassung in Lk u. EvThom: „Selbst"). In ihr kann der individuelle Ausgangspunkt der Gottesherrschaft gesehen werden. Zum Wortgebrauch sei auch auf Mk 8,35 Par; Mt 10,28 Par (Q); Lk 12,23 Par; Mk 12,30 Par usw. verwiesen (s. auch DAUTZENBERG, s.o., 66f).

Die thom Version in Log 67 ist wohl durch die frühchristliche Diskussion über gnostisierende Strömungen in der Kirche beeinflusst, wie sie z.B. aus 1Tim 6,20 hervorgehen. Diese führen vielfach zu dem Konsens, dass „Erkenntnis" zwar als positives Gut anzuerkennen sei, dass aber die Gottesherrschaft und besonders die Liebe höher zu qualifizieren seien (s. z.B. 1Kor 8,1ff; 13,2; Eph 3,19; Kol 2,3; 2Petr 1,5ff). Auch die „Erkenntnis", aus der „Wahrheit" bzw. aus „Gott" oder in „Gott" zu sein, wird hochgeschätzt (s. 1Joh 2,5; 3,19.24; 4,13 u.ä.). Log 67 sagt aus, dass das „Selbst" , das seelische Leben in Gott verfehlt werden kann, und zwar auch durch mythologisch-spekulatives „Erkennen" (ⲥⲟⲟⲩⲛ). Dadurch kann der „Ort des Alls" (ⲡⲙⲁ ⲧⲏⲣϥ), das Ganze verloren werden. Diese besonderen Nuancierungen des Spruchs sind zwar als sekundäre Bearbeitungen des Jesus-Spruchs zu werten, die auch nicht als authentisch angesehen werden können (so auch FUNK u. JS., Five Gospels, 512; CROSSAN, Historischer Jesus, 579). Der Spruch steht aber im übrigen der Jesus-Verkündigung nicht fern und gehört jedenfalls durchaus in den frühchristlichen und nicht gnostischen Rahmen (s. ZÖCKLER, EvThom, 175ff; a.M. LÜDEMANN, Jesus 2000, 791).

LOG 68

1. JESUS SPRICHT: SELIG SEID IHR, WENN SIE EUCH HASSEN UND EUCH VERFOLGEN. 2. UND SIE WERDEN KEINEN PLATZ AN DEM ORT FINDEN, AN DEM SIE EUCH VERFOLGT HABEN.

Die stichwortmäßige Verknüpfung zum vorangehenden Logion erfolgt mit den Substantiven „Ort / Platz" (ⲙⲁ, ferner ⲧⲟⲡⲟⲥ). Im übrigen beginnt mit dem vorliegenden Spruch ein Block von drei Makarismen (Seligpreisungen), der aus Log 68, 69 S.1 und 2 besteht.
Sprachlich ist die Version in S.2 eindeutig, dass „sie (die Verfolger) keinen Platz finden werden" (ⲥⲉⲛⲁϩⲉ ⲁⲛ ⲉⲧⲟⲡⲟⲥ); dagegen ist die manchmal bevorzugte Korrektur, dass „ihr einen Platz finden werdet, wo ihr nicht verfolgt werdet", nicht nachweisbar (s. BETHGE, Synopsis, 536; LAYTON, Edition, 78 u.a.; anders MÉNARD, EvThom, 68).
Eine gnostische Herleitung oder jedenfalls Auslegung des Spruchs, wie sie SCHRAGE, Verh, 147ff; GÄRTNER, Theology, 248f befürworten, ist fernliegend. Zwar sind Makarismen auch der Gnosis bekannt. Das reicht jedoch zum Nachweis einer gnostischen Herkunft in keiner Weise aus, desgleichen nicht der Gedanke, es könne sich bei der „Verfolgung" um den Versuch „materieller Gewalten" handeln, die „Lichtmenschen" zu attackieren und damit ihre Erlösung zu verhindern (GÄRTNER).
Nahe liegt dagegen eine traditionsgeschichtliche Beziehung zu den frühchristlichen Makarismen der Synoptiker, und zwar insbesondere zu Mt 5,11f Par Lk 6,22f. Zum Abschluss der Seligpreisungen in der mt Bergpredigt heißt es, an die Jünger Jesu gerichtet: „Selig seid ihr (μακάριοι ἐστε), wenn sie euch schmähen (ὀνειδίσωσιν) und verfolgen (διώξωσιν) und alles Böse gegen euch reden (εἴπωσιν) um meinetwillen und damit lügen. Freut euch und frohlockt, weil euer Lohn groß ist in den Himmeln; denn ebenso haben sie die Propheten verfolgt (ἐδίωξαν), die vor euch gewesen sind". Die lk Parallele gehört in die Feldrede und schließt ebenfalls die Makarismen ab: „Selig seid ihr, wenn euch die Menschen hassen (μισήσωσιν) und wenn sie euch ausschließen (ἀφορίσωσιν) und schmähen (ὀνειδίσωσιν) und euren Namen als einen bösen ächten (ἐκβάλωσιν) um des Sohns des Menschen willen. Freut euch an jenem Tage und frohlockt; denn siehe, euer Lohn wird groß sein im Himmel; denn ebenso taten ihre Väter den Propheten".
Die Selipreisung wurde nach herrschender Auffassung von Mt und Lk aus der Logienquelle Q entnommen. Deren Text könnte dahingehend lauten, dass „ihr (die Jünger) selig seid", „wenn sie euch schmähen und Böses gegen euch reden um des Sohns des Menschen willen. Freut euch und frohlockt, weil euer Lohn groß ist im Himmel; denn ebenso taten sie den Propheten". Bei dieser Rekonstruktion sind die von den Evangelisten zusätzlich eingefügten Glieder, nämlich „hassen", „verfolgen" und „ausschließen", ausgeschieden, da sie für Q nicht nachweisbar sind, ebenso dürfte „Menschensohn" statt „ich" der Spruchquelle eher entsprechen. Der Lohn „in den Himmeln" wird ebenso von Mt eingesetzt sein (s. auch Mt 5,45) wie die Formulierung, dass sie die Propheten

„verfolgten", während die Einfügung der „Väter" lk ist (vgl. Lk 11,47f) (zum Ganzen s. SCHULZ, Q, 452ff; s. auch v. HARNACK, Sprüche, 39ff u. etwas abweichend POLAG, Fragmenta Q, 32f).
Was unser Log 68 betrifft, so wird von SCHRAGE, Verh, 147; FIEGER, EvThom, 198 angenommen, dass seine Fassung abgeleitet sei und eine Kombination aus Mt und Lk sei. Jedoch würde dies voraussetzen, dass die vom EvThom gebrauchten Verben „hassen" (мєсте) und „verfolgen" (ⲇⲓⲱⲕⲉ) typische redaktionelle Bildungen der Evangelisten Lk/Mt wären. Bei Lk ist jedoch das Verb „hassen" (μισεῖν) regelmäßig traditionell (SCHULZ, Q, 452 mit Nachweis). Bei Mt ist, was „verfolgen" (διώκειν) betrifft, diese Frage zwar umstritten, aber seine mehrfachen Einfügungen, gerade in Mt 5,10 und 5,12, sprechen doch ebenso wie bei Lk für die Annahme einer besonderen Tradition. Im übrigen deuten alle anderen Beobachtungen gegen eine Übernahme der Mt- oder Lk-Fassung und übrigens auch der Q-Fassung durch EvThom: Log 68 kennt weder die Verben „schmähen" und „(alles) Böse gegen euch reden" noch den Nachsatz „um des Menschensohns (um meinet-) willen" und schon gar nicht die Verheißung vom „Lohn im Himmel". Insgesamt ist die Darstellung der Makarismen im EvThom derart im Text verstreut, dass man davon ausgehen muss, der Verfasser habe weder die mt Bergpredigt noch die lk Feldrede und auch nicht deren Pendant im Q-Evangelium gekannt (so auch PATTERSON, GosThom, 51f; SIEBER, Analysis, 33ff; ZÖCKLER, EvThom, 41ff).
Man muß daher mit einer Unabhängigkeit der vom EvThom repräsentierten Tradition rechnen, so dass sich auch die Frage nach einer Herkunft von der Predigt des geschichtlichen Jesus stellt. Vor Kenntnisnahme des EvThom ging allerdings die überwiegende Mehrheit der Forscher davon aus, dass es sich bei dem vorliegenden Makarismus um eine Bildung der nachösterlichen Gemeinde handele. So besonders BULTMANN, Tradition, 115, da gegenüber der älteren Überlieferung von Mt 5,3ff Par Lk 6,20f ein neues Traditionsstück vorliege, das sich von ihr in Form (2. Pers und Ausführlichkeit der Begründung) und Inhalt (ex-eventu-Bildung und persönliche Beziehung zu Jesus) deutlich unterscheide. Dagegen allerdings bereits J. JEREMIAS, Theologie, 179.229.231 unter Hinweis auf andere alte Traditionen von einem Verfolgungsleiden der Jünger wie Mt 10,23, das vom nachösterlichen charakteristisch abzuheben sei.
Nunmehr hat sich die Situation insofern geändert, da die vorliegende Seligpreisung als durch eine weitere unabhängige Quelle wesentlich besser bezeugt gelten muss. Sie findet sich ferner, was das „Schmähen" betrifft, auch in 1 Petr 4,14 mit nachfolgendem Makarismus und, was das „Verfolgen" angeht, bei Clemens Alex., Strom IV 41,2: „Selig sind die, die verfolgt werden in meinem Namen; denn sie werden einen Platz

(τόπον) haben, wo man sie nicht mehr verfolgen wird (ὅπου οὐ διωχθήσονται)". Dabei kann es sich allerdings um Nachklänge der früheren Überlieferung handeln. Immerhin ist unser Logion aber auch kohärent mit anderen Jesusworten über ein Verfolgungsleiden der Jünger, die nicht sämtlich als spätere Gemeindebildungen ex eventu verdächtigt werden können (s. z.B. Mt 10,17ff Par Lk 21,12ff [Q]; Lk 10,3 Par Mt 10,16 [Q]; Mk 13,11ff Par usw.; ferner ist auch noch auf Log 69 S.1 EvThom, s. dort näher, zu verweisen).

Was die Fassung im einzelnen betrifft, kann die Q-Version durchaus als authentisch angesehen werden, allerdings abgesehen von dem Anhang „um des Menschensohns willen", der möglicherweise eine Jesu Person betreffende spätere Erweiterung ist. Die EvThom-Version unseres Logions begegnet hinsichtlich des ersten Satzes auch keinen historischen Bedenken, zumal sie mit den Verben „hassen" und „verfolgen" synoptische Parallelen in Lk/Mt hat. Der zweite Satz ist allerdings nicht unproblematisch, kann aber auch als lectio difficilior gesehen werden. Denjenigen, die die Jünger „hassen" und „verfolgen", somit den Herrschenden Israels und ihren Anhängern wird das Gericht angesagt: Sie sollen an dem „Ort" der Verfolgung, womit Israel als vorgesehene Stätte für die Herrschaft Gottes gemeint sein wird, keinen „Platz" finden, somit vom kommenden Gottesreich ausgeschlossen sein. Das passt auch im Ergebnis zu der Par bei Clemens Alex.; denn danach werden die Jünger hier, in der Gottesherrschaft ihren „Platz" haben, wo man sie nicht mehr verfolgen wird (zur verschiedenen Interpretation des S.2, vgl. auch näher noch SLAVENBURG, EvThom, 101; MÉNARD, EvThom, 170; HAENCHEN, Spruch 68, Muséon 75, 1962, 19ff; M. MEYER, Hidden Sayings, 95f). Freilich ist die Benutzung des Worts τοπος („Ort / Platz") eine Eigenart des EvThom (s. Log 4,24,60,64) und könnte daher redaktionell sein. Man wird somit lediglich annehmen können, dass S.2 ursprünglich auch eine Verheißung der kommenden Gottesherrschaft mit einer Gerichtsaussage über die Verfolger enthielt. Eine direkte Bezugnahme auf die Zerstörung des Tempels i.J. 70 oder gar die Verbannung der Juden nach 135 (als vaticinia ex eventu) ist nicht festzustellen. Insgesamt weisen die Versionen in Q und EvThom komplementären Charakter auf und können beide als dem historischen Jesus und seiner Verkündigung nahe stehende Varianten angesehen werden (zur Historizität bejahend z.B. CROSSAN, Historischer Jesus, 367f.572; für bloße Nähe FUNK u. JS, Five Gospels, 512; ablehnend dagegen LÜDEMANN, Jesus 2000, 791.375f).

LOG 69

*1. JESUS SPRICHT: SELIG SIND DIE, DIE VERFOLGT WURDEN IN IHREM HERZEN. JENE SIND ES, DIE DEN VATER IN WAHRHEIT ERKANNT HABEN.
2. SELIG SIND DIE HUNGRIGEN; DENN DER LEIB DESSEN WIRD GESÄTTIGT WERDEN, DER ES WÜNSCHT.*

Log 69 S.1 und 2 gehören stichwortmäßig zu den drei „Seligpreisungen" (Log 68, 69 S.1 u. 2). Außerdem sind sie aber auch durch das Verb „verfolgen" mit Log 68 verknüpft.

In S.1 ergibt sich ein philologisches Problem, weil das passivische „die verfolgt wurden" hier als unpassend empfunden wurde. Deshalb hat BETHGE, Synopsis, 537 folgende Konjektur vorgeschlagen: <ⲉⲩⲟⲩⲁⲁⲃ> ϩⲣⲁⲓ̈ ϩⲙ̄ ⲡⲟⲩϩⲏⲧ, woraus sich die Übersetzung ergibt „selig sind die Verfolgten, <sofern sie reinen> Herzens <sind>", in Analogie zu Mt 5,8 (betr. die Seligpreisung derjenigen, die reinen Herzens sind). Die eigentliche Schwierigkeit, nämlich die Wiederholung des „Verfolgtwerdens" ist damit allerdings nicht beseitigt. Es ist daher auch vorgeschlagen worden, das Verb „verfolgen" (kopt. ⲇⲓⲱⲕⲉ, entlehnt vom gr. διώκειν) hier mit „erstreben" „nachtrachten" o.ä. zu übersetzen und S.1 somit als Seligpreisung derjenigen zu verstehen, die „gestrebt haben" oder „strebsam waren" „in ihrem Herzen". Das würde zwar im Einklang stehen mit zahlreichen anderen Logien vom „Streben" und „Suchen" im EvThom (s. etwa Log 2,92,94 oder Gleichnisse wie Log 8,76). Jedoch passt es nicht in den vorliegenden Zusammenhang der Makarismen, die eine Situation der Entfremdung und Not zum Gegenstand haben und Befreiung aus ihr zusagen (s. auch Log 54).

Am nächsten liegt daher, es bei dem „Verfolgtwerden" (somit Bedrängtwerden) „in ihrem Herzen", in ihrem Inneren zu belassen (so auch die herrschende Auff., bes. HAENCHEN, EvThom, 27; BLATZ in SCHNEEMELCHER, NtApokr, I, 109 u.a.). Das ergäbe auch keine eigentliche Dublette zu Log 68 mit seinem äußeren Verfolgtwerden, sondern eine Ergänzung. Diese würde eine psychische Bedrängnis durch Besessenheit, Süchte und „Dämonen" im seelischen Bereich meinen; aus ihr würde Befreiung versichert und das „Sehen" des Vaters, also Gottes in „Wahrheit". Das entspricht auch einer Äußerung des Clemens Alex., Quis dives, 25, 4f, wo dieser betont, dass „die schlimmste Verfolgung" diejenige „aus dem Inneren" sei; denn „derjenige, der verfolgt wird, kann dem nicht entfliehen, weil er den Feind überall mit sich herumträgt".

Eine gnostische Herleitung des Logions entfällt unter diesen Umständen. Diese ist zwar gelegentlich mit der merkwürdigen Formulierung vom „Verfolgtwerden" „in ihrem Herzen" verbunden worden (s. MÉNARD,

EvThom, 171; SCHRAGE, Verh, 148). Es liegt aber allenfalls die Verinnerlichung einer Tradition vor, deren Geschichte sich ansonsten im Rahmen der synoptischen Makarismen entwickelt hat. Hervorzuheben sind hier natürlich zunächst die Seligpreisungen der „Verfolgten" in Mt 5,11f Par Lk 6,22f (Q), wo allerdings eine äußere Verfolgung vorliegt (s. dazu auch schon Log 68). Ähnliches gilt für das oft herangezogene Logion in Mt 5,10 (o. Par), wo es um diejenigen geht, die „um der Gerechtigkeit willen" verfolgt werden, auch dieser Zweck ist vorliegend nicht ersichtlich. In Mt 5,4 Par Lk 6,21b (Q) werden die „Trauernden" (Mt) bzw. diejenigen, die „jetzt weinen" (Lk) selig gepriesen. Ähnlich gibt es eine Seligpreisung des „Leidenden", wobei auf Log 58 und die dort aufgeführten nt Par zu verweisen ist. Naheliegend ist schließlich auch das Logion Mt 5,8, das ebenfalls aus der mt Bergpredigt stammt und bei Lk keine Par hat: „Selig sind die, die reinen Herzens sind (οἱ καθαροὶ τῇ καρδίᾳ); denn sie werden Gott schauen (τὸν θεὸν ὄψονται)."; dies betrifft jedoch nur die 2. Satzhälfte.

Ob unser Logion (S.1) von einer dieser Stellen abgeleitet ist, erscheint zweifelhaft. SCHRAGE, Verh, 147f; FIEGER, EvThom, 199f vermuten eine Abhängigkeit von Mt 5,8 u n d 5,10. Die erstere würde eine redaktionelle Bildung des Mt, die für ihn charakteristisch wäre, voraussetzen. Nach BULTMANN, Tradition, 114f.134f liegt dies zwar sowohl für Mt 5,8 als auch 5,10 nahe (für Mt 5,8 anders jedoch schon J. JEREMIAS, Theologie, 199.218.238). Eine Klarheit lässt sich aber nicht sicher gewinnen, zumal ebenso wie beim „Verfolgtwerden" Tradition vorliegen kann. Auch eine Abhängigkeit unseres Logions von der letzteren oder von Log 68 ist nicht festzustellen, s. die Ausf. zu Log 68 u. bes. PATTERSON, GosThom, 51f.

Die Zurückführung auf die Predigt des historischen Jesus erscheint freilich eher fraglich. Allenfalls die Wendung von der „Reinheit" des „Herzens" ist, besonders in weisheitlicher Literatur weit verbreitet (s. z.B. Ps 24,4; 51,12; 73,1; Asc Mos 7,1ff u. 1Tim 1,5; 2Tim 2,22 u.a.). Dagegen ist diejenige vom „Verfolgtwerden" „im Herzen" singulär und ähnelt der sekundären Formulierung von den „Armen" „im Geiste" (Mt 5,3). Das „Schauen" Gottes ist zwar auch verbreitet (s. z.B. 1Joh 3,2; 2Kor 5,7 u.ä.). Dabei ist die Ausdrucksweise in Log 69 S.1, „den Vater in Wahrheit zu erkennen", jedoch speziell joh geprägt, s. Joh 4,23; 10,15; 14,17; 16,3; diese wird wiederum das EvVer beeinflusst haben, s. 16,33; 18,6ff; 23,18; 24,28ff. Eine Herkunft des S.1 vom historischen Jesus kommt insgesamt wohl nicht in Frage, jedoch handelt es sich um eine durchaus frühchristliche, nicht etwa gnostische Äußerung (s. auch ZÖCKLER, EvThom, 116f; LÜDEMANN, Jesus 2000, 792; FUNK u. JS., Five Gospels, 512).

Zu S.2. Auch hier ist ein sprachliches Problem, da es zu Beginn des Nachsatzes wörtlich: ϣⲓⲛⲁ (gr. ἵνα) heißt, so dass auch übersetzt werden könnte: „Selig sind die, die Hunger leiden, d a m i t der Leib dessen gesättigt wird, der es wünscht" (so auch BETHGE, Synopsis, 537). Jedoch ergibt sich daraus kein überzeugend nachvollziehbarer Sinn. Zudem kann das gr. ἵνα, dessen kopt. Lehnwort hier vorliegt, nicht nur final, sondern auch mit „daher" oder „denn" übersetzt werden; dann ergibt sich ein Satzbau, der auch der Par in Mt 5,6 = Lk 6,21 zugrunde liegt (so auch ZÖCKLER, EvThom, 42; HAENCHEN, EvThom, 27 u.a.).
Da gnostische Herkunft wegen der Betonung des „Leibs" (ϩⲏ, wörtl. „Bauch") nicht zu erwarten ist, kommt auch hier als traditionsgeschichtlicher Kontext nur die obige synoptische Seligpreisung in Betracht, die im Rahmen der mt Bergpredigt bzw. lk Feldrede anzutreffen ist. Sie lautet nach Lk 6,21a: „Selig seid ihr, die ihr jetzt hungert (οἱ πεινῶντες νῦν); denn ihr werdet gesättigt werden (χορτασθήσεσθε)". Nach Mt 5,6 heißt es: „Selig sind, die hungern und dürsten nach der Gerechtigkeit (οἱ πεινῶντες καὶ διψῶντες τὴν δικαιοσύνην); denn sie werden gesättigt werden (χορτασθήσονται)". Dieser Spruch stammt nach herrschender Auffassung aus der Logienquelle Q. Es werden dort diejenigen „selig" gepriesen, die „hungern; denn sie werden gesättigt werden". Dies folgt daraus, dass die Hinzufügung „nach der Gerechtigkeit" typische mt Redaktion ist, die dem mt Bedürfnis nach Ethisierung der Makarismen entspricht, zusätzlich passt dazu das „Dürsten" nach der Gerechtigkeit. Demgegenüber ist das „jetzt" bei Lk sekundär, es handelt sich um eine lk Vorzugsvokabel. Gleiches gilt für die Fassung in der 2. Pers. („ihr") gegenüber der sonst gebräuchlichen 3. Pers. Pl. (in diesem Sinne auch SCHULZ, Q, 77; ähnl. POLAG, Fragmenta Q, 32f; v. HARNACK, Sprüche, 38f).
Was unser Log 69 S.2 betrifft, so nehmen SCHRAGE, Verh, 149f; FIEGER, EvThom, 200 eine „freie Kombination" aus Mt und Lk und somit literarische Abhängigkeit von EvThom an. Dies ist jedoch unzutreffend. Bei EvThom findet sich keinerlei typisches redaktionelles Material aus Mt oder Lk oder auch Q. Im Gegenteil haben beide Synoptiker ihre Fassungen redaktionell verändert (Mt: „nach der Gerechtigkeit" und „dürsten" sowie Lk: „jetzt" und 2. Pers. Pl.). Diese Abänderungen sind vom EvThom aber nicht übernommen worden. Da das EvThom offenbar auch die gesamte Komposition der Bergpredigt bzw. Feldrede nicht kannte und seine Seligpreisungen als isolierte Einzellogien tradiert (s. z.B. Log 54 und 58), dürfte die Selbstständigkeit und Unabhängigkeit von Log 69 S. 2, und zwar auch von Q, nicht zu

bezweifeln sein (so auch PATTERSON, GosThom, 51ff; SIEBER, Analysis, 33ff; ZÖCKLER, EvThom, 42f). Bei der Prüfung der Annahme authentischer Jesus-Tradition ist davon auszugehen, dass unser Spruch auf dem Boden frühjüdischer Spruchweisheit anzusiedeln ist, allerdings wird normalerweise den Tugendsamen und Wohlgeratenen das Heil zugesprochen (s. BORNKAMM, Jesus, 68f; J. BECKER, Jesus, 196f). Im Gegensatz dazu liegt bei Jesus ein prophetisch-eschatologischer Zuspruch vor, der den faktisch-biologisch Hungrigen die Umkehrung ihrer Verhältnisse im nahe bevorstehenden Reich Gottes verheißt. Wie auch bei Log 54 steht den Hungernden schon jetzt das Reich zu, und Jesus sagt ihnen somit die Kraft und Möglichkeit zur Veränderung ihrer Verhältnisse zu. Das entspricht auch dem Kern at Hoffnung und Verheißung (s. Jes 49,8ff; 57,15; 61,1ff; Ps 107 usw.) und steht in Kohärenz mit der sonstigen Jesus-Verkündigung (s. z.B. Mt 11,5f; Lk 4,17ff). Im Urchristentum wird die Verheißung dann spiritualisiert und ethisiert, wie Mt 5,6 zeigt. Insgesamt ist unser Spruch sowohl nach einem modifizierten Differenzkriterium wie auch nach dem Gesichtspunkt der Kohärenz als echt anzusehen, wobei noch seine gute Bezeugung hinzukommt (s. THEISSEN - MERZ, Historischer Jesus, 232f; J. BECKER, Jesus, 196f; CROSSAN, Historischer Jesus, 573; LÜDEMANN, Jesus 2000, 376.792 und schon BULTMANN, Jesus, 23.138; Tradition, 114ff u. J. JEREMIAS, Theologie, 114f).

Diese Beurteilung betrifft allerdings nicht so sehr die sekundär veränderten Mt- und Lk-Versionen, als vielmehr in erster Linie die Q-Fassung. Gleichberechtigt daneben tritt die Fassung in Log 69 S.2, da sie ebenfalls keine sekundären Erweiterungen aufweist. Auch der Nachsatz ist eine unabhängige sprachliche Variante zur Q-Ausdrucksweise, die einen entsprechenden Sinn wie diese hat (s. auch FUNK u. JS., Five Gospels, 512).

LOG 70

1. JESUS SPRICHT: WENN IHR JENES IN EUCH ERZEUGT, WIRD DAS, WAS IHR HABT, EUCH ERRETTEN. 2. WENN IHR JENES NICHT IN EUCH HABT, WIRD DAS, WAS IHR NICHT IN EUCH HABT, EUCH TÖTEN.

Eine Stichwortverbindung kann darin gesehen werden, dass auch im vorigen Logion vom Inneren des Menschen geredet wird, „in eurem Herzen" und hier von „in euch"; das Wort kann daher als erläuterndes Zusatzwort in die Reihe der Seligpreisungen einbezogen werden.

Das Logion wird von MÉNARD, EvThom, 171f; GÄRTNER, Theology, 264 gnostisch aufgefasst: „Jenes", was „in euch" ist, wird als der göttliche Lichtfunke oder der Erlöser im Inneren verstanden; dieser darf nicht nur besessen werden, sondern muss auch erkannt werden (entspr. EvPhil Log 105: „Muss nicht jeder, der alles besitzt, dies alles auch kennen? Die einen, wenn sie es nicht kennen, werden auch nicht genießen, was sie besitzen. Die es aber kennen gelernt haben, werden es auch genießen". Das gnostische oder gnostisierende Verständnis unseres Rätselspruchs ist zwar möglich, jedoch ist eine Herleitung aus frühchristlicher Tradition näher liegend.

Infrage kommen synoptische Überlieferungen wie Mk 4,25 Par Mt 13,12 / Lk 8,18 und Mt 25,29 Par Lk 19,26 (Q), die sämtlich wiederum eine Parallele in Log 41 EvThom haben. Log 70 kann als Dublette von Log 41 angesehen werden, die Zusammengehörigkeit beider wird auch von HAENCHEN, EvThom, 61f; GÄRTNER, Theology, 264 anerkannt. Traditionsgeschichtlich muss daher zunächst Mk 4,25 Par betrachtet werden, im Kontext eines Spruchs vom Tun-Ergehen-Zusammenhang: „Denn wer hat, dem wird gegeben werden; und wer nicht hat, dem wird auch das genommen werden, was er hat (zu den Par s. bei Log 41). Die Lk/Mt- (Q-) Fassung findet sich im Rahmen apokalyptischer Gleichnisse und lautet: „Ich sage euch: Jedem, der hat, wird gegeben werden; dem aber, der nicht hat, wird auch das genommen werden, was er hat" (auch hier näheres bei Log 41). Log 41 betont, dass dem, der „etwas in seiner Hand hat", „gegeben" werde. Und wer nicht „hat", dem werde auch „das Wenige, was er hat", „genommen" werden.

Im Zusammenhang von Log 41 ist bereits ausgeführt worden, dass wir es bei den vorgenannten Logien mit drei unabhängigen Quellen zu tun haben. Eine Abhängigkeit etwa des EvThom Log 41 von den synoptischen Überlieferungen ist nicht gegeben (s. auch PATTERSON, GosThom, 37; SIEBER, Analysis, 163ff, gegen SCHRAGE, Verh, 96ff). Dagegen könnte unser Log 70 eine sekundäre Weiterentwicklung von Log 41 sein. Dieser Spruch handelt davon, dass jemand etwas in seiner Hand hat. Er besitzt seine Gaben und Fähigkeiten nicht nur, sondern handhabt, gebraucht und nutzt sie, weshalb Gott ihm Wachstum und Reichtum schenkt. Ähnlich, aber mit Betonung auf den Gaben „in euch", wie etwa Glaube und Erkenntnis, geht es bei Log 70 ebenfalls darum, diese nicht nur zu haben, zu besitzen, sondern sie zu „erzeugen" (ⲭⲡⲉ), hervorzubringen und zu entfalten (s. auch treffend MARTIN, EvThom, 227f). Erst dann wird das, was „ihr habt", euch „erretten" (ⲧⲟⲩⲭⲉ), heilen, zum Heil führen. Allerdings besteht, wie auch bei Log 41, auch die Gefahr, dass das, was „ihr nicht habt", euch „töten" (ⲙⲟⲩⲧ) könnte. Die Formulierung ist in S.2, ähnlich wie auch bei Log 41, freilich unvollständig: Sie wiederholt nicht das ausführliche „in euch erzeugen"

und „haben" des ersten Satzes, sondern verkürzt es auf ein „nicht in euch haben"; damit kann aber nur das Gegenteil des ersteren, nicht aber ein Anderes gemeint sein.
Es geht daher hier, wie ZÖCKLER, EvThom, 192 zutreffend ausführt, um die Situation des Menschen im Verhältnis eines „radikalen Entweder-Oder" (ähnlich wie bei Log 60 u.ö.). Log 70 spricht vom einen Inneren des Menschen in Glauben und Erkenntnis, das, wenn es zur Entfaltung gebracht wird, Wachstum und Erlösung herbeiführt. Wenn es dagegen nicht beachtet wird, wirkt es zerstörend im Sinne eines geistig-seelischen Todes. Eine wörtliche Zugehörigkeit zur Verkündigung des historischen Jesus wird man in unserem Text nicht nachweisen können (so allg. Meinung, s. z.B. LÜDEMANN, Jesus 2000, 792 mit freilich übertriebener Abwehr; ferner CROSSAN, Historischer Jesus, 579 und FUNK u. JS., Five Gospels, 513). Jedoch handelt es sich um eine einleuchtende Weiterentwicklung des Jesus nahestehenden Log 41, die sich im übrigen völlig im urchristlichen Rahmen hält.

LOG 71

JESUS SPRICHT: ICH WERDE DIESES HAUS ZERSTÖREN, UND NIEMAND WIRD ES WIEDER ERBAUEN KÖNNEN.

Das Logion ist stichwortmäßig insofern mit dem vorhergehenden Wort verkoppelt, als es von „zerstören" und das vorhergehende von „töten" spricht. Der Spruch ist am Schluss fragmentarisch; hier wird mit einem Spatium am Zeilenende zu rechnen sein (s. auch BETHGE, Synopsis, 537 u.a.). Im übrigen ist über den Charakter als Ich-Wort ein Zusammenhang mit Log 72 hergestellt.
Eine gnostisierende Deutung des Spruchs ist zwar möglich, nämlich als Negierung des „Leibes" (so GÄRTNER, Theology, 173f), vielleicht sogar als Abweisung der Auferstehung des Leibes (wie RILEY, Resurrection Reconsidered, 154ff annimmt), oder auch der materiellen „Welt" (vgl. HAENCHEN, EvThom, 64f), und möglicherweise auch vom Endredaktor gewollt. Das könnte sich aus dem vorliegenden Zusammenhang des Logions und evtl. dem Gebrauch des Worts „Haus" (ΗΕΙ) ergeben (vgl. dazu auch Log 16,21,35,48,64,97 u. 98). Die ursprüngliche Herkunft des Spruchs ist aber eindeutig im urchristlichen, und zwar wohl apokalyptischen Bereich zu finden. „Dieses Haus" ist traditionell als das Heiligtum in Jerusalem, nämlich der Tempel zu identifizieren (s. 1Kön 8,27.29.43; Jer 7,10.11; Hag 2,3.7.9; vom Tempel als „Haus" Gottes sprechen aber auch Mk 11,17 Par Mt 21,13 u. Lk 19,46; Joh 2,15.17 usw.). Traditionsgeschichtlich ist das Logion daher

mit den frühchristlichen Worten über den Tempel in Jerusalem und seine Zerstörung und besonders mit der Verkündigung Jesu in dieser Richtung in Beziehung zu sehen (so auch PATTERSON, GosThom, 53f; LÜDEMANN, Jesus 2000, 793 u.a.).
Als nächste Parallele kommt somit Mk 14,58 Par Mt 26,61 in Betracht, das sog. Tempellogion, das Jesus im Rahmen seines Prozesses vor dem Hohen Rat vorgeworfen, vom Evangelisten Mk aber ausdrücklich als „falsches Zeugnis" bezeichnet wird: „Ich werde diesen mit Händen gemachten Tempel (τὸν ναὸν τοῦτον) zerstören (καταλύσω) und nach drei Tagen (διὰ τριῶν ἡμερῶν) einen anderen aufbauen (οἰκοδομήσω), der nicht mit Händen gemacht ist". Die mt Par im gleichen Prozess-Zusammenhang lautet abgeschwächt: „Ich kann (δύναμαι) den Tempel Gottes zerstören und nach drei Tagen aufbauen". Lk lässt das Wort in seinem Verfahrens-Kontext (22,66-71) ganz aus und schiebt es in dem von ihm analog gestalteten Verfahren gegen Stephanus nach, worin „falsche Zeugen" dem Stephanus vorwerfen (s. Apg 6,14): „Denn wir haben ihn sagen hören: Dieser Jesus, der Nazoräer, wird diese Stätte (τὸν τόπον τοῦτον) zerstören (καταλύσει) und die Gebräuche ändern, die uns Mose überliefert hat". Mk wiederholt das Wort in seinem Evangelium nochmals in der Kreuzigungsszene und lässt „Vorübergehende" Jesus „lästern": „Ha, der du den Tempel zerstörst und in drei Tagen aufbaust, rette dich selbst und steige vom Kreuz herab!" (Mk 15,29f Par Mt 27,40). Eine wesentlich abweichende Variante des Tempelworts findet sich in Joh 2,19 in einem Anhang an die joh Tempelaktion Jesu als Antwort auf die Frage der „Juden" nach einem Legitimationszeichen für sein Handeln: „Brecht diesen Tempel ab (λύσατε τὸν ναὸν τοῦτον), und in drei Tagen (ἐν τρισὶν ἡμέραις) will ich ihn wiedererstehen lassen (ἐγερῶ = auferstehen lassen)". Der Evangelist kommentiert im Anschluss daran, Jesus habe vom Tempel seines „Leibes" gesprochen (2,21), wiederum eine nachträgliche Abschwächung des sonst als unpassend empfundenen Worts.
Schließlich ist auf zwei weitere Logien hinzuweisen, die von den Evangelisten uneingeschränkt als Worte Jesu über das Schicksal des Jerusalemer Tempels bezeichnet werden und nicht Jesus, sondern Gott als Handelnden ansehen. So sagt Jesus nach Mk 13,2 vor der sog. Endzeitrede nach dem Hinweis einer seiner Jünger auf die Pracht des Tempelbaus: „Siehst du diese großen Bauten? Kein Stein wird auf dem anderen bleiben (οὐ μὴ ἀφεθῇ ὧδε λίθος ἐπὶ λίθον), der nicht zerstört würde (καταλυθῇ)". Besonders das Verb καταλύειν zeigt hier die Verbindung zu den bisherigen Tempelworten. Die Par in Mt 24,2 setzt ein „Wahrlich (Amen), ich sage euch..." hinzu, und Lk fügt ein: „Es werden Tage kommen, wo..." ein (Lk 21,6). Eine weitere dazu gehörige Tradition findet sich in Q, nämlich Lk 13,35 = Mt 23,38 im Kontext

mehrerer Logien, die sich mit Jerusalem auseinandersetzen: „Siehe, euer Haus wird euch öde gelassen" (ἰδοὺ ἀφίεται ὑμῖν ὁ οἶκος ὑμῶν, Mt zuzüglich: ἔρημος). Auch hier ist „euer Haus" der Tempel in Jerusalem, von dem Jesus prophezeit, dass Gott ihn verlassen wird (ebenfalls als passivum divinum formuliert), so dass das Heiligtum dann der Zerstörung anheimfällt.

Was unser Log 71 betrifft, so gehört es ersichtlich zu den Sprüchen, die eine Aktivität Jesu bei der Beseitigung des Tempels, nicht nur eine solche Gottes vorsehen. Allerdings findet sich auch hier eine gewisse Einschränkung: Der Tempel soll zwar zerstört werden, ohne von jemandem wieder aufgebaut werden zu können, jedoch ist auch von der Errichtung eines anderen „himmlischen" Tempels (wie in Mk 14,58 erfolgt) nicht die Rede. Eine Abhängigkeit des Worts von den nt Texten, die LÜDEMANN, Jesus 2000, 793 und K. PAESLER, Das Tempelwort Jesu (1999), 111ff behaupten, ist nicht festzustellen. Es setzt durchaus nicht zwingend voraus, dass zuvor von einem möglichen Wiederaufbau gesprochen wurde. Der 2.Hs. kann auch besonders nachdrücklich die Zerstörung des alten, als pervertiert angesehenen Tempels betonen wollen. Dass der Wiederaufbau nicht erfolgen „könne" (gr. δύναμαι; kopt. ϣ), zeigt auch keine Abhängigkeit von der redaktionellen Fassung des Mt; denn dort (s. Mt 26,61) „kann" Jesus gerade den Tempel zerstören und wiederaufbauen. Schließlich kann auch die Verwendung des Terminus „Haus" (ϩⲉⲓ) durch EvThom nicht als sekundär angesehen werden, im Gegenteil. Der Hinweis auf 2Kor 5,1 („irdische Zeltwohnung": οἰκία τοῦ σκήνους) liegt weitab, viel näher ist der Bezug zu Lk 13,35 Par (Q) („Haus": οἶκος), und hier dürfte „Haus" alte Tradition und nicht synoptische Redaktion sein. Log 71 muss daher durchaus als selbstständige Tradition angesehen werden, die nicht von anderen nt Stellen abhängig ist (so auch PATTERSON, GosThom 53f.109f; CROSSAN, Historischer Jesus, 470ff u. ders., Wer tötete Jesus?, 1999, 83ff, der sogar Log 71 für die ursprünglichste Fassung der Tempelprophezeiung hält).

Die Frage der Ursprünglichkeit der Stellungnahme Jesu zum Tempel ist allerdings im einzelnen sehr komplex. Sicher ist Mk 15,29f Par Mt 26,61 eine sekundäre Variante zu Mk 14,58, dessen Par in Mt 26,61 ebenfalls abgeleitet ist. Im übrigen müssen die Logien, die von Jesus als Subjekt des Handelns sprechen, wieder von denjenigen unterschieden werden, die vom Eingreifen Gottes handeln. Die ersteren, nämlich Mk 14,58; Joh 2,19; Apg 6,14 und auch EvThom Log 71 dürften gegenüber den letzteren sekundär verändert worden sein, und zwar unter dem Eindruck der von den Jüngern erlebten Auferstehung als dem Herrschaftsantritt Jesu, ihres Herrn. Eine ähnliche Christologisierung als nachösterliche Reflexion ist auch sonst, z.B. bei den Gleichnissen Jesu und im

Zusammenhang der Menschensohn-Worte zu beobachten (so auch PAESLER, s.o., 189ff, mit näherer Begründung). Man wird daher davon ausgehen müssen, dass in der ältesten Schicht (indirekt) von einem Handeln Gottes und nicht Jesu die Rede war.

Zu unterscheiden ist davon allerdings der in diesen Worten vorkommende Gedanke der Zerstörung des Tempels (Hauses) und der einer Neuerrichtung. Auch die letztere kann ursprünglich sein, ähnlich den Vorstellungen in äthHen 90,28ff; syr Bar 32,4; Jub 1,29 und auch in Qumran (11 QT 29,9). Dies gilt besonders deswegen, weil der Jerusalemer Tempel im Jahre 70 real von den Römern zerstört worden ist, eine Wiedererrichtung jedoch auf sich warten ließ. Aus diesem Grunde wird es dann auch zu sekundären Anpassungen der Jesus-Logien gekommen sein (so auch CROSSAN, Historischer Jesus, 470ff). Das gilt besonders für die beiden charakteristischen Tempellogien, nämlich das vor-mk Logion Mk 14,58 wie auch das ebenfalls aus einer vor-joh Quelle stammende Wort in Joh 2,19. Beide sehen eine Neuerrichtung „nach" bzw. „in" „drei Tagen" vor und beziehen sich damit wohl bereits auf die Auferweckung Jesu. Das ist in Joh 2,19 besonders deutlich durch das Wort ἐγείρειν (auferwecken), die imperativische Aufforderung zum Abbrechen des Tempels und die Notiz in 2,21. In Mk 14,58 ist auch noch auffällig die Gegenüberstellung des „mit Händen gemachten" und des „nicht mit Händen", somit durch Gott gewirkten, „himmlischen" Baus, die wohl aus der hellenistisch-christlichen Kultkritik stammt und ebenfalls einen übernatürlichen Neuaufbau im Auge hat (vgl. dazu auch Hebr 9,11.24 u. Eph 2,11; Kol 2,11). Lk lässt in Apg 6,14 den Gedanken der Neuerrichtung des Tempels ganz weg, wohl weil er mit einem erneuten Aufbau überhaupt nicht mehr rechnet.

Unser Log 71 könnte, was seinen Nachsatz betrifft, ebenfalls in diesem Umfeld geprägt sein. Es spricht gleichfalls nicht von einer erneuten Errichtung des bisherigen oder eines neuen Tempels, sondern schließt in einer deutlichen kultkritischen Spitze bereits die bloße Möglichkeit eines Wiederaufbaus aus. Auch wenn die Ausformulierung unseres Logions in seinem „Ich"-Aufbau nicht ursprünglich sein mag, ist diese Endgültigkeit der Zerstörung des Tempels wohl echt und entspricht auch der sog. Tempelaktion Jesu (Mk 11,15-18 m. Par, auch in Joh 2,12ff), die ebenfalls in den Zusammenhang der Tempellogien gehört. Diese Aktion, eine prophetische Zeichenhandlung Jesu, mit der er die Händler, besonders Geldwechsler und Taubenverkäufer aus dem Tempelvorhof vertrieb, sollte nicht nur ein überbordendes Händlerunwesen brandmarken (im Sinne einer „Reinigung" des Tempels, s. z.B. BORNKAMM, Jesus, 146 u.a.). Vielmehr muss man sie als Angriff auf den Tempelkult und das Sühneopfer allgemein ansehen, da sie in ihrem Gehalt diesen unmöglich machte und damit zeichenhaft den Kultbetrieb aufhob (s. dazu i. e. PAESLER, s.o., 233ff [244]; J. ADNA, Jesu Stellung zum Tempel, 1999, 334ff; E.P. SANDERS, Sohn Gottes, 372ff; N.T. WRIGHT, Jesus, 424f; LÜDEMANN, Jesus 2000, 108 u.a.; a.M. C.A. EVANS in ders./ B. CHILTON, Jesus in Context, 1997, 395ff [435]). Diese Aufhebung kann man im Sinne der Gesamtverkündigung Jesu nur eschatologisch deuten: Durch die mit Jesus hereinbrechende Gottesherrschaft erschien Größeres auf dem Plan als der Tempel und sein Opferkult, der dadurch zurücktreten und letztlich überflüssig werden musste. Diese Schlussfolgerung war auch durchaus endgültig, so dass gemäß Log 71 den Tempel niemand mehr wieder aufbauen „konnte" und sollte.

Als ursprünglich ist somit auch eine Fassung des Tempellogions anzusehen, wonach Jesus prophezeite, dass der Tempel durch Gott endgültig „zerstört" werden würde. Möglicherweise sollte allerdings ein „anderer", völlig neuer Tempel errichtet werden, der in Jesu „Leib" bzw. in seiner Gemeinschaft gesehen werden konnte. Am nächsten kommen der Zerstörung des Tempels durch Gott letztlich freilich Logien wie Mk 13,2 Par sowie Lk 13,35 / Mt 23,38 (Q), die auch nebeneinander vorgestellt werden können, sich also nicht gegenseitig verdrängen. Sie sagen in einem passivum divinum beide die echatologische Zerstörung des Tempels in Jerusalem durch Gott und damit die Aufhebung des Opferkults aus und können somit auch als die ältesten Fassungen des Tempellogions angesehen werden (so auch PAESLER, s.o., 250ff.256ff; THEISSEN - MERZ, Historischer Jesus, 380f.378 u. schon J. JEREMIAS, Theologie, 129 u. KÜMMEL, Verheissung und Erfüllung, 1996, 73ff).

Mk 13,2 kommt auch als vaticinium ex eventu nicht in Betracht, da der Tempel faktisch zunächst nicht geschleift wurde, wie das Wort nahe legt, sondern verbrannt wurde. Im übrigen liegt die dem Mk zugrunde liegende Tradition dem Jahre 70 erheblich voraus, sie gehört nicht zur möglicherweise sekundären Mk-Apokalypse und ist auch nicht speziell mk geformt. Sie entspricht in der Formulierung durchaus jüdischer Überlieferung (s. dazu z.B. Hag 2,15; 2Kön 23,15). Auch Lk 13,35 Par (Q) hat at-jüdische Wurzeln. So sprechen auch Jer 12,7; Ez 11,22f vom Auszug der Herrlichkeit Gottes aus dem Heiligtum. Dem folgt sinngemäß die Zerstörung des Tempels als Gericht aufgrund der immer wiederkehrenden und hartnäckigen Ablehnung der Heilsbotschaft durch die Träger des Kultzentrums (s. K.H. TAN, The Zion Traditions and the Aims of Jesus, 1997, 113ff; a.M. O.H. STECK, Israel und das gewaltsame Geschick der Propheten, 1967, 237ff; s. allg. aber auch J. JEREMIAS, s.o., 129; BULTMANN, Tradition, 120f.126f).

Insgesamt ist die Prophezeiung von der Zerstörung des Tempels (und auch vielleicht der danach folgenden Wiedererrichtung eines ganz

„anderen" und neuen Tempels) durch die zahlreichen unabhängigen Zeugnisse als so gut belegt anzusehen, dass man sie auch als Wort des historischen Jesus ansehen muss. Sie befindet sich in deutlichem Kontrast zur Sicht des zeitgenössischen Judentums, für die der Tempel der Mittelpunkt des kultischen Lebens war, wie auch der urchristlichen Praxis, die sich weiter dem bisherigen Tempeldienst verbunden fühlte (s. z.B. Mt 5,23f; Apg 2,46;3,1 usw.). Letztlich stehen auch das Tempelwort sowie Jesu symbolischer Angriff gegen den Tempelkult durch die Tempelaktion in engstem Zusammenhang und gehören in den Raum seiner endzeitlichen Reich-Gottes-Botschaft (so auch THEISSEN - MERZ, Historischer Jesus, 380f; CROSSAN, Historischer Jesus, 470ff.572; E.P. SANDERS, Sohn Gottes, 372ff; PAESLER, s.o., 250ff.256ff; a.M. J. BECKER, Jesus, 402ff).

Mit den bereits genannten Einschränkungen (bes. was das anzunehmende passivum divinum betrifft) kann daher auch von der Authentizität der Tempelweissagung gemäß Log 71 ausgegangen werden, etwa mit dem Wortlaut: „Dieses Haus wird zerstört werden, so dass es von niemandem wieder erbaut werden kann" (und vielleicht daran anschließend: „und dann wird ein anderes erbaut werden, das nicht mit Händen gemacht ist" o.ä.) (zur Form i. e. zweifelnd s. noch FUNK u. JS., Five Gospels, 513).

LOG 72

1. EIN MENSCH SPRACH ZU IHM: SAGE MEINEN BRÜDERN, DASS SIE DEN BESITZ MEINES VATERS MIT MIR TEILEN SOLLEN. 2. ER SPRACH ZU IHM: O MENSCH, WER HAT MICH ZUM TEILER GEMACHT? 3. ER WANDTE SICH UM ZU SEINEN JÜNGERN UND SPRACH ZU IHNEN: BIN ICH ETWA EIN TEILER?

Die Stichwortverbindung zum vorherigen Logion ist zwar relativ unauffällig. Sie dürfte aber über das in beiden Logien vorhandene „Ich" zu finden sein: Während Jesus nach Log 71 es ist, der den Tempel und damit die alte Welt zerstört, will er nach Log 72 nicht ein „Teiler" sein, sondern einer, der durch Einigung eine neue herbeiführt.
Sicherlich kann dies gnostisierend oder gnostisch verstanden werden (so wiederum SCHRAGE, Verh, 152f; MÉNARD, EvThom, 173). Dies ist bereits bei den Logien über die Einswerdung (s. Log 11,22,61,106 u.a.) ausgeführt worden und findet sich auch z.B. in EvPhil Log 78; danach ist Jesus „gekommen, damit er die Trennung, die von Anfang an bestand, berichtige" und „damit er denen, die sich mit Trennung angefüllt hatten, Leben gebe und sie vereinige". Jesu Aufgabe ist somit die Vereinigung

und Einsmachung des Gegensätzlichen und nicht die Einmischung in materielle Angelegenheiten, die auf Teilung hinauslaufen.
Allerdings ist es auch hier notwendig, die Traditionsgeschichte des Logions vom frühchristlichen Umfeld her zu entwickeln, da nur von hier aus seine Entstehung verständlich ist. Die entscheidende Parallele befindet sich danach im Sondergut des Lk, nämlich in der Beispielgeschichte Lk 12,13-15, die eingeschoben ist in Reden Jesu an seine Jünger, einerseits über die Gabe des heiligen Geistes und andererseits über die Gefahren des materiellen Reichtums und des Sorgens darum.
Sie lautet: „Es sagte aber einer aus dem Volk zu ihm: Meister, sage meinem Bruder, die Erbschaft (κληρονομίαν) mit mir zu teilen (μερίσασθαι)! Er jedoch sprach zu ihm: Mensch, wer hat mich zum Richter (κριτὴν) oder Teiler (μεριστὴν) über euch gemacht? Darauf sagte er zu ihnen: Seht zu und hütet euch vor aller Habsucht; denn auch wenn einer Überfluss hat, beruht sein Leben nicht auf seinem Besitz." Bei dieser Perikope dürften die Einleitung V.13a, insbesondere „einer aus dem Volk" und auch die Anrede „Meister" redaktionell sein (vgl. ähnlich Lk 10,25; 11,45; ferner 7,40). Auch die Anwendung V.15 ist typisch lk und dient der Überleitung zum Gleichnis vom reichen Kornbauern (s. BULTMANN, Tradition, 208f; E. SCHWEIZER, Lk, 136 u.a.). Im übrigen dürfte das Stück traditionell sein, wobei allerdings die Doppelung „Richter" und „Teiler" sprachlich sekundär sein wird, evtl. in Analogie zu der aus Ex 2,14; Apg 7,27 bekannten Wendung. Weil Lk (im Gegensatz zu EvThom) allgemein und besonders auch im vorliegenden Zusammenhang apokalyptisch ausgerichtet ist, könnte er den Terminus „Richter" hinzugefügt haben. Die Hinzusetzung von „Teiler", bis Lk ein Hapaxlegomenon, ist eher unwahrscheinlich (PATTERSON, GosThom, 44; a.M. T. BAARDA, Luke 12,13-14, 1995, 120ff).
Da sich bei Log 72 keinerlei charakteristische redaktionelle Elemente der lk Fassung finden, muss davon ausgegangen werden, dass das Logion von Lk unabhängig und selbstständiger Tradition verpflichtet ist. Das bestreiten allerdings SCHRAGE, Verh, 151f und FIEGER, EvThom, 204. Ersterer weist selbst darauf hin, dass die Einleitung mit der Bemerkung „einer aus dem Volk" lk sein kann. Dass EvThom sie bei einer Lösung aus dem Kontext getilgt haben sollte, ist doch eher unwahrscheinlich, zumal er eine ähnliche Notiz in Log 79 selbst hat. Auch weist EvThom die sonstigen typisch redaktionellen Teile des Lk, wie die Anwendung über die „Habsucht", nicht auf. Schließlich ist auch nicht überzeugend die Beobachtung SCHRAGEs, dass e i n sah Manuskript des Lk nur μεριστής aufweist; denn eine Mehrheit von ihnen hat „Richter" u n d „Teiler", wobei das kopt. NT allgemein noch für

„Teiler" ⲣⲉϥⲡⲱⲣϫ und nicht, wie bei EvThom, ⲣⲉϥⲡⲱϣⲉ benutzt (s. PATTERSON, GosThom, 54f; SIEBER, Analysis, 215). Eine Abhängigkeit des Log 72 von Lk ist daher nicht anzunehmen. Vielmehr liegen zwei unabhängige Bezeugungen des vorliegenden Apophthegmas (BULTMANN) vor, die für Authentizität der Überlieferung sprechen (so auch LÜDEMANN, Jesus 2000, 793.436; vgl. ferner J. BECKER, Jesus, 325f). Allerdings weist nicht nur Lk, sondern vielleicht auch EvThom redaktionelle Abänderungen auf. Zwar wird die Bezeichnung als „Teiler" wie gezeigt traditionell sein. Jedoch ist typisch thom die Formulierung „Besitz (Sachen) meines Vaters" (ⲛ̄ϩⲛⲁⲁⲩ ⲙ̄ⲡⲁⲉⲓⲱⲧ), wie Log 61 ergibt, und vielleicht auch der Nachsatz mit der doppelten rhetorischen Frage: „Bin ich etwa ein Teiler", wodurch nochmal die Abwegigkeit der Rolle Jesu als „Teiler" herausgestrichen werden soll. Wegen des restlichen Bestandes wird Log 72 jedoch als ursprünglich und zur Verkündigung des historischen Jesus gehörig anzusehen sein (s. CROSSAN, Historischer Jesus, 574; für Möglichkeit der Echtheit auch FUNK u. JS., Five Gospels, 513f; G. RILEY, HTR 88, 1995, 229ff geht sogar von Priorität des Log 72 gegenüber Lk aus).
Neben der nunmehr guten Bezeugung ist insofern besonders darauf hinzuweisen, dass die Szene in das palästinensische Milieu gut hinein passt und auch mit der übrigen Verkündigung Jesu kohärent ist. Jesus lehnt die Tätigkeit als Richter bei einer Erbauseinandersetzung zwischen vermögenden Brüdern ab, wie sie nach Dtn 21,16f; Num 27,8ff möglich und üblich war. Dabei handelt er nicht so sehr aus „juridischem Desinteresse", wie BRAUN, Jesus, 86 meint (die Ablehnung des „Richtens" Mt 7,7 Par betrifft lediglich die Straf- und Vergeltungsjustiz). Vielmehr will Jesus angesichts des kommenden Gottesreichs nicht an der Durchsetzung privater Besitzinteressen mitwirken, die lediglich zur Trennung und Entzweiung der Brüder führen würden (s. auch BECKER, s.o., 325f; RENGSTORF, Lk, 159). Damit steht sein Verhalten aber ganz in sinnvollem Zusammenhang mit seiner Predigt, die vor Bereicherung, übermäßigem Privateigentum und Habsucht warnt (zur dann wieder differenten Handhabung von Besitzstreitigkeiten der frühen christlichen Gemeinde sei auf 1 Kor 6,4ff verwiesen).

LOG 73

JESUS SPRICHT: DIE ERNTE IST ZWAR GROSS, ES SIND ABER WENIGE ARBEITER DA. BITTET ABER DEN HERRN, DASS ER ARBEITER ZUR ERNTE AUSSENDE!

Die stichwortmäßige Beziehung zu Log 72 ist relativ schwach. Es ist davon auszugehen, dass die Log 73,74 und 75 in einem einheitlichen Zusammenhang zu sehen sind, nämlich unter dem Gedanken, dass viele zum Heil berufen sind, aber anstößigerweise nur wenige es annehmen (so auch VALANTASIS, GosThom, 152). Diese neu einsetzende Dreier-Gruppe von Logien ist in sich durch Stichworte verbunden, nämlich durch „wenige" und „viele" und durch „Herr". Bemerkenswert ist auch die Betonung des „Einen", „Einzigen" (Log 75), die im Kontrast zum „Geteilten", zum „Teiler" in Log 72 steht, darin wird ein hinreichender Bezug von Log 73 zu diesem Spruch gegeben sein.

Einer gnostisierenden Auslegung könnte auch die Vorstellung zugänglich sein, dass nur „wenige" zu den Auserwählten gehören (so z.B. CH Asclepius 18 u. 22). Die Ernte könnte dann in der Manifestation der wenigen „Pneumatiker" einerseits und andererseits der vielen „Somatiker" bestehen, nach Heracleon, Fragm 32 u. 33, b. Origenes, In Joan XIII, 41.44.49 (so SCHRAGE, Verh, 154f; MÉNARD, EvThom, 174f). Dies entbindet jedoch nicht von der zuvörderst notwendigen Untersuchung der traditionsgeschichtlichen Verbindung des Worts mit der frühchristlichen Predigt, insbesondere mit der evtlen. Zugehörigkeit zur Verkündigung des geschichtlichen Jesus.

Als entscheidende Parallele kommt hier Mt 9,37f = Lk 10,2 in Betracht. Das Wort steht bei beiden Synoptikern im Zusammenhang missionarischer Reden, bei Lk im Rahmen der zweiten Jüngeraussendung, nämlich der 70 Jünger (10,1ff), bei Mt bei der Aussendung der 12 Jünger (9,35ff). Es lautet jedesmal wörtlich wie folgt: „Die Ernte (θερισμὸς) ist groß (πολύς), aber der Arbeiter (ἐργάται) sind wenige (ὀλίγοι). Bittet daher (οὖν) den Herrn der Ernte (τοῦ κυρίου τοῦ θερισμοῦ), dass (ὅπως) er Arbeiter in seine Ernte aussende!" Der Gleichlaut von Mt/Lk zeigt auch hier an, dass das Wort aus der Spruchquelle Q stammt, worin es eben denselben Wortlaut aufgewiesen haben wird (s. auch SCHULZ, Q, 404f; POLAG, Fragmenta Q, 44f u.a.). Die Tradition in Log 73 muss als selbstständig sowohl gegenüber den synoptischen Parallelen als auch gegenüber Q angesehen werden (gegen SCHRAGE, Verh, 153f u. ihm folgend FIEGER, EvThom, 206). Wenn SCHRAGE darauf verweist, dass bei EvThom „wenige" (ὀλίγοι) durch kopt. ϭⲟⲃⲕ̄ übersetzt wird und dies auffälligerweise auch bei den sah Übersetzungen der synoptischen Par vorliege, obwohl sonst im kopt. EvThom immer ⲕⲟⲩⲓ übersetzt werde, so kann dies wie oftmals in diesen Fällen sekundäre Angleichung der späteren sah Evangelienübersetzungen an das kopt. EvThom sein. Dasselbe gilt für den Ersatz von ὅπος („dass") durch ϫⲓⲛⲁ, das auch bei boh-Mt vorkommt; dies ist bei boh-Mt aber im übrigen allgemein üblich. Die Feststellung, dass bei EvThom statt (wie in den Evangelien) „daher" (οὖν) das schwierigere „aber" (ⲇⲉ / δέ) auftaucht, spricht eher für Unabhängigkeit und höheres Alter der thom Überlieferung, auch wenn dies später in sah und boh Evangelien-Übersetzungen übernommen worden ist. Im übrigen liegen bei Log 73 keinerlei typisch redaktionelle Elemente der Synoptiker und auch nicht von Q vor, das Logion zeigt auch keinen Zusammenhang mit den missionarischen Reden des synoptischen Kontextes. Es ist vielmehr als selbstständige Einheit überliefert und somit als von Q und den Synoptikern unabhängig anzusehen (entspr. auch PATTERSON, GosThom, 56; SIEBER, Analysis, 208f; ferner SCHRÖTER, Erinnerung, 231f sowie LÜDEMANN, Jesus 2000, 794).

Was die Ursprünglichkeit der Überlieferungen betrifft, so könnte einerseits bei EvThom ⲇⲉ / δέ statt des synoptischen οὖν zu bevorzugen sein. Lk/Mt/Q weichen insofern ab, als sie vom „Herrn der Ernte" und „seine(r) Ernte" sprechen, während EvThom nur den „Herrn" (ⲡϫⲟⲉⲓⲥ) hat, insofern passt die synoptische Formulierung besser zum Bildmaterial des Worts. Generell wird man jedoch annehmen können, dass das Logion ursprünglich ist und auch zur Predigt Jesu zu rechnen sein wird. Es wird zwar herkömmlicherweise vielleicht eine sprichwörtliche Wendung gewesen sein, die dann missionarischen Zwecken der frühen Gemeinde dienstbar gemacht worden ist (so BULTMANN, Tradition, 103; LÜDEMANN, Jesus 2000, 794, der deshalb gegen die Authentizität des Worts plädiert). Jedoch geht es ursprünglich hier nicht um Begründung des gemeindlichen Wirkens, sondern darum, das Hier und Jetzt als Erntezeit, als Zeit des präsenten Heils und auch des Gerichts zu nominieren, wie J. JEREMIAS, Theologie, 108f u. Gleichnisse, 78f zutreffend ausführt (i. Anschl. a. die Tradition der Heils- und Gerichts-Weissagungen aus Jes 9,3; Ps 126,5; Joel 3,13; Hos 6,11): Denen, die Jünger Jesu werden wollen und das Heil anzunehmen bereit sind, wird jetzt schon Fruchtbringung in großem Umfang zugesagt, während die Ablehnenden leer ausgehen werden. Dies entspricht auch der übrigen Verkündigung Jesu in Mk 4,8 Par; 4,26ff; Mt 13,24ff; Joh 4,35ff, aber auch des Urchristentums, s. Gal 6,7f; Apk 14,15ff, das insofern allerdings überwiegend dem Gerichtsgedanken zuneigt.

Das Wort wird daher wegen seiner nunmehr guten Bezeugung, aber insbesondere auch aus Kohärenz-Gesichtspunkten der authentischen Verkündigung Jesu zuzuordnen sein. Das gilt auch für die mehrfach bezeugte Klage, dass nur wenige das Heil annehmen (s. dazu auch Mt 22,14 Par; Lk 13,23f Par usw.). Dabei ist noch zusätzlich zu bemerken, dass auch EvThom nicht die Bitte an den „Herrn", somit das Gebet zu Gott streicht, Arbeiter zur Ernte auszusenden, obwohl es sonst dem Gebet allgemein gegenüber sehr kritisch ist, vgl. Log 6,14,92 (zur Echtheit des Worts bejahend s. auch THEISSEN - MERZ, Historischer Jesus, 244;

KÜMMEL, Theologie, 35; CROSSAN, Historischer Jesus, 443f.572; a.M. FUNK u. JS., die zur Annahme einer Gemeindebildung neigen).

LOG 74

ER SPRACH: HERR, ES SIND VIELE UM DEN BRUNNEN HERUM, ABER NIEMAND IST IM [BRUNNEN].

Das Logion gehört ebenso wie das vorhergehende in die Dreiergruppe Log 73,74 und 75, die von dem Heilsangebot an die Vielen, nämlich an alle handeln, das aber nur von wenigen, hier sogar von niemandem angenommen wird. Die Stichwortverknüpfung findet außerdem über die Vokabel „Herr" statt, die sich ebenfalls in Log 73 findet.
Sprachlich haben sich allerdings Probleme insofern ergeben, als in der ersten Zeile wohl ϫωτε (wörtl. Trinkmulde oder -trog) gelesen werden kann, in der zweiten fehlerhaft ϣωνε (Krankheit, Leiden) geschrieben war, was jedoch zu ϣωτε (Brunnen, Quelle, Zisterne o.ä.) berichtigt werden muss. Diese Übersetzung ist auch weitgehend anerkannt und ergibt allein guten Sinn (s. HAENCHEN, EvThom, 28; FIEGER, EvThom, 207; BETHGE, Synopsis, 538 u.a.). Weiter sinnvoll ist auch die Übertragung von ⲙⲛ̄ ⲗⲁⲁⲩ mit „niemand" und nicht, wie auch semantisch möglich, mit „nichts" (so jedoch BETHGE, s.o., ferner LAMBDIN, Translation, 81; dagegen überzeugend HAENCHEN, s.o.; FIEGER, s.o.; BLATZ in SCHNEEMELCHER, NtApokr, I, 110 u.a.). Insbesondere passt nur die Übersetzung mit „niemand" in den Zusammenhang von Log 73 und 75 und ergibt eine für ein Jesus-Wort verständliche Fassung. Dabei votiert die Einleitung „Er sprach" wie auch sonst im EvThom eindeutig für einen Spruch Jesu, nicht eines anderen, und die Anrede „Herr" (ⲭⲟⲉⲓⲥ) wendet sich (wie in Log 73) an Gott im Sinne eines Gebets, das eine Klage über die bisherige Erfolglosigkeit seines Heilsangebots enthält (so auch nach der Übersetzung von BERGER - NORD, Das NT u. frühchristl. Schriften, 662).
Eine gnostisierende Auslegung des Spruchs ist ebenso möglich, wie wir dies bei Log 73 gesehen haben. Der Aphorismus will danach - so LÜDEMANN, Jesus 2000, 794 - „den Gnostiker ermuntern, aus dem Herumstehenden zum Hereingehenden zu werden, um das Wasser der Erkenntnis auch trinken zu können" (ähnl. FIEGER, EvThom, 206f.).
Ebenso kann aber auch der Ausdruck eines Wunschs Jesu vorliegen, dass die Vielen, die das Angebot des Reichs Gottes gehört, aber es bisher nicht angenommen haben, doch noch mit Gottes Hilfe zur Teilnahme an ihm gelangen.

Das entspricht auch am ehesten dem thom Kontext der Log 73 und 75 wie auch den synoptischen Zusammenhängen, wie z.B. dem Logion von der Berufung der Vielen und der Erwählung Weniger (Mt 22,14 Par), von der engen und der weiten Pforte (Mt 7,13.14 Par Lk 13,23.24) u.ä. Eine direkte synoptische Parallele zu unserem Spruch gibt es aber nicht. Allerdings wird dieser von Origenes in Contr Celsum 8,15f in Frageform wie folgt überliefert: „Warum gibt es viele um den Brunnen herum und niemanden in dem Brunnen?". Er soll nach Celsus (ca. 180 n.C.) Teil eines „Himmlischen Dialogs" gewesen sein, der bei gewissen Christen in Umlauf gewesen sei. Origenes bestreitet dies mit Nichtwissen und meint, er habe das Wort von dieser oder jener Sekte (s. dazu W.C. van UNNIK, Evangelien aus dem Nilsand, 64f; LÜDEMANN, Jesus 2000, 794). Diese Tradition kann durchaus selbstständig sein, ist aber doch relativ späten Datums. Sie wird im übrigen noch von RESCH als Apokryphon 84 in Agrapha, 286 zitiert (vgl. auch MÉNARD, EvThom, 175). Wir können danach von einer weiteren unabhängigen Bezeugung dieser Überlieferung ausgehen, das allein kann freilich für eine Behauptung der Authentizität der Tradition noch nicht ausreichen.

Die Interpretation des „Brunnen"-Symbols und des daraus quellenden Wassers gehört in erster Linie in die Tradition der frühchristlichen Eschatologie, die aus dem at Judentum stammt und erst viel später auch von der Gnosis aufgegriffen worden ist. Schon früh wird für die Endzeit Wasser-Reichtum prophezeit, vgl. Jes 43,19f; 49,10; Joel 4,18. Auch in übertragenem Sinne wird das eschatologische Heil als „Wasser", „Quell" und „Brunnen" bezeichnet, s. Ps 23,2f; 36,9f; 42,1f; Jes 12,3; 55,1 und Gott selbst als „Quell lebendigen Wassers". Besonders eindringlich ist dann das JohEv, wo nunmehr Jesus sich mit dem „lebendigen Wasser" ansatzweise identifiziert: „Wer aber von dem Wasser trinkt, das ich ihm geben werde, den wird in Ewigkeit nicht dürsten, sondern das Wasser, das ich ihm geben werde, wird in ihm zu einem Brunnen (πηγὴ ὕδατος) werden, der ins ewige Leben quillt" (s. Joh 4,14; ferner 7,38). Auch nach der Apk des Joh wird das „Lamm" „sie (die Gläubigen) weiden und sie zu Wasserquellen des (ewigen) Lebens leiten" (Apk 7,17; zum „Wasser des Lebens" ähnl. auch Apk 21,6; 22,1f). Im EvThom Log 13 spricht Jesus ebenfalls von der „sprudelnden Quelle", die er selbst ausgemessen habe, und vom „Trinken" des ihm Nachfolgenden daraus (s. ferner auch Log 108).

Insgesamt wird auch der „Brunnen" gemäß unserem Logion eschatologische Bedeutung haben und sein Wasser das Gut des endzeitlichen Reichs Gottes, des (ewigen) Lebens darstellen, das mit dem Kommen Jesu den Menschen angeboten wird. Es konzentriert sich in seiner Person, die zu Glauben und Leben ruft, und zwar als Repräsentant Gottes (vgl. auch BERGER, Jesus, 164f, der ebenfalls das Wasser des

Brunnens mit dem „Leben" identifiziert). Allerdings beklagt Jesus, dass viele nur um den Brunnen herumstehen und dass niemand in ihm ist, aus ihm schöpft und sich voll dem Reich Gottes hingibt.
Nach diesem Inhalt steht das Wort nicht nur im Rahmen urchristlicher Verkündigung, sondern passt auch eindrucksvoll zur Predigt Jesu selbst. Es könnte daher durchaus ein echtes Jesus-Logion sein (so auch R. NORTH, Chenoboskion and Q, CBQ 24, 1962, 165; BERGER, s.o., 164f). Allerdings ist nicht zu verkennen, dass die Bezeugung des Spruchs als Jesus-Wort ausdrücklich nur im EvThom vorkommt. Im übrigen liegen zwar zeitgenössische Analogien vor, ein Nachweis der Authentizität ist aber nicht mit Sicherheit zu treffen (gegen Echtheit daher R.J. MILLER, F & F Forum 10, 1994, 95ff [106], der jedoch das Differenzkriterium zu stark betont; ähnlich aber auch CROSSAN, Historischer Jesus, 579; LÜDEMANN, Jesus 2000, 794; FUNK u. JS., Five Gospels, 514).

LOG 75

JESUS SPRICHT: VIELE STEHEN VOR DER TÜR, ABER DIE EINZELNEN SIND ES, DIE IN DAS BRAUTGEMACH EINGEHEN WERDEN.

Auch hier liegt ein inhaltlicher Zusammenhang mit der Dreierreihe der Log 73,74,75 vor; denn es geht wiederum um die „Vielen", die dem Heil nahe sind, aber nur die „Einzelnen", somit wiederum eine kleine Zahl werden des Heils teilhaftig. Die direkte stichwortmäßige Verbindung mit Log 74 ist durch die Vokabel „Viele" gegeben.
Das Logion wird gern nicht nur gnostisch ausgelegt, sondern sogar als völlig in der Gnosis verwurzelt angesehen (s. FIEGER, EvThom, 208f; LÜDEMANN, Jesus 2000, 794f; J. HELDERMAN, Die Herrenworte über das Brautgemach im Thomasevangelium und im Dialog des Erlösers, in Sayings of Jesus Canonical and Non-Canonical, Essays in Honour of T. Baarda, 1997, 69ff). Es wird insofern einerseits auf die gnostische Bedeutung des „Einzelnen" (μοναχός) verwiesen, wie bereits unter Log 49 erörtert wurde. Besonders wird aber auf die gnostischen Beziehungen der Terminologie vom „Brautgemach" aufmerksam gemacht. Dieses kommt als νυμφών und παστάς (nur ausnahmsweise κοιτών) besonders häufig im valentinianischen Philippus-Evangelium (ca. 150-200 n.C.) vor, s. bes. Log 60,61,66,73,76,79,80,82, 96,102,122,125,127). Dort wird eine umfassende Theologie der Vereinigung des Gnostikers mit der himmlischen Welt, besonders auch mit Christus als Bräutigam entfaltet, sowohl in der jenseitigen Welt, als

auch antizipatorisch hier und jetzt, wobei als abbildliches „Brautgemach" auch ein sakramentaler Ritus angesprochen wird. Auffällig ist, dass ein deutlicher Gegensatz aufgemacht wird zwischen der himmlischen Hochzeit, die rein spirituell verstanden wird, und der fleischlichen „Hochzeit der Besudelung" (Log 60,122). Gnostisch wird das „Brautgemach" schließlich auch gesehen im Tractatus Tripartitus, der Exegese über die Seele, dem 2. Logos des Großen Seth (sämtl. NHC) und den Thomas-Akten (ca. 200-300 n.C.).
Die große Bedeutung der himmlischen „Hochzeit" und des „Brautgemachs" in den späten gnostischen Schriften besagt aber nichts über die Herkunft der Vorstellung und besonders auch nichts über ihren Sinn im EvThom. Es darf nämlich nicht übersehen werden, dass der Terminus „Brautgemach" und „Hochzeit" in wörtlicher, aber auch besonders in symbolischer Bedeutung auch schon im AT und im späteren Frühjudentum vertreten sind. So kommt die Vorstellung der „Hochzeit" sowie des „Ehebruchs" als Darstellung des Bundesverhältnisses Gottes mit seinem Volk Israel vielfach bei den at Propheten zur Sprache, s. Jes 61,10; 62,4.5; Jer 2,2.32; 7,34; 33,11. Das „Brautgemach" begegnet in Ps 19,6; Joel 2,16. Im NT muss besonders auf die Vergleichsstellen in Mk 2,19 Par Mt 9,15 und Lk 5,34 sowie auf Mt 25,1-13 verwiesen werden, die für die weitere Entwicklung grundlegend geworden sein dürften (s. bes. J. JEREMIAS, Gleichnisse, 34ff,116f; Theologie, 166; 135.151 m.w.N.).
In dem Gleichnis von den zehn Jungfrauen Mt 25,1ff geht es um eine Hochzeit, die metaphorisch das von Jesus angekündigte Reich Gottes darstellt (JEREMIAS, Gleichnisse, 69.116). Die Parabel betrifft hier die Vorbereitungen, die zur Ankunft des Bräutigams bei der Heimholung der Braut zu treffen sind; diese waren Aufgaben der Brautjungfrauen, mit denen in diesem Gleichnis die Zuhörer angesprochen sind (V. 10: Als der Bräutigam gekommen war, gingen die, die „bereit" waren, mit ihm zur „Hochzeit"). Ähnlich ist die mt Fassung des Gleichnisses vom großen Mahl, wo in verschiedenen Handschriften direkt das „Brautgemach" (νυμφών) angesprochen wird (Mt 22,10: „Das Brautgemach wurde von Gästen erfüllt").
Auch in dem Apophthegma gem. Mk 2,18-20 Par, wo es um die Frage des kultischen Fastens geht, sieht Jesus die Heilszeit als eine Hochzeit an, die proleptisch in die Gegenwart Jesu bei seinen Jüngern versetzt wird (s. auch JEREMIAS, Theologie, 108.275). Diese werden als „Hochzeitsleute" (wörtlich: „Söhne des Brautgemachs", υἱοὶ τοῦ νυμφῶνος, ein typischer Semitismus) bezeichnet. Diese „Söhne des Brautgemachs" waren nach dem bestehenden Brauch (s. STRACK - BILLERBECK, Komm I, 500ff) die zur Hochzeit geladenen Freunde des Bräutigams, die eine gewisse Vertrauensstellung dem Paar gegenüber

hatten. Sie hatten die Braut aus ihrem Elternhaus im Zug zum Haus des Bräutigams bzw. seiner Eltern zu führen, die Hochzeitsfeier mit auszurichten und sogar den Vollzug des sexuellen Verkehrs des Paars zu überwachen.
Bei der mk Erzählung, die auch eine Par in EvThom Log 104 hat, handelt es sich darum, dass die Jünger Jesu nicht fasten können, weil sie an der Freude der Hochzeit des Reichs Gottes teilnehmen; die hiermit verbundene durchaus sinnliche und lustvolle Komponente gilt es zu beachten. Es folgt dann allerdings der Nachsatz 2,20, dass sie dann, wenn der Bräutigam von ihnen „genommen" werde, wieder fasten würden. Dieser Nachsatz begegnet auch im EvThom Log 104, wo die Rede davon ist, dass „gefastet werden" möge, wenn der Bräutigam aus dem „Brautgemach" (auch hier: ⲚⲨⲘⲪⲰⲚ = νυμφών) „herauskomme". Hier geht es nicht um die Freunde des Bräutigams, sondern um diesen selbst, mit dem offenbar Jesus gemeint ist: Wenn dieser aus dem Brautgemach mit seiner ihm angetrauten Braut herauskommt und die Hochzeit verlässt, mag die Hochzeitsfreude vorbei sein und dann getrauert und gefastet werden. Die thom Fassung des Nachsatzes wirkt älter und ursprünglicher als die des Mk, die mit ihrem Bild vom Genommenwerden nicht besonders gut zur Hochzeit passt und nach herrschender Meinung sekundär auf Kreuz und Auferstehung Jesu anspielt (s. BULTMANN, Tradition, 17f; J. BECKER, Jesus, 148f u.a.; s. ferner i. e. Log 104). Schließlich wird das Bild von Bräutigam und Braut in 1Kor 11,2ff von Paulus allegorisch auf Christus und die Gemeinde angewendet (s. auch Eph 5,22-32), und das Symbol der endzeitlichen Hochzeit wird auch in der joh Literatur hochgeschätzt (vgl. Joh 3,27; Apk 19,7ff; 21,2.9; 22,17.20).
Danach dürfte unser Log 75 durchaus in der frühchristlichen Gedankenwelt verankert sein und sogar mit der Verkündigung Jesu verbunden sein. Zunächst trifft dies für die Klage zu, dass „viele" nur vor der Tür stehen. Wie schon zu Log 73 und 74 gezeigt, entspricht dies der Formulierung, dass viele berufen, aber nur wenige erwählt sind und das Heil angenommen haben (Mt 22,14 Par) sowie dass die Tür (Pforte) zum Reich Gottes, zum wirklichen Leben, eng ist (Mt 7,13.14 Par Lk 13,23.24). Damit kontrastiert die Verheißung an die „Einzelnen" (ⲘⲘⲞⲚⲀⲬⲞⲤ / μοναχοί), in das Reich Gottes, das Brautgemach (hier ⲘⲀⲚϢⲈⲖⲈⲈⲦ = Ort der Braut) einzugehen. Zu μοναχός ist bereits unter Log 49 besprochen worden, dass es letztlich von dem syrischen *ihidaya* abstammt, was der Einzelne oder Ledige, der Alleinstehende bedeutet. In seiner ursprünglichen Bedeutung mögen daher hiermit auch Einzelgänger und Alleinstehende gemeint gewesen sein, diese werden mit den „Vielen", der großen Masse kontrastiert, die vor der Tür stehen. Ihnen ist das Heil versprochen, da sie der besonderen Zuwendung bedürfen,

besonders aber auch wenn das Alleinstehen um des Reichs Gottes willen erfolgt ist. Später bedeutet Monachoi, wie KLIJN, The Single One in the Gospel of Thomas, JBL 81, 1962, 272 überzeugend ausgeführt hat, dasselbe wie die Begriffe ογα (einer, eins) und ογα ογωτ (ein einziger), s. Log 11,22,106; 4,22,23; bes. auch Log 16 und 49. Es geht somit um Einswerdung und Einssein im innerlichen und äußerlichen Sinne. Ähnlich hat M. HARL, Rev Et Grec 73, 1960, 464ff die Einfachheit des Herzens betont und F.-E. MORARD, Monachos, StPatr 12, 1975, 242ff die Unabhängigkeit von familiären Bindungen. Wer in diesem Sinne „eins" wird, dem wird futurisch das Eingehen in das „Brautgemach" zugesagt (zum „Eingehen", kopt. βωκ εϩογν = gr. εἰσέρχεσθαι, s. auch Mt 5,20; Mk 9,43ff Par; 10,15 Par; 10,23ff Par; Mt 18,3; 7,21; Log 22 S.2/7 u. 99 EvThom). Dieses ist ebenfalls ursprünglich. Es ist auch nicht nur spirituell oder gar asketisch aufzufassen. Es ist vielmehr hochzeitliche Freude mit Essen und Trinken sowie sexueller Erfüllung, die hier den in sich und mit anderen Einsgewordenen versprochen wird (s. auch ZÖCKLER, EvThom, 230, der noch die Nähe der Alleinstehenden zu den Wanderradikalen betont, s. auch PATTERSON, GosThom, 152f.200).
Diese Deutung passt auch allein zu den analogen Stellen Mk 2,19f u.Par mit ihrer Ablehnung des rituellen Fastens und der Betonung des Hier und Jetzt als Freudenzeit sowie zu den Gleichnissen von den zehn Jungfrauen und dem großen (Hochzeits)-Mahl. Unser Logion ist zwar ohne direkte Parallele in den nt Schriften. Man könnte jedoch durchaus den Grundsatz der Kohärenz anwenden (sowohl zu den Logien über das Einssein als auch denjenigen über eschatologische Hochzeit und Brautgemach) und es jedenfalls dem Sinne nach für jesuanisch halten; auch sprachlich spricht der vorliegende antithetische Parallelismus dafür (dagegen allerdings die herrschende Auffassung, s. FUNK u. JS., Five Gospels, 514; LÜDEMANN, Jesus 2000, 794f; CROSSAN, Historischer Jesus, 577). Letzterer sieht als gnostische Par auch noch die Stelle in DialSot Log 50 (ca. 210 n.C.) an, wo es nach HELDERMAN, s. o., 71 heisst: „Der Herr sagte: Ihr seid es, die herrschen werden über sie (die Mächte), aber wenn ihr den Neid ablegt, dann werdet ihr euch in Licht kleiden und ins Brautgemach hineingehen". Diese entfernte Par ist allerdings in ihrer Rede von den Archonten bereits auf dem Wege zur Gnosis und hat mit der Verheißung der hochzeitlichen Freude und Gemeinschaft an die Alleinstehenden nicht mehr viel gemein, so dass eine Argumentation von ihr her nicht weiter führen kann. Da unser Logion wie gezeigt durchaus nicht gnostisch auszulegen ist und ursprünglich auch vom asketischen Enkratismus fern liegt (zur Diskussion s. R. URO in Thomas at the Crossroads, 156ff.161), ist eine Herkunft aus der Verkündigung des historischen Jesus jedenfalls nicht auszuschließen.

LOG 76

1. JESUS SPRICHT: DAS KÖNIGREICH DES VATERS GLEICHT EINEM KAUFMANN, DER EINE WARENLADUNG HATTE. ER FAND EINE PERLE. 2. DER KAUFMANN WAR KLUG. ER VERKAUFTE DIE WARENLADUNG UND KAUFTE SICH EINZIG DIE PERLE. 3. SUCHT AUCH IHR NACH SEINEM SCHATZ, DER NICHT VERDIRBT, DER VIELMEHR BLEIBT, WO KEINE MOTTE HINKOMMT, UM IHN ZU FRESSEN, UND KEIN WURM IHN ZERSTÖRT.

Die Stichwortverbindung zum vorangehenden Logion bzw. Logienkomplex ist unauffällig. Sie dürfte über das Adjektiv „einzig" zu dem Substantiv „Einzelner" bestehen. Insofern besteht auch noch eine Zugehörigkeit zu den Logien über die „Einzelnen" und die „Vielen".
Eine gnostische Deutung des Gleichnisses von der Perle wird von SCHRAGE, Verh, 155ff; FIEGER, EvThom, 212f; HAENCHEN, EvThom, 47f bevorzugt. Abwechselnd wird die kostbare Perle als das göttliche Selbst im Menschen und als jenseitiges Lichtreich interpretiert. Sicherlich sind diese Interpretationen gnostischer Provenienz möglich, insofern kann auch auf Hippolyt Ref V 8,8; 9,6f und besonders auf das berühmte Lied von der Perle in den Act Thom 108 verwiesen werden, wo eine Identifizierung mit dem Seelenkern naheliegt, s. auch Ginza 362,15ff; manPs 52,31; EvVer 33,17f. Es handelt sich jedoch durchweg um späte Deutungen. Es liegt näher, die Abkunft dieser Reich-Gottes-Parabel und ihres Anhangs S.3 aus frühchristlichen Quellen zu suchen.
1. Für das Gleichnis von der Perle kommt insofern die synoptische Parallele in Mt 13,45f in Betracht. Diese ist zwischen den Gleichnissen vom Schatz im Acker Mt 13,44ff und vom Fischnetz 13,47ff (m. Par in EvThom Log 8 und 109) positioniert. Es lautet: „Wiederum ist das Reich der Himmel (βασιλεία τῶν οὐρανῶν) gleich einem Kaufmann, der schöne Perlen suchte (ζητοῦντι καλοὺς μαργαρίτας). Als er aber eine kostbare Perle gefunden hatte, ging er hin, verkaufte alles, was er hatte (πάντα ὅσα εἶχεν) und kaufte sie".
Was das Verhältnis zu unserem Logion betrifft, so plädieren SCHRAGE, Verh, 156f; LINDEMANN, ZNW 71, 219ff und LÜDEMANN, Jesus 2000, 795 für Abhängigkeit von der Mt-Fassung des Gleichnisses. Dafür spreche insbesondere, dass dem Gleichnis der S.3 vom „Suchen" „nach seinem Schatz" folge. Dies deute auf Kenntnis der Mt-Abfolge von den Gleichnissen vom Schatz im Acker und der Perle und der Übernahme dieses Motivs. Indessen steht dem entgegen, dass die Parabel vom Schatz im Acker ganz woanders im EvThom erscheint, nämlich in Log 109, ohne jeden Bezug zu unserem Logion, und S.3 allenfalls dem Q-Logion

Lk 12,33 = Mt 6,19f nahesteht, das zu einem wiederum ganz selbstständigen Traditionsstrang gehört (s. noch zu S.3). Auch im übrigen hat EvThom keine typisch redaktionellen Elemente der Mt-Fassung übernommen, und auch die kopt. Evangelien-Übersetzungen sind kein hinreichendes Indiz für eine Abhängigkeit des Log 76 von der Mt-Fassung (s. auch näher dazu PATTERSON, GosThom, 57f; SIEBER, Analysis, 181ff; MONTEFIORE, Comparison, NTS 7, 239f; ZÖCKLER, EvThom, 147).

Wir haben es somit mit zwei durchaus selbstständigen Fassungen der Parabel von der Perle zu tun, die auch in differenten Kontexten überliefert sind: Mt vergleicht die kostbare Perle (nicht, wie es scheint, den Kaufmann) mit dem „Reich der Himmel", wie für ihn typisch und redaktionell ist (s. Mt 3,2; 4,17 usf.), EvThom dagegen mit dem „Reich des Vaters", was wohl ebenfalls den authentischen Terminus „Reich Gottes" ersetzt. Der mt Kaufmann ist ein Perlenhändler, also auf Perlen spezialisiert, während EvThom nur einen allgemeinen Gemischtwaren-Kaufmann zeichnet, der zufällig und überraschend auf die Perle stößt. Hier scheint EvThom ursprünglicher zu sein als Mt (so auch J. JEREMIAS, Gleichnisse, 132f; HUNZINGER, Unbekannte Gleichnisse, 219f; MONTEFIORE, Comparison, 239f). Auch dass der Händler nicht nach der Perle suchte, so EvThom gegen Mt, ist eher authentisch. Das folgt daraus, dass bei EvThom das „Suchen" fehlt, obwohl er sonst an der Betonung des Suchens und Findens sehr interessiert ist (s. Log 2,92,94 u.a.). Die Schönheit und besondere Kostbarkeit der Perle wird bei Mt zutreffend hervorgehoben. Sie ergibt sich aber auch für EvThom aus dem Verhalten des Kaufmanns von selbst und war auch bei dem gewaltigen Wert bestimmter Perlen für die Zeitgenossen selbstverständlich. Als Motiv für den Kauf der Perle scheint Mt (nach dem vorangehenden Gleichnis vom Schatz, 13,44) die große „Freude" des Finders anzunehmen, während EvThom eher nach seiner spezifischen weisheitlichen Ausrichtung die „Klugheit" annimmt, analog Log 8 (vgl. dort) und PsClem Recog 3.62 (s. PERRIN, Was lehrte Jesus wirklich?, 95; ZÖCKLER, EvThom, 145). Oft behandelt wurde auch eine weitere Differenz: Der Kaufmann nach Mt verkaufte „alles, was er hatte", entsprechend Mt 13,44 im vorherigen Gleichnis und Mk 10,21 Par; demgegenüber verkaufte der Händler im EvThom seine „Warenladung" (ϕορτιον), was wirtschaftlich näher liegt und daher ursprünglicher sein wird (so JEREMIAS, Gleichnisse, 133; HUNZINGER, Unbekannte Gleichnisse, 219f; SCOTT, Hear then the Parable, 315). Allerdings trifft zu, wie CROSSAN, Historischer Jesus, 376 richtig bemerkt, dass beides schließlich auf dasselbe hinausläuft: Der Mann gab letztlich alles, was er hatte, für eine Perle hin, die für ihn zwar von höchstem ideellen Wert, aber wirtschaftlich eher nutzlos war.

Bei Sichtung der Versionen des Gleichnisses wird man der thom Fassung ein gewisses Übergewicht, was die Ursprünglichkeit betrifft, nicht absprechen können, wiewohl beide im Ergebnis als sinngemäß authentische Jesus-Verkündigung anzusehen sind: Die kostbare Perle ist das große und überwältigende Geschenk des Reichs Gottes für die Menschen, das sie veranlassen soll, alles andere, ihr materielles Hab und Gut wie auch ihre alten Beziehungen und Einstellungen hinter sich zu lassen und dieses Gut zu ergreifen. Dieses Reich ist (auch im EvThom) nicht nur die Innerlichkeit der Seele oder die himmlische Welt, sondern wie auch Log 3 und 113 zeigen, eine neue Welt entsprechend dem Willen Gottes. Das Gleichnis ist danach in seiner eschatologischen Radikalität genuin jesuanisch und ist auch durch die beiden unabhängigen Zeugnisse so gut bezeugt, dass wir es als authentische Jesus-Verkündigung ansprechen können (so auch JEREMIAS, Gleichnisse, 132ff; PERRIN, s.o., 94f; CROSSAN, s.o., 376; für Möglichkeit der Echtheit beider Fassungen FUNK u. JS., Five Gospels, 515; dagegen jedoch z.B. J. BECKER, Jesus, 293f, der nur die Mt-Fassung für authentisch hält).
2. S.3 vom unzerstörbaren und unantastbaren „Schatz" dient im vorliegenden Kontext zur Begründung des Gleichnisses von der Perle (deshalb „sein" Schatz!). Er hat Parallelen in Mt 6,19f und Lk 12,33 (mit Reminiszenz in Jak 5,2f), ferner in Mk 10,21 Par und Joh 6,27.
Mt 6,19f steht in der Bergpredigt und leitet diverse Spruchheiten ein, die sich mit der Gefährlichkeit von irdischen Besitztümern und dem Sorgen darum befassen und lautet: „Sammelt euch nicht Schätze auf der Erde (θησαυροὺς ἐπὶ τῆς γῆς),wo Motte (σής) und (Rost- oder Wurm-)Fraß (βρῶσις) sie zunichte machen (ἀφανίζει) und Diebe einbrechen und sie stehlen! Sammelt euch vielmehr Schätze im Himmel (θησαυροὺς ἐν οὐρανῷ), wo weder Motte noch Fraß sie zunichte machen und wo Diebe nicht einbrechen und stehlen!" Die lk Fassung befindet sich im Rahmen apokalyptischer Reden, hinter der Perikope von den irdischen Sorgen und heisst: „Verkauft euren Besitz und gebt ihn als Almosen. Macht euch (Geld-)Beutel, die nicht veralten, einen unvergänglichen Schatz (θησαυρὸν ἀνέκλειπτον) in den Himmeln (ἐν τοῖς οὐρανοῖς), wo kein Dieb sich naht (ἐγγίζει) und keine Motte Zerstörung anrichtet (σὴς διαφθείρει)".
Nach allgemeiner Meinung liegt wieder eine Q-Überlieferung hinter den obigen Versionen (s. SCHULZ, Q, 142ff; POLAG, Fragmenta Q, 62f und schon v. HARNACK, Sprüche, 49f). Diese entspricht im wesentlichen der mt Form: Sie hat den hier erhaltenen Parallelismus membrorum bewahrt (allerdings möglicherweise statt des „Sammelt ..." mit dem einfacheren lk „Macht ..." im Nachsatz). Lk hat diesen sekundär gestört und mit einer typisch lk Einleitung über den „Verkauf des Besitzes", die „Almosen" und „Geldbeutel" versehen. Auch dass der Schatz

„unvergänglich" ist, kein Dieb sich „naht" sowie das διαφθείρειν der Motte wird meist für lk gehalten, wobei offen ist, ob Lk-Redaktion anzunehmen ist oder sogar eine Sonderquelle vorliegt (S.R. JOHNSON, The Gospel of Thomas 76,3 and Canonical Parallels, 317ff tritt insoweit für Beeinflussung durch EvThom ein).
Neben Q ist auf die Aufforderung Mk 10,21 Par Mt 19,21 und Lk 18,22 im Rahmen der apophthegmatischen Erzählung vom Reichen zu verweisen, wo es heisst: „Geh hin, verkaufe alles, was du hast, und gib es den Armen, und du wirst einen Schatz im Himmel (θησαυρὸν ἐν οὐρανῷ) haben, und komm und folge mir nach!" (die Par in Mt und Lk haben keine für unseren Zusammenhang wichtigen Abweichungen, außer den Pl: Schatz in „den Himmeln").
Schließlich gehört auch Joh 6,27 in unseren Kontext; dabei handelt es sich wohl ebenfalls um ältere Tradition, vielleicht aus der joh Redenquelle (s. BULTMANN, JohEv, 164), die der Evangelist seiner Brotrede eingepasst hat: „Müht euch nicht um die Speise (βρῶσιν), die vergeht (ἀπολλυμένην), sondern um die Speise, die ins ewige Leben bleibt (μένουσαν εἰς ζωὴν αἰώνιον)...". Bemerkenswert ist hier die Aufforderung zum Bemühen nicht um ein Gut, das vergänglich ist, sondern um ein solches, das bleibt, was an die EvThom-Fassung erinnert, jedoch wieder mit einem Parallelismus membrorum versehen ist, der der Mt-(und evtl. Q-) Version entspricht (s. S.R. JOHNSON, s.o., 317ff, der auch hier für thom Einfluss votiert).
Demgegenüber gehen SCHRAGE, Verh, 159f; ähnl. R.McL. WILSON, Studies on the Gospel of Thomas, 1960, 92; K.R. SNODGRASS, The Gospel of Thomas, SecCent 7, 1989/90, 36 davon aus, dass Log 76 S.3 von Lk und Mt abhängig sei, wobei besonders auf die Übernahme des „Schatzes" aus Mt (kopt. ℇϨΟ, s. Gleichnis vom Schatz im Acker) und seiner „Unvergänglichkeit" (mit der Konstruktion: ⲉⲙⲁϥⲱϫⲛ̄ ⲉϥⲙⲏⲛ ⲉⲃⲟⲗ), des „Nahens" (ⲧϨⲚⲞ ⲉϨⲞⲨⲚ) der Motte und der „Zerstörung" (ⲧⲀⲔⲞ) durch den Wurm aus Lk 12,33 Wert gelegt wird. Nach L. CERFAUX u. G. GARITTE, Les Paraboles du Royaume dans l' Évangile de Thomas, Mus 70, 1957, 312ff liegt zusätzlich noch Abhängigkeit von Joh 6,27 vor. Diese Argumentation für eine atomistische Zusammenstellung verkennt jedoch, dass sämtliche genannten Bezüge sich nicht auf typisch redaktionelle Elemente der Evangelisten beziehen, sondern möglicherweise Tradition sind. Die Redaktion des Lk, etwa in 12,33a, und des Joh (etwa in der Umformulierung als „Speise" und dem Bleiben ins „ewige Leben"), fehlen. Das Schatzgleichnis hat überhaupt nichts mit Log 76 S.3 zu tun, sondern kommt erst in Log 109 zur Sprache. Es ist daher PATTERSON, GosThom, 58f; SIEBER, Analysis, 56ff; ZÖCKLER, EvThom, 147; S.R.

JOHNSON, s.o., 316 zu folgen, wonach unser Logion selbstständige und von den Evangelien unabhängige Überlieferung aufweist. Was die Frage der Echtheit des Logion betrifft, so wird diese mit CROSSAN, Historischer Jesus, 369.579; früher schon JEREMIAS, Theologie, 214f; GOPPELT, Theologie, 172 zu bejahen sein, und zwar wegen der Konnexität des Spruchs mit der Verkündigung Jesu vom Suchen und Trachten nach dem Reich Gottes, aber auch wegen seiner nunmehr hervorragenden Bezeugung. Bedenken finden sich dagegen bei BULTMANN, Tradition, 108f; LÜDEMANN, Jesus 2000, 795.195f und FUNK u. JS., Five Gospels, 515, da es sich um profane Weisheit handele; außerdem ist die Vorstellung, durch gute Werke sich „Schätze im Himmel" zu sammeln, zeitgenössisch sehr verbreitet und nicht typisch jesuanisch. Danach ist die Authentizität des negativen Vordersatzes („Sammelt nicht Schätze auf der Erde...") nicht mit Sicherheit nachweisbar, zumal sie auch nur bei Mt, evtl. Q und Joh, dagegen nicht bei Lk, Mk und EvThom bezeugt ist. Dagegen wird jedenfalls die Aufforderung historisch sein (im wesentlichen nach EvThom, mit Rückübersetzung): „Sucht nach einem Schatz, der nicht verdirbt (ἀνέκλειπτον), sondern bleibt (μένοντα), wo keine Motte zum Fressen hinkommt (ἐγγίζει) und kein Wurm zerstört (ἀφανίζει) und wo keine Diebe einbrechen und stehlen" (letzterer Hs. nach Mt u. Q). Dieser positive Hauptsatz ist durch die aufgeführten Zeugnisse gut belegt und als authentisch anzusehen. Er passt hervorragend zur eschatologischen Lehre und Praxis Jesu von der Basileia, der Herrschaft Gottes. Sie ist entscheidend und maßgeblich der Schatz, nach dem getrachtet, gesucht und gestrebt werden soll; denn sie ist allein unvergänglich und hat ewigen Bestand.

LOG 77

1. JESUS SPRICHT: ICH BIN DAS LICHT, DAS ÜBER ALLEM IST. ICH BIN DAS ALL. AUS MIR IST DAS ALL HERAUSGEGANGEN, UND ZU MIR IST DAS ALL GELANGT.
2. SPALTET EIN STÜCK HOLZ, ICH BIN DA. 3. HEBT DEN STEIN AUF, UND IHR WERDET MICH DORT FINDEN.

Ein deutlicher Zusammenhang über ein Stichwort liegt mit Log 76 nicht vor. Jedenfalls nicht in der ursprünglichen Fassung von Log 77 S.1, da S.2 und 3 ursprünglich wohl als S.3 und 4 hinter Log 30 eingeordnet waren. Dafür spricht die entsprechende POxy-Parallele (s. bei Log 30), die als ältere griechische Ausgabe des EvThom gelten kann. Insofern könnte zwischen Log 76 und 77 auch wiederum eine besondere Zäsur des

EvThom erkennbar werden, die auf das Ende und den Neubeginn einer Sammlung von Logien hinweisen würde; die letztere betrifft besonders die Rolle Jesu selbst im Reich Gottes.
Durch den Einschub von S.2 und 3 könnte andererseits ein Konnex von Stichworten über die Vokabeln „suchen" (Log 76) und „finden" (Log 77) erzeugt worden sein. Außerdem hat sich dadurch ein koptischer (!) Wortzusammenhang über die gleichlautenden Vokabeln πωϩ ergeben, die einmal „gelangen zu" (S.1) und einmal „spalten" (S.2) bedeuten (s. z.B. FIEGER, EvThom, 214).
Eine gnostische Herkunft des Spruchs kommt, obwohl viel berufen, nicht in Frage, ebensowenig wie bei den sonstigen „Licht"-Worten des EvThom (s. Log 11,24,50,61 und 83); das ist des näheren besonders bei Log 24 bereits ausgeführt worden. Das gleiche gilt für die Vorstellung, dass Jesus das „All" (πτηρϥ) oder „alles" oder in „allem" gegenwärtig sei (s. auch Log 67). Allerdings besteht kein Zweifel, dass alle diese Vorstellungen auch in der Gnosis gern verwendet worden sind (s. z.B. EvVer 17,5ff; 18,30ff; 19,5ff; 21,10ff; 24,1ff; Epiphanius, Pan 26,3,1; s. dazu besonders FIEGER, EvThom, 214f; MÉNARD, EvThom, 177f). Die Quellen dieser Vorstellungen liegen indessen eindeutig im frühen Christentum, das wiederum auf at Wurzeln beruht.
1. Zur vorstehenden christologischen Aussage über das „Licht" ist vor allem auf Joh 8,12 (aus der joh Redenquelle) hinzuweisen, wonach Jesus von sich selbst sagt: „Ich bin (ἐγώ εἰμι) das Licht (φῶς) der Welt"; s. ähnl. auch Joh 9,5; 11,9; 12,35f.46, wo Wiederholungen dieser Aussage vorliegen; zu „über allem" s. auch Joh 3,31. Diese Selbst-Prädikationen stehen im Kontext von Aussagen über Gott als dem „Licht" sowie der Gottesherrschaft als „Licht" (s. des näheren Log 24) sowie letztlich von at Darstellungen, die ebenfalls Gott als „Licht" rühmen (s. gleichfalls dort).
Aus den joh Schriften sind bevorzugt weitere Ich-Worte Jesu bekannt, so Ich-Aussagen über Jesus als „Brot des Lebens" (6,35.48), als „Auferstehung und Leben" (11,25.26), als „Tür" (10,7.9 u. 1ff), als „Weg, Wahrheit und Leben" (14,6), als „guter Hirte" (10,14.15.28) und „wahrer Weinstock" (15,1.5). Auch die Apk des Joh kennt „Ich-bin"-Aussagen des (erhöhten) Christus, so 1,17: „Ich bin der Erste und der Letzte und der Lebendige" und 22,13: „Ich bin das A und das O, der Erste und der Letzte, der Anfang und das Ende" (ferner 22,16; im Gleichlaut zu ähnlichen Gottesprädikationen).
Damit ergeben sich auch schon Parallelen zu der Selbst-Aussage Jesu als des „Alls", womit Himmel und Erde als gesamte Schöpfung gemeint sind, die von Gott gebildet wurde und unter seiner Herrschaft steht (s. Jer 10,16; 51,19; Ps 103,19; Jes 44,24 usf.). Neben den Stellen aus der Apk fallen hier auch besonders pln Äußerungen auf. So in 1Kor 8,6, wonach

„alle Dinge" (τὰ πάντα), das All „durch ihn" sind (ebenso wie durch Gott, Röm 11,36). Desgleichen ist nach Kol 1,16.17 das All, nämlich „alles (τὰ πάντα), was in den Himmeln und auf Erden ist, in ihm (Christus) erschaffen" worden: „Alles" ist auch „durch ihn" und „auf ihn hin" erschaffen worden, und er ist „vor allem", und das All, „alles" hat „in ihm" seinen Bestand. Diese christologischen Spitzenaussagen passen völlig zur thom Theologie nach Log 77, die Jesus sowohl mit dem „All" als auch mit dem „Licht" über ihm identifizieren (so auch ZÖCKLER, EvThom, 120f; VALANTASIS, GosThom, 155f).

Im Rahmen dieser frühchristlichen Theologie befinden sich somit auch die Aussagen unseres Logions, die dann in großem Umfang die späteren gnostischen Systeme beeinflusst haben. Das Logion ist mangels Übernahme spezifisch redaktioneller Aussagen von den joh oder pln Stellen aus selbstständiger Tradition herrührend. Jesus wird danach nicht nur als das „Licht" der Welt, sondern das über „allem", also der gesamten Schöpfung leuchtende „Licht" angesehen. Er ist gleichzeitig identisch mit dieser Schöpfung. Er erleuchtet sie, sie kommt von ihm her und geht zu ihm hin. Mit dieser außerordentlich hohen, kosmologischen Aussage über den Christus, den „Lebendigen" ergibt sich nicht nur eine Identifikation mit Gott dem Vater, sondern auch mit der Weisheit, die schon nach Weish 9,17f mit dem heiligen Geist gleichgesetzt wird. Diese Nähe zu Weisheit (und Geist) zeigen besonders Sir 24; Spr 1,4 und 8,22ff; Weish 7,24ff, wo auch die „Ich-bin"-Terminologie eine Wurzel hat, neben den geläufigeren Theophanie-Formeln, wie sie sich in Ex 3,14 und Jes 43,10.11; 45,12 finden (s. dazu näher SCHNELLE, JohEv, 124f; C. CEBULJ, Ich bin es, 2000, 160ff.256ff; M. SCOTT, Sophia and the Johannine Jesus, 1992, 116ff).

Eine Abkunft des Logions vom historischen Jesus ist allerdings nicht nachweisbar. Zwar darf nicht übersehen werden, dass das Licht in seiner Gedankenwelt als Metapher für das Reich Gottes einen großen Raum einnimmt, desgleichen auch Himmel und Erde, das All als Gegenstand der Gottesherrschaft. Ebenso finden sich in der Jesus-Verkündigung die alten Sendungsformeln „Ich bin gekommen" (Mk 2,17 Par; Mt 10,34.35 Par [Q]) und „Ich bin gesandt" (z.B. Mt 15,24). Ferner ist auch das absolute „Ich bin es" (ἐγώ εἰμι) synoptisch bezeugt, vgl. im Rahmen des Prozesses Jesu Mk 14,62 und in Mk 6,50 Par beim Seewandel, ferner Mk 13,6. Dennoch widerspricht die Inanspruchnahme einer so hohen Würde wie vorliegend durchgängig der öffentlichen Verkündigung Jesu, bei der er auch die Titulaturen „Menschensohn" und „Sohn" (Gottes) nur ganz zurückhaltend und verschlüsselt benutzt. Unser Wort könnte daher allenfalls einer persönlich-esoterischen Rede Jesu zugehören und dann auch am ehesten noch in der der joh Redenquelle entsprechenden Form (Joh 8,12). Nachzuweisen ist eine Echtheit des vorliegenden Logions

jedenfalls nicht und wird auch allgemein abgelehnt (gegen jede Authentizität auch z.B. LÜDEMANN, Jesus 2000, 795f; CROSSAN, Historischer Jesus, 579; FUNK u. JS., Five Gospels, 515 u.a.).
2. Das Wort über die Gegenwart Jesu beim Holzspalten und Steineheben in S.2 und 3 hat eine Parallele im griechischen POxy 1,6-9, die wie folgt lautet: „Hebe den Stein auf, und du wirst mich dort finden. Spalte das (Stück) Holz, und ich bin da." Sie ist, wie J. JEREMIAS, Unbekannte Jesusworte, 101f gezeigt hat, ursprünglicher als die kopt. EvThom-Fassung: Diese hat die beiden Zeilen des synonymen Parallelismus mit Rücksicht auf das „Ich" (ⲁⲛⲟⲕ) des vorangehenden Satzes vertauscht und damit einen Stichwortanschluss geschaffen. Weiter hat sie aus dem Singular in beiden Sätzen eine Pluralform gemacht und sich damit den pluralen Formen in Log 76 und 78 angepasst. Schließlich hat der Kopte in der ersten Zeile den auf semitischen Sprachgebrauch zurückgehenden bestimmten Artikel weggelassen. Die sich durch die jetzige Stellung des Logions hinter Log 77 S.1 ergebende mögliche pantheistische bzw.-christliche Auffassung mag zwar die einer gnostisierenden Auslegung nahestehende Meinung der Schlussredaktion sein. Ursprünglich befindet sich unser Logion jedoch im Kontext frühchristlicher palästinensischer Theologie (so auch JEREMIAS, s.o., 103f; a.M. FIEGER, EvThom, 214f).
Am nächsten steht dem Logion somit ein Wort, das bei Mt 18,20 im Zusammenhang kirchlicher Paränese steht: „Denn wo zwei oder drei in meinem Namen versammelt sind, da bin ich mitten unter ihnen" (ἐκεῖ εἰμι ἐν μέσῳ αὐτῶν). (ähnl. auch Clemens Alex., Strom III 69,4 / 68,3 u. Ephraem Ev. conc. expl. XIV 24; s. des näheren auch unter Log 30). Hier ist auch schon ausgeführt, dass das vorliegende Wort wohl schon durch kirchliche Interessen des Mt geformt worden ist und als frühchristliche Gemeindebildung anzusehen ist (s. BULTMANN, Tradition, 158ff; DIBELIUS, Formgeschichte, 285 u.a.). Ausdrücklich als Wort des erhöhten Christus erscheint das Wort aus Mt 28,20b: „Siehe, ich bin bei euch (ἐγὼ μεθ' ὑμῶν εἰμι) alle Tage bis an das Ende der Welt". Dieser Spruch ist danach sicher eine spätere Ausprägung des Gedankens der Gegenwart Jesu. Dieser kann auch noch in Joh 14,23 gefunden werden, wo es heißt, dass wenn jemand Jesus liebe, er sein Wort halten werde, und sein Vater werde ihn lieben, „und wir werden zu ihm kommen und Wohnung bei ihm machen".
Unser Logion wird auch zu diesen frühchristlichen Bildungen zu zählen sein, deren Herkunft vom historischen Jesus eher unwahrscheinlich ist. Es bezieht die Gegenwart des erhöhten Jesus auf den schwer arbeitenden Jünger (bzw. die Jüngerin), so beim Hausbau oder Holzfällen, und sagt ihnen seine Anwesenheit nicht nur beim Gebet, sondern auch bei der Alltagsarbeit zu, in differenzierender Bezugnahme auf at Stellen wie z.B.

Pred 10,9 (so auch JEREMIAS, s.o., 103f; O. HOFIUS, EvThom 20, 1960, 182ff; FUNK u. JS., Five Gospels, 515; A.F. WALLS, VigChr 16, 1962, 71ff, der die Anwesenheit allerdings auf kultische Akte beziehen will; für Echtheit dagegen CROSSAN, Historischer Jesus, 579).

LOG 78

1. JESUS SPRICHT: WESHALB SEID IHR HERAUSGEGANGEN AUFS FELD? UM EIN SCHILFROHR ZU SEHEN, DAS DURCH DEN WIND BEWEGT WIRD? 2. UND UM EINEN MENSCHEN ZU SEHEN, DER WEICHE KLEIDER TRÄGT WIE EURE KÖNIGE UND EURE MÄCHTIGEN? 3. SIE TRAGEN WEICHE KLEIDER UND WERDEN DIE WAHRHEIT NICHT ERKENNEN KÖNNEN.

Die Stichwortverbindung besteht mit Log 77 über das Verb „herausgehen" und setzt die dort begonnene Reihe von „Ich"-Aussagen fort.
Eine Herkunft des Spruchs aus der Gnosis erscheint ausgeschlossen. Das schließt allerdings eine gnostisierende Auslegung nicht aus, etwa in der Richtung, dass „weiche Kleider", somit Luxus und Wohlleben den Zugang zur „Wahrheit", zum Heil verhindern (so auch FIEGER, EvThom, 217f, unter Hinweis auf ActTh 36; weitergehend MÉNARD, EvThom, 178f und SCHRAGE, Verh, 162f: hier wird besonders in Analogie zu Log 37 darauf verwiesen, dass die „Kleider" allgemein den Leib bzw. die Weltverhaftung symbolisieren, die um des Heils willen abzulegen sind). Notwendig ist aber auch hier, auf die Quellen des Logions zurückzugehen, die eindeutig als frühchristlich zu erkennen sind. Entscheidende Parallelen unseres Spruchs sind Mt 11,7f und Lk 7,24f (Q), die beide Evangelisten in eine Rede über Johannes den Täufer eingestellt haben. Nach der Anfrage der Johannes-Jünger an Jesus sagt dieser gemäß Mt zur Volksmenge: „Was zu schauen seid ihr in die Wüste (ἔρημον) hinausgegangen? Ein Schilfrohr, das vom Wind bewegt wird? Oder was zu sehen seid ihr hinausgegangen? Einen Menschen, der mit weichen Kleidern (μαλακοῖς ἠμφιεσμένον) angetan ist? Siehe, die weiche Kleider tragen, sind in den Häusern der Könige (ἐν τοῖς οἴκοις τῶν βασιλέων). Oder wozu seid ihr hinausgegangen? Einen Propheten zu sehen? Ja, ich sage euch: Sogar mehr als einen Propheten!..." Auch nach Lk folgt die Perikope auf die Anfrage der Johannesjünger und soll danach den Täufer betreffen. Die lk Fassung entspricht der des Mt mit der Ausnahme, dass er die „weichen Kleider" mit μαλακοῖς ἱματίοις bezeichnet und den Mittelsatz wie folgt ausgestaltet: „Siehe, die in herrlicher Kleidung und Üppigkeit leben, sind in den Königspalästen (ἐν τοῖς βασιλείοις)". Sämtliche genannten Änderungen sind lk

Ausmalungen und Korrekturen, wie SCHULZ, Q, 229 unter Verweis auf das typisch lk Vokabular näher ausführt. Deshalb wird die Q-Fassung im wesentlichen der mt entsprechen (s. auch POLAG, Fragmenta Q, 40f; HOFFMANN, Studien, 187).
Was unser Logion betrifft, so fällt auf, dass jede Anspielung auf Johannes den Täufer fehlt. Es entsteht vielmehr der Eindruck, dass Jesus selbst angesprochen ist, worauf auch die benachbarten Logien 77 und 79 hinweisen. Unter diesen Umständen ist aber eine Abhängigkeit von Mt oder Lk bzw. Q, die sämtlich in ihrem Rahmen den Täufer nennen, ganz unwahrscheinlich (so auch R. CAMERON, What Have You Come Out to See, Semeia 49 [1990], 44f). Auch die typisch lk redaktionellen Änderungen finden sich nicht in unserem Spruch. Zwar liest man die „Könige" (ⲣ̄ⲣⲱⲟⲩ) auch bei Mt („Häuser der Könige"), doch wird dies traditionell sein. Dass die sah Mt/Lk-Übersetzungen Gemeinsamkeiten mit EvThom haben, kann wiederum die verschiedensten Ursachen haben, so dass sich auch hieraus kein Indiz einer Unselbstständigkeit des EvThom ergibt (so zutreffend PATTERSON, GosThom, 78f; SIEBER, Analysis, 128f gegen SCHRAGE, Verh, 161f).
Unser Logion ergibt sich danach aus zwei ursprünglichen Überlieferungen, nämlich Mt/Lk (Q) und EvThom. Davon wird die erstere vielfach dem historischen Jesus zugesprochen, da sie keine antitäuferische Gemeindepolemik, sondern die Solidarität Jesu mit dem Täufer zeige und auch echtes palästinensisches Lokalkolorit enthalte (vgl. BULTMANN, Tradition, 177f; BORNKAMM, Jesus, 46; GOPPELT, Theologie, 214 u. a.). Die Fassung in EvThom könnte demgegenüber sekundäre Züge aufweisen, so den, dass die Szenerie auf dem „Feld" (ⲥⲱϣⲉ, wie in dem Log 21 mit dem Hintersinn von „Welt") statt in der „Wüste" spielt. Auch die Rüge, dass die im Luxus Lebenden „die Wahrheit nicht erkennen können" (ⲥⲉⲛ[ⲁ]ϣⲥⲟⲟⲩⲛ ⲧⲙⲉ ⲁⲛ), scheint von joh Tradition beeinflusst und entspricht thom Eigenart (s. dazu Log 69,79,101 u. Joh 5,33; 8,32.40.44.46; 2Joh 1 usw.). Schließlich dürfte auch der Bezug auf Jesus, nicht auf Johannes den Täufer (trotz dessen Hochschätzung nach Log 46) eher unhistorisch sein: Die besondere Unbeugsamkeit des Gerichtspropheten (kein wankelmütiges „Schilfrohr") und die Kritik am Luxusleben der Herrschenden dürften speziell auf den asketischen Täufer zugeschnitten sein, wenn EvThom auch mit der Reichtumskritik Jesu geschichtlich Zutreffendes sagt (s. BECKER, Jesus, 56f; THEISSEN - MERZ, Historischer Jesus, 509 u.a.). Insgesamt wird die Q-Fassung des als solchen historischen Jesus-Wortes die Überlieferung besser treffen als die EvThom-Version (so auch CROSSAN, Historischer Jesus, 321f.572 u. ähnl. FUNK u. JS., Five Gospels, 516; insgesamt ablehnend dagegen LÜDEMANN, Jesus 2000, 796: „sekundäres Traditionsstadium").

LOG 79

1. EINE FRAU AUS DER MENGE SPRACH ZU IHM: HEIL DEM LEIB, DER DICH GETRAGEN HAT, UND DEN BRÜSTEN, DIE DICH GENÄHRT HABEN. 2. ER SPRACH ZU IHR: HEIL DENEN, DIE DAS WORT DES VATERS GEHÖRT HABEN UND ES IN WAHRHEIT BEACHTET HABEN. 3. DENN ES WIRD TAGE GEBEN, AN DENEN IHR SAGEN WERDET: HEIL DEM LEIB, DER NICHT EMPFANGEN HAT, UND DEN BRÜSTEN, DIE KEINE MILCH GEGEBEN HABEN.

Die Stichwortverbindung zum vorhergehenden Log 78 ist durch die Vokabel „Wahrheit" gegeben; außerdem besteht ebenso wie dort die Beziehung zu Jesu Person. Innerhalb des Spruchs gibt es zusätzlich stichwortmäßige Verknüpfungen über die Worte „Leib" und „Brüste" sowie die „Heils"-Ansage.

Auch hier betonen MÉNARD, EvThom, 180f und SCHRAGE, Verh, 166f den „gnostischen Charakter" des Logions und meinen, die leibliche Verwandtschaft werde abgewertet, weil sie „Signum des Kosmos" (der Welt) sei und der Sphäre des „Fleisches" zuzurechnen sei ebenso wie der gesamte Bereich des Sexuellen (unter Verweis auf Apocr Joh 63,5ff u. EvPhil Log 31 u. 46). Das dürfte jedoch sogar für die Schlussredaktion des EvThom übertrieben sein; denn sie stellt gegenüber der Blutsverwandtschaft lediglich den entscheidenden Vorzug des Hörens und Einhaltens des Wortes Gottes heraus und trifft damit einen maßgeblichen Zug der urchristlichen und besonders jesuanischen Predigt (s. z.B. Mk 3,31ff Par).

Es sind daher auch hier grundlegend die Parallelen unseres Logions in Lk 11,27-28 und 23,29 zu beachten. Die erstere Perikope ist zwischen verschiedenen Reden bei der Wanderung Jesu durch Galiläa, und zwar zwischen dem Wort über den unreinen Geist (11,24ff) und dem über das Jonazeichen (11,29ff) angeordnet und lautet: „Und es begab sich, als er (Jesus) dies sagte, da erhob eine Frau aus dem Volke (γυνὴ ἐκ τοῦ ὄχλου) die Stimme und sprach zu ihm: Selig (μακαρία) der Leib, der dich getragen hat, und die Brüste, an denen du dich genährt hast (οὓς ἐθήλασας)! Er aber sprach: Selig sind vielmehr (μενοῦν μακάριοι) die, welche das Wort Gottes hören und bewahren (οἱ ἀκούοντες τὸν λόγον τοῦ θεοῦ καὶ φυλάσσοντες)!".

Völlig getrennt von dieser Szene wird im Rahmen der Wehklagen der Töchter Jerusalems (Lk 23,27ff) folgendes Wort Jesu im Zuge seiner Aufforderung zitiert, nicht über ihn zu klagen, sondern „über euch und eure Kinder". „Denn siehe, es werden Tage kommen, wo man sagen wird: Selig sind die Unfruchtbaren (μακάριαι αἱ στεῖραι) und die Leiber,

die nicht geboren haben (οὐκ ἐγέννησαν), und die Brüste, die nicht gestillt haben" (οὐκ ἔθρεψαν, teilweise handschriftl. auch: ἐθήλασαν). Was die Traditionsgeschichte des gesamten Logions betrifft, so rechnet WILSON, Studies, 81 damit, dass die in Log 79 vereinten Teile S. 1/2 und 3 auch ursprünglich eine Einheit gebildet haben könnten; dafür spricht, dass das gelegentlich als sperrig empfundene „ihr" (2. Pers. Pl.) auf die „Menge" (ⲙⲉϣⲉ) bezogen durchaus Sinn gibt. Wahrscheinlicher wird aber trotzdem sein, dass die beiden Teile zunächst getrennt umliefen. Der 1. Teil (S. 1/2) wird ein Apophthegma (s. BULTMANN, Tradition, 29f) mit dem Schwerpunkt auf S.2 gewesen sein. S.3 wird Teil einer frühchristlichen Prophetie gewesen sein, die ebenfalls einen apophthegmatischen Kontext erhalten hat und schließlich ebenso wie S. 1/2 von Lk in die von ihm gestalteten Zusammenhänge eingearbeitet worden ist (s. ebenfalls BULTMANN, Tradition, 121f. 37f). In einem früheren Stadium dieser Traditionsgeschichte werden die beiden selbstständigen Stücke von der dem EvThom vorausliegenden Überlieferung verbunden worden sein, und zwar wegen der Stichwortverbindungen ϩⲏ (Leib), ⲛ̄ⲕⲓⲃⲉ (Brüste) und Heilsruf (ⲛⲉⲉⲓⲁⲧ) (so auch PATTERSON, GosThom, 59f; SIEBER, Analysis, 211f). Eine Abhängigkeit des Log 79 von Lk, wie sie SCHRAGE, Verh, 165f und SNODGRASS, GosThom, 36 behaupten, ist nicht festzustellen. Wenn SCHRAGE meint, die Veränderung von ἐροῦσιν (man wird sagen) in die 2. Pers. Pl. (ihr werdet sagen) erkläre sich aus dem lk Kontext in Kap. 23, so ist dies völlig unbewiesen. Auch die evtle. redaktionelle lk Eigenart „es werden Tage kommen" (ἔρχονται ἡμέραι) ist nicht wörtlich in EvThom übernommen, da es dort heißt: ⲟⲩⲛ̄ ϩⲛ̄ϩⲟⲟⲩ (es wird Tage geben). Gegen SNODGRASS, s.o., 36 ist auch sonst in Log 79 kein weiteres typisch lk-redaktionelles Element aufzufinden (s. PATTERSON, GosThom, 59f; SIEBER, Analysis, 211f), so dass eine Abhängigkeit des Log 79 von Lk nicht anzunehmen ist.
Was die Authentizität des Spruchs angeht, so ist jedenfalls nunmehr zweifache gute Bezeugung gegeben. Lk 11,27f bzw. S. 1/2 des Log 79 stehen auch in engem kontextuellen Zusammenhang mit der sonstigen Jesus-Verkündigung. Darin relativiert Jesus die zeitgenössische Hochschätzung der Familienbande und der Mutterschaft (vgl. z.B. Mk 3,31ff Par; 40,29 Par; Lk 14,26 Par Mt 10,37 [Q]). Auch die Verehrung seiner eigenen Person drängt er zurück, s. Mk 10,18 Par; 13,32 u.ä. Demgegenüber hebt Jesus in besonderer Weise das Hören und Tun des eschatologischen Willens Gottes als Entsprechung zur kommenden Gottesherrschaft hervor (Lk 8,21; Mt 7,24 Par Lk 6,46 [Q]; Mt 7,24ff Par). Die Meinung LÜDEMANNs (Jesus 2000, 428), dass das Wort nicht zu Lebzeiten Jesu, sondern erst später in Bezug auf die Verherrlichung seiner Mutter gesprochen worden sei, überzeugt nicht; auch zu seinen

Lebzeiten wird schon wegen seiner Heilungen besondere Verehrung der vorliegenden Art an Jesus herangetragen worden sein. Das erstere Wort wird man daher als historisch werten können, wobei vielleicht die Bezeichnung „Wort des Vaters" (statt „Wort Gottes") und „in Wahrheit" thom Besonderheiten darstellen, zu ersterem s. Log 113, zu dem letzteren s. Log 69,78; dagegen wird „bewahren" und „beachten" wohl auf dieselbe gr. Wurzel zurückgehen (bejahend auch CROSSAN, Historischer Jesus, 398f.571; THEISSEN - MERZ, Historischer Jesus, 181.202.207; a.M. LÜDEMANN, Jesus 2000, 797).
Das zweite Wort (Lk 23,29; Log 79 S.3) begegnet bzgl. seiner Authentizität mehr Schwierigkeiten. Zwar wird die Wendung von den „Tagen", die „kommen werden" traditionell sein (s. auch Komm. zu POxy/Log 38). Auch mag die Fassung des S.3 EvThom gegenüber der Lk-Version vorzuziehen sein, der besonders die „Unfruchtbaren" hinzugefügt haben wird. Jedoch wird das Gerichtsurteil selbst vielfach als eine Analogiebildung zu S. 1/2 angesehen, das aus antijüdischer Apologetik der Gemeinde entstanden sein könnte (so LÜDEMANN, Jesus 2000, 510.797; aber auch BULTMANN, Tradition, 37.121f). Indessen gilt dies wohl nur für die lk Variante, deren Rahmen auch sekundär sein wird, bei EvThom jedoch fehlt dieser. Die EvThom-Version steht im übrigen in naher Kohärenz zu der sonstigen Jesus-Verkündigung über die dem Reich Gottes vorangehende eschatologische Drangsal mit ihren apokalyptischen „Wehen" und dem „Feuer" des Gerichts (s. auch Log 10 u. 11). Die Echtheit des Worts ist daher doch, auch wegen seiner nunmehr zweifachen Bezeugung, als wahrscheinlich anzunehmen (s.auch FUNK u. JS., Five Gospels, 516; a.M. CROSSAN, Historischer Jesus, 574).

LOG 80

1. JESUS SPRICHT: WER DIE WELT ERKANNT HAT, HAT DEN LEICHNAM GEFUNDEN. 2. WER ABER DEN LEICHNAM GEFUNDEN HAT, DESSEN IST DIE WELT NICHT WÜRDIG.

Der Stichwortzusammenhang ist nicht ganz eindeutig. Er wird aber über die Vokabel „Leib" laufen, einmal ϨΗ (Mutterleib) in Log 79 und ⲤⲰⲘⲀ (Körper, auch toter Körper oder Leichnam) in unserem Logion. Im übrigen setzt mit Log 80 eine neue Reihe von Worten ein, die sich mit einem appellativen „Wer" an Adressaten der Predigt Jesu wenden.
Der vorliegende Spruch ist eine Dublette zu Log 56 („Wer die Welt erkannt hat, hat eine Leiche gefunden. Und wer diese Leiche gefunden hat, dessen ist die Welt nicht würdig"). Es scheinen insoweit zwei

verschiedene Traditionen vorzuliegen, von denen die eine direkt die Todesbezogenheit der Welt aussagt (Log 56 mit dem Substantiv πτωμα / πτῶμα) und die andere gleichzeitig auch auf die Vergänglichkeit des Leibes (cωμα / σῶμα) anspielt (Log 80). Die Situation ist ähnlich wie bei Mt 24,28 / Lk 17,37, wo allerdings verschiedene Redaktionen von Q vorliegen dürften: „Wo ein Leichnam (Kadaver, Aas o.ä.) ist, dort sammeln sich die Geier". Hier benutzt Mt für „Leichnam" πτῶμα, Lk dagegen σῶμα, was auch als der etwas gehobenere Ausdruck gilt (so auch FIEGER, EvThom, 221f; ZÖCKLER, EvThom, 115).
Zur Frage der evtlen. Abkunft des Logions aus der Gnosis und seiner Verbundenheit mit der frühchristlichen Verkündigung sei auf die Kommentierung zu Log 56 verwiesen. Danach ist auch unser Spruch nicht aus gnostischen Überlieferungen abzuleiten, sondern steht der frühchristlichen Tradition, insbesondere auch der joh und pln Überlieferung nahe (s. dazu auch R. URO in Thomas at the Crossroads, 126f.138f). Es finden sich sogar gelegentlich deutliche Zusammenhänge mit der Verkündigung des historischen Jesus. In sämtlichen Überlieferungssträngen wird die „Welt" (κόσμος) ambivalent gesehen: Einerseits wendet sich Gott der Welt zu, Jesus offenbart sich in ihr, und die Jünger sind aufgerufen, in sie hineinzugehen und das Evangelium vom Reich Gottes zu verkündigen. Andererseits geht die Welt ihrem Ende zu, sie ist von Sünde erfüllt und dem Gericht verfallen, ihre Strukturen sind lebensfeindlich und letztlich zu überwinden. Insofern wirkt die Welt den Tod und ist auch selbst dem Tod verfallen (zu dieser Dualität auch bes. ZÖCKLER, EvThom, 118ff).
Das letztere drückt drastisch unser Logion aus: Jesus ruft seine Jünger auf, die „Welt" (κοсмос) zu „erkennen" (сооүn) und sie dadurch zu überwinden. Sie wird als cωμα (in Anlehnung an das gr. σῶμα = Körper, auch toter Körper und in gehobener Ausdrucksweise: Leichnam) bezeichnet, und zwar in Parallelität zu Menschen, die auch als „tot" benannt werden, weil sie der Welt verhaftet sind (s. Mt 8,22 Par; Lk 15,11ff.24.32; ferner z.B. EvThom Log 11). Wer diese Erkenntnis der Welt, ihres Charakters und ihrer Strukturen (wie Besitz- und Machtverhältnisse) hat, „dessen ist die Welt nicht würdig (m̄πϣα)" (s. dazu Hebr 11,38 u. Log 111): Er ist ihr überlegen und hat sie überwunden (so auch ZÖCKLER, EvThom, 115f; VALANTASIS, GosThom, 159f).
Eine Zugehörigkeit des Logions zur Predigt des geschichtlichen Jesus ist allerdings nicht mit Sicherheit festzustellen (s. auch CROSSAN, Historischer Jesus, 579; FUNK u. JS., Five Gospels, 517). Eine direkte Parallele fehlt, und die Bezeugung allein im EvThom, wenn auch in zwei Traditionen reicht wohl nicht aus, da sie letztlich beidesmal möglicherweise aus der thom Gemeinde stammt. Freilich steht der

Spruch mit der Härte seiner Polemik und der drastischen Betonung der Todesverfallenheit der Welt durchaus dem historischen Jesus nicht so fern, wie meist angenommen wird, und gehört eindeutig in den frühchristlichen Raum (s. dazu auch die Ausführungen zu Log 56). Eine originäre Verwurzelung in der Gnosis scheidet aus, auch wenn sie diese Vorstellungen später ins Zentrum gestellt hat (a.M. die meisten Ausleger, s. LÜDEMANN, Jesus 2000, 797.784; er hält das Logion für „ganz im gnostischen Denken verwurzelt" u. verweist auf EvPhil Log 93; GÄRTNER, Theology, 159f u.a.).

LOG 81

1. JESUS SPRICHT: WER REICH GEWORDEN IST, SOLL (WIE EIN) KÖNIG SEIN. 2. UND WER MACHT HAT, SOLL IHR ENTSAGEN.

Die stichwortmäßige Beziehung zu Log 80 ist durch das substantivische Relativpronomen „wer" gegeben. Dadurch ergibt sich, dass wir es bei Log 80,81 und 82 wieder mit einem Dreierblock zu tun haben, bei dem jedes Logion auf diese Weise mit „wer" einsetzt.

Unser Spruch wird oftmals dahingehend gnostisierend ausgelegt, dass „reich" und auch „König sein" (so die wörtl. Übersetzung) spirituell aufgefasst wird, etwa in dem Sinn, dass es um „inneren Reichtum" oder „Reichtum an unzerstörbarem geistigem Leben" gehe und ebenso um entsprechendes „Herrschen". Dazu wird auf Stellen des EvThom verwiesen, wo „reich" (pm̄mao) und Reichtum so verstanden werden können (vgl. Log 29,85 u. 110), desgleichen das „König sein" (p̄ p̄po) (s. Log 2). Auch „Macht" (ⲇⲩⲛⲁⲙⲓⲥ) kann noch so gedeutet werden (s. Log 21 u. 85) (vgl. FIEGER, EvThom, 223; LÜDEMANN, Jesus 2000, 797; BERGER - NORD, NT u. verw. Schriften, 663 u.a.).

Diese Interpretation, die dann auch unter der Rüge des Paulus in 1Kor 4,8 steht, betrifft jedoch allenfalls die Endredaktion unseres Logions, wie auch die chiastische Verschränkung des Parallelismus entsprechend Log 80 aufweist. Dagegen dürfte die ursprüngliche Bedeutung des Spruchs woandershin weisen: Es geht um materiellen Reichtum und faktisches Herrschen sowie entsprechende Macht und den Umgang damit. Dann fügt sich das Logion formal in einen semitischen Parallelismus membrorum und entspricht inhaltlich durchaus der charakteristischen Reichtums- und Herrschaftskritik, wie sie auch für Jesus und das ihm folgende frühe Christentum typisch ist (vgl. J.B. BAUER, Unbekannte Jesus-Worte, 124f; s. auch VALANTASIS, GosThom, 161).

Der 1. Satz des Logions ruft unter dieser Betrachtungsweise denjenigen, der materiell „reich" ist, dazu auf, sich damit wie ein „König", nämlich

großzügig und freigebig zu verhalten. J.B. BAUER zitiert insofern das assyrische Sprichwort: „Schenken ist eines Königs Sache, Wohltun Sache des Mundschenks". Diese positive Deutung des König-Seins steht auch in Übereinstimmung mit Log 2 = POxy 654,3ff, wonach das königliche Wirken der dort Angesprochenen der Königsherrschaft (Basileia) Gottes entspricht (s. auch PATTERSON, GosThom, 140, Anm. 82). Eine solche Interpretation passt auch allein zur Verkündigung Jesu, etwa in der Parabel vom ungerechten Haushalter (Lk 16,1ff), in deren Folge dem Haushalter empfohlen wird, die Besitztümer aufzugeben und sich „Freunde zu machen mit dem ungerechten Mammon", „damit sie, wenn es mit ihm zu Ende geht, euch aufnehmen in die ewigen Hütten" (Lk 16,9). Ähnlich ist die Tendenz der Erzählung vom „reichen Jüngling" (Mk 10,17ff Par Mt 19,16ff u. Lk 18,18ff). Dort fragt einer Jesus, was er tun müsse, um das „ewige Leben zu ererben". Jesus weist auf die Gebote der 2. Tafel des Dekalogs hin und fährt fort, als der Reiche angibt, diese alle gehalten zu haben: „Eins fehlt dir noch (Mt schwächt ab: „Willst du vollkommen sein..."): Geh hin, verkaufe alles, was du hast, und gib es den Armen, und du wirst einen Schatz im Himmel haben, und komm, folge mir nach!" (Mk 10,21; zur Authentizität s. BULTMANN, Tradition, 110; BRAUN, Jesus, 106; J. JEREMIAS, Theologie, 100 u.a.). Schließlich mag auch noch auf die Kritik an übermäßigem Besitz und Eigentum in Mt 6,24 Par, auch in EvThom Log 47, und das Gleichnis vom reichen Kornbauern Lk 12,16ff m. Par in EvThom Log 63 verwiesen werden.
Der 2. Satz von Log 81 fordert in synonymem Parallelismus die Mächtigen auf, der „Macht" zu „entsagen" (ⲁⲣⲛⲁ), sinngemäß auch: sie abzulehnen, zu verschmähen, zu verleugnen o.ä. (ähnl. 4Makk 8,7, wo vom „Verleugnen" eines Gebrauchs, einer Sitte die Rede ist mit dem Sinn, ihn nicht auszuüben, auszunützen, ferner 2Tim 3,5; s. auch J.B. BAUER, s.o., 125).
Auch hier finden sich zahlreiche Parallelen in der Jesus-Verkündigung. So besonders Mk 10,42ff Par, wonach „diejenigen, die als Fürsten der Völker gelten, sie knechten, und ihre Großen über sie Gewalt ausüben. Unter euch aber sei es nicht so, sondern wer unter euch groß sein will, sei euer Diener, und wer unter euch der Erste sein will, sei der Knecht aller" (zur Echtheit s. BULTMANN, Jesus, 77; GOPPELT, Theologie, 161 u.a.). Es sei ferner auf Lk 14,11 Par hingewiesen: „Denn jeder, der sich selbst erhöht, wird erniedrigt werden, und wer sich selbst erniedrigt, wird erhöht werden" und auf Mt 18,4: „Wer sich selbst erniedrigt wie dieses (ein) Kind, der ist der Größte im Himmelreich" (ferner mit antipatriarchalischer Spitze s. Mt 23,8ff u.a.).
Danach ruft das Logion dazu auf, mit Eigentum und Besitz sowie Macht angemessen umzugehen, sie zu teilen und ggf. aufzugeben und auf sie zu

verzichten. Diese Aufforderung passt sprachlich und von der Form des synonymen Parallelismus her völlig zur Jesus-Verkündigung. Sie steht mit ihr, auch wenn unser Logion direkt nur einmal bezeugt ist, in enger Kohärenz, was den Inhalt betrifft, und sie passt zur Lebensweise Jesu und seiner ersten Jünger. Eine sekundäre, mehr spiritualisierende Parallele findet sich dazu auch in Log 110 und vielleicht noch in DialSot 20 (m. allerdings fragmentarischer Überlieferung). Insgesamt darf daher von der (wahrscheinlichen) Authentizität dieses Logions ausgegangen werden (so besonders J.B. BAUER, s.o., 126; FUNK und das JS., Five Gospels, 517 können sich dagegen nur für wahrscheinliche Echtheit des 2. Teils entschließen; auch CROSSAN, Historischer Jesus, 573 nimmt spätere Jesus-Tradition an, u. LÜDEMANN, Jesus 2000, 797 hält den Spruch sogar für „im gnostischen Denken zu Hause").

LOG 82

1. JESUS SPRICHT: WER MIR NAHE IST, IST DEM FEUER NAHE. 2. UND WER MIR FERN IST, IST DEM KÖNIGREICH FERN.

Die Stichwortverbindung zu Log 81 liegt wieder in dem Relativpronomen „wer" und passt damit zu dem Dreierblock der Log 80, 81 und 82, aber auch zu den „Ich"-Aussagen Jesu.
Eine gnostisierende Deutung des Logions ist schwierig und liegt sehr fern. FIEGER, EvThom, 224 denkt daran, das „Feuer" sei Ausdruck des göttlichen Lichts (s. Pap Ber 42,10ff), und MÉNARD, EvThom, 184 bringt es in Zusammenhang mit der Salbung nach EvPhil Log 25,66. Der Spruch stammt demgegenüber jedoch eindeutig aus frühchristlicher Tradition und sollte auch dementsprechend interpretiert werden.
Das Logion wird zunächst bezeugt von Origenes (185-253/4), der in In Jerem. Hom. lat. III 3 sagt: „Ich las irgendwo als Wort des Heilands (und ich frage mich, ob jemand die Rolle des Heilandes angenommen oder gedächtnismäßig zitiert hat, oder aber, ob es wahr ist, was gesagt ist), jedenfalls sagt dort der Heiland: (es folgt wörtlich der Text unseres Logions, mit Ausnahme des fehlenden „und" (kopt. ⲁⲩⲱ) zwischen den beiden Sätzen). Desgleichen findet sich bei Origines, In lib. Jesu Nave Hom. IV 3 das Zitat, es stehe geschrieben: „Die sich mir nahen, nahen sich dem Feuer". Origines kannte zwar das EvThom, in welcher Fassung auch immer, und lehnte es ab. Ob er das Logion aus dieser Quelle hat, ist allerdings nicht sicher.
Weiterhin wird der Spruch von Didymos dem Blinden von Alexandria (* ca. 313) zitiert (In Psalm. 88,8). Die griechische Fassung ist mit der

koptischen des EvThom identisch und ist nur insofern noch bemerkenswert, als für „und" gr. δέ vorliegt.
Sicher unabhängig erscheint eine weitere Bezeugung in der syrischen „Erklärung des Evangeliums", nach Ephraem, dem Syrer (wohl vor 430 anzusetzen), wo es heißt: „Das ist, was unser lebendig machender Erlöser gesagt hat: Er sagt: Wer sich mir nähert, nähert sich dem Feuer, und wer sich von mir entfernt, entfernt sich vom Leben".
Ebenso dürfte unabhängig sein das Zeugnis in dem vor kurzem erst entdeckten Unbekannten Berliner Evangelium (UBE, nicht vor Ende des 2. Jh.), wo es in Nr. 12 lautet: „Der Erlöser antwortete: ... Ich bin das lodernde Feuer. Wer mir nahe ist, ist dem Feuer nahe. Wer mir fern ist, ist dem Leben fern" (s. i. e. zu den Texten J. JEREMIAS, Unbekannte Jesusworte, 65ff; PLISCH, Verborgene Worte Jesu, 27ff.32).
Als älteste Version unseres Logions sind daher die aus dem EvThom und vielleicht die letztere aus dem UBE Nr.12 anzusehen. Zwar kommt in zwei Lesarten, nämlich derjenigen des UBE und der „Erklärung des Evangeliums" nach Ephraem der Terminus „Leben" vor. Doch ist dieser mit „Königreich" bzw. „Reich Gottes" austauschbar, wie z.B. der Vergleich von Mk 9,43.45 mit 9,47 und Mt 19,16 mit 19,23f ergibt (s. dazu auch schon die Komm. bei Log 4 und J.B. BAUER, Echte Jesusworte, 122ff u. ThZ 15, 1959, 446ff). Im allgemeinen wird man nach der sonstigen Bezeugung davon ausgehen müssen, dass „Königreich" (βασιλεία) bzw. „Reich Gottes" der ursprünglichere Begriff ist, der Terminus „Leben" (ζωή) wird von Jesus auch, aber deutlich seltener gebraucht.
Jesus redet auch vielfach vom „Feuer" der eschatologischen Drangsal, die dem kommenden „Reich Gottes" vorausgehen soll, und noch mehr von dem endzeitlichen „Reich", der Basileia selbst. Er ist nach Lk 12,49 „gekommen", „ein Feuer (πῦρ) auf die Erde zu bringen" (s. auch EvThom Log 10). In Lk 12,51 fragt er: „Meint ihr, dass ich gekommen sei, Frieden auf der Erde zu schaffen? Nein, sage ich euch, sondern Entzweiung", die Par in EvThom Log 16 fügt hinzu: „Feuer, Schwert, Krieg". Ergänzt wird diese Gerichtsankündigung Jesu auch durch Mk 9,49: „Denn jeder wird mit Feuer gesalzen werden" (zum Gerichtscharakter des „Feuers" s. Ps 11,6; 97,3; Jes 66,15; Jer 4,4 wie auch Apg 2,19; Apk 20,7ff; 1Kor 3,13; 2Petr 3,7.10.12 usw.).
In scheinbarem Kontrast hierzu steht seine Predigt vom nahe hereinbrechenden, ja bereits ansatzweise und zeichenhaft gekommenen Heil, dem Gottesreich. Es ist bereits jetzt „mitten unter euch" (Lk 17,21 m.Par in EvThom Log 3,51,113). Es ist schon „gekommen", wenn Jesus „mit dem Finger Gottes die Dämonen austreibt" (Mt 12,28 = Lk 11,20 [Q]). Und auch in Lk 10,23f Par; Mt 11,2ff Par; Lk 4,16ff wird die Gegenwart als Heilszeit gepriesen. Die Personifikation des Reichs

Gottes, aber auch des Gerichts, wenn das erstere nicht angenommen wird, durch Jesus selbst ist danach nicht ungewöhnlich. Sie ergibt sich bereits aus den vorstehenden synoptischen Worten, aber auch aus der von Jesus in Anspruch genommenen impliziten Christologie, besonders was die Würdebezeichnungen „Menschensohn" und „Sohn" (Gottes) betrifft. Von daher ist gut nachvollziehbar, dass derjenige, der Jesus nahe ist, immer auch dem „Feuer" des Gerichts nahe ist, aber der ihm fernstehende auch dem „Reich Gottes" fernsteht (zur Ferne s. auch Mk 12,34, zur Nähe s. Lk 10,11 und zum nichtattributiven „Reich" s. Lk 12,32).

In seiner sorgfältigen Untersuchung, in der er die Echtheit des Logions bejaht, hat J. JEREMIAS, Unbekannte Jesusworte, 64ff auch neben dem Gesichtspunkt der Kohärenz die Anstößigkeit des Worts, das die Nachfolger geradezu abschreckt, hervorgehoben, ferner auch die Rückübersetzung in die Muttersprache Jesu, das Aramäische und die für Jesus typische Bildung des antithetischen Parallelismus betont. J.B. BAUER, Echte Jesusworte, 122ff tritt ebenfalls für die Authentizität des Spruchs ein und sieht seine Verbundenheit mit griechischen Sprichwörtern wie das dem Äsop zugeschriebene: „Wer Zeus nahe ist, ist dem Blitz nahe" und dann bei Synesios von Cyrene zu findende: „Fern von Zeus und seinem Blitz". Diese Beziehung mag eventuell nicht ganz auszuschließen sein, ist aber wegen der späten Bezeugung der Worte eher unwahrscheinlich. Weiter nehmen auch (mehr oder weniger bestimmt) O. HOFIUS, Unbekannte Jesusworte, in Das Evangelium und die Evangelien, hg. v. P. STUHLMACHER, 1983, 376f; SUMMERS, Secret Sayings, 75; HIGGINS, Non-Gnostic Sayings, 303; PERRIN, Jesus, 39; ZÖCKLER, EvThom, 59; BERGER, Jesus, 165 und ausführlich E.K. BROADHEAD, NTS 46, 2000, 132ff die Zugehörigkeit des Logions zur Verkündigung des historischen Jesus an. Auch MÉNARD (EvThom, 183) betont seine Authentizität, und zwar wegen seines Abschreckungseffekts und verweist noch auf Mt 8,19ff Par; 16,24 Par. CHILTON, Gospel Perspectives Vol. 5, 1985, 168 spricht sich schließlich ebenfalls dafür aus, dass das Wort alle Charakteristika der ipsissima vox Jesu habe. Es muss daher als ein Spitzensatz der Christologie Jesu angesehen werden, durch das er seine implizite Verbindung mit dem Reich, aber auch mit dem Gericht Gottes andeutet (dies bejahen mit Zurückhaltung auch noch FUNK u. JS., Five Gospels, 517; dagegen ablehnend, allerdings ohne nähere Begründung LÜDEMANN, Jesus 2000, 798 u. CROSSAN, Historischer Jesus, 579).

LOG 83

1. JESUS SPRICHT: DIE BILDER SIND DEM MENSCHEN SICHTBAR, ABER DAS LICHT IN IHNEN IST VERBORGEN IM BILD VOM LICHT DES VATERS. 2. ES WIRD SICH OFFENBAREN, ABER SEIN BILD BLEIBT VERBORGEN DURCH SEIN LICHT.

Das Logion entbehrt einer direkten Stichwortverbindung zu dem vorhergehenden Wort, allenfalls könnte man an eine ganz indirekte Beziehung des „Lichts" zu dem „Feuer" in Log 82 denken. Die schwache Anknüpfung lässt auch hier wieder vermuten, dass eine weitere erhebliche Zäsur im EvThom vorliegt, weil eine Teilsammlung von Worten beendet ist und ein redaktioneller Einschub erfolgt ist. Dieser könnte mit den Log 83 und 84 gegeben sein, die sich mit der doppelten Bedeutung der „Bilder" befassen. Dafür spricht auch, dass bei den Log 22 und 50 ebenfalls sekundäre Einschübe zu verzeichnen sind, die sich mit „Bildern" befassen (s. dort).
Sprachlich wird das Logion auf verschiedene Weisen übersetzt, je nachdem ob das ṁ vor ποyοeιν (das Licht) als zutreffend (wie vorliegend) oder als Schreibversehen gewertet wird (so z.B. BETHGE, Synopsis, 539; B. LAYTON, The Gnostic Scriptures, 1987, The Gospel According to Thomas, 394). In letzterem Fall lautet der Mittelteil: „,... aber das Licht in ihnen ist verborgen im Bild. 2. Das Licht des Vaters wird sich offenbaren, ...". Ein durchgreifender, besonders inhaltlicher Grund für die Annahme eines Schreibversehens dürfte jedoch nicht vorliegen (dagegen auch GRANT - FREEDMAN, Geheime Worte, 167; B. BLATZ in SCHNEEMELCHER, NtApokr, I, 110; FIEGER, EvThom, 225; LAMBDIN, Translation, 85; DAVIES, Christology, JBL 111/4, 669; FUNK u. JS., Five Gospels, 518 u.a.). Manchmal wird auch noch übersetzt: „Im Bild des Lichtes des Vaters wird es offenbar werden" (s. HAENCHEN, EvThom, 29; GÄRTNER, Theology, 202f), das ergibt aber wohl ebenfalls keinen hinreichenden Sinn, weil, wie noch zu zeigen sein wird, die Bilder an der Verhüllung des Lichts mitwirken. Somit ist unsere Übersetzung wohl am ehesten zutreffend. Im 2. S. heißt es dann: „Es (das Licht) wird sich offenbaren...". Sprachlich möglich wäre auch noch: „Er (Gott) wird sich offenbaren" (qναϭωλπ), was kopt. nicht unterschieden wird; dies ist allerdings deshalb sehr unwahrscheinlich, weil es fern liegt, dass Gottes Wesen selbst offenbart werden soll (so treffend DE CONICK, Seek to See Him, 101).
Eine Interpretation dieses vorliegenden „extremely difficult logion" (QUISPEL) ist aus den verschiedensten Gedankensystemen versucht worden, aus dem Platonismus, aus der Philosophie Philos von Alexandria sowie gnostischen Systemen. Auch das valentinianische EvPhil ist

mehrfach herangezogen worden, besonders dessen Log 67: „Die Wahrheit kam nicht nackt in die Welt, sondern sie kam in den Sinnbildern und Abbildern. Sie (die Welt) wird sie nicht auf eine andere Weise erhalten" (vgl. i. e. FIEGER, EvThom, 225f; MÉNARD, EvThom, 184ff; LEIPOLDT, EvThom, 71 u.a.).
Auch hier dürfte es jedoch am nächsten liegen, der frühchristlichen und - jüdischen Herkunft der dem Logion zugrundeliegenden Vorstellungen nachzugehen (so bes. DAVIES, Christology, JBL 111/4, 663ff u. ders., Wisdom, 62ff; ferner auch QUISPEL, Makarius, 49f u. Das ewige Ebenbild des Menschen, 140ff). Der entscheidende Bezugspunkt des Spruchs ist Gen 1,26 und 27. Danach sprach Gott: „Lasst uns Menschen machen, ein Bild, das uns ähnlich sei... Und Gott schuf den Menschen zu seinem Bilde, zum Bilde Gottes schuf er ihn, und schuf sie als Mann und Frau"; dabei wird das hebr. Äquivalent für gr. εἰκών und kopt. ϨΙΚШΝ gebraucht. Aus den hiermit zusammenhängenden Überlegungen und im Frühjudentum entwickelten protologischen Spekulationen dürfte unser Logion am ehesten zu verstehen sein:
Die „Bilder", die dem Menschen „sichtbar" sind, sind die geschaffenen Dinge dieser Welt und besonders der Mensch in der Welt. In diesen ist „Licht" (kopt. ογοειν; wie auch Log 50 S.1 a. E. aussagt: dies „hat sich hingestellt und ist in ihrem Bild erschienen"). Das Licht ist allerdings noch „verborgen", und zwar durch das „Bild vom Licht des Vaters". Auch hier handelt es sich um natürlich-geschaffene Mächte (wie das natürliche Licht der Sonne und des Monds, s. Gen 1,14ff), das „Licht des Vaters" ist dadurch ebenfalls noch verhüllt. Jedoch soll das Licht in den Bildern enthüllt werden, und es soll sich „offenbaren". Das Ziel ist somit, dass „ein Bild (bzw. Bilder) zu einem (wahren) Bild (bzw. Bildern) werden", wie dies auch Log 22 S.6 a. E. andeutet. Die geschaffenen „Bilder" sollen letztlich überwunden werden zugunsten der in ihnen enthaltenen Ur-„Bilder", die am Anfang waren, der göttlichen Sphäre angehören und mit dem anfänglichen „Licht" identisch sind.
Diese Ur-„Bilder", die unserer schöpfungsmäßigen Bestimmung entsprechen, sollen offenbar werden und in Erscheinung treten. Das kann sogar jetzt, in der Gegenwart schon in „Lichtmenschen" (Log 24 S.3) geschehen, die „die ganze Welt erleuchten". Als Ausnahme ist allein das „Bild" von Gott selbst genannt. Dieses kann von niemandem enthüllt werden, wie auch Ex 33,18ff.20 sagt: „Kein Mensch bleibt am Leben, der mich (Gott) schaut" (ähnl. auch DAVIES, Christology, 668f u. Wisdom, 64ff sowie DE CONICK, Seek to See Him, 101f).
Der Inhalt unseres Logions steht durchaus im Umfeld der frühchristlichen, insbesondere der pln Verkündigung. Diese kennt zunächst den Menschen als „Bild" (εἰκών) und „Abglanz Gottes" (1 Kor 11,7), wenn auch die Frau als „Abglanz des Mannes" davon abgehoben

gesehen wird. In erster Linie wird allerdings Christus als „Bild" (εἰκών) Gottes gesehen (2 Kor 4,4); insofern ist darauf zu verweisen, dass er auch nach EvThom (Log 77) das „Licht" der Welt ist. Ihm sollen jedoch die Gläubigen gleichgestaltet werden: Wie sie das „Bild" „des irdischen Menschen (Adam)" getragen haben, sollen sie jetzt das „Bild" „des himmlischen Menschen" (Christus) tragen (1Kor 15,45ff). Diese Gleichgestaltung geschieht nicht nur in der Zukunft, sondern setzt jetzt schon ein (s. 2 Kor 3,18; Röm 8,29). Letztlich soll danach, wie dann auch Kol 3,10 betont, der „neue Mensch" „angezogen" werden, der nach dem „Bild" (εἰκών) seines Schöpfers, Gottes, völlig erneuert werden soll. Es wird somit in den Gläubigen das eigentliche, wirkliche Bild Gottes zum Durchbruch und zur Herrschaft kommen. Gesondert wird allerdings auch betont, dass Gott selbst „in unzugänglichem Licht" wohne und ihn „kein Mensch gesehen" habe noch „sehen" könne (1Tim 6,16), vgl. auch DAVIES, Christology, 668.

Danach befindet sich der Gehalt unseres Logions durchaus im Umkreis der frühen Kirche. Einer Herleitung aus der Gnosis oder auch der hellenistischen Philosophie bedarf es nicht, wenn auch Einflüsse der letzteren nicht zu übersehen sind. Eine direkte Beziehung zur Predigt des historischen Jesus ist dagegen nicht feststellbar. Die Authentizität des Spruchs als eines Worts des irdischen Jesus kann danach nicht nachgewiesen werden (so die allg. Meinung, s. FUNK u. JS., Five Gospels, 518; CROSSAN, Historischer Jesus, 579; LÜDEMANN, Jesus 2000, 798).

LOG 84

1. JESUS SPRICHT: WENN IHR EURE ABBILDER SEHT, FREUT IHR EUCH. 2. WENN IHR ABER EURE BILDER SEHEN WERDET, DIE VOR EUCH ENTSTANDEN UND DIE WEDER STERBEN NOCH ERSCHEINEN, WIEVIEL WERDET IHR ERTRAGEN?

Dieses Logion ist nicht nur sinngemäß mit Log 83 verbunden, sondern auch mit dem Stichwort „Bilder". Die in Log 83 entfaltete Lehre von den „Bildern" wird in Log 84 weiter fortgesetzt (so auch FIEGER, EvThom, 227). Allerdings führt auch hier eine platonisierende oder gnostische Deutung nicht zu den Wurzeln des Logions (so aber FIEGER, s.o., 227, u. MÉNARD, EvThom, 186 u.a.). Vielmehr ist es ebenfalls notwendig, seine frühjüdische und -christliche Herkunft aufzuhellen.

Auch hier werden die Ur-„Bilder" (kopt. ϩικων, gr. εἰκών), die der göttlichen Sphäre, dem Licht und dem Anfang, vor aller Zeit zugehören, unterschieden von den „Abbildern" (kopt. ειne, gr. ὁμοίωσις), dem was

uns „ähnlich" ist und dem Alltagsleben zugehört. Es sind wohl realkörperliche Spiegelbilder gemeint, die uns bestätigen, unser Ego aufblähen und uns deshalb erfreuen. Anders unsere Ur-„Bilder", von denen auch schon in Log 83 die Rede war: Sie gehören zum Anfang der Schöpfung, sind lebendig, jedoch verborgen und wollen in Erscheinung treten. Wegen ihrer göttlichen Mächtigkeit erstaunen und erschrecken sie uns, s. auch Log 2 S.2 u. 3 (s. bes. DAVIES, Christology, 663ff und Wisdom, 62ff).
Ähnlich auch QUISPEL, Makarius, 39ff und ders., Das ewige Ebenbild des Menschen, 140ff, der die „Bilder" mit der im syrischen Christentum verbreiteten Vorstellung vom Schutzengel als Ebenbild des Menschen in Verbindung bringt, unter Hinweis auf rabbinische Texte, das Engelwort Mt 18,10 und das syr. Testamentum Domini nostri Jesu Christi (ca. 5. Jh.). H.-CH. PUECH bezieht die „Bilder" des Menschen auf ihr wahres, göttliches Selbst, er verweist allerdings auch auf die Exc ex Theodoto c. 15 des Clemens von Alexandria und Log 58 sowie 65 EvPhil (Histoire des Religions, Annuaire du Collège de France 62, 1962, 199ff). A.D. DE CONICK, Seek to See Him, 157ff vertieft diese Sicht maßgeblich: Nach diversen frühjüdischen Quellen hängt die Trennung des Menschen von seinen Ur-Bildern mit dem Sündenfall Adams, des ersten Menschen, zusammen, der ursprünglich zu Gottes Ebenbild geschaffen wurde, in Licht und Herrlichkeit ($kavod$). Jedoch verlor er diese Qualitäten und insbesondere das himmlische Bild in Konsequenz seines Falls. Nunmehr bedarf es der Wiedervereinigung mit diesem göttlichen Bild, und zwar durch die Menschen schlechthin, die nach Gen 5,3 als Nachfahren des ersten Menschen dem Bild Adams entsprechen. Dazu kommt es nach DE CONICK, s.o., 164, die ergänzend auch auf frühjüdische und hermetische Quellen hinweist, auf das „Sehen" der ursprünglichen Bilder an, wie es Log 84 ebenfalls ausdrückt, und die innere Vereinigung mit ihnen, die aber auch äußere Folgen haben muss (vgl. auch ZÖCKLER, EvThom, 217ff).
Hier ist weiter auch auf frühchristliche Stimmen zu verweisen, insbesondere bei Paulus in 1Kor 15,45ff, wonach wir zunächst das „Bild" (εἰκόνα) des „irdischen Menschen" (Adam) getragen haben, aber nunmehr das „Bild" des „himmlischen Menschen" (somit Christus, das Bild Gottes) getragen werden soll. In 1Kor 13,12ff wird dies auch auf das „Sehen" bezogen: „Denn wir sehen (βλέπομεν) jetzt mittels eines Spiegels in rätselhafter Gestalt (ἐν αἰνίγματι), dann aber von Angesicht zu Angesicht (πρόσωπον πρὸς πρόσωπον). Jetzt ist mein Erkennen Stückwerk, dann aber werde ich völlig erkennen, wie ich auch völlig erkannt worden bin". Deutlich ist hier nicht nur die Parallelität zum „Sehen" in Log 84, sondern auch zum Erkennen und Erkannt-werden in Log 3 S.4. In Kol 3,9f wird ebenso verdeutlicht, dass wir „den alten

Menschen mit seinen (schlimmen) Taten ausgezogen" und den „neuen angezogen" haben, der nach dem „Bilde" seines Schöpfers (κατ' εἰκόνα τοῦ κτίσαντος αὐτόν) zur „Erkenntnis erneuert" werden soll (s. hierzu auch DE CONICK, s.o., 169ff, die ferner noch 2Kor 3,18 heranzieht; zum Verständnis s. auch G.M. MARTIN, Bild-Licht-Körperbild, in Festschr. R. Bohren, 1990, 69ff).

Aus dem Vorstehenden ergibt sich, dass unser Logion gänzlich im frühchristlichen Kontext verankert ist, auch wenn hellenistische Einflüsse mit im Spiel sind. Eine Zugehörigkeit zur Verkündigung des historischen Jesus ist allerdings nach allgemeiner Meinung nicht anzunehmen; eine irgendwie geartete nähere Beziehung zur Predigt Jesu ist nicht feststellbar (so auch FUNK u. JS., Five Gospels, 518; CROSSAN, Historischer Jesus, 579; LÜDEMANN, Jesus 2000, 798f).

LOG 85

1. JESUS SPRICHT: AUS EINER GROSSEN MACHT UND EINEM GROSSEN REICHTUM IST ADAM ENTSTANDEN. ABER ER WURDE EUER NICHT WÜRDIG. 2. DENN WENN ER EUER WERT GEWORDEN WÄRE, DANN HÄTTE ER DEN TOD NICHT GESCHMECKT.

Das vorliegende Wort schließt sich dem Inhalt nach an die vorgehenden Logien 83 und 84 an und ist stichwortmäßig durch das Verb „entstehen" mit Log 84 verbunden. Eine Herkunft aus platonistischen oder gnostischen Richtungen ist wie bei Log 83 und 84 nicht anzunehmen (s. aber abweichend MÉNARD, EvThom, 186f; FIEGER, EvThom, 228f u.a.). Zwar befasst sich z.B. das valentinianische EvPhil (s. Log 71,80 u. 94) auch mit Adam und Eva sowie dem Paradies, doch unter anderen Aspekten als in unserem Logion (wie z.B. mit der Frage des Verhältnisses der Geschlechter und der Erkenntnis des Guten und des Bösen).

Log 85 konstatiert, dass der erste Mensch, Adam, der Repräsentant der bisherigen Menschheit „aus einer großen Macht (ⲇⲩⲛⲁⲙⲓⲥ) und einem großen Reichtum (ⲙⲛ̄ⲧⲣ̄ⲙ̄ⲙⲁⲟ) entstanden" ist. Dies entspricht der frühjüdischen Tradition, dass Adam vor dem „Sündenfall" aus der Macht und Herrlichkeit Gottes stammte und mit seinem Geist an ihr partizipierte (s. Log 29). Er war Gottes Ebenbild, voller Licht und Herrlichkeit und beherrschte den Kosmos (zur Adamsspekulation in frühjüdischer Literatur, s. auch MÉNARD, s.o., 186f; zur Terminologie von „Reichtum" und „Armut" vgl. auch Log 3 S.4 u. 29 EvThom). Durch den „Sündenfall" verlor er jedoch diese Qualifikation, s. Gen 3,17ff, und wurde dadurch der Jünger und -innen Jesu, die zu diesem als „Menschensohn" und damit Repräsentanten einer neuen Menschheit gehören, „nicht würdig" (ⲙ̅ⲡϣⲁ, ein Ausdruck, der auch in den Log 56,80,111,114 EvThom vorkommt). Er entbehrt somit deshalb ihnen gegenüber an Wert und Macht. Das zeigt sich besonders daran, dass er auch dem Tod verfallen war. Wenn er nämlich ihrer „wert" geworden wäre (hier gebraucht Thom das Adjektiv ⲁⲝⲓⲟⲥ wie in Log 55), hätte er „den Tod nicht geschmeckt", d.h. er wäre nicht gestorben (vgl. dazu EvThom Log 1,18,19,111). Damit ist gleichzeitig wieder betont, dass die Jünger und -innen Jesu letztlich nicht sterben, sondern zum Reich Gottes gehören und somit das ewige Leben erwerben sollen. Ebenso wie das Logion auf die Jünger Jesu abhebt, will es auch andererseits für die Menschen gelten, die Adam und seiner Sünde und Abkehr von Gott folgen; sie laufen danach Gefahr, ebenso wie Adam des Lebens verlustig zu gehen (s. auch ZÖCKLER, EvThom, 221).

Wie bereits zu Log 83 und 84 gezeigt, befindet sich diese Betrachtungsweise durchaus in der Nähe entsprechender frühchristlicher, besonders pln Erwägungen: Nach 1Kor 15,45ff ist der „erste Mensch" (Adam) sündig geworden und daher „irdisch" und wir „tragen das Bild" Adams. Nunmehr ist aber Christus als der „letzte Adam" aufgetreten, und wie wir „das Bild" des „irdischen Menschen" getragen haben, werden wir jetzt „das Bild" des „himmlischen Menschen" tragen. Dieser Adam-Christus-Typologie entspricht auch Röm 5,12ff: Wie durch einen Menschen (Adam) „die Sünde in die Welt gekommen" ist und der Tod „herrschte", so soll durch die Gnade des einen Menschen Jesus Christus die Gnade Gottes herrschen „durch die Gerechtigkeit zum ewigen Leben". Ergänzend ist auch wie zu Log 84 ferner auf 1Kor 13,12ff und 2Kor 3,18 zu verweisen (ähnl. auch DAVIES, Christology, JBL 111/4, 668f; DE CONICK, Seek to See Him, 16ff.115ff [117. 169f]).

Eine Zugehörigkeit zur Predigt des irdischen Jesus ist danach allerdings nicht gegeben. Zwar sind einige Termini des Logions jesuanisch (so die Formulierungen vom „Wert-sein" und dem „Nicht-Schmecken des Todes", s. Mt 10,37f; Mk 9,1 u.a.). Diese sind aber in unserem Wort von typisch thom Vokabular überformt, wie bereits ausgeführt wurde. Demgemäß ist weder nach dem Inhalt noch nach der Form des Logions davon auszugehen, dass es vom historischen Jesus stammt (so auch allg. Meinung, s. FUNK u. JS., Five Gospels, 518; CROSSAN, Historischer Jesus, 580 u. LÜDEMANN, Jesus 2000, 799, der wieder stereotyp darauf hinweist, das Logion sei „ganz im gnostischen Denken verwurzelt").

LOG 86

1. JESUS SPRACH: DIE FÜCHSE HABEN IHRE HÖHLEN, UND DIE VÖGEL HABEN IHR NEST. 2. ABER DER SOHN DES MENSCHEN HAT KEINEN ORT, SEIN HAUPT HINZULEGEN UND AUSZURUHEN.

Log 86 steht insofern in stichwortmäßigem Zusammenhang mit dem vorhergehenden Spruch, als Adam hebräisch „Mensch" heißt und in unserem Logion vom „Sohn des Menschen" (пϣнре мпрωме / ὁ υἱὸς τοῦ ἀνθρώπου) die Rede ist. Dies kann nämlich auch als „Mensch" im generischen Sinn verstanden werden (s. z.B. C. COLPE, ThWNT 8, 1969, 403ff); insofern ergibt sich auch eine Beziehung zu Log 87, als dort der „alte" Mensch im Gegensatz zum wahren, „neuen" Menschen in Log 86 gekennzeichnet ist. Mit Log 86 ist auch die letzte Sammlung von Sprüchen des EvThom eingeleitet, die sich mit dem „neuen Menschen" in der „neuen Welt" befasst.

Eine gnostische Herkunft des Logions kommt nicht in Frage. Auch eine gnostisierende Auslegung kann ihm nur schwer abgewonnen werden. Ein Verständnis des Worts aus einem gnostischen Mythos, wonach der „Menschensohn" mit dem Gottgesandten dieses Mythos zu identifizieren wäre (s. SCHRAGE, Verh, 169) ist zu weit hergeholt und jedenfalls nicht nachzuweisen. Auch das „Ausruhen" des S.2 (мтон) versteht sich nicht aus der Angabe eines entsprechenden gnostischen Endzustands der „Ruhe" als vielmehr der Beschreibung eines gravierenden Mangels des Wanderdaseins Jesu und seiner Jünger sowie dessen Folgen (so PATTERSON, GosThom, 61f gegen GÄRTNER, Theology, 60f; KASSER, EvThom, 104 u.a.).

Das Logion entstammt vielmehr frühchristlicher Verkündigung, möglicherweise sogar der Predigt des historischen Jesus. Die entsprechenden Parallelen befinden sich bei Mt 8,20 und Lk 9,58, bei ersterem im weiteren Anschluss an die Bergpredigt, bei letzterem eingangs der Wanderung Jesu nach Jerusalem. In beiden Fällen sind die Logien in ein Apophthegma über ein Nachfolgebegehren eingebunden und mit einem zweiten ebenfalls über einen Nachfolgewilligen verknüpft (Mt 8,21f = Lk 9,59f). Jesus äußert in beiden Fällen eine Warnung wie folgt: „Die Füchse haben Höhlen und die Vögel des Himmels Nester. Aber der Sohn des Menschen (ὁ υἱὸς τοῦ ἀνθρώπου) hat nicht (οὐκ), wo er das Haupt (κεφαλὴν) hinlegen kann (κλίνῃ)". Das Logion entstammt nach herrschender Auffassung der Spruchquelle Q, wo es wörtlich wie bei Mt/Lk gestanden haben wird, allerdings in apophthegmatischer Einkleidung, die noch einfacher als die bei Mt oder Lk war (vgl. SCHULZ, Q, 434; POLAG, Fragmenta Q, 42f u.a.).

Was die Frage der Abhängigkeit des Log 86 von den synoptischen Texten betrifft, so lässt sich eine solche nicht feststellen (gegen SCHRAGE, Verh, 168f; FIEGER, EvThom, 229f). Redaktionelle Besonderheiten bei Mt/Lk oder Q, die EvThom übernommen haben könnte, sind nicht auszumachen. Die evtl. sekundäre apophthegmatische Rahmung des Logions (s. BULTMANN, Tradition, 27f.107) bei diesen ist gerade bei EvThom nicht feststellbar. Auch die Q-Reihenfolge der beiden Nachfolgeworte findet sich bei Log 86 nicht. Es spricht daher alles dafür, dass Log 86 auf einer von den Synoptikern (und Q) unabhängigen Überlieferung beruht (so auch PATTERSON, GosThom, 61; SIEBER, Analysis, 94f; SCHRÖTER, Erinnerung, 228).
Dies wird noch dadurch bestärkt, dass die EvThom-Fassung auch keine typisch thom redaktionellen Zusätze zeigt, sondern in ihren Abweichungen von der synoptischen Version mit alter syrischer Tradition und syrischen Texten wie z.B. der Tatian-Überlieferung übereinstimmt. Das gilt besonders für die zweimalige Hinzufügung des Possessivpronomens „ihre" Höhlen und „ihr" Nest, die zweite Setzung des Verbs „haben" (oyṅtay), den Gebrauch des Singulars „Nest" (ma2), die substantivische Wendung „keinen Ort (ma)" und das Possessivpronomen „sein" Haupt. Auch die Wendung „und auszuruhen" (m̄ton) dürfte mit dem gnostischen Ruhe-Motiv nichts zu tun haben, sondern entspricht eher der Doppelübersetzung eines zugrundeliegenden (aramäischen) Worts, das mit dem gr. κλίνειν bei Q („neigen") nicht einfach übereinstimmte (s. insgesamt A. STROBEL, Textgeschichtliches zum Thomas-Logion 86, VigChr 17 [1963], 211ff).
Das Logion könnte daher aus sprachlichen und sachlichen Gründen durchaus der Verkündigung des historischen Jesus zugehören (so früher schon KÜMMEL, Theologie, 71; GOPPELT, Theologie, 234 u. HAMPEL, Menschensohn und historischer Jesus, 236ff u.a.).
Die Frage der Historizität der „Menschensohn"-Titulatur ist allerdings in der nt Wissenschaft besonders lebhaft umstritten. Während z.B. VIELHAUER, Gottesreich, 55ff und CONZELMANN, Theologie, 151ff, den Gebrauch des Terminus durch Jesus ganz verneinen, sieht eine große Zahl anderer Forscher einen bedeutenden Bestand der Worte Jesu sowohl vom endzeitlich siegenden Menschensohn als auch vom gegenwärtig handelnden und leidenden Menschensohn als echt an (so bes. DIBELIUS, Jesus, 80ff; KÜMMEL, Theologie, 68ff; GOPPELT, Theologie, 233; J. JEREMIAS, Theologie, 245ff; THEISSEN - MERZ, Historischer Jesus, 476ff; SCHNACKENBURG, Gottes Herrschaft, 116; FLUSSER, Jesus, 96ff u.a., zuletzt SCHRÖTER, Erinnerung, 365). Sie begründen dies mit dem ungewöhnlich häufigen Gebrauch der Titulatur bei sämtlichen Synoptikern (so Mk, Q, Mt- u. Lk-Sondergut) bis hin zu Joh und EvThom, und zwar ausschließlich in Jesus selbst

zugeschriebenen Worten, während die christliche Kirche ansonsten die Bezeichnung gemieden hat und auch das Frühjudentum sie nur in apokalyptischen Randgruppen und mit andersartiger, nämlich visionssprachlicher Prägung verwendet hat. Ein erhebliches Indiz gegen eine Gemeindebildung ist auch, dass Jesus immer distanziert und in der dritten Person vom Menschensohn redet und er seine Identifizierung mit ihm und seiner messianischen Würde und Hoheit letztlich Gott selbst überlässt. Die Bultmann-Schule (s. bes. BULTMANN, Theologie, 31ff, ferner BECKER, Jesus, 250ff) will lediglich die Worte vom zukünftigen Menschensohn als authentisch gelten lassen, diese jedoch auf eine von Jesus unterschiedene Gestalt bezogen wissen, dies erscheint jedoch bei Jesu Hoheitsbewusstsein als ganz undenkbar. Demgegenüber wollen E. SCHWEIZER (Jesus, 22ff), VERMES (Jesus, 144ff), ferner CROSSAN, Historischer Jesus, 324ff, gerade die Logien vom gegenwärtig handelnden Menschensohn (wie das vorliegende Logion) als echt ansehen, sie deuten sie freilich unmessianisch, womit sie allerdings weit aus dem Jesus grundlegend bestimmenden eschatologischen Horizont heraustreten.

Es dürfte daher unzutreffend sein, in unserem Wort den „Sohn des Menschen" bloß als „den (oder einen) Menschen" im generisch-anthropologischen Sinn (den Menschen schlechthin, als Gattung) oder auch als „Ich" Jesu zu verstehen. Das aramäische Pendant *bar'änash(a)* hat zwar anerkanntermaßen sowohl die Bedeutung „der Mensch", „ein Mensch" (indefinit) wie auch „ein Mensch wie ich" und „ich", man wird es aber zusätzlich auch in messianisch-titularer Bedeutung mit Beziehung zu Dan 7,13 verstehen müssen. Das ergeben die Menschensohn-Worte über dessen zukünftige Erhöhung (s. z.B. Lk 17,24 Par Mt 24,27 [Q]; Lk 17,26.27.30 Par; Lk 12,8f Par = Mk 8,38 Par; Mt 10,23). Es folgt auch bei genauer Betrachtung aus den Sprüchen über den gegenwärtig wirkenden Menschensohn wie aus unserem Logion.

Dieses kann nämlich nicht nur als Sprichwort über den Menschen allgemein aufgefasst werden (so BULTMANN, Tradition, 27; KÖSTER, Entwicklungslinien, 159 u.a.). Es verweist vielmehr auf Jesu heimatlose Wanderexistenz, verbunden mit der Ablehnung und Verfolgung durch die Zeitgenossen (vgl. KÜMMEL, Theologie, 71; GOPPELT, Theologie, 234.241; HAMPEL, s.o., 228f u.a.). Diese hängt aber mit seiner implizit geltend gemachten Messianität zusammen, deren Vollmacht und charakteristische Begleiterscheinungen auch in den anderen Worten vom gegenwärtigen Menschensohn auftreten (s. Mk 2,10.28 Par; Mt 11,18.19 Par [Q]; Mk 10,43.44; Lk 19,10 mit den Vorstellungen von Vollmacht und Dienst des Menschensohns). Als messianischer Menschensohn (im Gegensatz zu den Tiergestalten nach Dan 7) repräsentiert Jesus auch den eigentlichen, den wirklichen Menschen des kommenden Reichs Gottes.

Er ist erstes Exemplar und Bild eines neuen menschlichen Menschen, der Gerechtigkeit und Liebe in Freiheit wirken will (vgl. THEISSEN - MERZ, Historischer Jesus, 476ff; NORDSIECK, Reich Gottes, 81ff.225ff; ferner für Log 86 auch SCHRÖTER, Erinnerung, 229f).
In Q wird diese Deutung erkennbar darin, dass Jesu Existenz maßgebend werden soll auch für die Existenz der ihm nachfolgenden Menschen; diese haben freilich mit Ablehnung und Verfolgung zu rechnen. Das EvThom bezeugt durch seinen Zusammenhang mit Log 85, das auf den ersten Menschen Adam und seinen Sündenfall Bezug nimmt, dass Jesus exemplarisch sein will für einen neuen Menschen, der dem ursprünglichen Menschen in seiner Bestimmung zu Einheit und Ganzheitlichkeit entspricht; allerdings hat dieser neue Mensch in der Welt eben noch Ablehnung zu erwarten. Die neuen Menschen in der Nachfolge Jesu werden auch in Log 106 als „Söhne des Menschen" (ⲚϢⲎⲢⲈ ⲘⲠⲢⲰⲘⲈ) namhaft gemacht; sie leben in derselben Einheit mit Gott, mit sich selbst und mit anderen wie auch Jesus. Diese Interpretation ist zwar insoweit eschatologisch, als das eschatologisch erwartete Heil bereits für das Hier und Jetzt reklamiert wird. Sie ist aber nicht traditionell-apokalyptisch, so dass auch die Bedenken CROSSANs, der an sich für Authentizität plädiert, aber in unmessianischem Sinne, entfallen würden (Historischer Jesus, 345f).
Danach dürfte unser Logion als echtes Jesus-Wort anzusehen sein: Es ist nunmehr durch Q und EvThom gut bezeugt. Es steht in inniger Kohärenz zur sonstigen Predigt Jesu, insbesondere seiner Verkündigung vom gegenwärtigen Menschensohn, und es fügt sich nahtlos in sein Leben als Wandercharismatiker. Dabei wird man davon auszugehen haben, dass die Version in Log 86 zumeist dem historischen Jesus näher steht als die Q-Fassung. Die häufige Verwendung des Possessivpronomens, die Wiederholung des „Habens", der aufgrund einer Kollektivbezeichnung für die Vögel sich ergebende Singular für „Nest" und die Verbal-Verdoppelung am Ende sind Anzeichen für den zugrunde liegenden semitischen Sprachgebrauch (s. SCHRÖTER, Erinnerung, 228; STROBEL, s.o., 211ff). Andererseits könnte das Genitiv-Attribut der Vögel „des Himmels" palästinensischen Ursprungs und somit authentisch sein (s. auch bei den Jesus-Worten in Mt 6,26; Lk 8,5), so dass auch Q teilweise sprachlich älter ist als EvThom. Jedenfalls liegt dem Inhalt und der Form nach ein authentisches Logion Jesu vor (s. auch FUNK u. JS., Five Gospels, 519; ferner auch LÜDEMANN, Jesus 2000, 799.412, der jedoch die Betonung der „Ruhe" a.E. für gnostisch hält).

LOG 87

1. ES SPRACH JESUS: ELEND IST DER LEIB, DER AN EINEM LEIBE HÄNGT. 2. UND ELEND IST DIE SEELE, DIE AN DIESEN BEIDEN HÄNGT.

Ein direkter Zusammenhang des Logions mit dem vorhergehenden über ein Stichwort besteht nicht. Jedoch liegt eine indirekte Verknüpfung insofern vor, als der „neue Mensch" nach Log 85,86 dadurch gekennzeichnet ist, dass er im Gegensatz zum „alten" nicht an die „Welt" (Log 80) und auch nicht an den „Leib" gebunden ist. Insoweit kann hier auch, wie DORESSE, Les livres secrets, 194f meint, eine Reminiszenz an Lk 9,59f (Q) vorliegen, das auf Lk 9,58 = EvThom Log 86 folgt und das auch zur Loslösung von einem „Leib", nämlich des gestorbenen Vaters auffordert (so auch GRANT - FREEDMAN, Geheime Worte, 169).
Eine gnostische Interpretation unseres Spruchs ist ähnlich wie bei Log 56 und 80 zwar durchaus möglich, in der Richtung, dass der „Leib" ebenso wie dort die „Welt" als gegengöttlicher Bereich angesehen wird, von dem es sich zu trennen gilt (so auch MÉNARD, EvThom, 188f; LÜDEMANN, Jesus 2000, 800.784 u.a.).
Es ist aber ebenfalls möglich, Log 87 aus frühen urchristlichen Zusammenhängen zu deuten, die ihm näher liegen dürften, zumal die Bewertung des Körperlichen im EvThom durchaus ambivalent ist (so auch ZÖCKLER, EvThom, 121ff). Das folgt insbesondere auch aus der Verbindung unseres Worts mit den parallelen Stellen in Log 29 und 112, s. auch dort. Gerade in Log 29 betont der Sprecher das Zueinander von Geistigem und Materiellem als ein „Wunder", das man keinesfalls als Abwertung missverstehen darf.
In Log 87 wird davor gewarnt, dass der „Leib" sich an einen „Leib" (ϲⲱⲙⲁ / σῶμα) bindet, d.h. sich auf den eigenen oder auf einen anderen „Leib" fixiert. Ebenso wird vor der Verhaftung, der Fesselung der „Seele" (ⲯⲩⲭⲏ / ψυχή) an diese beiden gewarnt. Nach der Jesus-Verkündigung werden ebenfalls beide betont unterschieden: Man vergleiche Mt 10,28, wo Jesus dazu auffordert, sich nicht vor denen zu „fürchten, die den Leib (σῶμα) töten, die Seele (ψυχή) aber nicht töten können. Fürchtet vielmehr den, der Seele und Leib verderben kann in der Hölle". Jesus verachtet durchaus nicht den körperlichen Bereich, schätzt aber die Seele als Lebenskraft des Menschen und Quellgrund des Reichs Gottes besonders hoch ein, wie z.B. das bekannte Logion vom Retten und Verderben der Seele (Mk 8,35 Par; Mt 10,39 Par Lk 17,33 [Q]; Joh 12,25) zeigt. Der „Leib" des Menschen darf jedenfalls nicht das Kommen des endzeitlichen Reichs Gottes hindern oder verhindern, s. dazu Mk 9,43ff Par: Hier fordert Jesus hyperbolisch zum „Abhauen" bzw.

„Ausreißen" von Körperteilen wie Händen, Fuß und Auge auf, wenn sie zur „Sünde", also Abkehr von Gott verführen; denn es ist „besser", ohne diese „ins Reich Gottes (oder „Leben") einzugehen", als mit ihnen in die „Hölle" zu kommen. In diesem Rahmen kann auch Log 87 angesiedelt werden: Auch der Körper, und dazu gehört auch die Sexualität und die darauf gründenden Beziehungen, kann zur Fessel für die Menschen werden, sie ihrer Unabhängigkeit berauben und dem Reich Gottes entgegenstehen. In diesem Fall und aus diesem Grund ist eine Verhaftung an sie ebenso wie auch an die übrigen Strukturen dieser „Welt" gefährlich und um der Gottesherrschaft willen zu vermeiden.
Die Perspektive dieses Logions ist danach durchaus im Rahmen der frühchristlichen Theologie und sogar der Predigt Jesu; dabei ist zu bemerken, dass Paulus und Johannes sinngemäß ähnlich, freilich lieber vom Verhältnis von „Fleisch" und „Geist" reden (vgl. z.B. Röm 8,5ff, anders nur 1Thess 5,23; Joh 3,6). Allerdings findet sich eine direkte Parallele unseres Worts nicht in der Verkündigung des historischen Jesus, so dass im Ergebnis ein authentisches Jesus-Logion nicht nachzuweisen ist, es kann lediglich gesagt werden, dass Log 87 in der Nähe seiner Predigt festzumachen ist (gegen die Authentizität wohl auch die allg. Meinung, vgl. FUNK u. JS., Five Gospels, 519; CROSSAN, Historischer Jesus, 580 u.a.).

LOG 88

1. JESUS SPRICHT: DIE BOTEN WERDEN ZU EUCH KOMMEN UND DIE PROPHETEN, UND SIE WERDEN EUCH DAS GEBEN, WAS EUCH GEHÖRT. 2. UND IHR EURERSEITS GEBT IHNEN DAS, WAS IN EURER HAND IST UND SAGT ZU EUCH: WANN WERDEN SIE KOMMEN UND DAS NEHMEN, WAS IHNEN GEHÖRT?

Das Logion steht in einer lediglich schwachen Stichwortverknüpfung mit den vorhergehenden Log 87 oder 86, und zwar mit dem Stichwort „Hand" zu „Leib" in Log 87. Mit ihm folgt eine neuerliche Reihe von Logien, die sämtlich ein an die Jünger gerichtetes, hortatives „Ihr" aufweisen und dadurch miteinander verbunden sind, dies ist bis Log 94 bzw. 95 zu beobachten.
Unser Wort gilt, was seinen Sinn betrifft, als „unklar" (s. LÜDEMANN, Jesus 2000, 800) und seine Erklärungen als „mystifying, secretive, dark, impenetrable" (FUNK u. JS., Five Gospels, 520). Das führt denn auch dazu, dass es als gnostisch verdächtigt wird (so auch PATTERSON,

GosThom, 198.227; vgl. ferner MÉNARD, EvThom, 189f u.a.). Damit macht man es sich jedoch zu leicht.
Bemerkenswert ist jedenfalls eine nähere Deutung, die die „Boten" (ⲚⲀⲅⲅⲉⲗⲟⲥ / ἄγγελοι) als „Engel" interpretiert und von ihrem „Kommen" zusammen mit den „Propheten" zum Gericht ausgeht. Sie werden dann den Angesprochenen „geben", was ihnen „gehört", nämlich den Lohn für ihre Taten. Aufgefordert werden diese dazu, ihnen (jetzt) das zu „geben", was „in ihrer Hand" steht, ihren Gehorsam. So könnten sie dann (guten Gewissens) fragen: „Wann werden sie kommen und nehmen, was ihnen gehört?", also den Erweis des Gehorsams (in diesem Sinne BERGER - NORD, NT u. frühchristl. Schriften, 664; auch VALANTASIS, GosThom, 168 übersetzt Ⲁⲅⲅⲉⲗⲟⲥ mit der Bedeutung „Engel", deutet deren Gaben aber noch schwieriger mit „Botschaften" und „Orakeln"). Für die erstere Interpretation könnte auch eine Nähe zu Mt 13,37ff herangezogen werden, wo die „Engel" als „Schnitter" bei der „Ernte" des Endgerichts Ungerechte und Gerechte einsammeln. Jedoch werden im EvThom normalerweise „Engel" nicht besonders hervorgehoben (vgl. die eher kritische Anmerkung Log 13), auch nicht die hier wohl in Frage kommenden at „Propheten" (s. Log 52). Ferner passt das in unserem Spruch angesprochene Austauschverhältnis zwischen den gegenseitigen Gaben nicht gut zu den angenommenen Inhalten Lohn und Gehorsam bzw. Erweis des Gehorsams, so dass die Auslegung insgesamt angestrengt und gekünstelt wirkt.
Treffender dürfte es sein, von irdischen „Boten", nämlich urchristlichen Aposteln (ἀπόστολοι = Gesandten) und Propheten auszugehen (zur Terminologie s. auch Lk 11,49 sowie Didache 11,3ff) und in unserem Wort die Problematik des Verhältnisses zwischen diesen wandernden Charismatikern und den anderen Jünger / -innen, nämlich in den Ortsgemeinschaften angesprochen zu sehen (s. NORDSIECK, Reich Gottes, 114; zustimmend MARTIN, EvThom, 267 u. PLISCH, Verborgene Worte, 117). Als solche werden z.B. Menschen wie Maria und Martha (Lk 10,38ff), deren Bruder Lazarus (Joh 11.12) und der Pharisäer Simon (Mk 14,3ff) anzunehmen sein. Die Boten bringen die Botschaft vom Reich Gottes und heilen Leiden und Krankheiten, sie „geben" den Jüngern, was ihnen „gehört" (ⲧⲉ). Im Gegenzug werden die Jünger aufgerufen, ihnen Nahrung, Kleidung und Unterkunft zu „geben", also das, was „in ihrer Hand" ist (zu dieser Formulierung s. Log 41 u. Komm.). Sie sollen sich aber auch weiter fragen, wann die Apostel und Propheten auch das noch verlangen werden, was ihnen darüberhinaus „zusteht" (auch ⲧⲉ), dass nämlich als Antwort auf die Verkündigung des Reichs auch diese Jünger sich entsprechend verhalten und das Heil weitertragen. Wie das im einzelnen aussehen soll, sagt das Logion nicht,

der Kompilator der Logien wird aber die folgenden Worte Log 89 - 94 oder 95 als eine Art Anweisung dazu verstanden haben.
Die vorliegende Auslegung könnte einer der frühen christlichen Gemeindeordnung, der Didache (Ende 1. / Anfang 2.Jh.) nahestehenden, vielleicht sogar vorgehenden Tradition entsprechen, die sich z.B. in Did 11,2 und 6; 13,1ff findet. Die dort benannten „Apostel und Propheten" sollen von den sesshaften Jüngern und ihren Gemeinschaften unterhalten werden (m. Verweis auf Mt 10,10), sie erhalten somit Unterkunft und Nahrung, ggf. Kleidung und auch Geld. Wenn der Apostel weiterzieht, soll er nichts außer Brot mitnehmen, das ausreicht, bis er wieder übernachtet. Entscheidend ist, dass „jeder Apostel, der zu euch kommt, aufgenommen werden soll wie der Herr" (11,4). Mit letzterem mag auch angedeutet sein, dass von den Gemeindemitgliedern noch wesentlich mehr erwartet wird, als eben nur materielle Versorgung, nämlich eigenes Wirken auf das Reich Gottes hin (vgl. PLISCH, Verborgene Worte, 117.85f).
Log 88 könnte danach einer frühen christlichen und vielleicht auch Jesus nahe stehenden Tradition entstammen, die auch einer sozialen Praxis entsprach. Diese wird allerdings wahrscheinlich schon nachösterlich gewesen sein. Ein authentisches Logion des historischen Jesus ist danach wohl nicht anzunehmen (so im Ergebnis auch FUNK u. JS., Five Gospels, 520; CROSSAN, Historischer Jesus, 580 u.a.).

LOG 89

1. JESUS SPRICHT: WESHALB WASCHT IHR DIE AUSSENSEITE DES BECHERS? 2. VERSTEHT IHR NICHT, DASS DER, DER DIE INNENSEITE GESCHAFFEN HAT, AUCH DER IST, DER DIE AUSSENSEITE GESCHAFFEN HAT?

Das Logion ist durch das auffordernde „Ihr" bzw. die 2. Pers. Pl. mit dem vorhergehenden Wort verbunden. Wie dort schon ausgeführt, ist es auch das erste Logion einer Kette von Logien, nämlich bis Log 95, die dieses „Ihr" aufweisen.
Auch hier wird von SCHRAGE, Verh, 170ff (m. Hinweis auf HAENCHEN, EvThom, 53) und FIEGER, EvThom, 233ff eine gnostisierende Auslegung des Worts vorgetragen, da die Aufhebung des Gegensatzes von Außen und Innen und damit die Wiederherstellung der ursprünglichen Einheit das Thema des Logions seien (in Analogie zu Log 22: „Wenn ihr das Innere wie das Äußere macht und das Äußere wie das Innere..., dann werdet ihr in das Reich eingehen"). Dies muss aber nicht auf gnostische Herkunft hinweisen. Im Gegenteil ist die Betonung, dass

die Außenseite, die danach den Leib und die Außenwelt symbolisiert, „geschaffen", also Schöpfung Gottes sei, mit einer gnostischen oder gnostisierenden Auslegung nicht zu vereinbaren, worin Kosmos und Soma grundsätzlich negativ qualifiziert werden. Näher liegt, dass unser Logion, das sich ähnlich wie Log 6,14,27 und 53 mit Fragen kultischer Observanz befasst, in der Auseinandersetzung mit frühchristlichen, insbesondere judenchristlichen Gruppen steht (s. auch schon GRANT - FREEDMAN, Geheime Worte, 169; ferner R. URO, Washing the Outside of the Cup, in Festschr. J.M. Robinson, 2000, 318ff).

Als Parallelen kommen insoweit besonders die Stellen in Mt 23,25.26 und Lk 11,39-41 in Betracht. Die mt Par befindet sich im Zusammenhang der antipharisäischen Wehesprüche und lautet: „Wehe euch, ihr Schriftgelehrten und Pharisäer, ihr Heuchler, dass ihr die Außenseite des Bechers (τὸ ἔξωθεν τοῦ ποτηρίου) und der Schale reinigt (καθαρίζετε); inwendig (ἔσωθεν) aber sind sie gefüllt mit Raub (ἁρπαγῆς) und Unmäßigkeit (in manchen Handschr. auch: „Ungerechtigkeit"). Du blinder (τυφλέ) Pharisäer, mache zuerst das Innere des Bechers (τὸ ἐντὸς τοῦ ποτηρίου) rein, damit auch sein Äußeres (τὸ ἐκτὸς αὐτοῦ) rein wird!" Während nach Mt die Auseinandersetzung mit den Pharisäern und Schriftgelehrten in Jerusalem stattfindet und sich in massiver Polemik gegen sie zuspitzt, ist die lk Rede gegen die Pharisäer noch im galiläischen Gebiet angesiedelt und hält sich auch noch im Gespräch mit diesen: „Da sprach der Herr zu ihnen (nachdem der Pharisäer sich verwundert hatte, dass Jesus sich nicht vor der Mahlzeit zuerst gewaschen hatte): Nun, ihr Pharisäer, ihr reinigt die Außenseite des Bechers und der Schüssel, aber euer Inneres (τὸ...ἔσωθεν ὑμῶν) ist voll Raub und Bosheit. Ihr Toren (ἄφρονες)! Hat nicht der, welcher die Außenseite schuf, auch die Innenseite geschaffen (in einigen Handschr. auch umgekehrt)? Doch gebt das, was darin ist (τὰ ἐνόντα), als Almosen, und siehe, alles ist euch rein."

Nach überwiegender Auffassung liegt den Mt/Lk-Versionen eine Q-Fassung zugrunde, die teils Mt, teils Lk entspricht. Die erste Aussage wird man nach Mt/Lk wie folgt zu rekonstruieren haben: „Wehe euch, ihr Pharisäer (die „Schriftgelehrten" sowie die Schmähung der „Heuchler" sind mt Redaktion), dass ihr die Außenseite des Bechers und der Schale reinigt, aber das Innere ist voll Raub und Unmäßigkeit (das lk „euer Inneres" ist erläuternd, die „Bosheit" ist lk Terminologie)" (s. i.e. SCHULZ, Q, 95f; POLAG, Fragmenta Q, 54f u. schon v. HARNACK, Sprüche und Reden Jesu, 70f). Auch die folgende Mahnung kann nach Mt und Lk rekonstruiert werden: „Macht das Innere rein, dann wird auch das Äußere rein sein". Hier wird Mt besonders den „blinden Pharisäer" hinzugefügt und das „zuerst" sowie den „Inhalt des Bechers" modifiziert haben, während die Betonung der Almosen-Gabe für Lk typisch ist, s.

z.B. Apg 2,44f; 4,34f; 10,24ff; Lk 19,8; dgl. sind „die Toren" lk (s. auch des näheren SCHULZ u. POLAG, w.o.).
Sehr umstritten ist dagegen die Herkunft der rhetorischen Frage Lk 11,40. Dass sie bereits in Q stand, ist unwahrscheinlich, da Mt sie nicht aufführt und ein durchgreifender Grund für ihre Weglassung durch Mt nicht ersichtlich ist (so auch SCHULZ, Q, 90). Sie könnte daher von Lk aus einer Sondertradition oder redaktionell hinzugefügt worden sein. Zwar kommt ποιεῖν für Gottes Schöpfertätigkeit in der Apg vor (s. z.B. 4,24; 14,7.15; 17.24), jedoch zeigt die Frage im übrigen keinen typisch lk Stil oder seine Motive, so dass eher eine Sonderüberlieferung anzunehmen ist (so auch URO, s.o., 315; R.J. MILLER, The Inside is (Not) The Outside, Forum 5,1 [1989], 92ff; a.M. SCHULZ, Q, 90).
Was die Stellung unseres Logions betrifft, spricht alles für Selbstständigkeit und Unabhängigkeit von den Synoptikern, aber auch von Q (so bes. PATTERSON, GosThom, 62f; SIEBER, Analysis, 250ff; gegen SCHRAGE, Verh, 170ff; FIEGER, EvThom, 234f, der ihm wiederum folgt). Der synoptische Kontext der antipharisäischen Wehesprüche fehlt bei EvThom völlig, das Logion ist an die Jünger gerichtet. Desgleichen kommen die abwertenden Anreden wie „Heuchler", „Toren" und „blinder Pharisäer", wie sie hauptsächlich für Mt kennzeichnend sind (s. dazu ZÖCKLER, EvThom, 63f), nicht vor, ferner aber auch nicht die lk Betonung des Almosengebens an die Armen. Die rhetorische Frage ist umgekehrt wie bei Lk (anders nur bei wenigen abweichenden Handschriften), aber auch hier ist eine typisch lk Redaktion nicht feststellbar (so im Ergebnis auch PATTERSON, w.o., mit weiterer Begründung).
Es ergibt sich danach, dass jedenfalls zwei unabhängige Traditionsstränge des Logions vorliegen. Beide zielen auf eine Kritik der zeitgenössischen pharisäischen Regeln über die kultische Reinigung von Gegenständen, die penibel das Äußere, Innere sowie den Griff von Bechern und Tellern unterschieden, wobei die Außenseite der Beschmutzung durch Unreine besonders verdächtig erschien (s. STRACK-BILLERBECK, Komm., I, 934f). Nach Q und Mt fordert Jesus zur inneren Reinheit auf, um dadurch dem eigentlichen Sinn der Reinheitsvorschriften nachzukommen. Das wird von BULTMANN, Tradition, 158 und J. JEREMIAS, Theologie, 146, für authentisch gehalten, während LEIPOLDT, EvThom, 19.72 darin eine für Jesus untypische Entwertung der Reinheitsvorschriften durch Allegorisierung sieht und die radikalere Kritik dieser Gebote im EvThom bevorzugt. Nach EvThom und Lk (der allerdings beide Begründungen verbindet) sind die Reinheitsregeln deshalb überholt, da sie der Schöpfungsordnung widersprechen. Das passt auch z.B. zu Mk 10,12 Par; Mk 2,27 sowie Log 53 (s. auch THEISSEN - MERZ, Historischer Jesus, 333f) und, da die

Gottesherrschaft der urzeitlichen Ordnung als deren Wiederkehr auf höherer Stufe entspricht, zu Richtung und Linie des historischen Jesus. Dabei spricht viel für die Authentizität der thom Tradition, auch gegenüber der lk Sonderüberlieferung. Die Hervorhebung der Erschaffung gerade der Außenseite ist im Hinblick auf die Reinheitsregeln argumentativ überzeugender als die Umkehrung bei Lk und widerspricht zudem jeder gnostisierenden Tendenz der thom Redaktion. Auch die Bevorzugung des Verbs „waschen" (ειω[ε] / νίπτειν) ist gegenüber dem allgemeinen „Reinigen" wohl ursprünglicher und entspricht der Jesu Muttersprache näherstehenden syrischen Überlieferung (s. MÉNARD, EvThom, 190; ferner A. BAKER, The Gospel of Thomas and the Diatessaron, JTS 16 [1965], 449ff).

Insgesamt wird man daher die in Log 89 verankerte Kritik Jesu an den pharisäisch geprägten kultischen Reinheitsvorschriften für kohärent mit der sonstigen Verkündigung Jesu anzusehen haben. Sie wird auch, besonders in der Fassung des EvThom für echt zu halten sein, zumal sie dadurch wiederum mehrfach bezeugt ist (LÜDEMANN, Jesus 2000, 800f; FUNK u. JS., Five Gospels, 520; CROSSAN, Historischer Jesus, 574).

LOG 90

1. JESUS SPRICHT: KOMMT ZU MIR, DENN MEIN JOCH IST SANFT, UND MEINE HERRSCHAFT IST MILD. 2. UND IHR WERDET RUHE FINDEN FÜR EUCH.

Die Stichwortverbindung zum vorhergehenden Logion ist in dem „Ihr" (2. Pers. Pl.) zu sehen, das in einer Reihe von Worten von Log 89 bis 95 zu finden ist. Eine entferntere Beziehung besteht auch noch über das Verb „kommen" mit Spruch 88.

Log 90 wird oftmals aus gnostischen Zusammenhängen verstanden oder jedenfalls gnostisch interpretiert, und zwar wegen des in ihm angesprochenen Ziels der „Ruhe" (ΑΝΑΠΑΥCΙC / ἀνάπαυσις), die durchaus auch ein in der Gnosis erstrebtes Heilsgut war (s. SCHRAGE, Verh, 174; FIEGER, EvThom, 236; i. Anschl. an VIELHAUER, ΑΝΑΠΑΥΣΙΣ, Zum gnostischen Hintergrund des Thomas-Evangeliums, in Haenchen-Festschr. 1964, 281ff). Zu Log 51 ist jedoch bereits ausgeführt worden (s. dort), dass die „Ruhe" bereits im AT, besonders in den weisheitlichen Schriften von erheblicher Bedeutung war und auch im frühen Judentum sowie dem Urchristentum als eschatologisches Heilsgut angesehen wurde, das insbesondere schöpfungstheologisch, nämlich in Bezug auf die Ruhe des Sabbats begründet wurde.

Als Parallele unseres Logions kommt demnach insbesondere Mt 11,28-30 in Frage. Es findet sich im Anschluß an das (aus Q herrührende) Offenbarungswort Mt 11,25ff und vor der Erzählung vom Ährenessen der Jünger am Sabbat (Mt 12,1ff) und einer Heilung Jesu am Sabbat (12,9ff). Es lautet: „Kommt her zu mir alle, die ihr mühselig und beladen seid, so will ich euch Ruhe geben (ἀναπαύσω). Nehmt mein Joch (ζυγόν) auf euch und lernt von mir, denn ich bin milde (πραΰς) und von Herzen demütig; so werdet ihr Ruhe (ἀνάπαυσιν) finden für eure Seelen (ταῖς ψυχαῖς ὑμῶν). Denn mein Joch ist sanft (χρηστὸς), und meine Last (φορτίον) ist leicht (ἐλαφρόν)".

Eine weitere wesentlich spätere Variante scheint noch im Dialog des Erlösers (Dial Sot, 2. Jh.), Nr. 65 - 68 vorzuliegen. Matthäus fragt dort Jesus: „Warum ruhen wir nicht sofort?" Der Herr sagte: „Erst wenn ihr abgelegt habt diese Lasten". Matthäus fragt dann nochmal nach, und der Herr antwortete: „Wenn ihr die Werke verlasst, die euch nicht folgen, dann werdet ihr ruhen" (s. dazu B. BLATZ, Der Dialog des Erlösers, in SCHNEEMELCHER, NtApokr, I, 6.A., 1990, 252). Diese Überlieferung dürfte auch gegenüber der mt Version literarisch unabhängig sein, über den Fragenden (Mt) und die „Lasten" besteht allerdings ein entfernter Zusammenhang (vgl. dazu CROSSAN, In Fragments, 260).

Unser Log 90 ist gleichfalls als selbständige Tradition anzusehen, eine Abhängigkeit, besonders von Mt 11,28ff ist nicht feststellbar (gegen SCHRAGE, Verh, 172f; MÉNARD, EvThom, 191f). Der gesamte Kontext, insbesondere mit dem Offenbarungswort Mt 11,25ff fehlt bei EvThom, die Par zu diesem findet sich weit entfernt und ganz abweichend bei Log 61. Die Nähe zu einer mt Christologie der Sanftmut Jesu, wie SCHRAGE meint, mag zwar vorhanden sein. Dass Jesus selbst „milde" (sanftmütig, πραΰς) ist, findet sich aber hauptsächlich in Mt 11,29 S.2, der gerade bei EvThom keine Par hat. Die Behauptung, dass EvThom die mt Fassung abgekürzt habe (so MÉNARD), ist ebenfalls unbewiesen und auch ganz unwahrscheinlich, ein (gnostisierendes?) Interesse des EvThom ist dafür nicht ersichtlich. Im Gegenteil spricht alles dafür, dass Mt im Interesse seiner Christologie das ursprüngliche Wort erweitert hat; denn seine Version ist offensichtlich umständlicher und zerstört einen im Original wohl vorhandenen semitischen Parallelismus membrorum (zum Nachweis s. A.D. DE CONICK, The Yoke Saying in the Gospel of Thomas 90, VigChr 44 [1990], 283ff). Da insgesamt vom EvThom auch keine typisch redaktionelle Eigenart des Mt übernommen worden ist, muss Log 90 als selbständige Überlieferung angesehen werden (so zutreffend SIEBER, Analysis, 139; PATTERSON, GosThom, 63f; s. auch H.D. BETZ, The Logion of the Easy Yoke and the Rest, JBL 86 [1967], 10ff [19]).

Der Heilandsruf nach seinen beiden wichtigsten Traditionen in Mt und EvThom steht in enger Verbindung zur frühjüdischen Weisheitslehre, besonders des Jesus Sirach. So heisst es in Sir 6,19: „Komm zu ihr (der Weisheit), wie der, der pflügt und der, der erntet, und hoffe auf die Fülle ihres Ertrags. Wahrlich, in ihrem Dienst musst du dich ein wenig bemühen, am anderen Tag wirst du ihre Frucht genießen können" (mit ähnlicher Aufforderung auch Sir 24,19f). Weiter sagt Sir 6,27f: „Frage und forsche, suche und finde, und wenn du sie ergriffen hast, lass sie nicht los; denn du wirst endlich Ruhe finden", s. ferner Sir 51,23.26f, wo auch vom „Joch" und der „Last" der Weisheit die Rede ist, und Weish 4,7 u.ö. (zu diesem Kontext auch H.D. BETZ, s.o.; DAVIES, Wisdom, 39f u. ZÖCKLER, EvThom, 129f).

In unserem Logion ruft daher Jesus als Repräsentant (oder Vertreter) der Weisheit dazu auf, zu ihm in seine Nachfolge zu kommen; denn sein „Joch", das als Metapher für seine Herrschaft zu verstehen ist, sei „milde", was nicht nur bei Mt, sondern auch bei EvThom als Gegensatz zur zeitgenössischen Gesetzesauslegung, besonders der Pharisäer, aufzufassen ist (das zeigt die Nähe zu Log 89). Es ist deshalb „milde", weil es nicht formal-repressiv ist, sondern sich aus Natur und Weisheit ergibt. Darum folgt aus ihm auch nicht Zusammenbruch oder Belastung, sondern „Ruhe" (vgl. dazu auch schon Jer 6,16). Das ist auch im frühen Christentum ähnlich verankert, wo die „Ruhe" eschatologisches Ziel wird, in Analogie zur schöpfungstheologischen Sabbat-Ruhe, s. Hebr 3,7ff.4; Apk 14,13; 2Clem 5,5 usf. (s. auch J.B. BAUER, Das milde Joch und die Ruhe, Matth. 11,28-30, ThZ 17 [1961], 99ff [106]).

In einzelnen hat A.D. DE CONICK, s.o., 283ff noch ausgeführt, dass die gegenüber EvThom erweiterte mt Einleitung mit der Aufforderung: „Kommt her zu mir alle, die ihr mühselig und beladen seid, so will ich euch Ruhe geben" allerdings als ursprünglich anzusehen ist. Sie passt gut zu Jesus Sirach in den oben genannten Zitaten, ferner zu Spr 1,8; 4,10; 6,3; 4,20; 5,1; 8,32 u.ä., und findet ihren Nachklang in Dial Sot Nr. 65-68, s.o. und sogar noch in PS 140,19f. Dagegen ist die zweite Aufforderung des Mt: „Nehmt mein Joch auf euch und lernt von mir; denn ich bin milde und von Herzen demütig..." nicht originär, sondern mt Redaktion. Sie findet sich weder bei EvThom oder Dial Sot, zerstört den internen semitischen Parallelismus und ist in ihrer Betonung der Sanftmut und Milde Jesu nicht weisheitlich, sondern typisch mt, wie auch Mt 5,5; 21,5 zeigen. Die Verheißung, wie sie sich in EvThom findet: „Denn mein Joch ist sanft, und meine Herrschaft ist milde. Und ihr werdet Ruhe finden für euch" dürfte demgegenüber wieder dem Ursprung nahekommen. Sie entspricht weisheitlicher Rede, wie schon gezeigt, wobei „Herrschaft" (ⲙⲛⲧϫⲟⲉⲓⲥ / κυριότης) eher authentisch ist als „Last" (φορτίον) bei Mt, da letztere Vokabel möglicherweise von Mt bevorzugt ist, s. Mt 23,4. Der Unterschied der „Ruhe" „für euch" bzw. „für eure Seelen" ist übersetzungsbedingt und ohne sachliche Differenz (s. auch C.N. JEFFORD, F & F Forum 10, 1994, 109ff, der ähnlich argumentiert). Die Frage, ob das Logion, auch in der ursprünglichen Fassung, als Wort des irdischen Jesus nachgewiesen werden kann, ist umstritten. Überwiegend wird der Spruch zwar als „sehr frühe Tradition" angesehen (so auch DE CONICK, s.o.; FUNK u. JS., Five Gospels, 520; CROSSAN, Historischer Jesus, 462.572; LÜDEMANN, Jesus 2000, 801.228) und nicht als authentisches Jesus-Logion (anders jedoch zu Mt 11,28f STUHLMACHER, Bibl. Theologie, I, 79.98 u.a.). Dieser betont aber zu Recht, dass Jesus mit dem Wort seine eigene Weisung deutlich von der Lehre der Zeitgenossen abgrenzt und somit darin ein fundamentaler Kontrast impliziert ist. Auch ist nicht ungewöhnlich, wie hier Jesus als Repräsentant der „Weisheit" spricht (vgl. Lk 7,31-35 Par; 13,34f Par; Mt 23,34f Par, sämtlich Q; s. auch Komm. z. Log 28). So könnte das nunmehr auch gut bezeugte Logion 90 in seiner ursprünglichsten Fassung durchaus als historisches Jesus-Wort in Betracht kommen.

LOG 91

1. SIE SPRACHEN ZU IHM: SAGE UNS, WER DU BIST, DAMIT WIR AN DICH GLAUBEN. 2. ER SPRACH ZU IHNEN: IHR PRÜFT DAS ANGESICHT DES HIMMELS UND DER ERDE. DOCH DAS, WAS VOR EUCH LIEGT, HABT IHR NICHT ERKANNT, UND DIESEN AUGENBLICK WISST IHR NICHT ZU PRÜFEN.

Die stichwortmäßige Verbindung ist wieder über das „Ihr" (2. Pers. Pl.) mit dem vorhergehenden Logion gegeben, innerhalb einer Reihe von „Ihr"-Worten in Log 88 - 95. Sprachlich wird auch oft übersetzt: „Doch den, der vor euch ist, habt ihr nicht erkannt", wobei Jesus gemeint sein soll (s. BETHGE, Synopsis, 541; HAENCHEN, EvThom, 30 u.a.). Die kopt. Wendung ⲡⲉⲧⲛ̄ⲡⲉⲧⲛ̄ⲙ̄ⲧⲟ ⲉⲃⲟⲗ kann zwar auch personal verstanden werden, jedoch empfiehlt sich das neutrische Verständnis eher, da es auch in Log 5/POxy 654 entsprechend vorkommt und als Gegensatz zur Prüfung sächlicher Objekte wie „Himmel und Erde" auch besser passt (so auch ZÖCKLER, EvThom, 250 u. schon SCHRAGE, Verh, 176 mwN.).
MÉNARD, EvThom, 192f und FIEGER, EvThom, 237f schätzen wiederum eine gnostische Herleitung des Logions, da dem von den Fragenden bevorzugten „Glauben" das „Erkennen" gegenübergestellt werde. Eine Intention in diese Richtung mag bei der Schlußredaktion

auch durchaus vorgelegen haben. Indessen ist der vorliegende Spruch als solcher eher aus frühchristlichen Verhältnissen abzuleiten und daher allenfalls als gnostisierend überarbeitet anzusehen.
Die Frage erinnert zunächst an Joh 8,25, wo die Jünger ihren Herrn fragen: „Wer bist Du?" (zu ähnlichen Anfragen s. auch Log 24,43 u. 61 EvThom) und an Joh 6,30: „damit wir ... an dich glauben". Im übrigen ist die maßgebliche Parallele jedoch Lk 12,54-56 Par Mt 16,2f. Die lk Stelle folgt auf das Logion vom Feuer sowie Frieden auf Erden Lk 12,49f.51ff und wird gefolgt von dem Spruch über die Versöhnung mit dem Gegner vor dem Richterspruch Lk 12,57.58ff. Jesus sprach danach zu einer Volksmenge: „Wenn ihr im Westen eine Wolke aufsteigen seht, sagt ihr alsbald: Es kommt Regen, und es geschieht so. Und wenn ihr den Südwind wehen seht, sagt ihr: Es wird Gluthitze geben, und es geschieht. Ihr Heuchler! Das Aussehen der Erde und des Himmels (τὸ πρόσωπον τῆς γῆς καὶ τοῦ οὐρανοῦ) wisst ihr zu beurteilen (οἴδατε δοκιμάζειν). Wie kommt es aber, dass ihr diese Zeit (τὸν καιρὸν...τοῦτον) nicht zu beurteilen wisst?" (in manchen handschr. Zeugen auch: „beurteilt", δοκιμάζετε u. ähnl.).
Bei Mt ist das Wort in die von Mk 8,11ff übernommene Szene von der Zeichenforderung eingebettet und lautet: „Wenn es Abend geworden ist, sagt ihr: Es wird schön, denn der Himmel ist rot. Und am Morgen: Heute kommt ein Unwetter, denn der Himmel ist rot und trübe. Das Aussehen des Himmels versteht ihr zu unterscheiden (γινώσκετε διακρίνειν), aber bei den Zeichen der Zeit (σημεῖα τῶν καιρῶν) könnt ihr (δύνασθε) es nicht?" (auch hier schwankt der Wortlaut: z.B. auch „könnt ihr es nicht beurteilen", δυν. δοκιμάζειν). Im übrigen fehlt der gesamte Text Mt 16,2f bei einigen wichtigen Textzeugen.
Sehr umstritten ist, ob Lk 12,54-56 Par Mt 16,2f aus der Spruchquelle Q stammt. Dies wird von SCHULZ, Q, 41 verneint, dagegen sprechen sich POLAG, Fragmenta Q, 66f, ferner T.W. MANSON, The Sayings of Jesus [1949], 16.21 dafür aus. Das letztere dürfte auch mit Rücksicht auf das Eingebundensein des Wortes in die Q-Akoluthie (Lk 12,51ff u. Lk 12,58ff), aber auch den Q entsprechenden Gerichtszusammenhang eher anzunehmen sein. Das betrifft allerdings in erster Linie den in Lk und Mt übereinstimmenden Kernsatz Lk 12,56 = Mt 16,3b, das Bildwort davor (einschließlich des Vorwurfs „ihr Heuchler") könnte zwar in der lk Fassung (12,54.55) auch schon in Q vorhanden gewesen sein, dies ist aber eher unwahrscheinlich und auch strittig. Dagegen entspricht Q im übrigen eine gemischte Version des Kernbestands: „Das Aussehen des Himmels und der Erde versteht ihr zu unterscheiden (Mt hat bloß „Himmel", was jedoch wohl mit seinem Bildwort zusammenhängt, das auch nur „Himmel" bringt; Lk hat δοκιμάζειν = prüfen, was wohl lk ist, s. Lk 14,19)". „Aber bei dieser Zeit könnt ihr es nicht" (die „Zeichen der

Zeit" sind eher mt Anpassung an den Kontext, s. Mt 16,1.4), vgl. POLAG, Fragmenta Q, 66f; für diese Q-Fassung spricht auch der Stichwort-Zusammenhang des διακρίνειν = unterscheiden mit κρίνειν = urteilen in Lk 12,57f.
Unser Log 91 wird gegenüber den vorgenannten Versionen als selbstständig anzusehen sein (so SIEBER, Analysis, 219f; PATTERSON, GosThon, 64f und auch KLOPPENBORG, The Formation of Q, 152). Anderer Meinung sind MÉNARD, EvThom, 192; SCHRAGE, Verh, 175f. Jedoch kann ⲡⲓⲣⲁⲍⲉ (gr. πειράζετε = prüfen) nicht auf Mt zurückgeführt werden. Mt 16,1 (πειράζοντες) hat mit unserem Text nichts zu tun und hat auch einen völlig anderen Sinn, nämlich „versuchen".
„Dieser Augenblick (diese Zeit)" (ⲡⲉⲉⲓⲕⲁⲓⲣⲟⲥ) ist traditionell und nicht typisch für Lk, dasselbe wird auch bei dem „Angesicht des Himmels und der Erde" anzunehmen sein. Da somit redaktionelle Zusätze von Mt/Lk oder auch Q von EvThom nicht übernommen worden sind, wird eine Abhängigkeit des Log 91 von ihnen nicht vorliegen, zumal auch der Kontext wiederum ein völlig anderer ist.
Was die Ursprünglichkeit des Logions betrifft, so hat G. KLEIN, Die Prüfung der Zeit, ZThK 61 (1964), 385ff dessen Traditionsgeschichte überzeugend dahingehend rekonstruiert, dass der Kernbestand des Worts in Mt 16,3b / Lk 12,56 ursprünglich selbstständig existierte. Das Bildwort über die Wetterregeln, das in beiden Texten charakteristisch auseinanderklafft und keine gegenseitigen Abhängigkeiten zeigt, wurde sekundär hinzugefügt. Desgleichen weist auch die Tradition des EvThom dieses Herzstück des Spruches auf, ein meteorologisches Bildwort wie bei den Synoptikern fehlt bei EvThom.
Der Kernbestand des Logions wird als ein apokalyptisch-eschatologisches Wort zu betrachten sein, das angesichts des kommenden Reichs Gottes und des damit verbundenen Gerichts den „Ernst der Entscheidungsstunde" einschärft (so BULTMANN, Tradition, 122.133). Es wird wegen seiner guten Bezeugung und wegen seines typischen Zusammenhangs mit der sonstigen Verkündigung Jesu über das hereinbrechende Eschaton und seine Zeit als echt anzusehen sein (entspr. BULTMANN, s.o.; GOPPELT, Theologie, 106 u.a.).
Das betrifft auch den Kern des Log 91. Insofern wird man allerdings abzusehen haben von der apophthegmatischen Einkleidung in S.1, die wohl redaktionell ist und ein zu einfaches und auf die Person reduziertes Glaubensbekenntnis der Gemeinde in Frage stellen will. Weiter ist auch der Zwischensatz nach S.2 redaktionell in Entsprechung zu Log 5 S.1 („Erkenne, was vor deinem Angesicht ist"). Im übrigen wird dann der im wesentlichen mit Q übereinstimmende Kern des Log 91 jedoch als authentisch anzusehen sein, wobei wohl das Verb „prüfen" zu

bevorzugen ist (s. ähnl. LÜDEMANN, Jesus 2000, 801.444; CROSSAN, Historischer Jesus, 462.572; FUNK u. JS., Five Gospels, 520f).

LOG 92

1. JESUS SPRICHT: SUCHT UND IHR WERDET FINDEN. 2. ABER DAS, WAS IHR MICH DAMALS GEFRAGT HABT UND ICH EUCH AN JENEM TAGE NICHT GESAGT HABE, WILL ICH EUCH JETZT SAGEN, DOCH IHR SUCHT NICHT DANACH.

Die stichwortmäßige Beziehung zu Log 91 ebenso wie zu den Log 89 - 95 insgesamt läuft wieder über das an die Jünger gerichtete „Ihr" (2.Pers. Pl.) der jesuanischen Aufforderung. Außerdem besteht aber zu Log 91 auch noch eine Verbindung mit dem Verb „sagen".
Das Wort vom „Suchen und Finden" war nach SCHRAGE, Verh, 178, auch MÉNARD, EvThom, 192f in der Gnosis sehr beliebt. Gemäß Tertullian, De Praescr 43,1 vergessen die Gnostiker dieses Wort nie, und er nennt in Praescr 10 eine Reihe von „Häretikern" (Marcion, Valentin, Apelles, Simon), die ihm mit diesem Spruch zusetzten. Gegenstand des „Suchens" sei nach SCHRAGE der Empfang der Offenbarungen Jesu. Auch wenn dies zutrifft, hat das Wort jedoch seinen Ursprung in der frühchristlichen Verkündigung und wahrscheinlich sogar in der Predigt des irdischen Jesus. Das gilt nicht nur für Log 92, sondern auch für die analogen Sprüche in Log 2 und 94 (s. auch dort).
Die einschlägige Parallele zu S.1 ist wiederum ein Wort aus der Spruchquelle Q, das in Mt 7,7, 2.S. und Lk 11,9 2.S. zu finden ist. Es lautet in beiden Fällen gleich, nämlich: „Sucht, so werdet ihr finden (ζητεῖτε καὶ εὑρήσετε)", und ist umschlossen von den Aufforderungen: „Bittet, so wird euch gegeben werden" und „Klopft an, so wird euch aufgetan werden" sowie gefolgt von der Verheißung: „Denn jeder, der bittet, empfängt. Und wer sucht, der findet (ὁ ζητῶν εὑρίσκει). Und wer anklopft, dem wird aufgetan werden". Der literarische Kontext ist allerdings jeweils verschieden: Bei Lk liegt, im Anschluss an das Vaterunser (Lk 11,1ff) und das Gleichnis vom bittenden Freund ein Gebetskontext vor. Bei Mt folgen nach der Aufforderung zum „Suchen" nach dem Reich Gottes und seiner Gerechtigkeit (Mt 6,33) verschiedene Logien und im Anschluss an unser Wort eine abschließende Sentenz über die „guten Gaben", die der himmlische Vater denen geben wird, die ihn „bitten", also auch eine Anspielung an das Gebet.
Das Wort in Mt und Lk stammt nach herrschender Auffassung aus Q und hat dort auch denselben Wortlaut wie in Mt/Lk und wird ebenso von den zwei weiteren Versen umschlossen wie auch von der genannten

Verheißung gefolgt (s. SCHULZ, Q, 161; POLAG, Fragmenta Q, 48f u.a.). Auch im JohEv gibt es mehrere Worte, die vom „Bitten" handeln und der daraus folgenden Verheißung (s. Joh 14,13f; 15,7; 16,24), ferner auch vom „Suchen", dem jedoch kein „Finden" folgt (Joh 7,34.36; 8,21; 13,33). Das „Suchen" u. ggf. „Finden" begegnet auch in Dial Sot 9ff.16.20d, freilich nur bruchstückhaft überliefert. Insgesamt handelt es sich um eher entfernte Zweige der vorliegenden Tradition, die jedoch ebenfalls unabhängig sein werden (s. i.e. auch H.W. ATTRIDGE, „Seeking" and „Asking" in Q, Thomas and John, Festschr. J.M. Robinson, 2000, 295ff; BLATZ in SCHNEEMELCHER, NtApokr I, 6.A., 248f).
Zu S.2, das mit Log 38 verwandt ist, kommen ebenfalls joh Parallelen in Frage: Joh 16,4.5.12.13.23, die sämtlich den „Abschiedsreden" Jesu zugehörig sind. Jesus spricht hier davon, dass er zu den Jüngern von seinem Weggang „geredet" habe, damit sie sich zur gegebenen Stunde daran „erinnern" würden. Jetzt „gehe er hin", und keiner „frage" ihn, wo er hingehe. Er habe „noch vieles" zu „sagen", aber sie könnten es jetzt nicht „tragen"; wenn der „Geist der Wahrheit" kommen werde, werde er sie „in die ganze Wahrheit" „leiten". „An jenem Tage" würden sie ihn nichts mehr „fragen". Die Stellen divergieren in einigen Hinsichten von Log 92, jedoch stimmt Joh 16,5 jedenfalls sinngemäß dahingehend mit unserem S.2 überein, dass Jesus sich darüber beklagt, keiner „frage" ihn derzeit, nämlich nach seinem Weggang.
Was die Selbstständigkeit von Log 92 S.1 betrifft, so plädieren SCHRAGE, Verh, 177f; FIEGER, EvThom, 239f wiederum für die Abhängigkeit von den synoptischen Parallelen. Jedoch lässt sich dies wegen der wörtlichen Übereinstimmung sämtlicher Stellen untereinander und auch mit EvThom (das kopt. ϣⲓⲛⲉ ⲁⲩⲱ ⲧⲉⲧⲛⲁϭⲓⲛⲉ entspricht dem gr. Text der Synoptiker) keinswegs feststellen. Es dürfte sich vielmehr um gleich lautende Traditionen handeln. Irgendwelche redaktionellen Spuren von wem auch immer lassen sich nicht nachweisen (so auch SIEBER, Analysis, 81ff; PATTERSON, GosThom, 19; ZÖCKLER, EvThom, 65ff). Die joh Formulierungen liegen andererseits so fern, dass ebenfalls Abhängigkeit des EvThom nicht festzustellen ist.
Was die Ursprünglichkeit der Logien betrifft, so ist es sinnvoll, mit unserem Log 92 und dem Mt/Lk (Q)-Wort auch die Log 2 und 94 zusammenzusehen. Bei dieser Betrachtungsweise kann einerseits das einfache Motiv „Suchen / Finden" (bes. in Log 92, S.1) als ursprünglicher Kern angesehen werden, von dem sich Log 94 („Suchen / Finden" und „Anklopfen / Geöffnetwerden") und Q („Bitten / Gegebenwerden", „Suchen / Finden" und „Anklopfen / Geöffnetwerden") in zwei- und dreifacher Versform sowie Log 2 in

weisheitlicher Expansion weiterentwickelt haben (so PATTERSON, GosThom, 19; KÖSTER, Gnostic Writings, 239). Andererseits kann aber auch vertreten werden, dass der Spruch primär in bereits dreifach gegliederter Gestalt existiert habe (bes. in Q), dann wären von der anfänglich dreiteiligen Form sekundär einzelne Glieder abgespalten worden. So in Log 94 das 1. und in Log 92 das 1. und 3. Glied bis zu einer völlig veränderten Gestaltung in Log 2 (so CROSSAN, In Fragments, 101; ähnl. R.A. PIPER, Wisdom in the Q-tradition [1989], 23ff).

Meines Erachtens wird man am besten davon ausgehen, dass alle Sprüche zunächst singulär formuliert wurden, wobei jeder Spruch je Unterschiedliches und Eigenartiges aussagte: Das „Suchen / Finden" - Wort ist wohl allgemein auf das Streben nach dem Reich Gottes gerichtet, wie dies Mt 6,33 / Lk 12,34 sentenzmäßig und Lk 18,4 im Gleichnis aussagen. Das „Bitten / Gegebenwerden" betrifft das Gebet und das „Anklopfen / Geöffnetwerden" den tatkräftigen Druck, die handelnde Aktivität. Diese singulären Einheiten sind dann kompositorisch je verschieden bearbeitet worden, in Log 92 mit einem aus joh Überlieferung stammenden Nachsatz, in Log 94 in der Bekräftigung zweier Einheiten und in Q in einer größeren Komposition, die drei Einheiten, ihre Bekräftigungen, Bildelemente und ihre Zusammenfassung enthielt (s. PIPER, s.o., die Zusammenfassung in Dreiergestalt gibt es auch andererseits z.B. in den ursprünglich selbstständigen drei Seligpreisungen sowie in Gleichnissen wie den vom verlorenen Schaf, Groschen und Sohn). Schließlich findet sich in Log 2 eine ebenfalls selbstständige Sequenz, die einem äußeren Streben nach dem Reich ein „inneres" an die Seite stellt, das gut der weisheitlichen Tradition des Spruchs entspricht und (nach der frühen POxy-Fassung) zur geistig-seelischen „Herrschaft" und letztlich „Ruhe" führen soll; eine Gnostisierung ist, wie zu Log 2 bereits gezeigt, nicht anzunehmen.
Sämtliche Einheiten dürften Anspruch auf Authentizität und Zugehörigkeit zur Predigt des irdischen Jesus erheben können (s. auch LÜDEMANN, Jesus 2000, 802.200; CROSSAN, Historischer Jesus, 570; FUNK u. JS., Five Gospels, 521.522). Das lässt sich einmal mit der guten Bezeugung begründen, die das Wort nunmehr auch durch Log 92/94 erfahren hat (ferner durch die joh Analogien und Dial Sot, bes. 20 d, wo ein Fragment bezeugt wird: „Und lasst den, der [...], suchen und finden und sich freuen"). Im übrigen passt das Wort, das Jesu bedingungslosen Glauben an seinen Vater und das Kommen seines Reichs dokumentiert, kohärent zu seiner sonstigen Verkündigung (vgl. Mt 6,25ff Par; Mk 11,22ff Par; Lk 17,6ff Par). Diese wurzelt in jüdischer Weisheitstradition (Weish 6,13; Spr 8,17; Ps 9,11; 34,5; 69,33; 119,2 usw.) und findet ihren Nachhall in frühchristlicher Verkündigung vom „Suchen" nach Jesus,

wie z.B. die bezeichneten joh Zitate ergeben, ferner Kol 3,1 u.ä. (zweifelnd BULTMANN, Tradition, 109, da es sich möglicherweise auch bloß um ein Wort „volkstümlicher Weisheit und Frömmigkeit" handeln könne, wie sie häufiger vorkamen; dagegen jedoch schon J. JEREMIAS, Theologie, 186 u. GOPPELT, Theologie, 160). Nach alledem wird Log 92 S.1 als echt anzusehen sein, während eine entsprechende Glaubhaftmachung für S.2 wegen dessen nur sekundärer Bezeugung nicht anzunehmen ist (so auch LÜDEMANN, s.o., 802; FUNK u. JS., s.o., 521).

LOG 93

1. GEBT DAS HEILIGE NICHT DEN HUNDEN, DAMIT SIE ES NICHT AUF DEN MISTHAUFEN WERFEN. 2. WERFT NICHT DIE PERLEN DEN SCHWEINEN HIN, DAMIT SIE (SIE) NICHT ZU (DRECK) MACHEN.

Die stichwortmäßige Anbindung ist wie auch in den übrigen Sprüchen von Log 89 - 95 über das bestimmende „Ihr" bzw. die 2. Pers. Pl. gegeben. Auch ist eine Verbindung der beiden Teile des Spruchs mit dem Verb „werfen" vorhanden. Interessant ist noch, dass hier der Vorspann „Jesus spricht" fehlt und damit eine Einheit zwischen Log 92 und 94 angedeutet ist, in die Log 93 eingeschoben ist. Damit soll (in der Kompilation oder jedenfalls der Schlussredaktion) das den Worten vom „Suchen und Finden" vielleicht schon traditionell nahestehende Log 93 (s. die Reihenfolge der Par in Mt 7,6 zu Mt 7,7ff) zur Interpretation dieser Sprüche verwendet werden: Das „Suchen und Finden" wird insoweit eingeschränkt, als jedenfalls Unwürdigen („Hunden" und „Schweinen") kein Anteil an der Heilsbotschaft zu geben ist (vgl. dazu auch SCHRAGE, Verh, 180; dagegen FIEGER, EvThom, 240). Philologisch weist der Spruch gewisse Probleme auf, was den S.2 betrifft. Zunächst heisst es im Originaltext ⲚⲞⲨⲀⲀ<ϥ> statt des wohl zutreffenden ⲚⲞⲨⲀⲀ<Ⲩ>, so dass statt: „damit sie es nicht ... machen" richtig „damit sie sie nicht ... machen" zu übersetzen ist (s. BETHGE, Synopsis, 541 u.a.). Dabei liegt bzgl. des Objekts eine Lücke vor, die am passendsten mit ⲚⲖⲀ<ⲬⲦⲈ> („zu Dreck") zu füllen ist (s. ebenfalls BETHGE, s.o., 541 u.a.). Andere Lösungsvorschläge machen LEIPOLDT, EvThom, 49: ⲚⲖⲀ<ⲀⲨ> („zunichte" machen) oder LAYTON, Edition, 86: ⲚⲖⲀ<ⲔⲘ̄> („in Stücke" brechen) (vgl. auch zur Übersetzung LAMBDIN, Translation, 87), was sich jedoch mit dem Gesamtzusammenhang weniger verträgt.

Eine Herleitung des Logions aus gnostischen Zusammenhängen kommt nicht in Frage, allenfalls ist das Wort auch in Kreisen der Gnosis verwendet und etwa im Sinne von Ginza 218, 30 interpretiert worden: „Die Worte des Weisen an den Törichten sind wie Perlen für eine Sau" (vgl. SCHRAGE, Verh, 180f; ferner MÉNARD, EvThom, 194f). Die Herkunft des Logions ist dagegen in frühchristlicher Umgebung zu finden.
Dafür kommt insbesondere seine Parallele in Mt 7,6 in Frage, die in der Bergpredigt zwischen den Worten vom „Richten", Mt 7,1ff und vom „Bitten und Gegebenwerden" (bzw. „Suchen und Finden"), Mt 7,7ff positioniert ist. Sie lautet: „Gebt (δῶτε) das Heilige (τὸ ἅγιον) nicht den Hunden (τοῖς κυσὶν) und werft (βάλητε) eure Perlen (τοὺς μαργαρίτας) nicht vor die Schweine (τῶν χοίρων), damit sie nicht etwa sie mit ihren Füßen zertreten und sie sich umwenden und euch zerreißen". Bei den übrigen Evangelisten fehlt das Wort, dagegen findet sich in der Didache (Did 9,5) die Ermahnung: „Niemand soll von eurer Danksagung (Eucharistie) essen und trinken, außer denen, die auf den Namen des Herrn getauft sind", mit der Begründung: „Denn auch darüber hat der Herr geredet: Gebt nicht das Heilige den Hunden". Beide Traditionen sind im Zweifel als selbstständig anzusehen, eine Abhängigkeit ist nicht ersichtlich.
Was unser Logion betrifft, so wird ebenfalls eine Abhängigkeit von Mt (bzw. Did) nicht vorliegen, sie wird auch nicht einmal von SCHRAGE, Verh, 179 behauptet, da redaktionelle Besonderheiten, besonders von seiten des Mt, nicht ersichtlich sind (so auch SIEBER, Analysis, 77ff; S. SCHREIBER, BZ NF 45, 2001, 180f). PATTERSON, GosThom, 66 hat zutreffend ausgeführt, dass beide Versionen des Worts in Mt und EvThom die Entwicklung eines früheren zweigliedrigen Weisheitsspruchs repräsentieren, jedoch mit Ergebnissen, die weder der Form noch dem Inhalt nach übereinstimmen. Bei Mt findet sich durch den Nachsatz („damit") eine sekundäre Weiterentwicklung des ursprünglichen Parallelismus membrorum, und zwar chiastisch (kreuzweise), weil die folgenden Halbsätze „Hunde" und „Schweine" betreffen, jedoch entgegen der vorherigen Reihenfolge. Im EvThom liegt dagegen eine den ursprünglichen Vordersätzen entsprechende Parallelisierung vor. Desgleichen differiert der Inhalt der weiterentwickelten Nachsätze bei beiden Traditionen (so auch KÖSTER, Entwicklungslinien, 169; FUNK u. JS., Five Gospels, 523). Dass die Weiterentwicklung bei EvThom gegenüber der von Mt sekundär wäre (so H.W. BARTSCH, NTS 6, 1960, 249ff.255), weil die von „der Situation der Gemeinde her bestimmte Erklärung bei Mt durch eine vom Bild her bestimmte ersetzt" sei, stellt jedoch, wie KÖSTER zu Recht bemängelt, „alle formgeschichtlichen Maßstäbe auf den Kopf" und ist daher nicht nachvollziehbar.

Danach liegen jedenfalls zwei voneinander unabhängige Traditionslinien nach EvThom und Mt (zzgl. Did) vor, von denen die nach EvThom durchaus die ursprünglichere sein kann. Ob das Logion auf den historischen Jesus zurückzuführen ist, ist allerdings sehr umstritten. Gemeint ist mit dem „Heiligen" (τὸ ἅγιον) wohl gesegnetes Brot, das nicht den Hunden zum Fraße zu geben ist (vgl. BERGER - NORD, Das NT u. frühchrist. Schr., 646ff). Desgleichen sollen kostbare Perlen nicht den Schweinen vorgeworfen werden, da sie sie nur in den Schmutz ziehen können. Nach frühjüdischem Sprachgebrauch waren mit den „Hunden" wohl ursprünglich die Ungläubigen, „Heiden" gemeint (vgl. auch Mk 7,27f), während die „Schweine" andere kultisch Unreine, wie z.B. „Zöllner und Sünder" oder Prostituierte darstellen sollen (zum „Schwein" als Symbol der Unreinheit, vgl. Lev 11,7). Eine Mahnung Jesu an seine Jünger, den „Heiden" und anderen kultisch Unreinen seine Heilsbotschaft vorzuenthalten, passt freilich schwerlich zu seiner Predigt und seinem Verhalten im übrigen. Diese zielten doch darauf, gerade auch „Zöllner und Sünder" mit seiner Botschaft vom Reich Gottes zu konfrontieren (vgl. z.B. Mk 2,15ff Par; Lk 19,1ff; Lk 7,36ff Par u. Joh 7,53ff) und auch „Heiden" und Ungläubigen sich zuzuwenden (s. Mk 7,24ff Par; Mt 8,5ff Par; Lk 9,51ff; Joh 4).

Eine Lösungsmöglichkeit ist in diesem Fall nur ersichtlich in der Annahme einer Entwicklung der Predigt und Heilstätigkeit Jesu: Er mag zunächst ebenso wie seine Zeitgenossen zurückhaltend gegenüber Ungläubigen, „Heiden" und kultisch Unreinen gewesen sein; dafür spricht auch die Erzählung von der Syrophönizierin, Mk 7,24ff Par, aber auch Mt 10,5; 15,24 u.a. mit der Beschränkung des Heils auf Israel, gegen Mt 8,11 Par; Mk 13,27 Par u.a., die universalistisch sind. Dann hat er jedoch seine umfassende Heilsbotschaft betont und diese auf kultisch Unreine, Ungläubige und „Heiden" ausgeweitet. Log 93 wäre insofern in die frühere Epoche seines Wirkens, etwa bei der Aussendung seiner Jünger zu verorten und später als relativiert anzusehen (etwa als Mahnung, die Verkündigung nur noch gegenüber besonders böswilligen Feinden zu vermeiden).

Eine solche Deutung wird allerdings üblicherweise nicht akzeptiert, so dass überwiegend das Logion als nicht authentisch angesehen wird. LÜDEMANN, Jesus 2000,802.199 hält seinen Sinn für „dunkel" und deshalb das Wort für unecht. Auch nach CROSSAN, Historischer Jesus, 572 geht das Wort nicht auf den irdischen Jesus zurück, sondern auf die frühe Gemeinde. FUNK u. JS., s.o., 521f halten beide Möglichkeiten offen, verweisen aber auch auf gemeindliche Formulierungen wie 2Petr 2,22, wo z.B. Irrlehrer und Abtrünnige mit „Hunden" und „Schweinen" verglichen werden. Anders dagegen hält VERMES, Jesus der Jude, 36.271 gerade „die Authentizität dieser Äußerungen" für

„unerschütterlich", da sie dem Geist der später (überwiegend) international offenen Kirche widersprächen. Letztlich muss danach meines Erachtens die Echtheit des Worts, auch wegen der nunmehr guten Bezeugung durch mehrere unabhängige Quellen für durchaus möglich gehalten werden.

LOG 94

1. JESUS SPRICHT: WER SUCHT, WIRD FINDEN. 2. WER ANKLOPFT, DEM WIRD GEÖFFNET WERDEN.

Der einschlägige Stichwortzusammenhang besteht zu Log 93 wieder mit dem „Ihr" (2. Pers. Pl.). Weiter gibt es aber auch einen entsprechenden Zusammenhang zu Log 92 durch das „Suchen" und „Finden". Diese Verbindung dürfte auch bereits durch die Tradition vorhanden gewesen sein (s. zum Einschub von Log 93 i. e. dort). Es handelt sich somit bei den Logien nicht um sog. Dubletten im engeren Sinne.
Eine gnostische Herleitung des Worts ist ebenso wie bei Log 92 nicht anzunehmen (s. dort). Vielmehr ist auch Log 94 wie Log 92 in der frühchristlichen Verkündigung, besonders in der Predigt des historischen Jesus anzusiedeln (vgl. ebenfalls bei Log 92).
Vorliegend ist auf die Bekräftigung in Mt 7,8 2.u.3.S. und Lk 11,10 2.u.3.S. hinzuweisen, wo es wieder gleichlautend heißt: „Und wer sucht, der findet (καὶ ὁ ζητῶν εὑρίσκει). Und wer anklopft, dem wird aufgetan werden." Zu den Zusammenhängen ist auch zu Log 92 das Nötige ausgeführt. Das Logion wird gleichlautend auch in Q gestanden haben (s. auch SCHULZ, Q, 161; POLAG, Fragmenta Q, 48f).
Die Selbstständigkeit und Unabhängigkeit des Worts von den synoptischen Parallelen ist entgegen SCHRAGE, Verh, 181f; FIEGER, EvThom, 242 zu bejahen (s. dazu PATTERSON, GosThom, 19 u.a.). Da sämtliche Varianten wörtlich übereinstimmen, kann Abhängigkeit der einen Variante von der anderen nicht bewiesen werden, auch eine redaktionelle Besonderheit kann dann nicht ausgemacht werden. EvThom hat gegenüber den koptischen Evangelien-Übersetzungen ein überschießendes ⲉϨⲞⲨⲚ („hinein" o.ä.), das sich auch in der PS (s. 119,5; 227,25) findet. Das kann jedoch nur die Abhängigkeit der viel späteren Pistis-Sophia-Fassung besagen und desgleichen wie auch sonstige geringfügige Varianten der sah oder boh Evangelientexte nicht weiterführen.
Zur Ursprünglichkeit des Log 94 ist wiederum auf die Ausführungen zu Log 92 zu verweisen. Danach wird auch die selbstständige Bestätigung des Logions vom „Suchen und Finden" und „Anklopfen und

Geöffnetwerden" als authentische Fassung anzusehen sein, die schon früh mit der Aufforderung vom „Suchen und Finden" sowie „Anklopfen und Geöffnetwerden" verbunden worden ist. Bei Q sowie Mt/Lk war allerdings noch die dritte Formulierung vom „Bitten und Gegebenwerden" entgegen EvThom hinzugefügt worden. Damit haben Q und die Synoptiker die Dominanz des Gebets betont. Das wird bei EvThom nicht mitgemacht. Dieses hat besonders gegen das kultische Beten Vorbehalte, wie auch Log 6,14,104 zeigen, was jedoch beim irdischen Jesus durchaus gewisse Wurzeln hat (s. z.B. Mt 6,5ff.8; Lk 18,1).
Im Ergebnis wird unser Logion durchaus Echtheit und Zugehörigkeit zur Predigt Jesu attestiert werden können, wobei ebenfalls die nähere Begründung bei Log 92 zu finden ist (s. dazu auch LÜDEMANN, Jesus 2000, 802.200; CROSSAN, Historischer Jesus, 570; FUNK u. JS., Five Gospels, 521.522).

LOG 95

1. JESUS SPRICHT: WENN IHR GELD HABT, GEBT ES NICHT GEGEN ZINS. 2. VIELMEHR GEBT (ES) DEM, VON DEM IHR ES NICHT ZURÜCK ERHALTEN WERDET.

Der Stichwortzusammenhang zu den vorhergehenden Logien ab Log 89 ist durch die paränetische Ansprache mit „Ihr" (2. Pers. Pl.) gesichert. Außerdem ist mit dem Verb „geben" eine Verbindung zu Log 93 zusätzlich vorhanden.
Sprachlich ist eine Lücke im 2.S. zu verzeichnen, die sinngemäß mit ⲙ̄ⲙⲟϥ („es") auszufüllen ist, möglich ist auch ϩⲟⲙⲧ („Geld"), was jedoch im Ergebnis nichts ändert, da mit „es" auch nur das „Geld" gemeint ist. Das zweite „es" dürfte ebenfalls das Geld meinen und nicht, wie auch möglich wäre, mit „sie" (die Zinsen) zu übersetzen sein (so auch BETHGE, Synopsis, 541; LAMBDIN, Translation, 87).
MÉNARD (EvThom, 196) weist zur gnostischen Verwurzelung des Logions auf Libri Graduum 929,18ff, ferner 325,21f; 305,5f hin, wonach „der Gerechte den Armen leihen" solle, und zwar ohne Verzinsung. Nach FIEGER, EvThom, 244, hält die Gnosis insgesamt das Zinsnehmen für ein Zeichen von „Weltverfallenheit" und verlangt die materielle Armut. Dies gilt jedoch ebenfalls für die frühe christliche Gemeinde, auf die der Spruch am naheliegendsten zurückzuführen ist.
Als nächste Analogien kommen daher Lk 6,30.34.35 und Mt 5,42, ferner Did 1,5 in Betracht. Der Rahmen ist jedesmal durch die Bergpredigt (bzw. Feldrede) mit ihren Weisungen gegeben. In Lk 6,30 heißt es:

„Jedem, der dich bittet, gib (δίδου), und von dem, der dir das Deine nimmt, fordere es nicht zurück (ἀπαίτει)". In Lk 6,34.35 folgt dann: „Und wenn ihr denen leiht (δανίσητε), von denen ihr etwas zu bekommen (λαβεῖν) hofft, was für einen Dank habt ihr? Auch die Sünder leihen den Sündern, damit sie das gleiche zurückbekommen (ἀπολάβωσιν). Vielmehr ... tut Gutes und leiht (δανίζετε), ohne etwas zurückzuerwarten (ἀπελπίζοντες). Dann wird euer Lohn groß sein, und ihr werdet Söhne des Höchsten sein; denn er ist gütig gegen die Undankbaren und Bösen". Mt 5,42 äußert sich sehr viel kürzer wie folgt: „Gib dem, der dich bittet, und wende dich nicht ab von dem, der von dir etwas leihen (δανίσασθαι) will". Ähnlich Did 1,5, ebenfalls im Kontext von Mahnungen aus der Bergpredigt: „Jedem, der dich bittet, gib und fordere es nicht zurück; denn der Vater will, dass allen von den eigenen Gaben gegeben werde". Eine Ableitung aus der Spruchquelle Q kommt wohl nur für Mt 5,42 / Lk 6,30 in Frage, wobei der mt Fassung im 1. Hs. der Vorzug zu geben ist. Der 2. Hs. dürfte eher der Version des 2. Hs. bei Lk folgen (das ist allerdings sehr bestritten; wie hier ROBINSON pp, CEQ, 64f; a.M. SCHULZ, Q, 123f, der für den 2. Hs. bei Mt plädiert; es ist aber eher nachvollziehbar, dass Mt die Q-Fassung geändert hat, weil er schon in 5,41 vom „Nehmen" des Rocks gesprochen hat). Von der Version in Q könnte auch diejenige in der Didache abzuleiten sein.
Eine Abhängigkeit des Log 95 von Mt/Lk/Did (bzw. Q) ist nicht zu erkennen, und wird auch nicht, z.B. von FIEGER, EvThom, 243f, behauptet. Die Aufforderung, Geld nicht „gegen Zins zu geben" († ⲉⲧⲙⲏⲥⲉ), hat dort auch kein echtes Pendant. Die Weisung, es vielmehr dem zu „geben" (†), „von dem ihr es nicht zurückerhalten werdet" (ⲧⲉⲧⲛⲁⲝⲓⲧ ... ⲛ̄ⲧⲟⲟⲧ), erinnert an Lk 6,34, aber ob Lk seine Komposition aus traditionellem oder redaktionellem Material vorgenommen hat, ist nicht feststellbar. Auch der Zusammenhang der lk Feldrede und der mt Bergpredigt, besonders was die Feindesliebe betrifft, fehlt bei EvThom zur Gänze. Man hat daher von einer Selbstständigkeit der thom Überlieferung auszugehen (so auch PATTERSON, GosThom, 79f u.a.).
Nach dem Vorstehenden bestehen daher auf jeden Fall zwei selbstständige Traditionsstränge, nämlich in Q und EvThom, die auch derart abweichend sind, dass sie verschiedener Beurteilung unterliegen. Ganz unabhängig von der vielleicht ebenfalls echten Überlieferung in Q wird man jedenfalls die Tradition in Log 95 als authentisches Jesus-Gut anzusehen haben. Sie ist besonders charakteristisch für den historischen Jesus und passt nahtlos in den Zusammenhang seiner prophetisch-eschatologischen Ethik sowie zu seinem persönlichen Lebensstil (so auch FUNK u. JS., Five Gospels, 522f; LÜDEMANN, Jesus 2000, 802f.189; CROSSAN, Historischer Jesus, 574; A.J. HULTGREN, Parables, 439).

Sie fordert zunächst zum Verleihen von Geld ohne Verzinsung auf, in Analogie zur Tradition von Ex 22,24, die jedoch lediglich das Zinsnehmen vom bedürftigen Volksgenossen verbot, bis hin zu PetrApk 16,31, die erst das Zinsverbot in der christlichen Gemeinde aufnahm. Darüber hinaus wird aber sogar allgemein zum Schenken und Hingeben von Geld auch an den aufgerufen, von dem Rückzahlung nicht zu erwarten ist. Diese jegliche Kongruenz und Proportionalität überschreitende Gerechtigkeit, die „besser" sein soll, „als die der Schriftgelehrten und Pharisäer" (Mt 5,20), ist kennzeichnend für Jesus, wie besonders die Antithesen der Bergpredigt zeigen. Sie ist inhaltlich dem Reich Gottes entsprechende Ethik, da auch Gott der Gerechte sein will und sich den Menschen in einer alle Grenzen überschreitenden Weise zuwenden will. Auch wenn diese Ethik in der Gegenwart nicht in vollem Umfange praktikabel ist, ist sie doch zeichenhaft wirksam und verweist auf jeden Fall unmissverständlich auf die in der Fülle der Gottesherrschaft vorgesehene Rechts- und Lebensordnung (s. J. JEREMIAS, Theologie, 204ff; DIBELIUS, Jesus, 120; vgl. auch NORDSIECK, Reich Gottes, 55).

LOG 96

1. JESUS SPRICHT: DAS KÖNIGREICH DES VATERS GLEICHT EINER FRAU. 2. SIE NAHM EIN WENIG SAUERTEIG. SIE VERBARG IHN IM MEHL UND MACHTE DARAUS GROSSE BROTE. 3. WER OHREN HAT, SOLL HÖREN.

Eine Stichwort-Anbindung an Log 95 (oder 94) ist nur schwierig aufzufinden. Allenfalls liegt eine allgemeine Beziehung über den eschatologischen Charakter der Worte vor und die Aufforderung S.3 in der 2. Pers. Pl., mit den Ohren zu „hören". Es beginnt hier auch wieder eine neue Reihe von Logien, nämlich der Reich-Gottes-Gleichnisse Log 96 - 98 (zu deren Verbindung untereinander s. R.Q. FORD, Body Language, Interpr. 56, 2002, 295ff).
Eine gnostische Deutung des vorliegenden Gleichnisses vom Sauerteig ist mehrfach vorgenommen worden. Dabei erscheint diejenige der Naassener am passendsten, der verborgene Sauerteig stelle „das Himmelreich, das in uns liegt", dar (nach Hippolyt, Ref V 8,8); der Kontrast zu dessen Unscheinbarkeit könnte dann das „Große" sein, das den Gnostiker nach EvVer 21,15ff „vollenden" wird (diese Interpretation bevorzugt SCHRAGE, Verh, 184f; ähnl. MÉNARD, EvThom, 197). Nicht zu bestreiten ist jedoch, dass das Gleichnis zunächst aus der frühchristlichen und evtl. jesuanischen Verkündigung herrührt.

Die maßgeblichen Par-Stellen sind Mt 13,33 und Lk 13,20f; gelegentlich werden auch noch 1Kor 5,6 und Gal 5,9 angeführt. An beiden synoptischen Stellen ist das Gleichnis vom Sauerteig mit demjenigen vom Senfkorn (Mt 13,31f = Lk 13,18f) verknüpft, das sich auch in EvThom, jedoch weit entfernt, nämlich in Log 20 findet. Beide Fassungen des Sauerteig-Gleichnisses gleichen sich bis auf den Anfang, der bei Lk mit einer rhetorischen Frage beginnt: „Womit soll ich das Reich Gottes vergleichen (τίνι ὁμοιώσω τὴν βασιλείαν τοῦ θεοῦ)?" und bei Mt mit einem Statement: „Das Himmelreich ist gleich einem Sauerteig ... (ὁμοία ἐστὶν ἡ βασιλεία τῶν οὐρανῶν ζύμῃ)". Es folgt dann auch bei Lk: „Es ist gleich einem Sauerteig (ζύμῃ)", und bei beiden Evangelisten: „den eine Frau nahm und in drei Scheffel Mehl verbarg (Lk: ἔκρυψεν; Mt: ἐνέκρυψεν), bis es ganz durchsäuert (ἐζυμώθη) war". Die Versionen in Mt und Lk werden allgemein auf Q zurückgeführt, wobei dem lk Anfang, was das Vokabular, die Frageform und die Basileia-Terminologie betrifft, der Vorzug zu geben ist (s. SCHULZ, Q, 307; POLAG, Fragmenta Q, 68f u.a.). Paulus spricht in 1Kor 5,6 und Gal 5,9 in anderen Zusammenhängen, nämlich betreffend negative Einflüsse in der Gemeinde, davon, dass „ein wenig Sauerteig (μικρὰ ζύμη) den ganzen Teig durchsäuert". Insofern schöpft er aber wohl eher aus volkstümlicher frühjüdischer Redeweise (ähnl. wie Mt 16,6 Par), als dass von einer Parallele zum Gleichnis zu sprechen wäre (vgl. auch SCHRAGE, Verh, 184 gegen CULLMANN, ThLZ 85, 1960, 332).
Eine Abhängigkeit des Log 96 von seinen synoptischen Pendants ist nicht anzunehmen (so zu Recht PATTERSON, GosThom, 66f; SIEBER, Analysis, 173ff; LIEBENBERG, Language of the Kingdom, 349). Zwar ist wohl die Frageform bei Lk ursprünglich und die Form der Aussage bei Mt sekundär, jedoch präjudiziert dies noch nicht, dass EvThom dies übernommen haben müsste; dies ist wie auch in anderen Fällen auch Thom selbst zuzutrauen, wie SCHRAGE, Verh, 184 selbst einräumt. Auch LINDEMANN, ZNW 71, 226f plädiert für die Abhängigkeit der EvThom-Fassung, wegen des „Verbergens" (ϩⲟⲡ / κρύπτειν) des Sauerteigs im Mehl, jedoch räumt er gleichzeitig ein (227, Anm 59), dass dieses Wort „in jedem Fall aus der Tradition stammt", also nicht redaktionell ist. Schließlich greift auch die Erwägung von MONTEFIORE, Comparison, 227 nicht, Log 96 sei sekundär komprimiert, weil die große Menge Mehls von drei Scheffeln fehle; der Vergleichspunkt von dem „wenigen" Sauerteig sind hier eben die „großen" Brote. Insofern liegt gegenüber Mt/Lk bzw. Q eine völlig selbstständige Überlieferung vor, die nicht als ableitbar erscheint.
Es finden sich somit zwei Überlieferungsrichtungen, nämlich die in Q und in EvThom. Die Q-Tradition ist von der bisherigen Forschung überwiegend als echte Jesus-Verkündigung angesprochen worden (s. J.

JEREMIAS, Gleichnisse, 99ff; BORNKAMM, Jesus, 65; BECKER, Jesus, 152f u.a.). Allgemein spricht dafür neben der guten Bezeugung schon die für Jesus typische Gleichnis-Form, die gegenüber dem zeitgenössischen Judentum von charakteristischer Eigenart ist, aber auch von der bereits früh allegorisierenden Kirche sich deutlich abhebt. Das Gleichnis vom Sauerteig ist vom eschatologischen Kommen der Königsherrschaft Gottes geprägt und stellt mit dem Kontrast vom verborgenen Anfang zur auffälligen Durchdringung und Ausweitung des Brotteigs die Hoffnung auf ihre überwältigende Macht in der Welt dar. Insofern enthält das Gleichnis auch einen Aufruf zu Vertrauen, Zuversicht und Mitarbeit. Dabei benutzt die Darstellung ein für die Umwelt anstößiges Bild: Der von einer Frau gebrauchte Sauerteig weckt überwiegend negative Assoziationen, da traditionell Gesäuertes von der Passafeier ferngehalten werden sollte und sein Genuss während dieser Zeit sogar als todeswürdiges Delikt galt (Ex 12,15ff) (s. B.B. SCOTT, Hear then the Parable, 324f; CROSSAN, Historischer Jesus, 375).
Fraglich ist, ob der Q- oder der EvThom-Fassung der Vorzug zu geben ist. Da das Überraschungsmoment bei der Entwicklung zum fertigen Brot wohl die völlige Durchsäuerung ist, spricht insofern mehr für die Q-Fassung. Sie betont die Durchsäuerung des „ganzen" Mehls, während EvThom das Ergebnis der „großen Brote" (ⲛⲟϭ ⲛ̄ⲛⲟⲉⲓⲕ) hervorhebt. Das könnte beeinflusst sein von ähnlichen Formulierungen in Log 8 und 107. Auch die Bezeichnung des „Reichs Gottes" (so Q/Lk) mit „Reich des Vaters" (ⲧⲙ̄ⲛ̄ⲧⲉⲣⲟ ⲙ̄ⲡⲉⲓⲱⲧ) scheint typisch für EvThom zu sein, vgl. Log 57,76,97,98,113, so dass auch hier die Q-Fassung zu bevorzugen ist (s. entspr. auch LÜDEMANN, Jesus 2000, 803.448; FUNK u. JS., Five Gospels, 523; für Echtheit des Gleichnisses allgemein auch CROSSAN, Historischer Jesus, 375.574; THEISSEN - MERZ, Historischer Jesus, 207.304).
Was letztlich den Nachsatz: „Wer Ohren hat, soll hören" betrifft, so handelt es sich um einen bereits mehrfach kennengelernten „Weckruf" (s. Log 8,21,24,63,65), der allgemein wohl auf Jesus zurückgeführt werden kann, jedoch nicht unbedingt in dem vorliegenden Kontext (s. auch die Komm. bei den obigen Logien).

LOG 97

1. JESUS SPRICHT: DAS KÖNIGREICH DES VATERS GLEICHT EINER FRAU, DIE EINEN KRUG TRÄGT, ANGEFÜLLT MIT MEHL. 2. WÄHREND SIE AUF DEM WEG GING, WEIT ENTFERNT VON ZU HAUSE, BRACH DER HENKEL DES KRUGS, UND DAS MEHL RIESELTE HINTER IHR AUF DEN WEG. 3. SIE WUSSTE ES JEDOCH

NICHT, SIE HATTE KEIN MISSGESCHICK WAHRGENOMMEN. 4.
ALS SIE IN IHR HAUS GELANGT WAR, STELLTE SIE DEN KRUG
AUF DEN BODEN UND FAND IHN LEER.

Log 97 steht in Stichwortzusammenhang mit dem vorhergehenden Log 96, und zwar insofern, als es sich beidesmal um das „Reich des Vaters" betreffende Gleichnisse handelt. Außerdem laufen sie auch noch darin parallel, dass sie beide eine „Frau" enthalten, die mit „Mehl" umgeht. Sprachlich ist nicht völlig klar, wie ϩⲓⲥⲉ im 3.S. zu verstehen ist. Nach BETHGE, Synopsis, 542; HAENCHEN, EvThom, 31; BLATZ in SCHNEEMELCHER, NtApokr, I, 112 u.a. wird das Substantiv mit „Missgeschick", „Unheil", „Not" o.ä. übertragen, während P. NAGEL, ZNW 92, 2001, 239ff; PLISCH, Verborgene Worte Jesu, 118 u.a. mit „Mühe" („abmühen"), „Arbeit" übersetzen („während sie sich abmühte"). An sich sind beide Übertragungsmöglichkeiten gegeben, jedoch passt die negative Bedeutung („sie hatte kein Missgeschick wahrgenommen" o.ä.) besser, da auch das vorhergehende ⲛⲉⲥⲥⲟⲟⲩⲛ ⲁⲛ ⲡⲉ („sie wusste [bzw. bemerkte] es nicht") ebenfalls negativ besetzt ist; ausserdem müsste im letzteren Fall (nach NAGEL) ein ⲥ eingefügt werden, was mir nicht hinreichend gerechtfertigt erscheint.
Eine gnostische Herkunft des Gleichnisses vom leeren Krug wird von FIEGER, EvThom, 247f; LINDEMANN, ZNW 71, 232; HULTGREN, Parables, 443f angenommen. Begründet wird dies damit, es sei eine „ganz künstliche Szene" entworfen. Inhaltlich gehe es um das „Erkennen des Augenblicks"; wer seine Situation nicht ständig im Auge habe, der verliere diese „Gnosis".
Von einer „Künstlichkeit" der dargestellten Szenerie kann jedoch keine Rede sein. BERGER, Jesus, 159ff hat diese überzeugend nacherzählt: Danach sehen wir eine Frau, die einen schweren Krug auf dem Kopf (oder auch an einem Stock über der Schulter) trägt. Wo der Henkel ansetzt, ist die empfindlichste Stelle, und wenn dieser (oder auch einer von zwei Henkeln) herausbricht, löst sich damit auch ein Stück der Wand des Krugs. Unmerklich kann während eines weiten Wegs das verschrotete Mehl aus dem Krug bis zu nahezu völliger Leere des Krugs herausrieseln. Zu Hause angelangt kommt dann das bittere Erwachen, und die Trägerin des Mehls steht vor dem Nichts (s. auch G. QUISPEL, VigChr 11, 1957, 204f; R. SCHIPPERS, Het Evangelie van Thomas, 1960, 124; R. DORAN, A Complex of Parables, NovTest 29, 4, 1987, 347ff [350]).
Diese gut nachvollziehbare Bildseite des vorliegenden „Warngleichnisses" (HAENCHEN) passt zum Inhalt ähnlicher Gleichnisse der Synoptiker. Da ist etwa das Gleichnis von den klugen und törichten Jungfrauen, wonach das „Himmelreich" zehn Jungfrauen gleich sei, die

„ihre Lampen nahmen und dem Bräutigam entgegen eilten". Die „klugen Jungfrauen" nahmen Lampen und Öl mit, während die „törichten Jungfrauen" zwar Lampen, aber kein Öl mitnahmen. Da sie es nachträglich noch einkaufen mussten, verpassten sie den Bräutigam, und die Tür zur Hochzeit wurde vor ihnen „verschlossen" (Mt 25,1ff). Ein ähnliches Debakel kommt in dem Bildwort von der verschlossenen Tür (Lk 13,25) vor, worin ebenfalls die Gefahr beschrieben ist, „draussen zu stehen" und vergebens „an die Tür zu klopfen", die aber nicht mehr geöffnet wird. Auch viele Worte, die zum „Wachen" und Bewusstwerden aufrufen (s. z.B. Mk 13,33ff Par; ähnl. Mt 25,13; 24,42ff; Lk 21,34ff; EvThom Log 21 S.5f), gehören in diesen Zusammenhang und warnen, das kommende Reich Gottes nicht zu verpassen (vgl. auch J. JEREMIAS, Gleichnisse, 8. ungek. Aufl., 175).

Die alternative Auslegung mit einer positiven Deutung der Leere des Krugs, wie sie u.a. J. HELDERMAN in EMMEL, Ägypten und Nubien in spätantiker und christlicher Zeit, 1999, 483ff versucht, nämlich dass diese etwas Gutes sei und eine Lösung von der Welt bedeute, überzeugt nicht. Die Gesamtanlage des Gleichnisses hat, besonders nach dem obigen Wortlaut („Missgeschick") eher ein tragisches Gefälle, und der Schluss musste auch von den Adressaten in der thom Gemeinde negativ verstanden werden (so auch NAGEL, s.o., 239ff).

Danach geht es bei der Parabel um die Mahnung, wachsam, aufmerksam und bewusst zu leben, um die hereinbrechende Gottesherrschaft und den „Menschensohn" nicht zu verfehlen. Diese Aufforderung gehört nicht primär in den Raum gnostischer oder gnostisierender Verkündigung, sondern in die frühchristliche und sogar jesuanische Predigt. Ich halte sie wegen ihrer Verbindung mit der Naherwartung des Reichs und auch wegen ihrer allgemein guten Bezeugung nicht für prinzipiell nachösterlich. Vielmehr kann sie durchaus der Verkündigung des irdischen Jesus entsprechen (s. bes. J. JEREMIAS, Theologie, 135ff.151f; GOPPELT, Theologie, 108ff; einschränkend BULTMANN, Tradition, 124ff).

Was nun die Frage der Authentizität des Gleichnisses in Log 97 betrifft, so ist allerdings nur diese einmalige Bezeugung im EvThom zu verzeichnen, dagegen ist es den kanonischen Schriften unbekannt. Jedoch weist es völlig die Form der Gleichnisse Jesu auf, die einerseits von der frühchristlichen Allegorie, aber auch von der gleichnishaften Illustration lehrhafter Sätze wie im Judentum deutlich unterschieden ist (insofern hat es auch keinen näheren Bezug auf die Speisungsgeschichte von Elia und der Witwe aus Sarepta, 1Kön 17,8-16; gegen B.B. SCOTT, F & F Forum 3.2, 1987, 77ff). Inhaltlich steht die Parabel in Kohärenz zu den bereits genannten Gleichnissen von den klugen und törichten Jungfrauen, der verschlossenen Tür und den Aufrufen zu Wachsamkeit und Bewusstheit (s.o.). Eine Nähe besteht wegen des Wachstums und der Entwicklung des Reichs Gottes auch zum Gleichnis vom Sauerteig, mit dem es stichwortmäßig verbunden ist, und den Saat-Gleichnissen. Die Parabel warnt vor falscher Sicherheit und ruft zur Wachsamkeit und Bewusstheit auf, um nicht im Hier und Jetzt das Kommen des Gottesreichs zu verpassen und schließlich mit leeren Händen dazustehen (s. dazu ZÖCKLER, EvThom, 195ff; BERGER, Jesus, 159f). Schließlich weist auch der Erzählstil bei diesem Gleichnis in palästinensisches Milieu, und die Wortwahl passt zur sonstigen Jesus-Verkündigung, freilich mit der Maßgabe, dass statt des „Reichs des Vaters" (ⲙⲛ̄ⲧⲉⲣⲟ ⲙ̄ⲡⲉⲓⲱⲧ) der Terminus „Reich Gottes" ursprünglicher sein wird.

Insgesamt dürfte somit für Log 97 durchaus die Möglichkeit naheliegen, dass es als authentisches Jesus-Gleichnis anzusehen ist (so früher schon J. JEREMIAS, s.o., 175; MONTEFIORE, Comparison, 243; HIGGINS, Non-Gnostic Sayings, 304; SUMMERS, Secret Sayings, 74; G.C. STEAD, Some Reflections on the Gospel of Thomas, TU 88, 1964, 390ff [392]; STROKER in HEDRICK, Historical Jesus, 100f; CROSSAN, Historischer Jesus, 580; FUNK u. JS., Five Gospels, 523f; a.M. LÜDEMANN, Jesus 2000, 804, der das Gleichnis für eine Ermahnung an Gnostiker hält).

LOG 98

1. JESUS SPRICHT: DAS KÖNIGREICH DES VATERS GLEICHT EINEM MANN, DER EINEN MÄCHTIGEN MANN TÖTEN WOLLTE. 2. ER ZÜCKTE DAS SCHWERT IN SEINEM HAUS UND STIESS ES IN DIE WAND, DAMIT ER ERFAHRE, OB SEINE HAND STARK GENUG SEI. 3. DANN TÖTETE ER DEN MÄCHTIGEN.

Das Gleichnis vom Attentäter passt stichwortmäßig zu den beiden vorhergehenden Gleichnissen, die beide auch vom „Reich des Vaters" sprechen. Hier wird es nicht auf eine „Frau", sondern auf einen „Mann" bezogen, auch kommt wie in Log 97 die Vokabel „Haus" vor.

Sprachlich ist es wohl richtiger, statt vom „Menschen" in Kontrast zum vorherigen Gleichnis vom „Mann" zu sprechen (ⲣⲱⲙⲉ kann beides heissen). ⲙⲉⲅⲓⲥⲧⲁⲛⲟⲥ, ein gr. Lehnwort kann ebenso „Mächtiger" wie „Vornehmer" bedeuten (s. auch Mk 6,21; ebenso Log 78).

Eine gnostische Deutung oder gar Herkunft des Gleichnisses, wie sie FIEGER, EvThom, 248f; MÉNARD, EvThom, 198; HULTGREN, Parables, 444f bevorzugen, liegt fern. Der „Mächtige" mag zwar in gnostischen Kreisen mit der „Welt der Materie" oder den Archonten identifiziert worden sein. Näher liegt jedoch eine Herleitung des

Gleichnisses vom Attentäter im Rahmen frühchristlicher Verkündigung. Das Gleichnis passt in die Zusammenhänge politischer Gewalt zur Zeit der römischen Besetzung Palästinas, insbesondere durch die Bewegung der Zeloten. Es schildert einen zelotischen Terroristen, der einen mächtigen Regierungsbeamten ermorden will. Er unternimmt zu diesem Zweck „eine Art Schießübung" (BERGER) und führt danach seinen Anschlag aus. Der entscheidende Vergleichspunkt des Gleichnisses ist die sorgfältige Planung, Vorbereitung und Einübung der Tat. Darauf lenkt die Erzählung die Aufmerksamkeit des Hörers.

Analogien finden sich dazu besonders in den Gleichnissen vom Turmbau (Lk 14,28-30) und vom Kriegszug (Lk 14,31f). Auch „der, der einen Turm bauen will", „setzt sich (danach) zuerst hin und berechnet die Kosten, ob er zur Ausführung genug habe", damit er nach der Fundamentierung den Bau auch vollenden kann. Desgleichen wird ein kriegführender König „sich zuerst hinsetzen und Rat halten", ob er im Stande sei, mit 10.000 dem mit 20.000 anrückenden Gegner entgegenzutreten, andernfalls müsste er einen schmählichen Frieden erbitten. Lk hat diese Gleichnisse allerdings in einen sekundären Kontext eingefügt: Lk 14,25ff handelt von der Trennung von der Familie und dem Tragen des Kreuzes, Lk 14,33 schließt mit der Mahnung: „So kann nun keiner von euch, der nicht allem entsagt, was er hat, mein Jünger sein". Die beiden Gleichnisse handeln jedoch nach ihrem Wortlaut nicht (in erster Linie) von Selbstentsagung und Egoverzicht, sondern von Berechnung der Kosten, Prüfung und Ratschluss (so schon BULTMANN, Tradition, 184; ferner BECKER, Jesus, 292f u.a.). Fraglich ist dann, welches der ursprüngliche Sinn der beiden Gleichnisse war.

Die herrschende Auffassung sieht in diesen Gleichnissen die dramatische Aufforderung zur Selbstprüfung des zur Nachfolge bereiten Menschen: „Überleg dir's reiflich: Denn ein halber Anfang ist schlimmer als gar kein Anfang" (so J. JEREMIAS, Gleichnisse, 131; näheres ders. in 8. ungek. Aufl., 195f, für alle anderen). Es ist aber, gerade auch unter Berücksichtigung von Log 98 möglich und überzeugender, dass diese Gleichnisse primär von Gott und seinem kommenden Reich handeln, wie dies generell für die Jesus-Gleichnisse anzunehmen ist und auch Log 98 ausdrücklich aussagt. Dann wäre zunächst ausgedrückt, dass Gott mit seiner Herrschaft nicht planlos und ohne Vorbereitung kommt, er selbst hat klugen Ratschluss gefasst und wird deshalb sein Reich-Gottes-Unternehmen erfolgreich abschließen (so HUNZINGER, Unbekannte Gleichnisse Jesu aus dem Thomas-Evangelium, Festschr. J. Jeremias, 1960, 211ff; dagegen LINDEMANN, ZNW 71, 220ff, der meint, diese Interpretation widerspreche dem im NT erkennbaren Gottesverständnis Jesu).

Die Auffassung HUNZINGERs entspricht jedoch durchaus der Verkündigung Jesus vom unaufhaltsam nahenden Reich Gottes, seinen kleinen zeichenhaften Anfängen und der Hoffnung auf große Vollendung und besonders auch darin, dass mit dem Hereinbrechen des Reichs ein Kampf mit dem „Starken", dem Bösen verbunden ist (Mk 3,27 Par; s. auch Log 35). Die Jünger selbst, die im Kampf mit dem Bösen stehen, werden in Mt 11,12 Par als „Gewalttäter" bezeichnet. Sie werden mit den genannten Gleichnissen zur Zuversicht aufgerufen, weil Gott sein Reich geplant und beschlossen hat und gewiss heraufführen wird. Dabei ist Selbstprüfung und Verzichtleistung sicher durch die Gleichnisse auch angesprochen, die Jünger sollen, wenn sie sich zur Nachfolge entschließen, vorher sorgfältig ihre Fähigkeiten und Möglichkeiten überprüfen, dann wird ihnen auch der Sieg geschenkt.

Was die Authentizität von Log 98 betrifft, so kann diese wegen der engen Kohärenz mit den oben genannten echten Gleichnissen Jesu vom Turmbau und Kriegszug durchaus bejaht werden, auch wenn das Logion kanonisch nicht bezeugt ist (so auch J. JEREMIAS, Gleichnisse, 8. ungek. Aufl., 195; HUNZINGER, s.o., 217; MONTEFIORE, Comparison, 243; HIGGINS, Non-Gnostic Sayings, 304; PERRIN, Jesus, 140; STROKER in HEDRICK, Historical Jesus, 101f u.a.). Hinzukommt, wie besonders LÜDEMANN, Jesus 2000, 804 zutreffend bemerkt, dass der Vergleich der Gottesherrschaft oder auch des Menschen in der Nachfolge Jesu mit einem Meuchelmörder einen hohen Grad von Anstößigkeit aufweist, so dass eine Erfindung durch die frühchristliche Gemeinde mit Sicherheit ausfällt, vielmehr das Gleichnis bereits früh einer moralischen Zensur zum Opfer gefallen sein dürfte. Ein ähnlich unmoralischer Held begegnet im Gleichnis vom ungerechten Haushalter Lk 16,1ff, das ebenfalls nur in einem Evangelium vorkommt und auch dort nur unter Anfügung diverser abschwächender Zusätze (so auch HUNZINGER, s.o., 212; SCHRAMM - LÖWENSTEIN, Unmoralische Helden, 53ff; ferner FUNK u. JS., Five Gospels, 524f; CROSSAN, Historischer Jesus, 580; m. krit. Anm. auch C.L. QUARLES in Authenticating the Words of Jesus, ed. B. CHILTON / C.A. EVANS, 1999, 409ff).

Die Parabel kann somit in folgendem Sinn als echt angesehen werden: Wenn sogar ein Meuchelmöder seinen Plan sorgfältig vorbereitet, prüft und ausführt, dann wird auch Gott die Errichtung seines Reichs (hier wie bei Log 97 redaktionell: „Reich des Vaters") umsichtig planen und testen, um sie zur Vollendung zu bringen. Daraus folgt, dass auch die Nachfolger Jesu gewissenhaft ihre Kräfte und Fähigkeiten erproben sollen, ehe sie sich auf das große Abenteuer, den Kampf mit dem „Mächtigen", den Mächten der Welt und dem eigenen Ego, einlassen (vgl. ähnlich HUNZINGER, s.o., 215f; SCHRAMM - LÖWENSTEIN, s.o., 55; kritisch ZÖCKLER, EvThom, 297f).

LOG 99

1. DIE JÜNGER SPRACHEN ZU IHM: DEINE BRÜDER UND DEINE MUTTER STEHEN DRAUSSEN. 2. ER SPRACH ZU IHNEN: DIESE HIER, DIE DEN WILLEN MEINES VATERS TUN, DIE SIND MEINE BRÜDER UND MEINE MUTTER. 3. SIE SIND ES, DIE IN DAS KÖNIGREICH MEINES VATERS EINGEHEN WERDEN.

Das Logion ist über den Terminus „Königreich meines Vaters" und das Substantiv „Vater" mit dem vorhergehenden Log 98 sowie mit Log 97 und 96 verbunden. Die persönliche Bindung an Jesus verknüpft die weiter hier beginnende Reihe der Log 99 - 101.

Eine gnostische Herkunft des Spruchs ist nicht anzunehmen. Von SCHRAGE, Verh, 188f; FIEGER, EvThom, 252f wird eine gnostische Deutung bevorzugt, und zwar gemäß EvVer (auch Heracl Fragm 31). Danach ist es der Wille des Vaters, dass die Menschen „ihn kennen und lieben". Der Mensch, „indem er Gnosis hat, (tut) den Willen des Vaters, der ihn gerufen hat". Diejenigen, die den Willen des Vaters tun, sind zugleich die „wahren Brüder" des Offenbarers (s. EvVer 19,12f; 22,9f; 43,5). Eine solche gnostisierende Interpretation ist zwar für die Endredaktion des Logions durchaus möglich, sie besagt aber nichts für dessen Herkunft und Entstehung, die auch hier am zwanglosesten auf das frühe Christentum und Jesus selbst zurückzuführen sein wird.

Die grundlegendste Parallele ist Mk 3,31-35 Par Mt 12,46-50 und Lk 8,19-21. Sie setzt bereits mit Mk 3,20.21 ein, wonach die Familie Jesu sich seiner bemächtigen wollte, weil sie ihn für „von Sinnen" hielt. Nach einem Einschub über einen weiteren Angriff auf Jesus durch Schriftgelehrte, die ihm Verbindung mit dem Beelzebul vorwarfen, ließen ihn „seine Mutter und seine Brüder", die „draussen (wohl vor dem Haus) standen", „rufen". „ Das Volk (ὄχλος) saß um ihn herum, und sie sagten zu ihm: Siehe, deine Mutter und deine Brüder und deine Schwestern draussen suchen dich. Darauf antwortete er ihnen und sagt: Wer sind meine Mutter und meine Brüder? Und indem er ringsumher die um ihn Sitzenden ansieht, sagt er: Siehe, das sind meine Mutter und meine Brüder! Wer den Willen Gottes tut (ποιήσῃ τὸ θέλημα τοῦ θεοῦ), der ist mir Bruder und Schwester und Mutter".

In den von Mk herkommenden Par in Mt und Lk fehlt die Absicht der Familie, sich Jesu wegen Verrücktheit zu bemächtigen. In Mt fragt Jesus auf die Nachfrage seiner Familie nach ihm aber ebenfalls rhetorisch, wer seine Mutter und seine Brüder seien. Er streckte dann seine Hand über seine Jünger (ἐπι τοὺς μαθητὰς αὐτοῦ) aus und sprach: „ Siehe, das sind meine Mutter und meine Brüder! Denn wer den Willen meines Vaters in den Himmeln (τὸ θέλημα τοῦ πατρός μου τοῦ ἐν οὐρανοῖς) tut, der ist mir Bruder und Schwester und Mutter". Lk ist dagegen kürzer. Auf den Bericht: „Deine Mutter und deine Brüder stehen draussen und wollen dich sehen" antwortete er lediglich und sprach zu ihnen (wohl den Jüngern): „Meine Mutter und meine Brüder sind die, welche (οὗτοί εἰσιν οἱ) das Wort Gottes (τὸν λόγον τοῦ θεοῦ) hören und tun (ἀκούοντες καὶ ποιοῦντες)".

Zusätzlich gibt es noch zwei Par-Stellen in 2Clem 9,11, der Jesus wie folgt zitiert: „Meine Brüder sind die, die den Willen meines Vaters tun" (ähnl. auch Clemens Alex., Eclog Proph 20,3) und im Ebionäer-Evangelium (EvEb) Fragm. 5: Nach Epiphanius Haer 30.14,5 leugnen die Ebionäer, dass Jesus ein Mensch sei, offenbar aufgrund eines Wortes, das der Heiland gesprochen habe, als ihm gemeldet wurde: „Siehe, deine Mutter und deine Brüder stehen draussen", nämlich: „Wer sind meine Mutter und meine Brüder?" Und er streckte seine Hand aus über seine Jünger und sprach: „Diese sind meine Brüder und Mutter und Schwestern, die den Willen (τὰ θελήματα) meines Vaters tun". Da eine literarische Abhängigkeit von den Synoptikern unwahrscheinlich wirkt, handelt es sich wohl um Nebenströme der Tradition, die jedoch von den anderen Überlieferungen (mündlich) beeinflusst sein können.

Fraglich ist, ob Log 99 von den genannten Stellen abhängig ist. SCHRAGE, Verh, 186ff; FIEGER, EvThom, 251ff bejahen dies und wollen in ihm einen von den Synoptikern, besonders von Lk und Mt abhängigen Mischtext sehen. Bei Lk fehlten wie bei EvThom die Frage Jesu nach Mutter und Brüdern, die Geste des Umherblickens bzw. Ausstreckens der Hand, ferner die Schwestern, und die zwei Sätze Mk 3,34 und 35 bildeten einen einzigen mit der Verbindung οὗτοι εἰσιν οἱ. Das letztere kann jedoch durchaus traditionell sein und kommt ähnlich auch in 2Clem und EvEb vor, das Fehlen bestimmter Merkmale besagt im übrigen nichts für eine Abhängigkeit. Weiterhin spreche EvThom in Anlehnung an Mt nicht von „Wort", sondern „Willen" Gottes, „meines Vaters" (ⲡⲁⲉⲓⲱⲧ). Jedoch kennt nicht nur Mt den „Willen des (meines) Vaters" (Mt 7,21; 12,50; 21,31), sondern auch Joh formuliert ähnlich (Joh 6,39.40; ferner 4,34; 5,30; 7,17 usw.), und für EvThom ist die Betonung Gottes als des „Vaters" ebenfalls charakteristisch (s. Log 61,64: „mein Vater"; Log 3,27,40,44,50 usw.: „der Vater"). Da somit redaktionelle Eigenarten der Evangelisten nicht im EvThom festzustellen sind, entfällt eine Abhängigkeit von diesen und anderen Quellen (so auch PATTERSON, GosThom, 67f; SIEBER, Analysis, 150ff; WILSON, Studies, 115f; M.H. SMITH, F & F Forum 6, 1990, 80ff; a.M.

SCHRÖTER, Erinnerung, 278f). Der letzere nimmt an, dass in Log 99 redaktionelle Elemente der mt und lk Fassung eingeflossen seien, hinzu komme noch der S.3 über das „Königreich Gottes" als dritter Einfluß; ein solches Mixtum compositum auf derart kleinem Raum erscheint jedoch völlig unwahrscheinlich (ablehnend auch T. ROH, Die Familia dei in den synoptischen Evangelien, 2001, 278f; S. PETERSEN, Werke der Weiblichkeit, 265f, die sich ebenfalls für die Unabhängigkeit der thom Tradition einsetzen).

Danach können wir zwei ursprüngliche Überlieferungsstränge erkennen, diejenige des Mk und die des EvThom. Der Kern der mk Szene Mk 3,20f.31-35 ist neben V. 21 besonders V. 35, wonach entgegen der alten Familie die neue Familia dei konstituiert wird: „Wer den Willen Gottes tut, der ist mir Bruder und Schwester und Mutter" (so auch BULTMANN, Tradition, 28f gegen DIBELIUS, Formgeschichte, 29.32, der V. 34 für den ursprünglichen Schluss und V. 35 für einen nachträglichen Anhang hält; J. JEREMIAS, Theologie, 218 verbindet dagegen beides). Das zugrundeliegende biographische Apophthegma könnte dann die V. 32 a.b.c. und 33 a sowie 35 als Spitze verbunden haben (s. überzeugend BECKER, Jesus, 390); die anderen Teile dürften mk redaktionell sein.

Log 99 gipfelte wohl ursprünglich in S.2: „Diese hier, die (ⲛⲉⲧⲛ̄ⲛⲉⲉⲓⲙⲁ) den Willen meines Vaters (ⲙ̄ⲡⲟⲩⲱϣ ⲙ̄ⲡⲁⲉⲓⲱⲧ) tun, die sind meine Brüder und meine Mutter". Die hier zugrunde liegende Tradition könnte auch die Formulierungen in 2Clem und EvEb beeinflusst haben. Der folgende Satz über das „Eingehen in das Reich meines Vaters" könnte thom Redaktion sein (s. PATTERSON, GosThom, 68), es könnte aber, besonders wegen der Basileia-Terminologie auch alte Tradition vorliegen.

Wenn man die genannten beiden Versionen in Mk und EvThom vergleicht, so dürften sie einander recht ähnlich und auch im wesentlichen gleichwertig sein. Sie demonstrieren im Kontrast zu der alten Familie Jesu eine neue, die sich nicht auf die 12 Jünger beschränkt, sondern Grundstock einer aus Wandercharismatikern und ansässigen Anhängern Jesu bestehenden Gemeinde ist (s. dazu T. ROH, Die Familia dei, 287ff; das gilt entgegen ROH, 278.282 auch für Log 99, da das „diese hier, die" sich nicht nur auf die Jünger, sondern im Gegensatz zu denen „draussen" auf alle im „Inneren" des Hauses befindlichen Anhänger bezieht). Allenfalls mag hier Mk 3,35 insofern gegenüber EvThom Log 99 S.2 zu bevorzugen sein, weil es eher als selbstständiges Kernwort angesehen werden könnte.

Dieser Spruch wird auch als echtes Jesus-Wort zu betrachten sein. Einmal gilt dies wegen der guten Bezeugung. Zum anderen ist der Spruch aber auch völlig kohärent mit der sonstigen Jesus-Verkündigung, die die patriarchale Familie kritisiert (s. z.B. Mk 10,29 Par; Mt 8,20.22 Par; Lk 14,62 Par usw.). Darüber hinaus konstituiert er im Einklang mit Worten wie Lk 12,32; Mt 10,25; Mk 14,58 Par Ansätze zur Entwicklung einer eschatologischen Gemeinde als Volk Gottes. Die Echtheit bejahen daher auch CROSSAN, Historischer Jesus, 398.574; THEISSEN - MERZ, Historischer Jesus, 202f; ähnl. FUNK u. JS., Five Gospels, 525f; a.M. LÜDEMANN, Jesus 2000, 805.41f: der Spruch sei „aus der Gemeinde abzuleiten", was jedoch auch wegen der Animosität gegen die Ursprungsfamilie Jesu, die in der frühen Gemeinde eine große Rolle spielte, keineswegs überzeugt.

LOG 100

1. SIE ZEIGTEN JESUS EINE GOLDMÜNZE UND SPRACHEN ZU IHM: DIE ZUM KAISER GEHÖREN, FORDERN VON UNS STEUERN. 2. ER SPRACH ZU IHNEN: GEBT DEM KAISER, WAS DES KAISERS IST. 3. GEBT GOTT, WAS GOTTES IST. 4. UND DAS, WAS MEIN IST, GEBT MIR.

Eine direkte Stichwortverknüpfung zu dem vorangehenden Log 99 ist nicht ersichtlich. Allenfalls kann man indirekt eine Verbindung zwischen dem Terminus „Gott" in Log 100 und seinen mehrfachen Bezeichnungen als „Vater" in den Log 96ff und besonders 99 ausmachen. Mit dem letzteren ist es durch die persönliche Beziehung zu Jesus (s. S.4) näher verbunden.

Das Logion ist vielfach gnostisch gedeutet worden, etwa in dem Sinne, dass dem „Kaiser" als Macht dieses Äons das zu geben sei, was ihm zustehe, mit „Gott" sei der Demiurg gemeint, und Jesus Christus verlange, dass ihm der ihm zukommende Lichtfunken zurückzugeben sei (vgl. MÉNARD, EvThom, 200ff; nach GRANT - FREEDMAN, Geheime Worte, 174; WILSON, Studies, 27.59f u.a.). Diese Interpretation ist allerdings bereits von SCHRAGE, Verh, 190ff; FIEGER, EvThom, 255f bemängelt worden, insbesondere da sonst im EvThom vom Demiurgen nirgendwo die Rede ist. Es mag daher allenfalls in der Schlussredaktion daran gedacht worden sein, dass hier nicht nur Gott, sondern auch Jesus von seinen Jüngern das Seine, nämlich der seelische Lichtfunken zu geben und sich dadurch mit ihm zu verbinden sei.

Für die Herkunft des Spruches ist allerdings sicher die parallele frühchristliche Verkündigung, besonders diejenige Jesu selbst heranzuziehen, und zwar in Mk 12,13-17 mit Par in Mt 22,15-22 und Lk 20,20-26 (entfernt auch noch in PEgerton Nr. 2). Zwischen das Gleichnis von den bösen Weingärtnern und das Streitgespräch über die Auferstehung Mk 12,1ff und 18ff hat Mk das Apophthegma über die Steuerfrage eingestellt, die Pharisäer und Herodianer dabei zeigt, Jesus „bei einem Ausspruch zu fangen". Sie fragen ihn, ob es „erlaubt" sei, „dem Kaiser (Cäsar, Καῖσαρ) Steuer (gemeint ist die Kopfsteuer, der Zensus / κῆνσος) zu geben oder nicht". „Da er aber ihre Heuchelei kannte", sprach er zu ihnen: „Bringt (φέρετέ) mir einen Denar (eine Silbermünze, δηνάριον), damit ich ihn sehe". Nachdem sie ihm einen gebracht hatten, sagte er zu ihnen: „Wessen ist dieses Bild und die Aufschrift?" Sie antworteten ihm: „Des Kaisers". Da sprach Jesus zu ihnen: „Gebt dem Kaiser, was des Kaisers ist, und Gott, was Gottes ist!" (τὰ Καίσαρος ἀπόδοτε Καίσαρι καὶ τὰ τοῦ θεοῦ τῷ θεῷ), worauf sie sich über ihn „verwunderten".

Die von Mk herkommenden Evangelisten Mt und Lk haben die Szene ein wenig verändert. Lk nennt die „Steuer" φόρος, während Mt wie Mk κῆνσος schreibt. Mt sagt ferner: „Zeigt (ἐπιδείξατέ) mir die Steuermünze!", und Lk: „Zeigt (δείξατέ) mir einen Denar!" Sie schließen damit: „So" (οὖν nach Mt) bzw. „So gebt denn" (τοίνυν nach Lk) „dem Kaiser, was des Kaisers ist, und Gott, was Gottes ist!". In PEgerton Nr.2 liegt wohl eine ganz selbstständige Überlieferung vor, bei der es darum geht, ob es „erlaubt" sei, „den Königen die der Obrigkeit zukommenden Steuern zu zahlen". Jesus durchschaut den Plan der Fragenden, ihn auf die Probe zu stellen, beantwortet ihre Anfrage nicht und schilt die Fragenden lediglich, dass sie ihn „Meister" nennen und doch nicht tun, was er sagt (dies erinnert an Lk 6,46).

Zur Frage der Unabhängigkeit von Log 100 vertreten SCHRAGE, Verh, 189ff; FIEGER, EvThom, 254f die Auffassung, dass das Logion unter dem Einfluss von Mt und Lk stehe. Dagegen behaupten PATTERSON, GosThom, 68f; SIEBER, Analysis, 245f die Selbstständigkeit des Spruchs. Bereits die überzeugende knappe und kurze Fassung des Apophthegmas spricht für die größere Ursprünglichkeit von Log 100. Die synoptischen Versionen weisen dagegen geradezu ausschweifende Ausschmückungen auf, die vielfach als sekundär angesehen werden müssen (s. auch KÖSTER, Ancient Christian Gospels, 112). Typisch ist, dass EvThom diese redaktionellen Bearbeitungen der Synoptiker nicht übernommen hat. Dass er ähnlich wie Lk von „Steuer" (ϣⲱⲙ = φόρος) spricht, dürfte mit der größeren Allgemeinheit des Begriffs gegenüber der Kopfsteuer (κῆνσος) zusammenhängen. Das „Zeigen" des Geldstücks (ⲧⲥⲉⲃⲉ / ἔδειξαν) gehört zum natürlichen Kontext des Worts und wird ebenfalls nicht als Indiz für eine Abhängigkeit von Mt/Lk geeignet sein. Die Formulierung „Gebt (†) dem Kaiser, was des Kaisers ist, ..." übersetzt möglicherweise ein ἀπόδοτε (eigtl. „gebt zurück"), spricht aber auch bei eingeschränkter Bedeutung nicht gegen eine Unabhängigkeit des

EvThom, da dies die entscheidende Tradition ist und nicht redaktionell (so früher schon G. QUISPEL, Het Evangelium van Thomas en de Nederlanden, 1991, 123ff; J. SLAVENBURG, Valsheed in geschrifte, 1995, 59f u.a.; a.m. T. BAARDA, EvThom. 1999, 37ff).
Wir stellen somit zwei Haupttraditionen des Spruchs von der Steuerfrage, nämlich bei Mk und EvThom fest (abgesehen von derjenigen in PEgerton, die in andere Richtung geht). Sie sind im Kern wohl identisch, haben jedoch auch beide sekundäre Züge. Bei Mk sind jedenfalls die Einleitung, die schmeichelnde Anrede Jesu und das Urteil über die Heuchelei der Fragenden sowie der Nachsatz über die Verwunderung (V. 13.14a.15a.17b) mk Redaktion, da sie der Ausschmückung dienen. Log 100 hat ebenfalls sekundäre Elemente, so vermutlich die „Goldmünze" (ΝΟΥΒ), die nicht mehr zur römischen Kopfsteuer passt. Außerdem der angehängte S.4: „Und das was mein ist, gebt mir!". Dieser lässt wegen der persönlichen Beziehung zu Jesus ebenfalls spätere Entwicklung erkennen (s. auch PATTERSON, GosThom, 69). Er ähnelt besonders Joh 16,15; 17, 9-10, wonach alles, was „der Vater" hat, auch „mein ist", und betont besonders die Einheit mit dem „Vater" (s. auch KAESTLI, L'Utilisation de l' EvThom, 391.394; abweichend S. ARAI, GosThom 100, Festschr. K. Rudolph, 1994, 43ff, der insofern auf Sophia Jes. Chr. BG 126, 11f Bezug nimmt).
Der Spruch im übrigen wird als echte Jesus-Verkündigung anzusehen sein, und zwar schon wegen seiner guten Bezeugung und seiner charakteristischen Form als semitischer Parallelismus. Er besagt, dass dem Staat bestimmte vorläufige Ansprüche gegenüber dem Einzelnen zustehen, so auf Rückgabe des von ihm verausgabten Geldes, das Jesus geringschätzte. Er spricht aber als Spitze zugleich aus, dass Gott in seinem Reich den Menschen in umfassender Weise in Anspruch nimmt, nämlich auf Erfüllung seines Willens, auf Gerechtigkeit und Liebe in Freiheit, und zwar auch im politischen Bereich. Damit sind das erste Gebot des Dekalogs und der Zusammenhang zur Reich-Gottes-Predigt Jesu eindeutig angesprochen, so dass auch daraus die Authentizität des Worts folgt. Es ist auch durchaus eine Differenz zur zeitgenössischen, besonders zelotischen und pharisäischen Auslegung des ersten Gebots sowie zu der nachösterlichen Auffassung über Christus als Herrn (s. Apg 5,29f; ferner Röm 13,7 usw.) gegeben. Zu den Auslegungen sei verwiesen besonders auf BORNKAMM, Jesus, 110ff; STAUFFER, Botschaft, 95ff und LAPIDE, Rabbi, 46f. Die Echtheit des Worts wird überwiegend angenommen, vgl. THEISSEN - MERZ, Historischer Jesus, 323; LÜDEMANN, Jesus 2000, 114f.805; CROSSAN, Historischer Jesus, 572; FUNK u. JS., Five Gospels, 526 u.a.).

LOG 101

1. WER NICHT SEINEN VATER UND SEINE MUTTER HASSEN WIRD WIE ICH, WIRD MIR NICHT JÜNGER SEIN KÖNNEN. 2. UND WER SEINEN VATER UND SEINE MUTTER NICHT LIEBEN WIRD WIE ICH, WIRD MIR NICHT JÜNGER SEIN KÖNNEN. 3. DENN MEINE MUTTER, DIE MICH (GEBOREN HAT, HAT MICH DEM TODE AUSGELIEFERT), MEINE WAHRE MUTTER ABER GAB MIR DAS LEBEN.

Das Wort schließt ohne den Vorspann „Jesus spricht" an Log 100 an. Das spricht dafür, dass eine jedenfalls sinngemäße nähere Beziehung zu diesem Spruch besteht, und zwar insofern, als das Jesus zu gebende Gut in der persönlichen Beziehung der Jüngerschaft besteht, die in Log 101 abgehandelt wird. Die Stichwortverbindung besteht zu Log 99 über die Substantive „Vater" und „Mutter" und zu Log 100 über das Verb „geben".

Der Spruch birgt in S.3 erhebliche sprachliche Probleme, da in Zeile 1 hinter ⲧⲁⲙⲁⲁⲩ ⲅⲁⲣ ⲛ̄ⲧⲁⲥ ... bzw. vor ⲟⲗ eine größere Lakune vorliegt. Diese Lücke, die ca. 10 kopt. Buchstaben umfasst, kann am besten mit [ⲛ̄ⲧⲁⲥ]ⲭⲡⲟⲓ ⲁⲥⲃⲟⲗⲧ ⲉⲃ[ⲟⲗ] aufgefüllt werden. Das heißt: „Denn meine Mutter [die mich geboren hat, hat mich zerstört" bzw. „der Zerstörung, dem Tode ausgeliefert"] o.ä. Das passt auch am besten zum antithetischen Aufbau des Spruches, der sich aus dem restlichen Torso erschließen lässt (so auch BETHGE, Synopsis, 543; SCHRÖTER, Erinnerung, 414 u.a.). Weniger überzeugend sind die Hypothese von LAYTON, Edition, 88: [ⲛ̄ⲧⲁⲥ]† ⲛⲁⲉⲓ ⲙ̄ⲡϭ[ⲟⲗ] : „Denn meine Mutter [hat mich getäuscht]" o.ä. oder auch ein früher von mir (Reich Gottes, 36) gemachter Vorschlag: [ⲛ̄ⲧⲁⲥ]ⲭⲡⲟⲓ ⲁⲥ† ⲟⲩⲱⲙ ⲉⲃ[ⲟⲗ] :"Denn meine Mutter [ist es, die mir zu essen gab]" o.ä., analog Lk 12,22.23 Par.

Was das Verhältnis zu dem im 1.S. fast gleich lautenden Log 55 betrifft, so wird man hier mit CULLMANN, ThLZ 5, 326 und G. QUISPEL, Some Remarks on the Gospel of Thomas, NTS 5, 1958/9, 287f durchaus von einer (teilweisen) Dublette ausgehen müssen, die aus dem Zusammenarbeiten verschiedener Spruchsammlungen entstanden ist. Dies wird auch durch die festgestellten Zäsuren des EvThom, besonders bei Abbruch des Stichwortzusammenhangs nahe gelegt. Das schließt aber natürlich nicht aus, dass jedes der beiden Worte eine eigene Akzentuierung, auch durch den Kontext erhalten hat (s. SCHRÖTER, Erinnerung, 415).

Eine gnostische Herkunft des vorliegenden Logions liegt ebenso wenig wie bei Log 55 vor. Dafür muss auch nicht die Entgegensetzung des natürlichen Vaters und der natürlichen Mutter zu den geistigen Eltern der

göttlichen Welt sprechen (so aber MÉNARD, EvThom, 202; HAENCHEN, EvThom, 58). Es kann gezeigt werden, dass auch diese ihre Wurzeln im frühen Christentum hat.
Als Parallelstellen zum 1.Teil des Logions (S.1/2) kommen daher Lk 14,26 und Mt 10,37 vom „Hassen" bzw. „Nicht-mehr-Lieben" der leiblichen Eltern in Betracht, die bereits bei Log 55 aufgeführt wurden und, wie ebenfalls gezeigt, auf Q zurückzuführen sind; ferner sind noch Mk 10,29f m. Par (Mt 19,29f u. Lk 18,29f) zu nennen. Beim 2. Teil (S.3), der ursprünglich wohl selbstständig gewesen ist, kommt es nicht auf die Entgegensetzung der leiblichen und spirituellen Eltern an, sondern nur noch der natürlichen und der „wahren" Mutter und die Frage des wirklichen Lebens oder Todes. Auch hier sind Analogien in der Verkündigung Jesu zu finden. J.B. BAUER (Echte Jesusworte?, 116) verweist in diesem Zusammenhang auf Mk 8,35 Par: „Wer sein Leben retten will, der wird es verlieren, und wer es (um meinetwillen bzw. des Reichs Gottes willen) verliert, der wird es gewinnen". Ebenso scheinen mir noch Stellen nahezuliegen, die wie Lk 15,24.23 und Mt 8,22 Par Lk 9,60 (Q) von geistigem „Leben" und „Tod" bzw. davon sprechen, dass Menschen „lebendig" oder „tot" sind (s. dazu auch Log 4,58,60 u.a.).
Eine Abhängigkeit des Log 101 von den synoptischen Par ist, ähnlich wie auch bereits zu Log 55 ausgeführt, nicht gegeben (so auch PATTERSON, GosThom, 44f; SIEBER, Analysis, 120ff gegen FIEGER, EvThom, 256f). Es liegen vielmehr jeweils selbstständige Traditionen vor, deren Ursprünglichkeit gesondert zu prüfen ist.
S. 1 des Log 101 hat denselben Inhalt wie der 1. Satz des Log 55 mit Ausnahme des Vergleichs ⲛ̄ⲧⲁϩⲉ („wie ich"). Dieser christologische Anhang wird sekundär sein. Im übrigen ist das Wort mit seiner ungewöhnlich kritischen Distanzierung von der Familie sicherlich echt, wie auch zu Log 55 bereits näher ausgeführt wurde (s. auch LÜDEMANN, Jesus 2000, 457; CROSSAN, Historischer Jesus, 573; FUNK u. JS., Five Gospels, 526 u.a.).
S. 2 von Log 101 stellt der Forderung des „Hasses" von Vater und Mutter die Forderung nach „Liebe" derselben gegenüber. Die scheinbar widersprüchlichen Aussagen beziehen sich aber nicht auf dieselben Personen, vielmehr die erstere auf die natürlichen Eltern und die letztere auf die „himmlischen", so dass als wirkliche Nachfolge gerade die „Liebe" zu den „himmlischen" Eltern akzentuiert ist; durch diese wird auch eine neue Gemeinschaft i.S.v. Log 99 konstituiert (s. SCHRÖTER, Erinnerung, 414f). Mit dem „himmlischen" Vater ist natürlich Gott gemeint, wer aber ist die „himmlische" Mutter?
Hier kommt zunächst die „Weisheit" (gr. sophia, hebr. *hokhmah*) in Frage, die als weibliche Gefährtin des väterlichen Gottes angesehen werden kann (vgl. Spr 8,9; ferner Weish 7 u. 8; Sir 1,1ff usw.). Sie

kommt auch in der Jesus-Überlieferung personal vor (s. z.B. Lk 11,49), und Jesus und Johannes werden als ihre „Kinder" bezeichnet (s. Lk 7,35 Par Mt 11,19,Q). Dennoch liegt es näher, dass hier der „heilige Geist" als geistige Mutter Jesu gemeint ist (so auch G. QUISPEL, VigChr 45, 1991, 83; HAENCHEN, EvThom, 58; SLAVENBURG, EvThom, 111; S. PETERSEN, Werke der Weiblichkeit, 273 u.a.). Das wird auch in Nr.3 des Hebräer-Evangeliums (EvHebr, ca. 100) direkt ausgesprochen; denn „hier sagt der Heiland (in Zusammenhang mit der Geschichte von der „Versuchung", vgl. Mk 1,12 Par Mt 4,1.8 u. Lk 4,11ff): Sogleich ergriff mich meine Mutter, der heilige Geist, an einem meiner Haare und trug mich weg auf den großen Berg Tabor" (zum Nachweis s. VIELHAUER - STRECKER in SCHNEEMELCHER, NtApokr, I, 146). In der Taufgeschichte des EvHebr Nr.2 spricht der heilige Geist Jesus als „meinen Sohn" an und sagt: „Mein Sohn, in allen Propheten erwartete ich dich, dass du kämest und ich in dir ruhte; denn du bist meine Ruhe, du bist mein erstgeborener Sohn, der du herrschest in Ewigkeit" (s. w.o., 146). Dies ist gut nachvollziehbar, weil der heilige Geist in der hebräischen Sprache und Tradition als *ruah* durchweg als weiblich angesehen wird. Das gleiche gilt für das Aramäische, die Muttersprache Jesu, und die syrischen Dialekte. So spricht auch das in Syrien beheimatete EvPhil von Gott und dem heiligen Geist als „Vater" und „Mutter", s. EvPhil 6,16,34,80, desgleichen der syrische Kirchenvater Aphraates (s. E. PAGELS, Versuchung durch Erkenntnis, 98f; J.B. BAUER, Echte Jesusworte?, 116f u.a.). Im übrigen ist anzumerken, dass die „Weisheit" bereits in Weish 9,17 u. ö. mit dem „heiligen Geist" gleich gesetzt wird. In Lk 9,55 ist analog von „Kindern des Geistes" die Rede, und der Weisheits-Verheißung in Lk 21,15 entspricht die Geistes-Verheißung nach Mt 10,19/20, so dass es letztlich auf eine Differenzierung beider nicht entscheidend ankommt.

Die Forderung, den „himmlischen" Vater und die „himmlische" Mutter, die *ruah* zu lieben, passt auch durchaus in den Kontext der Predigt des irdischen Jesus, für den die Liebe zu Gott selbstverständlich war (s. auch Mk 12,29 Par). Sie ist auch sprachlich, besonders wegen des antithetischen Parallelismus und des Dativs für das Possessivpronomen urtümlich. Dass die Bezeichnung der Geistesmacht als „Mutter" in den kanonischen Evangelien nicht auftaucht, wird seinen Grund in androzentrischer und patriarchalischer Unterdrückung haben, zumal beim Übergang in den griechisch-römischen Sprachraum, wobei auch die sprachliche Grundlage verschwand (vgl. pneuma in gr. und spiritus in lat. Sprache). Fraglich ist nur, ob nicht in Log 55 die ältere Fassung des Logions vorliegt (s. dort). Dies ist jedenfalls nicht auszuschließen, so dass man vermuten kann, dass S.2 des Log 101 hier durch S.3 beeinflusst und evtl. ausgeformt worden ist.

In S. 3 des Logions kommt wiederum der Widerspruch zwischen der leiblichen Mutter, die „mich (Jesus) geboren hat" (also Maria), und der „wahren" Mutter, also der Geist-Mutter vor. Jesus spitzt den Gegensatz derart zu, dass er sagen kann, die natürliche Mutter habe ihm den „Tod" vermittelt, während die geistige ihm das „Leben" gewährt habe. Diese paradoxe Aussage über „Leben" und „Tod" kommt wie gezeigt bei Jesus öfter vor. Sie ist, auch gerade in Beziehung zur Mutter Jesu im übrigen so anstoßerregend, dass sie kaum in der frühchristlichen Gemeinde erfunden sein kann. Sie ist auch nicht genuin gnostisch (a.M. CROSSAN, In Fragments, 136 u.a.). Die leibliche Mutter gehört eben der adamitischen Ahnenreihe an, die Sünde und Tod vermittelt (s. auch 1Kor 15,22; Röm 5,12 u. auch Log 85). Selbst wenn man berücksichtigt, dass der 1. Teil des Satzes wegen der Lückenhaftigkeit des Textes nur hypothetisch zu rekonstruieren ist, so verbleibt doch die Preisung der heiligen *ruah* als Geist-Mutter Jesu, die ihm das „Leben" geschenkt hat. Deren Echtheit erscheint zumindest jedenfalls als möglich, vgl. auch schon im AT die Aussagen über den Geist als Lebenskraft, s. Gen 1,2; Hiob 34,14f; Ps 104,29f; Ez 37,1ff.11ff. Es sei auch wiederum auf das JohEv 3,1ff u. 6,63 verwiesen, wonach es das Pneuma ist, das zur „Wiedergeburt" führt und das „lebendig" macht. Die Literatur ist allerdings zweifelnd, s. LÜDEMANN, Jesus 2000, 806, der unter Betonung des Fragmentarischen behauptet, das Wort ergebe „keinen Sinn"; CROSSAN, Historischer Jesus, 575; FUNK u. JS., Five Gospels, 526f. Dass der mütterliche Geist das „Leben" vermittelt, ergibt indessen guten Sinn. Dies erklärt im übrigen auch den häufigen Gebrauch des Synonyms „Leben" für das Reich Gottes durch Jesus, das im EvThom spannungsvoll dem ebenfalls gern verwendeten Terminus vom „Reich des Vaters" gegenübergestellt wird.

LOG 102

JESUS SPRICHT: WEHE IHNEN, DEN PHARISÄERN, DENN SIE GLEICHEN EINEM HUND, DER AUF DEM FUTTERTROG DER RINDER LIEGT; DENN WEDER FRISST ER NOCH LÄSST ER DIE RINDER FRESSEN.

Ein direkter stichwortmäßiger Anschluss an Log 101 ist nicht ersichtlich. Es liegt aber eine mittelbare Verbindung insofern vor, als Log 101 im Anschluss an Log 99 eine neue Gemeinschaft der Nachfolger Jesu statuiert, während Log 102 das Gegenbild dieser Gemeinschaft darstellt.

Hier beginnt im übrigen eine neue Reihe von Logien, die wiederum die (alte) „Welt" kritisieren, und zwar bis Log 104.
Sprachlich kann das Verb ṄκοτΚ statt mit „liegen" auch mit „schlafen" übersetzt werden, danach gleichen die Pharisäer einem Hund, der auf dem Rindertrog „schläft" (s. BETHGE, Synopsis, 543 u.a.). Jedoch ziehe ich mit BLATZ in SCHNEEMELCHER, NtApokr, I, 112; HAENCHEN, EvThom, 32 u.a. als einfachere Übersetzung vor, dass der Hund auf dem Trog der Rinder „liegt".
Eine gnostische Deutung des Logions wird von FIEGER, EvThom, 259; HAENCHEN, EvThom, 66f versucht, mit der Bemerkung, über die Pharisäer werde das „Wehe" ausgesprochen, da sie die Erkenntnis des Lichtfunkens weder weitergegeben noch selbst davon Gebrauch gemacht hätten. Diese Interpretation kann zwar nicht ausgeschlossen werden, besagt aber nichts über die Herkunft des Spruchs. Zur Klärung derselben ist es eher sinnvoll, bei der frühchristlichen Verkündigung anzusetzen.
Hier kommen besonders Lk 11,52 Par Mt 23,13 in Betracht, wonach den Pharisäern „Wehe" zugerufen wird, da sie „die Schlüssel der Erkenntnis weggenommen" haben (Lk) bzw. „vor den Menschen das Reich der Himmel zuschließen" (Mt); denn „ihr selbst seid nicht hineingekommen, und die, welche hineinwollten, habt ihr daran verhindert" (so Lk im Perfekt, während Mt präsentisch formuliert). Das Logion stammt aus Q, dessen Fassung im 1. Satz nach der Lk-Fassung und im 2. Satz überwiegend nach der mt Version rekonstruiert wird (s. i. e. zu Log 39, das als Par im EvThom vorliegt). Weitere Analogien finden sich in den übrigen Wehe-Rufen an die Pharisäer, die in Mt 23,1ff und in Lk 11,39ff, ferner 20,46f aufgezeichnet sind, schließlich findet sich auch bei Mk die Auseinandersetzung mit den Pharisäern, wie Mk 8,15 Par zeigt: „Hütet euch vor dem Sauerteig der Pharisäer!".
Eigenartig ist, dass es außerdem in der zeitgenössischen volkstümlichen Literatur, besonders der Griechen das Bild des „Hundes in der Krippe" (κύων ἐν φάτνῃ) gab. So war unter den griechischen Sprichwörtern ein dem Äsop zugeschriebenes bekannt, das von einem „Hund" handelte, der „in einem Futtertrog lag" und „selbst nicht fraß, aber den Esel davon abhielt". Auch von den lateinischen Fabeln wurde eine ähnliche erzählt. Lukian von Samosata (125-180 n.C.) verwendet das Bild mehrfach: In Adv indoctum 30 vergleicht er seinen „Helden" mit einem Hund in der Krippe, weil er Bücher kauft, die er nicht versteht, aber auch nicht ausleiht. In Timon 14 wendet er das Bild vom Hund im Trog auch auf einen Geizhals an. In beiden Fällen frisst der Hund weder selbst das Getreide noch lässt er das Pferd fressen (s. dazu MÉNARD, EvThom, 202f; CROSSAN, In Fragments, 34f; unter Bezugnahme auf G. MORAVCSIK, Act Ant 12, 1964, 77ff.85).

Möglicherweise wird unser Logion von diesem zeitgenössischen antiken Sprachgebrauch geprägt sein, das schließt aber eine Ursprünglichkeit des Worts nicht aus. Auch Jesus selbst kann durchaus zeitgenössische Sprichwörter und sprichwortartige Wendungen gebraucht haben (s. z.B. BULTMANN, Tradition, Index „Sprichwörter", 408). Hier könnte er die Pharisäer deshalb kritisiert haben, weil sie das Volk an der Einnahme des „Mahls" der Gottesherrschaft und ihrer Gaben hinderten. Sie beanspruchten die Autorität der richtigen Auslegung des Willens Gottes, verschmähten aber Jesu Aufruf zur Annahme der von ihm proklamierten eschatologischen Gottesherrschaft und hinderten auch das nachfolgewillige Volk an ihrer Annahme (ähnl. auch J.B. BAUER, Echte Jesusworte?, 135f). Das entspricht im wesentlichen auch dem Sinn und der Bedeutung von Log 39 Par Lk 11,52 / Mt 23,13, außerdem den übrigen Logien betr. das „Wehe" über Pharisäer und Schriftgelehrte. Insgesamt kann auch eine freilich differenziert zu betrachtende Auseinandersetzung mit dem Pharisäismus Jesus nicht abgesprochen werden (s. J. JEREMIAS, Theologie, 142ff.146; GOPPELT, Theologie, 135ff; a.M. LÜDEMANN, Jesus 2000, 288ff, der von Gemeindebildung ausgeht).

Unser Logion könnte daher wegen des Zusammenhangs mit der jesuanischen Pharisäer-Predigt insgesamt echt sein (so auch schon QUISPEL, VigChr 11, 1957, 204; ferner J.B. BAUER, s.o., 135ff; WILSON, Studies, 76f; HIGGINS, Non-Gnostic Sayings, 305f; SUMMERS, Secret Sayings, 72f; ähnl. CROSSAN; In Fragments, 33ff; Historischer Jesus, 354, der in Log 102 sogar die älteste Tradition gegenüber Log 39 und Q annimmt). Zwar darf nicht übersehen werden, dass das Logion in seinem besonderen Wortlaut nur einmal bezeugt ist, indessen kann jedenfalls von der nahen Möglichkeit seiner Authentizität gesprochen werden (unsicher allerdings FUNK u. JS., Five Gospels, 527 u. RAU, Jesus, 147f; überhaupt dagegen LÜDEMANN, s.o., 806).

LOG 103

JESUS SPRICHT: SELIG IST DER MENSCH, DER WEISS, IN WELCHEM TEIL (DER NACHT) DIE RÄUBER HEREINKOMMEN WERDEN, DAMIT ER AUFSTEHE, SEINEN (HERRSCHAFTS-BEREICH) SAMMLE UND SEINE LENDEN GÜRTE, BEVOR SIE HEREINKOMMEN.

Das Logion ist zwar nicht stichwortmäßig mit dem vorhergehenden Spruch verknüpft, es wird aber durch einen inhaltlichen Gegensatz verbunden: Log 102 ist ein Weheruf, während Log 103 einen Heilsruf darstellt, wobei es ebenfalls um den Kampf gegen die „Welt" geht. Zweifelhaft ist ⲙ̄ⲙⲉⲣⲟⲥ, es kann heißen, in welchem „Teil" (der Nachtzeit) die Räuber eindringen, oder auch, an welcher „Stelle" (des Orts), es kann also örtlich statt zeitlich übersetzt werden. Nach dem Sinnzusammenhang und auch der Par in Log 21 S.5f liegt das erstere näher (so BLATZ in SCHNEEMELCHER, NtApokr, I, 112; LEIPOLDT, EvThom, 51; a.M. dagegen BETHGE, Synopsis, 543 u.a.). Weiter besteht vor dem „Sammeln" eine Lücke, hier ist am naheliegendsten, ⲙⲛ̄ⲧⲉ[...] zu ⲙⲛ̄ⲧⲉ[ⲣⲟ] zu ergänzen, was als „Herrschaftsbereich" oder auch übertragen als „Macht" oder „Kraft" zu übersetzen ist (so BETHGE, s.o., 543; LAMBDIN, Translation, 90f u.a.); auch hier findet sich eine Beziehung zu Log 21 S.5f.

Eine gnostische Deutung wird ähnlich wie zu Log 21 insofern behauptet, als das Logion den selig preise, der wachsam sei und sich den Gefahren der materiellen Welt entgegenstelle (so MÉNARD, EvThom, 203; FIEGER, EvThom, 260). Dies ist wiederum, jedenfalls für die Schlussfassung nicht auszuschließen, es ist aber aufschlussreicher, auf die frühchristlichen Hintergründe und evtl. auch die Predigt des historischen Jesus zurückzugreifen.

Hier sind, wie bei Log 21 S.5f die Parallelstellen in Mt 24,43-44 Par Lk 12,39-40 maßgebend, die aus der Spruchquelle Q stammen, sowie ferner Lk 12,35ff. Zu den Fassungen im einzelnen sei auf die Komm. zu Log 21 verwiesen. Als Q-Fassung kann man entsprechend rekonstruieren: „Das aber merket: Wenn der Hausherr wüsste, zu welcher Stunde der Dieb kommt, würde er nicht in sein Haus einbrechen lassen. Deshalb sollt auch ihr bereit sein; denn der Sohn des Menschen kommt zu einer Stunde, wo ihr es nicht meint" (das entspricht, abgesehen vom mt „deshalb" der lk Fassung, die für Q durchgreifend ist, s. SCHULZ, Q, 268; POLAG, Fragmenta Q, 62f u.a.). Bemerkenswert ist ferner Lk 12,35, wo noch (betreffend die Knechte des Hausherrn) hinzugefügt wird: „Eure Lenden seien umgürtet..." (vielleicht mit Par in Did 16,1, wonach „eure Lenden nicht ermatten sollen", um bereit zu sein).

Eine Abhängigkeit unseres Logions von den synoptischen Stellen ist nicht festzumachen und wird, soweit ersichtlich, auch nicht näher behauptet. Wenn SCHRAGE, Verh, 193 eine „freie Verarbeitung neutestamentlichen Bildmaterials" annimmt, ist dies durch nichts gerechtfertigt. Das Bildmaterial kann auch ebenso außerhalb des NT angesiedelt sein, nämlich in den Par in EvThom oder der Did. Jedenfalls ist eine Übernahme redaktioneller Elemente der nt Parallelen nicht ersichtlich (so auch PATTERSON, GosThom, 28f.65; SIEBER, Analysis, 258).

Was die Ursprünglichkeit des Spruchs angeht, so ist festzuhalten, dass es sich um eine (teilweise) Dublette (so CULLMANN) zu Log 21 Nr. 5f handelt. Nach CROSSAN, In Fragments, 61ff (65) soll Log 103 in Verbindung mit Log 21 S.6 sogar das ursprünglichste Wort gegenüber den bereits genannten Parallelstellen sein, wohingegen ich allerdings Log 21 S.5 bevorzuge, da es die am wenigsten gestaltete Form der Metapher vom unerwartet erscheinenden Dieb ist und diese (abgesehen von den unter Log 21 angegebenen Veränderungen) auch am besten auf das nahe drohende Gericht und den Menschensohn passt. Log 103 spricht demgegenüber eher sekundär von (mehreren) „Räubern" (ⲚⲀⲎⲤⲦⲎⲤ) und hat wohl die Angaben über die Zeit (in welchem „Teil" der Nacht) und den „Herrschaftsbereich" von Log 21 S.5 übernommen. Damit sollen wohl die Mächte der „Welt", des Kosmos gekennzeichnet sein, vor denen der Mensch wachsam sein solle und sich in Acht zu nehmen habe, was auch zu Log 21 bereits als sekundär gekennzeichnet worden und typisch für EvThom ist (gegen Ursprünglichkeit auch LÜDEMANN, Jesus 2000, 806 wegen gnostischer Interpretation, während nach FUNK u. JS., Five Gospels, 527 Log 103 gegenüber Log 21 S.5f vorzuziehen sei; ganz eigenwillig ZÖCKLER, EvThom, 204ff, der einen dämonologischen Kontext ähnlich Mk 3,27 Par annimmt).

Eine Authentizität von Log 103 ist nach dessen Wortlaut somit nicht anzunehmen, da die Formulierung von Log 21 S.5f und von Q (mit entsprechenden Einschränkungen, s. dort) der Verkündigung des historischen Jesus näher steht (vgl. i.e. noch die Komm. bei Log 21).

LOG 104

1. SIE SPRACHEN ZU JESUS: KOMM, LASST UNS HEUTE BETEN UND FASTEN! 2. JESUS SPRACH: WAS IST DENN DIE SÜNDE, DIE ICH GETAN HABE, ODER WORIN WURDE ICH BESIEGT? 3. ABER WENN DER BRÄUTIGAM AUS DEM BRAUTGEMACH HERAUSKOMMT, DANN MÖGE GEFASTET UND GEBETET WERDEN.

Stichwortmäßig sind die Logien 103 und 104 durch das Verb ⲉⲓ („kommen"), und zwar durch das „Hereinkommen" bei Log 103 und das „Herauskommen" bei Log 104 aneinander gekoppelt.

Inhaltlich ist das Thema des Logions ähnlich wie besonders in Log 6 und 14 Jesu Kritik am zeitgenössischen kultischen Fasten und Beten. Es mag sein, dass es auch einer frühen gnostischen Auslegung entsprach, sich nicht mit einer solchen Teilenthaltung von der „Welt", dem Kosmos zu befreien (s. HAENCHEN, EvThom, 50; MÉNARD, EvThom, 203f). Die

Herkunft des Logions muss indessen sicher in der frühchristlichen Predigt, nicht in der Gnosis gesucht werden.
Als Parallelstellen kommen insofern Mk 2,18-20 sowie Mt 9,14f und Lk 5,33-35 in Betracht, ferner Nr. 2 des Nazaräer-Evangeliums (EvNaz). Bei Mk befindet sich die Perikope zwischen dem Zöllnermahl mit seinem Schluss über den Spruch zur Berufung der „Sünder", nicht der „Gerechten" (2,17) und dem Gleichnis vom neuen Flicken und neuen Wein (2,21.22). Danach hatten die Jünger des Johannes und die Pharisäer Fasttag, und die Leute kamen und sagten zu ihm (Jesus): „Warum fasten die Jünger des Johannes und die Jünger der Pharisäer, deine Jünger aber fasten nicht?" Darauf sprach Jesus zu ihnen: „Können etwa die Hochzeitsleute (wörtl.: die „Söhne des Brautgemachs", οἱ υἱοὶ τοῦ νυμφῶνος) fasten, während der Bräutigam (νυμφίος) bei ihnen ist? Solange sie den Bräutigam bei sich haben, können sie nicht fasten. Doch es werden Tage kommen, wo der Bräutigam von ihnen genommen sein wird (ἀπαρθῇ), und dann werden sie fasten (νηστεύσουσιν) an jenem Tage".
Die Fassungen bei Mt und Lk sind von Mk abhängig und nur unerheblich verändert. Bei Mt sagt Jesus auf die Frage der Johannesjünger: „Können etwa die Hochzeitsleute trauern (πενθεῖν), solange der Bräutigam bei ihnen ist? Doch es werden Tage kommen, wo der Bräutigam von ihnen genommen sein wird, und dann werden sie fasten". Bei Lk wird Jesus nicht gefragt, ihm wird vielmehr vorgehalten: „Die Jünger des Johannes fasten häufig und verrichten Gebete (δεήσεις ποιοῦνται), ebenso auch die der Pharisäer; die deinigen dagegen essen und trinken". Da sprach Jesus zu ihnen: „Könnt ihr etwa die Hochzeitsleute zum Fasten bringen, während der Bräutigam bei ihnen ist? Doch es werden Tage kommen, und dann, wenn der Bräutigam von ihnen genommen sein wird, werden sie fasten in jenen Tagen" (vgl. ferner Joh 3,39, wo auch noch von Jesus als „Bräutigam" gesprochen wird).
Im (judenchristlichen) EvNaz Nr.2 (ca. 100) geht es nach Hieronymus (Adv Pelag III 2) um ein Gespräch der Mutter Jesu und seiner Brüder über Johannes den Täufer, wobei sie zu Jesus sagten: „Johannes der Täufer tauft zur Vergebung der Sünden. Lasst uns hingehen und uns von ihm taufen lassen" (vgl. Mk 1,9). Er aber sprach zu ihnen: „Was habe ich gesündigt, dass ich hingehe und mich von ihm taufen lasse? Es sei denn, dass, was ich gesagt habe, Unwissenheit war". Hier liegt eine weitere unabhängige Tradition vor, die eine gewisse Nähe zu unserem Logion hat, eine Abhängigkeit oder Beeinflussung ist aber nicht festzustellen.
Nach SCHRAGE, Verh, 193 ist Log 104 ein „Echo" auf Mk 2,19f Par, nach FIEGER, EvThom, 261 eine „Anspielung" darauf (für Abhängigkeit auch MCARTHUR, Dependence, 286). Dagegen haben sich jedoch mit Recht SIEBER, Analysis, 96ff und PATTERSON, GosThom, 80f, ferner

auch KÖSTER, Ancient Christian Gospels, 112 ausgesprochen. Redaktionelle Eigenarten der synoptischen Evangelisten lassen sich bei Log 104 nicht ausmachen. Allenfalls käme dafür der Zusatz in Lk 5,33 über das „Verrichten der Gebete" in Frage. Hier wird jedoch ποιεῖν δεήσεις notiert, während Lk sonst προσεύχεσθαι bevorzugt (s. SIEBER, s.o., 97), das letztere übersetzt auch das kopt. ϢΛΗΛ am zutreffendsten. Im übrigen ist das Zusammenbinden von Beten und Fasten typisch für EvThom (s. Log 6 u. 14) und wird deshalb keine Übernahme des andersartigen lk Sprachgebrauchs sein. Auch der Anhang in Mk 2,20, ebenso bei Mt 9,15 und Lk 5,35 über die „Hinwegnahme" des Bräutigams kann nicht als redaktioneller Zusatz angesehen werden, den EvThom übernommen hätte. EvThom spricht ganz andersartig vom „Herauskommen" des Bräutigams „aus dem Brautgemach" (ει εβολ 2Μ πνυμφων), was ich eher als ältere Fassung gegenüber Mk u. Par ansehe (s. dazu die Ausführungen zu Log 75), zumal auch in Mk mit dem „Hinwegnehmen" des Bräutigams bereits eine eindeutigere Anspielung auf Jesu Leiden und Sterben vorliegt. Das gilt allgemein als sekundär, s. BULTMANN, Tradition, 96.162 und ErgH, 20. Eine gnostische Umformung liegt auch sonst bei EvThom nicht vor. Das ist aus der Frage nach der Sündlosigkeit Jesu ersichtlich, hier ist ebenfalls alte Tradition anzunehmen, wie bereits die Problematik um die Taufe Jesu und auch die Frage bei EvNaz Nr.2 aufzeigen (s. dazu auch G. QUISPEL, VigChr 11, 1957, 190ff, der ferner die Nähe der EvThom-Fassung zur Version des venetianischen Diatessaron betont). Schließlich muss noch beachtet werden, dass Log 104 in völlig anderem Kontext sich befindet als die synoptischen Par und insbesondere Mk 2,21.22 (die Gleichnisse über den neuen Flicken und den neuen Wein), die mit Mk 2,19f Par fest verbunden sind. Sie sind hier nicht parallelisiert, vielmehr erscheint eine Parallele dazu weit entfernt in Log 47, s. dort (so auch SIEBER, Analysis, 100; ferner PATTERSON, s.o., 81, der allerdings für S.3 des Log 104 eine Kenntnis der synoptischen Texte annimmt, was jedoch ganz unwahrscheinlich ist).

Was die Authentizität des Logions betrifft, so wurde diese jedenfalls vielfach für den Kern des Apophthegmas bei Mk 2,19f, nämlich die Frage nach dem Fasten der Hochzeitsleute angenommen (s. J. JEREMIAS, Theologie, 117.166 u. Gleichnisse, 78; KÜMMEL, Theologie, 77; BECKER, Jesus, 148). Dem kann beigepflichtet werden: Die Hochzeit ist Metapher für die gekommene endzeitliche Heilszeit, an deren Freude die „Hochzeitsleute", somit die Jünger Jesu teilhaben. Ein rituelles Fasten schließt sich in dieser Situation aus. Diese Aussage ist kohärent sowohl mit den übrigen Worten Jesu zum bereits jetzt hereingebrochenen Reich Gottes als auch mit den übrigen kultkritischen Sprüchen Jesu. Etwas anderes wurde nur für die sekundäre Rahmung des

Wortes behauptet, s. Mk 2,18 (und den Zusatz 2,19b), dort wird auf Fragen in der späteren Gemeinde Bezug genommen, so dass insofern die Ursprünglichkeit zu bezweifeln ist.
Anders liegt dies bei Log 104: Hier ist eine sekundäre Rahmung nicht ersichtlich, allenfalls ist die Zusammenfassung von Fasten und Beten sekundär und für die Praxis der thom Gemeinde typisch (s. Log 6 u. 14). Die hier zur Sprache kommende Tradition erscheint inhaltlich insofern als noch ursprünglicher, als nicht das Fasten der Jünger (und damit der Gemeinde) angesprochen ist, sondern das Fasten Jesu selber und er darauf auch nachvollziehbar antwortet. Weil die Heilszeit angebrochen ist, steht Jesus in unmittelbarer Beziehung zu seinem himmlischen Vater, er sieht sich daher jetzt auch ohne „Sünde", ungetrennt von Gott und nicht „besiegt", von der Macht der Welt und des Bösen (s. dazu Joh 8,46; 16,33 u. 1Joh 5,4.5), so dass Fasten und Beten angezeigt wären. Auch hier kommt eine Authentizität des 1.Hs des S.2 durchaus in Frage, zumal die Problematik ebenfalls in EvNaz Nr. 2 auftaucht (s. auch CROSSAN, Historischer Jesus, 349f.574; KÖSTER, Einführung NT, 589; a.M. LÜDEMANN, Jesus 2000, 807, der Log 104 für „im gnostischen Denken beheimatet" hält).
Ganz anders wird dagegen generell die Authentizität des Anhangs Mk 2,20 Par bzw. des S.3 von Log 104 beurteilt. Dieser Anhang ist nach herrschender Ansicht keineswegs ursprünglich, da er auf Leiden und Sterben Jesu anspiele und die spätere Fastenpraxis der Gemeinde nach seinem Tode begründen solle (s. z.B. BULTMANN, Tradition, 96.162 u. ErgH 20; PERRIN, Jesus, 83f u.a.). Die Anspielung darauf ist jedoch, besonders in Log 104, wonach „der Bräutigam aus dem Brautgemach herauskommt", sehr verschlüsselt und hat durchaus nicht die Züge einer Gemeindebildung (s. dazu auch zu anderen verschlüsselten Andeutungen des Ausgangs Jesu, vgl. J. JEREMIAS, Theologie, 269ff, die im Gegensatz zu den drei Leidensweissagungen Mk 8,31; 9,31; 10,33f Par keineswegs unecht sein müssen, s. auch GOPPELT, Theologie, 235ff). Auch ist eine Rechtfertigung der nachösterlichen Fastenpraxis jedenfalls in Log 104 S.3 nicht gesichert, da lediglich auf ein Ende der Heilszeit und damit wohl auf die Zeit des ebenfalls anstehenden Gerichts hingewiesen wird. Schließlich ist der Spruch in S.3 auch stichwortmäßig stark mit dem vorhergehenden Log 103 verbunden sowie jetzt durch das EvThom-Zeugnis zweifach gut bezeugt. Ich halte daher, auch mit Rücksicht auf den besonderen Wortlaut von S.3 eine Echtheit auch dieses Worts durchaus für diskutabel und möglich (vgl. auch Log 75, wo ebenfalls die Brautgemach-Terminologie vorkommt, s. näher dort u. E. PERCY, Die Botschaft Jesu, 1953, 233ff; ablehnend dagegen FUNK u. JS., Five Gospels, 527f).

LOG 105

JESUS SPRICHT: WER DEN VATER UND DIE MUTTER ERKENNEN WIRD, DEN WIRD MAN HURENSOHN NENNEN.

Eine direkte Stichwortverbindung zum vorhergehenden Log 104 ist nicht ersichtlich, jedoch eine zum weiter entfernten Spruch 101 (über „Vater und Mutter"); freilich sind Log 104 und 105 darüber verknüpft, dass Jesus sich in Log 104 als „ohne Sünde" und „unbesiegt" durch die „Welt" sieht, in Log 105 aber im Kontrast dazu ein besonderer Makel, eine soziale Verurteilung angesprochen wird. Mit Log 106 besteht als Spruch-Paar eine nähere Verbindung insofern, als der „Sohn" mit den „Söhnen" zusammengesehen werden soll.

Man hat den vorliegenden Spruch gnostisch gedeutet, nämlich als Verurteilung der Leiblichkeit und Sexualität, insbesondere da die Ehe gemäß EvPhil Log 122 als „Unzucht" bezeichnet werde und das Urteil der „Hurerei" auch den treffe, der Vater und Mutter positiv bewerte (vgl. etwa MÉNARD, EvThom, 204; FIEGER, EvThom, 262f). Auch wenn das Logion auf Jesu Person bezogen ist, kann das „Erkennen" von Vater und Mutter gnostisierend ausgelegt werden. Jedoch liegen alle diese Interpretationen doch wohl vom Ursprung des Worts fern.

Zunächst ist ganz unwahrscheinlich, dass hier eine generelle und auch noch affirmative Aussage über die Ehe und die Beziehung zu Vater und Mutter gemacht wird, in dem Sinne, dass diese hier zu Recht als „Hurerei" bezeichnet werden. Diese total negative Bezeichnung widerspricht der dialektischen Aussage in Log 101 S.1/2 und auch 3. Auch spricht der Zusammenhang mit Log 104 und 106 eher dafür, dass Jesus über sich selbst und seine Beziehung zu Vater und Mutter redet, ähnlich Joh 6,42, und allenfalls seine Jünger mitgemeint sind (für den Bezug auf Jesus auch LÜDEMANN, Jesus 2000, 807; FUNK u. JS., Five Gospels, 528; a.M. PATTERSON, GosThom, 136).

Dies passt auch besser in den frühjüdischen und urchristlichen Kontext. Das Logion spielt dann auf zeitgenössische Verleumdungen Jesu wegen seiner ungeklärten Abkunft an. Diese sind zwar mit letzter Sicherheit erst für spätere Zeiten nach seinem Tode nachweisbar, so durch rabbinische Quellen (z.B. Sanh 67a) und Origenes (Contr Cels 1,28.32), wonach Jesus das illegitime Kind Marias gewesen und angeblich von einem Soldaten namens Panthera gezeugt worden sei. Es deutet aber viel darauf hin, z.B. die Entstehung über die Legende der Jungfrauengeburt und auch Jesu ungewöhnliche Bezeichnung als „Sohn der Maria" (Mk 6,3), dass seine Abstammung bereits früher von einem Geheimnis umgeben war. Auch in Joh 8,41f ist der Verdacht jüdischer Zeitgenossen angedeutet, Jesus sei „aus dem Ehebruch" geboren worden.

Diese Schmähung Jesu bot ihm Anlass, darauf zu kontern und die Verunglimpfung dadurch anzunehmen, dass er auf seine alles andere in den Hintergrund drängende Beziehung zu Gott, seinem Vater und dem heiligen Geist, der *ruah*, seiner spirituellen Mutter, hinwies (so auch LÜDEMANN und FUNK, s.o.; ferner M. MEYER, Hidden Sayings, 106 u. GRANT - FREEDMAN, Geheime Worte, 176). Die Bezeichnung Gottes als „Vater" Jesu begegnet im EvThom vielfach (s. bes. Log 61 u.a.). Zur Benennung der Geist-Mutter Jesu sei auf die Ausführungen zu Log 101 verwiesen. Die Weiblichkeit des Geistes, die der aramäischen Muttersprache Jesu entsprach, ist besonders in EvHebr Nr.2 und 3 sowie zahlreichen syrischen Traditionen erhalten geblieben. Jesus liebt nicht nur seinen himmlischen Vater und seine himmlische Mutter, er kennt sie auch und wird sie noch voll „erkennen" (coγωn). Dass man gerade ihn als „Sohn der Hure" (πϣηρε ⲙ̄πορνη) beschimpft, ist danach besonders abwegig.
Was die Authentizität des Logions angeht, so weist das „Erkennen" Gottes in den Bereich des JohEv, s. Joh 7,27; 8,55 und 10,15 (γινώσκω bzw. οἶδα). Auch Mt 11,27 / Lk 10,22 (Q) spricht davon, dass niemand den Vater „erkennt" (ἐπιγινώσκει) als nur der Sohn; freilich wird diese Aussage überwiegend als „spezifisch hellenistisches Offenbarungswort" qualifiziert, das keinen Anspruch auf Echtheit habe (so BULTMANN, Tradition, 171f; DIBELIUS, Formgeschichte, 88ff u.a.; dagegen jedoch J. JEREMIAS, Theologie, 63ff, der den semitisierenden Charakter des Vokabulars des Spruchs betont; GOPPELT, Theologie, 251f; WILCKENS, Theologie des Nt, I, 1, 116ff u.a.). Das „Kennen" bzw. „Nicht-Kennen" kommt auch sonst in Jesus zugeschriebenen Worten vor, s. Mt 25,12; Lk 13,25.27 („Ich kenne euch nicht" u.ä., οἶδα), vgl. auch Ex 33,12.13; Ri 2,10; Jer 1,5; 9,23 u.ö. Auch die Bezeichnung Gottes als „Vater" ist jesuanisch, dasselbe kann jetzt vielleicht von der Benennung der heiligen *ruah* als „Mutter" und weiblicher Macht angenommen werden (s. dazu i. e. die Komm. z. Log 101). Ferner könnte die Drastik und Anstößigkeit der Formulierung Anzeichen für eine Echtheit des Spruchs sein. Freilich fehlen sichere Parallelstellen, und das Logion könnte auch aus Gemeinde-Erörterungen entstanden sein, so dass die Echtheit des Wortes regelmäßig verneint wird (so auch LÜDEMANN, s.o., 807; CROSSAN, Historischer Jesus, 580; FUNK u. JS., s.o., 528; für Möglichkeit der Echtheit SUMMERS, Secret Sayings, 71, i. Anschl. a. DORESSE, Secret Books, 369).

LOG 106

1. JESUS SPRICHT: WENN IHR DIE ZWEI ZU EINEM MACHT, WERDET IHR MENSCHENSÖHNE WERDEN. 2. UND WENN IHR (DANN) SAGT: BERG, HEBE DICH WEG, WIRD ER SICH WEGHEBEN.

Stichwortmäßig ist unser Logion mit dem vorigen durch das Substantiv „Sohn" („Söhne") verbunden. Zur gnostischen Deutung des Spruchs sei auf HAENCHEN, EvThom, 53 und FIEGER, EvThom, 264f verwiesen; dazu wurden auch Ausführungen bereits zu Log 22 und zu Log 48 gemacht, die sich als Parallelen von Log 106 darstellen.
Ebenso wie bei den vorgenannten Logien ist Spruch 106 nicht im gnostischen, sondern frühchristlichen Boden verwurzelt. Dazu wurde bereits bei Log 22 auf Gal 3,28 („Ihr seid alle einer in Jesus Christus"); Eph 2,13ff (wonach Christus gekommen ist, um „die zwei ... zu einem neuen Menschen zu schaffen"); Mt 18,19 und Joh 14,20; 17,21.26 Bezug genommen. Unter Log 48 sind Worte vom Bergeversetzen zitiert, s. Mt 17,20 Par Lk 17,6 (Q) und Mk 11,23 Par Mt 21,21, ferner aus der syr Didascalia TU 25,2. Schließlich ist auf die breit gefächerte Verkündigung Jesu vom „Menschensohn" (υἱὸς τοῦ ἀνθρώπου) hinzuweisen, die der hier vorgefundenen Formulierung über „Menschensöhne" (ⲛ̄ϣⲏⲣⲉ ⲙ̄ⲡⲣⲱⲙⲉ / υἱοὶ τοῦ ἀνθρώπου) nahesteht (s. dazu auch Log 86).
Unser Logion wird vielfach als Dublette zu Log 48 angesehen (s. CULLMANN, EvThom, 328; J.B. BAUER, ThEv, 195; G. QUISPEL, NTS 5, 1958/9, 288), mit der Folge, dass es sich als eine sekundäre und abgeleitete Form von Log 48 darstelle. Dies ist jedoch zu vereinfachend gesehen: Log 48 ist zwar als ursprünglich zu betrachten (s. die Komm. dort), auch gegenüber den synoptischen Par. Jedoch könnte in S.2 Log 106 ebenfalls eine selbstständige Form gegenüber Log 48 vorliegen. Allerdings bringt S.2 als solcher gegenüber Log 48 nichts Neues, nur in der Verbindung mit S.1. Auch S.1 kann nicht als von Log 48 abgeleitet betrachtet werden. Er enthält vielmehr eine ganz eigenständige Aussage, die nicht nur in Bezug auf die übrigen nt Analogien, sondern auch gegenüber Log 22 unabhängig sein dürfte (s. auch ZÖCKLER, EvThom, 222f). Dies folgt daraus, dass besonders Log 22 nicht als redaktionelle Bildung des EvThom bewertet werden kann, sondern als eigenständige Tradition, die dem historischen Jesus auch nahesteht. Diese hat zwar zu mehrfachen redaktionellen Ausläufern bei EvThom geführt (z.B. Log 4 und 11). Log 48 und auch Log 106 S.1 erscheinen demgegenüber jedoch als durchaus selbstständig (so auch SCHRÖTER, Erinnerung, 434).
Ob S.1 von Log 106 auf die Jesus-Verkündigung zurückzuführen ist, wird freilich regelmäßig verneint (s. CROSSAN, Historischer Jesus, 579;

FUNK u. JS., Five Gospels, 528f). Es sollte allerdings berücksichtigt werden, dass es wegen der breiten Bezeugung der Aufforderung, die „zwei zu einem zu machen", durchaus jesuanisch sein kann (vgl. die Komm. zu Log 22). Desgleichen haben wir es bei den „Söhnen des Menschen" mit einem typischen Aramaismus zu tun, der, wie die Verkündigung vom „Menschensohn" zeigt, Jesus nicht fremd gewesen sein kann (zur Wirkungsgeschichte s. auch syr Libr Grad 581,3f; 737,24; EvPhil Log 120 u. EvMaria, vgl. dort auch zur Nähe von „Menschensohn" und „Menschen", s. BLATZ in SCHNEEMELCHER, NtApokr I, 6.A., 314). In Log 86 hat EvThom auch ein authentisches Logion vom „Menschensohn", während die „Menschensöhne" in Log 28 die Menschheit als Ganzes meinen (s. ZÖCKLER, EvThom, 58).
Im vorliegenden Spruch liegt eine qualifizierte Bedeutung der „Menschensöhne" vor, nämlich in dem Sinne, dass diejenigen, die ihre innere Teilung, ihre Gespaltenheit und Entfremdung überwinden, zu wahren, wirklichen Menschen und Nachfolgern des „Menschensohns" werden. Der „Menschensohn" kann als Symbol des wahren und authentischen neuen Menschen verstanden werden, der in Jesus ansatzweise erschienen ist und in Zukunft in seiner Menschengemeinschaft zum Durchbruch kommen soll. Die „Menschensöhne" sind von ihm abgeleitet, seine Nachfolger. Wer seine schöpfungsmäßige Einheit wiedergewinnt und seine Dualität und Zerspaltenheit besiegt, kann zu der Gemeinschaft dieser „Menschensöhne" gelangen (vgl. ZÖCKLER, s.o., 58). Da die sonstige Verkündigung Jesu vom „Menschensohn" (zum erheblichen Teil) durchaus als authentisch anzusehen ist (s. dazu Log 86), dürfte auch das vorliegende Logion 106 S.1 jedenfalls dem historischen Jesus nicht ferne stehen.

LOG 107

1. JESUS SPRICHT: DAS KÖNIGREICH GLEICHT EINEM HIRTEN, DER HUNDERT SCHAFE HAT. 2. EINS VON IHNEN VERIRRTE SICH, DAS GRÖSSTE. ER LIESS DIE NEUNUNDNEUNZIG, UND ER SUCHTE NACH DEM EINEN, BIS ER ES FAND. 3. NACHDEM ER SICH ABGEPLAGT HATTE, SPRACH ER ZU DEM SCHAF: ICH LIEBE DICH MEHR ALS DIE NEUNUNDNEUNZIG.

Das Stichwort „eins" (ογα / ἕν) verbindet zwar die Log 106 und 107 (ferner auch πωμε / ἄνθρωπος im „Hirten"). Jedoch ist Log 107 auch mit Log 109 verknüpft, da insoweit ein Block von zwei Reich-Gottes-

Gleichnissen vorliegt und diese über Log 108 zusammengebunden sind, das die Offenbarung des „Verborgenen" verkündet.
Gnostische oder gnostisierende Interpretationen des Gleichnisses sind vielfach gesucht worden. Einmal ist der „Hirte" als Symbol für den Erlöser, also Gott oder Jesus gesehen worden, der in dem „Schaf", das als „größtes" gekennzeichnet ist, das „in die Welt abgeirrte göttliche Selbst" liebt (so z.B. HAENCHEN, EvThom, 47; LINDEMANN, ZNW 71, 239 u.a.). Zum andern sollte mit dem „Hirten" aber auch der Gnostiker gemeint sein, der in dem großen „Schaf" das „Reich" und damit die innere Einheit sucht und findet, indem er auf alles andere verzichtet (so FIEGER, EvThom, 267, i. Anschl. a. SCHRAGE, Verh, 195f; J.B. BAUER, Echte Jesusworte?, 142f; CARREZ, Festschr. F. Neyrinck, 2273f). Diese Interpretationen realisieren, dass das Gleichnis vom verlorenen Schaf in gnostischen Kreisen besonders gern zitiert und angewendet worden ist, vgl. EvVer 31,35ff mit ausführlicher Auslegung; ferner Irenäus Haer I, 8,4; 16,1.2. Aber auch SCHRAGE, der diese Stellen im einzelnen aufführt, räumt ein, dass im EvThom von diesen Deutungen „nichts zu entdecken" ist. Es ist daher auch hier, selbst wenn Log 107 eine gnostisierende Endredaktion erhalten hat, zunächst vom frühchristlichen und -jüdischen Kontext des Gleichnisses auszugehen.
Die entsprechenden Parallelen finden sich bei Mt 18,12f und Lk 15,4-6, die wiederum auf Q zurückgehen. Mt hat das Gleichnis in den Rahmen seiner Gemeinderede positioniert, spricht somit die Jünger und -innen an und deren Verhältnis zu den „Kleinen" (18,6.10 und 14), also den Schwachen, Hilflosen und sogar Kindern. Jesus fragt hier: „Was meint ihr? Wenn ein Mensch hundert Schafe hat, und es verirrt sich ($\pi\lambda\alpha\nu\eta\theta\hat{\eta}$) eins von ihnen, wird er nicht die 99 auf dem Berge lassen ($\dot{\alpha}\phi\dot{\eta}\sigma\epsilon\iota$), und geht er nicht hin und sucht ($\zeta\eta\tau\epsilon\hat{\iota}$) das verirrte? Und wenn es sich begibt, dass er es findet ($\epsilon\dot{\upsilon}\rho\epsilon\hat{\iota}\nu$), wahrlich, ich sage euch: Er freut sich ($\chi\alpha\dot{\iota}\rho\epsilon\iota$) über dasselbe mehr ($\mu\hat{\alpha}\lambda\lambda\text{o}\nu$) als über die 99, die nicht verirrt waren".
Lk hat einen ganz anderen Kontext: Jesus ist auf dem Zug nach Jerusalem, „Zöllner und Sünder" wollen ihn hören, und „die Pharisäer und Schriftgelehrten" murren, so dass er zur Rechtfertigung seiner Botschaft über die Annahme der „Sünder" das Gleichnis erzählt: „Welcher Mensch unter euch, der hundert Schafe hat ($\ddot{\epsilon}\chi\omega\nu$) und eins von ihnen verliert ($\dot{\alpha}\pi\text{o}\lambda\dot{\epsilon}\sigma\alpha\varsigma$), lässt nicht die 99 in der Wüste zurück ($\kappa\alpha\tau\alpha\lambda\epsilon\dot{\iota}\pi\epsilon\iota$) und geht dem verlorenen nach ($\pi\text{o}\rho\epsilon\dot{\upsilon}\epsilon\tau\alpha\iota$), bis er es findet ($\epsilon\ddot{\upsilon}\rho\eta$)? Und wenn er es gefunden hat, legt er es voll Freude ($\chi\alpha\dot{\iota}\rho\omega\nu$) auf seine Schultern. Und wenn er nach Hause kommt, ruft er seine Freunde und seine Nachbarn zusammen und sagt zu ihnen: Freut euch mit mir! Denn ich habe mein Schaf gefunden, das verloren war". Es folgt dann noch, abweichend von der mt Anwendung in Mt 18,14, in Lk 15,7 eine typisch lk Anwendung über „Sünder" und „Gerechte", ferner die

Gleichnisse vom verlorenen Groschen (Drachme) und vom verlorenen Sohn (Lk 15,8ff.11ff).
Die Q-Fassung der Parabel schließt sich zum größten Teil der Version bei Mt an, allerdings abgesehen von der redaktionell gefassten Einleitungsformel, bei der Lk ursprünglicher ist. Das „Verirren" des Schafs bei Mt ist traditionell, desgleichen das „Zurücklassen" der 99 und das „Suchen" und „Finden" des verirrten Schafs, während Lk redaktionell das „Verlieren" des Schafs betont und καταλείπειν statt ἀφιέναι für „Zurücklassen" bevorzugt. Auch das „ich sage euch" des Mt mit seiner kurzen Schlussbemerkung trifft Q besser als die typisch lk breite Ausmalung der „Freude" über das „verlorene Schaf" und das Mahl mit den Freunden und Verwandten (s. auch Lk 15,22ff) (vgl. entspr. SCHULZ, Q, 387f; ROBINSON pp, CEQ, 478ff u. schon v. HARNACK, Sprüche, 65f; etwas abweichend POLAG, Fragmenta Q, 72f).
Log 107 soll nach SCHRAGE, Verh, 194f; FIEGER, EvThom, 266f; LINDEMANN, ZNW 71,239f von Mt und Lk abhängig sein. Dies ist aber keineswegs nachweisbar und auch nicht wahrscheinlich. Dass Lk und EvThom die Phrase „bis er es findet (EvThom: fand, εὕρῃ)" gemeinsam haben, besagt nichts, da dies nicht für Lk typisch redaktionell sein muss, desgleichen nicht, dass der Mensch bzw. Hirte hundert Schafe „hatte" (EvThom: hat, ἔχοντι). Mit Mt fehlt EvThom zwar die Frage „welcher Mensch von euch...", aber auch dieser Mangel ist nicht typisch mt, da auch Mt sich in Frageform äußert. Die hervorgehobenen charakteristischen Eigenarten der Evangelisten finden sich nicht bei EvThom, insbesondere auch nicht die spezielle Rahmung bzgl. des Verlustiggehens der „Kleinen" (Mt) und der besonderen Freude über umkehrwillige „Sünder" (Lk). Man muss daher davon ausgehen, dass Log 107 auf selbstständiger und von den Synoptikern, aber auch von Q unabhängiger Überlieferung beruht (so auch PATTERSON, GosThom, 70f; SIEBER, Analysis, 205f; W.L. PETERSEN, The Parable of the Lost Sheep, 1981, NT 23, 128ff; BOVON, Lk 3, 23f; LIEBENBERG, Language of the Kingdom, 424ff [430], u.a.).
Danach haben wir es jedenfalls mit zwei ursprünglichen Traditionssträngen zu tun, mit demjenigen aus Q und dem aus dem EvThom. Was Q betrifft, so könnte diese Version zwar, da sie keinen ersichtlichen Rahmen aufweist, auch auf ein Verhalten der Jesus nachfolgenden Menschen abzielen, etwa ihren „verlorenen" Nächsten nachzugehen. Allgemein wird jedoch angenommen, dass das Gleichnis das Verhalten Gottes zu den „Sündern" oder auch den am Rand der Gesellschaft Befindlichen abbildet, der ihnen Annahme und Vergebung ihrer „Sünden" zuspricht. Insofern wird das Gleichnis auch wegen seiner Kohärenz zur übrigen Verkündigung Jesu und seinem Verhalten als echt

angesehen (vgl. bes. J. JEREMIAS, Gleichnisse, 26ff.90f; GOPPELT, Theologie, 180f; BECKER, Jesus, 173f u.a.).
Die aus Log 107 zu gewinnende Version muss jedoch als ebenso ursprünglich wie die aus Q angesehen werden, insgesamt ist sie sogar in ihrer Diktion ihr vorzuziehen. So setzt sie das Verhalten des „Hirten" mit dem „Königreich" (ⲙⲛ̄ⲧⲉⲣⲟ), also dem Reich Gottes in Bezug, wie dies auch sonst der überwiegenden Verkündigung des historischen Jesus entspricht und damit zutreffend auf den eschatologischen Charakter des Gleichnisses verweist. Kennzeichnend ist, dass sich das eine „Schaf" „verirrte" (ⲥⲱⲣⲙ, was das auch bei Q vorhandene πλανᾶσθαι übersetzt, während das bei Lk sekundäre ἀπολύειν = „verlieren" mit ⲧⲁⲕⲟ zu übertragen ist) und weiter, dass der Hirte unter Zurücklassung der übrigen Schafe dieses Schaf „suchte" und „fand". Nach großem „Mühen" spricht er voll Freude zu dem Gefundenen, dass er es „mehr" als die übrigen „liebt" (ⲟⲩⲟϣ), was nach GUILLAUMONT, Sémitismes, 120 mit dem synoptischen χαίρειν („sich freuen" o.ä.) eine gemeinsame aramäische Grundlage hat (vgl. zum Vorstehenden auch W.L. PETERSEN, s.o., 131ff; ZÖCKLER, EvThom, 162f u. K. BERGER, Sind die Berichte des NT wahr?, 2002, 45ff).
Zweifelhaft könnte allenfalls der Zusatz zu dem verirrten Schaf sein, es sei das „größte" (ⲛⲟϭ) gewesen. Man hat vermutet, es handele sich hier um ein allegorisierendes Detail, durch das der gnostische Autor das göttliche „Selbst" oder Einssein betonen wollte (s. z.B. SCHRAGE und J.B. BAUER, s.o.). Näher liegt schon, dass mit dem Größten ursprünglich Israel angesprochen war, das für Gott als „Hirten" größte Bedeutung habe (W.L. PETERSEN). Insgesamt handelt es sich wohl um einen (vielleicht sekundären) Zusatz, der die „Sünder", die Verirrten und am Rand Befindlichen der Gesellschaft als für Gott besonders „groß" und wertvoll kennzeichnen soll und damit auch dem Schlusssatz 3 entspricht; er steht insofern in Analogie zu ähnlichen Formulierungen in den Log 8 und 96. Das schließt natürlich eine spätere spirituelle bzw. gnostisierende Deutung nicht aus. Ursprünglich ist aber sicher am naheliegendsten die Interpretation, dass auch EvThom die Parabel nicht in erster Linie auf die Jesus nachfolgenden Menschen bezieht, die um das Reich oder ihren Nächsten sich bemühen, sondern auf Gott mit seinem Reich, seiner Königsherrschaft, der sich in besonderer Weise der Verirrten, also der „Sünder" und Marginalisierten annimmt und ihnen Vergebung und Liebe zuwendet. Dabei sieht sich Jesus als denjenigen, der diesem Verhalten Gottes entspricht und es in die Tat umsetzt (s. auch ZÖCKLER u. PETERSEN, s.o.).
Damit steht dessen Fassung auch in Bezug zur at Tradition vom „Hirten" als Metapher für Gott, den für die Verirrten und Verlassenen Sorgenden (s. Ez 34; Ps 23: 119. 176 u.a.) und der späteren frühchristlichen

Verkündigung (s. Joh 10). Es entspricht auch in völliger Kohärenz Jesu sonstiger Predigt und Praxis gegenüber den „verlorenen Schafen vom Hause Israel" (s. auch Mt 10,6; 15,24; 18,11), ferner den lk Gleichnissen vom verlorenen Groschen, verlorenen Sohn, den zwei Schuldnern und der Erzählung vom Mahl mit den Zöllnern und Sündern, Mk 2,13ff Par. Gegen eine Authentizität der Parabel liegen daher ernst zu nehmende Bedenken nicht vor. Sie wird auch durch die doppelte Bezeugung in Q und EvThom noch in besonderer Weise bestärkt (so auch KÖSTER, Entwicklungslinien, 163; CROSSAN, Historischer Jesus, 464.574; allerdings bevorzugen LÜDEMANN, Jesus 2000, 808.459 u. FUNK u. JS., Five Gospels, 529 die Q-Fassung des Gleichnisses).

LOG 108

1. JESUS SPRICHT: WER VON MEINEM MUNDE TRINKEN WIRD, WIRD WIE ICH WERDEN. 2. ICH SELBST WERDE ZU IHM WERDEN, 3. UND WAS VERBORGEN IST, WIRD SICH IHM OFFENBAREN.

Das Stichwort, das Log 108 mit dem vorhergehenden Log 107 verbindet, ist das Personalpronomen „ich" (†/ ἐγώ).
Unser Logion kann gnostisch so verstanden werden, dass es Jesus als gnostischen Offenbarer zeigt, der nicht nur mit dem „Vater" verbunden ist, sondern besonders auch mit dem einzelnen Gnostiker und diesem damit seine wahre Herkunft offenbart (vgl. z.B. HAENCHEN, EvThom, 63.65; s. auch MÉNARD, EvThom, 206f). Allerdings dürfte auch hier die frühchristliche Überlieferung, die den Boden zu solchen Anschauungen bildet, für die Deutung des Spruchs weiterführend sein und soll daher unserer Betrachtung zugrunde gelegt werden.
Am naheliegendsten sind johanneische Traditionen, aber auch Verbindungen mit dem Apostel Paulus. Nach Joh 4,(10).14 gibt Jesus „lebendiges Wasser" (ὕδωρ ζῶν). „Wer ...von dem Wasser trinkt (πίῃ), das ich ihm geben werde, den wird in Ewigkeit nicht dürsten, sondern das Wasser, ... , wird in ihm zu einem Brunnen (πηγὴ ὕδατος) werden, das ins ewige Leben quillt". Auch Joh 7,37.38 kennt die Aufforderung, von Jesus und dem von ihm gewährten „lebendigen Wasser" zu „trinken": „Wenn jemand dürstet, komme er zu mir und trinke (πινέτω)! Wer an mich glaubt, von dessen Leib werden (wie die Schrift gesagt hat, s. Ez 47,1-12), Ströme lebendigen Wassers (ὕδατος ζῶντος) fließen" (s. ferner Apk 22,17 u.ä.). Es geht hier um das Wort Jesu, die Verkündigung des Reichs Gottes, die auch in Log 74 mit einem „Brunnen" verglichen wird. Dieses geht von Jesus aus und soll von seinen Jüngern aufgenommen werden (s. auch noch OdSal 11,6ff). Gleichzeitig wird damit der heilige Geist, die

ruah ausgegossen wie „Wasser auf durstiges Land" (s. Jes 44,1ff; ferner auch 1Kor 10,4; 12,13, wonach ebenfalls alle mit „einem Geist getränkt" worden sind). Desgleichen wird man sagen können, dass die Weisheit gegeben wird, damit die Glaubenden sie „trinken" sollen (so Sir 15,3; 24,21; 39,6, wo auch die Verbindung mit dem „Geist der Klugheit" wieder herangezogen wird) (s. insgesamt auch DAVIES, Christology, JBL 111/4, 675; ders., Wisdom, 93f).
Wer in dieser Weise von Jesu Munde trinkt und seine Lehre sowie Geist und Weisheit, die von ihm vermittelt werden, aufnimmt, wird zum „Leben" im Sinne des Reichs Gottes kommen (wie auch viele andere joh Worte, so vom „Brot des Lebens", vom „Licht der Welt" usw. bekunden). Und er soll letztlich mit Jesus und Gott „eins" werden. Log 108 ist insofern eine Kommentierung und Ausweitung von Log 13 S. 5/6, wonach Thomas von der „sprudelnden Quelle" (ⲧⲡⲏⲅⲏ ⲉⲧⲃⲣ̄ⲃⲣⲉ), die Jesus „ausgemessen" habe, „getrunken" (ⲥⲱ) habe. Jesus spricht deshalb zu ihm „drei Worte", die wie die Resonanz darauf zeigt, wohl auch seine Einheit und Verbundenheit mit Jesus selbst zum Inhalt hatten. Diese Einheit besteht darin, dass der Jünger „wie ich werden wird" (ϥⲛⲁϣⲱⲡⲉ ⲛ̄ⲧⲁϩⲉ) und „ich selbst werde zu ihm" (ⲁⲛⲟⲕ ϩⲱ ϯⲛⲁϣⲱⲡⲉ ⲉⲛⲧⲟϥ ⲡⲉ; s. näher bei Log 13).
Diese mystische und spirituelle Einheit begegnet ebenfalls im JohEv, wo einerseits Jesus und der „Vater" „eins" (ἕν) sind, andererseits auch die Jünger erkennen sollen, dass „ihr" „in mir und ich in euch" seien (ὑμεῖς ἐν ἐμοὶ κἀγὼ ἐν ὑμῖν)" (Joh 10,30;14,20). Im „hohepriesterlichen Abschiedsgebet" bittet Jesus den „Vater", dass sie, die Jünger, „alle eins" seien, „wie du, Vater, in mir und ich in dir, dass auch sie in uns eins seien, damit die Welt glaubt, dass du mich gesandt hast" (Joh 17,21). Auch hier finden sich ähnliche Aussagen einer alten Überlieferung ferner bei Paulus, so in Gal 2,20 (wo von der Einheit des Apostels mit Christus die Rede ist) und 3,28, wonach „ihr", die angesprochenen Jünger, „einer" seid in Jesus Christus, vgl. auch 1Kor 10,1ff; Eph 2,14ff; Kol 3,9ff (s. dazu auch ZÖCKLER, EvThom, 245ff, der die Gleichwerdung der das Wort Hörenden und in sich Aufnehmenden nicht als gnostische Vereinigung, etwa i.S. von EvEva, b. Epiphanius Pan 26,5,1, sieht, sondern als eine wachsende Vereinigung, ein Werden wie der Meister in einer „Lehr- und Lerngemeinschaft").
In dieser Gemeinschaft soll sich den Jüngern „offenbaren" (ⲟⲩⲱⲛϩ), was „verborgen" (ϩⲏⲡ) ist. Auch hier geht es, wie schon zu Log 5 und 6 ausgeführt, um das Geheimnis der Gottesherrschaft, die sich dem Jünger jetzt ansatzweise erschließt und in Zukunft, zuletzt voll offenbaren soll. Es sei insofern auch auf synoptische Par wie Mk 4,22 Par Lk 8,17; Mt 10,26 Par Lk 12,2 (Q) verwiesen, aber auch auf andere joh und pln Stellen wie Joh 14,26 bzw. 1Kor 2,10ff u.ä., wo es sich um die

Offenbarung Jesu Christi selber und seine Qualifikation im Rahmen der Gottesherrschaft handelt. Eine direkte Abhängigkeit unseres Logions von den zitierten Traditionen und Überlieferungskomplexen ist nicht anzunehmen und wird, soweit ersichtlich, auch nicht behauptet. Es handelt sich vielmehr bei Log 108 um eine durchaus selbstständige Tradition, die auch, wie die genannten, in den Rahmen der frühchristlichen Predigt gehört (s. auch BERGER, Theologiegeschichte, 669). Sie könnte sogar die johanneische Überlieferung geprägt haben. Das Logion steht auch der Verkündigung des irdischen Jesus nicht so fern wie generell angenommen, wobei es seinen Ursprung in personal-esoterischer Belehrung des „Zwillings" Thomas haben könnte. Nachzuweisen ist dies allerdings nicht, wie denn auch allgemein eine feststellbare Zugehörigkeit des Spruchs 108 zur Predigt des historischen Jesus verneint wird (s. auch des näheren CROSSAN, Historischer Jesus, 580; LÜDEMANN, Jesus 2000, 808f; FUNK u. JS., Five Gospels, 529 u.a.).

LOG 109

1. JESUS SPRICHT: DAS KÖNIGREICH GLEICHT EINEM MENSCHEN, DER IN SEINEM FELD EINEN VERBORGENEN SCHATZ HAT, DER IHM NICHT BEKANNT IST. 2. UND NACHDEM ER GESTORBEN WAR, HINTERLIESS ER IHN SEINEM SOHN. DER SOHN ABER WUSSTE DAVON EBENFALLS NICHTS. ER NAHM JENES FELD UND VERKAUFTE ES. 3. UND DER ES GEKAUFT HATTE, KAM, UND WÄHREND ER PFLÜGTE, FAND ER DEN SCHATZ. ER BEGANN, GELD ZU GEBEN GEGEN ZINS, WEM ER WOLLTE.

Unser Spruch wird durch das Stichwort „verborgen" mit dem vorausgehenden Log 108 verbunden. Nach beiden Logien soll somit Verborgenes erkannt werden. Außerdem gehört er durch das Verb „finden" und allgemein als Königreichs-Gleichnis mit Log 107 zusammen.
Eine gnostische Deutung des Gleichnisses wird von zahlreichen Autoren gesucht. So von SCHRAGE, Verh, 198; FIEGER, EvThom, 270: nach ihnen soll der Schatz im Acker das im Gnostiker liegende „Himmelreich" (so das Naassener-Zitat aus Hippolyt, Ref V,8,8), somit der verborgene Lichtfunke im Menschen sein, der nicht jedem bekannt ist. Auch nach EvPhil Log 55 ist „die Erhabenheit des Menschen" nicht „offenkundig", sondern „ist im Verborgenen". Freilich ist dieses gnostische Strickmuster allgemein aus späterer Zeit entlehnt und wird den Ursprüngen des

Gleichnisses nicht gerecht, die wiederum in frühchristlicher Zeit zu suchen sind.
Die entscheidende Parallele ist hier Mt 13,44, das zur Sammlung der Gleichnisse bei Mt gehört und mit den Gleichnissen von der schönen Perle und dem Fischnetz (Mt 13,45f u. 47-49) verknüpft ist. Danach „ist das Reich der Himmel" (βασιλεία τῶν οὐρανῶν) „gleich einem im Acker verborgenen Schatz" (θησαυρῷ κεκρυμμένῳ ἐν τῷ ἀγρῷ), „den ein Mensch fand (εὑρών) und wieder verbarg. Und in seiner Freude geht er hin und verkauft alles, was er hat, und kauft jenen Acker". Ähnlichkeiten hat unser Gleichnis auch mit einem rabbinischen Kommentar zum Hohen Lied (Midr Rabbah 4,12.1), wo ein Mann angeführt wird, der „als Erbe einen Ort voller Unrat erbte. Der Erbe war faul und verkaufte ihn für eine lächerliche Kleinigkeit. Der Käufer grub ihn mit großem Eifer um und fand in ihm einen Schatz. Er baute davon einen großen Palast und zog durch den Basar mit großem Gefolge von Sklaven, die er von jenem Schatz gekauft hatte. Als der Verkäufer das sah, hätte er sich (vor Ärger) am liebsten erhängt". Schließlich wird auch gern noch die 42. Fabel des Äsop genannt, worin ein Erblasser seinen Söhnen einen Schatz in einem seiner Weinberge verspricht, um sie zu veranlassen, sie fleißig umzugraben und zu bebauen (s. hierzu J. JEREMIAS, Gleichnisse, 21; M. MEYER, Hidden Sayings, 107).
Eine Abhängigkeit des Log 109 von den obigen Traditionen ist nicht festzustellen. Zwar wollen SCHRAGE, Verh, 197f; GÄRTNER, Theology, 237f die Ursprünglichkeit von Log 109 verneinen und seine Abhängigkeit von Mt annehmen. Jedoch ergeben sich keine für Mt typischen redaktionellen Elemente bei EvThom, wie etwa die Bezeichnung des Reichs Gottes als „Reich der Himmel" oder die Verkoppelung des Gleichnisses mit denjenigen von der Perle und vom Fischnetz. Die Par zu diesen sind vielmehr ganz woanders im EvThom und ohne Verbindung zu Log 109 zu finden (s. Log 8 u. 76). Es ist daher wiederum von Selbstständigkeit der Überlieferung von Log 109 auszugehen (so auch SIEBER, Analysis, 182f; PATTERSON, GosThom, 81; MONTEFIORE, Comparison, 239). Auch eine Abhängigkeit von dem rabbinischen Kommentar oder auch der Äsopschen Fabel (vgl. z.B. J. JEREMIAS, s.o., 21f; L. CERFAUX, Muséon 70 [1957], 315) ist nicht feststellbar, zumal diese Texte jeweils in ganz andere Richtungen zielen (so auch SCHRAGE, s.o., 197f). Immerhin können volkstümliche Motive ähnlich den Obengenannten auf die Gestaltung des Gleichnisses, besonders in der EvThom-Fassung eingewirkt haben (s. GRANT - FREEDMAN, Geheime Worte, 178).
Danach müssen sowohl die Mt- als auch die EvThom-Fassung des Gleichnisses als ursprünglich angesehen werden. Allerdings wird ganz überwiegend, was die Authentizität des Gleichnisses betrifft, die mt

Version bevorzugt (so z.B. v. J. JEREMIAS, s.o., 21f.132ff; THEISSEN - MERZ, Historischer Jesus, 242; BECKER, Jesus, 293f; CROSSAN, Historischer Jesus, 377.574 unter Bezugnahme auf dens., Finding is the First Act, 1979, 106f). Diese Fassung betont die glückhafte Entscheidung des Menschen dafür, das kommende Reich Gottes zu suchen und zu gewinnen und dafür alles andere hintanzustellen. Das steht in deutlicher Kohärenz zur sonstigen Jesus-Verkündigung, besonders der Gleichnisse von der kostbaren Perle und dem großen Fisch. Es hat außerdem dadurch einen anstößigen Kick, dass wiederum ein unanständiges, nämlich den Fund in fremdem Grundstück listig verschweigendes Verhalten des Käufers zum Vorbild genommen wird, womit Jesus in provokanter Weise Aufmerksamkeit erregen wollte (so auch CROSSAN, s.o., 377; ferner SCHRAMM - LÖWENSTEIN, Unmoralische Helden, 44f mit näherer Erläuterung).

Fraglich ist dagegen die historische Bedeutung des EvThom-Logions. C. HEDRICK, The Treasure Parable in Matthew and Thomas, F&F Forum 2/2 (1986), 49ff zieht es gegenüber der mt Version vor, da es dem rabbinischen Kommentar näher stehe als Mt. B.B. SCOTT, Hear then the Parable, 393 hält beide Parabeln für gleichermaßen authentisch. Dagegen betrachten andere das EvThom-Logion als sekundär, s. u.a. J. JEREMIAS, s.o., 21f; SCHRAMM - LÖWENSTEIN, s.o., 176f.

Zur Würdigung ist zu bemerken, dass Log 109 in seiner Formulierung vom „Königreich" (ⲙⲛ̄ⲧⲉⲣⲟ, Gottes) vermutlich ursprünglicher ist als die Umschreibung „Himmelreich" bei Mt. Jedenfalls geht es bei ihm insofern auch zentral um den „Schatz im Acker" (nicht um den „Menschen"), mit dem auch das zu erstrebende Reich Gottes gemeint ist. Eine sekundäre Ausweitung des Gleichnisses in Anlehnung an volkstümliche Vorbilder scheint jedoch die Personenaufreihung Vater - Sohn - Käufer zu sein, die zunächst alle nichts von dem Schatz „wissen" (ⲥⲟⲟⲩⲛ). Eine allegorisierende Bezugnahme auf Juden, Christen und schließlich Gnostiker, wie SCHIPPERS, EvThom, 129 meint, oder auf die Reinkarnationen der Seele (so GÄRTNER, Theology, 238 m. Verweis auf Apokr Joh 69,9ff) wird man kaum ausmachen können; eher geht es allgemein um zurückliegende Generationen Israels, die die Gottesherrschaft verfehlt haben. Dass die letzte (vielleicht die Jüngergemeinschaft) beim „Pflügen" (ⲥⲕⲁⲉⲓ) des Feldes den Schatz fand, ist eine weitere Besonderheit gegenüber Mt, die wohl auf die Notwendigkeit praktischer Arbeit zusätzlich zum spirituellen Suchen nach dem Reich hinweist (ähnlich wie in Log 20 S.4 u. 96), dies dürfte wiederum ein traditionelles Element sein (vgl. die synoptischen Saatgleichnisse). Schließlich kommt zum Kauf des Grundstücks nachträglich das Verleihen des Geldes „gegen Zins (ⲙⲏⲥⲉ)", das eine Nutzung des Schatzes im Sinne des Gleichnisses von den anvertrauten

Pfunden Mt 25,27 Par Lk 21,23 anspricht. Dies könnte ebenfalls ein traditioneller Zug sein, der zusätzlich das positive Verhalten des Käufers zum Schatz betonen will (s. ZÖCKLER, EvThom, 155f; a.M. LINDEMANN, ZNW 71,235). Wegen der Anstößigkeit des Zinsnehmens für den Verfasser (s. nur Log 95 u. 110) dürfte es sich nicht um einen redaktionellen Zusatz desselben handeln. Auch ändert dieser Zug nichts an dem Charakter des Gleichnisses als Aufruf zur Entscheidung für das Suchen und Finden des Reichs Gottes, es soll die Weitergabe der Predigt von diesem an Außenstehende, etwa durch missionarische Tätigkeit anzeigen (vgl. ZÖCKLER, s.o., 156; a.M. LINDEMANN, s.o., 235, der den Kern des Gleichnisses in einer Warnung vor einem Missbrauch der Gabe Gottes sehen will).
Insgesamt spricht danach vieles für zusätzliche ursprüngliche Züge in Log 109. Gewissheit lässt sich allerdings nur für die Authentizität der kürzeren und prägnanteren Fassung der Parabel bei Mt gewinnen, die im Original vielleicht durch die eine oder andere Einzelheit erweitert war (vgl. bejahend zur Authentizität auch die obg. Autoren, während FUNK u. JS., Five Gospels, 532 für die Möglichkeit der Echtheit beider Versionen plädieren, und LÜDEMANN, Jesus 2000, 809, früher auch J.B. BAUER, Echte Jesusworte?, 143f die EvThom-Fassung wegen anzunehmender gnostischer Weiterentwicklung gänzlich ablehnen; das gnostisierende Verständnis des Schatzes als inneres Selbst oder Einssein kann allerdings nur der Schlussredaktion des Logions entsprechen).

LOG 110

JESUS SPRICHT: WER DIE WELT GEFUNDEN HAT UND REICH GEWORDEN IST, SOLL DER WELT ENTSAGEN.

Was die stichwortmäßige Beziehung zu dem vorhergehenden Log 109 betrifft, so sind beide durch das Verb „finden" miteinander verbunden. Im übrigen setzt mit Log 110 eine weitere Reihe von Logien ein, die sich zusammenfassend mit der alten „Welt" und dem eschatologischen Reich Gottes befassen.
Sprachlich muss es im 1.S. heißen: πεⲁⲛⲧⲁ⳾ϭⲓⲛⲉ ... ⲁϥⲣ̅ („wer gefunden hat") und nicht, wie auch gelesen werden könnte: πε⳽ⲧⲛⲁ⳾ϭⲓⲛⲉ ... ⲛ̅ϥⲣ̅ („wer finden wird" o.ä.). Das passt aber nicht zum Sinn des Worts und auch nicht zu den nachfolgenden Ausführungen (s. auch BETHGE, Synopsis, 545; HAENCHEN, EvThom, 33 u.a.).
Log 110 ist als Dublette zu Log 81 anzusehen, das wie dieses dazu aufruft, für den Fall, dass man „reich" geworden ist und „Macht" erlangt hat, darauf zu verzichten (s. CULLMANN, ThLZ 5, 328: allerdings ist

entgegen diesem das Log 80 eher selbstständig und hat wiederum eine Dublette in Log 56, s. näher dort).
Zur gnostischen Herleitung bzw. Deutung unseres Spruchs sei auf die Ausführungen zu Log 81 verwiesen. Sie ist wie bei allen die „Welt" kritisch sehenden Logien sehr verbreitet (s. bes. FIEGER, EvThom, 272f; GÄRTNER, Theology, 245f u.a.), kann jedoch der Herkunft des Worts aus der frühchristlichen Gemeinde nicht gerecht werden.
Das Wort nimmt, wie auch ZÖCKLER, EvThom, 114f ausführt, in differenzierter und nicht grundsätzlich verwerfender Weise zu „Welt", Reichtum und Herrschaft Stellung. Wer die „Welt" (ⲕⲟⲥⲙⲟⲥ / κόσμος) „gefunden" (ϭⲓⲛⲉ) hat, ist in ihr zurecht gekommen. Er hat ihre Macht- und Herrschaftspositionen eingenommen oder sich mit ihnen arrangiert (so auch HAENCHEN, EvThom, 38f.57). Er hat materiellen Reichtum und Besitztümer erworben (LEIPOLDT, EvThom, 75). Wer in dieser Weise an der Welt teilgenommen und durch sie hindurchgegangen ist, wird aufgefordert, über sie hinauszugehen und ihrer zu „entsagen" (ⲁⲣⲛⲁ). Er soll somit angemessen mit ihr umgehen, seine Mittel teilen und ggf. ganz auf sie, nämlich Macht und Reichtum verzichten. Das entspricht völlig Log 81, wie auch MARTIN, EvThom, 302.251f annimmt.
Ebenso wie Log 81 passt Log 110 gut zur Herrschafts- und Eigentumskritik in Predigt und Verhalten des historischen Jesus. Was die Kritik Jesu am übermäßigen Eigentum und Besitz betrifft, sei beispielsweise auf die Erzählung vom reichen Jüngling Mk 10,17ff Par Mt 19,16ff und Lk 18,18ff, das Gleichnis vom ungerechten Haushalter Lk 16,1ff und vom reichen Mann und armen Lazarus Lk 16,19ff sowie vom reichen Kornbauern Lk 12,16ff Par EvThom Log 63 und schließlich auf das Bildwort von den zwei Herren Mt 6,24 Par Lk 16,13 (Q) hingewiesen. Auch an Macht und Streben nach übermäßiger Geltung und Herrschaft übt Jesus Kritik, vgl. Mk 10,42ff Par; Lk 14,11 Par und Mt 18,4. Wegen des Wortlauts der Texte beziehe ich mich ebenfalls auf die Kommentierung zu Log 81. Mit dem Ganzen ist natürlich auch eine Infragestellung der „Welt" und ihrer Mächte verbunden. Hierzu habe ich auch schon Ausführungen zu Log 27 gemacht, ferner zu Log 56,80 und 111, die dieses Thema variieren. Dabei wurde auf Mk 8,36 Par Bezug genommen, wo Jesus die Seele (ψυχή), das Leben des Menschen der „ganzen Welt" gegenüberstellt, deren Macht die erstere schädigen kann. Vielmehr sollen die Jünger „Licht der Welt" sein, um sie zu verändern und zu erleuchten (Mt 5,14). Ergänzend wird auch die joh Verkündigung von der „Welt" in den Blick zu nehmen sein.
Was die Authentizität des Logions angeht, so ist zu Log 81 ausgeführt, dass dieses Wort durchaus als echt und der Verkündigung des historischen Jesus zugehörig angesehen werden kann. Das Verhältnis von

Log 110 zu Log 81 wird wohl so zu bestimmen sein, dass hier zwei voneinander unabhängige Traditionen vorliegen. Eine literarische Abhängigkeit unseres Spruchs von Log 81 ist jedenfalls mangels der Übernahme redaktioneller Elemente nicht feststellbar, zumal bei Log 81 im wesentlichen Tradition und nicht thom Redaktion vorliegt (s. dort). Freilich dürfte Log 110 stärker als Log 81 von der in der Thomas-Gemeinde herrschenden Polemik gegenüber der „Welt" geprägt sein, wie sie auch in der joh Tradition bestimmend ist, und somit mehr grundsätzlichen und zusammenfassenden Charakter haben. Insofern wird man den Wortlaut von Log 110 für eher sekundär ansehen müssen und auch nicht der Verkündigung des irdischen Jesus zuzuschreiben haben, wenn das Wort auch sinngemäß mit seiner Predigt durchaus übereinstimmt. Für Echtheit plädiert CROSSAN, Historischer Jesus, 580.579 (während er sie für Log 81 ablehnt), dagegen jedoch die herrschende Auffassung, s. LÜDEMANN, Jesus 2000, 810.784 und FUNK u. JS., Five Gospels, 532 u.a., die sie zu Recht in Frage stellen.

LOG 111

1. JESUS SPRICHT: DIE HIMMEL WERDEN SICH AUFROLLEN UND DIE ERDE VOR EUCH. 2. UND WER LEBENDIG IST AUS DEM LEBENDIGEN, WIRD DEN TOD NICHT SEHEN.
3. IST ES NICHT SO, DASS JESUS SAGT: WER SICH SELBST GEFUNDEN HAT, DESSEN IST DIE WELT NICHT WÜRDIG?

Der Zusammenhang des vorliegenden Spruchs zum vorhergehenden Log 110 besteht sinngemäß durch den Begriff der „Welt". Er hängt indirekt mit „Himmel" und „Erde" in S.1 zusammen sowie stichwortmäßig und direkt mit „Welt" im 2. S., ferner mit dem Verb „finden".
Philologisch ist der Übergang von S.2 zu S.3 problematisch. Statt...емоү оүх ʒотι...(„den Tod...Ist es nicht so, dass Jesus sagt:") wurde manchmal eine Haplographie angenommen und gelesen:...емоү оүх‹е еʒоте› ʒотι...(„weder Tod noch Furcht. Denn Jesus sagt:"), s. z.B. FIEGER, EvThom, 272 u.a. Die hier bevorzugte Lösung kommt jedoch ohne die Annahme einer Auslassung aus und wird jetzt überwiegend vorgezogen (s. z.B. BETHGE, Synopsis, 545; LAYTON, Edition, 92 u.a.).
Das Eigenartige des Log 111 ist, dass es zwei selbstständige Schichten aufweist. In S.1/2 liegt eine Dublette zu Log 11 S.1/2 vor. In S.3 fügt der Verfasser bzw. Endredaktor eine spätere Interpretation des Spruchs in S.1/2 an, die wiederum an Log 56 und 80 erinnert (PLISCH, Verborgene Worte, 121 nennt das „Kommentierung" mit dem „Zitat eines anderen Jesuswortes").

Direkte synoptische Parallelen gibt es zu beiden Sprüchen nicht, jedoch greift auch eine gnostische Herkunft der Logien, die etwa FIEGER, EvThom, 273 annimmt, nicht ein. Log 111 S.1/2 dürfte eher mit apokalyptischen Vorstellungen in Zusammenhang stehen (so auch VALANTASIS, GosThom, 191; LELYVELD, Les Logia de la Vie, 64). Wie schon zu Log 11 S.1/2 ausgeführt, besteht hier eine Beziehung zu älteren, Jesus zugeschriebenen Worten, wie Mk 13,31 Par und Lk 16,17 Par (Q), die auch vom „Vergehen" von „Himmel und Erde" in einer kosmischen Katastrophe sprechen. Wenn gesagt ist, dass die „Himmel" sich „aufrollen" (ϭⲱⲗ) werden, könnte dies an Apk 6,14 erinnern, wonach der „Himmel" verschwand „wie eine Buchrolle, die sich zusammenrollt" (s. auch Jes 34,4) oder auch „wie ein Mantel", der „zusammengerollt" wird (Hebr 1,10-12). Der Zusammenhang mit apokalyptischen Vorstellungen geht so weit, dass bei Log 111 auch eine Naherwartung des Endes angedeutet ist: Der Zusammenbruch von „Himmel" und „Erde" wird sich „vor euch" (ⲙ̄ⲡⲉⲧⲛ̄ⲙ̄ⲧⲟ ⲉⲃⲟⲗ) ereignen, somit zu Lebzeiten der Zuhörer und in ihrer Gegenwart. Das entspricht einer Reihe von Jesus-Logien wie Mk 9,1 Par; 13,30 Par; Lk 22,16.18 Par Mk 14,25 u.a., die zwar im einzelnen umstritten sind, aber zum erheblichen Teil doch authentisch sein dürften und jedenfalls einer sehr frühen Schicht seiner Verkündigung angehören.

Gegenüber diesem bedrohlichen Weltuntergangsszenario verkündigt Spruch 111 S.1/2 jedoch als Inbegriff der Hoffnung, dass derjenige, der „lebendig aus dem Lebendigen (ⲡⲉⲧⲟⲛϩ ⲉⲃⲟⲗ ϩⲛ̄ ⲡⲉⲧⲟⲛϩ)" ist, „den Tod nicht sehen" werde. Auch mit der Formulierung „den Tod nicht sehen" (oder wohl noch ursprünglicher: „schmecken") liegt altertümliche Ausdrucksweise vor, die semitisch geprägt ist (vgl. Mk 9,1 Par; ferner 4Esr 6,26 u. Hebr 2,9; s. auch zu Log 1). Die Lebens-Terminologie ist ebenfalls ursprünglich und wohl auf Jesus zurückzuführen. Er spricht vielfach von „Leben" im Sinne des Reichs Gottes (s. Mk 9,43.45.47; Mt 7,14; Lk 12,15; weitere Par finden sich auch bei EvThom und Joh in großer Zahl, s. näheres zu Log 11). Gott selbst ist der „Lebendige" (s. z.B. Ps 42,3; 56,14; 84,3 u.v.m. sowie Log 3,50). Zwar wird dasselbe auch abgeleitet von Jesus gesagt, s. Log 52 und 59, jedoch wird vorliegend nach dem Kontext Gott als der „Lebendige" gemeint sein. Er ist es, der „lebendig" macht und in seinem Reich „Leben" schenkt, das letztlich auch den Weltuntergang und den Tod überdauert (so im Ergebnis bes. auch ZÖCKLER, EvThom, 190f; ähnl. VALANTASIS, GosThom, 191f).

Die zweite Schicht des Logions in S.3 dürfte eine spätere Interpretation des ersteren Wortes in einer mehr joh geprägten Terminologie sein. Das Leben und lebendig sein in diesem Leben wird als Selbstfindung gesehen. Dies passt zu Log 3 S.4/5 und 67, worauf auch hier Bezug genommen wird, s. besonders zu Log 67 a.E. Danach wird auch die Erkenntnis des „Selbst", nämlich aus Gott und in Gott sowie aus der Wahrheit zu sein, besonders im 1.Johannes-Brief hoch geschätzt (s. 1 Joh 2,5; 3,19.24; 4,13 u.ä.). Aber auch bei Paulus wird derartige Erkenntnis für bedeutsam gehalten, wenn sie auch der Liebe nachgeordnet wird (s. nähere Zitate bei Log 67). Wer sich in dieser Weise „selbst" gefunden hat, dessen soll die Welt „nicht würdig (ⲙⲡϣⲁ)" sein. Das heisst, dieser ist zur Welt nicht mehr dazugehörig. Er ist ihr schlechthin überlegen und hat sie besiegt (vgl. Hebr 11,38 und die Komm. zu Log 56, wo ebenso wie in Log 80 diese Formulierung gebräuchlich ist).

Die Authentizität des Log 111 (wie auch von Log 11) wird durchweg von der Forschung abgelehnt (s. LÜDEMANN, Jesus 2000, 810.760; CROSSAN, Historischer Jesus, 577.580; FUNK u. JS., Five Gospels, 532.479; a.M. ZÖCKLER, EvThom, 256), meist mit der Begründung, es sei in gnostischem Denken verwurzelt. Diese Betrachtungsweise ist jedoch zu undifferenziert. S.1/2 hat demgegenüber eine besondere Nähe sowohl zu Mk 13,31 Par wie Mk 9,1 Par und der Lebens-Verkündigung Jesu. Dabei ist zu berücksichtigen, dass Mk 13,31 regelmäßig deshalb für sekundär gehalten wird, weil hier schon eine sehr betonte Stellungnahme zur Person Jesu vorliegt (s. BULTMANN, Tradition, 130.162). Mk 9,1 Par wird ebenfalls verdächtigt, eine frühchristliche Gemeindebildung zu sein; denn es könnte ein Trostwort wegen des Ausbleibens der Parusie sein (vgl. gleichfalls BULTMANN, s.o., 128.134; a.M. jedoch J. JEREMIAS, Theologie, 137). Beide Erwägungen greifen im vorliegenden Fall des Log 111 jedoch nicht durch: „Himmel und Erde" werden danach zwar vergehen, aber nicht nur Jesus, sondern auch seine Jünger, die aus „dem Lebendigen leben", sollen „den Tod nicht sehen". Dies wird auch als in Bälde möglich, nämlich „vor euch", den vor Jesus Stehenden, kommend gedacht. Eine Parusieverzögerung ist insofern ebenso wie eine christologische Verengung nicht im Blick (so auch LELYVELD, Les Logia de la Vie, 64, die deshalb auch für Ursprünglichkeit votiert). Im übrigen entspricht das Wort der Verheissung Jesu zum „Leben" des Reichs Gottes, zur Authentizität sind insofern schon Ausführungen zu Log 11 gemacht worden. Unser Logion nimmt durchaus apokalyptische Motive auf. Es entwickelt allerdings eine ganz eigene Sicht futurischer Eschatologie, die mit der übrigen Predigt Jesu korreliert und auch im Rahmen at-jüdischer Theologie steht (vgl. z.B. Jes 34,4; Dtn 30,15ff; Dan 12,2 usf.). Ich gehe daher davon aus, dass Log 111 S.1/2 wahrscheinlich der Verkündigung des historischen Jesus zugerechnet werden kann (so auch ZÖCKLER, EvThom, 256; vgl. noch NORDSIECK, Reich Gottes, 179).

Anders liegt dies bei dem deutlich abgehobenen Spruch Log 111 S.3. Er stellt eine vermutlich im Zuge der Parusieverzögerung vollzogene spätere

Kommentierung des Worts von S.1/2 dar. Er deutet das „Leben" der Jüngerschaft als „Selbstfindung" und verheißt daraus resultierend Distanz und Überlegenheit zur „Welt", die gleichfalls als vergänglich gesehen wird. Diese Stufe steht wie gezeigt in der Nähe joh Denkens und wird somit nicht auf den historischen Jesus zurückzuführen sein (insofern ist FUNK u. JS., CROSSAN und LÜDEMANN, s.o., im Ergebnis zuzustimmen).

LOG 112

1. JESUS SPRICHT: WEHE DEM FLEISCH, DAS AN DER SEELE HÄNGT. 2. WEHE DER SEELE, DIE AM FLEISCHE HÄNGT.

Ein direkter Stichwortzusammenhang zu Log 111 ist nicht ersichtlich, allerdings besteht eine sinngemäße Beziehung des Begriffs „Seele" (ψυχή) zum „Selbst" in Log 111 S.3. Außerdem gehört das „Fleisch" (σάρξ) in den Bereich der alten „Welt", als deren Grundlage und daher auch zu der entsprechenden Reihe von Logien.
Log 112 steht in nahem Kontakt sowohl zu Log 29 als auch zu Log 87. Es geht bei allen diesen Worten um die Interdependenz zwischen „Geist" und „Seele" sowie „Fleisch" und „Leib", wobei aber zu beachten ist, dass hier weder ein strikter Gegensatz zwischen den beiden Begriffspaaren zu verzeichnen ist noch „Geist / Seele" oder „Fleisch / Leib" identisch sind. Vielmehr handelt es sich um differenziert vorgestellte wechselseitige Verhältnisse, die jeweils im einzelnen in den Kommentierungen zu den Logien besprochen sind.
Da auch in Log 112 keine Abwertung des „Fleischs" (cαρξ / σάρξ) gegenüber der „Seele" (ψγxн / ψυχή) anzunehmen ist, entfällt wiederum eine gnostische Zuweisung des Logions (so zutreffend DAVIES, Wisdom, 30.73f gegen die vielfache gegenteilige Ansicht, vgl. MÉNARD, EvThom, 209; HAENCHEN, EvThom, 54f; FIEGER, EvThom, 275f).
Unser Wort enthält einen Weheruf, wie er etwa in Lk 6, 24-26, aber auch Mt 23,13ff Par (teilweise Q) begegnet, ferner auch in EvThom Log 102. Es warnt einerseits den Menschen, dessen „Fleisch" von der „Seele" abhängt. „Seele" ist hier sicherlich ein ganzheitlicher Begriff, der jedoch besonders auch den Willen, die Gefühle und Leidenschaften eines Menschen umfasst. So wird es als gefährlich angesehen, dass ein Mensch vom Willen oder den Gefühlen eines anderen abhängig ist, dass er an die eigenen Emotionen und Affekte gefesselt und an seine Süchte versklavt ist. Andererseits warnt das Wort auch davor, dass die „Seele" eines Menschen vom „Fleisch" abhängt, womit hier wohl körperliche und

sexuelle Bedürfnisse, aber auch Mängel und Schwächen des Körpers eine Rolle spielen mögen. Keineswegs wird hier das „Fleisch" gegenüber der „Seele" einseitig abgewertet. Vielmehr wird geradezu ausgewogen vor Fixierung und Abhängigkeit jeweils der einen Sphäre von der anderen gewarnt (so auch ZÖCKLER, EvThom, 121f; i. Anschl. a. DAVIES, s.o., 30.73f).

Synoptische oder auch sonstige ntliche Gegenüberstellungen von „Seele" und „Fleisch" kommen normalerweise nicht vor. Kontrastiert werden „Leib" (σῶμα) und „Seele" (ψυχή), z.B. in Mt 10,28, s. weiteres dazu bei Log 87. Ferner gibt es die Entgegensetzung von „Geist" (πνεῦμα) und „Fleisch" (σάρξ), sowohl bei den Synoptikern (s. Mk 14,38 Par Mt 26,42), bei Joh (6,63) und besonders bei Paulus, wo dann „Fleisch" im Sinne einer verhängnisvollen Ego-Macht gesehen wird (vgl. dazu auch näheres bei Log 29). Eine Kontrastierung von „Seele" und „Fleisch" begegnet nur völlig peripher etwa in 1Petr 2,11, wo der Verfasser die „Geliebte", also die frühchristliche Gemeinde ermahnt: „Enthaltet euch der fleischlichen Begierden (σαρκικῶν ἐπιθυμιῶν), die gegen die Seele (κατὰ τῆς ψυχῆς) streiten und führt einen guten Wandel unter den Heiden..." Meist, z.B. bei Philo oder Flavius Josephus ist, wenn „Fleisch" und „Seele" gegenüber gestellt werden, mehr unbetont an die Ambivalenz von „Leib" und „Seele" gedacht (s. Philo, Her 57; VitMos II, 2; Flavius Josephus, Bell 3, 372).

Im letzteren Sinn wird auch unser Log 112 zu verstehen sein: Hier wird nicht „Fleisch" (ⲥⲁⲣⲝ) abgewertet und negativ beurteilt und „Seele" (ⲯⲩⲭⲏ) hochgeschätzt. Vielmehr wird in einer charakteristischen chiastischen Verschränkung jeweils vor der Abhängigkeit und Fixierung des einen an das andere gewarnt. Eine solche Gebundenheit darf nicht zur Unfreiheit führen und das Kommen der endzeitlichen Gottesherrschaft verhindern. Vgl. dazu die drastische Warnung Jesu in Mk 9,43ff Par, wonach auch die Fixierung an „Hände", „Fuß" und „Auge" die Öffnung für das kommende Reich Gottes behindern und stören kann.

Ähnliches ist auch bereits bei Log 29 und 87 ausgeführt worden. Dabei ergibt sich die Frage, inwieweit diese Logien voneinander abhängig sind oder nicht. Am nächsten liegt, sie als selbstständige Traditionen anzusehen, die in der Thomas-Gemeinde umliefen und schließlich aus verschiedenen Sammlungen in das EvThom integriert worden sind. Eine Abhängigkeit ist mangels redaktioneller Besonderheiten nicht zu erkennen.

Was ihre Ursprünglichkeit betrifft, so dürften die Logien sämtlich und insbesondere auch Log 112 im Rahmen der frühchristlichen und nichtgnostischen Theologie beheimatet sein, die der jüdischen Weisheitslehre nahesteht. Eine Zugehörigkeit zur Verkündigung des historischen Jesus ist dagegen nicht nachzuweisen, zumal es an direkten

Parallelen in der Jesus-Predigt mangelt und allenfalls eine sinngemäße Beziehung zu ihr entwickelt werden kann. Auch die allgemeine Meinung verneint eine Zugehörigkeit zur Verkündigung des irdischen Jesus (s. CROSSAN, Historischer Jesus, 580 u. FUNK u. JS., Five Gospels, 533; LÜDEMANN, Jesus 2000, 810.800 gelangt zum gleichen Ergebnis, meint jedoch eine Verwurzelung des Logions im gnostischen Denken feststellen zu müssen).

LOG 113

1. SEINE JÜNGER SPRACHEN ZU IHM: DAS KÖNIGREICH, AN WELCHEM TAGE WIRD ES KOMMEN? - 2. NICHT IM ERWARTEN WIRD ES KOMMEN! 3. SIE WERDEN NICHT SAGEN: SIEHE, HIER! ODER: SIEHE DORT! 4. VIELMEHR IST DAS KÖNIGREICH DES VATERS AUSGEBREITET ÜBER DIE ERDE, UND DIE MENSCHEN SEHEN ES NICHT.

Zum vorhergehenden Log 112 ist eine Stichwortverknüpfung nicht ersichtlich, allenfalls eine motivische Beziehung über das „Reich" Gottes, das in Log 112 insofern angesprochen ist, als das „Fleisch", aber auch die „Seele" das Reich verhindernde Mächte sein können. Stichwortmäßig ist Log 113 dagegen mit Spruch 111 über das Substantiv „Erde" verbunden und gehört auch in die Logienreihe über „Welt" und Reich Gottes ab Log 110.
Es ist hier wiederum festzuhalten, dass unser Spruch entscheidend mit den Log 3 und 51 zusammen zu sehen ist und diese drei Logien die Grundstützen des ganzen EvThom bilden (s. auch die Komm. bei diesen Worten). Sie fundieren die zentrale Aussage von der Gegenwart der Königsherrschaft Gottes. Diese ist zwar auch in den synoptischen Evangelien anzutreffen sowie bei Paulus, aber nicht in dem Umfang wie hier, und gipfelt in den präsentischen Aussagen des JohEv. Allerdings schließt sie die daneben noch aufrecht erhaltene Verkündigung vom zukünftig kommenden Reich nicht aus (vgl. z.B. Log 22 sowie 11, 111 usw.). Eine spezifisch gnostische Auslegung der Gegenwart des Reichs, wie sie SCHRAGE, Verh, 199f; FIEGER, EvThom, 276f; HAENCHEN, EvThom, 44f u.a. annehmen, ist nicht erkennbar und schon deshalb ganz unwahrscheinlich, weil hier das Reich nicht im Innern des Menschen angesiedelt wird, sondern „über die Erde (καϩ) ausgebreitet" und auch nicht etwa in eine jenseitige Welt verlegt sein soll. Damit überschreitet Log 113 nicht nur die Apokalyptik, sondern widerstreitet mit dieser positiven Weltbeziehung auch der Gnosis (s. auch ZÖCKLER, EvThom, 119f).

Als maßgebliche nt Parallele kommt Lk 17,20.21 in Betracht, das bereits in den Komm. zu Log 3 und 51 wörtlich zitiert und in seiner Auslegung und Bedeutung gewürdigt worden ist. Im vorliegenden Log 113 haben wir ebenfalls auf eine Frage nach dem Wann des Reichs Gottes zuerst zwei verneinende Aussagen, die Auskunft darüber geben, wie das Kommen der Gottesherrschaft nicht zu verstehen sei. Den Schluss des Dialogs bildet eine positive Antwort auf die gestellte Frage.
Im Gegensatz zu Lk 17,20f, wo Jesus von Pharisäern nach dem Zeitpunkt des Kommens der Gottesherrschaft gefragt wird, fragen hier die Jünger Jesu, „an welchem Tage" sie „kommen" werde. Die Einleitung bei Lk ist typisch redaktionell, da sie zum Kontext des Lk passt und mit der Antwort des „mitten unter euch" schwerlich zusammengeht (s. auch BULTMANN, Tradition, 24.55ff u.a.). Die thom Fassung dürfte daher ursprünglicher sein. Die erste verneinende Antwort, die Gottesherrschaft werde nicht im „Erwarten" (ϩⲛ ⲟⲩϭⲱϣⲧ ⲉⲃⲟⲗ / μετὰ ἀποκαραδοκίας) kommen, weicht von der lk Fassung ab, wonach sie nicht „unter Beobachtung" (oder „so dass man sie beobachten könnte", μετὰ παρατηρήσεως) komme. Dieser Unterschied wird jedoch entgegen SCHRAGE, Verh, 200 nicht erheblich sein, da beide Vokabeln wahrscheinlich auf ein und dieselbe aramäische Wurzel zurückgehen und Übersetzungsvarianten sind, die beide ein Ausschauen, Ausspähen nach etwas bedeuten (so G. QUISPEL, NTS 5, 1959, 288; H.W. BARTSCH, NTS 6, 1960, 257). In Frage kommt die Beobachtung apokalyptischer Vorzeichen sowie esoterisch-astrologischer Berechnung, die abgewiesen werden. Die weitere verneinende Antwort lautet, dass auch nicht gesagt werden solle: „Sieh hier! und: Sieh dort!". Das entspricht im wesentlichen der Tradition bei Lk und soll wohl Spekulationen entgegenwirken, der Messias werde mit seinem Reich auf sensationelle Weise, etwa an bestimmten auffälligen Orten wie dem Berg Zion oder in der Wüste erscheinen. Die positive Antwort lautet alsdann bei EvThom anders als bei Lk, nämlich dass das „Reich des Vaters" „über die Erde ausgebreitet" sei, doch „die Menschen sehen" (ⲛⲁⲩ) es nicht. Dies scheint ähnlich wie schon bei Log 3 S.3 eine Erläuterung der schwierigen und vieldeutigen Antwort von Lk 17,21, das Reich sei „mitten unter euch" (ἐντὸς ὑμῶν), zu sein (so auch B. CHILTON, GP 5, 1985, 165f): Es sei nämlich „innerhalb" und „außerhalb" „von euch" (Log 3), ja darüberhinaus über die ganze Erde ausgebreitet, wie dies auch in Hiob 28,12ff.24ff und Bar 3,29-4,1 von der Weisheit Gottes ausgesprochen ist (ähnl. DAVIES, Wisdom, 41ff; PATTERSON, GosThom, 70).
Eine Abhängigkeit des Log 113 von Lk 17,20.21 ist nicht festzustellen. Zwar behaupten SCHRAGE, Verh, 199f und FIEGER, EvThom, 276f, EvThom habe auf das lk Herrenwort „zurückgegriffen" und es „verändert", besonders durch die Ersetzung der παρατήρεσις durch die

ἀποκαραδοκία (s. auch Röm 8,19; Phil 1,20) und damit die eschatologische Erwartung überhaupt abgelehnt. Dies wird jedoch der sprachlichen Nähe und gemeinsamen aramäischen Wurzel dieses Worts nicht gerecht und sieht auch nicht, dass EvThom in anderen Logien die futurische Eschatologie durchaus, wenn auch nicht zentral, bejaht. Eine Übernahme redaktioneller Elemente des Lk liegt auch nicht vor, da die Parallel-Termini wie etwa das „mitten unter euch" traditionell sind. Wie PATTERSON, GosThom, 71f; SIEBER, Analysis, 224f zutreffend darstellen, liegt daher eine selbstständige Tradition in Log 113 vor, ebenso wie dies auch bereits bei Log 3 und 51 gezeigt worden ist (so auch PERRIN, Jesus, 72f u. ZÖCKLER, EvThom, 166).

Schwieriger sieht die Frage nach der Ursprünglichkeit der einzelnen Überlieferungen im Verhältnis zueinander aus. Hier dürfte Lk 17,20.21 gegenüber Log 113 wohl ursprünglicher sein. Dies gilt allerdings nicht für die sekundäre Einleitung mit den fragenden Pharisaern, wo EvThom älter sein wird. Jedoch ist der Kern der Aussage, dass nämlich das Reich Gottes ἐντὸς ὑμῶν sei, wegen seines schwierigen und auslegungsbedürftigen Charakters die lectio difficilior und sicherlich ursprünglicher als die Fassung in Log 113 (wie auch die von Log 3 S.3).

Im übrigen gleichen sich die Versionen im wesentlichen und wollen aussagen, dass sich das Reich Gottes und seine Gestalt „allen Bemühungen der Beobachtung von außen" und jeder „äußerlichen Überprüfbarkeit" „entziehen" (so richtig ZÖCKLER, EvThom, 167f).

Dies gilt für eine zeitliche Fixierung, aber auch, wie sich besonders aus Log 3 ergibt, für eine örtliche Festlegung. Log 51 betrifft die inhaltliche Deutung der Gottesherrschaft einerseits als innere „Ruhe" und ferner als äußere Neuwerdung der Welt. Auch hier wird nochmal betont, dass das Reich, wie auch in Log 3 und 113, bereits in der Gegenwart gekommen ist, nämlich in unserem Wirkungsbereich, zu unserer Verfügung sich befindet. Es sagt aber weiter aus, dass auch selbst die Jünger dies nicht wahrnehmen und „sehen". Dies ist somit insgesamt gut bezeugt.

Sowohl das präsentische Kommen des Reichs Gottes ist kompatibel mit der sonstigen Verkündigung Jesu von der Gegenwart der Gottesherrschaft (s. dazu bereits i. e. zu Log 3 und 51) als auch die Klage über das Unverständnis der Jünger. Diese wird nicht nur in Log 51 und 113 angesprochen, sondern auch in Log 3 durch das „siehe" (ἰδοὺ) angedeutet, womit ebenfalls um Verständnis und Aufmerksamkeit gebeten wird. Auch die negativen Antworten, nämlich die Unzulänglichkeit nachweisbarer Fixierung des Kommens des Reichs (bzw. des Menschensohns) haben Par in Mk 13,21ff Par Mt 24,23ff und Lk 17,23 Par (Q) und entsprechen daher auch der Kohärenzforderung.

Danach ist zusammenfassend festzustellen, dass sowohl Lk 17,20.21 / Log 113 als auch Log 3 mit den bezeichneten Modifizierungen sowie auch der Inhalt von Log 51 der authentischen Jesus-Verkündigung zugerechnet werden können. Das bejahen auch FUNK u. JS., Five Gospels, 533; ferner 472f u. 503 (eingeschränkt betreffend Log 51) und CROSSAN, Historischer Jesus, 377ff, während LÜDEMANN, Jesus 2000, 810f, ferner 755f.781 zwar die Ablehnung von Spekulationen über das Kommen des Reichs für echt hält, nicht aber die positive Schlussaussage über seine jeweilige Gegenwart.

Nach alledem gehört zwar auch das zukünftige Kommen der eschatologischen Gottesherrschaft zum Inhalt der Verkündigung Jesu. Jedoch ist noch maßgeblicher und zentral seine Predigt vom Hier und Jetzt, vom gegenwärtigen, jedenfalls ansatzweisen und zeichenhaften Kommen des Reichs Gottes. Danach wendet sich Gott nicht nur in Jesus selbst und seinen Jüngern und -innen den Menschen zu und will sie zu Glauben und Achtsamkeit führen. Vielmehr kommt er uns auch heute in Menschen und Ereignissen nahe und ruft uns zur Entscheidung für die Freiheit, die Liebe und Gerechtigkeit und ein dementsprechendes Leben in der Welt auf, das zur Einheit und Ganzheit des Gottesreichs führen soll.

LOG 114 UND ABSCHLUSS

*1. SIMON PETRUS SPRACH ZU IHNEN: MARIA SOLL VON UNS WEGGEHEN; DENN DIE FRAUEN SIND DES LEBENS NICHT WÜRDIG. 2. JESUS SPRACH: SIEHE, ICH WERDE SIE FÜHREN, AUF DASS ICH SIE MÄNNLICH MACHE, DAMIT AUCH SIE EIN LEBENDIGER GEIST WERDE, DER EUCH MÄNNERN VERGLEICHBAR IST. 3. DENN JEDE FRAU, DIE SICH MÄNNLICH MACHT, WIRD EINGEHEN IN DAS KÖNIGREICH DER HIMMEL.
DAS EVANGELIUM NACH THOMAS.*

Eine stichwortmäßige Verbindung zu dem vorhergehenden Log 113 besteht über den Begriff „Königreich". Die Beziehung ist dennoch relativ lose, und das Logion wirkt nachträglich an die letzte Sammlung von Sprüchen oder auch an das EvThom als Ganzes angehängt: Ungewöhnlich ist nämlich, dass ein Jünger (Simon Petrus) sich autoritativ an die anderen Jünger wendet; das ist ein Merkmal, das im EvThom nur an dieser Stelle begegnet. Auch scheint Log 114, jedenfalls auf den ersten Blick, Log 22 S.4 zu widersprechen, wonach das Männliche und Weibliche aufgehoben und zu einem „Einzigen" gemacht werden sollen, während hier eine Frau (Maria) „männlich gemacht" werden soll. Das Wort wurde daher oft „frauenfeindlich" genannt (s. CULLMANN, ThLZ 85, 1960, 329 u.a.). Zumindest wird in diesem

Logion der Spruch 22 in eigenartiger Weise praktisch angewendet, so dass eine spätere Hinzufügung des Worts als Epilog naheliegt. Das nehmen im Ergebnis auch PATTERSON, GosThom, 117; DAVIES, Wisdom, 152f; J. DART, Theology Today, 1978, 321f u.a. an.
Sprachlich ist nicht ganz klar, wie der letzte Halbsatz von S.2: ϥⲉⲓⲛⲉ ⲙ̄ⲙⲱⲧⲛ̄ ⲛ̄ϩⲟⲟⲩⲧ zu übersetzen ist. BETHGE, Synopsis, 545 bevorzugt: „damit auch sie ein lebendiger, <euch gleichender, männlicher> Geist werde". Das wirkt jedoch unnötig gehäuft und macht das Pneuma männlich. Es empfiehlt sich, mit der herrschenden Auffassung zu übertragen: „damit auch sie ein lebendiger Geist werde, <der euch Männern vergleichbar ist>" (ⲉⲓⲛⲉ: auch „gleicht" oder „ähnelt"), s. BLATZ in SCHNEEMELCHER, NtApokr, I, 113; HAENCHEN, EvThom, 33; FIEGER, EvThom, 278; LAMBDIN, Translation, 93 („resembling you males") u.a. Auch der Anschluss des letzten S.3 mit dem kausalen „Denn" (ⲭⲉ) entspricht der herrschenden Ansicht (gegen BETHGE: „Ich sage euch aber:..."). Neuerdings hat P. SCHÜNGEL (Nov Test 36, 4, 1994, 394ff) den Vorschlag gemacht, S.2 ganz neu zu übersetzen, nämlich den Vordersatz als Frage, ob Jesus Maria „männlich machen" solle, und den Nachsatz als Antwort: „Dazu, dass auch sie ein Pneuma werden kann, das lebendig ist, gleicht ihr Pneuma euch, die ihr männlich seid". Diese Übersetzung ist jedoch sprachlich nicht plausibel, sie wirkt eher noch umständlicher als die hier gewählte der herrschenden Meinung und beseitigt nicht einmal den Anstoß des „Männlich-machens" bzw. „-werdens" der Frau (s. entspr. auch MARJANEN in R. URO, Thomas at the Crossroads, 97ff).
Die überwiegende Zahl der Ausleger interpretiert das Logion vom „Männlichwerden" unter gnostischen, gelegentlich enkratitischen Vorzeichen, so MÉNARD, EvThom, 210; GÄRTNER, Theology, 255f; HAENCHEN, EvThom, 69 u.a. Es wird etwa verwiesen auf Hippolyt, Ref Haer 5.8.44, wonach das „Tor zum Himmel" denen offenstehe, die „ihre Kleidung ablegen und alle zu Bräutigamen werden, nachdem sie männlich gemacht worden sind durch den jungfräulichen Geist" (ferner Clemens Alex., Exc ex Theod 79, 1Apokal Jak 41,15ff; Zostrianos 131,2ff). FIEGER, EvThom, 280 geht sogar so weit zu sagen, dass in Log 114 in gnostischer Manier Fortpflanzung und Ehe überhaupt abgelehnt würden (so auch in Festg. J. Assfalg, Die Frau im ThEv, 1990, 102ff). Das gibt unser Spruch jedoch in keiner Weise her. Es empfiehlt sich auch hier, primär von den frühchristlichen Wurzeln des Logions, besonders im EvThom selbst auszugehen.
Zugrunde liegt eine Aufforderung des Simon Petrus an die übrigen Jünger, dass Maria die Jüngergemeinschaft verlassen solle. Die Rolle des Petrus ist nach den Evangelien geläufig (s. auch Log 13): Er ist schon zu Lebzeiten Jesu die führende Jüngerpersönlichkeit (Mk 8,27ff Par; auch

Joh 6,66ff) und bleibt dies auch nach Ostern (Lk 24,34; 1Kor 15,5). Die hier genannte Maria (ⲙⲁⲣⲓϩⲁⲙ) wird als Maria Magdalena zu identifizieren sein, ebenso wie in Log 21 (s. FIEGER, EvThom, 279 u. Festg. w.o., 103; S. PETERSEN, Werke der Weiblichkeit, 94.169ff; MOHRI, Maria Magdalena, 15f u.a.). Sie ist ebenfalls aus den Evangelien als nächste Gefährtin Jesu in seinem Wanderleben bekannt (vgl. Lk 8,2; Mk 15,40.47; 16,1.9; Mt 27,56.61; 28,1; Lk 24,10; Joh 19,25; 20,1ff) und wird auch, unter diversen Bezeichnungen wie Mariham, Marihamme, aber auch Maria oder Maria Magdalena, in verschiedenen außerkanonischen Schriften erwähnt, so im DialSot, EpAp, EvPhil, der Sophia Jesu Christi (SJC), der 1. Apokalypse des Jakobus (1Apokal Jak) und der Pistis Sophia (PS). Aus den Kontexten, besonders der charakteristischen Rolle Marias in ihnen geht hervor, dass immer dieselbe Person, nämlich die Magdalenerin und nicht etwa die Mutter Jesu gemeint ist (vgl. J. LAGRAND, How was the Virgin Mary „like a Man"?, NT 22, 1980, 97ff). Vieles wie besonders die Verbindung zwischen der Salbung Jesu bei Lebzeiten und zu seiner Bestattung spricht auch dafür, dass die bethanische Maria (vgl. Lk 10,38ff; Joh 11.12) und die nicht näher bezeichnete „Sünderin" aus Mk 14,3ffPar mit Maria Magdalena identisch sein könnten (s. NORDSIECK, Maria Magdalena, 62f; anders allerdings die h.M.).

Das Verhältnis der Maria zu Simon Petrus ist konfliktbelastet. Dies dürfte auch noch einen historischen Hintergrund haben. Es wird allerdings in eher später zu datierenden Schriften ausdrücklich thematisiert, wie etwa in EvMaria 17,18 / 18,15; EvPhil Log 22 und 55 sowie der PS Kap 36 und 72 (s. näher NORDSIECK, s.o., 68f). Möglich ist aber, dass hier auch die Wurzeln für die schlechte Behandlung und auch die Namensunterdrückung der Frau zu finden sind, die die nächste Bezugsperson des irdischen Jesus war.

Auf das Ansinnen des Petrus, Maria solle weggehen, da sie des „Lebens" (i.S.d. Reichs Gottes, vgl. die Komm. zu Log 1,4,11,111) nicht „würdig" sei, widerspricht Jesus und besteht damit auf der weiteren Teilnahme Marias an der Jüngergemeinschaft. Er nimmt in Anspruch, sie zu einer bestimmten Einstellung, einem bestimmten Verhalten zu „führen" (ⲥⲱⲕ; das Verb begegnet auch in Log 3 mit ⲥⲱⲕ ϩⲏⲧ·: eigtl. voranziehen oder - schleppen, vorausgehen, womit dort wohl die Leiter des Volks oder der Gemeinde gemeint sind, s. ferner Joh 12,32 u.ö.). Das Ziel dieser Anleitung ist, dass Magdalena „männlich (ϩⲟⲟⲩⲧ)" werde und dadurch zu einem „lebendigen Geist (ⲡⲛⲉⲩⲙⲁ ⲉϥⲟⲛϩ)", der „euch Männern vergleichbar (ⲉⲓⲛⲉ)" ist.

Der Inhalt des Männlichwerdens ist in mehreren ausführlichen Untersuchungen zu klären versucht worden. M.W. MEYER, Making Mary Male, NTS 31 (1985), 554ff sieht als zentrales Ziel des Spruchs die

Askese und Asexualität der Frau und begründet dies mit einer Vielzahl hellenistischer und auch speziell gnostischer Quellen. Die Androgynie als Ziel lehnt er allerdings ab; diese bevorzugt DE CONICK, Seek to See Him, 18f und verweist u.a. auf den entsprechenden platonischen Mythos.
J.J. BUCKLEY, An Interpretation of Logion 114 in the Gospel of Thomas, NovTest 17,3 (1985), 245ff prüft eine große Zahl von Belegstellen im EvThom selbst, zuletzt besonders Log 61, und nimmt ein Initiationsritual an, das zu einer mystischen Wiederherstellung der (vor)- paradiesischen Einheit des Menschen führen solle, und zwar in einer Heilshierarchie von drei Stufen (weiblich - männlich - lebendiger Geist).
S. PETERSEN, Werke der Weiblichkeit, 171f hat mit Recht die gnostischen und gnostisierenden Auslegungen, die zu Asexualität und Askese führen, kritisiert, da nirgendwo im EvThom zu Askese und Vermeidung der Sexualität aufgerufen werde, im Gegenteil z.B. das Fasten abgelehnt werde (s. Log 14,104), so auch DAVIES, Wisdom, 21f und BUCKLEY, s.o., 270. Sie hat auch zu Recht ausgeführt, dass ein valentinianisches oder sonstiges Aufnahmeritual ebenfalls nicht nachzuweisen ist und sich auch nicht aus den Logien über das Brautgemach (Log 75,104) ergibt (s. S. PETERSEN, s.o., 173). Sie übernimmt aber zutreffend das Konzept, Log 114 aus dem Kontext des EvThom selbst zu deuten. Dabei spielt für sie neben Log 99 besonders Log 22 S.4-7 die zentrale Rolle, dem wird m.E. auch zu folgen sein.
Sowohl in Log 22 als auch in Log 114 ist die Geschlechterdifferenz (mit den Worten ϩοογτ und cϩιμε: „männlich" und „weiblich") maßgeblich thematisiert. Beide Sprüche sind mit Maria (μαριϩαμ) verbunden, s. Log 21 / 22, und beide betreffen letztlich das „Eingehen in das Reich" (βωκ εϩογν ετμντερο). In Log 22 S.4-7 fordert Jesus dazu auf, „die zwei zu einem" zu machen, und zwar „damit ihr das Männliche und das Weibliche zu einem Einzigen macht, auf dass das Männliche nicht männlich und das Weibliche nicht weiblich sein wird". Log 114 beinhaltet in S.2, dass Jesus Maria „männlich machen" will, damit sie ein „lebendiger Geist" werde, und in S.3, dass „jede Frau" sich „männlich machen" solle.
Damit ist hier in beiden Sprüchen im Ergebnis dasselbe Ziel ins Auge gefasst, jedenfalls was die Frau, das Weibliche betrifft, es liegt insofern auch kein „Denkfehler" des EvThom vor (LEIPOLDT, EvThom, 76): Das Weibliche soll „männlich" werden, damit es sich diesem annähern kann, die Differenz entfällt und schließlich eine Einswerdung, eine Einheit zustandekommt (so auch S. PETERSEN, Werke der Weiblichkeit, 174 u. schon GRANT - FREEDMAN, Geheime Worte, 180f u. DE CONICK, s.o., 18ff). Die Kritik von LÜDEMANN, Jesus 2000, 811, Log 22 spreche von der „Auflösung der Geschlechtlichkeit" und Log 114 demgegenüber von einer „Verwandlung des Weiblichen ins

Männliche", trifft nicht zu, da beide Sprüche die Verwandlung der Gegengeschlechtlichkeit hin zur Einheit erstreben, die als „lebendiger Geist" bzw. „Reich" (Gottes) beschrieben wird. Die Herkunft dieser Vorstellung dürfte in der Schöpfungsgeschichte zu sehen sein, wobei es keinen Sinn macht, den 1. und den 2. Schöpfungsbericht (Gen 1 u. 2) auseinander zu dividieren (wie dies BUCKLEY tut, indem sie für Log 114 nur die 2. Schöpfungsgeschichte gelten lassen will, s. dies., 114, 246 u. 271). Danach ist die Einheit das Signum des ersten Menschen (Adam) in seinem paradiesischen Zustand vor der Teilung und Entfremdung durch die geschlechtliche Differenzierung, den Sündenfall und die Vertreibung aus dem Paradies. Diese Einheit soll durch den Messias, den „Menschensohn" und Neuen Menschen auf neuer Stufe wiedergewonnen werden, zu diesem sollen seine Nachfolger als „Söhne des Menschen" und somit erneuerte Menschen gehören (s. auch Log 86 u. 106). Zur Wiederherstellung der ursprünglichen schöpfungsmäßigen Einheit ist die Aufhebung der Entfremdungen und Dualismen der gefallenen „Welt" erforderlich, so besonders auch die Annäherung der Geschlechter und die Aufhebung des Dualismus von Männlichkeit und Weiblichkeit. Nur dann kann der Mensch nach der vorliegenden Auffassung zu einem „lebendigen Geist" werden, der der „lebendigen Seele" (ψυχή ζῶσα) nach Gen 2,7 entspricht (s. auch Log 29), und wird in das eschatologische Reich Gottes eingehen (vgl. dazu auch die Arbeiten von A.F. KLIJN, H.C. KEE u. W. MEEKS, zit. bei Log 22, und S. PETERSEN, Werke der Weiblichkeit, 175f).
Diese neue Einheit und Integration der Geschlechter entspricht, wie schon in der Komm. zu Log 22 gezeigt, auch der frühchristlichen Auffassung, wobei besonders auf Gal 3,28; 1Kor 12,13; Kol 3,9ff; ferner 2Clem 12,2ff und EvÄg Nr. 5b verwiesen sein mag (s. auch hier zu Log 22 u. des näheren CROSSAN, Historischer Jesus, 393ff).
Fraglich ist, wie die angestrebte Integration und Vereinheitlichung des Weiblichen und Männlichen zustande kommen soll. Eine real-physische Lösung (etwa durch asketische Praktiken oder gar Selbstkastration, wie sie B. LINCOLN, Thomas-Gospel and Thomas-Community, NovTest 19,1977, 65ff [75] der frühen Kirche zutraut) dürfte nicht in Frage kommen. Desgleichen entspricht eine Androgynie im wörtlichen Sinne nicht dem Ziel. Andererseits kann aber auch die Einheit nicht nur symbolisch, metaphorisch oder gar jenseitig gemeint sein. Am treffendsten wird es sein, von einer erstrebten Veränderung psychischer Einstellungen und sozio-kultureller Rollen auszugehen (vgl. dazu ähnl. ZÖCKLER, EvThom, 238f u. MARTIN, EvThom, 307f u. Frauen und Männer im apokryphen ThEv, Festschr. E. Moltmann-Wendel, 1991, 99ff): Frauen sollten sich danach ihres Animus, ihres inneren Mannes, Männer ihrer Anima, ihrer inneren Frau bewusst werden und den Weg

einer Wahrnehmung und Integration dieser seelischen Anteile gehen. Auch die sozialen Rollen von Mann und Frau könnten sich annähern, und auf diesem Wege könnten unterdrückende Dualitäten und Entfremdungen beseitigt werden. Selbst die Frage von Habitus und Kleidung könnte bei den wandernden Charismatikern / -innen von Bedeutung gewesen sein (s. PATTERSON, GosThom, 154; J. HARTENSTEIN - S. PETERSEN, EvThom, 773ff).

Offen ist noch, ob unser Logion nicht die zeitgenössische patriarchalische und androzentrische Verzerrung aufweist, die für die antike (und auch spätere) Welt im ganzen charakteristisch war, indem es nämlich nur das „Männlich-werden" des „Weiblichen" anspricht und nicht vice versa das Umgekehrte. Das wird nicht zu bestreiten sein: Das Wort geht offenbar davon aus, dass Jesus selbst bereits, jedenfalls anfangsweise in der Einheit des „lebendigen Geistes" lebt, aber auch besonders seine männlichen Jünger; denn Maria soll ein „lebendiger Geist" werden, der „euch Männern vergleichbar ist" (man kann auch übersetzen: „gleicht" oder „ähnelt"). Anscheinend wird damit vorausgesetzt, dass diese Männer bereits in der Jüngergemeinschaft „weiblich" geworden sind; denn Log 22 geht ja eindeutig nicht nur von einem Männlichwerden der Frauen, sondern auch einem Weiblichwerden der Männer aus. Dies wird man durchaus als unzulässige Vereinseitigung ansehen müssen, die ihren Hintergrund in dem genannten Patriarchalismus hat. Jedenfalls aber besteht Jesus nach dem Logion (gegen Petrus und wohl auch seine Gemeinde) darauf, dass die Frauen ebenso wie die Männer gleichrangig in der Jüngergemeinschaft Platz haben. Sie sollen durch die erstrebte Veränderung ebenso wie diese in die Freiheit des Reichs Gottes eingehen, indem sie zur Einheit des Männlichen und Weiblichen, zur Ganzheit und Fülle des Lebens gelangen (S.3) (s. ähnl. jetzt auch M. W. MEYER, Gospel of Thomas Log 114 Revisited, in H.-G. Bethge u.a. (ed.), For the Children, 2001, 101ff [110] m.w.N.).

Zusammenfassend ist zu sagen, dass das vorliegende Apophthegma als praktische Anwendung des Log 22 über die Einheit, Gleichheit und Integration von Frau und Mann anzusehen ist. Es bezieht sich damit zwar in unabhängiger Weise auf diese Tradition und bestätigt indirekt nochmals, dass Log 22 insoweit sinn- und inhaltsgemäß als authentisch anzusehen ist. Auch entspricht es der Kernaussage des EvThom, dass das Reich Gottes grundlegend in der Einswerdung und Ganzheitlichkeit des Menschen zu sehen ist. Allerdings ist die vorliegende Szene mit den darin formulierten Worten als solche nicht als echt nachzuweisen, sondern wohl aus nachösterlichen Diskussionen über die Stellung der Maria Magdalena und das Verhältnis der Führungspersönlichkeiten in der christlichen Gemeinde sowie auch allgemein der Stellung der Frau in ihr zu verstehen (vgl. dazu auch 1Petr 3,1ff u. EvMaria 17,18 / 18,15).

Darauf deutet auch die Ausdrucksweise vom „lebendigen Geist" hin, in Analogie etwa zu 1Kor 15,45 über den auferstandenen Christus, anstelle der „lebendigen Seele" nach Gen 2,7, vgl. K.H. RENGSTORF in U. BIANCHI (ed.), Le Origini dello Gnosticismo, 1967, 563ff. Dies entspricht auch im Ergebnis der herrschenden Beurteilung, s. besonders CROSSAN, Historischer Jesus, 397.580, m. Hinweis auf D.R. MACDONALD, There is no Male and Female, 1987, 127ff sowie FUNK u. JS., Five Gospels, 534.

Der Abschluss des Evangeliums, die subscriptio lautet: πεγαγγελιον πκατα θωμας („Das Evangelium nach Thomas"). Bemerkenswert ist, dass auch das EvThom als Spruch-Sammlung in einem gewissen Gegensatz zu den synoptischen Evangelien sowie dem JohEv als Geschichts-Darstellungen ausdrücklich als „Evangelium" bezeichnet ist. Es bezieht sich damit ebenso wie diese auf die „frohe Botschaft" vom kommenden und bereits gekommenen Reich Gottes. Diese hat ihre Wurzeln im at „Verkündigen" (εὐαγγελίζεσθαι) der Freudenbotschaft, dass Gott sein königliches Regiment angetreten habe (Jes 52,7). Der Freudenbote bringt nach Jes 61,1f den Elenden frohe Kunde und ruft das „Gnadenjahr" des Herrn aus. Jesus bezieht sich in Lk 7,18ff / Mt 11,2ff (Q), Lk 6,20ff / Mt 5,3ff (ebenfalls Q), Mk 1,14 Par und besonders auch Lk 4,18f auf diese Freudenbotschaft, die das Kommen der Gottesherrschaft und seines Verkündigers beinhaltet. Von christologischen Würdetiteln, Kreuz und Auferstehung Jesu ist zunächst noch nicht explizit die Rede, diese werden dann aber in der Predigt des Paulus sowie der Evangelisten von erheblicher Bedeutung. Das EvThom kommt dieser Botschaft vom gekreuzigten und auferstandenen Erlöser allenfalls ansatzweise nahe. Es erweist sich in der zentralen Betonung des Reichs Gottes als Gegenstand des „Evangeliums" aber wiederum als sehr urtümlich. Dass es sich als „Evangelium nach Thomas (κατα θωμας)" bezeichnet, könnte allerdings in der vorausgehenden Verwendung des Terminus „Evangelium" bei Markus seinen Grund haben; eine Verwendung in einem ähnlich frühen Spruchevangelium wie Q ist möglich, aber uns nicht bekannt. Der Abschluss bezeugt in dieser Formulierung jedenfalls auch die Stellung des Jüngers Thomas (einschließlich seiner Schüler), wenn nicht als Autor, so doch als Gewährsmann des Textes. Auch wenn dies historisch nicht mehr sicher nachvollziehbar ist, wird man darin, ähnlich wie im Prolog des EvThom, doch jedenfalls die Bezeugung sehen können, dass es sich vorliegend um besonders frühe urchristliche Traditionen von Jesus handelt, die der Gemeinde von direkten Jüngern und Jüngerinnen Jesu entstammen, und nicht um spätere gnostische oder sonst abgeleitete Überlieferungen.

D. LITERATUR

(Auswahl; zu Spezialuntersuchungen s. die Kommentierung)

Akagi, T., The Literary Development of the Coptic Gospel of Thomas, 1965
Aland, K. (Hg.), Synopsis, Quattuor Evangeliorum Locis parallelis evangeliorum apocryphorum et patrum adhibitis, 15. A., 1996
Arai, S., Kakusareta Iesu: Tomasu - Fukuinsho, 1994
Arnal, W.E., The Rhetoric of Marginality: Apocalypticism, Gnosticism, and Sayings Gospels, HTR 88, 1995, 471ff
Amundsen, C.D., Insights from the Secret Teachings of Jesus: The Gospel of Thomas, 1998
Attridge, H.W., The Greek Fragments, in: Layton, Nag Hammadi Codex II, 95ff
Baarda, T., Early Transmission of Words of Jesus. Thomas, Tatian and the Text of the New Testament, 1983
Baarda, T., de Boer, E.A., van den Broek, R., Helderman, J., van der Kooi, C., Slavenburg, J., Het Evangelie van Thomas, 1999
Baeck, L., Das Wesen des Judentums, 1985
Baker, A., Fasting to the World, JBL 84 (1965), 291ff
- The Gospel of Thomas and the Syriac Liber Graduum, NTS 12 (1965/ 66), 49ff
Barc, B. (Hg.), Colloque international sur les textes de Nag Hammadi. Québec, 22-25 août 1978 (Bibliothèque copte de Nag Hammadi, Section Études 1), 1981
Bartsch, H.-W., Das Thomas-Evangelium und die synoptische Tradition, NTS 6 (1960), 249ff
- Jesus. Prophet und Messias aus Galiläa, 1970
Bauer, J.B., Echte Jesusworte?, in: van Unnik, Evangelien aus dem Nilsand, 1960
- The Synoptic Tradition in the Gospel of Thomas, in: TU 88, 1964, 314ff
- Das Thomas-Evangelium in der neuesten Forschung, in: Grant, R.M./Freedman, D.N., Geheime Worte Jesu, 1960, 182ff
Bauer, W., Rechtgläubigkeit und Ketzerei im ältesten Christentum, 2.A., 1964
Becker, J., Das Heil Gottes. Heils- und Sündenbegriffe in den Qumrantexten und im Neuen Testament, 1964
- Jesus von Nazareth, 1996
Berger, K., Einführung in die Formgeschichte, 1987
- Theologiegeschichte des Urchristentums, 1994
- Wer war Jesus wirklich?, 1995
Berger, K./Nord, C., Das Neue Testament und frühchristliche Schriften, 1999
Bethge, H.-G., Das Thomas-Evangelium. Deutsche Übersetzung, in: Aland, Synopsis Quattuor Evangeliorum, 15. Ausgabe, 519ff
Bethge, H.-G. u.a. (ed.), For the Children, Perfect Instruction, Studies in Honour of H.-M. Schenke, 2001
Betz, H.D., Synoptische Studien (Gesammelte Aufsätze 2), 1992
Betz, O., Was wissen wir über Jesus?, 1965
- Wie verstehen wir das Neue Testament, 1981
Betz, O./Schramm, T., Perlenlied und Thomas-Evangelium, 1985
Billerbeck, P., Kommentar zum Neuen Testament aus Talmud und Midrasch, 1-4: 4.A., 1965, 5-6: 2.A., 1965
Black, M., An Aramaic Approach to the Gospels and Acts, 3.A., 1967
Blank, J., Jesus von Nazareth, 1972

Blatz, B., Das koptische Thomasevangelium, in: Schneemelcher, W., Neutestamentliche Apokryphen, I, 93ff
Blomberg, C. L., The Parables of Jesus: Current Trends and Needs in Research, in: Chilton/Evans, Studying the Historical Jesus, 231ff
- Tradition and Redaction in the Parables of the Gospel of Thomas, in: Wenham, The Jesus Tradition Outside the Gospels, 177ff
Borg, M.J., Jesus. Der neue Mensch, 1993
Bornkamm, G., Jesus von Nazareth, 8.A., 1968
Bovon, F., Das Evangelium nach Lukas, 1: 1989; 2: 1996; 3: 2001
Braun, H., Jesus. Der Mann aus Nazareth und seine Zeit, 1969
Brown, R.E., The Gospel of Thomas and St John's Gospel, NTS 9 (1962/63), 155ff
Brox, N., Suchen und Finden. Zur Nachgeschichte von Mt 7, 7b/Lk 11,9b, in: P. Hoffmann (Hg.), Orientierung an Jesus. Zur Theologie der Synoptiker (Festschrift f. Josef Schmid), 1973, 17ff
Bultmann, R., Das Evangelium des Johannes, KEK II, 21.A., 1986
- Die Geschichte der synoptischen Tradition, 9.A., 1979
- Die Geschichte der synoptischen Tradition. Ergänzungsheft. Bearb. von G. Theissen u. P. Vielhauer, 5.A., 1979
- Jesus, 1926, (Neuausg. 1983), 1988
- Theologie des Neuen Testaments, 9.A., 1984 Bussmann, W., Synoptische Studien, 2.Bd., 1929
Cameron, R., Parable and Interpretation in the Gospel of Thomas, Foundations & Facets Forum 2,2 (1986), 3ff
Cerfaux, L./Garitte, G., Les paraboles du Royaume dans l'Évangile de Thomas, Muséon 70 (1957), 307ff
Chilton, B., The Gospel According to Thomas as a Source of Jesus' Teaching, in: Wenham, The Jesus Tradilion Outside the Gospels, 155ff
Chilton, B./Evans, C.A. (Hg.), Studying the Historical Jesus. Evaluations of the State of Current Research, 1994
Christ, F., Jesus Sophia. Die Sophia-Christologie bei den Synoptikern, 1970
Conzelmann, H., Die Mitte der Zeit. Studien zur Theologie des Lukas , 6. A., 1977
- Grundriss der Theologie des Neuen Testaments, 2.A., 1968
Cornelius, F., Die Glaubwürdigkeit der Evangelien. Philologische Untersuchungen, 1969
Craveri, M., I Vangeli Apocrifi, 1969
Crossan, J.D., Der historische Jesus, 1994 (Originalausgabe: The Historical Jesus: The Life of a Mediterranean Jewish Peasant, 1991)
- In Fragments. The Aphorisms of Jesus, 1983
- In Parables. The Challenge of the Historical Jesus, 1992
- The Parable of the Wicked Husbandmen, JBL 90 (1971), 251ff
Cullmann, O., Das Thomasevangelium und die Frage nach dem Alter der in ihm enthaltenen Tradition, ThLZ 85 (1960), 321ff
Davies, S.L., The Christology and Protology of the Gospel of Thomas, JBL 111 (1992), 662ff
- The Gospel of Thomas. Annotated & Explained, 2002
- The Gospel of Thomas and Christian Wisdom, 1983
- The Use of the Gospel of Thomas in the Gospel of Mark, Neotestamentica 30 (1996), 307ff
De Conick, A.D., Seek to See Him, Ascent and Vision Mysticism in the Gospel of Thomas, 1996
- The Original Gospel of Thomas, VC 56 (2002), 167ff

De Conick, A.D. / Fossum, J., Stripped before God: A New Interpretation of Logion 37 in the Gospel of Thomas, VC 45 (1991), 123ff
Dehandschutter, B., La parabole de la perle (Mt 13,45-46) et l'Évangile selon Thomas, EThL 55 (1979), 243ff
- La parabole des vignerons homicides (Mc XII,1-12), in Sabbe, M.,(ed.), L' Évangile selon Marc, Tradition et rédaction, BETL 34, 1974, 203ff
- Les paraboles de l'Évangile selon Thomas: La parabole du trésor caché (log. 109), EThL 47 (1971), 199ff
Derrett, J.D.M., Fresh Light on the Lost Sheep and the Lost Coin, NTS 26 (1980), 36ff
Dibelius, M., Die Botschaft von Jesus Christus, 1967
- Die Formgeschichte des Evangeliums, 6. A., 1971
Dibelius, M./Kümmel, W.-G., Jesus, 1966
Dietzfelbinger, K., Apokryphe Evangelien aus Nag Hammadi, 1988
Dodd, C.H., The Parables of the Kingdom, 1961
Doresse, J., Les livres secrets des gnostiques d'Égypte. 2: L'Évangile selon Thomas ou les paroles secretes de Jésus, 1959
Drijvers, H.J.W., Edessa, in: TRE 9, 277ff
Dupont, J., Les paraboles du trésor et de la perle, NTS 14 (1967/68), 408ff
Ebner, M., Jesus - ein Weisheitslehrer?, 1998
Eichholz, G., Gleichnisse der Evangelien. Form, Überlieferung, Auslegung, 4. A., 1984
Eltester, W. (Hg.), Christentum und Gnosis. Aufsätze (BZNW 37), 1969
Fallon, F.T./Cameron, R., The Gospel of Thomas: A Forschungsbericht and Analysis, ANRW II 25,6, 1988, 4195ff
Fieger, M., Das Thomasevangelium. Einleitung, Kommentar und Systematik, 1991
Fischer, K.M., Der johanneische Christus und der gnostische Erlöser, in: K.-W. Tröger (Hg.), Gnosis und Neues Testament, 1973
Fitzmyer, J.A., The Oxyrhynchus Logoi of Jesus and the Coptic Gospel According to Thomas, in: ders., Essays on the Semitic Background of the New Testament, 1971, 355ff
Fleddermann, H.T., Mark and Q. A Study of the Overlap Texts, 1995
Flusser, D., Jesus, 1968
Funk, R.W., Hoover, R.W. and the Jesus Seminar, The Five Gospels. The Search for the Authentic Words of Jesus, 1993
Gärtner, B., The Theology of Thomas; 1961
Georgi, D., Weisheit Salomos (JSHRZ 3,4), 1980
Giversen, S., Thomasevangeliet. Indledning, Oversaettelse og Kommentar, 1959
Glasson, T.F., Carding and Spinning: Oxyrhynchus Papyrus No. 655, JThS 13 (1962), 331ff
- The Gospel of Thomas, Saying 3, and Deuteronomy xxx. 11-14, ExpT 78 (1966/67), 151ff
Goehring, J.E., C.W. Hedrick, J.T. Sanders mit H.D. Betz (Hg.), Gospel Origins and Christian Beginnings. In Honor of J.M. Robinson, 1990
Goppelt, L., Theologie des Neuen Testaments. 1. Teil. Jesu Wirken in seiner theologischen Bedeutung, 1975
Grant, R.M., Notes on the Gospel of Thomas, VC 13 (1959), 170ff
Grant, R.M. / Freedman, D.N., Geheime Worte Jesu. Das Thomas-evangelium, 1960 (Originalausgabe: The Secret Sayings of Jesus, With an English Translation of the Gospel of Thomas by William R. Schoedel, 1960)
Grenfell, B.P./Hunt, A.S., LOGIA IESOU: Sayings of Our Lord, 1897

- New Sayings of Jesus and Fragment of a Lost Gospel from Oxyrhynchus, 1904
- The Oxyrhynchus Papyri: Part I, 1898
- The Oxyrhynchus. Papyri: Part IV, 1904
Grobel, K., How Gnostic Is the Gospel of Thomas, NTS 8 (1961/62), 367ff
Grundmann, W., Das Evangelium nach Matthäus, 6.A., 1986
Guillaumont, A., Sémitismes dans les logia des Jésus retrouvés a Nag-Hamadi, Journal asiatique 246 (1958), 113ff
- Les Sémitismes dans l' Évangile selon Thomas. Essai de Classement, in Festschr. f. G. Quispel, 1981, 190ff
Guillaumont, A., H.-Ch. Puech, G. Quispel, W. Till und Yassah 'Abd al Masr, Evangelium nach Thomas. Koptischer Text, hg. und übers., 1959
Haardt, R., Das koptische Thomasevangelium und die außerbiblischen Herrenworte, in: K. Schubert, Der historische Jesus und der Christus unseres Glaubens, 1962, 257ff
Haenchen, E., Das Thomas-Evangelium, übersetzt in: Aland (Hg.), Synopsis Quattuor Evangeliorum, 13. A., 1985, 517ff
- Die Anthropologie des Thomas-Evangeliums, in: H.D. Betz und L. Schottroff (Hg.), Neues Testament und christliche Existenz (Festschrift f. H. Braun), 1973, 207ff
- Die Botschaft des Thomas-Evangeliums, 1961
- Literatur zum Thomasevangelium, ThR 27 (1961), 147ff, 306ff
Hahn, F., Christologische Hoheitstitel. Ihre Geschichte im frühen Christentum, 5.A., 1995
Hampel, V., Menschensohn und historischer Jesus. Ein Rätselwort als Schlüssel zum messianischen Selbstverständnis Jesu, 1990
Harl, M., A propos des Logia de Jésus: Le sens du mot μοναχός, Revue des études grecques 73 (1960), 464ff
Harnack, A.v., Über einige Worte Jesu, die nicht in den kanonischen Evangelien stehen, nebst einem Anhang über die ursprüngliche Gestalt des Vater-Unsers, Sitzungsberichte der Königlichen Preußischen Akademie der Wissenschaften, 1904, 170ff
- Über die jüngst entdeckten Sprüche Jesu (B.P. Grenfell and A.S. Hunt, LOGIA IESOU, Sayings of Our Lord from an Early Greek Papyrus, London 1897), 1897
Harnisch, W., Die Gleichniserzählungen Jesu, 1985
Hartenstein, J., Die zweite Lehre. Erscheinungen des Auferstandenen als Rahmenerzählungen frühchristlicher Dialoge, 1997
Hartenstein, J./Petersen, S., Das Evangelium nach Thomas. Frühchristliche Überlieferungen von Jüngerinnen Jesu oder: Maria Magdalena wird männlich, in: L. Schottroff/M.-T. Wacker (Hg.), Kompendium Feministische Bibelauslegung, 1998, S. 768ff
Hedrick, C. W., Thomas and the Synoptics: Aiming at a Consensus, SecCent 7 (1989/90), 39ff
- Historical Jesus and Rejected Gospels, 1988
- The Treasure Parable in Matthew and Thomas, Foundations & Facets Forum 2,2 (1986), 41ff
Helderman, J., Die Anapausis im Evangelium Veritatis. Eine vergleichende Untersuchung des valentinianisch-gnostischen Heilsgutes der Ruhe im Evangelium Veritatis und in anderen Schriften der Nag Hammadi-Bibliothek (NHS 18), 1984
Hengel, M., Die johanneische Frage, 1993
- The Four Gospels and the One Gospel of Jesus Christ, 2000
Higgins, A.J.B., Non-Gnostic Sayings in the Gospel of Thomas, NovTest 4 (1960), 292ff

Hofius, O., Das koptische Thomasevangelium und die Oxyrhynchus-Papyri Nr. 1, 654 und 655, EvTh 20 (1960), 21ff, 182ff
Hoffmann, P., Studien zur Theologie der Logienquelle, NTA NF 8, 3.A., 1982
Hoffmann, P. / Heil, C., Die Spruchquelle Q, 2002
Horman, J., The Source of the Version of the Parable of the Sower in the Gospel of Thomas, NovTest 21 (1979), 326ff
Horner, G., The Coptic Version of the New Testament in the Southern Dialect, 1-6 (Nachdruck der Ausgabe von 1911-1924), 1969
Horsley, R.A., Jesus and the Spiral of Violence, 1987
Hultgren, A.J., The Parables of Jesus, 2000
Hunzinger, C.-H., Außersynoptisches Traditionsgut im Thomas-Evangelium, ThLZ 85 (1960), 843ff
- Unbekannte Gleichnisse im Thomas-Evangelium, in: W. Eltester (Hg.), Judentum, Urchristentum, Kirche (Festschrift f. Joachim Jeremias), 1960, 209ff
Jacobson, A.D., The First Gospel. An Introduction to Q, 1992
Jeremias, J., Die Gleichnisse Jesu, 3. A. (Taschenbuchausgabe), 1969 u. 8. erw. A., 1970
- Neutestamentliche Theologie, 1.Teil. Die Verkündigung Jesu, 1971
- Unbekannte Jesusworte, 1. A. d. Taschenbuchausg., 1980
Jonas, H., Gnosis und spätantiker Geist, 1: Die mythologische Gnosis, 3. A., Göttingen 1964; 2: Von der Mythologie zur mystischen Philosophie. Erste und zweite Hälfte , (FRLANT 159), hg. von K. Rudolph, 1993
Jülicher, A., Die Gleichnisreden Jesu, 1: Die Gleichnisreden Jesu im Allgemeinen; 2: Auslegung der Gleichnisreden der drei ersten Evangelien (Nachdruck der Ausgabe von 1910), 1963
Kaestli, J.-D., L'Utilisation de l'Évangile de Thomas dans la recherche actuelle sur les paroles de Jésus, in: D. Marguerat u.a. (Hg.), Jésus de Nazareth. Nouvelles Approches d' une Enigme, 1998
Karrer, M., Jesus Christus im Neuen Testament, 1998
Kasser, R., L'Évangile selon Thomas. Présentation et commentaire théologique, 1961
Käster, H., Ancient Christian Gospels. Their History and Development, 1990
- Apocryphal and Canonical Gospels, HTR 73 (1980), 105ff
Kautzsch, E. (Hg.), Die Apokryphen und Pseudepigraphen des Alten Testaments 2: Die Pseudepigraphen des Alten Testaments (Nachdruck der Ausgabe von 1900), 1994
Kee, H.C., Becoming a Child in the Gospel of Thomas, JBL 82 (1963), 307ff
Kelber, W.H., Anfangsprozesse der Verschriftlichung im Früh-christentum, ANRW II, 26/1, 1992, 3ff
King, K.L., Kingdom in the Gospel of Thomas, Foundations & Facets Forum 3,1, 1987, 48ff
Klauck, H.-J., Die religiöse Umwelt des Urchristentums, II (Gnosis), 1996
Klijn, A.F.J., The „Single One" in the Gospel of Thomas, JBL 81 (1962), 271ff
Kloppenborg (Verbin), J.S., Excavating Q, 2000
- Q-Parallels. Synopsis, Critical Notes & Concordace, 1987
- The Formation of Q: Trajectories in Ancient Wisdom Collections, 1987
Kloppenborg, J.S./Meyer, M.W./Patterson, S.J./Steinhauser, M.G., Q-Thomas Reader, 1990
Klostermann, E., Das Evangelium nach Lukas, 2.A., 1929
Köster, H., Gnostic Writings as Witnesses for the Development of the Sayings Tradition, in: Layton, B.(Hg.), The Rediscovery of Gnosticism; Proceedings of the

International Conference on Gnosticism at Yale New Haven, Connecticut, March, 28-31, 1978
- Ancient Christian Gospels. Their History and Development, 1990
- Apokryphal and Canonical Gospels, HTR 73, 1980, 105ff
- Einführung in das Neue Testament im Rahmen der Religionsgeschichte und Kulturgeschichte der hellenistischen und römischen Zeit, 1980
- Grundtypen und Kriterien frühchristlicher Glaubensbekenntnisse, in: Köster/ Robinson, Entwicklungslinien, 191ff
- History and Development of Mark's Gospel (From Mark to Secret Mark and Canonical Mark), in: B. Corley (Hg.), Colloquy on New Testament Studies. A Time für Reappraisal and Fresh Approaches, 1983
- Introduction (to the Gospel of Thomas), in: Layton (Hg.), Nag Hammadi Codex II, 2ff, 38ff
- Ein Jesus und vier ursprüngliche Evangeliengattungen, in: Köster/Robinson, Entwicklungslinien, 147ff
- Q and Its Relatives, in: Goehring u.a., Gospel Origins & Christian Beginnings, 49ff
- Three Thomas Parables, in: Logan, A.H.B./Wedderburn, A.J.M. (Hg.), The New Testament and Gnosis: Essays m Honour of Robert McL. Wilson, Edinburgh 1983
Köster, H.- Pagels, E., Introduction (to the Dialogue of the Savior], in: Emmel, Nag Hammadi Codex III, 5, 1ff
Köster, H. - Patterson, S.J., The Gospel of Thomas - Does it Contain Authentic Sayings of Jesus?, BibRev 6 (1990), 28ff
Köster, H. - Robinson, J.R., Entwicklungslinien durch die Welt des frühen Christentums, 1971
Kraft, R.A., Oxyrhynchos Papyrus 655 Reconsidered, HThR 54, 1961, 252ff
Kümmel, W.G., Die Theologie des Neuen Testaments. Nach seinen Hauptzeugen Jesus, Paulus, Johannes, 2.A., 1972
- Jesus, der Menschensohn?, (SbWGF XX/3),1984
- Verheißung und Erfüllung. Untersuchungen zur eschatologischen Verkündigung Jesu, 1953
Lambdin, T.O., The Gospel According to Thomas. Translated, in: Layton, Nag Hammadi Codex II, 53ff
Lapide, P., Der Rabbi von Nazareth. Wandlungen des jüdischen Jesusbildes, 1974
Laufen, R., Die Doppelüberlieferungen der Logienquelle und des Markusevangeliums, 1980
Layton, B. (Hg.), Nag Hammadi Codex II, 2-7 together with XIII, 2 Brit. Lib. Or. 4926 (1), and P.Oxy. 1, 654, 655; 1: Gospel According to Thomas, Gospel According to Philip, Hypostasis of the Archons, and Indexes (NHS 20), Leiden 1989
Leipoldt, J., Ein neues Evangelium? Das koptische Thomasevangelium übersetzt und besprochen, ThLZ 83 (1958), 481ff
- Das Evangelium nach Thomas. Koptisch und deutsch (TU 101),1967
Leipoldt, J. - Schenke, H.M., Koptisch-gnostische Schriften aus den Papyrus-Codices von Nag-Hamadi (Theologische Forschung 20), Hamburg - Bergstedt 1960
Lelyveld, M., Les Logia de la vie dans l'Évangile selon Thomas.À la recherche d'une tradition et d'une rédaction, 1987
Lindemann, A., Zur Gleichnisinterpretation im Thomas-Evangelium, ZNW 71 (1980), 214ff
Lips, H.v., Weisheitliche Traditionen im Neuen Testament (WMANT 64), 1990
Lohmeyer, E., Das Evangelium des Markus, KEK I/2, 17.A., 1967
Lüdemann, G., Jesus nach 2000 Jahren. Was er wirklich sagte und tat, 2000
Lührmann, D., Die Redaktion der Logienquelle (WMANT 33), 1969

- Die Frage nach Kriterien für ursprüngliche Jesusworte - eine Problemskizze, in: J. Dupont (Hg.), Jesus aux origines de la christologie (Bibliotheca Ephemeridum Theologicarum Lovaniensium 40), 1975, 59ff
Lührmann, D./Schlarb, E., Fragmente apokryph gewordener Evangelien, 2000, 112ff
Luz, U., Mt 1, 4.A., 1957; Mt 2, 3.A., 1999; Mt 3, 1997
MacDonald, D.R., There is no Male and Female. The Fate of a Dominical Saying in Paul and Gnosticism, 1987
Machovec, M., Jesus für Atheisten, 2.A., 1973
Mack, B., The Kingdom Sayings in Mark, Foundations & Facets Forum 3,1 (1987), 3ff
- Wer schrieb das Neue Testament? Die Erfindung des christlichen Mythos, 2000
MacRae, G.W., The Gospel of Thomas - LOGIA IESOU?, CBQ (1960), 56ff
Manson, T.W., The Sayings of Jesus, 8.A., 1971
Marcovich, M., Textual Criticism on the Gospel of Thomas, JThS 20 (1969), 53ff
Markschies, C., Die Gnosis, 2001
Martin, G.M., Das Thomas-Evangelium. Ein spiritueller Kommentar, 1998
McArthur, H.K., The Dependence of the Gospel of Thomas on the Synoptics, in: ET 71, 1959/60, 286ff
McLean, B.H., On the Gospel of Thomas and Q, in: The Gospel Behind the Gospels. Current Studies on Q, 1995, 321ff
Meeks, W.A., The Image of the Androgyne: Some Uses of a Symbol in Earliest Christianity, HR 13 (1973), 165ff
Meier, J.P., A Marginal Jew. Rethinking the Historical Jesus, 1994
Ménard, J.-É., L'Évangile selon Thomas, 1975
Merklein, H., Die Gottesherrschaft als Handlungsprinzip. Untersuchung zur Ethik Jesu, 1978
- Jesu Botschaft von der Gottesherrschaft. Eine Skizze, 1983
Meyer, M.W., The Beginning of the Gospel of Thomas, in: D.E. Smith (Hg.), How Gospels Begin (Semeia 52), 1991
- Making Mary Male: The Categories Male and Female in the Gospel of Thomas, NTS 31 (1985), 554ff
- (Hg.) The Gospel of Thomas. The Hidden Sayings of Jesus, 1992
Michaelis, W., Das Thomas-Evangelium, 1960
Montefiore, H., A Comparison of the Parables of the Gospel According to Thomas and the Synoptic Gospels, NTS 7 (1960/61), 220ff
Mohri, E., Maria Magdalena, 2000
Munck, J., Bemerkungen zum koptischen Thomasevangelium, in: StTh XLV 2, 1960, 130ff
Nagel, P., Die Parabel vom klugen Fischer im Thomasevangelium von Nag Hammadi, in: R. Stiehl und H.E. Stier (Hg.), Beiträge zur Alten Geschichte und deren Nachleben (Festschrift f. Franz Altheim) I, 1969, 518ff
Neirynck, F., Evangelica II (1982-1991), Collected Essays, 1991
Neller, K.V., Diversity in the Gospel of Thomas: Clues for a New Direction?, SecCent 7 (1989/90), 1ff
Niederwimmer, K., Jesus, 1968
Nordsieck, R., Johannes. Zur Frage nach Verfasser und Entstehung des vierten Evangeliums, 1998
- Maria Magdalena. Die Frau an Jesu Seite. Zur Frage nach der Identität der Maria Magdalena, der „großen Sünderin" und der Maria aus Bethanien und ihrer historischen Bedeutung, 2001

- Reich Gottes - Leben der Welt. Jesu eigene Botschaft. Unter Einbeziehung des Thomas-Evangeliums, 1994
North, R., Chenoboskion and Q, CBQ 24, 1962, 154ff
Pagels, E., Versuchung durch Erkenntnis. Die gnostischen Evangelien, 1981 (Originalausgabe: The Gnostic Gospels, 1979)
- Exegesis of Genesis 1 in the Gospels of Thomas and John, JBL 118/3, 1999, 477ff
Patterson, S.J., The Gospel of Thomas and Jesus, 1993
- Introduction (to the Gospel of Thomas), in: Kloppenborg u.a., Q-Thomas Reader, 1990
- Thomas and the Synoptic Tradition, Foundations & Facets Forum 8, 1-2 (1992), 45ff
Patterson, S.J./ Robinson, J.M./ Bethge, H.-G., The Fifth Gospel. The Gospel of Thomas Comes of Age (w. New English Translation of Bethge, H.-G., et al.), 1998
Perkins, P., Pronouncement Stories in the Gospel of Thomas, Semeia 20, (1981), 121ff
Perrin, N., Was lehrte Jesus wirklich? Rekonstruktion und Deutung, 1967 (Originalausgabe: Rediscovering the Teaching of Jesus, 1967)
Pesch, R., Das Markusevangelium, 1: 4.A., 1984; 2: 3.A., 1984
Petersen, S., Adolf Jülicher und die Parabeln des Thomasevangeliums, Festgabe f. A. Jülicher, 2000, 179ff
- Zerstört die Werke der Weiblichkeit! Maria Magdalena, Salome und andere Jüngerinnen Jesu in christlich-gnostischen Schriften, 1999
Petersen, W.L., The Parable of the Lost Sheep in the Gospel of Thomas and the Synoptics, Nov Test 23 (1981), 128ff
Piper, R.A., (Hg.), The Gospel Behind the Gospels. Current Studies on Q (NovTest Suppl.75), 1995
- Wisdom in the Q-tradition. The Aphoristic Teaching of Jesus, 1989
Plisch, U.-K., Verborgene Worte Jesu. Verworfene Evangelien. Apokryphe Schriften des frühen Christentums, 2000
Polag, A., Fragmenta Q. Textheft zur Logienquelle, 2.A., 1982
Puech, H.-Ch., Das Thomasevangelium, in: W. Schneemelcher (Hg.), Neutestamentliche Apokryphen 1, 3. A., 1959, 199ff
- En quête de la Gnose, 2: Sur l'Évangile selon Thomas. Esquisse d'une interpretation systematique, 1978
- Un logion de Jésus sur bandelette funéraire, RHR 147 (1955), 126ff
Quecke, H., Das Thomas-Evangelium. Übersetzung, in: van Unnik, Evangelien aus dem Nilsand, 161ff
Quispel, G., Gnostic Studies, 1 und 2, 1974/75
- Gnosis and the New Sayings of Jesus, Eranos-Jahrbuch 1969 (1972), 261ff
- The Gospel of Thomas and the New Testament, VC J 1 (1957), 189ff (= Quispel, Gnostic Studies 2, 3ff)
- The Gospel of Thomas Revisited, in: Barc, Colloque international sur les textes de Nag Hammadi, 218ff
- Makarius, das Thomasevangelium und das Lied von der Perle, 1967
- Some Remarks on the Gospel of Thomas, NTS (1958/59), 276ff
Rau, E., Jesus - Freund von Zöllnern und Sündern. Eine methodenkritische Untersuchung, 2000
Rengstorf, K.H., Das Evangelium nach Lukas, 1937
Resch, A., Agrapha. Außerkanonische Schriftfragmente (Nachdruck der revidierten Auflage von 1906), 1967

Riesner, R., Jesus als Lehrer. Eine Untersuchung zum Ursprung der Evangelienüberlieferung, 3.A., 1987
Riley, G.J., Resurrection Reconsidered: Thomas and John in Controversy, 1995
- The Gospel of Thomas in Recent Scholarship, Currents in Research: Biblical Studies 2, 1994, 227ff
Robinson, J.M., On Bridging the Gulf from Q to the Gospel of Thomas (or vice versa), in: C.W. Hedrick und R. Hodgson (Hg.), Nag Hammadi, Gnosticism, and Early Christianity, Peabody 1986, 127ff
- The Formal Structure of Jesus' Message, in: W. Klassen und G.F. Snyder (Hg.), Current Issues in New Testament Interpretation. Essays in Honour of O.A. Piper, New York u.a. 1962, 91ff, 273ff
- Die johanneische Entwicklungslinie, in: Köster/Robinson, Entwicklungslinien, 223ff
- LOGOI SOPHON; Zur Gattung der Spruchquelle Q, in: Köster/Robinson, Entwicklungslinien, 67ff
- (Hg.), The Nag Hammadi Library in English (revised edition), Leiden u.a. 1988
- The Study of the Historical Jesus after Nag Hammadi, in: C. W. Hedrick (Hg), The Historical Jesus and the Rejected Gospels, Semeia 44, 1988, 45ff
Robinson, J.M./Hoffmann, P./Kloppenborg, J.S., The Critical Edition of Q. Synopsis. Including the Gospels of Matthew and Luke, Mark and Thomas, 2000
Roloff, J., Jesus, 2000
Rudolph, K., Die Gnosis. Wesen und Geschichte einer spätantiken Religion, 3.A., 1990
Sanders, E.P., Sohn Gottes. Eine historische Biographie Jesu, 1993
Sato, M., Q und Prophetie. Studien zur Gattungs- und Traditionsgeschichte der Quelle Q, 1988
Schäfer, R., Jesus und der Gottesglaube, 1970
Schenke, H.-M., Das Evangelium nach Philippus, in: Schneemelcher, W., Neutestamentliche Apokryphen 1, 148ff
- On the Compositional History of the Gospel of Thomas, Foundations & Facets Forum, 10,1, 1994, 9ff
Schenke, H.M. /Bethge, H.G./ Kaiser, U.U. (Hg.), Nag Hammadi Deutsch, I, GCS N.F. 8, 2001
Schippers, R., Het Evangelie van Thomas; Apocriefe woorden van Jezus: Vertaling, inleiding en kommentar, 1960
Schmidt, C. - Till, W., Koptisch-gnostische Schriften 1: Die Pistis Sophia. Die beiden Bücher des Jeû. Unbekanntes altgnostisches Werk (GCS 45), 2.A., 1954
Schmidt, K.L., Der Rahmen der Geschichte Jesu, 1919
Schmithals, W., Die Evangelisten als Schriftsteller, 2001
Schnackenburg, R., Gottes Herrschaft und Reich, 4.A., 1965
Schneemelcher, W. (Hg.), Neutestamentliche Apokryphen in deutscher Übersetzung, 1: Evangelien, 6.A., 1990; 2: Apostolisches, Apokalypsen und Verwandtes, 5.A., 1989
- Haupteinleitung, in: ders., Neutestamentliche Apokryphen 1, 1ff
- Einleitung (zu: A. Evangelien), in: ders., Neutestamentliche Apokryphen 1, 65ff
Schnelle, U., Einleitung in das Neue Testament, 3.A., 1999 (4. A. 2002)
- Das Evangelium nach Johannes, 1998
Schoedel, W.R., Gleichnisse im Thomasevangelium. Mündliche Tradition oder gnostische Exegese?, in: W. Harnisch (Hg.), Gleichnisse Jesu. Positionen der Auslegung von Adolf Jülicher bis zur Formgeschichte (Wege der Forschung 366), 1982, 369ff

Schrage, W., Evangelienzitate in den Oxyrhynchus-Logien und im koptischen Thomas-Evangelium, in: W. Eltester (Hg.), Apophoreta: Festschrift f. E. Haenchen (BZNW 30), 1964, 251ff
- Das Verhältnis des Thomas-Evangeliums zur synoptischen Tradition und zu den koptischen Evangelienübersetzungen. Zugleich ein Beitrag zur gnostischen Synoptikerdeutung (BZNW 29), 1964
Schramm, T., Der Markus-Stoff bei Lukas. Eine literarkritische und redaktionsgeschichtliche Untersuchung, 1971
Schramm, T./Löwenstein, K., Unmoralische Helden. Anstößige Gleichnisse Jesu, 1986
Schröter, J., Erinnerung an Jesu Worte. Studien zur Rezeption der Logienüberlieferung in Markus, Q und Thomas (WMANT 76), 1997
- Jesus und die Anfänge der Christologie. Methodische und exegetische Studien zu den Ursprüngen des christlichen Glaubens, 2001
Schulz, S., Q. Die Spruchquelle der Evangelisten, 1972
Schürmann, H., Das Lukas-Evangelium, HThK III, 1: 1969; 2/1: 1994
- Das Thomas-Evangelium und das lukanische Sondergut, BZ 7 (1963), 236ff
Schweitzer, A., Geschichte der Leben-Jesu-Forschung, Bd. 1 u. 2., 1966
Schweizer, E., Jesus Christus im vielfältigen Zeugnis des Neuen Testament, 1968
- Das Evangelium nach Lukas, 1982
Scott, B.B., Hear then the Parable, 1983
Sevrin, J.-M., Paroles et paraboles de Jésus dans des écrits gnostiques coptes, in: BEThL 59, 1982, 517ff
Sieber, J.H., A Redactional Analysis of the Synoptic Gospels with Regard to the Question of the Sources of the Gospel According to Thomas, 1966
Slavenburg, J., Het Thomas-Evangelie. Tekst en toelichting, 2.A, 2001
Smith, J.Z., The Garments of Shame, HR 5 (1966), 217ff
Snodgrass, K.R., The Gospel of Thomas: A Secondary Gospel. The Second Century, 1989-90, 19ff
Stauffer, E., Jesus. Gestalt und Geschichte, 1957
Stemberger, G., Einleitung in Talmud und Midrasch, 8.A., 1992
Stuhlmacher, P., Biblische Theologie des Neuen Testaments, Bd.1, Grundlegung. Von Jesus zu Paulus, 2.A., 1997
Suarez, P. de, L'Évangile selon Thomas: Traduction, Présentation et Commentaires, 1974
Summers, R., The Secret Sayings of the Living Jesus, 1968
Theissen, G., Soziologie der Jesusbewegung. Ein Beitrag zur Entstehungsgeschichte des Urchristentums (TEH 194), 1977
- Wanderradikalismus. Literatursoziologische Aspekte der Überlieferung von Worten Jesu im Urchristentum, in: ders., Studien zur Soziologie des Urchristentums, 1979
Theissen, G. - Merz, A., Der historische Jesus. Ein Lehrbuch, 1996
Theissen, G. - Winter, D., Die Kriterien der Jesusforschung, 1997
Till, W.C., Das Evangelium der Wahrheit. Neue Übersetzung des vollständigen Textes, ZNW 50 (1959), 165ff
Tödt, H.E., Der Menschensohn in der synoptischen Überlieferung, 2.A., 1963
Trevijano Etcheverría, R., Estudios sobre e Evangelio de Tomás, 1997
Tröger, K.-W., Die gnostische Anthropologie, Kairos, Neue Folge 23 (1981) 31ff
Tuckett, C., Thomas and the Synoptics, NovTest 30 (1988), 132ff
- Q and Thomas. Evidence of a Primitive Wisdom Gospel? A Response to H. Koester, EthL 67 (1991), 346ff
- Das Thomasevangelium und die synoptischen Evangelien, BThZ 12 (1995), 186ff

- The Gospel of Thomas. Evidence for Jesus? NedThT 52 (1998), 17ff Turner, H.E.W./Montefiore, H., Thomas and the Evangelists, 1962 van Unnik, W.C., Evangelien aus dem Nilsand, 1960
Uro, R. (Hg.), Thomas at the Crossroads, 1998
Valantasis, R., The Gospel of Thomas (New Testament Readings), 1997 Vermes, G., Jesus der Jude. Ein Historiker liest die Evangelien, 1993
Vielhauer, P., ΑΝΑΠΑΥΣΙΣ. Zum gnostischen Hintergrund des Thomasevangeliums, in: ders., Aufsätze zum Neuen Testament, 215ff
- Geschichte der urchristlichen Literatur. Einleitung in das Neue Testament, die Apokryphen und die Apostolischen Väter, 1975
- Gottesreich und Menschensohn in der Verkündigung Jesu, in: ders., Aufsätze zum Neuen Testament, 55ff
- Judenchristliche Evangelien. - 3. Das Hebräerevangelium, in: W. Schneemelcher (Hg.), Neutestamentliche Apokryphen 1, 3.A., 1959
Weder, H., Die Gleichnisse Jesu als Metaphern, 3.A., 1984
Wendling, E., Die Enstehung des Marcus-Evangeliums, 1908
Wengst, K. (Hg. u. Übers.), Didache (Apostellehre), Barnabasbrief, Zweiter Klemensbrief, Schrift an Diognet (Schriften des Urchristentums 2), 1984
Wenham, D. (Hg.), The Jesus Tradition Outside the Gospels (Gospel Perspectives 5), 1984
White, H.G.E., The Sayings of Jesus from Oxyrhynchus, edited with critical apparatus and commentary, 1920
Wilson, R.McL., Apokryphen des Neuen, Testaments, in: TRE 3, 1978, 316ff
- The Gospel of Thomas, in: F.L. Cross (Hg.), Studia Evangelica 3,2: The New Testament Message (TU 88), 1964, 447ff
Studies in the Gospel of Thomas, 1960
Thomas and the Growth of the Gospels, HTR 53 (1960), 231ff
Zeller, D., Die weisheitlichen Mahnsprüche bei den Synoptikern, 2. A., 1983
- Kommentar zur Logienquelle, SKK NT 21, 1984
Zöckler, T., Jesu Lehren im Thomasevangelium, 1999